D1823569

Matthias Grüne
Realistische Narratologie

Narratologia

Contributions to Narrative Theory

Edited by
Fotis Jannidis, Matías Martínez, John Pier,
Wolf Schmid (executive editor)

Editorial Board
Catherine Emmott, Monika Fludernik, José Ángel García Landa, Inke Gunia,
Peter Hühn, Manfred Jahn, Markus Kuhn, Uri Margolin, Jan Christoph Meister,
Ansgar Nünning, Marie-Laure Ryan, Jean-Marie Schaeffer, Michael Scheffel,
Sabine Schlickers

Band 61

Matthias Grüne

Realistische Narratologie

Otto Ludwigs „Romanstudien" im Kontext
einer Geschichte der Erzähltheorie

DE GRUYTER

ISBN 978-3-11-053283-8
e-ISBN (PDF) 978-3-11-054150-2
e-ISBN (EPUB) 978-3-11-054132-8
ISSN 1612-8427

Library of Congress Cataloging-in-Publication Data
A CIP catalog record for this book has been applied for at the Library of Congress.

Bibliografische Information der Deutschen Nationalbibliothek
Die Deutsche Nationalbibliothek verzeichnet diese Publikation in der Deutschen
Nationalbibliografie; detaillierte bibliografische Daten sind im Internet
über http://dnb.dnb.de abrufbar.

© 2018 Walter de Gruyter GmbH, Berlin/Boston
Druck und Bindung: CPI books GmbH, Leck
♾ Gedruckt auf säurefreiem Papier
Printed in Germany

www.degruyter.com

Inhalt

Vorwort

Realistisch zu denken heißt, in Voraussetzungen zu denken. Insofern darf eine Studie zum literarischen Realismus nicht ohne ein „Lob des Herkommens" bleiben. Dieses Buch ist eine überarbeitete Version meiner Dissertation, die 2016 an der Philologischen Fakultät der Universität Leipzig angenommen wurde und die nicht entstanden wäre ohne die langjährige Unterstützung meiner Betreuerin Frau Prof. Monika Ritzer. Ihre Lehre hat mein Interesse für das neunzehnte Jahrhundert geweckt, ihre Forschung meinen Blick auf die Literatur dieser Zeit maßgeblich geprägt. Ihr verdanke ich ein geschärftes Bewusstsein für geschichtliche Zusammenhänge ebenso wie für die Historizität unserer Vorstellungen und Begriffe, aber auch den Mut, ausgetretene Forschungspfade zu verlassen. Mein herzlicher Dank gilt zudem Herrn Prof. Matías Martínez für die Übernahme der Zweitbegutachtung und wertvolle Impulse sowie Herrn Prof. Ludwig Stockinger, dessen Seminare meine Beschäftigung mit narratologischen Themen maßgeblich gefördert haben. Danken möchte ich auch den Teilnehmerinnen und Teilnehmern der Doktorandenkolloquien bei Prof. Ritzer und Prof. Stockinger für zahlreiche konstruktive Diskussionen.

Zu den Voraussetzungen, die diese Arbeit möglich gemacht haben, zählt auch die vielfältige Unterstützung, die ich aus dem Familien- und Bekanntenkreis erfahren habe. Danken möchte ich an erster Stelle meinen Eltern, Wolfgang und Sabine Grüne, ohne deren Vertrauen und Liebe ich nicht diesen weiten Weg hätte gehen können. Wolfgang Grüne danke ich zudem für die umfangreiche fachliche Unterstützung und für die aufmerksame Korrektur des Manuskripts. Mein Dank geht auch an Karen und Gerald Kretzschmar für ihre Einsatzbereitschaft, ihre Geduld und Zuverlässigkeit sowie an Alexandra Bendixen und Anke Hofmann für ihre Aufmerksamkeit und Freundschaft. In besonderer Weise hat Anne Grüne mit ihrer Freude an der Diskussion kritischer Fragen, mit ihrer Energie und Rücksichtnahme dieses Projekt geprägt. Ihr danke ich ebenso wie Anton Grüne, der mich immer wieder daran erinnert hat, über der Theorie des Erzählens die Praxis des Geschichtenerzählens nicht zu vergessen.

Die vorliegende Studie wurde durch ein Stipendium der Klassik Stiftung Weimar gefördert. Der Studienstiftung des deutschen Volkes danke ich für die Gewährung eines großzügigen Promotionsstipendiums. Für die Aufnahme in die *Narratologia*-Reihe danke ich den Herausgebern.

Leipzig, im Juli 2017   Matthias Grüne

1 Einleitung

Das Erzählen ist überhaupt eine sehr
schweere Sache
Johann Georg Sulzer

Otto Ludwigs *Romanstudien* sind ein Produkt des Zweifels. Dabei entstanden sie zu einer Zeit, in der ihr Autor eigentlich allen Anlass für Zuversicht gehabt hätte. Mitte der 1850er Jahre war Ludwig im literarischen Deutschland kein Unbekannter mehr: Nach Jahren vergeblichen Bemühens und zahlreicher Fehlschläge war es ihm schließlich gelungen, mit der Tragödie *Der Erbförster* (1853) eines seiner Theaterstücke auf die Bühne zu bringen. Mehr noch, die Uraufführung dieses Stückes am Dresdner Hoftheater im März 1850 hatte ihn schlagartig und überregional bekannt gemacht. Von da ab galt der Thüringer ungeachtet seiner fast vierzig Jahre als eines der bedeutendsten Talente der deutschen Literatur. In seinen Dramen erkannte man trotz mancher Spuren fehlender Reife ein großes künstlerisches Potenzial. Gleiches gilt für die umfangreichen Erzählungen *Die Heiteretei* (1855–1856) und *Zwischen Himmel und Erde* (1856), die Ludwig selbst nur als Nebenproduktionen ansah, die von der Kritik aber vor allem aufgrund der fein nuancierten psychologisierenden Erzählweise mit Interesse aufgenommen wurden.[1] In seiner Besprechung dieser Texte für die *Grenzboten* äußerte Julian Schmidt die optimistische Prognose, der Name des Autors könne bald „unter den besten unserer Literatur genannt werden", so denn „die Gunst des Himmels, die Ludwig vielleicht mehr als irgend einen andern deutschen Dichter befähigt hat, starke Leidenschaften, düstere und heitere Stimmungen mit hinreißender Kraft zu versinnlichen, ihm das Glück verleih[t], ein harmonisches Gebilde zu schaffen" (1857, 412).

Die Gunst des Himmels blieb jedoch aus. Bis zu seinem Tod im Jahr 1865 veröffentlichte Ludwig keinen einzigen Text mehr. Seine ganze Arbeitskraft ver-

---

1 Zu den bemerkenswertesten Rezeptionszeugnissen zählt ein 1857 in der *Revue des deux mondes* erschienener Aufsatz Saint-René Taillandiers über den Roman des häuslichen Lebens in Deutschland. Taillandier, der Ludwig in Dresden persönlich trifft, stellt dessen Erzählung *Zwischen Himmel und Erde*, was die Kraft, Sachlichkeit und Präzision der Darstellung betrifft, über Freytags *Soll und Haben* (1855), den Roman der Stunde Mitte der 1850er Jahre (Taillandier 1857, 49). Dieses Urteil kann durchaus noch Aktualität beanspruchen. In seinem Artikel zum 200. Geburtstag des Schriftstellers rückt der FAZ-Autor Edo Reents (2013) Ludwigs Erzählung aufgrund ihrer bis zur Spitzfindigkeit reichenden psychologischen Genauigkeit und des ausgiebigen Gebrauchs moderner Stilmittel wie des inneren Monologs sogar in die Nähe der Literatur der Jahrhundertwende.

https://doi.org/10.1515/9783110541502-001

wendete der gesundheitlich angegriffene Autor stattdessen auf unermüdliche theoretische Studien. Die Aufmerksamkeit richtete er dabei hauptsächlich auf das Drama, für das er sich berufen fühlte. Dem Bedürfnis folgend, seine Produktion insgesamt auf ein gesichertes theoretisches Fundament zu stellen und dabei die Grenzen und Spielräume der jeweiligen Gattungen stärker zu berücksichtigen, kam Ludwig aber auch immer wieder auf Fragen der Roman- und Erzähltheorie zurück; zwei Hefte mit dem Titel „Romanstudien" enthalten den wesentlichen Teil seiner diesbezüglichen Beobachtungen und Reflexionen.[2] In allen diesen Studien sah Ludwig zunächst nicht mehr als einen Zwischenschritt in seiner künstlerischen Entwicklung. Sie sollten ihm dazu dienen, die formalen und stilistischen Unsicherheiten, die seine früheren Arbeiten auch in seinen Augen verrieten, endgültig zu überwinden. Im April 1856 schrieb er in einem Brief an Moritz Heydrich, seinen Freund und späteren Herausgeber der *Shakespeare-Studien* (1872), dass er den „Dichtdrang" wieder in sich erwachen spüre, der nötig sei, ihn über die „Kluft" zwischen Theorie und Praxis wieder „zurückzuflügeln" und ihn von dem „fingerdick auf den Flügeln" liegenden „Abstraktions- und Reflexionsstaub" reinzuwaschen (zit. n. Stern 1906 [1891], 324). Die Hoffnung aber erfüllte sich nicht, der ‚Reflexionsstaub' legte sich immer dichter um ihn und ließ ihn den Weg zurück zur Praxis nicht mehr finden.

Produktiv war Ludwig in dieser Zeit durchaus, wenn auch nicht in dem von ihm gewünschten Sinn. Seine tagebuchähnlichen Aufzeichnungen, in denen sich allgemeine poetologische Betrachtungen mit Notizen zu eigenen Projekten abwechseln, wuchsen zu voluminösen Konvoluten heran. Angesichts der schieren Menge stellt sich die Frage, ob Ludwig eigentlich sein künstlerisches Leistungsvermögen *über-* oder nicht vielmehr seine Begabung zur kritischen Reflexion und systematisierenden Analyse *unter*schätzt hat. Denn möglicherweise überragt seine Leistung auf dem Gebiet der Theorie den Wert seiner literarischen Arbeiten. Mit Wolfgang Preisendanz (1977 [1963], 69) kommt immerhin einer der führenden deutschen Realismusforscher des zwanzigsten Jahrhunderts zu dem Ergebnis, dass Ludwig „heute weniger durch seine Dichtungen als durch seine ausgedehnten und intensiven [...] Studien über Wesen und Struktur der dramatischen und der epischen Dichtung interessiert". Dieses Urteil mag übertrieben sein angesichts der Tatsache, dass noch rezente Forschungsbeiträge zum Realismus ihr Epochenkonzept am Beispiel von Ludwigs Erzählung *Zwischen Himmel und Erde*

---

2 Die Hefte, die bereits von Ludwig in einem Band zusammengefasst wurden, liegen heute wie der gesamte Nachlass des Autors im Goethe- und Schiller-Archiv Weimar und werden dort unter der Signatur GSA 61/VII,12 geführt. Die Handschrift wird im Folgenden unter Verwendung der Sigle H zitiert.

entwickeln.[3] Dennoch ist Preisendanz' Wertschätzung der theoretischen Arbeiten nachvollziehbar, insbesondere wenn man nicht nur den Umfang, sondern auch Form und Gehalt der Aufzeichnungen berücksichtigt. Bemerkenswert ist bereits ihr unabgeschlossener, tentativer und mitunter erratischer Charakter. Sie dokumentieren Ludwigs Hang zum beständigen Neuansetzen der Denkbewegung und zur Hinterfragung bereits gewonnener Positionen. Ludwigs Zeitgenossen und die ältere Forschung sahen darin eine „allzupeinliche Strenge" (Stern 1891, 28). Aus heutiger Sicht aber kommt es den Texten zugute, dass ihnen bei allem Bemühen um Systematik und feste Grundsätze der dogmatische und erzieherische Gestus abgeht, den Widhammer (1972, 107) nicht ganz zu Unrecht an den Dokumenten des Programmrealismus kritisiert.

Von den programmatischen Schriften beispielsweise eines Julian Schmidt unterscheiden sich Ludwigs Aufzeichnungen aber noch in einem anderen Punkt: Sie enthalten in erster Linie Reflexionen über den Aufbau und die Struktur literarischer Texte in Abhängigkeit von den medialen Bedingungen dramatischer und erzählender Darstellung. Allgemeine Fragen nach dem Verhältnis von Literatur und Wirklichkeit sowie den Zielen realistischen Schreibens, die Schmidt überwiegend beschäftigen, stehen nicht im Zentrum der Diskussion, sondern werden nur gelegentlich gestreift (vgl. Aust 2006, 70). Dessen ungeachtet hat sich die Forschung vorzugsweise mit diesen grundsätzlichen poetologischen Kommentaren auseinandergesetzt. Auf Resonanz ist so vor allem Ludwigs Begriff des „poetischen Realismus" (STD 1, 458) gestoßen (vgl. u. a. Markwardt 1959, 257–258; Eisele 1976, 62–66; Preisendanz 1977 [1963], 69–71; Cowen 1985, 14–22; Aust 2000 [1977], 23–26), auch weil er sich als bündige Formel für die Verklärungsästhetik des deutschsprachigen Realismus im Gegensatz zum „kritischen" Realismus anderer Nationen anbot (Müller, K.-D. 1981, 12).[4] Dabei bleiben gerade Ludwigs programmatische Überlegungen, wie bereits Preisendanz (1977 [1963], 69–70) bemerkt, oft vage und allgemein, so dass sie außer einer losen Orientierung an der klassischen Tradition wenig über die Poetik des Verfassers und der Zeit aussagen. In der Tat lassen sich Bemerkungen wie die, der Dichter schaffe kraft seiner Phantasie eine Welt, die zwischen naturalistischer Kopie und wirklichkeitsleerer Abstraktion die Mitte halte, „in der der Zusammenhang sichtbarer ist als in der

---

3 Zuletzt bei Baßler (2013b). Die Annahme, es handele sich bei der Erzählung um einen exemplarisch realistischen Text, geht wohl zurück auf die einflussreiche Studie von Brinkmann (1977 [1957]).
4 Die ausführlichste Erläuterung des Begriffes, mit dem Ludwig seine Position gegenüber dem Idealismus und dem „naturalistischen Realismus" (STD 1, 458) abgrenzen will, findet sich in den *Shakespeare-Studien* (STD 1, 458–462). Markwardt (1959, 257) weist darauf hin, dass Ludwig auch alternative Begriffe zur Positionsbestimmung verwendet.

wirklichen" und die „alle ihre Bedingungen, alle ihre Folgen in sich selbst hat" (STD 1, 458), wohl ohne größere Schwierigkeiten auch in den Kontext goethezeitlicher Ästhetik einrücken. Möglicherweise geht noch nicht einmal der Begriff des poetischen Realismus auf Ludwig selbst zurück; zumindest hält es Clifford Albrecht Bernds (1995, 142) für denkbar, dass Ludwig ihn – vermittelt über Julian Schmidt – aus der skandinavischen Realismusdiskussion übernimmt.

Wenn man sich hingegen den dramen- und erzähltheoretischen Analysen Ludwigs zuwendet, ergibt sich ein anderes Bild. Wobei seine Erzähltheorie die dramentheoretischen Studien an konzeptueller Originalität noch übertrifft. Denn in der Dramenpoetik bleibt Ludwig im Ganzen doch stark dem Vorbild Shakespeares verhaftet, was die systematische Relevanz und Aussagekraft seiner im Einzelnen bemerkenswerten Beobachtungen einschränkt. In den *Romanstudien* ist der Untersuchungsfokus hingegen deutlich breiter; zudem stehen die präferierten Autoren, Walter Scott und Charles Dickens, Ludwig historisch näher und ihre Werke werden nicht in gleicher Weise wie Shakespeares Tragödien zu überzeitlich verbindlichen Mustern erhoben. In seinen Urteilen und Analysen zeigt sich Ludwig darum weit unabhängiger von der poetologischen Tradition. Um ein Beispiel herauszugreifen: Für seine Typologie der Erzählformen (‚eigentliche' vs. ‚szenische Erzählung'), die verschiedene Untersuchungskriterien wie Erzählperspektive, Erzählertyp oder narrative Distanz integrativ zusammenführt, gibt es keinen theoriegeschichtlichen Vorläufer (RS 654–657). Diese Bereitschaft zur konzeptuellen Innovation ist für die *Romanstudien* insgesamt charakteristisch. Seine Argumentation stützt Ludwig darin selten auf Autoritäten, die Erzähltheorien der Klassik und der idealistischen Ästhetik stellen für ihn keine verbindlichen Orientierungsrahmen dar.

In den *Romanstudien* gewinnen Ludwigs theoretische Vorstellungen deshalb am deutlichsten ein eigenes, historisch markantes Profil. Paradoxerweise ist es zugleich der Text, in der seine Theorie am aktuellsten erscheint, denn er berührt viele Anliegen der modernen Literaturtheorie (vgl. Steinecke 1984, 31). Nicht nur mit seiner Theorie der Erzählformen, auch mit den Reflexionen über die Spannungserzeugung, über die Stellung des Erzählers, über die Funktion des Helden, über den Zusammenhang von Figur und Raum oder die Charakteristika des erzählten Dialogs spricht Ludwig Themen von genuin narratologischem Interesse an. Er reflektiert mit anderen Worten über Probleme der allgemeinen Erzähltheorie auf der Basis der poetologischen und denkgeschichtlichen Prämissen des Realismus. Die *Romanstudien*, so könnte man sagen, enthalten eine realistische Narratologie.

Die Forschung ist bisher an der Frage vorbeigegangen, wie beide Seiten zusammenpassen. Sie hat nicht erhellt, worin der historische Gehalt, worin die aktuelle Relevanz von Ludwigs Erzähltheorie liegt.[5] Darüber hinaus fehlen vergleichende Darstellungen zu den Beziehungen zwischen den *Romanstudien* und den erzähltheoretischen Beiträgen anderer Autoren der Epoche wie Friedrich Spielhagen oder Berthold Auerbach. Die Erzähltheorie des Realismus ist mit anderen Worten bisher ein weitgehend unbestelltes Forschungsfeld. Dieses Desiderat erklärt sich zum einen aus der Schwerpunktsetzung der Realismusforschung, die sich vorwiegend auf die ideologische und epistemologische Grundsatzkritik am realistischen Programm konzentriert hat (a); zum anderen lässt es sich aber auch auf den Umgang der modernen Narratologie mit ihrer eigenen Geschichte zurückführen (b).

(a) Die Literaturtheorie des Realismus steht in keinem guten Ruf. Die Einschätzung René Welleks (1974 [1965], 433), realistische Theorie sei „schlechte Ästhetik", hat Rudolf Helmstetter (1998, 236) mit der Behauptung überboten, sie sei im Grunde genommen überhaupt keine Ästhetik, weil sie im Banne eines fragwürdigen Objektivitätsideals die Eigenwertigkeit ästhetischer Verfahrensweisen negiere. Auch Forschungsbeiträge, die zu einem ausgewogeneren Urteil kommen, betonen zumindest, dass die programmatischen Texte kaum dazu beitragen, die bedeutenden literarischen Leistungen der Epoche zu verstehen. Demgemäß relativiert Helmuth Widhammer (1972, 2–3) die Ergebnisse seiner wichtigen Abhandlung über die Literaturtheorie nach 1848 mit dem Hinweis auf die „Entfremdung" von Theorie und Praxis. Einen Beleg für diese Annahme sieht er darin, dass die kanonischen Autoren dem Theoretisieren skeptisch bis ablehnend gegenüberstanden und nur „poetae minores" wie Otto Ludwig oder Gustav Freytag poetologische Schriften in größerem Umfang hinterlassen hätten (Widhammer 1972, 7). Diese Beurteilung hat sich in der Realismusforschung über alle theoretischen und methodologischen Differenzen hinweg relativ konstant gehalten.[6]

---

5 Eine detaillierte Aufarbeitung der Forschungsgeschichte zu Ludwigs *Romanstudien* folgt in Kap. 4.1.1.

6 Aust (2006, 64) plädiert zwar dafür, die Programmatik als Kontextfaktor ernst zu nehmen, betont aber gleichzeitig, dass sie mit den „später kanonisierten Werken kaum verbunden ist". Für Titzmann (2000a, 99) bleiben die poetologischen Zeugnisse „auf einem vergleichsweise trivialen und oberflächlichen Niveau", weshalb sie seiner Ansicht nach zum Verständnis der Epoche wenig beitragen könnten. Ähnlich urteilt auch Ort (2007, 22). Swales (1997, 24) kommt dagegen zu dem überraschenden Urteil, dass in der poetologischen Reflexion gerade die besondere Leistung des deutschen Realismus zu sehen sei. Allerdings bezieht er sich dabei auf die Kunstphilosophie Hegels, im Programmrealismus hingegen erkennt er in Übereinstimmung mit dem Großteil der Forschung nur den „Willen zur Verklärung, zu einer restaurativen Ästhetik des Beschwichtigend-Schönen" (Swales 1997, 42). In vergleichbarer Weise begründet K.-D. Müller (1981, 11) seine Behauptung, der deutsche Realismus zeichne sich durch ein hohes poetologisches und ästhetisches

Der angebliche Mangel an überzeugenden Beiträgen zur realistischen Theorie wird mitunter als Symptom einer allgemeinen Theoriemüdigkeit gedeutet, die sich in der zweiten Hälfte des neunzehnten Jahrhunderts als Gegenreaktion zum Spekulationsbedürfnis des Idealismus erkennen lässt (Kinder 1973, 166; Widhammer 1972, 24–29; Bucher et al. 1981, 36). Der Hauptvorwurf, den die Forschung immer wieder gegen die Wortführer des realistischen Programms erhoben hat, bezieht sich aber nicht auf die Theoriemüdigkeit oder Spekulationsskepsis an sich, sondern vielmehr auf das uneingestandene Festhalten an den Prämissen der vordergründig abgelehnten idealistischen Ästhetik: „Die Spekulation wurde abgelehnt, aber ihre Ergebnisse wurden übernommen. [...] Wie die geschichtsphilosophischen, so wurden auch die ästhetischen Vorstellungen des Idealismus an den Realismus weitergegeben" (Bucher et al. 1981, 37; vgl. Aust 2006, 65). Damit verbunden ist der Vorwurf des Rückzugs in einen epigonalen und noch dazu unreflektierten Klassizismus, der die Auseinandersetzung mit der sozialen Realität meidet. Statt an der „zeitgenössischen Wirklichkeit" hätten sich die Programmrealisten an den „Erfordernissen eines idealistisch vorgeprägten Kunstbegriffs" orientiert (Widhammer 1972, 64).[7]

Konjunktur hatte diese Sichtweise im Kontext einer ideologiekritischen Auseinandersetzung mit dem bürgerlichen Liberalismus in den 1970er Jahren. Doch auch in neueren Arbeiten, die nicht mehr unmittelbar diesem Zusammenhang entstammen, wird die Kritik am Verfehlen der ‚eigentlichen' Wirklichkeit wiederholt. In weitgehender Übereinstimmung dazu heißt es etwa bei Gerhard Plumpe (2003, 221): „Der Realismus des 19. Jhs. hat nicht etwa die ‚Wirklichkeit' seiner Zeit zum Thema gemacht; ihm lag vielmehr ein voraussetzungsvolles ästhetisches Programm zugrunde, das die Konstruktion literarischer Realitäten konditionierte". Plumpe geht davon aus, dass die Literatur nach 1850 ihren eigenen Referenzanspruch angesichts der gestiegenen Komplexität moderner

---

Reflexionsniveau aus. Demnach erklärt sich dieses hohe Niveau primär aus dem Weiterwirken der klassischen Ästhetik, die, folgt man Müllers Argumentation, gleichermaßen als Bezugspunkt wie als Reibefläche bei der Entwicklung eines Realismus-Verständnisses dient.

7 Dabei wird insbesondere das Festhalten an der überkommenen „Formkategorie der ‚Objektivität'" als eine „Umsetzung liberaler Ideologie in ästhetische Begrifflichkeit" verstanden (Widhammer 1977, 51). Statt die reflexive und diskursive Auseinandersetzung mit dem Ist-Zustand der gesellschaftlichen Wirklichkeit zu suchen, erhebe die Literatur das bürgerlich-liberale Vorstellungsbild von Realität zur objektiven Gegebenheit. „Insofern ist der objektive realistische Roman nicht Widerspiegelung gesellschaftlicher Realität, sondern Ab- und Ausdruck des versöhnten Bildes von ihr; der künstlerischen Individualität als Instanz des Widerspruchs, als virtuellem Sprachrohr erkannter und erlittener Insuffizienz des Wirklichen wird unter dem Diktat jener ästhetischen Objektivität das Recht zur Verbalisierung beschnitten" (Widhammer 1977, 51; vgl. auch Hahl 1971).

Welterfahrung – er spricht von einer „bodenlos kontingenten modernen Wirklichkeit" (1985, 263) – nicht mehr habe erfüllen können und stattdessen in eine „innerliterarische Umweltsimulation" verfallen sei (1985, 262).[8] Nach dieser Deutung stößt der Realismus gar nicht mehr zur Realität vor, sondern inszeniert ein Surrogat, ein Trugbild mit kompensatorischen Zügen. Plumpe bezieht dieses Urteil sowohl auf die Theorie als auch auf die Literatur, belegt es aber primär durch Verweise auf den theoretischen Diskurs, in dem auch er eine ungebrochene „Vorherrschaft idealistischer Ästhetik" erkennt (2005 [1985], 16). Demgegenüber hätten es die bedeutenden Autoren vermocht, die idealistische Verklärungsästhetik in ihrer literarischen Produktion „ironisch außer Kurs [zu] setzen" (Plumpe 2003, 223). Damit bestätigt Plumpe die Behauptung einer Entfremdung zwischen Theorie und Praxis und ebenso die Annahme, der Grund für diese Diskrepanz liege in einer mangelnden Bereitschaft der programmatischen Realisten, sich auf die Wirklichkeit überhaupt einzulassen.[9]

Gegen diese kontrastive Gegenüberstellung von literarischer Scheinwirklichkeit und gesellschaftlicher Realität sind aus gutem Grund Einwände erhoben worden. Es wurde darauf hingewiesen, dass Realität nie als etwas „unmittelbar Gegebenes" angesehen werden kann, sondern „immer schon das Produkt einer auf Wissensmengen und Denkstrukturen der Epoche basierenden, ‚Daten' selegierenden und interpretierenden sozialen Konstruktion" darstellt (Titzmann 2000a, 101). Literatur referiert demnach nicht auf eine faktisch gegebene und deshalb für den Literaturhistoriker zugängliche Umwelt, sondern entwirft fiktive Welten und Handlungen auf Grundlage historisch variabler epistemologischer, anthropologischer, sozialer, politischer, kultureller etc. Prämissen. Daher ist der „Referenzpunkt einer ‚Mimesis'" nie eine historisch rekonstruierbare Realität, sondern immer ein zeitspezifischer „Realitätsbegriff" (Titzmann 2000a, 101; vgl. Ritzer 2003, 217).[10] Für die Literaturgeschichtsschreibung bedeutet dies, dass

---

8 Dieser Ansatz wird in der Epocheneinführung von Stockinger (2010) aufgegriffen und ohne kritische Auseinandersetzung fortgeschrieben.

9 Diese Entwicklung kennzeichnet nach Plumpe zugleich den ‚Sonderweg' der deutschen Literatur im Zeitalter des europäischen Realismus: „Mit seiner idealisierenden Wirklichkeitskonstruktion unterschied sich der deutschsprachige Realismus von der maßgeblichen gesamteuropäischen Programmatik in ihren dezidiert sozialkritischen, psychologischen, aber auch ästhetizistischen Spielarten" (2003, 222). Zur Kritik dieser Einschätzung vgl. bereits Martini (1974, 186–189) sowie Swales (1997, 37–47).

10 Titzmann (1991, 426–427) vertritt generell ein Konzept von Literaturgeschichte, dass der faktischen Realität keine oder nur eine geringe Bedeutung zuschreibt. Auf die Notwendigkeit, die Literatur des Realismus über den zugrunde liegenden Wirklichkeitsbegriff zu erfassen und nicht im Gegenteil unreflektierte Vorstellungen über die Beschaffenheit von Realität auf die Epoche zu

Vergleiche zwischen der literarisch dargestellten und einer außerliterarisch vorhandenen Wirklichkeit nur mit äußerster Vorsicht zu ziehen sind.[11] Zudem lässt sich die Annahme, dass „bestimmte literarische Strukturen in einem gegebenen historischen Zustand ‚angemessener' wären als andere", auf dieser Basis kaum noch halten (Titzmann 2000a, 100). Der Vorwurf der Wirklichkeitsflucht und des Rückzugs in eine klassizistisch unterfütterte Verklärungsästhetik beruht mithin auf problematischen methodologischen Prämissen.

Eine andere Traditionslinie der Realismuskritik widersetzt sich diesem Vergleich von außer- und innerliterarischer Wirklichkeit und konzentriert sich dagegen stärker auf die epistemologischen und poetologischen Aporien der realistischen Theorie. Ulf Eiseles Arbeit zur literarischen Theorie nach 1848 ist nicht zuletzt deshalb wegweisend, weil sie es unternimmt, den Realismus von innen heraus, das heißt mit Bezug auf den ihn fundierenden „Realitätsbegriff", zu bestimmen (1976, 52). Basis der realistischen Poetik ist nach Eisele ein spezifisches Erkenntnismodell, das er als identitätsphilosophisch gestützten Empirismus bezeichnet und das Erkenntnis als einen Vorgang der Extraktion eines essenziellen Kerns aus der Hülle des Inessenziellen beschreibt (Eisele 1976, 53).[12] Diese Position, so Eisele, konfliziert mit der für die Realisten bindenden Prämisse, Literatur habe stets das Konkret-Individuelle und nicht nur das Allgemein-Abstrakte zu zeigen. Die Theorie fordere deshalb, dem abstrahierten Wesentlichen im Nachhinein das Gewand einer konkret-sinnlichen Wirklichkeit umzulegen und zu suggerieren, jene Extraktion habe noch gar nicht stattgefunden und der essenzielle Kern sei immer noch mit Zufälligem vermischt. Literatur soll mit anderen Worten „am Essentiellen [...] die *Form* des Inessentiellen nach[ahmen]" und auf diese Weise die Identität des Dargestellten mit der Realität vortäuschen (Eisele 1976, 74–75). Der gewünschte Illusionseffekt sei aber nur durch eine „Verdrängung" oder „Exilierung des Literarischen" zu erreichen (Eisele 1976, 83). Die Literaturtheorie gerate daher an einen Punkt, an dem sie ihren eigenen Gegenstand verleugnen müsse und sich dementsprechend überflüssig mache.[13]

---

projizieren, hat Ritzer in zahlreichen Beiträgen aufmerksam gemacht (vgl. Ritzer 2001, 2007a, 2007b, 2007c).

11 Das bedeutet freilich nicht, dass die Literaturgeschichte davon absehen müsste, Überschneidungen zwischen literaturtheoretischen und politischen Programmen zu analysieren, wie es Widhammer (1972) und an ihn anknüpfend Thormann (1993) am Beispiel des bürgerlichen Liberalismus nach 1848 anstreben.

12 Eisele stützt sich in diesem Empirismus-Verständnis auf Louis Althusser.

13 Die klassizistischen Elemente im Realismus interpretiert Eisele als Symptom des schlechten Gewissens und als Versuch der Theoretiker, der inneren Logik ihres Literaturbegriffs entgegenzusteuern (vgl. 1976, 88).

Eiseles Kritik, die realistische Theorie verdränge die Spezifik literarischer Kommunikation, wird von Helmstetter (1998) aufgegriffen und bestätigt, wenngleich mit einer stärkeren Betonung der Diskrepanz zwischen dem poetologischen Ansatz und den bedeutenden literarischen Erzeugnissen der Epoche. Für Helmstetter existiert ein gewissermaßen primitives Realismusverständnis, das von den Programmrealisten propagiert, von der Leserschaft akzeptiert und vom Gros der Realismusforschung weitergeführt wurde. Es drückt sich seiner Meinung nach in einem Lektüreverhalten aus, das „von sprachlichen Zeichen, Textualität, Fiktionalität, literarischen Verfahren (Selbstreferenz) absieht und die Weltreferenz favorisiert, ja fast ausschließlich das Dargestellte beachtet" (Helmstetter 1998, 250). Von einer Ästhetik oder Poetik im eigentlichen Sinne könne deshalb nicht die Rede sein, allenfalls von einer „impliziten, spontanen und dilettantischen Literatur-‚Theorie'" (Helmstetter 1998, 250). Der ästhetische Wert realistischer Literatur aber steige in dem Maße, wie sie sich von diesem theoretischen Dogma entferne (vgl. Helmstetter 1998, 270). Interessant sind mit anderen Worten nur die literarisch praktizierten Ausnahmen von der realistischen Regel.[14]

Beruhte der Klassizismus-Vorwurf auf unreflektierten Vorannahmen über die Beschaffenheit von Wirklichkeit, so liegt dem bei Eisele und vor allem bei Helmstetter geäußerten Trivialitätsvorwurf ein normatives Literaturverständnis zugrunde, das den Aspekt der Abweichung der Literatur von realweltlichen Erfahrungen betont und eine kritisch-distanzierende Rezeptionsweise gegenüber einer assimilierend-identifikatorischen als grundsätzlich höherwertig einstuft. Sowohl Eisele als auch Helmstetter gehen davon aus, dass es ein „‚falsches Bewußtsein' von Literatur" (Eisele 1976, 84) gibt, das in der unkritischen Anwendung außerliterarischer Erfahrungs- und Deutungsmuster auf literarische Texte und in dem Verlangen zutage tritt, „Literatur mit dem lebensweltlichen Wirklichkeitsverständnis, seinen Prämissen, Illusionen und Restriktionen kurzschließ[en]" zu wollen (Helmstetter 1998, 236). Diesem normativen Literaturverständnis lässt sich entgegenhalten, dass sich „literarische Kodes" und die „Kodes des Darzustellenden (d. h. Kodes der erfahrungsmäßigen, psychologischen, emotionalen, soziologischen etc. Wahrscheinlichkeit)" (Helmstetter 1998, 258) notwendiger-

---

14 Für diese aus Helmstetters Sicht anspruchsvolle, da selbstreflexive realistische Literatur nutzt er den Begriff des poetischen Realismus: „Die ‚poietische' (konstruktive) Komponente verändert das mimetische (fremdreferentielle) Moment, macht den Realismus reflexiv, bewirkt die Reflexion der Differenz von Fremd- und Selbstreferenz, der mit jeglicher ‚Nachahmung' entstehenden Differenz von Vorbild und Abbildung [...]. Poetisch-realistisch ist eine Schreibweise, eine Textstruktur, die die Doppelpoligkeit von Fremdreferenz (‚Mimesis') und Selbstreferenz (‚Poiesis') des Textes – ausbalanciert" (Helmstetter 1998, 267). In vergleichbarer Weise rekonzeptualisiert auch Korten (2009) Ludwigs Begriff.

weise zu einem gewissen Grad überschneiden. Schließlich beruht jeder Rezeptionsakt auf Analogie- und Inferenzschlüssen, die auf Basis von Welt- und Erfahrungswissen getätigt werden. Sicherlich hat Literatur die Möglichkeit, diese Analogiebildung entweder zu fördern (wie es im Realismus wohl der Fall ist) oder zu stören. Die Literaturwissenschaft aber sollte davon absehen, allein die letztere Möglichkeit als systemkonform zuzulassen und über alles andere das Verdikt der Trivialität auszusprechen.

Die beiden Kritiklinien stehen in gewisser Weise konträr zueinander, insofern der realistischen Theorie einmal die Orientierung an einem falschen ästhetischen Ideal und die Missachtung der Wirklichkeit, einmal die Negierung des Ästhetischen vorgeworfen wird. Was die beiden Ansätze jedoch verbindet, ist die Ausblendung wesentlicher Teile der theoretischen Diskussion, insbesondere der Beiträge realistischer Autoren zur Theorie des Erzählens. Zu dem Urteil, der deutsche Realismus habe eine ausgedehnte Programmatik, aber kaum eine eigenständige Theorie entwickelt (vgl. Bucher et al. 1981, 47), hat die Forschung durch die Verengung der Perspektive auf die programmatischen Texte durchaus selbst beigetragen.[15] Zwar spricht Widhammer den Realisten das Verdienst zu, den Roman als wichtigste moderne Erzählgattung theoretisch rehabilitiert zu haben; doch ist er überzeugt, dass die Aufwertung nur „auf dem Umweg über klassizistische Normierungen" und durch die Übertragung von Formgesetzen des Versepos und des Dramas auf den Roman erreicht worden sei (Widhammer 1977, 85). Auch für Plumpe (2005 [1985], 34) laufen die Bemühungen der Realisten um eine Theorie des Romans im Wesentlichen auf eine Assimilation an das Drama und dessen Theorie hinaus. Dass es daneben einen intensiven Diskurs „über Modalitäten der Repräsentation in den narrativen Gattungen" (Swales 1997, 42) gibt, übersieht er ebenso wie Widhammer.[16]

In der Gesamtwahrnehmung der realistischen Literaturtheorie spielt die Erzähltheorie keine oder allenfalls eine untergeordnete Rolle. Werden Texte wie

---

15 Für die ideologiekritische Forschung liegt die Konzentration auf die in Zeitschriften wie *Die Grenzboten* oder *Deutsches Museum* geführten Debatten gewissermaßen auf der Hand, ist doch der „literarische Journalismus der 50er Jahre", wie Widhammer (1972, 23) zu Recht betont, „nicht nur der unmittelbare Träger der Literaturprogramme", sondern „in den meisten Fällen zugleich Parteipresse des gemäßigten bis rechten Liberalismus". Ein Text wie Ludwigs *Romanstudien* – der im Ganzen weit mehr Theorie als Programm ist – kann aus dieser Perspektive aber nicht annähernd erschöpfend erfasst werden.

16 Gelegentlich finden sich beide Tendenzen sogar in einem Text vereinigt: In den *Romanstudien* spricht Ludwig an einigen Stellen mit Bezug auf Dickens' Romane von einer relativen Nähe zwischen Dramen- und Romanform (vgl. RS 539). Gleichzeitig zielt seine Theorie insgesamt darauf, die Unterschiede in den grundlegenden Baugesetzen narrativer und dramatischer Texte zu klären.

Ludwigs *Romanstudien* oder Spielhagens *Beiträge zur Theorie und Technik des Romans* (1883) herangezogen, geschieht dies in der Regel nur, um ihnen programmatische Aussagen etwa über das Verhältnis von Literatur und Wirklichkeit zu entnehmen, und nicht in der Absicht, die darin enthaltenen narratologischen Konzepte theoriegeschichtlich zu analysieren.[17] Überspitzt formuliert: Man interessiert sich für Ludwigs Bemerkungen über den poetischen Realismus, lässt aber seine Typologie der Erzählformen außer Acht; man zitiert Spielhagens Objektivitätskonzept und geht gleichzeitig an seiner Theorie der Ich-Erzählung vorbei. Wo aber die Leistungen einiger realistischer Autoren auf dem Gebiet der Erzähltheorie anerkannt werden, relativiert man zugleich die Bedeutung der narratologischen Diskussionen für die Rekonstruktion einer Poetik des Realismus und den Entwurf eines Epochenbegriffs. Denn im Hintergrund steht immer die Annahme, dass sich die Literaturgeschichte nicht mit der Erörterung systematischer Probleme zu befassen habe. So weisen Steinecke und Wahrenburg (1999, 28) darauf hin, dass in der Romantheorie des neunzehnten Jahrhunderts „erstmals ausführlich Fragen behandelt [werden], die im 20. Jahrhundert in systematischen Darstellungen eine zunehmende Bedeutung gewinnen", etwa „Fragen der Erzählhaltung, der Perspektiven (Ich-/Er-Roman), Arten des Erzählens (eigentliches/szenisches Erzählen)". Gleichzeitig betonten sie aber, dass es sich dabei um rein „technische Fragen" und „Probleme der Schreibpraxis" handele (Steinecke und Wahrenburg 1999, 27– 28), und schränken damit deren Relevanz für die literaturgeschichtliche Forschung ein. Ihrer Ansicht nach sollte sich der Literaturhistoriker primär für die „hinter den ‚erzähltechnischen' Schwierigkeiten stehenden allgemeinen Probleme des Verhältnisses von Gesellschaft und Individuum, von Allgemeinem und Besonderem" (Steinecke und Wahrenburg 1999, 27) interessieren.

(b) Die Frage nach dem Quellenwert systematisch ausgerichteter Theoriebeiträge für die Literaturgeschichte führt bereits über den Kreis der Realismusforschung hinaus. Denn die Vernachlässigung erzähltheoretischer Texte in literaturgeschichtlichen Darstellungen resultiert zu einem erheblichen Teil auch aus dem Selbstverständnis insbesondere der strukturalistischen Narratologie, eine ahistorisch ausgerichtete, systematisierende und dekontextualisierende Disziplin zu sein. Mit zunehmender Abgrenzung vom strukturalistischen Paradigma hat sich in den vergangenen Jahrzehnten das disziplinäre Selbstbild jedoch verändert.

---

17 In der Spielhagen-Forschung spielt die Auseinandersetzung mit erzähltheoretischen Theoremen insgesamt eine größere Rolle, wobei auch hier eine umfassende theorie- und poetikgeschichtliche Einordnung in der Regel nicht geleistet wird. Ansätze dazu finden sich allerdings bei Schneider (2005). Eine genauere Übersicht über die autorenbezogene Forschung erfolgt an anderer Stelle (Kap. 4.2.1).

Die „Vernachlässigung der literaturgeschichtlichen Dimension und der historischen Variabilität narrativer Phänomene" ist inzwischen als „Defizit der bisherigen Forschung" erkannt worden (Nünning und Nünning 2002, 29).[18] Bei den
bisher entwickelten Ansätzen einer historisch sensibilisierten Narratologie lassen
sich grob zwei unterschiedliche Herangehensweisen erkennen: Zum einen richtet
man den Blick auf den funktionsgeschichtlichen Wandel der Erzählformen. Die
Orientierung an den Kategorien der modernen Erzählforschung wird dabei nicht
grundsätzlich aufgekündigt, doch die Aufmerksamkeit stärker ihrem Funktionswert in unterschiedlichen kulturgeschichtlichen Zusammenhängen zugewen-
det.[19] Die andere Richtung der historischen Narratologie macht hingegen die
Historizität der narratologischen Kategorien selbst zum Gegenstand der Auseinandersetzung. Demnach geht es nicht mehr allein darum, wie die Ergebnisse der
systematischen Erzählforschung stärker mit literaturgeschichtlichen Untersuchungen zu verknüpfen sind; es geht vielmehr um das Problem, welcher Gel-
tungsbereich modernen literaturwissenschaftlichen Beschreibungsbegriffen zugesprochen werden kann. Wichtige Impulse sind hier insbesondere der
mediävistischen Erzählforschung zu verdanken (vgl. Haferland und Meyer 2010).
So hat Gerd Hübner auf die Notwendigkeit hingewiesen, die epistemologischen
Prämissen narratologischer Kategorien und der mit ihnen verbundenen Untersuchungsinteressen zu reflektieren.

> Wie jede Phänomenologie ist die narratologische historisch, weil sie das Wahrnehmbare
> nach kulturspezifischen Kriterien klassifiziert. Vergleichsweise leicht lässt sich deshalb
> vorführen, dass die Kategorien und ihre Systematik keine ‚Universalien' darstellen. (Hübner
> 2010, 132)

---

18 Den Wandel im disziplinären Selbstverständnis dokumentiert auch die Ausgabe 3.2 (2014) des
interdisziplinären E-Journals für Erzählforschung *DIEGESIS* zum Thema „Historische Narratologie".
19 Hier wäre das Modell einer kulturhistorischen Narratologie zu nennen, das Ansgar Nünning in
einer Reihe von Beiträgen seit der Jahrtausendwende projektiert hat (Nünning 2000; 2001; 2002;
2009). Zur Bedeutung funktionsgeschichtlicher Ansätze für eine kulturhistorische Narratologie
vgl. auch Erll und Roggendorf (2002, 102–106). Ebenfalls funktionsgeschichtlich, aber stärker auf
die literaturimmanenten Transformationsprozesse ausgerichtet ist die Studie von Fludernik
(2003b). Einen integrativen Ansatz, der systematische und historische Perspektive zusammenführen will, verfolgt Fludernik bereits in *Towards a ‚Natural' Narratology* (1996). Darin betont sie,
dass die Zuschreibung von Narrativität, das heißt die Narrativierung (*narrativization*) eines Textes
durch den Rezipienten, immer auf einem Zusammenspiel kognitiver, tendenziell ahistorischer
Schemata und historisch bedingtem Wissen etwa über mediale und generische Muster, aber auch
über narratologische Kategorien beruht.

Folgt man Hübners Einschätzung, ist davon auszugehen, dass die narratologischen Kategorien keine neutralen Werkzeuge sind, die invariante Strukturformen des Erzählens einfach nur benennen, da die Identifikation von Möglichkeiten narrativer Darstellung immer auf Basis kulturhistorisch variabler erkenntnisleitender Voraussetzungen erfolgt. Auch dort, wo primär technische Aspekte erfasst und beschrieben werden, handelt es sich dementsprechend nicht nur um Oberflächenphänomene oder, um das Urteil der Forschung über die realistische Erzähltheorie aufzugreifen, um Probleme der Schreibpraxis. Jede „Phänomenologie des Erzählens" (Hübner 2010, 132), das heißt jede Analyse der allgemeinen und vermeintlich transhistorischen Grundbedingungen narrativer Darstellung, wird von kontextspezifischen Interessen gelenkt und ist insofern historisch signifikant. Poetologische Texte, die sich mit erzähltechnischen Fragen beschäftigen, können für die Literaturgeschichte mithin ebenso wertvoll sein wie Aussagen über die „allgemeinen Probleme des Verhältnisses von Gesellschaft und Individuum" (Steinecke und Wahrenburg 1999, 27); nicht zuletzt um den Prozess der Transposition jener Probleme in literarische Strukturen besser verstehen zu können.

Hübners Ansatz einer historischen Narratologie plädiert also für eine stärkere theoriegeschichtliche Reflexion narratologischer Begriffe und Modelle. Er weist damit zugleich darauf hin, dass die Aufarbeitung der eigenen Theoriegeschichte ein bedeutendes Desiderat narratologischer Forschung darstellt. Denn die Geschichtsschreibung der Narratologie wird immer noch von der Vorstellung dominiert, dass sich „das eigentliche Konzept von Erzähltheorie als einer systematischen literaturwissenschaftlichen Erforschung des Erzählens" erst im zwanzigsten Jahrhundert herausgebildet hat (Nünning 1997, 514). Dem gängigen historiografischen Narrativ zufolge wird der Zeitraum zwischen der Jahrhundertwende und den 1950er Jahren als Gründungs- oder Formierungsphase der Erzähltheorie angesehen (Köppe und Kindt 2014, 17).[20] Darüber hinaus, so die

---

20 Die Theoriegeschichtsschreibung hat sich lange Zeit überwiegend auf den Übergang von einer klassischen, das heißt strukturalistisch dominierten Hochphase der Narratologie in den 1960er und 70er Jahren zu einer poststrukturalistischen Phase der methodisch-theoretischen Pluralisierung konzentriert (vgl. Hoesterey 1992, 3; Ryan und van Alphen 1993, 110; Nünning und Nünning 2002, 5; Nünning 1997, 514). Seit einigen Jahren hat sich die Aufmerksamkeit für die Erzähltheorie der ersten Jahrhunderthälfte deutlich erhöht. Die Bedeutung der frühen deutschen Erzählforschung wurde dabei kontrovers diskutiert (vgl. Darby 2001, 2003; Fludernik 2003a). Differenzierte Darstellungen der vorstrukturalistischen Theorie finden sich auch bei Cornils und Schernus (2003), Fludernik und Margolin (2004) sowie Herman (2008 [2005]). Die Ansätze des russischen und tschechischen Formalismus wurden trotz ihres maßgeblichen Einflusses auf den französischen Strukturalismus lange Zeit ebenfalls nur peripher wahrgenommen. Vgl. allerdings schon die bemerkenswerte Anthologie von Hillebrand (1978), die zentrale Texte der formalisti-

Annahme, gibt es nur wenige Vorläufer und nur vereinzelt Beiträge von erzähltheoretischer Relevanz (Prince 1995, 111). Abgesehen von einigen Bemerkungen
und Passagen bei Platon und Aristoteles (vgl. Ryan und van Alphen 1993, 111;
Prince 1995, 111) wird die poetologische Tradition in Überblicksdarstellungen
meist nicht in die Vorgeschichte der Narratologie mit einbezogen. Erst im ausgehenden neunzehnten Jahrhundert erkennt man einige „precursory efforts"
(Prince 1995, 111) zur Herausbildung einer allgemeinen Erzähltheorie; im englischen Sprachraum vor allem in den theoretischen Beiträgen Henry James' (vgl.
Ryan und van Alphen 1993, 111), im deutschen Sprachraum meistens in den
Aufsätzen Spielhagens (vgl. Köppe und Kindt 2014, 17).

Allerdings finden sich in einigen Darstellungen, die sich stärker dem
deutschsprachigen Raum zuwenden, zumindest Hinweise auf weitere und vor
allem ältere poetologische Texte wie Ludwigs *Romanstudien* (Fludernik und
Margolin 2004, 148), Friedrich von Blanckenburgs *Versuch über den Roman*
(Fludernik und Margolin 2004, 148; Lahn und Meister 2008, 22; Meister 2009, 333;
Scheffel 2006 [1997], 101), Johann Jakob Engels Abhandlung „Über Handlung,
Gespräch und Erzählung" (Scheffel 2006 [1997], 101) oder den Briefwechsel zwischen Goethe und Schiller (Darby 2001, 831–832; Fludernik und Margolin 2004,
148; Scheffel 2006 [1997], 101). Die Liste der Vorläufertexte legt nahe, dass die
theoretische Beschäftigung mit der Erzählung nicht erst am Ende des neunzehnten Jahrhunderts einsetzt. Offenbar gibt es bereits seit dem späten achtzehnten Jahrhundert – die Texte von Blanckenburg und Engel erschienen 1774 –
eine gewisse theoriegeschichtliche Kontinuität.

Bestätigt wird diese Einschätzung von zwei ungewöhnlichen disziplinge-
schichtlichen Arbeiten, auf die es sich in diesem Kontext kurz einzugehen lohnt.
Mit seiner Untersuchung *Occidental poetics* hat Lubomír Doležel bereits 1990 einen Versuch vorgelegt, die struktural-analytische Beschäftigung mit Literatur als
eine die Antike mit der Gegenwart verbindende „research tradition" zu erfassen
(1990, 2).[21] Dabei zeichnet er keinen geschlossenen historischen Zusammenhang,
sondern arbeitet in exemplarischen Analysen heraus, wie sich die Verfahrensweisen zur Generierung literaturtheoretischen Wissens ähneln und wo ältere
Konzepte (zum Beispiel die Theorie der möglichen Welten) von der modernen
Forschung wieder aufgegriffen werden. Die zweite Arbeit, die hier erwähnt werden sollte, ist die Anfang der 1960er Jahre entstandene, inzwischen weitgehend
vergessene Dissertationsschrift von Wolfgang Lockemann (1963). Diese Studie ist

---

schen Erzähltheorie enthält. Einen umfassenden Einblick in diese Tradition gewährt Schmid
(2009b).
21 Auf die methodologische Bedeutung der Studie für die Geschichtsschreibung der Narratologie
verweist Martínez (2012, 139–140).

ein Beitrag zu der von Käte Hamburger entfachten Debatte um die logische Struktur der epischen Fiktion und hat zum Ziel, ein „heftig diskutiertes systematisches Problem", nämlich Hamburgers Unterscheidung von historischer und mimetisch-fiktionaler Erzählung, „*historisch* anzugehen" und die theoretische Diskussion des Verhältnisses von Narration und Fiktion vom Barock bis in die Spätaufklärung nachzuzeichnen (Lockemann 1963, 12).[22] Bei allen Differenzen hinsichtlich der Anlage und der Untersuchungsinteressen ist den beiden Arbeiten gemeinsam, dass sie auf das geschichtliche Fundament der modernen Narratologie aufmerksam machen, ebenso wie auf die Persistenz und die Wiederkehr einzelner Analyseanliegen.[23] Sie zeigen eine Möglichkeit auf, die Diskussionsinhalte älterer theoretischer Texte auf Fragen und Probleme der modernen Wissenschaft zu beziehen, ohne dabei ihre Historizität und Kontextualität zu ignorieren.

An diesem Punkt setzt die vorliegende Untersuchung zu Ludwigs *Romanstudien* an: Ihr zentrales Anliegen ist die Zusammenführung von systematischer und historischer Perspektive und damit zugleich die Verbindung von literaturgeschichtlichen und narratologischen Erkenntnisinteressen. Hinter dieser doppelten Perspektivierung steht die Überzeugung, dass mit der Erschließung eines bisher kaum beachteten Kapitels der Geschichte der Erzähltheorie zugleich eine vernachlässigte Dimension literaturtheoretischen Denkens im neunzehnten Jahrhundert erhellt werden kann. Dafür sollen die für Ludwigs Text zentralen Begriffe und Theoreme sowohl auf ihre systematische als auch auf ihre historische Aussagekraft hin analysiert werden. Die theoriegeschichtliche Kontextualisierung erfolgt zum einen über den Einbezug erzähltheoretisch relevanter Texte der deutschsprachigen Poetik und Ästhetik des späten achtzehnten und neunzehnten Jahrhunderts; zum anderen sollen Beiträge anderer dem Realismus zugeordneter

---

22 Bekannter als seine Dissertation ist ein zwei Jahre später veröffentlichter Aufsatz, der die Diskussion um Hamburgers Thesen noch einmal zusammenfasst (Lockemann 1965).

23 Ein anderes erwähnenswertes Beispiel für die Verbindung systematischer und historischer Perspektiven bietet Patrons Untersuchung zum Konzept des Erzählers (2009). In ihrer Einleitung skizziert die Autorin anhand einiger Beispiele aus der europäischen Poetik des neunzehnten Jahrhunderts – die im Anhang zum Teil auch abgedruckt werden – die ältere Begriffsgeschichte (Patron 2009, 12–16). Ähnlich wie bei Lockemann steht Hamburgers sprachlogische Unterscheidung von Ich- und Er-Erzählung auch im Hintergrund von Patrons Arbeit. Ihr Kernanliegen ist die Differenzierung zwischen einem Erzählen, das die Struktur faktualer Alltagserzählung nachbildet (Ich-Erzählung), und einem poetisch-fiktionalen Erzählen, das sich dieser Ableitung entzieht und dessen Struktur nicht mit den Kategorien des Kommunikationsmodells erfasst werden kann. Für diese Unterscheidung hätte sich, nebenbei bemerkt, auch ein Rückbezug auf Ludwigs Theorie der Erzählformen und die Begriffsopposition ‚eigentliche' vs. ‚szenische Erzählung' angeboten.

Autoren wie Spielhagen oder Auerbach herangezogen werden, um klären zu können, welche Prämissen und Interessen die Theoriebildung in der zweiten Hälfte des neunzehnten Jahrhunderts prägen und ob sich von einer spezifisch realistischen Weise des Nachdenkens über Erzählung sprechen lässt.

Dabei wird nicht der Anspruch erhoben, eine Gesamtdarstellung der realistischen Poetik vorlegen zu wollen. Der Untersuchungsschwerpunkt liegt auf narratologisch relevanten Zusammenhängen; Inhalte und Themen anderer Art treten daher notwendig in den Hintergrund, auch wenn sie bisher die Forschungsdiskussion dominiert haben. Dazu gehören beispielsweise die viel diskutierten Begriffe der Verklärung oder des Humors, die ebenso wie abstrakte Definitionen der Ziele und Aufgaben realistischer Literatur nur am Rand und in ihrer Beziehung auf erzähltheoretische Fragen berücksichtigt werden. Ähnliches gilt für die Quellengrundlage: Die Beiträge der beiden Wortführer des programmatischen Realismus, Julian Schmidt und Gustav Freytag, enthalten insgesamt kaum erzähltheoretisch aussagekräftige Analysen oder Reflexionen. Sie sollen daher in dieser Untersuchung auch nicht umfassend erschlossen werden.

Die methodologischen Voraussetzungen der theoriegeschichtlichen Herangehensweise werden im ersten Teil der Untersuchung in insgesamt drei Schritten dargelegt. Im Fokus steht zunächst der Zusammenhang von Gattungsgeschichte und Erzähltheorie beziehungsweise die Frage, ob und in welchem Maße moderne und historische Erzählforschung hinsichtlich ihrer Gattungsgebundenheit voneinander abweichen. Im Anschluss wird das Problem der Vergleichbarkeit moderner und älterer narratologischer Kategorien einer ausführlichen Betrachtung unterzogen und ein begriffsgeschichtlicher Ansatz vorgestellt, der die Balance zwischen Kontinuität und Historizität der theoretischen Begriffe wahrt. Der dritte Schritt führt die Diskussion dann auf die Möglichkeiten der Kontextualisierung und Periodisierung des Begriffswandels und allgemein auf das Verhältnis von Erzähltheorie- und Literaturgeschichte. Dabei wird auf die zentralen literaturhistoriografischen Konzepte der Epoche und des Literatursystems ebenso wie auf den in dieser Arbeit verwendeten Begriff des Erzählmodells näher einzugehen sein.

Der zweite Teil der Untersuchung widmet sich einer kursorischen Übersicht über die Entwicklung der Erzähltheorie seit der Spätaufklärung. Notwendigkeit und Nutzen dieses Rückblicks ergeben sich aus dem Anliegen, die Spezifik der realistischen Erzähltheorie erfassen zu wollen, was ohne die Abgrenzung gegen andere Stadien und Konstellationen des narratologischen Diskurses nicht möglich ist. Darüber hinaus legt der Mangel an Vorarbeiten zur Geschichte der Erzähltheorie nahe, den Bogen der Untersuchung weiter zu spannen und insgesamt drei alternative „Phänomenologie[n] des Erzählens" (Hübner 2010, 132) vorzustellen: das pragmatische Erzählmodell des ausgehenden achtzehnten Jahrhunderts, das um 1800 dominierende klassisch-romantische Modell sowie das die philosophische Ästhetik des neunzehnten Jahrhunderts bestimmende idealistische Erzählmodell.

Es folgt dann im dritten Teil die ausführliche Analyse und theoriegeschichtliche Einordnung von Ludwigs *Romanstudien*. Die Bedeutung dieses Textes liegt, wie erwähnt, nicht allein in der Fülle erzähltheoretisch relevanter Beobachtungen, sondern auch in seiner relativen Unabhängigkeit gegenüber der philosophischen und populärwissenschaftlichen Ästhetik. Denn diese Unabhängigkeit begünstigt die sukzessive Loslösung von den Prämissen und Konzepten idealistischer Prägung und die Herausbildung einer neuen, hier als spezifisch realistisch bezeichneten Auffassung von den Leistungen und Strukturmerkmalen erzählender Darstellung. In einem letzten Schritt werden die aus der Beschreibung und Interpretation von Ludwigs Text gewonnenen Ergebnisse auf ihre Repräsentativität hin befragt. Die vergleichende Analyse narratologisch aussagekräftiger Texte unter anderem von Auerbach, Fontane und Spielhagen ermöglicht dabei, die Besonderheiten von Ludwigs Reflexionen ebenso wie die autorübergreifenden Prämissen und damit die Grundlinien eines realistischen Erzählmodells herauszuarbeiten.

Mit der Konzentration auf die erzähltheoretischen Inhalte wird zugleich der schöpferische Wert von Ludwigs Studien betont. Es wurde eingangs darauf hingewiesen, dass auch eine andere Sichtweise auf den Text möglich ist: Hervorgegangen aus seinen massiven Selbstzweifeln, stellen sie einen letztlich gescheiterten Versuch dar, auf dem Wege der Reflexion zurück zur Praxis zu finden. Die *Romanstudien* belegen so in gewisser Weise tatsächlich eine Entfremdung zwischen Theorie und Praxis, allerdings nicht in dem Sinn, wie es das gängige Urteil der Realismusforschung meint. Die Rede ist nicht davon, dass der Gehalt und der Komplexitätsgrad von Ludwigs Begriffen nicht ausreichen, seine eigenen literarischen Texte oder die seiner Zeit zu erklären; eher muss man davon sprechen, dass es Ludwig nicht mehr gelingt, seine anspruchsvollen Analysen der Grenzen und Möglichkeiten narrativer Darstellung in künstlerisch befriedigender Weise umzusetzen. Eine pauschale Abwertung der realistischen Theorie wird allein deshalb im Hinblick auf Ludwigs Studien zurückgewiesen werden müssen.

Darüber hinaus allerdings soll im Rahmen dieser Studie das Verhältnis von Theorie und literarischer Praxis in der zweiten Hälfte des neunzehnten Jahrhunderts nicht näher untersucht werden. Sicherlich ist es langfristig wünschenswert, die Bedeutung und Reichweite der Konzepte an den Erzähltexten der Zeit zu überprüfen. Doch liegt in einer solchen vergleichenden Gegenüberstellung auch stets die Gefahr einer reduktionistischen Sichtweise, wenn nämlich immer nur das für literarhistorisch relevant erachtet wird, was sich literarisch auch tatsächlich verwirklicht findet. Dagegen wird hier für eine relative Unabhängigkeit und insofern auch Gleichrangigkeit von literarischem Schaffen und theoretischer Reflexion plädiert und die Annahme vertreten, dass die in den poetologischen Diskussionen entwickelten Konzepte unabhängig von der Frage ihrer Realisierung für die Rekonstruktion literaturgeschichtlicher Entwicklungszusammenhänge und die Bildung von Periodisierungshypothesen relevant sind. Denn auch ohne Deckungsgleichheit können die Theoreme der poetologischen Reflexion und die tatsächlich angewendeten literarischen Verfahrensweisen „auf die gleiche geschichtliche Grundsituation [...] verweisen" (Martini 1974 [1968], 190). Eine umfassende Rekonstruktion der Wechselbeziehungen zwischen realistischer Literatur und ihrem theoretischen Diskurs wird an dieser Stelle also nicht angestrebt. Eine interessante Hypothese und ein Anreiz für künftige Forschung lässt sich der Gesamtanlage der Arbeit gleichwohl entnehmen: Es ist der Gedanke, dass sich die Vorstellung eines eklatanten Auseinandertretens von realistischer Theorie und literarischer Praxis in der Realismusforschung hauptsächlich deshalb etablieren konnte, weil zentrale konzeptuelle Anliegen und poetologische Leistungen dieses vermeintlich theoriemüden Zeitalters überhaupt nicht wahrgenommen wurden und zum Teil bis heute im Verborgenen liegen.

2 Historische Narratologie

2.1 Gegenstand und Methode

2.1.1 Traditionslinien erzähltheoretischer Reflexion

Diese Arbeit nähert sich Otto Ludwigs *Romanstudien* aus der Perspektive der historischen Narratologie. Unter ‚historischer Narratologie' wird hier ein theoriegeschichtlicher Ansatz verstanden, der von der Existenz einer Erzähltheorie vor ihrer Institutionalisierung in den Literatur- und Kulturwissenschaften im zwanzigsten Jahrhundert sowie von der relativen Vergleichbarkeit der theoriespezifischen Begriffe auch über größere historische Zeiträume hinweg ausgeht. Definiert man „Erzähltheorie" mit Köppe und Kindt (2014, 27) als „ein *wissenschaftliches Modell des Gegenstandes Erzählen bzw. Erzählung,* also eines, das den Kriterien wissenschaftlicher Theoriebildung gerecht zu werden hat", ist bei der Ausweitung des Begriffes auf historisch entfernte Kontexte zu fragen, ob die entsprechenden Texte zum einen dem Kriterium der Wissenschaftlichkeit genügen und sich zum anderen auf den gleichen Gegenstand, das Erzählen oder die Erzählung, beziehen.[1] Im Folgenden möchte ich auf drei Reflexionstraditionen eingehen, bei denen im Grundsatz davon ausgegangen werden kann, dass sie den Ansprüchen an wissenschaftliche Theoriebildung entsprechen, dass ihnen also ein Bemühen um Verallgemeinerung, Systematizität, Widerspruchsfreiheit und eine argumentative und empirische Fundierung der getroffenen Aussagen gemeinsam ist.[2] Es handelt sich zum einen um die Traditionen der Rhetorik und der Historik, zum anderen um die Poetik, verstanden als eine Form der Auseinandersetzung mit literarischen Texten, die auf die Entwicklung eines begrifflichen Instrumentariums zur Beschreibung und Bewertung ihrer Kompositionsprinzipien abzielt.[3] Der Theorie-

---

[1] Ich folge Köppe und Kindt auch in dem Verzicht auf eine begriffliche Differenzierung zwischen ‚Narratologie' und ‚Erzähltheorie' (2014, 22; vgl. dagegen Nünning und Nünning 2002, 4). Die synonyme Verwendungsweise spiegelt die grundlegende Überzeugung wider, dass die moderne Erzählforschung, auch in ihren strukturalistisch orientierten Ansätzen, nicht aus dem Nichts entsteht, sondern auf eine reiche Theorietradition zurückgreifen kann.

[2] Zu diesen Kriterien vgl. Köppe und Kindt (2014, 27).

[3] Nicht berücksichtigt wird hingegen der Bereich der impliziten Poetik. Wie Scheffel (2006 [1997], 101) betont, stellen metanarrative Passagen in (fiktionalen) Vorreden oder in reflektierenden Kommentaren für die Theoriegeschichte durchaus eine wichtige Quelle dar (vgl. auch Mertens 2010). Die methodologische Problematik, die sich durch die Einbettung der theoretischen Aussagen in einen fiktionalen Kontext beispielsweise hinsichtlich der Frage nach der Aussageinstanz ergibt – man denke etwa an die bekannten Ausführungen über Drama und Roman im 7. Kapitel

https://doi.org/10.1515/9783110541502-002

status dieser Reflexionstraditionen soll deshalb nicht weiter diskutiert und die Aufmerksamkeit stattdessen auf die Frage gerichtet werden, ob und unter welchen Prämissen sie den Gegenstand Erzählung beziehungsweise Erzählen erfassen.

2.1.1.1 Rhetorische Narrationslehre und Historik

Die Rhetorik gehört zweifellos zu den ältesten und wirkmächtigsten Theorietraditionen, in denen das Nachdenken über Erzählung einen Platz hat. Die *narratio* gilt als einer der Grundbausteine jeder Rede. Der klassischen Einteilung nach folgt sie dem *exordium* und hat die Funktion, die nachfolgende *argumentatio*, die Beweisführung, durch eine möglichst klare, wahrscheinliche und überzeugende Vergegenwärtigung der (juristisch zu klärenden) Ereignisse zu plausibilisieren (vgl. Knape 2003, 98). Die theoretische Aufmerksamkeit richtet sich vorwiegend auf die narrativen Mittel, mit denen die übergeordneten Ziele der Klarheit und Glaubwürdigkeit zu erreichen sind, sowie auf die Einteilung verschiedener Formen der *narratio* nach Position, Funktion oder Stoffgrundlage.

Die Bedeutung der rhetorischen Narrationslehre für das literarische Erzählen wurde bereits früh Gegenstand philologischer Untersuchungen (Barwick 1928). Obwohl sich die Literaturtheorie seit dem ausgehenden achtzehnten Jahrhundert insgesamt von der Rhetorik zu lösen versucht (vgl. Braungart und Till 2003, 294), wirken rhetorische Überzeugungen und Konzepte weiter. Dass deren Orientierungsfunktion auch im neunzehnten Jahrhundert nicht gänzlich aufgehoben ist, zeigt sich nicht zuletzt an Ludwigs *Romanstudien*, in denen großflächig aus einem rhetorischen Lehrbuch, dem *Grundriß der allgemeinen und besondern reinen Rhetorik* von Johann Gebhard Ehrenreich Maaß (1798), zitiert wird (H 146). Gleichwohl ist die Ansicht, die rhetorische Narrationslehre habe „einen wichtigen Beitrag zur Geschichte der systematischen Narratologie geleistet" (Knape 2003, 98), nicht unwidersprochen geblieben. So hält Hübner (2010) die Denktraditionen und Begriffssysteme der Rhetorik und der modernen Narratologie für kategorial verschieden. Er begründet diese Annahme paradoxerweise mit dem Verweis auf eine ähnliche „Denkfigur", die beiden Theorien zugrunde liege und die ursprünglich der antiken Poetik entstamme: „Die Figur verläuft so, dass die unterstellte kulturelle Funktion von Erzählungen zur Identifikation einzelner Erzählformen führt und Aussagen über deren spezifischere kommunikative Funktion motiviert" (Hübner 2010, 120). Aus diesem Schema, das Hübner bereits

---

des 5. Buches von Goethes Roman *Wilhelm Meisters Lehrjahre* (1795–1796) –, lässt sich jedoch nicht einfach ausblenden.

bei Platon und Aristoteles angewendet sieht, geht hervor, dass die Auswahl, Ordnung und Beschreibung, kurz: die begriffliche Aufarbeitung von Erzählphänomenen immer auf der Basis eines unterstellten „Funktionsaxiom[s]" erfolgt (Hübner 2010, 121). Für die Erzähltheorie der antiken Rhetorik liege dieses Axiom in der Ausrichtung der Erzählung auf ihre Überzeugungskraft und kommunikative Wirkung; das Funktionsaxiom der modernen Narratologie hingegen habe seinen Ursprung im Wahrnehmungsparadigma des achtzehnten Jahrhunderts; die Identifikation der Erzählformen erfolge hier vor dem Hintergrund des Gedankens, dass die Erzählung dem Rezipienten „eine bestimmte Wahrnehmung oder Imagination der erzählten Welt zu vermitteln" habe (Hübner 2010, 134).[4] Nach Hübner markiert die Differenz der Funktionsbestimmungen einen „epistemologischen Umbruch", der die moderne Erzähltheorie von der rhetorischen Tradition des Mittelalters und der Antike trennt (Hübner 2010, 134). „Einen in Kontinuitätsbegriffen denkbaren historischen Weg von der älteren zur jüngeren Phänomenologie des Erzählens" kann er deshalb nicht erkennen (Hübner 2010, 134).

Wie bereits bemerkt wurde, machen Hübners Ausführungen auf den wichtigen Aspekt aufmerksam, dass historisch variable Erkenntnisinteressen die Identifizierung und theoretische Erfassung von Erzählstrukturen leiten und man deshalb nicht einfach von einer transhistorischen Gültigkeit narratologischer Kategorien ausgehen kann. Ob allerdings die strikte Entgegensetzung der beiden Funktionsaxiome gerechtfertigt ist, bleibt fraglich. Die Reduktion der modernen Narratologie auf das Fokalisierungskonzept als eine „Methode, um die unhintergehbare Subjektivität des menschlichen Weltverhältnisses darzustellen" (Hübner 2010, 134), wird jedenfalls weder der disziplinären Diversität noch dem Wandel der epistemologischen und anthropologischen Grundlagen seit dem achtzehnten Jahrhundert gerecht. Zudem unterschätzt Hübner wohl die Einflüsse rhetorischen Denkens innerhalb der modernen Erzählforschung. Diese beschränken sich nicht auf die von Wayne C. Booth und anderen Vertretern der *Chicago School of literary criticism* begründete rhetorische Narratologie (vgl. Phelan 2005), sondern sind beispielsweise auch in der deutschsprachigen Erzähltheorie der ersten Hälfte des zwanzigsten Jahrhunderts nachzuweisen (vgl. Doležel 1990, 126, 135). Darüber hinaus stellt sich die Frage, ob ein Wechsel in den theorieleitenden Funktionsaxiomen tatsächlich jede Kontinuitätshypothese unmöglich macht und ob nicht vergleichbare Strukturmerkmale narrativer Darstellung unter wechselnden funktionalen Prämissen und konzeptuellen Leitvorstellungen beschrieben werden können. Gerade das von Hübner besprochene

---

4 Daraus erklärt sich für Hübner (2010, 134) auch, warum „die schillernden Begriffe *point of view* und *Perspektive* zu Basiskategorien der Narratologie" geworden sind.

Konzept der *evidentia* scheint geeignet, die Verklammerungen zwischen Rhetorik und Erzähltheorie aufzuzeigen (vgl. Solbach 1994). Die Diskussion über die Mittel und Funktionen anschaulichen Erzählens begleitet die Entwicklung der Erzähltheorie schließlich seit dem achtzehnten Jahrhundert (vgl. Kap. 3.2.1.1) und führt hier zu unterschiedlichen Varianten der begrifflichen Differenzierung von berichtender und szenischer Darstellung.[5]

Das Konzept der Anschaulichkeit verbindet die poetologische Erzähltheorie im Übrigen nicht nur mit der Rhetorik, sondern auch mit den Geschichtswissenschaften und der Theorie der historiografischen Erzählung. Insbesondere im Kontext der Spätaufklärung prägt es diskursübergreifend das Nachdenken über die Bedingungen und Möglichkeiten narrativer Darstellung (vgl. Scharloth 2002); wie überhaupt für das späte achtzehnte Jahrhundert eine große Nähe zwischen literatur- und geschichtswissenschaftlicher Erzähltheorie zu beobachten ist (vgl. Jäger 1969; Hahl 1971; Fulda 1996). In anderen Kontexten sind vor allem die Historiker um eine stärkere Differenzierung der Theoriebereiche bemüht. Johann Gustav Droysen etwa betont in seinen Vorlesungen, dass die Historik nicht mit einer Theorie der künstlerischen Behandlung der Geschichte gleichzusetzen sei und weder Ästhetik noch Rhetorik der Geschichtswissenschaft Maß und Ziel vorgeben könne (1977, 217). Dass der Historiker dessen ungeachtet auf die Erzählung angewiesen ist und die Geschichtswissenschaft deshalb kaum umhinkommt, diesen Gegenstand theoretisch zu beschreiben, ignoriert Droysen aber keineswegs. Seine Vorlesungen können auch deshalb als ein Meilenstein in der Geschichtstheorie gelten, weil sie eine differenzierte Besprechung der Typen, Formen und Aufgaben historiografischen Erzählens enthalten (Droysen 1977, 229–249).

In der Geschichtswissenschaft des zwanzigsten Jahrhunderts ist die Frage nach der Bedeutung der Erzählform für die Erkenntnis und Vermittlung von Geschichte immer wieder neu gestellt und beantwortet worden. Maßgeblich beeinflusst wurden diese Debatten vor allem von den Arbeiten Arthur Dantos und Hayden Whites.[6] Angesichts der Präsenz erzähltheoretischer Reflexionen in den geschichtstheoretischen und -philosophischen Diskursen gab und gibt es immer

---

5 Nicht ohne Grund setzt Stanzel ein Zitat aus Quintilians Rhetorik an den Anfang seines Buches *Typische Formen des Romans*. Es belegt die Tradition der begrifflichen Trennung zwischen einer berichtenden und einer szenischen Erzählweise (Stanzel 1993 [1964], 3, 11–15). Ein weiterer wichtiger Überschneidungspunkt beider Theorietraditionen liegt in der Auseinandersetzung mit dem Aspekt der narrativen Ordnung (vgl. Ernst 2000).

6 Vgl. grundlegend zu dieser Diskussion im deutschsprachigen Raum die Beiträge des Sammelbandes von Kocka und Nipperdey (1979). Zum Problem der Literarizität der Geschichtserzählung vgl. auch Fulda (1996) und Süssmann (2000).

wieder auch Ansätze, die Theoriebildung an die der literaturwissenschaftlichen Erzähltheorie anzuschließen (Schiffer 1980; Rüth 2005). Wegweisend in dieser Hinsicht war das 1980 abgehaltene DFG-Symposion zum Thema „Erzählforschung", das unter anderem den Brückenschlag zwischen den fachspezifischen Erzähltheorien beabsichtigte (Lämmert 1982). Der Versuch, den Beitrag der Geschichtswissenschaft zur Geschichte der Erzähltheorie näher zu bestimmen, wurde allerdings noch nicht unternommen.[7]

Sowohl die rhetorische Narrationslehre als auch die geschichtswissenschaftliche Erzähltheorie können wichtige Anknüpfungspunkte für eine historische Narratologie darstellen. Wenn sie im Folgenden gleichwohl unberücksichtigt bleiben, geschieht dies in erster Linie deshalb, weil eine sorgfältige Aufarbeitung dieser Theoriekontexte im Rahmen dieser Untersuchung nicht zu leisten wäre. Trotz zahlreicher Überschneidungen und wechselseitiger Bezugnahmen wird also, von einigen Seitenblicken abgesehen, die auf dem Gebiet der Rhetorik und Historik geführte Auseinandersetzung mit der Erzählung in die theoriegeschichtliche Darstellung nicht mit einbezogen. Das Hauptaugenmerk liegt stattdessen auf der Theorietradition der Poetik. Allerdings ist hinsichtlich dieser Tradition zunächst die Frage zu klären, ob in ihr der Gegenstand Erzählung beziehungsweise Erzählen vor 1900 überhaupt thematisiert wird. Schließlich ließe sich einwenden, dass die poetologische Auseinandersetzung mit narrativen Darstellungsverfahren im Kontext verschiedener Gattungstheorien stattfindet und insofern einzelne Gattungen wie Epos oder Roman – nicht aber Erzählung als gattungsübergreifendes Prinzip – das Objekt der Theoriebildung sind.

---

7 Einen Ansatz zu einer historischen Narratologie, die literatur- und geschichtstheoretische Interessen verbindet, zeigt Saupe (2009) in seiner Arbeit zum Verhältnis von Historik, Kriminalistik und Kriminalliteratur auf. Er widerspricht zunächst einer Reduktion der Historiografie auf archetypische Erzählformen, wie sie White angestrebt hat, und richtet den Blick stattdessen auf die historische und kulturelle Einbettung von Narrationsmustern. Dieses Vorhaben stellt Saupe explizit unter den Titel einer „historischen Narratologie", deren Ziel er darin sieht, „die narrative Sinnkonstituierung der Geschichtsschreibung mit kulturell verankerten und mit ideologischen Implikationen besetzten Narrativen in Beziehung zu setzen" (2009, 30). Als ein solches kontextuell verortbares Narrativ identifiziert er dann die sich im neunzehnten Jahrhundert herausbildende Kriminalerzählung, deren Strukturen, wie er unter anderem am Beispiel von Droysens Vorlesungen zur Historik demonstriert, von der Geschichtsschreibung übernommen werden. Auch wenn Saupe den literaturtheoretischen Diskurs nicht direkt in seine Untersuchung mit einbezieht, wäre diese Gegenüberstellung zweifellos möglich und – wie später noch zu zeigen sein wird (vgl. Kap. 4.1.6.2) – gerade mit Bezug auf die realistische Erzähltheorie ein vielversprechendes Unterfangen.

2.1.1.2 Theorie des Romans, des Epos und des Epischen

Die Verflechtungen von Romantheorie und Erzählforschung sind komplex. Oft hat man sie als identisch oder zumindest weitgehend deckungsgleich angesehen, teilweise allerdings auch als Konkurrenzprogramme voneinander abgegrenzt; schließlich wurde auch der Versuch unternommen, beide Theorietraditionen in einen genetischen Zusammenhang zu setzen und die Erzählforschung zum Abkömmling der Romantheorie zu erklären.

Die Überschneidungen zwischen beiden Bereichen liegen auf der Hand: Nicht (allein) weil es die wichtigste moderne Erzählgattung ist, sondern (auch) weil der Gattungsbegriff ‚Roman' dank seiner Unbestimmtheit praktisch auf jede größere Erzählung anwendbar ist, bietet es sich an, den Gegenstandsbereich der Erzähltheorie mit dem Roman zu identifizieren. Bereits ein flüchtiger Blick auf die Titel wichtiger narratologischer Beiträge des zwanzigsten Jahrhunderts liefert ausreichend Belege für dieses Gattungsmonopol: *Theorie des Romans* betitelt Rafael Koskimies (1966 [1935]) sein 1935 erschienenes Buch, obwohl er darin vornehmlich Bestimmungen des Epischen behandelt; „Wer erzählt den Roman?", fragt Wolfgang Kayser (1957) in seinem bekannten Vortrag und knüpft daran die prinzipielle erzähltheoretische Unterscheidung von Erzähler und Autor; *Typische Formen des Romans* möchte Franz Stanzel (1993 [1964]) zunächst erfassen, bevor er seine Schrift unter dem Einfluss strukturalistischer Impulse zu einer *Theorie des Erzählens* (2001 [1979]) weiterentwickelt; Jochen Vogt (1998 [1972]) gibt seinem Einführungsbuch den Titel *Aspekte erzählender Prosa*, führt aber mit dem Untertitel „Eine Einführung in Erzähltechnik und Romantheorie" beide Theorietraditionen erneut zusammen; Christoph Bode (2005) schließlich nennt sein Studienbuch zu Modellen und Problemen der Erzähltextanalyse kurz und prägnant *Der Roman*.

Es ist nachvollziehbar, dass diese „Subsumierung" der Narratologie „unter der Kategorie Romantheorie" kritisiert worden ist, beschäftigen sich doch Erzähltheoretiker „längst erfolgreich mit Erzählungen jeglicher Länge, mit Comicstrips, Cartoons, Filmen, Bildern und anderen narrativen Werken" (Grünzweig und Solbach 1999, 3). Der Wunsch nach einer stärkeren Differenzierung der beiden Teildisziplinen ist aber auch seitens der Romanforschung geäußert worden, und zwar in der Regel mit dem Hinweis auf die Differenz zwischen einer systematisch-formalen und einer historisch-inhaltlichen Untersuchungsperspektive (vgl. Cornils und Schernus 2003, 156–157).[8] So grenzt Bruno Hillebrand (1993

---

8 In den 1960er und 70er Jahren ist das Bemühen um eine stärkere Differenzierung der Gegenstandsbereiche und Methoden besonders ausgeprägt. Denn in diese Zeit fällt nicht nur das Aufblühen der strukturalistischen Narratologie, sondern komplementär dazu auch die Intensivierung der historischen Romantheorie. Nach dem Urteil von Steinecke und Wahrenburg (1999, 30)

[1972], 11) in seiner einflussreichen Arbeit zur Geschichte der Romantheorie sein eigenes Vorgehen deutlich von den „skelettierenden" Methoden der Erzähltheorie ab und betont den Mehrwert einer Forschung, die sich auf das Nicht-Typologisierbare am Roman und seine konkreten Inhalte konzentriert. Er unterstreicht, dass die „Theorie des Romans [...] nichts mit formalisierter Theorie zu tun" hat, sondern im Gegenteil immer auf „das Leben des Romans" und das ihm zugrunde liegende Weltverhältnis abzielt (Hillebrand 1993 [1972], 9–10).[9] Seitens der Erzähltheorie wiederum hat man gegen die Romanforschung den Vorwurf vorgebracht, sie mythologisiere die Gattung und spreche ihr eine geschichtsphilosophische Bedeutung zu, die sie der Sphäre der empirisch-profanen Strukturanalyse gleichsam enthebe (vgl. Grünzweig und Solbach 1999, 3).[10]

Roman- und Erzähltheorie wurden aber nicht nur in ein Konkurrenz-, sondern auch in ein Entwicklungsverhältnis zueinander gebracht. Nach diesem Verständnis führt die Narratologie des zwanzigsten Jahrhunderts Fragestellungen weiter, die bereits im älteren Diskurs über den Roman auftauchen. Die Romantheorie bereite gewissermaßen der allgemeinen Erzähltheorie den Boden und gehe, insofern sie sich den erzählerischen Grundstrukturen der Gattung zuwende, in dieser auf (vgl. Steinecke und Wahrenburg 1999, 30; Steinecke 2003, 325). Diese These wird von Cornils und Schernus (2003) in ihrem wichtigen Aufsatz zur Beziehung zwischen Romantheorie und Narratologie sogar noch weitergeführt. Denn ihrer Meinung nach ist die ästhetische Aufwertung des Romans – neben einer Hinwendung zur formalen und typologischen Untersuchung von Kunstwerken – die entscheidende Voraussetzung für das Aufblühen der allgemeinen Erzähltheorie am Anfang des zwanzigsten Jahrhunderts: „[T]he problems that provided the initial stimulus for the investigation of questions of narrative theory [...] emerged first and foremost as a result of changes in the critical attitude to and evaluation of the novel" (Cornils und Schernus 2003, 142).

Gegen dieses Entstehungsnarrativ lassen sich zwei Einwände erheben: Zum einen wird nicht deutlich, warum in den Theorien anderer narrativer Gattungen,

---

setzt überhaupt erst in dieser Zeit eine vertiefte Beschäftigung mit der Geschichte der Romantheorie ein.

9 Das von Hillebrand dargestellte Verhältnis von Roman- und Erzählforschung muss nicht unbedingt als eine Konkurrenzsituation verstanden werden. Beide Disziplinen können einander ergänzen, und so stellt es keinen Widerspruch zu seinem hier entfalteten Ansatz dar, wenn Hillebrand einige Jahre nach dem Erscheinen seiner *Theorie des Romans* (1972) mit dem Band *Zur Struktur des Romans* (1978) eine wichtige Textsammlung zur internationalen Erzähltheorie vorlegt.

10 Grünzweig und Solbach (1999, 3) sehen in dieser Mythologisierung auch einen wesentlichen Grund für die verspätete Rezeption strukturalistischer Theoriemodelle in Deutschland.

allen voran der des Epos, nicht ebenfalls narratologisch relevantes Wissen verhandelt wurde, warum also die ästhetische Aufwertung des Romans die entscheidende Voraussetzung für die Entstehung einer Theorie des Erzählens darstellen sollte. Zum anderen bleibt offen, warum gerade die Konzentration auf die eine narrative Gattung, nämlich den Roman, dazu geführt haben soll, das Erzählprinzip als verbindendes Strukturmerkmal aller epischen Gattungen zu identifizieren (vgl. Cornils und Schernus 2003, 149) und damit die Voraussetzung für eine allgemeine, das heißt gattungsübergreifende Erzähltheorie zu schaffen. Dagegen könnte argumentiert werden, dass die Poetik bereits seit dem späten achtzehnten Jahrhundert über den gattungsübergreifenden Begriff des Epischen verfügt (vgl. Martínez 1997). Diese Traditionslinie wird von Cornils und Schernus nicht berücksichtigt. Überhaupt ist auffällig, wie selten die Theorie des Epischen beziehungsweise der Epik als möglicher Vorläufer der modernen Narratologie diskutiert wird.[11] Die Dissoziation der beiden Theoriekontexte dokumentiert das rezente *Handbuch Gattungstheorie* (2010), in dem sich zwei separate Einträge zu den „Theorien der Epik" und zu den „Theorien des Narrativen" finden. Michael Scheffel, der Verfasser beider Artikel, verweist im Eintrag zu den „Theorien des Narrativen" auf Goethes Begriff der Naturformen als einen ersten Ansatz zu einer gattungsübergreifenden Erzähltheorie, betont aber gleichzeitig, dass dieser Anstoß erst hundert Jahre später aufgegriffen und weiterentwickelt worden sei (vgl. Scheffel 2010b, 328). Im Eintrag zu den „Theorien der Epik" wiederum stellt Scheffel heraus, dass bereits Gottsched ‚episch' im Sinne von ‚erzählend' gebraucht und den Gattungsbegriff von der Einzelgattung des Epos abkoppelt (vgl. Scheffel 2010a, 312). Warum also steckt nicht bereits hier, in der Epiktheorie des achtzehnten Jahrhunderts, der „Kern einer Theorie des Narrativen" (vgl. Scheffel 2010b, 328)?

Ein Grund, warum die Epiktheorie selten als Vorläufer der Erzähltheorie wahrgenommen wurde, dürfte darin liegen, dass der Begriff des Epischen selbst in der Poetik des späten achtzehnten und neunzehnten Jahrhunderts oft in einer

---

11 Dies gilt zumindest seitens der Erzähltheorie; ein Gattungstheoretiker wie András Horn (1998, 64) zeigt sich in dieser Frage weniger zurückhaltend und urteilt kurzerhand, dass „Epiktheorie [...] heutzutage unter dem Namen ‚Erzähltheorie' oder ‚Narratologie' getrieben [wird]". Fludernik und Margolin (2004, 148) sowie Darby (2001, 831) erwähnen die Bedeutung der Theorietradition mit Verweis auf Goethes Aufsatz „Über epische und dramatische Dichtung" (1797/1827) und die Ausführungen zu den „Naturformen der Dichtung" aus den Anmerkungen zum *West-östlichen Divan* (1819). Darby dient der Hinweis allerdings primär als Beleg eines deutschen Sonderwegs innerhalb der internationalen, strukturalistischen und poststrukturalistischen Narratologie. Zur Diskussion dieser These vgl. Fludernik (2003a), Kindt und Müller (2003a) sowie die erneute Entgegnung von Darby (2003).

Weise verwendet wird, die ihn aus narratologischer Sicht unbrauchbar macht. Das ist etwa der Fall, wenn die Identifikation des Epischen nicht mehr an text-strukturelle Aspekte, sondern an Stilqualitäten geknüpft ist. Eine Verbindung zwischen strukturellen und stilistischen Bestimmungskriterien nutzt bereits Goethe (FA 3.1, 206), der die ‚Naturform' des Epischen als die „klar erzählende" von der „enthusiastisch aufgeregte[n]" Form der Lyrik und der „persönlich han-delnde[n]" des Dramas abgrenzt. Im Laufe der Begriffsgeschichte werden weitere, unter anderem erkenntnistheoretische, anthropologische oder psychologische Ableitungen und Unterscheidungen mit der Kategorie verbunden (vgl. Martínez 1997, 467). Diese Tendenz zur Ausweitung und Entdifferenzierung erreicht in der Literaturwissenschaft des zwanzigsten Jahrhunderts bei Emil Staiger (1983 [1946]) mit der Deutung des Epischen als einer fundamentalen Daseinsmöglichkeit ihren vorläufigen Höhepunkt. Allerdings ist zu beachten, dass daneben immer auch ein engerer, auf die Vermittlungsstruktur bezogener Epikbegriff verwendet wird, der mit heute gängigen Bestimmungen des Narrativen durchaus korrespondiert. In diesem Sinne verwendet Käte Friedemann den Begriff im Titel ihrer wegweisen-den Studie *Die Rolle des Erzählers in der Epik* (1910).[12]

Die Vernachlässigung der Epiktheorie kann aber auch damit zusammen-hängen, dass sie als eine Theorie wahrgenommen wurde, die nicht die Gemein-samkeiten aller epischen Gattungen, sondern gerade ihre Differenzen beschrei-ben will und zwar auf Basis eines geschichtsphilosophisch fundierten Gattungsverständnisses. Im Mittelpunkt steht dabei das historisch-genetische Verhältnis der beiden epischen Großgattungen Epos und Roman. Auch wenn die Ursprünge dieses gattungsgeschichtlichen Narrativs weiter zurückreichen, wäre doch seine bis in die moderne Literaturwissenschaft reichende Wirkung ohne Hegels Beitrag kaum vorstellbar. Martinis Zusammenfassung von Hegels Aussa-gen über das Verhältnis von Roman und Epos bringt die wichtigsten Aspekte auf den Punkt:

> Das Epos besaß einen Bezug zum Mythos und drückte eine Totalität der Welterfahrung aus; der Roman spiegelte hingegen die prosaische Ordnung des heutigen Weltzustandes, die nicht mehr die Voraussetzung zu bieten vermochte, welche das Epos erforderte. Hegel vollzog die Historisierung des ästhetischen Formdenkens; er fragte weniger nach dem Ver-hältnis der Gattungen untereinander aus ihrer immanenten Formgesetzlichkeit als nach den geschichtlichen und gesellschaftlichen Daseinsgrundlagen, die jeweils ihre volle Entwick-lung möglich machten. (Martini 1974 [1968], 190 – 191)

---

12 Es ist hinzuzufügen, dass bei Bemühungen um eine anthropologische Ableitung des Er-zählbegriffs der weite Epikbegriff der älteren Forschung gelegentlich wieder aufgegriffen wird. Dies scheint mir etwa bei Gumbrechts Definition des Narrativen als Erlebnisstil der Fall zu sein (vgl. Gumbrecht 1980, 1982).

Nach Martinis Darstellung verschiebt sich in der Epiktheorie bei Hegel der Fokus von der Analyse immanenter Formgesetzlichkeiten hin zur geschichtsphilosophischen, aber auch historisch-soziologischen Interpretation der Einzelgattungen. Es ist zweifellos korrekt, dass Hegel die beiden Leitgattungen unterschiedlichen Epochen der geistes- beziehungsweise kunstgeschichtlichen Entwicklung zuordnet. Gleichzeitig aber darf nicht übersehen werden, dass diese Differenzierung bei ihm in eine Theorie des Epischen eingelassen ist, die sehr wohl beabsichtigt, die allgemeinen Formgesetze erzählender Literatur (im Gegensatz zur dramatischen und lyrischen) zu benennen und die Gemeinsamkeiten der einzelnen narrativen Gattungen daraus zu entwickeln. Hegel identifiziert mit anderen Worten durchaus Übereinstimmungen in den wesentlichen Struktureigenschaften beider Gattungen. Dass die hegelianische Epiktheorie nicht auf das Theorem der geschichtlichen Differenz von Roman und Epos reduziert werden sollte, zeigt sich in der *Ästhetik* (1846–1857) Friedrich Theodor Vischers. In seinen Ausführungen über die epische Dichtung bezieht sich Vischer im Wesentlichen auf Hegel, unterscheidet dabei aber präziser zwischen Aussagen, die sich auf gattungsübergreifende Strukturbedingungen narrativer Darstellung, und Aussagen, die sich auf das geschichtliche Verhältnis der Gattungen beziehen, und gelangt so zu einer auch aus narratologischer Sicht aufschlussreichen theoretischen Beschreibung des Verhältnisses von Autor und Erzähler in der antiken und modernen Epik (Vischer 1857, 1265–1266; vgl. Kap. 3.3.2.2).

Das Interesse an den immanenten Formgesetzlichkeiten erzählender Literatur ist folglich selbst im Kontext der philosophischen Epiktheorie hegelianischer Prägung weiterhin gegeben. Für die Geschichte der Erzähltheorie ist nun allerdings die Frage entscheidend, ob diese Formgesetze bereits am Begriff der Erzählung festgemacht werden, ob mit anderen Worten im Kontext von Epik- und Romantheorie narratologische Themen nur beiläufig behandelt werden oder ob darin die Beschäftigung mit der Erzählung im Gegenteil einen zentralen Platz einnimmt. Ein knapper historischer Abriss soll verdeutlichen, wie sich die Perspektive der Gattungstheorie auf die Erzählform verändert und warum das späte achtzehnte Jahrhundert in dieser Hinsicht eine wichtige Zäsur darstellt.[13]

2.1.1.3 Erzählen als transgenerisches Strukturprinzip

Seit der Antike steht der Literaturtheorie das sogenannte Redekriterium zur Verfügung, um erzählende von nicht-erzählenden Formen der Darstellung zu trennen. Es findet sich sowohl bei Platon als auch bei Aristoteles, allerdings wird es

---

13 Eine Zusammenfassung der folgenden Ausführungen findet sich bei Grüne (2014, 51–54).

von beiden Autoren in unterschiedlicher Weise verwendet. Für Aristoteles ist die Unterscheidung der Art und Weise der Nachahmung eines von drei Differenz-kriterien (neben den Mitteln und den Gegenständen der Nachahmung), die für die Bestimmung poetischer Gattungen relevant sind. Demnach ist es möglich, „ent-weder zu berichten – in der Rolle eines anderen, wie Homer dichtet, oder so, daß man unwandelbar als derselbe spricht – oder alle Figuren als handelnde und in Tätigkeit befindliche auftreten zu lassen" (Aristoteles 2006 [1982], 9). Aristoteles trennt also zunächst auf einer ersten Ebene zwischen berichtend-erzählender und szenischer Darstellung, auf einer zweiten Ebene unterteilt er dann den Bericht in Figurenrede und Rede eines einzelnen Sprechers. Platon hingegen nimmt eine andere Einteilung vor. Sein Ansatz unterscheidet sich von dem aristotelischen bereits im Grundsatz, weil es ihm nicht primär um die Bestimmung von Gattun-gen, sondern um das Verhältnis der Dichtung zum Nachahmungsprinzip geht. Im dritten Buch der *Politeia* lässt er Sokrates[14] ausführen, dass der Dichter bei der Darstellung eines Geschehens ganz auf Nachahmung verzichten kann: „Wenn sich dagegen der Dichter nirgends selbst verbirgt, so wird seine ganze Dichtung und Darstellung ohne Nachahmung verlaufen" (Platon 2000, 213 [393c]). Diese Form nennt Sokrates einfache Erzählung (ἀπλῆ διήγησις [haple diegesis], 393d) oder auch Bericht (ἀπαγγελία [apangelia], 394c). Wenn der Dichter hingegen Fi-gurenreden gestalte und dafür die Rolle der Figur einnehme, wende er das Nachahmungsprinzip an, wobei er wie in der Tragödie und Komödie entweder ganz auf die Berichtform verzichten oder aber Bericht und Figurenrede mischen könne. Letzteres entspricht nach Sokrates' Ausführungen dem Vorgehen Homers in seinen Epen.

> [D]ie eine Art der Dichtung und Sage beruht ganz auf Nachahmung; das ist, wie du sagst, die Tragödie und die Komödie. Die zweite beruht auf dem Bericht des Dichters selbst; du findest sie wohl am ehesten in den Dithyramben. Die dritte Art, die beides vereinigt, haben wir in der epischen Dichtung, aber auch sonst vielfach [...]. (Platon 2000, 215 [394b-c]).

Platons Modell sieht also eine Dreiteilung vor: Bericht, Nachahmung sowie eine Mischung aus Nachahmung und Bericht.[15] Aristoteles, der die Kunst insgesamt

---

14 Da es mir im Wesentlichen auf die Wirkungsgeschichte von Platons Einteilung ankommt, übergehe ich an dieser Stelle die methodische Schwierigkeit, dass die theoretischen Positionen im Text dialogisch entwickelt werden und an die fiktive Sprecherinstanz ‚Sokrates' gebunden blei-ben. Vgl. dagegen Halliwell (2009), der die Bedeutung der narrativen Einbettung und der Tren-nung von Figur und Autor für das Verständnis von Platons Erzähltheorie hervorhebt.
15 Solbach (1994, 66) vertritt die These, dass Platons Begriff der mimetischen Darstellung nicht nur auf die direkte Rede, sondern auch auf Verfahren evidentiellen, das heißt anschaulichen Erzählens bezogen werden kann. Tatsächlich spricht Sokrates an anderer Stelle auch von der

dem Prinzip der Nachahmung unterstellt, trennt hingegen einerseits zwischen berichtend-erzählender und szenischer Darstellung und dann die berichtende Darstellung weiter in reinen Bericht und eine Mischform aus Figurenrede und Bericht (vgl. Scherpe 1968, 7–10; Ryan 2005, 315; Hempfer 2010, 39).[16]

Der entscheidende Unterschied zwischen den Modellen liegt darin, dass nur bei Aristoteles Erzählung beziehungsweise berichtende Darstellung als ein textumfassendes Strukturprinzip verstanden wird, aus dem sich weitere Strukturmerkmale ableiten lassen.[17] So heißt es in der *Poetik*, das Epos verfüge über die „wichtige, ihm eigentümliche Möglichkeit", gleichzeitig verlaufendes Geschehen in die Darstellung aufnehmen zu können, eben weil es „Erzählung ist" (διὰ τὸ διήγησιν εἶναι [dia to diegesis einai]) (Aristoteles 2006 [1982], 81). Nach Platon hingegen konstituiert die Gattung Epos nicht ein einheitliches Darstellungsprinzip, sondern das Zusammentreten von zwei Redeformen. Zwar nutzt Platon den Begriff des Erzählens auch in einem weiteren Sinne, er bezeichnet dann aber jede Form von Darstellung eines nach zeitlichen Kategorien geordneten Geschehens, also auch die Dithyrambendichtung und die dramatische Kunst (vgl. Halliwell

---

Nachahmung nonverbaler Vorgänge wie „das Wiehern der Pferde, das Brüllen der Stiere, das Rauschen der Flüsse, das Tosen des Meeres, den Donner" (Platon 2000, 221 [396b]). Allerdings handelt es sich dabei ausschließlich um akustische Ereignisse und Sokrates' Bemerkung bezieht sich wohl tatsächlich auf deren lautsprachliche Imitation. Von einer szenischen Vergegenwärtigung nichtakustischer Ereignisse oder Phänomene – im Sinne der erzähltheoretischen Kategorie des *showing* – ist zumindest an dieser Stelle nicht die Rede.

16 Es ist darauf hinzuweisen, dass in der Forschung die Meinung vertreten wird, Aristoteles reformuliere nur die platonische Triade und ersetze sie nicht durch eine Zweiteilung (vgl. de Jong 2011 [1987], 6). Eine philologische Auseinandersetzung mit dieser Streitfrage kann hier nicht geleistet werden. Ich halte aber die Zweiteilung für plausibler, weil sie dem gewandelten Analyseschwerpunkt – an die Stelle der Bestimmung des Verhältnisses von Dichtung und Nachahmung tritt die Bestimmung der Gattungsdifferenz zwischen Epos und Tragödie – entspricht. Genette (1990, 30) ist der Ansicht, Aristoteles habe Platons Kategorie des reinen Berichts bzw. der einfachen Erzählung weggelassen, weil er darin einen bloß „theoretischen' Modus" erkannt hätte; denn der Bericht in Reinform erstrecke sich in der Praxis selten über einen gesamten Text. Die Möglichkeit, dass Aristoteles die Kategorie keineswegs ausspart, sondern nur einer neuen, bei Platon nicht vorhandenen Kategorie unterordnet, wird von Genette an dieser Stelle nicht berücksichtigt. Insgesamt folgt Genette in *Einführung in den Architext* (1979) eher Platon und begreift Bericht bzw. Erzählung ausschließlich als modale Kategorie. Daher kommt er zu dem Schluss, dass der „Roman [...] keine besondere Art des Erzählens, ja nicht einmal eine besondere Art von Erzählung ist" (Genette 1990, 86).

17 Versteht man unter ‚Bericht' allein die modale Kategorie, unter ‚Erzählung' das gattungskonstitutive Strukturprinzip, so wäre bei Aristoteles also der Begriff der Erzählung zu bevorzugen. Allerdings gibt es eine solche terminologische Differenzierung im Original nicht. Die Termini διήγησις (diegesis) und ἀπαγγελία (apangelia) werden synonym verwendet, mit beiden bezeichnet Aristoteles das Differenzkriterium zwischen dramatischen und epischen Texten.

2009, 18 – 19; de Jong 2011 [1987], 2 – 3). Ihm fehlt mit anderen Worten ein Begriff des Erzählens, mit dem sich Erzähltexte – unabhängig davon, ob in ihnen Figurenrede gestaltet wird oder nicht – von Dramentexten abheben lassen.[18]

Nach Ryan (2005, 315) ist noch die moderne Narratologie zwischen beiden Positionen gespalten. Tatsächlich finden sich insbesondere in Studien, die das Verhältnis von Figuren- und Erzählerrede analysieren, immer wieder Rückbezüge auf die platonische Distinktion zwischen einem diegetischen und einem mimetischen Modus. Doležel (1973, 4) etwa beschreibt die Struktur narrativer Texte in expliziter Anlehnung an Platon als eine Verknüpfung von Figuren- und Erzählerdiskurs. Überblickt man jedoch die Entwicklung der Erzähltheorie im Ganzen, lässt sich feststellen, dass sie in der Auffassung ihres Gegenstandsbereiches in der Regel eher dem aristotelischen Modell folgt. Dem gewöhnlichen Verständnis nach wird man unter Erzähltheorie oder Narratologie eben nicht nur die Theorie einer Redeform (neben Dialog, Beschreibung, Kommentar etc.) verstehen. Dietrich Webers Satz: „Erzählung besteht in der Regel nicht nur aus Erzählen" (1998, 64) bringt die Orientierung an der aristotelischen Einteilung auf den Punkt. ‚Erzählen' bezieht sich auf die Redeform, ‚Erzählung' aber auf ein „komplexes Textgebilde" (Weber 1998, 64), in dem unterschiedliche Redeformen realisiert sein können und das im Ganzen zu erfassen und zu beschreiben der Anspruch von Erzähltheorie ist. Auch die Orientierung an einem weiten, transmedialen Erzählbegriff, wie sie vor allem im anglo-amerikanischen Raum gängig ist, bedeutet nicht zwangsläufig eine Rückkehr zu Platon (vgl. dagegen Ryan 2005, 315). Denn zum einen wird dieses Verständnis von Erzählung zumeist am Kriterium der Handlung festgemacht, was wiederum dem Vorgehen Aristoteles' entspricht, der im Prinzip alle Künste, vor allem aber die literarischen Gattungen der Tragödie und des Epos als Nachahmungen handelnder Menschen bestimmt. Zum anderen wird häufig die aristotelische Unterscheidung zwischen erzählenden und dramatischen Texten beibehalten und ein enger Erzählbegriff, der an das Kriterium der Mittelbarkeit gebunden ist, einem weiten Erzählbegriff untergeordnet. Beispielsweise unterscheidet Chatman (1990, 109 – 115) zwischen *narrative* und *diegetic narrative;* wobei mit *diegetic* nicht der platonische Diegesis-Begriff gemeint sein kann, denn *diegetic narrative* bezeichnet keinen Modus, sondern dient als Oberbegriff für die

---

18 Mit Recht wurde darauf hingewiesen, dass Platon noch nicht über den Gattungsbegriff der Lyrik verfügt und allein deshalb seine Triade mit der klassischen Einteilung der Dichtungsarten in Epik, Lyrik und Dramatik nichts zu tun hat (Behrens 1940, 10; Scherpe 1968, 9). Dem ist hinzuzufügen, dass der Begriff der Epik als Bezeichnung für die Gesamtheit der erzählenden Literatur bei Platon ebenfalls keine Entsprechung hat.

Gesamtheit aller im engeren Sinn erzählenden oder epischen (das heißt nicht-dramatischen, nicht-filmischen etc.) Gattungen.[19]

Die Dominanz des aristotelischen Paradigmas kann nicht verwundern. Es ist naheliegend, dass das Bedürfnis nach einer Theorie der Erzählung größer ist, wenn unter dem Begriff nicht nur eine Redeform verstanden wird, die in der Regel nur als ein Baustein unter anderen in Texten auftaucht, sondern ein globales Strukturprinzip, das es ermöglicht, eine ganze Klasse von Texten zusammenzufassen und nicht zuletzt die beiden hochrangigsten Gattungen der Antike, die Tragödie und das Epos, voneinander abzugrenzen. Bis sich dieses Bedürfnis im Rahmen der Gattungstheorie voll entfaltet, dauert es allerdings. In der Poetik des Humanismus und des Barock ist die platonische Triade weiterhin sehr präsent, vermittelt durch die einflussreiche *Ars grammatica* des Diomedes. In dieser differenziert der spätantike Grammatiker mit Platon zwischen drei Redeformen, *genus enarrativum, genus imitativum und genus mixtum,* und ordnet das Epos der letzten, der gemischten Kategorie zu, dem *genus enarrativum* hingegen primär die Lehrdichtung (Hempfer 2010, 40). Ein weiterer Multiplikator dieser Einteilung ist Scaliger, der in seinen *Poetices libri septem* (1561) ebenfalls zwischen der einfachen Erzählung (*narratione simplici*), dem Gespräch und einem gemischten Modus, in dem der Dichter sowohl erzählt als auch Gespräche vorführt („in quo et narrat poeta et introducit collocutiones"), unterscheidet (Scaliger 1994, 91–93). Die ungebrochene Überzeugungskraft der platonischen Triade zeigt sich auch in der deutschsprachigen Barockpoetik. In August Buchners *Kurzem Weg-Weiser zur Deutschen Tichtkunst* (1663) liest man entsprechend:

> Es seind aber die Reimgedichte unterschiedener Arten / denn etzliche bestehen auff einer blossen erzählung des Poeten / und wird keine andere Person mit angeführt / die etw[a]z redet / wie des Lucretius Poesi ist / und werden ἐπαγγελτικὰ genennt von dem verkündigen oder erzählen. Etliche aber werden also geordnet / daß der Poet für seine Person nichts darbey thut / und alles durch angefuhrte Personen verrichtet / die man *Dramatica* nennet / weil in denselben die Sache so vorgestellet wird / als würde sie gehandelt und verrichtet / nicht aber erzählet / un[d] gemeldet. Hieher gehöre[n] alle Comœdien und Tragœdien / und was sonst in form eines Gesprächs verfertigt wird / [...] bißweilen geschichts daß diese beiden Arten in einem Wercke gebrauchet und vermischet werden / dahero dergleichen

---

[19] In *Story and Discourse* (1978) argumentiert Chatman noch stärker im Sinne der platonischen Differenzierung. Unter dem Begriff der ‚non-narration' erfasst er beispielsweise nicht nur Dramentexte oder Gesprächstranskriptionen, sondern auch Dialogpassagen oder innere Monologe, die in Erzähltexte integriert sind (vgl. Chatman 1980 [1978], 166–169, 181–186). Allerdings relativiert Chatman diese Einteilung und damit den Bezug zu Platons Triade mit dem Hinweis, dass unter „nonnarrated" auch „minimally narrated" verstanden werden könnte (1980 [1978], 147). In *Coming to Terms* (1990) lässt er dann das Konzept der ‚non-narration' ganz fallen (vgl. Chatman 1990, 115).

Poëmata μικτὰ genen[n]et seind / dahin des *Virgilius*, *Homerus*, und andere dergleichen Poeten Bücher gehören. (Buchner 1663, 37–38)

Die Formulierung, der Gebrauch beider Formen in einem Text würde bisweilen geschehen, wirkt etwas ungelenk; schließlich sind es Werke vom Rang der homerischen Epen, die in diese Gattung fallen. Das Problem einer adäquaten begrifflichen Erfassung ergibt sich aber bereits aus dem platonischen Teilungsschema, das die epische Literatur nicht auf *einen* Begriff zu bringen vermag.

Das führt zu Unsicherheiten und Widersprüchen im Umgang mit dem Terminus ‚Erzählung', wie sich am Beispiel von Albrecht Christian Rotths *Vollständiger Deutscher Poesie* (1688) zeigen lässt. Rotth spricht von Erzählung zunächst als einem Darstellungsmodus, der von anderen Modi wie Beschreibung oder Argumentation abgegrenzt werden kann (1688 2, 90–94). Er widmet diesem Modus eine ausführliche Besprechung (Rotth 1688 2, 94–177), die sich größtenteils auf eine Beispielsammlung beschränkt. Allerdings zeigt sich dabei, dass er sich nicht streng an das Kriterium der Dichterrede und damit an Platons Begriff der Diegese bindet. So weist Rotth am Beispiel der Schäferdichtung darauf hin, dass der Dichter auch fiktive Figuren erzählen lassen kann (1688 2, 146–147). Die Differenzierung zwischen Autor- und Figurenrede reicht folglich nicht aus, um zu erklären, was einen Text zu einer Erzählung macht; welche anderen Kriterien aber herangezogen werden müssten, gibt der Theoretiker nicht an. Bei der Einteilung der literarischen Gattungen stützt er sich wieder ganz auf Platon: Das Epos wird als eine Mischung aus „Erzehlungs-Gedicht" und „Handelungs-Gedicht" (Rotth 1688 3, 43–44) definiert.[20] Im letzten Kapitel seines Werkes schließlich, das dem Roman gewidmet ist, bezeichnet Rotth sowohl das Epos als auch den Roman als Erzählung (1688 3, 348), nutzt also mit anderen Worten den aristotelischen Erzählbegriff. Allerdings unternimmt er es nicht, die formalen Gemeinsamkeiten der beiden Gattungen näher zu beleuchten. Stattdessen konzentriert er sich auf ihre inhaltliche Abgrenzung als Helden- beziehungsweise Liebesgedicht.[21]

Ansätze zu einer Theorie des Erzählens sind in erster Linie dort zu finden, wo sich die Poetik stärker am aristotelischen Teilungsschema orientiert. Ein gutes Beispiel dafür ist René Le Bossus *Traité du poëme épique* von 1675. Mit Aristoteles grenzt Le Bossu das Epos zunächst über das Redekriterium vom Drama ab: In diesem sprächen allein die fiktiven Personen, in jenem hingegen erzähle der

---

20 In diesem Kontext zeigt sich erneut die Schwierigkeit, die Gattung der Schäferdichtung mit dem triadischen Einteilungsschema zu erfassen. Rotth zählt sie zu den ‚Handlungs-Gedichten', macht aber darauf aufmerksam, dass darunter auch ‚Erzehlungs-Gedichte' sein können, in denen die (erzählenden) Figuren allerdings dramatisch eingeführt werden (1688 3, 44–45).

21 Rotth orientiert sich dabei an Pierre-Daniel Huets *Traité de l'origine des romans* von 1670.

Dichter.[22] Die Form des epischen Gedichtes ist für den französischen Theoretiker also keine gemischte, sondern sie ist bestimmt durch das Prinzip der Erzählung und mittelbaren Repräsentation der Figuren.[23] Der dritte Hauptteil der Abhandlung, der die Form des Epos behandelt, trägt konsequenterweise den Untertitel „Über die Erzählung" („de la narration", Le Bossu 1708 [1675], 281). Le Bossu thematisiert darin unter anderem den Status der Figurenrede, wobei er die schon bei Aristoteles auftauchende Forderung diskutiert, der Epiker müsse möglichst selten in eigener Person auftreten und vielmehr die Figuren sprechen und handeln lassen (1708 [1675], 357–358).[24] Le Bossu zufolge impliziert diese Forderung nicht die vollständige Verbannung der Erzählerrede. Schließlich stelle die narrative Form das primäre Differenzkriterium zur dramatischen Literatur dar.[25] Zudem sei Aristoteles' Bemerkung auch nicht ausschließlich auf den Anteil der Figurenrede zu beziehen, sondern könne auch als Aufforderung verstanden werden, die Figuren in ihrem charakteristischen Handeln zu zeigen.[26] Für Le

---

22 „L'action d'une Comédie n'est point importante ; & de plus elle n'est pas racontée par le Poëte , mais les personnes seules qu'il introduit , y parlent , & y agissent , aussi-bien que dans la Tragédie. L'une & l'autre , pour cette raison, est nommée un Poëme Dramatique. Ainsi l'Epopée n'est ni une Tragédie , ni une Comédie" (Le Bossu 1708 [1675], 15). (Die Handlung einer Komödie ist nicht bedeutend; des Weiteren wird sie nicht vom Dichter erzählt, sondern es sprechen und handeln darin allein die von ihm eingeführten Personen, genauso wie in der Tragödie. Die eine wie die andere nennt man aus diesem Grund ein dramatisches Gedicht. So ist die Epopöe weder eine Tragödie noch eine Komödie.)

23 „La Forme est que les Personnes n'y soient point introduites aux yeux des spectateurs & agissant seules, & par elles-mêmes sans le Poëte , comme dans la Tragédie : mais que l'action soit racontée par le Poëte" (Le Bossu 1708 [1675], 19). (Die Form ist, dass die Personen nicht vor die Augen der Zuschauer gestellt werden und alleine handeln, von sich selbst und unabhängig vom Dichter wie in der Tragödie, sondern dass die Handlung vom Dichter erzählt wird.)

24 Die entsprechende Stelle bei Aristoteles findet sich im 24. Kapitel der *Poetik* (Aristoteles 2006 [1982], 83). Die Problematik dieser Passage ergibt sich daraus, dass Aristoteles hier auf Grundlage des platonischen Nachahmungsbegriffs argumentiert. Er behauptet nämlich, dass der Dichter nur dann nachahme, wenn er seine Figuren selbst reden lasse.

25 „Ce n'est pas qu'il [Aristoteles] en banisse la Narration du Poëte. Cela ne se peut ; puisque lui-même dit que l'Epopée est *une Imitation qui se fait par Narration* ; & que la narration du Poëte est en effet sa forme , & ce qui la distingue le plus essentiellement d'avec les actions du Théatre" (Le Bossu 1708 [1675], 358). (Es ist nicht so, dass er [Aristoteles] die Erzählung des Dichters daraus verbannen würde. Dies kann nicht sein, da er selbst sagt, dass die Epopée *eine Nachahmung durch Erzählung* ist und die Erzählung des Dichters tatsächlich ihre Form darstellt.)

26 „L'autre maniere d'interpreter cet endroit d'Aristote , est de dire , qu'il ne prétend pas que les discours que l'on fait prononcer aux Personnages, soient l'unique moyen qui rende une narration agissante & Dramatique ; mais que cela se fait quand les mœurs paroissent , soit que les personnes parlent , soit feulement qu'elles y agissent ; soit d'une autre manière , si l'on veut étendre ce précepte avec plus d'indulgence" (Le Bossu 1708 [1675], 361–362). (Die andere Möglichkeit,

Bossu muss die Dramatisierung der Erzählung folglich nicht zwangsläufig mit ihrer Dialogisierung einhergehen. Das Festhalten an der grundsätzlichen Dichotomie von erzählender und dramatischer Form ermöglicht es ihm dann im Folgenden, erzählspezifische Struktureigenschaften zu identifizieren und zu beschreiben, wobei besonders seine Ausführungen zur Ordnung und Erzähldauer aus erzähltheoretischer Sicht aufschlussreich sind (Le Bossu 1708 [1675], 368 – 390).

Im Laufe des achtzehnten Jahrhunderts orientiert sich die Gattungstheorie immer mehr an Aristoteles und die Bedeutung des von Platon beziehungsweise Diomedes übernommenen Einteilungsschemas schwindet. Ablesbar wird dieser Wandel an Charles Batteux' *Les Beaux arts réduits à un même principe* (1746). Unter Bezug auf einen Vers aus der *Ars Poetica* des Horaz[27] teilt Batteux das Gebiet der Literatur in zwei Sorten von Texten,

> dont l'une est Dramatique , où nous voyons les choses représentées devant nos yeux , où nous entendons les discours directs des personnes qui agissent ; l'autre Epique, où nous ne voyons ni n'entendons rien par nous-mêmes directement , où tout nous est raconté[.][28] (Batteux 1746, 146)

Batteux hält sich also zunächst an die aristotelische Einteilung; gleich darauf aber bemüht er beiläufig Platons Begriff einer gemischten Gattung, offenbar ohne sich des fundamentalen Unterschieds der beiden Herangehensweisen bewusst zu sein. Er beschränkt sich auf den Kommentar, dass im Falle, man wollte eine dritte, gemischte Gattung ansetzen, sich alle Regeln bereits aus den beiden anderen ergeben würden.[29] Die Bedeutung der platonischen Triade scheint so weit ver-

---

diese Stelle bei Aristoteles zu deuten, ist zu sagen, dass er nicht behauptet, dass die Reden, die man die Figuren sprechen lässt, das einzige Mittel wären, um eine Erzählung lebhaft und dramatisch zu machen; sondern dass dies passiert, wenn die charakteristischen Verhaltensweisen sichtbar werden, sei es dass die Personen sprechen, sei es dass sie nur handeln; sei es auf eine andere Weise, wenn man die Regel noch großzügiger auslegen möchte.)

27 Gemeint ist die Zeile: „aut agitur res in scaenis aut acta refertur" / „Etwas wird auf der Bühne entweder vollbracht oder wird als Vollbrachtes berichtet" (Horatius 2005 [1972], 15).

28 Johann Adolf Schlegel übersetzt: „Die eine davon [den zwei Gattungen] ist die *dramatische*; wo wir die vorgestellten Dinge vor unsern Augen sehen, wo wir die handelnden Personen unmittelbar selbst reden hören. Die andre ist die *epische*, wo wir nichts unmittelbar sehen oder hören; wo uns alles erzählet wird" (Batteux 1770 [1751], 167).

29 „Si de ces deux espèces on en forme une troisiéme qui soit mixte , c'est-à-dire , mêlée de l'Epique & du Dramatique , où il y ait du spectacle & du récit ; toutes les régles de cette troisiéme espèce seront contenues dans celles des deux autres" (Batteux 1746, 146). („Wollte man aus diesen beiden Gattungen noch eine dritte machen; die *vermischte*, die aus dem Epischen und aus dem Dramatischen zusammengesetzt ist; eine Gattung, in welcher Schauspiel und Erzählung mit-

blasst zu sein, dass dem Theoretiker die Inkongruenz mit der vorangestellten dichotomischen Einteilungsweise gar nicht mehr auffällt.

Auch in der deutschsprachigen Literaturtheorie des achtzehnten Jahrhunderts setzt sich die aristotelische Einteilung durch. Johann Christoph Gottsched teilt im *Versuch einer Critischen Dichtkunst vor die Deutschen* (1730) die Gattungen in „Epische" und „Theatralische", wobei er, wie bereits erwähnt, den Begriff des Epischen nicht nur auf das Epos bezieht (1730, 127). Denn zu den Texten, die „bloß erzehlet" werden, „gehören nicht nur die Jlias, Odyssee und Eneis; sondern alle Romane, ja so gar die Esopischen Fabeln" (Gottsched 1730, 127). Neben der Orientierung an der aristotelischen Gattungseinteilung ist es auch ein Wandel in der Auffassung des Redekriteriums, der die Entwicklung erzähltheoretischen Denkens begünstigt. So ist zu beobachten, dass viele Theoretiker das Kriterium erweitern und umdeuten. An die Opposition zwischen ‚berichten' und ‚szenisch vorstellen' lagern sich gleichsam weitere Unterscheidungen an, beispielsweise die Gegenüberstellung verschiedener Wirkungsgrade.[30] Bei Batteux findet sich eine erkenntnistheoretische Interpretation des Kriteriums; statt nach Aussagemodi fragt er nach der „Art, zu Kenntnissen zu gelangen" (Batteux 1770 [1751], 166), und bezieht die Unterscheidung, dass der Mensch entweder Augenzeuge eines Vorgangs ist oder nur von einem Ereignis berichten hört, auf die Einteilung der Gattungen nach dramatischen und erzählenden Texten.[31] Johann Jakob Engel wiederum erfasst in seiner Schrift *Anfangsgründe einer Theorie der Dichtungsarten* von 1783 die Redeformen unter dem Gesichtspunkt des Zeitverhältnisses, das heißt mit Rücksicht auf die Frage nach der Vergangenheit oder Gegenwärtigkeit des Dargestellten (Engel 1845 [1806], 281–282). Solche Umdeutungen und Erweiterungen zeigen an, dass bei der Unterscheidung zwischen erzählender und

---

einander abwechseln: so würde das in der Sache nichts ändern; denn alle Regeln dieser dritten Gattung werden dann schon in den Regeln der beiden andern enthalten seyn." Übers. von J. A. Schlegel; Batteux 1770 [1751], 167).

30 Allerdings unterscheidet bereits Aristoteles die erzählende und die dramatische Literatur hinsichtlich ihres Wirkungspotenzials, und zwar zuungunsten des Epos. Demnach hat die Tragödie dem Epos das „Merkmal der Eindringlichkeit" voraus, und dies gilt „sowohl bei der Lektüre als auch bei der Aufführung. Außerdem erreicht sie das Ziel der Nachahmung mit einer geringeren Ausdehnung. Das stärker Zusammengefaßte bereitet nämlich mehr Vergnügen als dasjenige, das sich auf eine lange Zeit hin verteilt" (Aristoteles 2006 [1982], 97).

31 „Les hommes acquierent la conoissance de ce qui est hors d'eux-même , par les yeux ou par les oreilles : parce qu'ils voyent les choses eux-même , ou qu'ils les entendent raconter par les autres" (Batteux 1746, 145–146). („Die Menschen erlangen die Erkenntniß von dem, was ausser ihnen ist, entweder durch die *Augen*, oder durch die *Ohren*; denn sie *sehen* solches entweder selbst, oder sie *hören* es von andern erzählen." Übers. von J. A. Schlegel; Batteux 1770 [1751], 164–165)

szenischer Darstellung nicht mehr allein nach dem jeweiligen Aussagesubjekt gefragt, sondern die gesamte Kommunikationssituation berücksichtigt wird. Zweifellos erhöht sich damit auch das Interesse der Theoretiker, den Gegensatz zwischen erzählender und dramatischer Form zu analysieren und zu beschreiben.

Gegen Ende des achtzehnten Jahrhunderts vollzieht sich in der Gattungstheorie aber noch eine weitere Veränderung, die für die Geschichte der Erzähltheorie von großer Bedeutung ist. Die Unterscheidung der Art und Weise der Nachahmung ist bei Aristoteles, wie erwähnt, nur eines von drei Kriterien zur Einteilung der literarischen Gattungen und sicherlich nicht das wichtigste. Seine Aufmerksamkeit gilt hauptsächlich dem Kriterium der Materie, das heißt der Art und Beschaffenheit der nachzuahmenden Gegenstände. In der Literaturtheorie der Spätaufklärung ändert sich diese Hierarchie in Folge eines grundsätzlichen Wandels im Gattungsbegriff und einer Neuordnung des Gattungssystems. Statt die einzelnen Gattungen wie zuvor über einen Katalog von Merkmalen voneinander abzugrenzen, versucht die Theorie nun, sie auf ein Grundprinzip zurückzuführen und aus diesem einen geordneten Zusammenhang von Gattungsmerkmalen zu entwickeln (vgl. Trappen 2001, 177). Die Aufmerksamkeit gilt dem Auffinden nicht mehr eines möglichst zweckmäßigen Einteilungsgrundes, sondern eines inneren Gesetzes, mithilfe dessen sich wesentliche und akzidentielle Eigenschaften voneinander scheiden lassen (vgl. Willems 1981, 110).

Dieser Kontext verleiht dem Begriff der Erzählung ein völlig neues Gewicht, wie sich exemplarisch am Eintrag „Heldengedicht" aus dem ersten Band von Johann Georg Sulzers *Allgemeiner Theorie der schönen Künste* (1771) zeigen lässt. Den überkommenen Gattungssystemen steht Sulzer betont skeptisch gegenüber, er bezweifelt sogar ein Stück weit die Bedeutung und Notwendigkeit einer solchen allgemeinen Einteilung.[32] Gleichzeitig vertritt er die Überzeugung, dass jede Gattung ihrer eigenen inneren Gesetzmäßigkeit folgt, und unternimmt es daher, das „Heldengedicht", also das Epos, „bis auf den ersten Grund" zurückzuführen (Sulzer 1771, 527). Seine Einstiegsdefinition ist dabei eher traditionell, indem sie die Gattung zunächst anhand der drei aristotelischen Differenzkriterien bestimmt: Das Epos verlange einen „feyerlichen Ton" (Stilmittel) sowie eine „merkwürdige Handlung" (Gegenstand) und werde „umständlich erzählt" (Modus) (Sulzer 1771, 526). Doch Sulzer gibt sich mit der bloßen Angabe dieser Merkmale nicht zufrieden, sondern fragt nach dem „natürlichen Ursprung" ihrer Zusammengehö-

---

32 „Man hat verschiedentlich versucht, die mancherley Gattungen und Arten der Gedichte in ihre natürlichen Classen und Abtheilungen zu bringen, sich aber bis dahin noch nicht über den Grundsatz vereinigen können, der die Abzeichen jeder Art bestimmen soll. Von großer Wichtigkeit möchte auch die beste Eintheilung der Dichtungsarten nicht seyn, wiewol man ihr auch ihren Nutzen nicht ganz absprechen kann" (Sulzer 1771, 437).

rigkeit (1771, 526). Dabei stößt er auf das anthropologische Fundament der Gattung, nämlich den „natürlichen Trieb, merkwürdige Auftritte, die man mit Empfindung und mancherley Rührung gesehen hat, wieder zu erzählen, die verschiedenen Eindrüke derselben in uns selbst zu erneuern, und in andern zu erweken" (Sulzer 1771, 527). Sulzer sieht in diesem anthropologisch konstanten Erzählbedürfnis die Keimzelle des Epos:

> Aus diesem, jedem lebhaften Menschen natürlichen Hange merkwürdige Begebenheiten mit seinen Zusätzen, Schilderungen, und besonderer Anordnung der Sachen zu erzählen, müssen wir den Ursprung des Heldengedichts herleiten. Auch ohne Kunst würde ein empfindsamer und dabey sehr beredter Mensch unter dem Erzählen ein Heldengedicht machen[.] (Sulzer 1771, 526)

Die Grundlage des Epos ist mit anderen Worten in der Alltagserzählung zu suchen. Die „künstliche Epopöe" entsteht „aus der natürlichen Erzählung eben so [...], wie die künstlichen Gebäude, aus den, einigermaßen natürlichen, Hütten"; eine „gründliche Theorie des Heldengedichts" müsste darum bei dem ansetzen, „was der Kunst vorher gegangen ist", das heißt bei der natürlichen Tätigkeit des Erzählens (Sulzer 1771, 527). Diese Ableitung führt zu einer Neugewichtung der Gattungskriterien: Entscheidend ist nicht der dargestellte Gegenstand an sich, auch nicht der Vortragsstil, sondern das Erzählen als eine dem Menschen eigene Kulturtechnik, die für Sulzer in erster Linie die Funktion der individuellen oder kollektiven Gedächtnisbildung erfüllt:

> Männer, die gemeinschaftlich etwas Merkwürdiges ausgeführt haben, kommen selten zusammen, ohne davon zu sprechen. Jeder erzählt den Theil der Geschichte, der ihn am meisten gerühret, oder an dem er vorzüglichen Antheil gehabt hat. Bey rohen Völkern veranlaset dieses öffentliche Feyerlichkeiten zum Andenken wichtiger Begebenheiten, besonders aber glüklich verrichteter Thaten. (Sulzer 1771, 527)

Für Sulzer ist Erzählen eine – um einen Begriff des Gattungstheoretikers Rüdiger Zymner zu gebrauchen – „poetogene Struktur" (Zymner 2003, 168–169), das heißt eine in alltagsweltlichen Bezügen verankerte Tätigkeit, die bis zum literarischen Kunstwerk gesteigert und in verschiedene Gattungen ausdifferenziert werden kann.[33] Legt man diese Auffassung zugrunde, dann muss eine Theorie des Erzählens zu einem zentralen Anliegen der Gattungstheorie werden, weil sie die

---

33 Es ist bezeichnend, dass Zymner diesen Begriff am Beispiel der Erzählung entwickelt. Bei anderen Gattungen haftet dem Rückbezug auf anthropologische Kategorien oder „kommunikative Möglichkeiten im Alltag" leicht etwas Gezwungenes an, etwa wenn man Drama und Lyrik auf „das spannungssteigernde Vorspielen und die grüblerische, mal melancholische oder auch reflektierende Einzelrede" zurückführt (Zymner 2003, 169).

Identifikation grundlegender Formgesetze einer Vielzahl von Gattungen und zugleich die anthropologische Fundierung des Gattungssystems verspricht. Es verwundert daher nicht, dass bereits drei Jahre nach dem Erscheinen des ersten Bandes von Sulzers *Allgemeiner Theorie* mit Johann Jakob Engels Aufsatz „Über Handlung, Gespräch und Erzählung" (1774) eine bedeutende literaturtheoretische Abhandlung erscheint, die sich explizit der Erzählung als einem gattungsübergreifenden, inner- wie außerliterarisch anzutreffenden Phänomen widmet.[34]

Mit dem Übergang von der Spätaufklärung zur Klassik und Romantik verschieben sich die poetologischen Prämissen und mit ihnen auch das Gattungsverständnis. Weitergegeben wird indes das Bewußtsein für die transgenerische und poetogene Dimension des Erzählprinzips. Unverändert bleibt zudem die zentrale Bedeutung dieses Prinzips innerhalb des Gattungssystems. Denn das im Vergleich zur Spätaufklärung noch gestiegene Bemühen um eine Fundierung der Gattungen in invarianten, apriorischen Wesenszügen (Trappen 2001, 213) macht den Rückbezug auf die Erzählung als eine von ihren historischen Erscheinungsweisen (vermeintlich) ablösbare Darstellungsform attraktiv. In diesem Sinne betont Goethe in seinem 1797 entstandenen Aufsatz „Über epische und dramatische Dichtung" (1827), in dem er die Ergebnisse seiner Korrespondenz mit Schiller zusammenfasst, dass der Unterschied zwischen der epischen und der dramatischen Literatur aus der jeweils zugrunde liegenden Kommunikationssituation abgeleitet werden kann (FA 18, 445). Schiller greift diesen Gedanken auf und weist seinerseits darauf hin, dass dem „Begriff des *Erzählens*" bereits zentrale Strukturmerkmale der epischen Literatur immanent sind (MA 8.1, 473).

Schillers Akzentuierung des Erzählbegriffs ist auch deshalb bemerkenswert, weil damit eine Strukturanalogie von alltagsweltlichem und literarischem Erzählen angedeutet wird, was dem Literaturverständnis der Klassik eigentlich nicht entspricht. Diese Spannung wird bei Wilhelm von Humboldt greifbar, der in seiner 1799 erschienenen Abhandlung *Über Göthes Herrmann und Dorothea* zunächst skeptisch anmerkt, dass die charakteristischen „Eigenschaften" der epischen Gattung „aufs höchste nur dunkel in dem einzigen Ausdruck: *Erzählung* enthalten" seien, um kurz darauf aber dann doch zu dem Ergebnis zu kommen, dass man „[s]treng genommen" aus eben diesem Begriff „zugleich ihr ganzes Wesen ableiten" könne (Humboldt 1986 [1961], 267–268). In vergleichbarer Weise widerspricht August Wilhelm Schlegel in seinen *Vorlesungen über schöne Literatur*

---

34 Im selben Jahr erscheint auch Blanckenburgs *Versuch über den Roman*. Blanckenburg stellt sich zwar explizit in die Tradition der Romantheorie, verweist aber zugleich auf die tiefere strukturelle Gemeinsamkeit von Roman und Epos. Sulzers Argumentation aufgreifend, spricht er von der menschlichen „Erfindung, [...] durch Erzählung allerhand rührender und anziehender Begebenheiten und Vorfälle zu unterhalten", als der gemeinsamen Basis beider Gattungen (VR 3).

und Kunst (gehalten 1801–1802; veröffentl. 1884) zwar einerseits dem Gedanken, der Charakter des Epos lasse sich aus dem „Begriff des natürlichen Erzählens" entwickeln, führt aber andererseits die epische Gattung auf ein „idealisches Erzählen" zurück (Schlegel, A. 1989, 465). Auch wenn hier deutlicher als in der Poetik der Spätaufklärung die Differenz zwischen Alltagserzählung und literarischem Erzählen betont wird, bleibt doch die Orientierung am Erzählprinzip als dem maßgeblichen formalen Wesenszug der epischen Gattung(en) konstant.

Infrage gestellt wird diese Verknüpfung von Epik und Erzählprinzip eigentlich nur bei Hegel. In seinen zwischen 1820 und 1829 gehaltenen Berliner *Vorlesungen über die Philosophie der Kunst* entwirft er ein abweichendes Gattungskonzept, das ausgehend von der ursprünglichen Wortbedeutung von ἔπος (epos = ‚Wort') den Grundcharakter der Gattung als das Aussprechen eines selbstständigen Inhalts definiert: „Das Epos spricht aus, was die Sache ist" (Hegel 1998, 284). Hegel sieht den historischen Vorläufer der Gattung deshalb nicht in der Erzählung, sondern im Epigramm. Folgerichtig neigt er dazu, den Aspekt der erzählerischen Vermittlung aus seiner Epiktheorie auszublenden. Das Epos in seinem Sinne „singt sich so für sich selbst fort" und „die Rhapsoden sind ganz tote Instrumente für die Rede" (Hegel 2005, 233). Die an Hegel orientierte Ästhetik des neunzehnten Jahrhunderts bindet die Gattung allerdings wieder stärker an das Erzählprinzip. Friedrich Theodor Vischer etwa beginnt das Kapitel zur Epiktheorie in seiner *Ästhetik* (1857) mit dem Hinweis auf die narrative Form, die es dem Dichter gerade nicht ermöglicht, aus seinem Werk spurlos zu verschwinden (1857, 1265).

Für die Theoretiker der zweiten Hälfte des neunzehnten Jahrhunderts ist dann der Rekurs auf die Erzählung als verbindendes Strukturprinzip aller epischen Gattungen selbstverständlich, wie sich oft bereits an den Titeln der Beiträge ablesen lässt: Heinrich Keiter schreibt eine *Theorie des Romans und der Erzählkunst* (1876), Berthold Auerbach hält einen Vortrag über „Goethe und die Erzählungskunst" (1867, 1). Bei Ludwigs *Romanstudien* ist dieser Bezug zwar nicht ganz so offensichtlich, eröffnet sich aber auf den zweiten Blick. Schließlich reflektiert Ludwig darin unter anderem über die „Formen der Erzählung" (RS 654), zudem verwendet er die Gattungsbegriffe ‚Erzählung', ‚Roman', ‚Epos' oder ‚Epik' häufig synonym, das heißt, sie stehen *pars pro toto* für die gesamte erzählende Literatur. So kann er zur Begründung der These, dass der Roman die Verknüpfung von allgemein menschlichen und individuell historischen Agenten verlange, auf die Praxis der Alltagserzählung verweisen, in der seiner Meinung nach die Markierung der individuellen Umstände des erlebten Geschehens zwangsläufig erfolge (vgl. RS 554). Eine ganz ähnliche Analogie zwischen erzählender Literatur und natürlichem Erzählen findet sich auch in Friedrich Spielhagens Aufsatz „Das Gebiet des Romans" von 1873 (BT 45–46). Der Roman und nicht mehr das homerische Epos ist für Autoren wie Ludwig oder Spielhagen der bevorzugte Analysegegenstand. Doch zielen ihre theoretischen Bemühungen nicht vorrangig auf die Bestimmung gattungsspezifischer Gesetze und Typen, sondern auf die Identifikation von grundlegenden Bedingungen und Leistungsmerkmalen literarischen Erzählens.

Die Annahme, erst in den 1920er und 30er Jahren sei die Erzählkunst, „„the art of narration"', als „overarching term for all epic forms" erkannt und damit die Voraussetzung für eine allgemeine Erzähltheorie geschaffen worden (Cornils und Schernus 2003, 142), trifft also nicht zu.[35] Wie der kurze geschichtliche Abriss gezeigt hat, beginnt bereits im späten achtzehnten Jahrhundert eine verstärkte Auseinandersetzung mit der Erzählung als einem transgenerischen Strukturprinzip. Der Grund dafür sind tiefgreifende Veränderungen in der Gattungstheorie wie das Verblassen der auf Platon und Diomedes zurückgehenden triadischen Gattungseinteilung, das Bedürfnis nach einer anthropologischen Fundierung des Gattungssystems oder das Bemühen, die Diversität von Gattungsmerkmalen auf einige wenige Grundzüge zurückzuführen. Die theoretische Beschäftigung mit der narrativen Form avanciert so zu einem Hauptanliegen der Epiktheorie und ebenso der Epos- und Romantheorie. Damit ist nicht gesagt, dass im Rahmen dieser Theorien ausschließlich narratologisch relevante Aspekte und nicht auch gattungsspezifische Fragen behandelt würden. Behauptet wird jedoch, dass in der Poetik seit dem letzten Drittel des achtzehnten Jahrhunderts ein kontinuierliches Interesse an einer „theory of narrative *qua* narrative" (Prince 1995, 127) besteht und dass dieses Interesse auch in der Roman- und Epiktheorie sichtbar wird. Mit guten Gründen lässt sich also von einer Theorie der Erzählung vor 1900 sprechen. Allerdings sollten über dieser berechtigten Erweiterung der Theoriegeschichte einige wichtige Differenzkriterien zwischen historischer und moderner Erzähltheorie nicht übersehen werden.

2.1.1.4 Historische und moderne Erzähltheorie: Drei Differenzkriterien

Die Erzähltheorie des zwanzigsten und einunzwanzigsten Jahrhunderts ist institutionalisiert, sie wird im Wesentlichen von Wissenschaftlern aus dem Bereich der neueren Philologien, der Kunst-, Film- und Medienwissenschaften betrieben und in einschlägigen wissenschaftlichen Publikationsorganen weiterentwickelt. Zwar entstammen auch wichtige Beiträge zur historischen Erzähltheorie dem akade-

---

35 Dieser Fehleinschätzung unterliegt bereits Friedemann, wenn sie behauptet, dass die ältere Literaturtheorie über der Entgegensetzung von Epos und Roman die viel entscheidendere Differenz zwischen Drama und Epik vernachlässigt habe (1969 [1910], 13).

mischen Umfeld (A. W. Schlegel, Hegel, Vischer), bei den meisten der im Folgenden besprochenen Autoren handelt es sich jedoch um Literaten (Goethe, Schiller, Auerbach, Ludwig, Spielhagen) und bei ihren Beiträgen oft nicht um wissenschaftliche Veröffentlichungen im strengen Sinn. Dennoch prägt auch Texte wie den Briefwechsel zwischen Goethe und Schiller über die Grundlagen epischer und dramatischer Dichtung, Ludwigs *Romanstudien* oder Spielhagens populärwissenschaftliche Aufsätze das Bemühen um Systematizität und begriffliche Präzision. Die Autoren verwenden nicht lediglich bereits vorhandene Analysewerkzeuge und Modelle, sondern entwickeln diese größtenteils selbst.

Mit diesem Unterschied bezüglich der Trägergruppen des theoretischen Diskurses korrespondiert eine veränderte Funktion der Theoriebildung. Die moderne Narratologie erfüllt hauptsächlich zwei Funktionen, „nämlich erstens die einer *deskriptiven Erfassung des Gegenstands* Erzählen bzw. Erzählung und zweitens die eines *heuristischen Beitrags zum Umgang mit dem Gegenstand*, also insbesondere zur Interpretation von Erzähltexten" (Köppe und Kindt 2014, 28). Die historische Erzähltheorie ist dagegen in der Regel normativ ausgerichtet; sie erhebt nicht den Anspruch der wertfreien Erfassung einer möglichst großen Zahl narrativer Darstellungsformen, sondern selektiert und bewertet implizit oder explizit die analysierten Erzählverfahren und Strukturmerkmale nach Maßgabe der leitenden ästhetischen Präferenzen und mit dem Ziel, Regeln für die Herstellung von künstlerisch gelungenen Erzähltexten zu identifizieren. Diese Differenz ist zu bedenken, wenngleich sie keineswegs absolut gilt. Noch in der Mitte des zwanzigsten Jahrhunderts erhebt Stanzel mit seiner Typologie der Romanformen den Anspruch, Autoren und Kritikern darzulegen, wo sich die „Gestaltungspotenz" des Romans „noch nicht voll realisiert oder noch nicht in allen denkbaren Variationen zur höchsten Subtilität ausgefaltet hat" (1993 [1964], 7). Er hofft mithin, die künftige Romanproduktion zumindest indirekt beeinflussen zu können. Unabhängig aber von der Frage nach der offenen oder verdeckten normativen Ausrichtung bleibt festzuhalten, dass die ältere Theorie, insofern sie vor allem von Praktikern betrieben wird, auch stärker auf die Bedürfnisse der Textproduzenten zugeschnitten ist, wohingegen neuere Ansätze sich eher am Vorgang der interpretativen Erschließung von Erzählungen ausrichten.

Das dritte Unterscheidungskriterium betrifft den Grad der begrifflichen Ausdifferenzierung. Die moderne Narratologie hat zahlreiche Kategorien und Typologien hervorgebracht, die hinsichtlich ihrer analytischen Präzision und ihrer systematischen Stringenz die Beschreibungsbegriffe der älteren Theorie sicherlich häufig übertreffen. An diese zunächst unproblematisch erscheinende Feststellung schließt sich eine Reihe von Fragen an, die das Verhältnis zwischen historischen und modernen Begriffen berühren: Lassen sich die Begriffe über die zeitliche, kulturelle, institutionelle Differenz hinweg überhaupt sinnvoll zueinander in Beziehung setzen? Haben die erzähltheoretischen Kategorien, auf die sich die Spätaufklärer, die Klassiker oder die Realisten stützen, für die aktuelle Narratologie bloß einen historischen Wert? Handelt es sich nur um konzeptuelle Vorstufen, die in der späteren Diskussion dann verfeinert und verbessert werden, oder sind es alternative Entwürfe, die möglicherweise sogar der aktuellen Begriffsbildung als Korrektiv dienen könnten? Diesen Fragen, von deren Klärung sowohl die Herangehensweise als auch die Zielsetzung einer Geschichte der Narratologie maßgeblich abhängt, möchte ich in den folgenden Kapiteln im Detail nachgehen.[36]

2.1.2 Kontinuität und Historizität narratologischer Begriffe

Bisher wurde deutlich, dass die literaturtheoretische Auseinandersetzung mit der Erzählung lange vor dem zwanzigsten Jahrhundert einsetzt. Das zentrale Anliegen dieser Untersuchung liegt nun darin, herauszuarbeiten, wie sich die begriffliche und konzeptuelle Erschließung dieses Gegenstandes gewandelt hat und ob sich im Entstehungskontext eines realistischen Literaturprogramms auch die Umrisse einer spezifisch realistischen Erzähltheorie erkennen lassen. Die Beschreibung dieser Veränderungen setzt allerdings die Annahme einer ansatzweisen Kontinuität und Vergleichbarkeit der begrifflichen Grundlagen in der Theoriebildung voraus. Denn

> [m]an kann Begriffsgeschichte(n) als Wandel von Bedeutungen und Pragmatiken nur thematisieren, wenn man weiß, daß eine ganze Menge anderes sich gleich bleibt und also repetitiv ist. Nur auf dem Hintergrund semantisch und pragmatisch repetitiver Strukturen lassen sich Innovation und geschichtlicher Wandel in Semantik und Pragmatik denken, wahrnehmen und messen. (Koselleck 2010, 60)

Der im Folgenden diskutierte begriffsgeschichtliche Ansatz muss sich an dem Anspruch messen lassen, das problematische Verhältnis von Kontinuität und Historizität in der Begriffsbildung hinreichend geklärt zu haben. Konkret wird es insbesondere darum gehen, darzulegen, was die ‚repetitiven Strukturen' sind, die den Vergleich zwischen verschiedenen Stadien erzähltheoretischen Denkens und damit die Darstellung von geschichtlicher Varianz möglich machen.

Die Begriffsgeschichte ist als Forschungsprogramm vor allem in der Philosophie und in den Geschichtswissenschaften beheimatet und wird gewöhnlich

---

36 Eine zusammenfassende Darstellung der folgenden Überlegungen konnte bereits an anderer Stelle (Grüne 2016) vorgelegt werden.

zunächst mit den großen Lexikonprojekten des zwanzigsten Jahrhunderts wie dem *Historischen Wörterbuch der Philosophie* (1971–2007) oder dem Lexikon *Geschichtliche Grundbegriffe* (1972–1997) in Verbindung gebracht. Seitdem wurde die Diskussion um ihre Theorie und Methode kontinuierlich fortgesetzt, so dass sich die Begriffsgeschichte, wie eine Reihe neuerer Sammelbände dokumentiert (Bödeker 2002; Dutt 2003; Müller, E. 2005; Eggers und Rothe 2009, Pozzo 2011), mittlerweile zu einem äußerst heterogenen Forschungsfeld ausdifferenziert hat, das Fallstudien zur Entwicklung prominenter Einzelbegriffe ebenso einschließt wie diskursanalytisch inspirierte Studien zum Wandel von Äußerungsbedingungen und Verwendungskontexten. Auch die Literaturwissenschaft bedient sich seit Langem begriffshistorischer Methoden und Praktiken, wenngleich festgestellt werden muss, dass sie in dieser Hinsicht „keine exportierende, sondern eine importierende, eine übernehmende und lernende Disziplin" ist (Dutt 2010, 101). Diese Zurückhaltung kann auch damit zusammenhängen, dass der Wunsch nach einem möglichst funktionalen und präzisen terminologischen Instrumentarium das historische Interesse für die disziplineigenen Begriffe oft überschattet. Literaturtheoretische Begriffe dienen in der Regel der abstrahierenden Beschreibung, Systematisierung, Kategorisierung von Textstrukturen, sie sind Hilfsmittel zum Erfassen und Interpretieren literarischer Texte. Ältere Verwendungsweisen werden häufig nur herangezogen, um sie gegen den aktuellen Gebrauch abzugrenzen. Man könnte sagen, dass die moderne Literaturwissenschaft dazu neigt, Diskontinuitäten der Begriffsgeschichte zu betonen, da ihr daran gelegen ist, historische und gegenwärtige Begriffsverwendungen klar voneinander abzuheben, um nicht zu ‚unsauberen' Ergebnissen zu kommen.[37] Am Beispiel des wichtigsten literaturwissenschaftlichen Lexikonprojekts der Gegenwart, dem zwischen 1997 und 2003 erschienenen *Reallexikon der deutschen Literaturwissenschaft* (RLW), möchte ich kurz auf die Schwierigkeiten aufmerksam machen, die sich aus der Funktion und Verwendungsweise literaturwissenschaftlicher Begriffe für ihre begriffsgeschichtliche Erfassung ergeben.

2.1.2.1 Begriffsgeschichte im Schatten der Explikation

Das RLW wurde nicht als begriffsgeschichtliches Nachschlagewerk konzipiert, sondern als eine „Zusammenstellung des gegenwärtigen terminologischen Inventars der deutschen Literaturwissenschaft" (Weimar und Fricke 1997, 179). Das

---

[37] In seinem Streitgespräch mit Harald Haferland über den mediävistischen Umgang mit modernen narratologischen Kategorien weist Matthias Meyer darauf hin, dass die Literaturwissenschaft in dem Bemühen, „Kontinuitätsprojektionen" zu vermeiden, leicht Gefahr läuft, unbegründeten „Alteritätsprojektionen" aufzusitzen (Haferland und Meyer 2010, 442).

Interesse an den Termini und ihrer Funktionalität überwiegt das Interesse an den Begriffen und ihrer Geschichte, wenngleich die Herausgeber behaupten, dass das Lexikon auch auf diesem Gebiet Pionierarbeit geleistet und bisherige Versäumnisse aufgearbeitet habe (vgl. Weimar und Fricke 1997, 179 – 180). In der Tat findet sich in fast jedem Eintrag neben der einleitenden Begriffsexplikation und den Abschnitten zur Wort-, Sach- und Forschungsgeschichte auch ein begriffsgeschichtlicher Abriss. Doch nach Ansicht der Herausgeber ist das historische Material nur der Sockel, auf dem die möglichst präzise, funktionale und dem gegenwärtigen Forschungsgebrauch angemessene Definition aufbauen soll. Die Revision früherer Begriffsverwendungen soll vor allem die „Distanz zum gegenwärtigen Gebrauch" (Weimar und Fricke 1997, 177) herausstellen, um so den Lexikonbenutzer von der „drückenden Erblast" (Fricke und Weimar 1996, 7) einer reichhaltigen Begriffsgeschichte zu befreien. Angedacht ist ein „Programm historisch gestützter *Explikationen*" (Fricke und Weimar 1996, 8), das zwar die historischen Befunde mit einbezieht, um gewaltsame Neudefinitionen zu vermeiden, sie aber letztlich nur darauf untersucht, ob sie den terminologischen Bedürfnissen der gegenwärtigen wissenschaftlichen Praxis genügen oder entsprechend modifiziert werden müssen.[38]

Die Problematik dieses Programms liegt in dem mühsamen Gleichgewicht zwischen anzustrebender Explizitheit und geforderter historischer Tiefe. Die Herausgeber versuchen diesem Problem mit der Aufspaltung der geschichtlichen Untersuchung in einen wortgeschichtlichen und einen begriffsgeschichtlichen Teil entgegenzuwirken. Die Ausführungen zur Wortgeschichte sollen *idealiter* semasiologisch ausgerichtet sein, also vom Lexem ausgehend dessen historisch variable Bedeutungen reflektieren. Für den Abschnitt zur Begriffsgeschichte wird den Beiträgern hingegen eine onomasiologische Perspektive nahegelegt, das heißt die Frage nach den unterschiedlichen Bezeichnungen eines gleichbleiben-

---

[38] Bekanntermaßen ist das RLW wissenschaftsgeschichtlich auch als eine Reaktion auf die Transformationsprozesse in der Germanistik der 1980er und frühen 90er Jahre zu sehen. Dem durch die Expansionstendenzen in Richtung einer allgemeinen Kultur- und Medienwissenschaft herausgeforderten Fach diente und dient das Lexikon als eine terminologische Bastion gegen die disziplinäre Auflösung. Das Bedürfnis nach einer klaren und reflektierten Wissenschaftssprache reicht allerdings über diesen wissenschaftspolitischen Kontext hinaus, wie die Beiträge im Tagungsband des DFG-Symposions *Zur Terminologie der Literaturwissenschaft* (Wagenknecht 1989) deutlich machen. Zudem versucht das RLW *in puncto* begrifflicher Präzision und konzeptueller Stringenz die Lücken zu schließen, die sein Vorgänger, das *Reallexikon der deutschen Literaturgeschichte* (1925 – 31 und 1958 – 1988), hinterlassen hatte.

den Konzeptes (Fricke und Weimar 1996, 16).[39] Damit wird die Begriffsgeschichte allerdings auf eine Bezeichnungsgeschichte eingeengt, in der es nur darum geht, einen mehr oder weniger klar bestimmten Begriffsinhalt unter verschiedenen Benennungen aufzuspüren. Zwar sprechen die Herausgeber von einer „Wechselbeziehung" zwischen Begriffsgeschichte und Explikation (Fricke und Weimar 1996, 17), im Endergebnis aber dominiert das vorausgesetzte Konzept die begriffsgeschichtliche Darstellung. Diese wird auf ein möglichst distinktes Merkmalsbündel hin strukturiert und prospektiv geordnet, denn die „semantische[n] Merkmale der angestrebten Explikation [dienen] zwangsläufig als Leitfaden für die Auswahl begriffsgeschichtlich relevanter Instanzen" (Fricke und Weimar 1996, 17). Dem vorrangigen Zweck des Lexikons, zur Präzision der gegenwärtigen Wissenschaftssprache beizutragen, ist dieser Zuschnitt keineswegs abträglich; dem Verständnis für die historische Tradition der disziplineigenen Beschreibungswerkzeuge allerdings schon.

Dass die Ausrichtung auf Explizitheit und Funktionalität die begriffsgeschichtliche Auseinandersetzung erheblich verkürzt, zeigt sich an dem – im vorliegenden Zusammenhang besonders interessanten – Eintrag zum „Erzähler". Die Verfasserin, Rosmarie Zeller, wählt zunächst eine eher weite Einstiegsdefinition, wonach der Erzähler als „diejenige Instanz" bestimmt wird, die in narrativen Texten „die Information über die erzählte Welt vermittelt" (Zeller 1997, 502). Die anschließende Explikation präzisiert dann den Terminus und schränkt seine Verwendungsweise deutlich ein:

> *Erzähler* wird nach allgemeiner literaturtheoretischer Übereinkunft diejenige Instanz in narrativen Texten genannt, die zwischen einem *Autor* und einem *Leser* bzw. (nach anderen Theorien) zwischen einem Impliziten Autor und einem Impliziten Leser vermittelt, indem sie den Text ‚spricht' bzw. die Geschichte ‚erzählt', und die nur in der nicht-fiktionalen *Autobiographie* identisch ist mit dem empirischen Autor. (Zeller 1997, 502)

Es spricht nicht gegen die Brauchbarkeit von Zellers Explikation, dass es alternative Konzepte gibt, aktuelle wie historische, denen zufolge der Erzähler nicht zwangsläufig als ein zwischen Autor und Leser stehendes, fiktives Aussagesubjekt angesehen werden muss. Solche Alternativen könnten nun im begriffsgeschichtlichen Abschnitt des Eintrags näher vorgestellt werden. Doch dieser Abschnitt setzt mit der Behauptung ein, dass „[b]is ins 19. Jh. [...] für die Beschreibungen besonderer Erzählweisen nur das in sich nicht differenzierte Konzept ‚der Dichter'

---

39 Dass Fricke und Weimar an dieser Stelle (1996, 16) das Verhältnis umkehren und von der onomasiologischen Wort- und der semasiologischen Begriffsgeschichte sprechen, ist wohl als Versehen einzustufen.

zur Verfügung [stand]" (Zeller 1997, 503). Die Geschichte des Begriffs beginnt folglich erst mit der für Zellers Verständnis maßgeblichen „Unterscheidung zwischen Autor und Erzähler" (1997, 503), also frühestens Anfang des zwanzigsten Jahrhunderts. Immerhin werden auch Otto Ludwig und Friedrich Spielhagen erwähnt, allerdings auch nur deshalb, weil sich angeblich in ihren Texten die Autor-Erzähler-Trennung bereits ankündigt. Wer sich für ältere oder alternative Verwendungsweisen des Begriffs interessiert, erhält nur die Information, dass die Kenntnis seiner Vorgeschichte noch mangelhaft sei (Zeller 1997, 504).

Die Zielsetzung des RLW, aktuelle Verwendungsweisen möglichst vom Ballast historischer Vorstufen zu befreien, befördert die Tendenz, ältere Konzepte entweder als überholt abzutun oder, wie im Falle von Zellers Eintrag, ganz zu übergehen. Paradoxerweise führt dabei die Markierung einer historischen Differenz zwischen aktueller und historischer Begriffsverwendung beziehungsweise die Feststellung, dass es überhaupt keine historische Entsprechung für ein modernes Konzept gebe, nicht zu einer konsequenten Historisierung der eigenen Begriffe. Diese werden vielmehr als Universalwerkzeuge auf unterschiedlichste historische Gegenstandsbereiche bezogen und ihre Anwendbarkeit selten kontextuell realtiviert. Man kann diese Substituierung des historischen durch das aktuelle Begriffsverständnis durchaus als einen Akt „assimilatorischer Gewalt" (Dutt 2010, 108) deuten, zumal wenn das aktuelle Verständnis zum Telos der begriffsgeschichtlichen Entwicklung gemacht wird. Am Erzählerbegriff ließe sich gut demonstrieren, wie ältere Auffassungen durch das Urteil abgewertet werden, dass die Theorie zu diesem Zeitpunkt noch nicht zu einer bestimmten Einsicht (etwa in die Trennung von Autor und Erzähler) vorgedrungen sei. Auch Zeller spricht ja davon, dass bis ins neunzehnte Jahrhundert ‚nur' ein in sich nicht differenziertes Konzept ‚Dichter' existiere, und legt damit nahe, in der Begriffsgeschichte einen Prozess der allmählichen Ausdifferenzierung und Präzisierung zu sehen.[40]

---

[40] An dieser Stelle lohnt ein Blick auf das zweite große, für die Literaturwissenschaft relevante Lexikonprojekt der letzten Jahrzehnte: die *Ästhetischen Grundbegriffe* (2000–2005). Die Herausgeber wenden sich methodisch gegen eine „prospektive Geschichte von Begriff und Problem vom Anfang her", die einen „kontinuierlichen, entlang der Chronologieachse sich fortschreibenden Prozeß von Lösungsvorschlägen" unterstelle und deshalb stets „Gefahr" laufe, „begriffliche Abweichungen auszugrenzen oder Invarianzen festzuschreiben" (Barck et al. 2000, VIII). Allerdings ist das vorgeschlagene Gegenmodell nicht weniger problematisch und vor allem nicht weniger teleologieanfällig. Denn nach Einschätzung der Herausgeber hat die begriffsgeschichtliche Darstellung vom „gegenwärtigen Erkenntnisinteresse" auszugehen und nicht von einem „hypothetischen geschichtlichen Beginn" (Barck et al. 2000, VIII). Dieses Erkenntnisinteresse beruhe aber im Wesentlichen auf der Erfahrung der Unzulänglichkeit traditioneller ästhetischer Systeme und Begriffe angesichts der Entgrenzungsphänomene der (Post-)Moderne und der Plu-

Im Gegensatz dazu soll hier ein begriffsgeschichtlicher Ansatz vertreten werden, wonach die historischen Konzepte nicht als überholte Vorstufen, sondern als Alternativen zu aktuellen Begriffsverwendungen anzusehen sind. Um Missverständnissen vorzubeugen sei an dieser Stelle betont, dass damit weder einem Verzicht auf die Entwicklung und Anwendung moderner Begriffe noch der unreflektierten Übernahme historischer Verwendungsweisen das Wort geredet wird. Es geht vielmehr darum, ein Bewusstsein dafür zu etablieren, dass die Begriffe, mit denen der heutige Literaturwissenschaftler respektive Erzähltheoretiker zu arbeiten gewohnt ist, nicht einfach besser oder präziser sind als ihre konzeptuellen Vorläufer, sondern immer auch „anders" (Willems 1981, 43). Weder die Kontinuität noch die Historizität der Begriffsverwendungen ist demnach zu verabsolutieren: In vielen (nicht allen) Fällen existiert eine gemeinsame begriffliche Basis, da in der Regel auf vergleichbare Phänomene – die Strukturen literarischer Texte – Bezug genommen wird; diese Phänomene aber werden in unterschiedlicher Weise aufgefasst, geordnet und bewertet. So wird, um bei dem hier bemühten Beispiel zu bleiben, bereits lange vor dem zwanzigsten Jahrhundert die „Instanz, die Information über die erzählte Welt vermittelt" (Zeller 1997, 502), theoretisch in den Blick genommen, aber erst ab einem gewissen Zeitpunkt versteht man darunter ein vom Autor zu differenzierendes, fiktives Aussagesubjekt. Es bedarf also eines begriffsgeschichtlichen Rahmens, in dem zwischen einer relativ konstanten konzeptuellen und einer variablen, historisch bedingten Ebene der Begriffsbildung unterschieden wird. Einen interessanten Anknüpfungspunkt bietet hier das von Gerda Haßler und Cordula Neis herausgegebene *Lexikon sprachtheoretischer Grundbegriffe des 17. und 18. Jahrhunderts* (2009). Seine Relevanz für den vorliegenden Zusammenhang ergibt sich aus der Vergleichbarkeit der Anliegen, geht es doch den Autorinnen um die Rekonstruktion der „begrifflichen Grundlagen des Nachdenkens über Sprache" vor „der Institutionalisierung der Sprachwissenschaft", und zwar unter Erfassung sowohl der „epochenbezogenen Dynamik" als auch der „Kontinuität gegenüber der Tradition" und gegenüber aktuellen Konzeptualisierungen (Haßler und Neis 2009, 1–2).

---

ralität ästhetischer Wahrnehmungsformen. Dem müsse nun die Begriffsnarration der ästhetischen Termini entsprechen, indem sie gerade die Gegenbewegungen zur klassischen philosophischen Ästhetik, die abweichenden Vorstellungen und Diskontinuitäten, die Brüche im ästhetischen Denken akzentuiere (vgl. Barck et al. 2000, VIII). Die Diagnose einer „gegenwärtigen epistemologischen Konstellation" (Barck 2000, 55) bestimmt hier die Methode und letztlich auch die Richtung der begriffsgeschichtlichen Untersuchung. So kommt es zu einer Restitution der zunächst verworfenen prospektiven Anordnung, Begriffsgeschichte wird wieder zur „Vorgeschichte' gegenwärtiger Begriffsverwendungen" (Barck et al. 2000, VIII).

2.1.2.2 Die zwei Ebenen der Begriffsbildung: ‚Fragestellung' und ‚Antwort'

Das *Lexikon sprachtheoretischer Grundbegriffe des 17. und 18. Jahrhunderts* (2009) unternimmt es also, die spezialisierten und theoretisch ausdifferenzierten Termini einer modernen Wissenschaft mit den auf den gleichen Gegenstandsbereich bezogenen Konzepten einer entfernten Epoche in Beziehung zu setzen. Dabei stehen die Autorinnen vor derselben methodischen Schwierigkeit wie die vorliegende Untersuchung, insofern sie sich zwischen einem retrospektiven Vorgehen, das die Kontinuität zwischen den modernen und den historischen Konzepten betont, und einem stärker historisierenden Verfahren, das sich auf die „Rekonstruktion der authentischen Begriffe" (Haßler und Neis 2009, 84) in ihren jeweiligen Verwendungskontexten konzentriert, entscheiden müssen. Ihnen stellt sich ebenso die Frage,

> inwieweit heute gültige objektbezogene Aussagen über Sprache, die in einer oder mehreren Theorien begrifflich verankert sind, zum Ausgangspunkt der Untersuchung werden sollten oder ob im Sinne einer Vermeidung jeglicher teleologischen Perspektivierung ausschließlich eine Rekonstruktion von Begriffen aus dem Sprachdenken des 17. und 18. Jahrhunderts erfolgen sollte.[41] (Haßler und Neis 2009, 85)

Ausgehend von der Erkenntnis, dass sich „[t]rotz eines ständigen Wandels begrifflicher Inhalte [...] eine relative Kontinuität an Grundstrukturen und Relationen feststellen [lässt]" (Haßler und Neis 2009, 86), entscheiden sich die Autorinnen für eine Vorgehensweise, die zwischen den beiden Perspektiven vermittelt, also sowohl retrospektiv vom gegenwärtigen Begriffsverständnis aus nach früheren Konzepten fragt als auch die ‚authentischen Begriffe' einer Epoche berücksichtigt. Dafür differenzieren sie zwischen einer konstanten und einer dynamischen Ebene der Begriffsbildung: „Basis einer Inbezugsetzung über die zeitliche Verankerung hinweg sind [...] *hinreichend allgemeine Fragestellungen, die tendenziell zu vergleichbaren Antworten* führen" (Haßler und Neis 2009, 86). Für dieses Wechselspiel zwischen Fragestellung und Antwort bevorzugen Haßler und Neis die Bezeichnung „Konzeptualisierung" (an Stelle von ‚Begriff'), um deutlich zu machen, dass für sie die „kognitive[n] Prozesse bei der Begriffsbildung" (2009, 87) im Vordergrund stehen. Es geht den Autorinnen also nicht um das Aufspüren eines statischen Begriffsinhalts in verschiedenen historischen Kontexten, son-

---

41 Eine Anmerkung muss an dieser Stelle gemacht werden, die allerdings nichts mit dem hier entfalteten methodisch-theoretischen Zusammenhang zu tun hat. Der zitierten Passage gehen einige Zeilen voran, die Haßler und Neis einem Aufsatz Clemens Knoblochs entnommen haben, ohne dies nachzuweisen. Möglicherweise ist das Zitat auch nur versehentlich in den Text eingefügt worden, da es offensichtlich nicht in den Gang der Argumentation passt. Im Original findet sich die Stelle in Knobloch (1996, 267).

dern um die Rekonstruktion der theoretischen Erfassung und Bearbeitung wiederkehrender, gegenstandsspezifischer Analyseanliegen. Deren Vorhandensein muss nicht an das Auftreten eines bestimmten Lexems gekoppelt sein; auch Konzeptualisierungen in einem „vorbegrifflichen Stadium [...], das sich sprachlich mit unspezifischen oder paraphrasierenden Bezeichnungen verbinde[t]", können deshalb in die begriffsgeschichtliche Untersuchung mit aufgenommen werden (Haßler und Neis 2009, 87). Teilweise lassen sich die Fragestellungen ausschließlich in paraphrasierenden Wendungen angeben, wie der Blick in das Stichwortverzeichnis des Lexikons zeigt: Neben einfachen Lexemen wie „Arbitrarität" oder „Linearität" findet man hier auch Umschreibungen wie „Defizitärer Spracherwerb (sozial / physisch / kulturell)" oder „Gesellschaftskonstituierende Funktion der Sprache" (Haßler und Neis 2009, VII).

Der Vorteil dieses Ansatzes liegt darin, dass die „objektbezogenen Einsichten" (Haßler und Neis 2009, 87) der Gegenwart zwar genutzt werden, um die Fragestellungen zu identifizieren, die mit relativer Kontinuität an einen Gegenstand herangetragen werden, dass aber gleichzeitig die Begriffsgeschichte nicht auf einen aktuellen Bezug oder Verwendungszusammenhang hin zugeschnitten wird. Der gegenwärtige Begriffsgebrauch dient eher als Startpunkt, von dem aus die Begriffsgeschichte aufgefächert wird, nicht als Zielpunkt, auf den sie zuläuft. Die Problematik eines solchen Vorgehens liegt auf der anderen Seite darin, dass es die Identifikation zeitübergreifend invariabler Fragestellungen zur Voraussetzung hat. Eine solche Auffassung gerät leicht unter den Verdacht, wie Haßler und Neis selbst anmerken, „einen zeitlich gebundenen ‚Maßstab' an frühere Epochen [...] anzulegen" (2009, 87). So könnte man einwenden, dass sich erst vor dem Hintergrund variabler historischer Voraussetzungen überhaupt herausstellt, was als eine ‚Frage' wahrgenommen wird und was nicht.

Haßler und Neis gehen im Grunde problemgeschichtlich vor und müssen sich deshalb – wie die Problemgeschichte insgesamt – mit dem Vorwurf auseinandersetzen, dass die Annahme überzeitlich relevanter Problemkonstellationen, auf die in verschiedenen historischen Kontexten unterschiedlich geantwortet wird, eine unzulässige Spekulation sei. Mit Bezug auf den vorliegenden Zusammenhang, die Geschichte des erzähltheoretischen Denkens, ist diese Kritik allerdings zu relativieren. Schließlich handelt es sich bei den ‚Problemen' oder ‚Fragestellungen', um die es hier geht, nicht etwa um die „großen, ewigen Rätsel- und Schicksalsfragen des Daseins" (Unger 1929 [1924], 155), denen die ältere literaturwissenschaftliche Problemgeschichte auf der Spur war.[42] Behauptet wird le-

---

42 Gegenwärtige Ansätze der literaturwissenschaftlichen Problemgeschichte bemühen sich vor allem um die Abgrenzung zu älteren philosophie- und literaturgeschichtlichen Konzeptionen und

diglich die Permanenz gewisser konzeptueller Anliegen im Umgang mit erzählender Literatur.[43] Die transhistorische Relevanz der Fragestellungen liegt nicht in der menschlichen Natur begründet, sondern in strukturellen Gemeinsamkeiten der Texte, die heute wie vormals als ‚erzählend' klassifiziert werden.[44] Das bedeutet nicht, dass sich jede Fragestellung zu jeder Zeit gleichermaßen aufdrängt; es ist durchaus vorstellbar, dass einzelne Probleme mitunter nur peripher eine Rolle spielen, zu einem späteren Zeitpunkt jedoch wieder ins Zentrum der theoretischen Auseinandersetzung rücken.[45]

Was aber sind nun diese Fragen? An dieser Stelle möchte ich nur die Hypothese aufstellen, dass solche Kontinuitätslinien identifiziert werden können. Eine ausführliche Diskussion möglicher Anknüpfungspunkte für eine Begriffsgeschichte der Narratologie erfolgt später (Kap. 2.2). Zuvor soll der Fokus auf die andere Seite der Begriffsbildung, die ‚Antworten' und ihre kontextuelle Einbindung, gerichtet werden. Zwei Aspekte sind es, die hier eine eingehendere Be-

---

zugleich um eine ‚Entdramatisierung' des Problembegriffs (Spoerhase 2010). Probleme wären demnach nicht mehr als überzeitliche ‚Schicksalsfragen' zu verstehen, an denen sich verschiedene Epochen und Generationen immer wieder abarbeiten, sondern „im Sinne historisch spezifischer, wandelbarer Problemlagen" (Werle 2006, 495). Die neue literaturwissenschaftliche Problemgeschichte praktiziert deshalb eine „radikale Historisierung ihrer Gegenstände" und verzichtet darauf, überzeitlich gültige „Problemkataloge" aufstellen zu wollen (Spoerhase 2010, 119). Nach diesem Verständnis betreibt Problemgeschichte allerdings eine mehr oder weniger traditionelle Kontextforschung, da die jeweiligen Probleme immer nur auf einen historisch spezifischen Voraussetzungszusammenhang verweisen. Damit gibt man das eigentliche Anliegen problemgeschichtlicher Untersuchungen auf, nämlich „Überzeitlichkeit und Historizität", „historische und systematische Fragestellungen, d. h. Fragen der Genese und der Geltung miteinander zu verknüpfen" (Spoerhase 2010, 118). Für eine ambitionierte Problemgeschichte gilt, was Koselleck mit Bezug auf die Begriffsgeschichte feststellt, dass erst das „diachronische Prinzip" sie „als eigenes Forschungsgebiet [konstituiert]" (1972, 122).

43 In vergleichbarer Absicht bezeichnet Burdorf (2001, 6–8) seine Studie zur Geschichte des Formbegriffs als problemgeschichtliche Untersuchung. Einen ähnlichen Ansatz wählt Sandra Richter (2010) für ihren Überblick über die Geschichte der Poetik in Deutschland von 1770 bis 1960.

44 Es handelt sich also um eine Kontinuität, die durch die Ähnlichkeit oder Gleichartigkeit des Gegenstands ermöglicht wird. Vgl. dazu Willems (1981, 57): „Die Kontinuität des Prozesses des Begreifens kann mithin allein darin gesucht werden, daß sich das Immer-wieder-neu-Konzipieren von Begriffen in der Ausrichtung auf ein und denselben Gegenstandsbereich oder zumindest auf einander ähnliche, gegebenenfalls in einem geschichtlichen Wandlungszusammenhang stehende Gegenstände vollzieht."

45 Martínez (2012, 140) weist unter Bezug auf Doležel (1990) darauf hin, dass sich Diskontinuität und Kontinuität in der Theoriegeschichte nicht wechselseitig ausschließen. Es ist möglich, dass bestimmte Konzepte (z. B. die Theorie der möglichen Welten) für längere Zeit aus dem Diskurs verschwinden, später aber wieder auftauchen und rekonzeptualisiert werden.

trachtung verlangen: die Vernetzung der einzelnen Konzeptualisierungen im Systemzusammenhang eines theoretischen Diskurses und ihre Bindung an Prämissen und Vorgaben eines spezifischen Denksystems.

2.1.2.3 Historizität und Systematizität

Die Begriffe der historischen Erzähltheorie sind „wie alle in Theoriezusammenhängen gebildeten Begriffe [...] Elemente *strukturierter* Begriffsfelder" (Dutt 2010, 105), eingebunden also in einen systematischen Zusammenhang angrenzender, korrelierender, komplementärer Konzepte.[46] Aus literaturwissenschaftlicher Perspektive hat Gottfried Willems (1981) in seiner Studie über *Das Konzept der literarischen Gattung* nachdrücklich auf das Problem der Systematizität hingewiesen.[47] Seine Kritik richtet sich dabei auf die Gewohnheit, Theoreme der historischen Literaturtheorie mit gegenwärtigen Begriffen gewissermaßen kurzzuschließen. Demnach neige die Forschung dazu, einzelne Kategorien aus ihren ursprünglichen theoretischen Kontexten herauszulösen, um sie dann modifizierend oder kritisierend dem eigenen Gedankengang einzuverleiben (Willems 1981, 31). Solche punktuellen Rückgriffe beruhten auf der irrtümlichen Vorstellung, man könne die historischen Poetiken aufteilen nach gültigen und nicht mehr gültigen Erkenntnissen. Tatsächlich aber, so Willems, stehen die einzelnen Kategorien in einem bedeutungsgebenden Systemzusammenhang mit anderen Begriffen, so dass sie für sich betrachtet unverständlich und letztlich unbrauchbar werden (1981, 36–37). Die systematische Vernetzung der einzelnen Begriffe gilt seiner Auffassung nach unabhängig davon, ob die Theoriegebäude in Form eines geschlossenen Systems angelegt werden oder nur aus lose zusammenhängenden und unstrukturiert aufgezeichneten Aussagen bestehen. Entscheidend ist die Abhängigkeit der Begriffsbildung von den theorieeröffnenden und theorieleitenden Vorstellungen, das heißt expliziten oder impliziten Vorannahmen über

---

46 Vgl. auch Haßler und Neis (2009, 81). Es ist dies übrigens ein Grundproblem begriffsgeschichtlichen Arbeitens, das allerdings bei der Beschäftigung mit theoriegebundenen Konzepten besonders ins Gewicht fällt. So betont auch Koselleck (1972, 127) die Unmöglichkeit, „den Stellenwert eines Wortes als ‚Begriff' für das soziale Gefüge oder für politische Frontstellungen zu ermitteln", ohne „die Parallel- oder Gegenbegriffe einzubeziehen, ohne Allgemein- und Spezialbegriffe aufeinander zuzuordnen, ohne Überlappungen zweier Ausdrücke zu registrieren".
47 Es ist sicher kein Zufall, dass gerade in einer gattungstheoretischen Studie die Herausforderungen der Poetik-Geschichtsschreibung so intensiv behandelt werden. Die Gattungstheorie ist für die Problematik von Invarianz und Variabilität (Fricke 2010) literaturtheoretischer Begriffe gewissermaßen von Haus aus sensibilisiert.

poetologische Elementarkategorien oder über Verfahrensweisen und Analyseziele (vgl. Willems 1981, 45).

Willems Kritik an dem unreflektierten Zugriff auf einzelne Theoreme der historischen Poetik trifft die Absichten einer Theoriegeschichte der Narratologie nicht direkt. Schließlich geht es weder darum, historische Konzepte bruchlos in den Kontext aktueller Debatten einzurücken, noch sollen sie auf der Basis des aktuellen Forschungs- und Diskussionsstandes auf ihre Gültigkeit hin geprüft werden. Wenn aber die These zutrifft, dass die Historizität der Begriffe in ihrer spezifischen Systematizität zu suchen ist (Willems 1981, 45), bleibt die Frage bestehen, ob eine an Einzelbegriffen orientierte Darstellung nicht Gefahr läuft, die Bedeutung dieses historischen Bezugssystems zu vernachlässigen. Es ist eine traditionell gegen die Begriffsgeschichte vorgebrachte Kritik, dass die Fixierung auf prominente Begriffe und womöglich sogar einzelne Wortkörper dazu verleite, die Komplexität der Verwendungssituation und die diskursive Voraussetzungshaftigkeit einzelner Äußerungen auszublenden. Alternative Ansätze wie die historische Diskurssemantik geben deshalb die Orientierung am Begriffs-Begriff auf und verlegen den Schwerpunkt ihrer Untersuchungen auf

> den Aspekt der Vernetzung, der Voraussetzungshaftigkeit, der langfristig und tiefgründig wirksamen diskursiven Mechanismen, oder, mit einem zentralen Begriff Foucaults, der Möglichkeitsbedingungen, des historischen Apriori der Episteme in ihrer jeweiligen geschichtlichen Ausgestaltung. (Busse 2003, 22)

Den Diskurshistoriker interessieren weniger die explizierten, auf den Begriff gebrachten Wissensbestände als die „unreflektierten, unartikulierten, als selbstverständlich vorausgesetzten und daher nicht thematisierten aber gleichwohl diskursstrukturierenden" Denkformationen (Busse 2003, 27). Auf den vorliegenden Gegenstand gewendet, könnten mit dem Diskursbegriff nicht nur jene theorieinternen Leitvorstellungen erfasst werden, die Willems anspricht, sondern auch die theorieexternen ‚Möglichkeitsbedingungen' der Begriffsbildung: die institutionellen Konstellationen ebenso wie die epistemologischen oder anthropologischen Basisprämissen, unter denen das Nachdenken über Literatur und Erzählen stattfindet.

Allerdings bedeutet der Verzicht auf den Begriffs-Begriff auch, dass das relative Gleichgewicht zwischen Historizität und Kontinuität, das die Begriffsgeschichte idealerweise zu halten vermag, aufgegeben wird. Mit steigender Aufmerksamkeit für die systematischen und diskursiven Vernetzungen der Begriffe wächst die Schwierigkeit, sie vergleichend miteinander in Beziehung zu setzen. So schwindet die Möglichkeit, die Kontinuität bestimmter konzeptueller Anliegen wahrzunehmen, und damit der Anlass für die moderne Narratologie, ihre eigenen

Kategorien mit historischen Alternativen zu konfrontieren. Ein weiterer Vorteil einer an einzelnen Begriffssträngen orientierten Untersuchungs- und Darstellungsform liegt darin, dass die untersuchten Texte nicht zwangsläufig als epistemisch geschlossene Einheiten betrachtet werden müssen, in denen unter den gegebenen Möglichkeitsbedingungen gesetzmäßig nur bestimmte Wissenselemente auftauchen können. Aus begriffsgeschichtlicher Perspektive erscheinen die Texte vielmehr als hybride Gebilde, in denen möglicherweise unterschiedliche Konzeptualisierungen nebeneinander stehen, überkommene und neue Kategorien einander überlagern oder widersprüchliche theorieinterne und -externe Leitvorstellungen identifizierbar sind. Der Begriffsgeschichte ist es möglich, diese Gleichzeitigkeit von Ungleichzeitigem zu registrieren, Asynchronien in den konzeptuellen oder epistemischen Konstellationen zu erfassen und „die Mehrschichtigkeit von chronologisch aus verschiedenen Zeiten herrührenden Bedeutungen eines Begriffs" (Koselleck 1972, 128) darzustellen.

Vor dem Hintergrund dieser Überlegungen wird in dieser Untersuchung eine Herangehensweise gewählt, die zwischen beiden Positionen, der Konzentration auf einzelne Begriffe und der Akzentuierung ihrer systematischen und diskursiven Voraussetzungshaftigkeit, vermittelt. Einerseits ist zu rekonstruieren, welche Antworten zu einem bestimmten Zeitpunkt der Theoriegeschichte auf eine Reihe allgemeiner Fragestellungen gegeben werden. Andererseits folgt die Darstellung nicht der Entwicklung einzelner Begriffe, sondern bleibt auf das gesamte Begriffsfeld ausgerichtet. Die erzähltheoretischen Konzepte werden mit anderen Worten nicht isoliert betrachtet, sondern in ihrem Zusammenhang und in ihrer wechselseitigen Abhängigkeit. Auf diese Weise kann nachvollzogen werden, wann in der theoretischen Diskussion über Erzählung eine signifikante Veränderung der theorieleitenden Voraussetzungen einsetzt, in deren Folge sich nicht nur dieses oder jenes Konzept, sondern das gesamte begriffliche Inventar wandelt, das zur Beschreibung erzählender Literatur herangezogen wird. Die Stadien oder Perioden der Theoriegeschichte, die durch eine solche Verschiebung in den theorieleitenden Voraussetzungen sowie dem daraus resultierenden Wandel der Begriffe voneinander abgehoben werden können, sollen als ‚Erzählmodell‘ bezeichnet werden. Im Folgenden möchte ich diesen Terminus präzisieren und dabei erörtern, in welchem Verhältnis er zu anderen Periodisierungseinheiten der Literaturgeschichtsschreibung wie ‚Epoche‘ oder ‚Literatursystem‘ steht.

2.1.3 Kontextualisierung des Begriffswandels

Aus dem vorigen Kapitel ist hervorgegangen, dass sich die Geschichtsschreibung der Erzähltheorie einerseits zwar an begrifflichen Kontinuitäten orientieren kann, andererseits jedoch die diskursive Vernetzung der Konzepte nicht ignorieren darf und deshalb die Entwicklung des gesamtes Begriffsfeldes im Blick behalten muss. Dieser historiografische Ansatz zielt darauf, signifikante Verschiebungen im begrifflichen Inventar zu identifizieren, und zwar möglichst nicht nur an einem Einzeltext oder bei einem einzigen Autor, sondern an einem aussagekräftigen Textkorpus. Mit dem Terminus ‚Erzählmodell‘ sollen die so rekonstruierten Perioden des erzähltheoretischen Diskurses bezeichnet werden. Definieren lässt sich das Erzählmodell in Analogie zum Epochenbegriff als eine Abstraktion von den individuellen Besonderheiten erzähltheoretisch relevanter Texte eines Zeitraums, die einige der verwendeten Konzepte, der ausgedrückten Präferenzen und der theorieleitenden Voraussetzungen als typisch setzt.[48] Typische Gemeinsamkeiten zwischen den Texten können also erstens auf begrifflicher Ebene auftreten; sie beziehen sich dann auf die Art und Weise der Konzeptualisierung allgemeiner erzähltheoretischer Fragestellungen und Analyseanliegen. Zweitens können Gemeinsamkeiten in der Selektion und Gewichtung der einzelnen Begriffe vorliegen, denn nicht immer sind alle Fragen für die Theoretiker von gleicher Relevanz. Drittens lassen sich Gemeinsamkeiten auf der Ebene der theorieinternen Voraussetzungen finden, beispielsweise hinsichtlich der Anlage und Zielsetzung der Theoriebildung, des angewendeten Literaturbegriffs oder der impliziten oder expliziten Gattungspräferenzen. Diese theorieleitenden Vorstellungen sind aber immer auch ein Resultat der Interaktion mit dem Denk- und Wissenssystem einer Zeit; Gemeinsamkeiten sind also viertens auch auf der Ebene der theorieexternen Voraussetzungen zu suchen, etwa in den zugrunde liegenden epistemologischen oder anthropologischen Basisprämissen.

Ein wesentliches Anliegen der Theoriegeschichtsschreibung wird es sein, die rekonstruierten Erzählmodelle literaturgeschichtlich zu kontextualisieren und dafür mit den aus der Literaturgeschichtsschreibung vertrauten Periodisierungseinheiten ‚Epoche‘ beziehungsweise ‚Literatursystem‘ in Bezug zu setzen. Dafür ist allerdings erst einmal zu klären, was unter diesen Termini genau zu verstehen ist.

---

48 Vgl. dazu die Definition des Epochenbegriffs bei Titzmann (1997, 477): „Epochen sind theoretische Konstrukte der Geschichtsschreibung: Produkte von Periodisierungs-Hypothesen, durch die ein historischer Zeitraum in Teil-Zeiträume zerlegt wird. Das Konstrukt ‚Epoche‘ ist eine Abstraktion von den individuellen Besonderheiten der Phänomene eines Teilzeitraums, die bestimmte ihrer Merkmale/Strukturen als ‚typisch‘ bzw. ‚spezifisch‘ setzt.“

2.1.3.1 Literatursystem und Epoche

Eine Hauptaufgabe der Literaturgeschichtsschreibung ist es, literarische Texte nach ihren – durch Analyse und Interpretation herausgearbeiteten – formalen und inhaltlichen Merkmalen zu synchron wie diachron voneinander abzugrenzenden Gruppen zusammenzufassen und die Bedeutung sozio-kultureller und denkgeschichtlicher Voraussetzungen für die Herausbildung dieser Merkmale zu ermessen. Die Menge der für eine Textgruppe als typisch gesetzten Merkmale und Gesetzmäßigkeiten möchte ich mit Titzmann (1991, 2000b, 2002a) als ‚Literatursystem' bezeichnen.[49] Dieser Begriff soll hier also nicht in einem soziologischen Sinn verwendet werden, das heißt als Bezeichnung des Sozialsystems, das die Produktion von und die Kommunikation über Literatur steuert, sondern in einem literatursemiotischen Sinn, das heißt mit Bezug auf die rekonstruierbaren Eigenschaften literarischer Texte. Demnach bezeichnet der Terminus Literatursystem „die geordnete Menge der Strukturen/Regularitäten der literarischen Texte eines bestimmten Zeitraums, abstrahiert von einem möglichst quantitativ wie qualitativ repräsentativen Korpus" (Titzmann 2000b, 481). Diese Regularitäten können sowohl auf der Ebene der Darstellung auftreten, zum Beispiel in der Wahl der Erzählweisen oder der stilistischen Mittel, als auch auf der Ebene des Dargestellten, zum Beispiel in der Figurenkonzeption, den artikulierten ideologischen oder anthropologischen Positionen oder in den dargestellten Ereignisverläufen (Titzmann 2000b, 481–482). Für die Konstruktion eines Literatursystems ist entscheidend, dass die untersuchten Texte neben ihren individuellen Zügen eine Reihe von Regularitäten aufweisen, die sie miteinander teilen, wobei jeder Text in unterschiedlichem Maß an den abstrahierten Systemmerkmalen partizipiert. Im Idealfall geht Literaturgeschichtsschreibung also zunächst nur von den textanalytisch gewonnenen Daten aus, um zu Periodisierungshypothesen zu gelangen, und nicht umgekehrt von einem etwa durch ereignisgeschichtliche Einschnitte vorgegebenen Epochenkonzept.

Eine wichtige Konsequenz von Titzmanns terminologischem Vorschlag ist die begriffliche Trennung zwischen ‚Epoche' und ‚Literatursystem'. Sie wird genutzt, um zwischen der Identifikation von Textgruppen auf Basis textstruktureller Merkmale und der periodischen Unterteilung eines Zeitraums zu differenzieren:

> Nennen wir also *Epoche* den durch zwei solcher Periodisierungshypothesen eingegrenzten Zeitraum (zum Beispiel eben 1850–1890), *Literatursystem* aber die Gesamtmenge jener Textstrukturen (zum Beispiel eben „Realismus"), die wir für epochentypisch bzw. epo-

---

49 Auf die forschungsgeschichtliche Bedeutung von Titzmanns Vorschlag im Kontext der literaturwissenschaftlichen Auseinandersetzung mit dem Epochenbegriff kann an dieser Stelle nicht eingegangen werden. Siehe dazu die ausführliche Darstellung bei Schönert (2014).

chenspezifisch halten. Eine Epoche wäre somit umschreibbar als ein Zeitraum, in dem ein Literatursystem *dominant* ist. Die ersten Texte, in denen es sich konstituiert, können vor dieser Epoche liegen, die letzten Texte, in denen es sich noch manifestiert, mögen nach dieser Epoche liegen. (Titzmann 2002a, 303)

Das Literatursystem bezeichnet die charakteristischen Merkmale einer Textgruppe, die Epoche hingegen die Zeitspanne, in der dieses System gegenüber konkurrierenden Systemen dominiert. Nach dieser Definition können innerhalb einer Epoche verschiedene Systeme koexistieren, allerdings nur, wie Titzmann an anderer Stelle explizit hervorhebt, wenn sie logisch sukzessiv sind. Die Koexistenz zweier logisch simultaner Literatursysteme sei dagegen auszuschließen: „Wenn dieser Fall scheinbar vorliegt, handelt es sich um *zwei synchrone Subsysteme desselben Literatursystems*, wie heterogen sie auch scheinen mögen" (Titzmann 1991, 420). Mit anderen Worten: Es gibt nach Titzmann keine Epoche mit zwei Literatursystemen, nur an den Epochenrändern kommt es zu einer Überschneidung zwischen einem alten, sich auflösenden und einem neuen, logisch aus ihm hervorgehenden System. Begründet wird dies mit dem synchronen denk- und wissensgeschichtlichen Kontext, auf den sich die Subsysteme beziehen und der ihre Herausbildung ermöglicht.

> Denn zu jedem Zeitpunkt funktionieren Literatursysteme und ihre Transformation vor dem Hintergrund des kulturellen Denkens und Wissens, und das heißt: im Rahmen einer mehr oder weniger umfänglichen Menge gemeinsamer Prämissen. Das wiederum bedeutet, daß zwei solche Systeme insofern notwendig logisch aufeinanderbezogen sind, als sie zumindest auf der Ebene der Probleme, die sie zu lösen versuchen, korreliert sind und in der Kultur als komplementäre Varianten fungieren. Entweder teilen sie zumindest die Probleme, auch wenn sie verschiedene Lösungen für sie vorschlagen; oder sie versuchen, verschiedene Probleme zu lösen, zwischen denen aber im Denk- und Wissenssystem notwendig eine wie auch immer geartete Relation besteht. (Titzmann 1991, 420)

Die Argumentation, dass alle in einem zeit-räumlich abgrenzbaren Abschnitt der Literaturgeschichte entstandenen literarischen Texte demselben denk- und kulturgeschichtlichen Problemkontext angehören und dieser die Einheit des Literatursystems garantiert, ist aus mindestens zwei Gründen problematisch: Zum einen verliert durch die Vermischung literaturinterner und -externer Phänomene der Begriff des Literatursystems an Kontur (a); zum anderen bleibt der Unterschied zwischen der Konstitution von Textgruppen beziehungsweise Merkmalsmengen auf Grundlage textstruktureller Analysen und ihrer Korrelation (Hierarchisierung, Zusammenfassung, kausalgenetische Verbindung) auf Basis inner- wie außerliterarischer Faktoren unberücksichtigt (b). Meines Erachtens aber kann gerade die Begriffsopposition ‚Epoche' und ‚Literatursystem' zu einer stärkeren Berücksichtigung dieser grundlegenden Differenz beitragen, wenn denn unter

‚Epoche' mehr verstanden wird als eine bloß zeitliche Relationierung von Merkmalsmengen.

(a) Das Literatursystem ist eine Abstraktion von Texteigenschaften, die durch eine methodisch gewissenhafte Analyse gewonnen werden. Wenn nun die Einheit eines Literatursystems von Faktoren abhängt, die sich nicht aus den literarischen Texten ergeben, sondern in den Denk- und Wissensstrukturen der Zeit zu suchen sind, wird der Begriff semantisch entleert. Um ein Beispiel zu geben: Niemand wird bestreiten, dass zwischen den Textgruppen, die man gewöhnlich unter den Namen ‚Sturm und Drang', ‚Romantik' und ‚Klassik' zusammenfasst, denkgeschichtliche Verbindungen existieren. Unstrittig ist aber auch, dass sich die Inhalte und Darstellungsformen, die die einzelnen Textgruppen spezifizieren, zum Teil fundamental unterscheiden. Fasst man diese Gruppen als Teilsysteme oder Systemzustände eines einzigen Literatursystems ‚Goethezeit' auf, ist die Menge der charakteristischen literarischen Regularitäten ausgesprochen heterogen. Allein mit Bezug auf textstrukturelle Merkmale lässt sich kaum begründen, warum das Teilsystem ‚Sturm und Drang' dem Teilsystem ‚Romantik' näher stehen sollte als zum Beispiel einem Teilsystem ‚Spätaufklärung' oder ‚Empfindsamkeit'.[50] Die Zusammenfassung der drei Teilsysteme ‚Sturm und Drang', ‚Romantik' und ‚Klassik' ist also eigentlich nur unter Rückgriff auf denkgeschichtliche Zusammenhänge oder, wie der Name ‚Goethezeit' andeutet, biografische Kontinuitäten möglich. Dieses Literatursystem ist dann aber in jedem Fall mehr als die „geordnete Menge der Strukturen/Regularitäten der literarischen Texte eines bestimmten Zeitraums" (Titzmann 2000b, 481), die auf dem Weg sorgfältiger Textanalysen gewissermaßen empirisch gewonnen werden.[51] Der Begriff verliert dann seine Präzision und hebt sich von herkömmlichen Epochenkonzepten kaum noch ab.

(b) Als Denksystem bezeichnet Titzmann (1989) den Zusammenhang von Denkstruktur – das heißt den Denkkategorien, Denkregeln, Formulierungsregeln und Basispostulaten über die Struktur von Realität – und Wissenssystem einer

---

50 Titzmann (2002b, 1) weist an anderer Stelle selbst darauf hin, dass über die Annahme von „Invarianten" und „Gemeinsamkeiten" für diese drei Textgruppen (‚Sturm und Drang', ‚Klassik' und ‚Romantik') „kein Konsens" besteht. Eine alternative Einteilung auf Basis von Titzmanns Begriffen bietet Schönert (2014, 270), der den ‚Sturm und Drang' einem „epochale[n] System" ‚Literatur zur Zeit der Aufklärung' zuordnet. Welche Einteilung plausibler ist, steht hier nicht zur Diskussion. Entscheidend ist, dass der Dissens die Wichtigkeit unterstreicht, zwischen der Identifikation von Teilsystemen und ihrer Zusammenfassung zu ‚epochalen Systemen' zu trennen. Dass es möglich ist, zwei Teilsysteme ‚Sturm und Drang' und ‚Klassik' voneinander abzugrenzen, ist unstrittig; hinsichtlich ihrer Integration in ein Epochensystem aber gehen die Meinungen weit auseinander und hier wird auch kaum ein Konsens zu erzielen sein.

51 Zur Diskussion um die Empirizität der strukturalen Textanalyse vgl. Schönert (2013) und Titzmann (2013).

Gesellschaft. Dieses System lässt sich, wie das Literatursystem, aus Texten rekonstruieren, wobei allerdings die Menge der zur Verfügung stehenden Texte ebenso wie die Menge der relevanten Regularitäten und Merkmale ungleich größer ist. Die Rekonstruktion eines Systemzusammenhangs basiert also noch viel stärker auf Selektionsentscheidungen des Interpreten. Die Korrelation von Denksystem und Literatursystem schließlich ist Teil eines komplexen Interpretationsvorgangs, der dem Kriterium der empirischen Überprüfbarkeit nicht in gleicher Weise entsprechen kann wie die Konstitution einer Textgruppe aufgrund von beschreibbaren Regularitäten der Darstellung. Aus diesem Grund ist es notwendig, stärker zwischen der Gruppierung von Texten auf Basis abstrahierter Textmerkmale und der Interpretation beziehungsweise Erklärung des Wandels von Textstrukturen unter Bezugnahme auch auf außerliterarische Faktoren zu trennen.[52] Beide Vorgänge verlaufen nicht völlig unabhängig voneinander, denn jede Textanalyse leiten bestimmte Fragestellungen und Erkenntnisinteressen sowie Vorannahmen über die Struktur des jeweiligen Literatur- und Denksystems (vgl. Decker 2007, 20). Trotzdem liegt ein unterschiedlicher Abstraktionsgrad vor, ob ich lediglich charakteristische Strukturmerkmale einer Textgruppe beschreibe oder ob ich ihr Auftreten erkläre, indem ich aus den rekonstruierbaren Wissensbeständen und Diskursen ‚Probleme' herausarbeite und sie als Antriebsmomente von Anpassungs- und Transformationsprozessen setze.[53]

Meines Erachtens bietet es sich an, für diese Unterscheidung die terminologische Differenz von ‚Literatursystem' und ‚Epoche' zu nutzen: Das Literatursystem wäre dann als eine Gruppierungs-Hypothese anzusehen, bei der auf Basis methodisch gestützter Textanalysen literarische Texte beziehungsweise die für sie als spezifisch erkannten Regularitäten der Darstellung zu Gruppen zusammengefasst werden. Unter Epoche wäre demgegenüber eine Korrelierungs-Hypothese zu verstehen, die Beziehungen zwischen einzelnen Literatursystemen (Simultaneität, Sukzession, Wandel etc.) beschreibt und dafür interpretativ auf Elemente und Konstellationen des Denksystems zurückgreift. Es wäre also zu trennen zwischen der Identifikation beispielsweise der drei Literatursysteme ‚Sturm und

---

52 Titzmann tut dies auch deshalb nicht, weil er zwischen der Analyse und der Interpretation eines Textes keinen Unterschied macht. Zur Kritik dieser Gleichsetzung, der ich mich anschließe, vgl. Kindt und Müller (2003b) sowie Schönert 2013.

53 Zum Problembegriff vgl. Titzmann (1991, 431–435). Auch Decker (2007, 19) unterscheidet zwei Abstraktionsstufen der Literaturgeschichtsschreibung, bezieht sich dabei aber nur auf den Schritt von der Einzeltextanalyse zum intertextuellen Vergleich. Der ungleich höhere Abstraktionsgrad, der für die Konstruktion epochaler Strukturen notwendig ist, wird von ihm nicht eigens hervorgehoben.

Drang', ‚Romantik' und ‚Klassik' und ihrer Zusammenfassung in einen Epochenzusammenhang ‚Goethezeit'.

Die Konzepte ‚Literatursystem' und ‚Epoche' sind, wie gesagt, nicht völlig voneinander zu isolieren. Ihre Differenzierung hilft dennoch, die verschiedenen Operationen literaturgeschichtlichen Arbeitens voneinander abzuheben, und ermöglicht zugleich eine größere Flexibilität in der Zuordnung von Textgruppen zu Perioden. Denn es ist nicht notwendig, die an den Texten eines Zeitraums rekonstruierten Regularitäten der Darstellung zwingend auf ein einziges übergreifendes Literatursystem zurückzuführen.[54] Damit entgeht man der Gefahr einer gewaltsamen Homogenisierung der historischen Phänomene, die dann entsteht, wenn man die Breite und Heterogenität der denkgeschichtlichen Bezüge zu einem allumfassenden Epochenproblem verdichtet und aus diesem Problem alle literarischen Tendenzen mit der gleichen logischen Stringenz quasi deduziert. Denn nicht für jede Epoche scheint es einen Generalschlüssel zu geben, der alle Türen öffnet. So könnte beispielsweise das immer wieder beklagte Fehlen eines konsensfähigen Epochenbegriffs für die Zeit zwischen 1815 und 1850 darauf hindeuten, dass die rekonstruierbaren Literatursysteme wie ‚(Spät-)Romantik' oder ‚Vormärz' auch unterschiedliche ‚Probleme' zum Hintergrund haben und sie nicht oder nur sehr mühsam auf einen kleinsten gemeinsamen Nenner zu bringen sind.[55]

Um die rekonstruierten Erzählmodelle der historischen Narratologie literaturgeschichtlich zu verorten, kann nach der hier vorgeschlagenen terminologischen Differenzierung zum einen nach ihrer Zugehörigkeit zu einem Literatursystem, zum anderen nach Bezügen zu den für die Konstitution eines Epochenzusammenhangs maßgeblichen denkgeschichtlichen Transformationsprozessen gefragt werden. Beides ist im Rahmen dieser Untersuchung nur ansatzweise zu leisten. Die Rekonstruktion der Erzählmodelle erfolgt freilich in der Annahme, dass die aus den poetologischen Texten entnehmbaren Regularitäten der (narrativen) Darstellung zumindest teilweise den literarisch umgesetzten Darstellungsformen entsprechen, dass beispielsweise die für das ‚realistische

---

[54] So könnten auch „Ausnahmetexte" (Titzmann 1991, 419), die sich keinem Literatursystem eindeutig zuordnen lassen, problemlos in den Epochenzusammenhang integriert werden.

[55] An diesem Beispiel zeigt sich übrigens gut, dass der Mangel an positiven Epochenkriterien, die auf alle Teilsysteme gleichermaßen zutreffen, dazu verleiten kann, die Einheit des Systems ganz einfach *ex negativo* zu bestimmen, etwa mit dem Verweis auf den „Zerfall" (Titzmann 1991, 421) des vorangegangenen Denk- und Literatursystems (in diesem Fall: die ‚Goethezeit'). Die Metaphorik von Zerfall und Neubeginn verdeckt jedoch den Konstruktionscharakter von Epochenzäsuren und befördert die Vorstellung, es gebe offensichtliche, gleichsam an den Außenwänden der Epochen ablesbare Zeichen, die ihr Ende oder ihren Beginn ankündigen.

Erzählmodell' (vgl. Kap. 2.1.3.3) spezifischen Theoreme und Konzepte auch einem Literatursystem ‚Realismus' zugeordnet werden können. Der Nachweis dieser Korrespondenz würde aber die Rekonstruktion dieses Literatursystems zur Voraussetzung haben, basierend auf der Analyse eines quantitativ wie qualitativ repräsentativen Textkorpus. Das wäre wohl nur um den Preis einer erheblich verkürzten Darstellung der theoriegeschichtlichen Zusammenhänge möglich, was dem Ziel dieser Untersuchung widersprechen würde. Die Bestimmung der Relationen zwischen ‚realistischem Erzählmodell' und dem Literatursystem ‚Realismus' muss deshalb bis auf Weiteres ein Desiderat bleiben. Um aber nicht falschen Vorstellungen über den Aussagewert der Erzählmodelle für die Literaturgeschichtsschreibung Vorschub zu leisten, sollen zumindest auf theoretischer Ebene die möglichen Ausprägungen des Verhältnisses von erzähltheoretischem Diskurs und literarischer Praxis kurz erörtert werden.

2.1.3.2 Erzählmodell und Literatursystem

Unstrittig dürfte sein, dass bei der Rekonstruktion eines Literatursystems die literarischen Texte eines Zeitraums Vorrang gegenüber den poetologischen Dokumenten haben sollten. Gewöhnlich realisieren literarische Texte mehr, als theoretisch von ihnen verlangt wird; die poetologischen Modelle sind wie alle Modelle auf Vereinfachung und Komplexitätsreduktion angelegt. Noch dazu müssen die für ein Literatursystem als spezifisch gesetzten Regularitäten nicht zwangsläufig als explizites Wissen verfügbar und theoretisch festgehalten sein (vgl. Titzmann 1991, 423). Dementsprechend berechtigt ist die Forderung, Literaturgeschichtsschreibung auf Basis von Textanalysen zu betreiben und nicht in der Auslegung von Programmen, Poetiken oder ästhetischen Grundsätzen stecken zu bleiben (vgl. Titzmann 2002a, 304; Decker 2007, 18). Umstritten ist hingegen die Frage, welche literaturgeschichtliche Relevanz den poetologischen Zeugnissen dann aber zukommt, ob sie überhaupt zu dem Datenmaterial gehören, aus dem ein Literatursystem abzuleiten ist. So findet sich bei Titzmann die Einschätzung, poetologische Programme seien zwar „vom Literaturhistoriker sowohl in sich als auch in ihrer Relation zur tatsächlichen Praxis der literarischen Texte zu interpretieren, aber in keiner Weise maßgebend für die literaturhistorischen Konzepte der Epoche bzw. des Literatursystems" (Titzmann 2000a, 99–100). Die offene Widersprüchlichkeit verwundert, denn warum sollte der Literaturhistoriker überhaupt die Theorie heranziehen, wenn allein die Praxis entscheidet? Wenn die Frage nach der Übereinstimmung von poetologischer Theorie und literarischer Praxis „relevant [ist] als Merkmal der Epoche bzw. des Literatursystems", wieso ist sie dann „vollständig irrelevant für die literaturhistorische Kategorisierung in

Epochen / Literatursysteme" (Titzmann 2000a, 100)?[56] Meines Erachtens gibt es keine überzeugenden Gründe, warum die Poetik für die Rekonstruktion eines Literatursystems nicht herangezogen werden sollte. Im Gegenteil möchte ich sogar behaupten, dass sich aus dem Verhältnis zwischen Theorie und Praxis entscheidende Informationen für die Literaturhistorie gewinnen lassen – aus den Kongruenzen ebenso wie aus den Diskrepanzen.

Das Literatursystem erfasst die für einen Zeitraum typischen Regularitäten der Darstellung und des Aufbaus von literarischer Wirklichkeit, nicht die individuellen Eigenschaften einzelner Werke. Das Aufstellen allgemeiner Gesetze und Verfahrensweisen ist aber auch das primäre Ziel der meisten poetologischen Texte, und jeder Schriftsteller bezieht sich zwangsläufig – ablehnend oder affirmativ – auf das literaturtheoretische Wissen seiner Zeit und die bereits formulierten Kompositionsprinzipien. Insofern bietet es sich an, diese Texte zur Identifikation der systembildenden Formzüge heranzuziehen, selbstverständlich in dem Wissen, dass sich die vorgefundenen Theoreme nicht mit den verwirklichten Mitteln decken müssen. Kongruieren Theorie und Praxis aber tatsächlich miteinander, lassen sich aus den theoretisch-argumentativen Texten möglicherweise wertvolle Bezüge zum Denk- und Wissenssystem der Zeit und damit Anknüpfungspunkte für die Konstitution eines Epochenzusammenhangs erschließen. Sie fungieren dann gewissermaßen als Brücke zwischen den literarischen Texten und den außerliterarischen Kontexten (vgl. Decker 2007, 18).[57]

---

56 Es ist nicht ausgeschlossen, da sich Titzmann in dem zitierten Aufsatz auf das Literatursystem des Realismus bezieht, dass der schlechte Ruf der realistischen Programmatik dieses kategorische Urteil befördert hat. Allerdings finden sich auch in anderen Aufsätzen vergleichbare Äußerungen (vgl. Titzmann 2002, 304). In einem frühen Aufsatz zur Problematik des Epochenbegriffs urteilt Titzmann indes noch anders; hier ist davon die Rede, dass zum Objekt der Epochenbeschreibung „selbstverständlich" nicht nur die „textimmanenten Strukturen der literarischen Ereignisse", sondern auch die „Poetiken/Literaturtheorien" ebenso wie die Institutionen der literarischen Öffentlichkeit und die denk- und sozialgeschichtlichen Strukturen gehören (2012 [1983], 61).

57 Für einen Einbezug der literaturtheoretisch ausformulierten Regularitäten plädiert auch Schönert (2014, 257 [Anm. 45]). Auf den notwendigen Praxisbezug der Literaturtheorie verweist Doležel (1990, 14): „It is important to note that a productive science – like a practical science – has a special relation to its domain. The knowledge acquired by these sciences can be used as guidance for ‚acting' and for ‚making', respectively. Hence the differentiation between the productive science of poetics and the art of poetry does not necessitate a divorce of the two activities. The knowledge acquired by the poetician can be appropriated by the poet to become a rational foundation of his art. Poetics as a productive science is not only a theory of poetry but also a significant factor in its practice". In vergleichbarer Weise behauptet auch Burdorf (2001, 7) bezüglich des Formbegriffs eine enge Verknüpfung von theoretischem Diskurs und literarischer Praxis: „Form ist demnach nicht allein ein *literaturtheoretischer Begriff*, sondern auch ein *lite-*

Interessanter noch als die Übereinstimmungen dürften allerdings die Diskrepanzen zwischen poetologischer Reflexion und literarischer Praxis sein. Wie bereits angedeutet, kann es als Normalfall gelten, dass die Theorie nicht alle charakteristischen Verfahrensweisen und Gesetzmäßigkeiten der literarischen Texte erfasst. Dennoch lohnt sich die Frage nach den jeweiligen Gründen für dieses Auseinandertreten. Erklärt sich die Nichterfassung bestimmter Textstrategien durch theorieinterne Voraussetzungen (Begriffstraditionen, Systemzwänge etc.), werden die Verfahrensweisen möglicherweise unterschwellig artikuliert, konzeptuell vorbereitet, aber noch nicht auf den Begriff gebracht? Oder lassen sich theorieexterne Gründe anführen, etwa dass in den betreffenden Regularitäten ein nur implizites kulturelles Wissen zum Tragen kommt, das noch nicht in Form bewusster Wissenselemente verfügbar ist.[58] Ein drastischer Fall von Nicht-Übereinstimmung wäre der offene Widerspruch zwischen der Literatur und ihren Beschreibungsmodellen. Auch hier sollte man bei der Konstatierung eines Gegensatzes nicht stehen bleiben, sondern nach dessen Bedingungen suchen. Neben den naheliegenden Möglichkeiten, dass die Theorie insgesamt oder in Teilen einem anderen (vorangehenden, nachfolgenden, simultanen) Literatursystem zuzurechnen ist oder einen früheren Systemzustand repräsentiert, wäre zu prüfen, ob der Widerspruch auf ein Problem hinweist, das sich aus den Prämissen des Literatur- und/oder Denksystems ergibt und möglicherweise für den weiteren Systemwandel ausschlaggebend ist.[59] Eine weitere Form von Diskrepanz zwischen Theorie und Praxis liegt vor, wenn in der Theorie mehr artikuliert wird, als aus der Praxis hervorgeht. Poetologische Texte entwerfen möglicherweise aus vergleichbaren denkgeschichtlichen Impulsen heraus Textstrategien, die in der Literatur aus unterschiedlichen Gründen nicht umgesetzt werden und die trotzdem als alternative Antworten auf die systemspezifischen Problemkonstellationen verstanden werden können.

Dass die Rekonstruktion eines Literatursystems vorwiegend auf Basis der literarischen Texte vorgenommen werden sollte, macht die Berücksichtigung der Poetik also keineswegs überflüssig. Denn zum einen können aus den theoretischen Texten wichtige Hinweise auf die systemspezifischen Regularitäten gewonnen werden, zum anderen muss das Verhältnis von theoretisch erfassten und

---

rarisches Problem; das Nachdenken über literarische Form bewegt sich notwendigerweise stets auf der Grenzlinie zwischen poetologischer *Theorie* und literarischer *Praxis*".

58 Zur Unterscheidung von bewussten und nicht-bewussten Wissenselementen vgl. Titzmann (1989, 49).

59 Wie Titzmann (1991, 424) hervorhebt, ist auch das Literatursystem „keine notwendig widerspruchsfreie Größe".

literarisch realisierten Darstellungsverfahren als charakteristisches Merkmal eines Literatursystems angesehen werden.

Auf Grundlage dieser Vorüberlegungen kann nun präzisiert werden, welche literaturhistorische Relevanz den hier zu rekonstruierenden Erzählmodellen zukommt: Es ist davon auszugehen, dass die in ihnen ausgedrückten, zeitspezifischen Vorstellungen von den Möglichkeiten, Bedingungen und Funktionen erzählender Literatur mit Regularitäten und Merkmalen korrelieren, die in den literarischen (Erzähl-)Texten der entsprechenden Zeit auftreten; wahrscheinlich ist aber auch, dass die erzähltheoretischen Konzepte nicht in jeder Hinsicht und in Gänze mit den typischen beziehungsweise spezifischen Merkmalen der Erzählliteratur übereinstimmen. Wenn in der Folge unter anderem ein ‚realistisches Erzählmodell' beschrieben wird, dann entsprechen die darin zum Ausdruck gebrachten Gesetzmäßigkeiten der Darstellung also nicht zwangsläufig auch denen des Literatursystems ‚Realismus'. Welche Kongruenzen und Diskrepanzen jeweils vorliegen, ist wie erwähnt nicht Gegenstand dieser Untersuchung. Auch liegt eine umfassende Zusammenstellung der spezifischen Regularitäten realistischen Erzählens, die vergleichend herangezogen werden könnte, bisher nicht vor. Das im Rahmen dieser Analyse vorgestellte Erzählmodell liefert also lediglich Hypothesen über die tatsächlichen Konturen des entsprechenden Literatursystems.

Ähnliches gilt für die Einordnung der Erzählmodelle in den Zusammenhang einer Epoche. Das In-Bezug-Setzen und Zusammenfassen von Literatursystemen ist ebenso wie die Erklärung von Abhängigkeiten und Wandel nur unter Rückgriff auf denkgeschichtliche Konstellationen möglich. Zur Rekonstruktion dieser Voraussetzungen bedarf es wiederum der Analyse einer größeren Zahl denk- und wissensgeschichtlich relevanter Texte, was ebenfalls im vorliegenden Kontext nicht zu leisten ist. Die Ausführungen sind deshalb vorwiegend deskriptiv ausgerichtet und haben das Ziel, eine Übersicht über die vorhandenen erzähltheoretischen Konzepte und Vorstellungen zu gewinnen und zu überprüfen, zu welchem Zeitpunkt sich in diesen begrifflichen Grundlagen etwas verändert. Gelegentlich allerdings werden Bezüge zu den denkgeschichtlichen Hintergründen, etwa den leitenden epistemologischen und anthropologischen Basisprämissen, zu thematisieren sein; insbesondere in der Diskussion von Ludwigs Erzählpoetik. Wenngleich also nicht der Anspruch erhoben wird, einen Epochenbegriff ‚Realismus' im Detail zu entwickeln, können doch zumindest Anknüpfungspunkte aufgezeigt werden, die bei der Konstruktion dieser Epoche Beachtung finden sollten.

Im Folgenden möchte ich skizzieren, welchen Periodisierungsannahmen ich in meiner Darstellung der historischen Erzähltheorie folgen werde. Die entsprechenden Erzählmodelle sollen im Detail im dritten und vierten Kapitel der Arbeit vorgestellt werden, zunächst geht es lediglich um ihre groben Umrisse sowie die

Motive für ihre Benennung. An dieser Stelle ist noch darauf hinzuweisen, dass die Modelle neutrale Gruppierungshypothesen darstellen, mit denen keine Qualitätsaussagen verbunden sind. Eine evaluative Literaturgeschichtsschreibung, die ein literarisches Programm über die ästhetische und intellektuelle Abwertung eines anderen (meist früheren) zu profilieren sucht, soll in jedem Fall vermieden werden. Jedes Erzählmodell weist nach Maßgabe der theorieleitenden Voraussetzungen und der poetologischen Präferenzen andere konzeptuelle Stärken und Schwächen auf.

2.1.3.3 Erzählmodelle von der Spätaufklärung bis zum Realismus. Ein Überblick

Der These folgend, dass sich die Anfänge einer allgemeinen Erzähltheorie auf das letzte Drittel des achtzehnten Jahrhunderts datieren lassen (vgl. Kap. 2.1.1.3), nimmt die theoriegeschichtliche Darstellung hier ihren Ausgangspunkt. Die spezifischen Theoreme und theorieleitenden Prämissen dieser Zeit sollen unter der Bezeichnung ‚pragmatisches Erzählmodell‘ zusammengefasst werden. Als wichtigste Quellentexte dienen die Romantheorie Friedrich von Blanckenburgs sowie die Dialog- und Erzähltheorie Johann Jakob Engels. Literaturgeschichtlich wäre das Erzählmodell einem Literatursystem ‚Spätaufklärung‘, möglicherweise auch ‚Empfindsamkeit‘ zuzuordnen. Das Epitheton ‚pragmatisch‘ wurde gewählt, weil dem Begriff in der zeitgenössischen Auseinandersetzung mit der Erzählung im Kontext von Poetik und Historik eine zentrale Bedeutung zukommt. Pragmatisches Erzählen meint in diesem Zusammenhang eine Darstellungsform, in der die Ereignisse konsequent durch die psychologische Ausdeutung der inneren Absichten und Motive der handelnden Personen erklärt werden (vgl. Kühne-Bertram 1983, 169). Die Forschung hat den Begriff übernommen und auf die Theorie des Romans und der Erzählung übertragen (vgl. Jäger 1969, 115; Hahl 1971, 61; Fulda 1996, 103). Spezifisch für das Erzählmodell ist neben dem Interesse an den Aspekten der Motivation und Kohärenz vor allem die intensive Diskussion von Verfahren der Evidenzerzeugung und des szenisch-dialogischen Erzählens.

Mit der Herausbildung der Literatursysteme ‚Klassik‘ und ‚Romantik‘ am Ende des achtzehnten Jahrhunderts tritt auch im erzähltheoretischen Diskurs eine signifikante Verschiebung der begrifflichen Voraussetzungen und theorieleitenden Interessen ein. In der vorliegenden Darstellung wird diese Phase der Theoriegeschichte als ‚klassisch-romantisches Erzählmodell‘ bezeichnet. Freilich bietet dieser Doppelname ein gewisses Irritationspotenzial, schließlich lassen sich gute Gründe auffinden, ‚Klassik‘ und ‚Romantik‘ als kontrastierende, in Teilen auch gegensätzliche Literaturprogramme aufzufassen (vgl. Kremer und Kilcher 2015 [2001], 44). Andererseits ist unstrittig, dass zahlreiche Verbindungspunkte zwischen dem Literatur- und Kunstverständnis der Klassiker und der (Früh-)Romantiker existieren (vgl. Dörr 2007, 47). In der Literaturgeschichtsschreibung dominiert deshalb auch die Tendenz, beide Richtungen in einen Epochenzusammenhang zu bringen, sei es, wie bei Titzmann, unter dem Begriff der ‚Goethezeit‘, sei es unter einer Formel wie ‚Literatur um 1800‘ (Tausch 2011) oder ‚Literatur zur Zeit von Klassik und Romantik‘ (Schönert 2014, 270). Auf dem Gebiet der Erzähltheorie treten die Gemeinsamkeiten deutlich hervor, insbesondere in der kontrastiven Gegenüberstellung mit dem ‚pragmatischen Erzählmodell‘. So eint beide Richtungen, dass der Fokus der Theoriebildung nicht mehr wie in der Spätaufklärung auf Verfahren der Kohärenzstiftung und des evidentiellen Erzählens liegt, sondern auf dem Aspekt der narrativen Organisation und ästhetischen Sinnstiftung. Statt auf die handlungsinternen Wirkungszusammenhänge konzentrieren sich die Theoretiker nun also auf Ordnungsmuster, die erst im Erzählvorgang entstehen, zum Beispiel durch die Erzählhaltung oder die zeitliche Strukturierung. Als primäre Materialgrundlage dienen zum einen die Schriften Friedrich Schlegels zum homerischen Epos, die von seinem älteren Bruder aufgegriffen und systematisiert werden, zum anderen der im Briefwechsel zwischen Goethe und Schiller festgehaltene Austausch über das Verhältnis von epischer und dramatischer Literatur. Eine weitere wichtige Quelle ist die umfangreiche Abhandlung Wilhelm von Humboldts über Goethes idyllische Epik, auch wenn in diesem Text die Überschneidungen zwischen ‚romantischem‘ und ‚klassischem‘ Programm schwächer ausgeprägt sind und sich die Gewichte zugunsten des letzteren verschoben haben.

Die Grenze zwischen dem ‚klassisch-romantischen‘ und dem ‚pragmatischen Erzählmodell‘ ist leicht zu ziehen; schwieriger hingegen fällt die Abgrenzung gegenüber dem ‚idealistischen Erzählmodell‘, das sich im neunzehnten Jahrhundert unter dem Einfluss der hegelianischen Kunstphilosophie herausbildet. Es dominiert in der philosophischen Ästhetik (Friedrich Theodor Vischer, Moriz Carrière), beeinflusst aber auch die populärwissenschaftliche Poetik (Rudolph Gottschall, Heinrich Keiter, Friedrich Spielhagen). Was es vom ‚klassisch-romantischen Erzählmodell‘ abhebt, ist die Hinwendung der Theorie zur Ebene der dargestellten Welt und den ideellen Wirkungszusammenhängen der Handlung; zudem erfährt das Verhältnis von Autor, Erzähler und Leser eine spezifische Neubestimmung und das Theorem der erzählerischen Objektivität rückt in den Mittelpunkt der Diskussion.

Anders als bei den beiden anderen hier genannten Erzählmodellen ist die Zuordnung dieses Modells zu einem Literatursystem problematisch. Geht man von der zeitlichen Situierung aus, bietet sich eigentlich nur der ‚Realismus‘ an. Allerdings darf nicht übersehen werden, dass sich in der erzähltheoretischen Diskussion der Zeit auch die Umrisse eines anderen Erzählmodells erkennen lassen, das sich in den begrifflichen Voraussetzungen und theorieleitenden Vorstellungen signifikant von der philosophischen Ästhetik abhebt. Dieses alternative Modell, als dessen wichtigster Vertreter Otto Ludwig gelten kann, soll hier mit dem Attribut ‚realistisch‘ bezeichnet werden. Denkbar wäre auch eine Differenzierung dieser beiden Modelle über die Begriffe ‚realidealistisch‘ (Bucher et. al. 1981 [1976], 9) beziehungsweise ‚idealrealistisch‘ auf der einen und ‚poetisch-realistisch‘ oder schlichtweg ‚realistisch‘ auf der anderen Seite.[60] Allerdings steht zu befürchten, dass dieses Spiel mit den Epitheta eher zur Vermischung beider Positionen als zur Identifikation ihrer Unterschiede beiträgt.[61] Es ist aber ein zentrales Anliegen dieser Untersuchung, auf eben diese Differenzen aufmerksam zu machen. Sie ergeben sich daraus, dass im ‚idealistischen Erzählmodell‘ der ideelle Gehalt der erzählten Handlung betont wird, während im ‚realistischen Erzählmodell‘ eher die rezeptive Aneignung der erzählten Welt im Vordergrund steht. Auf konzeptueller Ebene drückt sich dieser Gegensatz unter anderem in unterschiedlichen Handlungsbegriffen und in einer abweichenden Wahrnehmung der spezifischen Struktur narrativer Texte aus: Unter ‚idealistischen‘ Vorzeichen dominiert die Auffassung von Handlung als einer in sich geschlossenen, linearen Bewegung; die Kommunikativität der Erzählung und der Aneignungsprozess durch den Rezipienten stellen ein theoretisch zu bewältigendes Problem dar. Im ‚realistischen‘ Kontext hingegen werden alternative, zum Beispiel serielle Handlungsschemata diskutiert; gleichzeitig wird die konstitutive Rolle des Rezipienten für die Konstruktion literarischer Wirklichkeit unterstrichen, und Aspekte der Perspektiv- und Spannungsführung treten in den Fokus der Theoriebildung.

Der wichtigste Bezugstext für die Rekonstruktion des ‚realistischen Erzählmodells‘ sind die *Romanstudien*. Ludwigs Ansätze werden aber von weiteren narratologisch relevanten Beiträgen der Zeit bestätigt, was die Annahme eines text- und autorübergreifenden Modells rechtfertigt. Korrespondierende Auffassungen lassen sich vor allem bei Berthold Auerbach, Theodor Fontane, teilweise auch bei Friedrich Spielhagen finden. Welchem Modell die literarischen Erzähltexte der Zeit tendenziell eher entsprechen, dem ‚idealistischen‘ oder dem ‚realistischen‘, soll im Rahmen dieser Analyse nicht geklärt werden. Die Frage bleibt

---

60 Mit den Begriffen „Real-Idealismus" und „Ideal-Realismus" werden in Meyers *Großem Konversationslexikon für die gebildeten Stände* von 1850 (Abt. 2, Bd. 5) zwei Varianten einer zwischen den Gegensätzen des Idealismus und des (philosophischen) Realismus vermittelnden Philosophie bezeichnet (zit. n. Plumpe 2005 [1985]), 42). In vergleichbarer Syntheseabsicht nutzt Carrière (1859, VI) in seiner *Ästhetik* den Begriff „Idealrealismus" zur Selbstpositionierung.
61 Gleiches gilt für den begrifflichen Gegensatz von ‚ideellem‘ und ‚poetischem Realismus‘ (Markwardt 1959, 257). Markwardt selbst verwendet die Begriffe, obwohl er sie zunächst kontrastiv gegenüberstellt, weitgehend synonym und verzichtet auf eine konsequente Differenzierung.

ein gemeinsames Desiderat von Realismusforschung und historischer Narratologie.

Die knappe Übersicht über die periodische Einteilung des erzähltheoretischen Diskurses zwischen dem späten achtzehnten und dem späten neunzehnten Jahrhundert verdeutlicht, dass nicht zu jedem Literatursystem zwingend ein entsprechendes Erzählmodell existieren muss. Damit ist nicht gesagt, dass ein solches Literatursystem keine spezifische Erzählpoetik hervorgebracht hätte. Beispielsweise lässt sich mit großer Wahrscheinlichkeit eine Reihe von narrativen Verfahrensweisen identifizieren, die für die Literatur des ‚Jungen Deutschland' oder des ‚Vormärz' spezifisch sind. Doch in den poetologischen und ästhetischen Diskussionen dieser Zeit finden sich kaum Ansätze für eine systematische Theorie des Erzählens, da zum einen andere Themen überwiegen (wie das Verhältnis von Poesie und Prosa, die Rehabilitierung des Romans oder die gesellschaftspolitische Bedeutung der Literatur) und zum anderen die Literaturkritik insgesamt stärker essayistisch ausgerichtet ist, das heißt ein verhältnismäßig geringes Interesse an der Entwicklung eines theoretischen Begriffsinventars zeigt.[62]

Die Möglichkeit der Rekonstruktion und der vergleichenden Gegenüberstellung der genannten Erzählmodelle basiert auf der Annahme der Existenz modellübergreifender Grundbegriffe oder Fragestellungen, die den narratologischen Diskurs strukturieren. Bisher wurde die Frage, um welche Begriffe es sich dabei eigentlich handelt, noch zurückgestellt. Bevor die einzelnen Erzählmodelle im Detail vorgestellt werden können, muss dieser Schritt nun nachgeholt und ein Überblick über die kontinuierlich thematisierten Fragen der Erzähltheorie gegeben werden. Die begriffsgeschichtlichen Angaben dienen dabei der ersten Orientierung und sind, um unnötige Redundanzen zu den späteren Ausführungen zu vermeiden, bewusst knapp gehalten.

2.2 Grundbegriffe der historischen Erzähltheorie

Unter Grundbegriffen der Erzähltheorie möchte ich im Folgenden die elementaren Fragestellungen verstehen, die in der theoretischen Auseinandersetzung mit Erzählstrukturen kontinuierlich diskutiert und dabei immer wieder neu konzeptualisiert werden. Dabei handelt es sich um retrospektiv erstellte Konstrukte, die von den Theoretikern selbst nicht unbedingt als geschlossene begriffliche Ein-

---

62 Eine Ausnahme ist Karl Gutzkows auch narratologisch interessante Theorie eines ‚Romans des Nebeneinander', die er im Vorwort zu *Die Ritter vom Geiste* (1850–1851) entwickelt. Zur Einordnung dieser Theorie vgl. Maierhofer (1990, 35–58).

heiten wahrgenommen werden, zumal sich die Fragestellungen zum Teil überlagern und voneinander abhängen. Jeder Grundbegriff steckt gewissermaßen nur
ein Diskussionsfeld ab, das von den Autoren mit unterschiedlichen konzeptuellen
Mitteln und unter historisch spezifischen Prämissen bearbeitet wird; daher ist
immer auch eine andere Einteilung und Abgrenzung der verschiedenen Konzepte
denkbar. Dennoch erfolgt ihre Identifikation nicht willkürlich, sondern beruht auf
den strukturellen Gemeinsamkeiten der Texte, die von der Theorie als narrativ
klassifiziert werden.

Traditionell werden zur Bestimmung von Erzählung im engeren Sinn, das
heißt in Abgrenzung von anderen Formen geschehensdarstellender Repräsentation wie Drama, Film, Comic etc., zwei Minimalkriterien herangezogen: Das
Handlungskriterium (Erzählen ist die Repräsentation von mindestens zwei auf-
einanderfolgenden Zuständen,...) und das Vermittlungskriterium (...die durch
eine oder mehrere Instanzen sprachlich vermittelt wird).[63] Aus historischer Sicht
sind beide Kriterien gleichermaßen relevant. Zwar gibt es bereits in der älteren
Theorie Ansätze, Drama und Erzählung in einer Gattung der geschehensdarstellenden Literatur zusammenzufassen; Johann Jakob Engel beispielsweise grenzt
die Gattung der erzählenden und dramatischen Texte von der beschreibenden,
der didaktischen und der lyrischen Gattung ab (1845 [1806], 22). Doch lässt er die
Unterscheidung zwischen Erzählung und Drama auf Grundlage des Vermitt-
lungskriteriums darum nicht fallen (1845 [1806], 19), sondern ordnet sie lediglich
der Unterscheidung nach dem Handlungskriterium unter. Wie Engel gehen auch
alle anderen hier besprochenen Autoren von einem Erzählbegriff aus, der beide
Bestimmungskriterien inkludiert. Dementsprechend lassen sich zwei Reihen von
Grundbegriffen voneinander abheben: Die erste bezieht sich auf die Konstitution
von Handlungsstrukturen (*histoire*), die zweite hingegen auf die Tätigkeit der
vermittelnden Präsentation (*discours*).

Aber können die Begriffe der ersten Reihe, die sich auf die Struktur der
Handlung beziehen, überhaupt als genuin erzähltheoretische Aspekte gelten?
Schließlich teilt die Erzählung das Kriterium der Handlung mit anderen Darstel-
lungsformen wie dem Drama. Die Antwort auf diese Frage erfordert einige Vor-

---

63 Zur engeren und weiteren Definition des Erzählbegriffs sowie zum Begriff des Zustands vgl.
Schmid (2008 [2005]), 1–3). Weitere Bestimmungskriterien wie Vergangenheitscharakter, Kausalität oder Ereignishaftigkeit, die Aumüller (2012) in seiner Übersicht über die literaturwissenschaftlichen Begriffsbestimmungen anführt, können als Spezifizierungen eines der beiden Minimalkriterien gelten. Einzig Versuche, Narrativität als Stilqualität (Petsch 1942 [1934]) oder
Resultat kognitiver Aktivitäten (Fludernik 1996) zu deuten, kommen tatsächlich ohne das
Handlungs- und das Vermittlungskriterium aus.

bemerkungen über das Verhältnis von *histoire* und *discours* in der älteren Erzähltheorie.

2.2.1 Die Histoire-Discours-Trennung aus historischer Perspektive

Es ist hier nicht die Stelle, die narratologische Auseinandersetzung um die *histoire-discours*-Trennung in allen Wendungen vorzustellen.[64] Stattdessen möchte ich mich auf das Problem konzentrieren, unter welcher Voraussetzung handlungstheoretische Aspekte zum Gegenstand der Erzähltheorie werden können. Dabei ist zu bemerken, dass im anglo-amerikanischen Raum die Beschäftigung mit Handlungsstrukturen traditionell ins Aufgabenfeld der Narratologie fällt, da man sich hier überwiegend an einem weiten, das heißt nur auf das Handlungskriterium gestützten Erzählbegriff orientiert. Daneben hat sich besonders im französischen und deutschsprachigen Raum ein engeres Verständnis von Erzähltheorie etabliert, wonach die theoretische Erfassung der erzählerischen Vermittlungstätigkeit im Vordergrund steht. In Abgrenzung zu den russischen Formalisten und frühen Strukturalisten, denen es um die Identifikation archetypischer Handlungsmuster zu tun war, plädiert beispielsweise Genette für eine ‚modale' Auffassung der Narratologie, die sich auf die „Analyse der Erzählung als eines Modus der ‚Darstellung' von Geschichten" konzentriert (1998 [1994], 201). Auch wenn es der Begriff des Modus suggeriert, argumentiert Genette an dieser Stelle nicht mit Platons Begriff der Diegese (vgl. Kap. 2.1.1.3); der Gegenstandsbereich der Narratologie beschränkt sich seiner Ansicht nach also nicht auf die Redeform des Erzählberichts, sondern auf das (literarische) Erzählen, das er von „nicht-narrativen Modi wie etwa dem dramatischen" (Genette 1998 [1994], 201) abhebt. „Diese Eingrenzung", so Genette weiter, „scheint mir letztlich legitim zu sein, da das einzige Spezifikum des Narrativen in seinem Modus liegt und nicht in seinem Inhalt, der ebensogut dramatisch, zeichnerisch oder sonstwie ‚dargestellt' werden kann. Tatsächlich gibt es gar keine ‚narrativen Inhalte'" (1998 [1994], 201). Genette geht also nicht nur von einem engeren Erzählbegriff aus, er begrenzt auch den Fokus der Theorie auf das, was ihm zufolge die Erzählung von anderen Darstellungsformen unterscheidet: den Repräsentationsmodus. Hierin kommt er mit Stanzel überein, der seinen Erzählbegriff auf das Kriterium der Mittelbarkeit stützt und dessen Erzähltheorie, zumindest in ihrer strukturalisti-

---

64 Eine unterhaltsame Zusammenfassung dieser Diskussion bietet Bode (2005, 81–96). Vgl. auch die einschlägigen Kapitel bei Martínez und Scheffel (2007 [1999], 20–26) und Schmid (2008 [2005], 230–251).

schen Rekonzeptualisierung (2001 [1979]), keine handlungstheoretischen Analysen mit einschließt.[65]

Inzwischen liegen einige deutschsprachige Einführungen vor, die Aspekte der Handlungsgestaltung diskutieren, obwohl sie sich primär mit Erzählliteratur im engeren Sinne und nicht oder nur am Rande mit anderen Formen der Handlungsdarstellung wie Drama oder Film beschäftigen (Martínez und Scheffel 2007 [1999]; Lahn und Meister 2008; Köppe und Kindt 2014). In der älteren Erzähltheorie lässt sich eine ähnliche Herangehensweise beobachten. In der Regel orientieren sich die Autoren an einem engen Erzählbegriff und grenzen erzählende und dramatische Gattungen strikt voneinander ab. Dennoch beschäftigen sie sich, wo sie die Besonderheiten der erzählenden Literatur bestimmen wollen, nicht nur mit der Vermittlungsform, sondern auch mit handlungstheoretischen Gesichtspunkten und fragen nach möglichen Spezifika der erzählten Handlung. Die von Genette geäußerte, letztlich auf Aristoteles (2006 [1982], 9) zurückgehende Vorstellung, das Spezifikum des Narrativen liege allein in der Darstellungsart und nicht im Inhalt, wird allerdings nicht überall geteilt. Gegen Ende des achtzehnten Jahrhunderts, mit der Herausbildung des klassisch-romantischen Erzählmodells, gewinnt die Vorstellung an Dominanz, dass sich die Handlungsstruktur in erzählenden und dramatischen Texten signifikant unterscheidet und es daher auch Inhalte gibt, die für die Behandlung in der einen oder in der anderen Form besser oder schlechter geeignet sind. Den theoretischen Austausch mit Schiller über den Unterschied zwischen epischer und dramatischer Dichtung initiiert Goethe beispielsweise mit dem Ziel, Klarheit darüber zu gewinnen, wie der „Plan" (MA 8.1, 331) eines epischen Gedichts beschaffen sein sollte und welche Motive sich dafür am besten eigneten.[66] Zu berücksichtigen ist, dass die Diskussion über den Unterschied zwischen epischen und dramatischen Stoffen nicht unabhängig verläuft von der Reflexion über die medialen Voraussetzungen erzählender und dramatischer Literatur. Die Unmittelbarkeit des Dramas, so die Annahme, verlangt einen anderen Inhalt als die mittelbare Darstellung der Erzählung. Auf dieser Basis bildet sich der begriffliche Gegensatz zwischen Handlung (als Gegenstand des Dramas) und Begebenheit (als Gegenstand der erzäh-

---

65 In den *Typischen Formen des Romans* (1993 [1964]) geht Stanzel hingegen noch auf Aspekte der Handlungsführung und der Figurenkonzeption ein.

66 Goethe beendet zu dieser Zeit, im Frühjahr 1797, das Epos *Hermann und Dorothea* (1797) und projektiert zudem ein weiteres mit dem Titel „Die Jagd", das er allerdings nicht ausführt und später zur *Novelle* (1828) umarbeitet.

lenden Gattungen) heraus, der noch die erzähltheoretische Diskussion im neunzehnten Jahrhundert prägt (vgl. Kap. 2.2.2.1).[67]

Eine konsequente Unterscheidung zwischen *histoire-* und *discours*-Ebene ist in den älteren theoretischen Beiträgen nicht immer erkennbar, wird aber in bestimmten Kontexten durchaus vorgenommen. In gewisser Weise, so ließe sich argumentieren, ist sie in Form der beiden aristotelischen Teilungskriterien des Gegenstands und der Art und Weise der Nachahmung (Aristoteles 2006 [1982], 5) bereits seit der Antike im Wissen der Poetik verankert. Erzähltheoretisch konkretisiert wird diese Differenzierung aber vor allem im klassisch-realistischen Erzählmodell. Im Briefwechsel zwischen Goethe und Schiller gibt es eine diesbezüglich aufschlussreiche Diskussion über die Frage, inwieweit sich das Verhältnis von Darstellungs- und Inhaltsebene in Drama und Epik unterscheidet. Goethe äußert zunächst die Vermutung, dass im Epos das Wie das Was überwiege, der Schwerpunkt der Aufmerksamkeit also nicht auf dem Inhalt, sondern auf der Form liege (vgl. MA 8.1, 334). Doch diese Formel ist seinem Briefpartner zu allgemein, da „auf alle pragmatische [d.i. geschehensdarstellende] DichtungsArten ohne Unterschied anwendbar" (MA 8.1, 336). Schiller schlägt deshalb eine andere Differenzierung vor, wonach die Handlung für den Dramatiker der eigentliche Zweck, für den Epiker hingegen nur Mittel zu einem höheren ästhetischen Zweck sei (vgl. MA 8.1, 336). Worauf es ihm dabei ankommt, ist das unterschiedliche Organisationsprinzip der beiden Gattungen: Während im Drama die dargestellten Wirkungszusammenhänge (Schuld und Strafe, Aktion und Reaktion) im Vordergrund stehen, erschließt sich die Einheit des Epos seiner Ansicht nach erst auf der Ebene der kompositorischen Behandlung und Vermittlung des Stoffes. Erzähl- und Handlungsebene werden hier gleichsam voneinander gelöst und als zwei autonome Ordnungssysteme einander gegenübergestellt. Das theoretische Interesse an der Separierung der beiden Ebenen, das in vergleichbarer Form auch in den epiktheoretischen Schriften der Brüder Schlegel artikuliert wird, zeigt sich auch darin, dass vorzugsweise Strukturmerkmale der Erzählung behandelt werden, an denen das Auseinandertreten von *histoire* und *discours* besonders deutlich hervortreten kann, wie etwa die zeitliche Ordnung der Geschichte oder die Stellung des Erzählers zur dargestellten Welt.

---

67 Obwohl sich der Begriff des Epischen eigentlich auf die Gesamtheit der erzählenden Gattungen bezieht, berücksichtigt die Theorie fast ausschließlich die beiden epischen Großgattungen Epos und Roman. Dass für andere narrative Gattungen andere Regeln gelten könnten, gerade hinsichtlich der Beschaffenheit und Struktur der Handlung, wird in der Regel höchstens indirekt thematisiert. Die theoretische Beschäftigung mit weiteren Einzelgattungen wie der Novelle wird aus der allgemeinen Erzähl- und Epiktheorie gewissermaßen ausgelagert und unabhängig davon fortgesetzt.

In anderen Erzählmodellen kommt dieser Differenzierung allerdings eine geringere Bedeutung und damit auch eine geringere theoretische Aufmerksamkeit zu. Auffällig ist, dass einige der diskutierten Konzepte einer scharfen Abgrenzung von Handlungs- und Erzählebene sogar widersprechen. Wenn etwa Blanckenburg angibt, er wolle im Gegensatz zu älteren Romantheoretikern die Gattung nicht über ihre zweckmäßigen Inhalte bestimmen, sondern über die „die Art und Weise, *wie* der Dichter [...] den Stoff, Begebenheiten und Charaktere, behandelt" (VR 9), bezieht er den Begriff der Behandlung gleichermaßen auf die *histoire* wie auf den *discours*. Denn die besondere Behandlungsweise, die er im Blick hat, ist das „Wirklichwerden"-Lassen (VR 302) des Geschehens im Roman, und das meint die stringente Motivierung der Vorfälle ebenso wie ihre vergegenwärtigende Repräsentation durch den Erzähler. Handlungsaufbau und Präsentationsform greifen hier unmittelbar ineinander. Ein ähnliches Beispiel ist Ludwigs Verwendungsweise des Begriffs der Mittelbarkeit. In diesem Merkmal sieht der Theoretiker die Besonderheit der erzählenden Darstellung, allerdings verbindet er damit nicht nur die Präsenz einer vermittelnden Erzählerinstanz, sondern auch die Art und Weise der Handlungsführung. Mittelbar ist die Handlung demnach, wenn sie nicht auf den Willensimpuls eines Einzelnen zurückgeht und zahlreiche Wirkungsfaktoren in den Geschehensgang eingreifen (RS 571). Handlungs- und Vermittlungsebene sind auch in diesem Fall eng miteinander verwoben.

Zwei Dinge also hat die Theoriegeschichtsschreibung hinsichtlich der Trennung von Handlungs- und Erzählebene zu beachten: Zum einen spielt die Auseinandersetzung mit dieser Frage auch in der älteren Theorie bereits eine Rolle; wobei das Bedürfnis nach einer strikten Trennung nicht in jedem Kontext gleichermaßen gegeben ist und mitunter auch aufgehoben werden kann. Zum anderen integrieren die erzähltheoretischen Reflexionen in der Regel immer auch Aspekte der Handlungstheorie, und zwar unabhängig davon, ob ihnen die Vorstellung einer (medial bedingten) Differenz zwischen epischen und dramatischen Inhalten zugrunde liegt oder nicht. Vor diesem Hintergrund liegt es nahe, dass auch die Geschichtsschreibung der Erzähltheorie beide Ebenen zu berücksichtigen hat. Würde sie sich auf Begriffe beschränken, die sich allein oder primär auf den *discours* beziehen (wie ‚Erzähler', ‚Erzählmodus', ‚Perspektive'), liefe sie Gefahr, bedeutende Verbindungslinien im Argumentationsgang der Texte zu durchtrennen und zentrale Anliegen der Begriffsbildung zu übergehen.

2.2.2 Begriffe zur Erfassung der Handlungsstruktur

2.2.2.1 Motivierung und Aufbau

In ihrer Einführung in die Erzähltheorie unterscheiden Martínez und Scheffel drei Arten narrativer Motivierung: Erstens die „kausale Motivierung", die ein Ereignis erklärt, „indem sie es als Wirkung in einen Ursache-Wirkungs-Zusammenhang einbettet, der als empirisch wahrscheinlich oder zumindest möglich gilt" (Martínez und Scheffel 2007 [1999], 111). Zweitens die „finale Motivierung", bei der das Geschehen von einer „numinosen Instanz beherrscht wird" und sich die scheinbar zufälligen Ereignisse am Ende als „Fügungen göttlicher Allmacht" erweisen (Martínez und Scheffel 2007 [1999], 111). Die dritte Form bezeichnen Martínez und Scheffel mit dem Begriff der „kompositorischen" oder auch „ästhetischen" Motivierung (2007 [1999], 114). Sie „umfaßt die Funktion der Ereignisse und Details im Rahmen der durch das Handlungsschema gegebenen Gesamtkomposition und folgt nicht empirischen, sondern künstlerischen Kriterien" (Martínez und Scheffel 2007 [1999], 114).[68] Diese Triade scheint als Ausgangspunkt und Vergleichsbasis einer historischen Untersuchung durchaus geeignet, findet sich doch beispielsweise in Humboldts Studie *Über Göthes Herrmann und Dorothea* (1798) eine auf den ersten Blick sehr ähnliche Unterscheidung zwischen dem „Gesetz" der „pragmatischen" Wahrheit, der „idealischen" Wahrheit sowie der „blossen Wahrheit der Phantasie" (Humboldt 1986 [1961], 318). Auch Ludwig operiert insbesondere in seiner Dramentheorie mit einer ähnlichen Dreiteilung und differenziert zwischen einem „pragmatische[n] Nexus", einem „idealen Nexus" und einem den Bedingungen künstlerischer Gestaltung folgenden (ästhetischen) Nexus (STD 1, 467).[69]

Die Beispiele belegen eine kontinuierliche Beschäftigung mit den Formen der Motivierung und der Herstellung von Kohärenz. Sogar hinsichtlich der typologischen Einteilung der Motivierungsformen lassen sich über die historischen Kontexte hinweg gewisse Kontinuitäten erkennen. Die Frage nach den Arten der narrativen Motivierung und der Grundlage ihrer Unterscheidung kann folglich ein

---

68 Eine ausführliche Diskussion dieser Motivierungsformen findet sich bereits bei Martínez (1996, 27–30).

69 Ludwig diskutiert die Unterschiede zwischen den Motivierungsformen an unterschiedlichen Stellen seiner *Shakespeare-Studien* und entwickelt dabei zum Teil auch abweichende Konzepte. Besonders hinsichtlich der dritten Form, die neben den pragmatischen und den idealen Nexus tritt, schwankt er in seinen Begriffen: Er spricht hier einmal vom belebenden „Handlungsdetail" (STD 1, 431), dann vom „schauspielerische[n] Zusammenhang" (STD 1, 449) oder vom „künstlerische[n]" Zusammenhang (STD 1, 414), an anderer Stelle wiederum vom *typische[n] Zubehör* zu einer künstlerischen Täuschung der Phantasie" (STD 1, 467).

Anknüpfungspunkt für eine begriffsgeschichtliche Untersuchung sein. Die Theoriegeschichte hat hier zu rekonstruieren, welche Motivierungsformen überhaupt diskutiert werden, was genau etwa unter dem ‚Gesetz der idealischen Wahrheit' (Humboldt) oder dem ‚idealen Nexus' (Ludwig) verstanden wird. Von Bedeutung ist aber auch, in welches hierarchische Verhältnis die verschiedenen Motivierungsebenen zueinander gesetzt werden. Für einen Autor der Spätaufklärung wie Blanckenburg hat die Darstellung der pragmatisch-kausalen Zusammenhänge bekanntermaßen oberste Priorität. In der Einübung kausalanalytischen Denkens liegt für ihn sowohl der Zweck als auch der Unterhaltungswert von Literatur. Zwar ist der Theoretiker überzeugt, dass in der Realität die Kette von Ursachen und Wirkungen einen ersten Grund und ein letztes Ziel hat; doch komme dieser ideale Zusammenhang im Kunstwerk nur indirekt zur Darstellung, und zwar dadurch, dass der Autor als *alter deus* über die Ordnung der Erzählwelt ähnlich souverän verfüge wie Gott über die zweckmäßige Einrichtung des Universums (vgl. VR 312–313). Im Kontext des klassisch-romantischen Erzählmodells verlieren die Begründungszusammenhänge auf der Ebene des Dargestellten, das heißt die pragmatischen Relationen zwischen den Ereignissen, an Bedeutung. Die Theorie interessiert sich nun in erster Linie für die ästhetischen Ordnungs- und Begründungsprinzipien, die sie aus den „Gesetzen der Einbildungskraft" entwickelt (Humboldt 1986 [1961], 318). Demgegenüber akzentuiert die idealistische Ästhetik des neunzehnten Jahrhunderts wieder stärker die Frage nach den handlungsimmanenten Wirkungszusammenhängen. Wichtig ist dabei, dass unter der ideellen Motivierung nicht mehr der Eingriff transmundaner Mächte verstanden wird, sondern die Entfaltung einer Idee beziehungsweise der inneren Bewegungskräfte der Geschichte. Dabei kann, wie es bei Vischer heißt, die „Causalität im Einzelnen eine lose" sein, „wenn nur der Eindruck einer allgemeinen Welt-Causalität durch die Behandlung des Ganzen gesichert ist" (1857, 1279). In Ludwigs Studien wiederum zeichnet sich der Versuch ab, die Begriffe des ‚idealen' und des ‚pragmatischen Nexus' zusammenzuführen und die Gesetzmäßigkeit der Ereignisse aus typischen psychologischen Mustern und Verhaltensweisen abzuleiten. Aber auch ästhetische Motivierungsstrategien werden von ihm und anderen Theoretikern des realistischen Erzählmodells erörtert, wobei auffällt, dass die Bedeutung von Rezeptionserwartungen im Lektüreprozess stärker als zuvor in die Diskussion mit einbezogen wird.[70]

Der Terminus der ‚finalen Motivierung' (Martínez und Scheffel), der eingangs dieses Kapitels genannt wurde, verdeutlicht gut, dass Reflexionen über die Motivierung des Geschehens fast zwangsläufig einen weiteren Problem- und Be-

---

70 Vgl. dazu bereits die aufschlussreichen Beiträge von Steinmetz (1972, 1975).

griffskreis berühren. Die Frage danach, wie die einzelnen Ereignisse untereinander zusammenhängen, führt zur Frage nach ihrer Stellung im Ganzen der Geschichte. Zur Diskussion steht also immer auch der Aufbau, die Architektonik der erzählten Handlung. Die wichtigste Unterscheidung lässt sich dabei mit den von Heinrich Wölfflin (1915, 130) für die Kunstgeschichte eingeführten Grundbegriffen der geschlossenen und offenen Form beschreiben. Bekanntermaßen wurde dieses Begriffspaar für die Literaturwissenschaft fruchtbar gemacht, zunächst von Oskar Walzel mit Bezug auf Shakespeares Dramen (1968 [1926], 302–325), später für die Dramentheorie allgemein durch Volker Klotz (1960). Im Kontext der Erzähltheorie kann es genutzt werden, um Handlungsschemata nach dem Grad ihrer inneren Kohärenz und Finalität voneinander abzugrenzen. Geschlossen in dem Sinne wäre eine Erzählhandlung, die dem klassischen aristotelischen Dreischritt von Anfang, Mitte und Ende (Aristoteles 2006 [1982], 25) folgt, die eine auf ein klar bestimmbares Ende ausgerichtete Entwicklung aufweist und bei der die syntagmatische Verknüpfung der Handlungssegmente im Vordergrund steht. Ein offener Aufbau hingegen läge vor, wo diese klar überschaubare Struktur fehlt und die syntagmatischen Beziehungen an Bedeutung verlieren, weil die einzelnen Handlungssegmente sich zum Beispiel wiederholen (im seriellen Erzählen) oder weil sie in keinem Entwicklungszusammenhang stehen.[71]

Die Begriffe der geschlossenen und offenen Form tauchen in den historischen Texten zur Erzähltheorie nicht auf, doch die damit umrissene Problematik wird kontinuierlich diskutiert. Dabei wird deutlich, dass Erzählen nicht *per se* Geschlossenheit impliziert und Erzähltexte prinzipiell über eine Reihe von Möglichkeiten verfügen, den Eindruck von Teleologie und syntagmatischer Kohärenz abzuschwächen oder sogar ganz aufzuheben. Offene Formen des Handlungsaufbaus, so lässt sich der theoretischen Diskussion entnehmen, sind nicht unbedingt als Krisensymptom oder Reduktionsstufe zu verstehen.[72] In der Erzähltheorie um 1800 gibt es sogar eine ausgeprägte Präferenz für ein ateleologisches, loses Erzählen, das als eine ästhetisch gleichrangige, wenn nicht sogar höherrangige Alternative der stringenteren Kompositionsform des Dramas gegenübergestellt wird. Begrifflich fassbar wird diese Entgegensetzung in der bereits erwähnten Dichotomie von ,Handlung' und ,Begebenheit'. Wichtige Differenzkriterien sind dabei die Intentionalität des Geschehens und das Entsprechungs-

---

71 Weber (1998, 20) verwendet für eine ähnliche Differenzierung die Begriffe ,starkes' und ,schwaches' Erzählen: „Starkes Erzählen ist geradlinig, zielstrebig, geschlossen. Schwaches Erzählen ist locker, mosaikhaft, offen."
72 Vgl. dagegen die interessante Studie Ajouris (2007) zur Erzählliteratur des neunzehnten Jahrhunderts, in der die Bevorzugung offener Handlungsmodelle mit der Erschütterung teleologischen Denkens im Zuge der Darwin-Rezeption in Verbindung gebracht wird.

verhältnis von Tat und Wirkung. Demnach setzt Handlung, in einer Formulierung Friedrich Schlegels (KFSA 1, 474), „mit einem Machtanspruche der Willkür" ein und „schließt mit der vollendeten Ausführung dieser Absicht". Wo diese Stringenz nicht gegeben sei, habe man es hingegen mit Begebenheiten zu tun; und die sind Schlegel zufolge bevorzugt in der Erzählliteratur darzustellen.[73] Am Theorem der Begebenheitlichkeit der Erzählhandlung hält auch die idealistische Ästhetik des neunzehnten Jahrhunderts fest, tendiert aber trotzdem wieder zu einem geschlossenen Handlungsmodell. Darin folgt sie Hegels Bestimmung, Kunst habe stets die im dialektischen Dreischritt von Zustand, Situation (Kollision) und Reaktion (Lösung) voranschreitenden „Bewegungen des Geistigen darzustellen" (1998, 83). Im realistischen Erzählmodell hingegen, bei Ludwig, aber auch in den poetologischen Texten Fontanes, wird ein alternatives Handlungsmodell entwickelt, das auf Mustern des seriellen Erzählens, das heißt auf dem Doppelprinzip von Wiederholung und Variation, basiert.

2.2.2.2 Figur (Held)

Zu den notwendigen Bestandteilen einer Handlung gehören in den Worten Seymour Chatmans (1978, 19) neben den *events*, den Ereignissen und Handlungen, auch die *existens*, die Charaktere und ihre situative Umgebung. Während die theoretische Auseinandersetzung mit dem erzählten Raum erst relativ spät einsetzt – Ludwigs *Romanstudien* markieren hier einen wichtigen Schritt in der Theoriegeschichte (vgl. Kap. 4.1.2.2) –, hat das Nachdenken über die Beschaffenheit der narrativ entworfenen Figuren sowie über die Stellung und Funktion des Helden im Handlungsganzen in der Tradition der Erzähltheorie einen festen Platz.[74] Ein zentraler Gedanke ist hierbei, dass sich vor dem Hintergrund einer Trennung von dramatischer und epischer Handlungsstruktur auch die Heldenfiguren unterscheiden müssen. Differenzkriterium ist dabei die Autonomie be-

---

73 Die Unterscheidung zwischen Handlung und Begebenheit findet sich bereits bei Lessing. In den *Abhandlungen über die Fabeln* (1759) schreibt er, dass eine Folge von Veränderungen, die sich zu keinem „*einzigen* anschauenden Begriff" zusammenführen lässt und deshalb keine „Einheit" darstellt, nicht „*Handlung*, sondern [...] eine *Begebenheit* heißen" muss (Lessing 1992 [1967], 82–83). Allerdings geht er davon aus, dass allein Handlung im engeren Sinn Gegenstand der geschehensdarstellenden Künste werden sollte, er differenziert also diesbezüglich nicht zwischen Erzählung und Drama.
74 Zur Diskussion dieses Themenkomplexes in der modernen Narratologie vgl. Jannidis (2004). Jannidis weist diese Studie als einen Beitrag zu einer historischen Narratologie aus. Der Aspekt der Historizität bezieht sich allerdings weniger auf die Figurenkonzepte an sich als vielmehr auf die Variabilität der mentalen Repräsentation von Figuren im Rezeptionsakt. Vgl. dazu auch Jannidis (2009).

ziehungsweise Handlungsgewalt des Charakters: „[D]er epische Held", urteilt Vischer (1857, 1268), „schwimmt mit starkem Arme, aber nicht gegen, sondern mit der Woge, und die Wassermasse, die er theilt, hält doch ihn selbst". Derartige Bestimmungen scheinen stark gattungsbezogenen Prämissen zu folgen, doch ist zu beachten, dass die Theoretiker sie häufig aus den medialen Bedingungen des Erzählens ableiten. So argumentiert Vischer, dass eine gegenwärtig sich vollziehende Handlung immer „wie aus grundloser Tiefe" steigt und „den Complex des Wirklichen" durchbohrt, während ein vergangenes Geschehen immer als Teil dieses ‚Complexes' von Voraussetzungen und Begründungsfaktoren erscheint und die Figuren daher nie im gleichen Maße den Eindruck von Selbstständigkeit erwecken können (1857, 1267). Daher kommt der Theoretiker auch zu dem Schluss, dass der „Grundbegriff" des Helden in allen erzählenden Gattungen identisch ist (Vischer 1857, 1268).

Neben dem Kriterium der Autonomie beziehungsweise Heteronomie des Helden können weitere Bestimmungsmerkmale in der Diskussion eine Rolle spielen, allen voran die Frage nach der Statik beziehungsweise Entwicklungsfähigkeit der Figuren. Für die Erzähltheoretiker der Spätaufklärung ist die Wandelbarkeit des Charakters von zentraler poetologischer Bedeutung, weil sie den Zweck von Literatur darin sehen, das Hervorgehen der Handlungen aus den Veränderungen des inneren Zustands der Charaktere exemplarisch aufzuzeigen. Starre Figuren, seien es auch Repräsentationen des „sittlichen Ideals" (Engel 1845 [1806], 197), lehnen sie deshalb strikt ab. Relevant ist auch die Frage nach dem Ziel der Figurenentwicklung, die im Zuge der Rezeption von Goethes Roman *Wilhelm Meisters Lehrjahre* (1795–1796) und der einsetzenden Debatte um den Bildungsroman noch einmal an Aktualität gewinnt; Gegenstand der Diskussion ist dabei nicht nur das Bildungsziel der Figur, sondern auch ihre Funktion im gesamten Handlungsgefüge. Die Passivität und Biegsamkeit des Helden, die vielen Rezensenten auffällt, wird von theorieaffinen Kritikern wie Schiller oder Humboldt zum Konzept eines ‚passiven Helden' weiterentwickelt, worunter ein Heldentyp zu verstehen ist, der nur zu einem geringen Teil Einfluss auf das Handlungsgeschehen nimmt, dafür aber die Funktion eines Perspektivträgers innehat. Eng damit verwandt ist das Figurenkonzept des ‚mittleren Helden', das sich in der Scott-Rezeption im neunzehnten Jahrhundert herausbildet und im realistischen Erzählmodell unter anderem von Ludwig weiterentwickelt wird. Es definiert den Protagonisten primär als Erlebnismedium und Stellvertreter des (idealen) Rezipienten, wobei die Durchschnittlichkeit und charakterliche Unbestimmtheit der Figur dem Leser erleichtern, ihren Standpunkt in der erzählten Welt einzunehmen.

Ein weiterer Gesichtspunkt in der theoretischen Erfassung der Figuren ist das Verhältnis von Einzelperson und Figurenensemble. Während die Theorie der

Spätaufklärung sich fast ausschließlich auf die Hauptfigur und deren Entwicklungsgang konzentriert, liegt der Fokus im klassisch-romantischen, aber auch im realistischen Erzählmodell stärker auf dem gesamten Figurenensemble. Historisch aufschlussreich ist dabei, ob in den Theorien klar zwischen Haupt- und Nebenfiguren getrennt wird oder das Bedürfnis nach einer solchen Differenzierung gering ist. In der Erzähltheorie nach 1850 entzündet sich an dieser Frage eine kontroverse Debatte; ein wichtiges Zeugnis dieser Auseinandersetzung ist Spielhagens Aufsatz „Der Held im Roman" von 1874 (BT 65–100), der sich mit George Eliots Roman *Middlemarch* (1871–1872) beschäftigt und im Wesentlichen auf den Vorwurf hinausläuft, der Roman verfüge über keine Hauptfigur.[75] Aber auch Fontanes Bemühen um die ästhetische Rechtfertigung seines „Vielheits-Roman[s]" (1979, 639) *Vor dem Sturm* (1878) gehört in diesen Kontext.

2.2.2.3 Ereignis, Ereignishaftigkeit

Erzählungen, insbesondere literarische, handeln meistens nicht von Ereignissen in einem neutralen Sinn, die lediglich eine beliebige Veränderung des Zustandes zur Voraussetzung haben; ihr Gegenstand sind Ereignisse in einem „emphatischen" Sinn (Schmid 2008 [2005], 12), die bestimmte Bedingungen erfüllen müssen, um als solche erkannt und erzählt zu werden.[76] Wolf Schmid nennt in seiner Einführung fünf Bedingungen, an denen die Ereignishaftigkeit eines Zustands festzumachen ist: Relevanz, Imprädiktabilität, Konsekutivität, Irreversibilität und Non-Iterativität (2008 [2005], 14–18). Über Kataloge dieser Art ließe sich sicherlich lange streiten, Schmid selbst weist darauf hin, dass die Identifikation einiger Bedingungen in hohem Maße interpretations- und kontextabhängig ist (2008 [2005], 19). Hinzuzufügen ist, dass auch die Frage, welche Bedingungen überhaupt erfüllt sein müssen, damit ein Ereignis als erzählbar angesehen wird, kontextabhängig unterschiedlich beantwortet wird.[77] Die unvermeidliche Kontextabhängigkeit macht die Kategorie der Ereignishaftigkeit beziehungsweise Erzählbarkeit als analytisches Werkzeug problematisch, als Gegenstand der Theorie- und Literaturgeschichte dafür aber umso interessanter.

---

75 Spielhagens Beiträge sind in diesem Kontext aber auch noch aus einem anderen Grund interessant, denn sie diskutieren einen bis dahin kaum beachteten Gesichtspunkt der Figurentheorie: Das Verhältnis zwischen Autor und Held bzw. die Transformation des Autors zum Helden.
76 Zu dieser Differenzierung zwischen zwei Arten von Ereignis vgl. Hühn (2009, 80).
77 Der hier angrenzende Begriff der Erzählbarkeit (tellability), der in der Forschung zunächst am Gegenstand der Alltagserzählung entwickelt, später jedoch auch auf den Bereich des literarischen Erzählens übertragen wurde, bezeichnet die Qualität einer Geschichte, die sie ihrem Sprecher und *idealiter* auch dessen Publikum erzählenswert erscheinen lässt (vgl. Baroni 2009, 447).

Die historische Narratologie kann nachzeichnen, wie sich die Vorstellungen darüber, was wert und geeignet ist, erzählerisch bearbeitet zu werden, gewandelt haben. Die Differenzen betreffen dabei zum einen den Ereigniswert einzelner Geschehenssegmente, zum anderen die Ereignishaftigkeit der gesamten Handlungsstruktur.

Die ältere Theorie unternimmt keine Versuche, Kriterien von Ereignishaftigkeit zu benennen. Es gibt aber eine indirekte Auseinandersetzung mit diesem Thema im Rahmen der Diskussion um die Beschaffenheit und den Aufbau der erzählten Handlung. Es liegt nahe, dass die Tendenz zu einem geschlossenen Handlungsmodell auch einen starken Begriff von Ereignishaftigkeit impliziert. So geht die idealistische Ästhetik des neunzehnten Jahrhunderts davon aus, dass im Zentrum der Handlung ein Ereignis von unbestrittener Relevanz steht, in der Regel der Konflikt widerstreitender Interessen: im Epos eher die kriegerische Auseinandersetzung ganzer Völker, im Roman hingegen die Kollision eines „erfahrungslosen Herzens" mit der Welt und ihren Institutionen (Vischer 1857, 1308). Dass sich daneben andere Vorstellungen von Handlung und Ereignishaftigkeit entwickeln, zeigt das Beispiel von Fontanes Roman *Vor dem Sturm* (1878). In einem Brief an Wilhelm Hertz schreibt Fontane, es sei ihm nicht „um Conflikte zu thun" gewesen, sondern „um Schilderung davon, wie das große Fühlen das damals geboren wurde, die verschiedenartigsten Menschen vorfand und wie es auf sie wirkte" (1979, 163). Er nimmt mit anderen Worten Entwicklungszusammenhänge in den Blick, die sich mit dem narrativen Schema von Kollision und Lösung nicht mehr adäquat darstellen lassen. Die für seine Romane charakteristische Handlungsarmut findet in Fontanes theoretischen Texten also durchaus ihre Entsprechung. Aus anderen Gründen dominiert auch im klassisch-romantischen Erzählmodell ein schwacher Begriff von Ereignishaftigkeit. Er ergibt sich aus dem bereits angesprochenen Zurücktreten der Handlungsebene hinter die Ebene der ästhetischen Ordnung. Wenn allein oder vorrangig der künstlerische Zugriff den Geschehnissen Sinn und Ordnung verleiht, dann sind alle Ereignisse prinzipiell gleichwertig und damit gleichermaßen ,erzählbar'. Die „Gemütslage des Sängers", schreibt August Wilhelm Schlegel (1984 [1964], 121) mit Bezug auf das antike Epos, „macht zuerst alle Teile seines Gegenstandes auf gewisse Weise einander gleich"; die „weniger bedeutenden" Vorkommnisse wie „das Aufstehen, Zubettgehn, Essen, Trinken, Händewaschen, das Anlegen der Fußsohlen, Kleider und Waffen usw." und die „wichtigsten" Handlungen haben „einerlei Rechte auf die Darstellung" und stehen in einer Reihe nebeneinander.

An diesen Problemkreis schließt die Diskussion über die Bedeutung und Funktion des Details an. Das pragmatische Erzählmodell betont den Zusammenhang von narrativer Kohärenz und detailreicher Darstellung. Dementsprechend rechtfertigt Blanckenburg die Schilderung kleiner und scheinbar irrelevanter Umstände mit dem Hinweis, dass sie zum Verständnis der Ereignisentwicklung unabdingbar sind. In der Konsequenz, so der Theoretiker weiter, verringert sich dadurch allerdings auch die Anzahl der zu erzählenden „Vorfälle", da „eine einzige *Begebenheit*, zu ihrem Wirklichwerden, mehr Raum erfodern, als jetzt zur *Erzehlung* von zehnen erfodert wird" (VR 308–309). Aktualität gewinnt der Streit um das Detail in der Mitte des neunzehnten Jahrhunderts und zwar im Zuge der literaturtheoretischen Auseinandersetzung mit dem Detailrealismus der frührealistischen Literatur. Die traditionelle Ästhetik begegnet diesen Tendenzen mit Skepsis, Rudolph Gottschall (1858, 43) etwa mokiert sich über „unsere Dorfgeschichtenschreiber, welche den Grundriß jeder Scheuer mit der Genauigkeit eines Architekten entwerfen und an jedem Düngerhaufen ihre malerische Kunst versuchen". Gestritten wird auch über die Berechtigung, das „profane Berufsleben" (Gottschall 1858, 99) erzählerisch darzustellen. Ausgelöst wird diese Debatte durch den Erfolg von Gustav Freytags Roman *Soll und Haben* (1855), dem bekanntlich das Diktum Julian Schmidts als Motto voransteht, der Roman solle die Menschen bei ihrer Arbeit aufsuchen. „In Folge dieses Satzes", heißt es wiederum bei Gottschall (1858, 99), „haben wir nun Romane erhalten, in denen sich die Poesie der Materialwaarenhandlungen, der Schieferdeckerei [eine Anspielung auf Ludwigs Erzählung *Zwischen Himmel und Erde*] und verschiedener anderer Gewerbe geltend macht!" Gottschall lehnt diese Art der Poesie mit dem sozialgeschichtlich bemerkenswerten Hinweis ab, dass die moderne Arbeit den Menschen isoliere und seine Aufmerksamkeit vom Ganzen auf das technische Detail richte. Ein Fabrikarbeiter, der immer dieselbe mechanische Handbewegung mache, könne die Poesie seines Lebens nicht in seiner Arbeit suchen (vgl. Gottschall 1858, 99). Unter diesen Bedingungen stellt Arbeit mit anderen Worten keine isolierbare, souveräne Handlung mehr dar, sondern nur noch eine Aneinanderreihung iterativer Handbewegungen. Deshalb ist sie Gottschall zufolge weder erzählenswert noch eigentlich erzählbar.

2.2.3. Begriffe zur Erfassung der Vermittlungsstruktur

2.2.3.1 Erzähler

Die zweite Begriffsreihe, an der sich die Theoriegeschichte der Narratologie orientieren kann, bezieht sich auf die Vermittlungsstruktur narrativer Texte. An erster Stelle interessiert hier die Frage, welcher Person oder Instanz diese Vermittlungsleistung zugeschrieben und in welches Verhältnis er oder sie zur erzählten Welt gesetzt wird. Unter Bezugnahme auf den ‚Erzähler'-Artikel aus dem RLW ist bereits herausgearbeitet worden, dass die konzeptuelle Trennung zwischen einem textinternen Aussagesubjekt und dem empirischen Autor weder zur

Grundlage noch zum Telos einer Geschichte dieser narratologischen Fundamentalkategorie gemacht werden sollte (vgl. Kap. 2.1.2.1). Differenziert werden kann jedoch zwischen zwei Funktionsrollen, dem Erfinder und dem Vermittler der Erzählung, die im Laufe der Theoriegeschichte auf unterschiedliche Weise zueinander ins Verhältnis gesetzt und entweder einer einzigen oder verschiedenen Instanzen zugeordnet werden.[78]

Für die Erzähltheorie der Spätaufklärung sind beide Aspekte gleichermaßen von Bedeutung: Sie betont die Aufgabe des Erzählers, dem Leser das kausale Ineinandergreifen der Geschehnisse zu veranschaulichen, und gleichzeitig seine auktoriale Verfügungsgewalt als Garantie für die Ordnung und Übersichtlichkeit der Erzählwelt. Die Qualität einer Erzählung bemisst sich in diesem Kontext nicht an der stofflichen Originalität, sondern allein an der Kohärenz und der Motiviertheit des erzählten Geschehens. Vor diesem Hintergrund ist die Zuverlässigkeit des Erzählers eine zentrale Anforderung; er muss dem Rezipienten alle Informationen zuspielen, die für den Nachvollzug der kausalen Zusammenhänge nötig sind. Als autonomer Erfinder der Ereignisse wiederum soll er, ein Schöpfer im Kleinen, die „bis ins Unendliche fortgehende Reihe verbundener Ursachen und Wirkungen" (VR 313) überschauen und nach Maßgabe seiner Intentionen unterbrechen. Absolute Zuverlässigkeit und souveräne Verfügungsgewalt über den Stoff kann aber letztlich nur dem Autor zugesprochen werden. Deshalb wird auch in der Regel der Dichter-Begriff genutzt, um diese Instanz zu bezeichnen. Der „Dichter", bemerkt Blanckenburg im *Versuch über den Roman* (1774), ist der „Schöpfer" seiner Figuren und daher als Einziger in der Lage, Aussagen über ihr Inneres zu treffen und auf diese Weise die Motive für ihr Handeln anschaulich darzulegen (VR 264). Erfüllt er diesen Anspruch nicht, wird er zum „bloßen *Erzehler*" (VR 265). Er erfüllt dann lediglich die Rolle eines Chronisten, der sich auf die Aneinanderreihung von Ereignissen beschränkt und das Geschehen nicht kausal auseinander entwickelt.

Sobald die Kriterien der Kohärenz und Motiviertheit literaturtheoretisch an Bedeutung verlieren, verändert sich auch das Konzept und die Funktionsbestimmung des Erzählers. Die Epiktheorie um 1800 führt den Begriff des ‚Rhapsoden' ein, der nicht nur auf die gewandelten Gattungspräferenzen (Epos statt Roman) hindeutet, sondern wichtige konzeptuelle Entscheidungen reflektiert. Der Rhapsode ist in erster Linie der Sänger des epischen Werkes, aber nicht im herkömmlichen Sinn dessen Schöpfer. Er verantwortet nur die ästhetische Organisation des Vortrages und nicht den Inhalt. Der Begriff impliziert damit in der Tat eine Trennung zwischen Erzähler und Autor, wobei jedoch der Erzähler nicht

---

78 Zu den folgenden Ausführen vgl. auch Grüne (2014, 57–62).

als ein fiktives und personalisiertes Aussagesubjekt verstanden wird. Denn abgesehen von seiner narrativen Tätigkeit ist er als Person nicht weiter interessant. In seinem im Dezember 1797 an Schiller übersandten Aufsatz „Über epische und dramatische Dichtung" (1827) prägt Goethe dafür das berühmte Bild, man müsse sich den Rhapsoden „hinter einem Vorhange" vorstellen, so dass man „von aller Persönlichkeit abstrahierte und nur die Stimme der Musen im Allgemeinen zu hören glaubte" (FA 18, 447).[79] Entscheidend ist demzufolge nicht das Zurücktreten des Erzählers, sondern die Vermeidung individualisierender Züge, die Reduktion auf die reine Erzählfunktion.

Nach dieser Vorstellung ist der Erzähler weder eine fiktive Person noch der Repräsentant eines individuellen, empirischen Autors, er erfüllt aber eine wichtige Funktionsrolle im Kommunikationszusammenhang der Erzählung. Die Adressiertheit, das heißt die Ausrichtung der Erzählung auf ein (zuhörendes oder lesendes) Publikum, wird im klassisch-romantischen Erzählmodell unterstrichen. Darin unterscheidet sich die Epiktheorie um 1800 von der idealistischen Ästhetik des neunzehnten Jahrhunderts, für die genau jener Aspekt, die kommunikative Struktur der Erzählung, problematisch wird. Im Hintergrund steht die Vorstellung, dass die epische Literatur einen sowohl vom Sprecher als auch vom Rezipienten unabhängigen Gegenstand zur Darstellung bringt. Der Vermittlungsvorgang droht die Selbstständigkeit des Inhalts aufzuheben. Hegel (2005, 233) tendiert deshalb dazu, diesen Vorgang zu marginalisieren, er bezeichnet die Rhapsoden, wie erwähnt, als „tote Instrumente" und behauptet, das Epos singe sich für sich selbst fort, losgelöst von einer persönlichen Sprechinstanz und ohne Rücksicht auf ein bestimmtes Publikum. Die nachhegelianische Ästhetik lässt sich dagegen darauf ein, die Spannung zwischen der Objektivität des Inhalts und der Subjektgebundenheit des Darstellungsvorgangs explizit zu thematisieren. Vischer (1857, 1265) reagiert auf dieses Problem mit der konzeptuellen Trennung zwischen dem Autor als Erzähler, der „in seiner Thätigkeit sichtbar" bleibt, und dem Autor als Erfinder, der hinter seinen Inhalt zurücktritt und seine Urheberschaft zumindest verschleiern kann. Die theoretische Auseinandersetzung mit diesem Thema bestimmt noch die Romantheorie Spielhagens, der stärker als Vischer die Erfahrungsgebundenheit des modernen Romanschriftstellers betont. In diesem Kontext gewinnt der empirische Autor als literaturtheoretischer Faktor deutlich an Bedeutung. Spielhagen erörtert in seinen Schriften Möglichkeiten und Wege, die unvermeidlichen Spuren von Erfahrungshaftigkeit im erzählerischen Kunstwerk zu verwischen. Seine Objektivitätsforderung bezieht sich also wie bei Vischer

---

79 Das erzähltheoretische Konzept der Stimme bildet sich also nicht erst im zwanzigsten Jahrhundert im Kontext des russischen Formalismus heraus. Vgl. dagegen Aumüller (2006, 32).

nicht auf den Erzähler als vermittelnde Instanz, sondern auf den Erzähler als Urheber und Schöpfer der erzählten Welt.

Daneben etabliert sich im neunzehnten Jahrhundert allerdings noch ein weiteres Erzählerkonzept, das für das realistische Erzählmodell spezifisch ist und von Theoretikern wie Ludwig oder Auerbach vertreten wird. Sie beschreiben den Erzähler als eine Art Erlebnismedium, über das der Prozess der Verarbeitung von Erfahrungsmomenten – dessen Spuren Spielhagen aus dem Kunstwerk auslöschen möchte – gerade in den Vordergrund der Darstellung gebracht werden kann. In dieser Tradition steht noch Friedemann (1969 [1910], 26), wenn sie Anfang des zwanzigsten Jahrhunderts den Erzähler den Bewertenden, Fühlenden und Schauenden nennt, durch den hindurch der Leser die erzählte Welt wahrnimmt. Im Gegensatz zu den Theoretikern der Jahrhundertmitte tendiert sie allerdings dazu – wenngleich nicht immer mit letzter Konsequenz – dieses Erlebnismedium als eine fiktive Figur und nicht als *alter ego* des Schriftstellers zu deuten.

Die Betonung der Erlebnisbindung des Erzählers zur erzählten Welt bereitet wiederum der theoretischen Auseinandersetzung mit der homodiegetischen Erzählung (Ich-Erzählung) den Boden. Sieht man von der Debatte um die besondere Erzählsituation des Briefromans in der Spätaufklärung ab[80], spielt die typologische Differenzierung verschiedener Erzählertypen in der älteren Poetik kaum eine Rolle.[81] Der Niedergang dieser Gattung und der Erfolg des Ich-Romans insbesondere in der englischsprachigen Literatur tragen ebenfalls dazu bei, dass Mitte des neunzehnten Jahrhunderts die Theorie für das Gestaltungmittel eines figürlichen und unmittelbar involvierten Erzählers zunehmend Interesse entwickelt.[82] Einschlägige Untersuchungen zu diesem Thema stammen von Auerbach und

---

80 Ein wichtiges Zeugnis der erzähltheoretischen Auseinandersetzung mit dem Briefroman ist Blanckenburgs 1775 publizierte Rezension von Goethes Roman *Die Leiden des jungen Werthers* (1774).

81 In seiner aufschlussreichen Studie zu narratologischen Problemen in den spätantiken Scholien verweist Nünlist (2009, 73–79) auf die Vertrautheit der Scholiasten mit der konzeptuellen Unterscheidung zwischen dem Erzählen in der ersten und in der dritten Person. Solbach (1994, 120–121) erkennt Anfänge einer Theorie der Erzählertypen im Allgemeinen und einer Theorie der Ich-Erzählung im Besonderen bereits in der antiken Rhetorik.

82 Ein frühes Zeugnis für die Differenzierung von Erzähltypen stammt von der englischen Schriftstellerin und Literaturkritikerin Anna Laetitia Barbauld (1968 [1959]). Im Vorwort ihrer 1804 erschienenen Ausgabe der Briefe Samuel Richardsons entwirft sie eine dreigliedrige Typologie: Zu unterscheiden sind demnach erstens eine Erzählweise, bei der der Autor selbst die ganze Geschichte berichtet, zweitens eine Erzählweise, die dem Muster der Memoiren folgt und in der der Protagonist selbst seine Geschichte erzählt (= Ich-Erzählung), sowie drittens die Erzählweise des Briefromans (Barbauld 1968 [1959], 258–259).

Spielhagen, aber auch Ludwig leistet mit seiner Theorie der Erzählformen einen wichtigen Beitrag zur theoretischen Erfassung des homodiegetischen Erzählens.[83]

2.2.3.2 Erzählmodus (Distanz)

Stärker als bei anderen narratologischen Kategorien wird hinsichtlich der Unterscheidung zwischen (zwei) verschiedenen Modi des Erzählens – in der Regel einem berichtend-mittelbaren und einem szenisch-unmittelbaren[84] – regelmäßig auf die begriffsgeschichtliche Tradition Bezug genommen: Die Verweise beziehen sich meist auf Platons Trennung zwischen einer diegetischen und einer mimetischen Redeform, auf Henry James' poetologische Beiträge und die darin vorbereitete begriffliche Differenzierung von *telling* und *showing* oder auch, zumindest in der deutschsprachigen Forschung, auf Otto Ludwigs Bemerkungen zum Unterschied zwischen eigentlicher und szenischer Erzählung (vgl. Stanzel 1993 [1964], 11; Genette 1998 [1994], 115–117; Martínez und Scheffel 2007 [1999], 48; Rabinowitz 2005; Lahn und Meister 2008, 118). Freilich ließen sich daneben zahlreiche weitere Texte anführen, die in vergleichbarer Weise eine Abgrenzung verschiedener Erzählweisen diskutieren. Ein besonderes Gewicht hat das Thema in der Poetik der Spätaufklärung und in der idealistischen Ästhetik des neunzehnten Jahrhunderts, wenngleich aus unterschiedlichen Gründen.

Für die pragmatische Erzähltheorie steht die Frage im Mittelpunkt, ob der Erzählbericht mit der szenisch-vergegenwärtigenden Darstellung des Dramas überhaupt konkurrieren und auf welche Weise er sich dieser annähern kann. Als Grundform des Erzählens gilt Theoretikern wie Blanckenburg oder Engel der einfache Bericht, mithin das chronikhafte Aufzählen und Nennen von Begebenheiten. Der künstlerisch ambitionierte Erzähler muss ihrer Ansicht nach diese chronikale Form hinter sich lassen und die Erzählung dramatisieren, das heißt durch eine detaillierte, evidentielle Darstellung das Geschehen in Handlung und Szene verwandeln. Bemerkenswert ist, dass trotz der Präferenz für die drama-

---

83 Aufgrund der Bekanntheit und der weiten Verbreitung von Genettes Begriffspaar ‚homodiegetisch' vs. ‚heterodiegetisch', das auch unabhängig von anderen, umstritteneren Konzepten der Genette'schen Narratologie Verwendung findet, soll es im Folgenden zur Differenzierung zwischen einem Erzählen, bei dem der Erzähler zur Figurenwelt gehört, und einem Erzählen, bei dem dies nicht der Fall ist, herangezogen werden und synonym zu älteren Begriffen wie ‚Ich-Erzählung'/‚Erzählen in der ersten Person' bzw. ‚Er-Erzählung'/ ‚Erzählen in der dritten Person' gebraucht werden.

84 Ryan (2005, 315–316) argumentiert, dass eine transmedial erweiterte Narratologie auch ein größeres Spektrum an modalen Differenzierungen berücksichtigen müsste. Ihre Vorschläge beziehen sich unter anderem auf Aspekte wie Textgebundenheit, den Grad der Determiniertheit des erzählten Vorgangs oder die erwartete Rezeptionshaltung.

tisch-vergegenwärtigende Darstellungsweise das Erzählen nicht prinzipiell als ästhetisch defizitär abgetan, sondern im Gegenteil die Vorstellung artikuliert wird, die narrative Darstellung könne einen ähnlichen Grad an Intensität und Vergegenwärtigung erreichen und sei dem Drama in bestimmter Hinsicht sogar überlegen. Denn um dem Leser die Wechselwirkung zwischen innerer und äußerer Entwicklung, Seelenzustand und Situation verständlich zu machen, wie es gerade Blanckenburg vom Autor verlangt, bietet die Präsenz eines Erzählers, der die Außensicht mit der Innensicht verbinden und das Geschaute ergänzend kommentieren kann, durchaus Vorteile.

Die idealistisch orientierte Erzähltheorie des neunzehnten Jahrhunderts teilt mit der Poetik der Spätaufklärung die Forderung, die Erzählung in Handlung zu verwandeln. Allerdings geht es nun nicht mehr wie im pragmatischen Erzählmodell um die Gegenwärtigkeit des Dargestellten, sondern um dessen Objektivität, das heißt die Unabhängigkeit der erzählten Dinge und Ereignisse vom Erzählakt. Aus diesem Grund wird diskutiert, wie die ‚Sichtbarkeit' der kommunikativen Rahmung möglichst zurückgedrängt werden kann, ohne dass der Rezipient auf notwendige Informationen zum Verständnis der Handlung verzichten muss. Insbesondere die Darstellung innerseelischer Vorgänge wird dabei zu einem Problem und dementsprechend zum Gegenstand der theoretischen Auseinandersetzung.

Weder für die klassisch-romantische noch für die realistische Erzähltheorie ist die Differenz zwischen mittelbaren und unmittelbaren Erzählweisen in diesem Maße relevant. Im klassisch-romantischen Erzählmodell ist sie es deshalb nicht, weil hier ohnehin eine berichtend-distanzierte Darstellungsform präferiert und eine davon abweichende Erzählweise gar nicht oder nur peripher diskutiert wird; im realistischen Erzählmodell nicht, weil hier die Forderung nach absoluter Objektivität und Selbstständigkeit des Erzählinhalts im Vergleich zum idealistischen Modell deutlich relativiert wird. Ludwigs bekannte Unterscheidung zwischen eigentlicher und szenischer Erzählform ist hier keine Ausnahme, denn die bezieht sich nicht allein auf die Kategorie des Modus, sondern führt – vergleichbar mit dem Begriff der Erzählsituation bei Stanzel (2001 [1979], 70 – 89) – verschiedene Gestaltungsaspekte wie Erzählertyp, Perspektive und eben Erzählmodus zusammen (RS 654 – 657). Der eigentlichen Erzählung ordnet Ludwig das homodiegetische Erzählen und damit auch eine Innensicht (interne Fokalisierung) zu, der szenischen Erzählung hingegen das heterodiegetische Erzählen, verbunden mit einer Außensicht (externe Fokalisierung); eine dritte, gemischte Form des Erzählens variiert zwischen berichtender und szenischer Darstellung ebenso wie zwischen Innen- und Außensicht (Nullfokalisierung).[85] Ludwig interessiert also nicht vorrangig die Frage, wie eine Erzählung zu dramatisieren beziehungsweise die Darstellung zu objektivieren ist. Ihn interessiert die innere Architektur der Erzählweisen, das Zusammenwirken verschiedener Parameter narrativer Gestaltung.

2.2.3.3 Rede- und Gedankenwiedergabe

Für sich genommen spielt die Unterscheidung szenischer und berichtender Darstellungsweisen in der heutigen Narratologie nur noch eine Nebenrolle. Im Zusammenhang mit der Theorie der narrativen Rede- und Gedankenwiedergabe aber ist sie weiterhin präsent und Gegenstand intensiver Beschäftigung. Diese Verbindung liegt bereits bei Platon vor, denn seine Dichotomie einer mimetischen und einer diegetischen Präsentationsform bezieht sich, wie gesehen, auf den Unterschied zwischen Erzähler- beziehungsweise Autorrede (der Autor spricht selbst) und Figurenrede (der Autor verkörpert einen anderen und spricht in dessen Namen). Die erste Form erkennt Platon als legitimes Darstellungsmittel an, die Figurenrede hingegen ist prinzipiell problematisch und wird vom Philosophen eigentlich nur dort zugelassen, wo die moralische Qualität des Gegenstands es erlaubt, das heißt der Erzählende einen tüchtigen Mann (ἀνὴρ ἀγαθός [aner agathos]) verkörpert (Platon 2000, 221–223 [396c–e]).

Für die neuzeitliche Erzähltheorie gilt dieses Verdikt der Nachahmung nicht mehr, wenngleich der anzustrebende Grad an mimetischer Genauigkeit umstritten bleibt. Eine – im Verhältnis zu Platon gesehen – radikale Umwertung erfährt die Figurenrede in der Poetik der Spätaufklärung. Das hat auch damit zu tun, dass der mimetische Modus nicht mehr nur die Aufgabe hat, Anschaulichkeit zu erzeugen, sondern als ein unentbehrliches Werkzeug für die Charakterdarstellung angesehen wird. In seinem *Entwurf einer Theorie und Literatur der schönen Redekünste* von 1783 ordnet Johann Joachim Eschenburg der berichtenden und der dramatisch-dialogischen Darstellungsform unterschiedliche Funktionen zu: Seiner Meinung nach bietet sich die „bloß *historisch[e]* oder erzählend[e]" Form dort an, „wo es auf Fortführung und Darlegung der Handlung selbst am meisten ankömmt", die „*dramatisch[e]* und *dialogisch[e]*" Form hingegen an Stellen, wo die „Schilderung und Entwickelung der Charaktere" im Vordergrund steht (Eschenburg 1805 [1783], 229). Die Aufgabe der Charakterschilderung wird mit anderen

---

85 Zum Terminus der Fokalisierung und den verschiedenen Typen der Fokalisierung vgl. Genette 1998 [1994], 134–138. Die Anwendbarkeit von Genettes Unterscheidungen auf Ludwigs Theorie wird in Kap. 4.1.5.2 diskutiert.

Worten dem Erzählerbericht entzogen und stattdessen dem Dialog zugewiesen. Dahinter steht die für die Literaturtheorie der Spätaufklärung prägende Vorstellung, dass mentale Prozesse in ihrer Spontaneität deskriptiv kaum erfasst und im Grunde nur im gesprochenen Wort, in der Wechselrede ‚abgebildet' werden können. Im Erzählerbericht, heißt es bei Engel, bleiben immer „Schattirungen" und „Geheimnisse der Verbindung" zurück, die „schlechterdings von keinem Beschreiber" zu erfassen sind, während sich in der direkten Rede die „Seele" in ihrer ganzen „Gestalt bis auf die feinsten und delikatesten Züge darstellt" (1964 [1774], 57–58). Das erklärt wiederum, warum die Theorie dieser Zeit der narrativen Gedankenwiedergabe relativ wenig Beachtung schenkt. Die Darstellung von inneren Zuständen und Vorgängen ist gewissermaßen in die direkte Rede der Figuren ausgelagert.

Was das Ausdruckspotenzial der direkten Rede betrifft, schließt die realistische Erzähltheorie durchaus an die Aufklärungspoetik an. In Ludwigs *Romanstudien* zeugen zahlreiche Überlegungen zur Gestaltung der Figurenrede von der Bedeutung, die ihr zugemessen wird. Wobei sich die theoretische Aufmerksamkeit nun verstärkt der Abbildung sprachbegleitender kognitiver Prozesse zuwendet. Die Rede ist von den „dunkeln Vorstellungen, die Denken und Sprechen begleiten und wechselwirkend leiten", vom „Einfluß der Nebenvorstellungen auf die Logik des Denkens und den Charakter des Stils" (RS 545). Auch die „Art der Bilder der Phantasie, mit welchen sie Gedanken und Worte illustriert, ihre Bemühungen, adäquat zu sein, und die Wechselwirkung zwischen diesen Bemühungen der Phantasie und dem Gange und der Folge der Gedanken" beschäftigen den Theoretiker (RS 545). Ihm geht es also um das Ineinandergreifen verschiedener Bewusstseinsebenen und um die impliziten Informationen, die über das Sprechverhalten der Figuren vermittelt werden können.

Wenig überraschend zeigt die klassisch-romantische Theorie für die mimetische Funktion der Figurenrede ein geringes Interesse. Für sie gilt, dass die direkte Rede zwar nicht umgangen, aber doch „episirt", das heißt dem Erzählerbericht in Ton und Duktus angeglichen werden muss (Schlegel, A. 1989, 46). Darin unterscheidet sie sich wiederum diametral von den Positionen der idealistischen Erzähltheorie, die nämlich gerade die Unmittelbarkeit und Selbstständigkeit des Dialoges hervorhebt. Wie bereits angedeutet, wird in diesem Kontext die Darstellung von inneren Vorgängen zu einem intensiv diskutierten Problem, denn im Gegensatz zur wörtlichen Rede ist bei der Vermittlung von Gedankenrede die Transposition durch eine Erzählerinstanz kaum zu verbergen. Theoriegeschichtlich ist diese Problematik überaus fruchtbar, wie sich am Beispiel von Heinrich Keiters populärwissenschaftlichem *Versuch einer Theorie des Romans* (1876) zeigen lässt. Darin werden verschiedene Möglichkeiten der indirekten, also möglichst unmittelbaren Darstellung von „Seelenbewegungen" (Keiter 1876, 155) aufgeführt und diskutiert. Eine dieser Formen, die Keiter als „eine Art indirekte[n] Monolog" (1876, 160) bezeichnet, entspricht dem modernen Konzept der erlebten Rede beziehungsweise der autonomen indirekten Gedankenrede (Lahn und Meister 2008, 127). Keiter ist damit der erste, der dieses späterhin so ausgiebig besprochene Phänomen analysiert und systematisch zu bestimmen versucht.

2.2.3.4 Ordnung und Perspektive

Der Begriff der narrativen Ordnung und die Frage nach dem Verhältnis von natürlicher Zeitfolge (*ordo naturalis*) und abweichender künstlicher Anordnung (*ordo artificialis*) ist seit der Antike in den Diskursen der Poetik und Rhetorik immer wieder thematisiert worden (Ernst 2000; Nünlist 2009, 65–69).[86] In der modernen Narratologie ist es Genette, der die theoretische Diskussion dieses Gegenstandes durch seine fast pedantisch präzisen Analysen von Prousts *Auf der Suche nach der verlorenen Zeit* (1913–1927) maßgeblich beeinflusst hat (1998 [1994], 21–59). Im Anschluss an ihn ist man gewohnt, den Aspekt der Ordnung mit der Analyse der Zeitverhältnisse im Erzählwerk zusammenzufassen. In der Tat konstituiert sich die künstliche Ordnung durch ein Abweichen von der (unterstellten) Chronologie der Ereignisse, das in der Regel auf dem Einsatz von Vorausdeutungen (Prolepsen) oder Rückwenden (Analepsen) beruht. Doch Prolepsen und Analepsen sind immer zugleich „Spiele mit der Informationsvergabe an den Leser" (Bode 2005, 112) und insofern auch Teil der Perspektivstruktur[87] der Erzählung. Diese Differenzierung tritt mit dem Blick auf die Begriffsgeschichte noch deutlicher hervor.

Im Rahmen des klassisch-romantischen Erzählmodells zeigt die Theorie ein besonderes Interesse für die Zeitverhältnisse der Erzählung und die narrative Umformung der ‚natürlichen' Chronologie. Den Theoretikern geht es explizit um den Kontrast zweier Ordnungen, der empirischen und der ästhetischen, die nicht parallel laufen. Betont wird deshalb, dass der Fortschritt der Erzählung nicht dem Fortschreiten der Zeit im gewöhnlichen Leben entsprechen muss (vgl. Schlegel, A. 1984 [1964], 121). Erzähler wie Leser stehen demzufolge außerhalb der Zeitverhältnisse, in denen sich die Geschichte vollzieht. Sie bewegen sich, wie Schiller einmal gegenüber Goethe betont, gleichsam „um die Begebenheit" und können mit ihr „einen ungleichen Schritt halten" (MA 8.1, 473). Der Gebrauch von Anachronien, von ‚zurückgreifenden' und ‚vorgreifenden Motiven' (vgl. FA 18, 446),

---

86 Gemäß der klassischen Rhetorik kommt die Entscheidung zwischen der natürlichen und der künstlichen Ordnung im Stadium der *dispositio*, das heißt bei der Auswahl und Strukturierung des bearbeiteten Stoffes, zum Tragen (vgl. Lausberg 1960, 245–247).
87 Den Begriff übernehme ich von Nünning und Nünning (2000).

dient also als Erweis für die Freiheit des Künstlers und des Rezipienten gegenüber dem Stoff.

Im Gegensatz dazu steht in anderen Kontexten, wenn über die Ordnung der Erzählung gesprochen wird, oft nicht die Zeitlichkeit beziehungsweise das Gegeneinander verschiedener Zeitfolgen im Vordergrund, sondern die Regulierung der Informationsvergabe. In diesem Sinn erwägt Lessing in den Paralipomena zum *Laokoon* (1766), für Umstellungen in der Erzählordnung den Begriff der narrativen Perspektive zu verwenden.[88] Zwar lässt er diesen Gedanken später wieder fallen, vermutlich aufgrund eines kritischen Einwandes Mendelssohns, doch wenn man unter Erzählperspektive ganz allgemein die Selektion von Informationen nach bestimmten Kriterien versteht, ist seine Einschätzung durchaus plausibel. Zumindest entspricht er damit der literaturtheoretischen Praxis seiner Zeit, die in Analepsen und Prolepsen primär ein Mittel erkennt, dem Rezipienten zusätzliches Wissen zuzuspielen, entweder um die „Einsicht des Zusammenhangs der Begebenheiten" zu fördern oder um eine „Reflexion" des Autors zu bestätigen (Engel 1964 [1774], 77–78). Überhaupt ist der Einsatz von Anachronien für die Theoretiker der Spätaufklärung eigentlich nur durch den Zugewinn an Informiertheit beim Leser zu legitimieren.

Dass die Umstellung der Ordnung allerdings auch den gegenteiligen Effekt erzielen kann, nämlich Wissen zu verbergen und den Leser über die Abfolge der Ereignisse und ihre Begründung im Dunkeln zu lassen, rückt erst die Poetik des neunzehnten Jahrhunderts stärker in den Fokus. Sie erkennt in der künstlichen Ordnung der Erzählung ein wesentliches Mittel zur Spannungs- und Sympathielenkung. Nach Gottschall (1858, 339) unterscheidet sich die Spannungserzeugung in der erzählenden Literatur von der im Drama, insofern diese auf die Zukunft, jene aber auf die Vergangenheit zielt; der Epiker habe mehr Möglichkeiten (und sollte sie nutzen), den Rezipienten über bestimmte Sachverhalte der Vergangenheit im Dunkeln zu lassen und sie dann sukzessive ans Licht zu bringen. Ludwig wiederum diskutiert stärker das Zusammenwirken beider Prinzipien, für die er die Begriffe ‚synthetische' und ‚analytische' Erzählweise findet (RS 568).[89] Durch das Vorenthalten beziehungsweise die sukzessive Preisgabe von Informationen kann es nach seiner Analyse dem Autor gelingen, die Neugier des Rezipienten zu

---

[88] „Was ist also die *Perspectiv des Dichters?* Sie besteht darin, daß er die Zeitfolge, in welcher seine Nachahmung fortschreitet dann und wann unterbricht, und in andere Zeitfolgen übergeht, in welchen sich die Gegenstände, die er schildern will, ehedem befunden, bis er den Faden seiner eigenen Zeitfolge wieder ergreift." (Lessing 1990, 230).

[89] Ludwigs Bedeutung für die theoretische Erfassung der analytischen Erzählung betont bereits Weber (1975, 9).

schärfen und ihn auf diese Weise intellektuell wie emotional noch enger an die erzählten Vorgänge zu binden (RS 593).[90]

Die Begriffe der Ordnung und der Perspektive greifen also ineinander. Überhaupt fällt es schwer, von Perspektive als einem klar umrissenen Themenbereich zu sprechen; zu vielfältig sind die Ansätze und die Analyseinteressen. Zu nennen wäre zunächst die Diskussion um den Standpunkt des Erzählers, seine Sichtweise und Wertungshaltung: Die Vorstellungen der Theoretiker reichen hier von der Forderung größtmöglicher Distanz, Übersicht und Indifferenz im klassisch-romantischen Erzählmodell bis zur Bevorzugung eines (zumindest emotional) involvierten und teilnehmenden Erzählers, der „mit seinem persönlichsten Meinen [nicht] hinter dem Berge zu halten" braucht (Fontane 1969, 384), in der realistischen Erzähltheorie. Eine andere Debatte dreht sich um die Autorität des Erzählers und die Beglaubigung seines Wissens. Diese Frage taucht vor allem dort auf, wo zwischen verschiedenen Erzählertypen (homodiegetisch vs. heterodiegetisch) differenziert und ihre unterschiedliche erkenntnislogische Anlage herausgearbeitet wird.[91] Der Begriff der Perspektive lässt sich aber nicht nur auf die Erzählinstanz beziehen, sondern auch auf die Ebene der Figuren. Wie bereits dargestellt, bildet sich im Zuge der Auseinandersetzung mit Goethes Roman *Wilhelm Meisters Lehrjahre* (1795 – 1796) sowie im Kontext der Scott-Rezeption das Konzept eines Helden heraus, der weniger um seiner selbst willen als in seiner Funktion als Perspektivträger und Erfahrungsmaßstab interessiert. Mit der Analyse eines solchen Heldentyps verknüpft ist die Frage nach dem Verhältnis zwischen Figuren- und Rezipientenperspektive, die Theoretiker wie Ludwig oder Auerbach in besonderer Weise beschäftigt. Spielhagen wiederum erfasst stärker den Zusammenhang zwischen Figuren- und Autorperspektive; für ihn ist der Held das „Auge" oder der „Gesichtswinkel, unter welchen uns der Autor das Stück Menschentreiben, das er aus dem Ganzen ausschneidet, gerückt hat, unter dem er wünscht, daß wir es betrachten möchten" (BT 72).

Die Auffächerung des Perspektiv-Begriffs in unterschiedliche Themenbereiche verdeutlicht die Schwierigkeit, aus den hier unter der Bezeichnung ‚Grundbegriffe der Erzähltheorie' vorgestellten Diskussionsfeldern tatsächlich klar umrissene begriffliche Einheiten zu abstrahieren. Im Folgenden möchte ich deshalb, wie angekündigt, auf die Darstellung einzelner Begriffsstränge verzichten und

---

90 Zur konzeptuellen Verwandtschaft der Dichotomien ‚natürliche' vs. ‚künstliche Ordnung' und ‚synthetische' vs. ‚analytische Erzählung' vgl. Ernst (2000, 179).

91 Ludwigs Beiträge zu dieser Thematik wurden bereits erwähnt, ebenso die Untersuchungen von Auerbach und Spielhagen. Unter den Vorzeichen des idealistischen Erzählmodells nähert sich Keiter (1876, 215 – 216) dieser Thematik. Allerdings kann er im homodiegetischen Erzählen keine ästhetisch gleichrangige Alternative zur heterodiegetischen Erzählung erkennen.

stattdessen die Aufmerksamkeit auf die Bewegung des gesamten Begriffsfelds richten, mithin auf die Interdependenzen und Überschneidungen zwischen den einzelnen Analyseanliegen. Zunächst werde ich drei voneinander abgrenzbare Perioden der theoretischen Diskussion – das pragmatische, das klassisch-romantische sowie das idealistische Erzählmodell – in ihrer chronologischen Ordnung vorstellen. Die anschließende Analyse von Ludwigs Erzähltheorie und die Darstellung des realistischen Erzählmodells fußen auf den Ergebnissen dieses historischen Überblicks.

3 Vom pragmatischen bis zum idealistischen Erzählmodell

3.1 Das pragmatische Erzählmodell

3.1.1 Kausalität und Erzählung

In der modernen Erzähltheorie ist immer wieder die Frage erörtert worden, welcher Grad an kausaler Verknüpfung nötig ist, um eine Abfolge von Ereignissen zu einer Erzählung zu machen (Chatman 1978, 45–48; Genette 1998 [1994], 202–203; Rimmon-Kenan 2002 [1983], 17–20; Prince 1973, 16–37). Ein Zuwenig an Kausalität, so ist man sich einig, kann es fast nicht geben, angesichts der Tatsache, dass „wohl auch bloße Auflistungen, Chroniken von Ereignissen von begabten Lesern als Erzählungen gelesen werden" können (Bode 2005, 14). Die meisten und wohl auch die entscheidenden Verknüpfungen finden demnach im Kopf des Rezipienten statt und stehen nicht im Text. Über dieser Diskussion wurde allerdings die Kehrseite des Verhältnisses von Kausalität und Narration vernachlässigt: die Frage nach einem Zuviel an kausaler Erläuterung. Genau diese Problematik steht, wie Daniel Fulda (1996) herausgearbeitet hat, im Zentrum der pragmatischen Erzähltheorie. In seiner Studie zur Poetizität der Geschichtsschreibung im achtzehnten und neunzehnten Jahrhundert entfaltet er die These, dass die eigentliche Qualität narrativer Sinnstiftung gerade im Verzicht auf lückenlose kausale Motivierung liegt. Die Historiografie und Poetik der Aufklärung, so Fulda, ersticken dagegen durch das Bemühen um größtmögliche Erklärungsdichte die erzählerische Repräsentation von Geschichte(n). Der Pragmatismus laufe auf eine strukturelle Anarrativität hinaus (Fulda 1996, 83). Denn Erzählen beruhe immer auf Selektion, und so drohe dort, wo jeder noch so kleine Umstand als relevant erachtet und in die Darstellung aufgenommen werde, der narrative „Kollaps" (Fulda 1996, 108). Folgt man dieser These, so müsste man die Rede von einem pragmatischen Erzählmodell als eine *contradictio in adjecto* verwerfen, da die pragmatische Ausrichtung die Erzählung explizit oder implizit infrage stellt. Es ist zu prüfen, ob die Spannung zwischen Kausalitätsanspruch und narrativer Form tatsächlich auf diese Aporie hinausläuft oder ob sie als produktives Antriebsmoment der narratologischen Reflexion verstanden werden kann.

3.1.1.1 „Wirklich werdende" Geschichten

Wenn Friedrich von Blanckenburg vom erzählenden Autor fordert, das „Wirklichwerden" (VR, 265) der Ereignisse darzustellen, meint er damit zunächst nichts

https://doi.org/10.1515/9783110541502-003

anderes als ihre schlüssige kausale Motivierung. „Jede wirklich werdende Begebenheit", schreibt er in seinem *Versuch über den Roman* (1774), „hat ein doppeltes
Verhältniß; einmal ist sie *Wirkung* vorhergegangener, – und dann ist sie *Ursache*
folgender Begebenheiten" (VR, 261). Werde der Autor dem nicht gerecht, gleiche
sein Roman einer Auflistung von Ereignissen im Stile der chronikalen Geschichtsschreibung, was Blanckenburg mit einem Begriff der Zeit auch als ‚bloße
Erzählung' bezeichnet (VR, 494).[1] Für die überzeugende Begründung eines Geschehens sei allerdings das Zusammenspiel der äußerlich wirkenden Ursachen
und der inneren Verfassung der handelnden Personen zu berücksichtigen:

> Die bloßen *äußern* Umstände eines Menschen sind es nie, die ihn vermögen, eine Sache zu
> thun. [...] Wer sieht nicht, daß so zu sagen ein Medium ist, durch das die Person, oder die
> Begebenheit, hindurch gehen müsse, um irgend eine Wirkung auf eine andre zu machen.
> Dies Medium ist das Herz, die ganze Geists- und Gemüthsverfassung der Person, auf welche
> gewirkt wird. [...] Wenn es heißt, daß wir durch einen andern, oder durch diese oder jene
> Sache bewogen worden sind, dies oder jenes zu thun, [...] wer sieht nicht, daß dies eigentlich
> heißt, wir sind in die *Gemüthsfassung* gesetzt worden, dies oder jenes zu thun. (VR, 260–261)

Im pragmatischen Sinn wird ein Geschehen also nicht bereits dadurch motiviert,
dass man genügend Ursachen für eine Handlung anzugeben weiß. Erforderlich ist
vielmehr, jenen Wechselprozess von äußeren Einflüssen und innerem Zustand zu
veranschaulichen.[2] Die Herausforderung für den erzählenden Autor liegt dann
darin, narrativ abzubilden, wie Ereignisse und Handlungen aus dem Zusammenwirken von äußeren Bewegursachen, situativen Bedingungen und charakterlichen Gegebenheiten hervorgehen.[3]

---

1 Zur Bedeutung dieses Begriffs im Epochenkontext vgl. Fulda (1996, 87). ‚Erzählen' ist hier im
Sinne von ‚aufzählen' (lat. *enumerare*) zu verstehen.
2 Die Erzähltheorie kann dabei an das rhetorische Konzept der Anschaulichkeit bzw. Evidenz
anschließen. Hierin liegt zugleich ein Verbindungspunkt mit der pragmatischen Geschichtstheorie (vgl. Jäger 1969, 117–118; Scharloth 2002). Johann Christoph Gatterer sieht in der Vergegenwärtigung der geschichtlichen Begebenheiten eine Hauptaufgabe des Historikers: „Man muß
bey dem Leser die Idee des Vergangenen auf alle Weise zu verbannen suchen, oder welches ei-
nerley ist, man muß überall, wo man kann, aus dem Vergangenen etwas Gegenwärtiges machen,
damit der Leser Antheil an der Sache nehme, und dadurch unterhalten, oft auch gerührt werde"
(Gatterer 1990 [1967], 468).
3 Die Forschung hat das zukunftsweisende Moment in Blanckenburgs Theorie darin gesehen,
dass hier die „innre Geschichte" (VR, 392) des Protagonisten gegenüber der äußeren an Bedeutung gewinnt. Für Lämmert (1965, 557) ist der *Versuch* das „früheste und auch wohl wichtigste
Organon für die [...] Emanzipation der ‚inneren Handlung' im achtzehnten Jahrhundert", weil
darin die „seelische Bewegtheit des Helden" zum „Prinzip" erklärt wird, „das den Erzählvorgang
organisiert" (vgl. auch Frick 1988, 352–355). Zu beachten ist allerdings die Betonung des Inein-
andergreifens von äußerlichen und innerlichen Faktoren. Radikale Verinnerlichung ist es also

Blanckenburg hat also keine strikt mechanistische Vorstellung von narrativer Motivierung. Es geht ihm weniger um die Anwendung starrere Kausalgesetze als darum, Handlungen des Menschen aus ihren situativen Voraussetzungen zu verstehen. Seine Leitfrage lautet „*Wie* ist das möglich?" (VR, 260) und nicht ‚Aus welchem Grund geschieht etwas?'. Seiner Ansicht nach muss die Erzählung die spezifische innere und äußere Situation des Handelnden vergegenwärtigen, um die Veränderungen in seiner Gemütsverfassung und damit seine Handlungsentscheidungen nachvollziehbar zu machen. Nur so wird die Literatur ihre didaktische Funktion erfüllen, nämlich den Leser in das Denken in pragmatischen Kategorien einzuüben, das heißt, ihn dazu zu bringen, „über das Entstehen der Begebenheiten und Empfindungen, und ihre Verbindung unter einander, nachzudenken" (VR, 296; vgl. Hahl 1971, 15–16). Die reine Nennung und Aneinanderreihung von Ursachen würde dagegen für den Rezipienten von geringem Unterhaltungs- wie Informationswert bleiben. Deshalb liegt für Blanckenburg der Zweck eines Romans auch nie in der Geschichte selbst, sei sie auch noch so stichhaltig und gut begründet, sondern allein in der Behandlungsweise, im Modus ihrer Darstellung (VR, 9). Anstatt dem Rezipienten moralische Exempla vorzuführen, die dann auf „einzelne Fälle des wirklichen Lebens" anzuwenden wären, soll seine Urteilskraft dank der „*anschauenden* Verbindung des Innern und Aeußern" beschäftigt und geübt werden (VR, 301; vgl. Hahl 1971, 61). Im Idealfall sieht sich der Leser danach sogar veranlasst, sein „Urtheil über den Werth ähnlicher Scenen" im Alltag zu berichten; in jedem Fall aber lernt er, seine „Empfindungen richtig [zu] schätzen", und kann nach der Lektüre von sich sagen: „[I]ch habe mich als ein vernünftiger Mensch bey dieser Scene vergnügt" (VR, 362).[4]

Die Anschaulichkeit der Erzählung, ihre Kraft, den Leser in eine „ideale Gegenwart"[5] (Gatterer 1990 [1967], 466) zu versetzen, erhöht demnach nicht nur die Anteilnahme des Lesers, sondern beeinflusst auch die Wahrnehmung des Wirkungszusammenhangs. Statt auf eine in die Vergangenheit zurückreichende Kette

---

nicht, was Blanckenburg fordert, eher die wechselseitige Erhellung von äußerer und innerer Handlung.

4 Literatur steht für Blanckenburg in einem unmittelbaren lebenspraktischen Bezug. Er weist explizit auf die juristische Tragweite seines pädagogischen Anspruchs hin: „Eine Begebenheit richtig beurtheilen, heißt festsetzen, in wie fern ein Mensch strafbar oder nicht darinn gehandelt, – in wie fern es in seinen Kräften gestanden, so und nicht anders zu handeln" (VR, 292). Seine Poetik steht mithin in vielen Punkten in der Tradition der Gerichtsrede, was sie wiederum mit der pragmatischen Geschichtstheorie verbindet (vgl. Kessler 1982).

5 Den Begriff der idealen Gegenwart übernimmt Gatterer aus Henry Homes 1762 erschienenen und bereits 1763 ins Deutsche übersetzten Werk *Elements of Criticism*. Auch Blanckenburg (VR, 21, 493) greift den Begriff in seinem *Versuch* auf.

von Ursachen und Wirkungen richtet der Leser seine Aufmerksamkeit auf eine gegenwärtige Erfahrungssituation und auf das, was sich aus dieser entwickelt. Es stellt sich nun die Frage, ob dieses Ziel überhaupt mit narrativen Mitteln erreicht werden kann oder ob die geforderte Vergegenwärtigung der Interdependenzen zwischen innerer und äußerer Handlung nicht doch, wie Fulda annimmt, die Erzählung notwendig überfordert. Wie Johann Jakob Engel in seiner wichtigen Abhandlung „Über Handlung, Gespräch und Erzählung" (1774) aufzeigt, sind dabei zwei verschiedene kompositorische Prinzipien auseinanderzuhalten. Engel diskutiert sie, anknüpfend an Lessings *Laokoon* (1766), unter der begrifflichen Opposition von ‚Sukzession' und ‚Koexistenz'. Bekanntlich vertritt Lessing die These, dass Literatur hauptsächlich dem Prinzip der zeitlichen Folge (Sukzession) unterworfen ist, die bildende Kunst hingegen dem Prinzip der Anordnung im Raum (Koexistenz). Engel nimmt die Begriffe auf, löst sie aber aus der Diskussion um die medialen Unterschiede und semiotischen Voraussetzungen literarischer und bildkünstlerischer Darstellung, und bezieht sie auf den Gegensatz von Beschreibung und Erzählung, das heißt auf den Unterschied zwischen der literarischen Darstellung räumlich nebeneinanderliegender und zeitlich aufeinanderfolgender Sachverhalte (vgl. Voss 1964, 98*–102*; Trappen 2005, 132–136). Dabei betont er, dass „Coexistenz und Succession [...] keinen wesentlichen Unterschied aus[machen]", solange letztere als „bloße Succession", das heißt als einfache Aneinanderreihung von Ereignissen, verstanden wird (Engel 1964 [1774], 10). Dann nämlich hat auch die Darstellung des Sukzessiven „die ganze Natur der Beschreibung [...], da sie uns die Sachen bloß so vorstellt, wie sie *sind* und *geschehen*, nicht so, wie sie *werden*, wie sie sich aus vorhergehenden Zuständen entwickeln" (Engel 1964 [1774], 10). Sukzession in diesem Sinne entspricht begrifflich der ‚bloßen Erzählung', die ebenfalls nur Zustände nacheinander auflistet, aber nichts auseinander hervorgehen lässt. Im Gegensatz zu dieser Art von Erzählung, die Engel auch als „beschreibende" oder „unpragmatische" bezeichnet, wird in der „eigentlichen Erzehlung" die Sukzession mit dem Prinzip der Koexistenz verknüpft (Engel 1964 [1774], 10).

> Man sieht, daß hier gleichfalls Coexistenz und Succession ist; [...] Das Coexistente jedes augenblicklichen Zustandes wird uns hier nicht bloß einzeln gezeigt, wie es neben oder ineinander ist, sondern wie es zu einerley nachfolgenden Veränderung *conspirirt*; es ist die Coexistenz mehrerer *zusammenwirkender* Ursachen in der Natur, mehrerer *zusammentreffender* Ideen, mehrerer *vereinigter* Vorstellungen, Absichten und Neigungen in einem oder in verschiedenen freyen Wesen, die unter dem gemeinsamen Einflusse mehrerer äußerlicher Umstände, der Zeit, des Orts, u.s.f. wirken. (Engel 1964 [1774], 12–13)

Narrative und nicht-narrative, das heißt deskriptive Elemente greifen hier funktional ineinander. Die Vergegenwärtigung des Koexistierenden erklärt die Entstehung von Veränderung und Wandel.

Die narrative Behandlungsweise ist gleichermaßen geeignet wie ungeeignet für dieses Vorhaben: Die Erzählform bietet sich einerseits an, weil es um die Darstellung von Situations*veränderungen* geht, und droht andererseits zu verkümmern, wenn die Situations*beschreibung* Überhand gewinnt. Konsequenterweise bemerkt auch Blanckenburg, dass auf dieser Grundlage „der einzelnen Vorfälle nicht mehr so viel werden seyn können", da der „kleinste Vorfall nämlich [...] zu seinem Wirklichwerden eine Reihe von Ursachen nöthig haben" und deshalb „mehr Raum erfodern" wird (VR, 308 – 309). Er selbst sieht in dieser Einschränkung allerdings keinen Einwand gegen sein poetologisches Programm, bestätigt sie doch seine Einschätzung, dass es nicht auf den Inhalt, sondern auf die Behandlungsweise und die Veranschaulichung des Gemütszustandes der Figuren ankommt (vgl. VR, 305).[6] Das Bedürfnis nach ‚mehr Raum' kann sogar umgekehrt als Vorteil der Erzählung ausgelegt werden. Wie Blanckenburg bemerkt, zeichnen sich zumindest die narrativen Großgattungen Epos und Roman gegenüber dem Drama dadurch aus, dass der Autor in jenen genügend „Zeit und Raum hat, seine Personen nach allen ihren Eigenthümlichkeiten behandeln zu können" (VR, 78). Gleichwohl lässt sich sowohl Blanckenburgs als auch Engels Argumentation die Vorstellung entnehmen, dass hinsichtlich der Darstellung von Wirkungszusammenhängen die dramatische Form der narrativen insgesamt überlegen ist. Blanckenburg bringt dies indirekt zum Ausdruck, indem er zur Illustration seiner Theorie überwiegend Dramentexte heranzieht. Engel hingegen macht seine Präferenz für das Drama beziehungsweise die dialogisch-szenische Darstellungsform explizit. Er verweist auf die Plurimedialität der szenischen Repräsentation, der neben dem gesprochenen Wort weitere, koexistente Kommunikationswege und Zeichenformen (Gebärden, Mimik, Sprachgestus) zur Verfügung stehen (Engel 1964 [1774], 57; vgl. Pfister 2001 [1977], 24 – 25). Die besonderen Rezeptionsbedingungen im Drama ermöglichen ein annähernd simultanes Erfassen verschiedener Informationskanäle und damit ein Gleichgewicht zwischen den Prinzipien von Koexistenz und Sukzession (vgl. Pfister 2001 [1977], 122 – 124),

---

6 Blanckenburgs pedantischer Erzählstil in seinem eigenen Roman *Beyträge zur Geschichte deutschen Reichs und deutscher Sitten* (1775), in dem er beispielsweise „beinahe ein Dutzend Seiten auf die Vorgeschichte, das zwingende Zustandekommen und die innere Verarbeitung einer einzigen Ohrfeige verwendet" (Lämmert 1991, 19), erscheint wie eine unfreiwillige Persiflage dieser theoretischen Bemerkung. Freilich sagen die Schwächen von Blanckenburgs poetischen Versuchen wenig darüber aus, ob eine literarisch befriedigende Umsetzung seiner Theorie, ob ein Erzählen auf Grundlage seines Erzählbegriffs möglich ist (vgl. dagegen Fulda 1996, 106).

während die Erzählung immer dazu neigt, in eine der beiden Richtungen zu kippen.

3.1.1.2 Die Dynamik der Vervollkommnung

Die Spannung zwischen deskriptiver und narrativer Tendenz ist nicht das einzige strukturelle Problem, das die Forschung in der Erzähltheorie der Spätaufklärung und insbesondere in Blanckenburgs Romantheorie ausgemacht hat. Eine zweite Schwierigkeit ergibt sich aus dem Verhältnis zwischen *causa efficiens* und *causa finalis*, zwischen Kausalität und Teleologie (vgl. Voßkamp 1973, 190–196; Frick 1988, 355–364). Zunächst ist zu bemerken, dass die Denkmodelle der Leibniz'schen Philosophie und der Glaube an eine Einheit von Kausalität und Finalität für Blanckenburg wie für viele seiner Zeitgenossen nach wie vor bestimmend sind (vgl. Wölfel 1974 [1968], 50; Engel, M. 1993, 93; Ajouri 2007, 54–55). „Wenn wir", schreibt der Theoretiker, „unsre Kraft anstrengen, um das *All*, so viel wir vermögen, zu übersehen: so entdecken wir, daß in diesem Ganzen nichts um sein selbst willen da; – daß eins mit allem, und alles mit einem verbunden ist" (VR, 313). Jede Begebenheit habe ihre wirkende Ursache und sei selbst wieder Ursache einer Wirkung. Die Fäden dieses „ineinander geschlungene[n] Gewebe[s]" liefen in einem Anfang zusammen und auf ein Ende, nämlich die „höher[e] Vervollkommnung" des Menschen, zu. Im Vertrauen auf die zweckmäßige Einrichtung des Universums könne der Autor seine Erzählwelt zum Analogon dieser Ordnung machen und entsprechend zweckmäßig anlegen (VR, 313). Das „Ganze dieses sterblichen Schöpfers", heißt es vergleichbar im 79. Stück von Lessings *Hamburgischer Dramaturgie* (1767–1769), wird dann „ein Schattenriß von dem Ganzen des ewigen Schöpfers sein" und auf diese Weise den Rezipienten „an den Gedanken gewöhnen, wie sich in ihm alles zum Besten auflöse, werde es auch in jenem geschehen" (Lessing 1985, 577–578). Blanckenburg übernimmt diese Formel einer Korrespondenz von Mikro- und Makrokosmos und verlangt demgemäß von der Einrichtung des Romans, dass nicht nur die einzelnen Vorgänge vernunftgemäß konstruiert sind, sondern dass auch das „Resultat des Werks" als „nothwendige Wirkung" der vorherigen Ereignisse aufgefasst werden kann (VR, 314).

Im Mikrokosmos, den der Autor entwirft, bezieht sich dieses Resultat auf die Entwicklung eines Charakters.[7] Von allen erzählten Ereignissen soll gelten, dass

---

7 Charakteristisch für Blanckenburg und die Poetik seiner Zeit ist dabei die anthropologische Umdeutung der Überzeugung einer Entsprechung von Makro- und Mikrokosmos. Nicht mehr die Einrichtung der Welt im Ganzen soll in der Einrichtung der literarischen Welt gespiegelt werden, vielmehr wird das Subjekt zum alleinigen Darstellungsinhalt, und die folgerichtige Verknüpfung

sie zur „Bildung" der „Denkungsart" der Hauptfigur „mehr oder weniger beyge-
tragen haben" (VR, 323). Eine wichtige Frage ist nun, ob Blanckenburg diesen
Entwicklungsgang als einen Prozess der persönlichen Vervollkommnung versteht, dem ein eindeutiges, ethisches bestimmtes Telos zugrunde liegt. In diesem
Fall ließe sich davon sprechen, dass der pragmatische Nexus von einem finalen
oder ideellen Wirkungszusammenhang überlagert und gewissermaßen dominiert
wird. Die Forschung hat mit Recht die Präsenz des Perfektibilitätsgedankens in
Blanckenburgs Romantheorie hervorgehoben (Wölfel 1974 [1968], 52–53; Engel,
M. 1993, 91; Ajouri 2007, 46) Gleichwohl scheinen einige Aspekte darauf hinzu-
deuten, dass der Theoretiker auch die Möglichkeit einer schwachen Teleologie
zulässt, nach der das Erzählen nicht unbedingt auf die Vervollkommnung der
Hauptfigur ausgerichtet sein muss. Zunächst einmal unterscheidet er zwischen
zwei Arten des Romanschlusses:

> Das Ende nämlich, der Ausgang eines Werks kann die *Vollendung* einer Begebenheit, so daß
> wir uns dabey beruhigen können, oder die *Vollendung* eines Charakters seyn, so daß dieser
> im Lauf des Werks entstandene und ausgebildete Charakter jetzt so weit ist, als er der Absicht
> des Dichters zufolge seyn soll, und wir nun nichts mehr wissen dürfen, um uns zu befrie-
> digen. (VR, 254)

Blanckenburg lässt keinen Zweifel daran, dass er die zweite Möglichkeit für die
literarisch wertvollere hält. Bemerkenswert aber ist, dass der Begriff der Vollendung hier allein an funktionale und ästhetische Kriterien geknüpft wird, nämlich
an die Absicht des Autors ebenso wie an die Wirkung auf den Rezipienten. Das gilt
für beide Schluss-Typen, also auch für den Roman, in dem die Vollendung eines
Charakters aufgezeigt werden soll. Auch in diesem Fall spricht Blanckenburg mit
anderen Worten nicht vom Erreichen eines bestimmten Grades an sittlicher Reife,
sondern sehr viel unbestimmter von einem „beruhigenden Punkte" im Handlungsgang, wobei er den Begriff der Beruhigung sowohl auf die Rezeptionshaltung als auch auf die innere Entwicklung des Charakters bezieht (VR, 394). Der
geeignetste Punkt, die Erzählung abzuschließen, ist nach Blanckenburg dann
erreicht, wenn in der „Geschichte" der „Denkungs- und Empfindungskräfte" ein
Zustand der Konsolidierung eintritt; sobald diese etwas „stätes" und „gesetztes"
haben, wird auch der Leser Beruhigung empfinden (VR, 394).[8]

---

und zweckmäßige Ausrichtung des individuellen Lebenslaufes bürgt für die Folgerichtigkeit und
Zweckmäßigkeit der transpersonalen Zusammenhänge (vgl. Frick 1988, 361–362).

8 Das Gegenteil ist zwar aus moralischer Sicht unbefriedigender, aber literarisch ebenso denkbar
und zulässig: Wenn nämlich der „innre Zustand des Menschen ein solcher ist, daß er, auf keine
Art, in dieser Welt mehr befestigt und stäte gemacht werden" kann, muss die Erzählung konsequenterweise mit dem Tod der Figur enden (VR, 398). Blanckenburg erwähnt ein Romanmanu-

Darüber hinaus wird das Telos der Charakterentwicklung von Blanckenburg nicht weiter präzisiert. Zudem zeichnet sich ab, dass er den Begriff der persönlichen Vollkommenheit mit dem Leibniz'schen Theodizee-Modell in Verbindung bringt und ihn damit gleichsam entschärft. Nach seiner Ansicht nimmt jedes Leben unter den gegebenen Bedingungen und Voraussetzungen die bestmögliche Entwicklung: „Wir, unser Charakter, unser eignes Selbst, ist am Ende, so schlimm wir selbst es auch oft angelegt haben, nach Maaßgabe aller Umstände, immer das *Beste*, das aus uns werden konnte" (VR, 400). Auf dieser Basis lässt sich das persönliche Bildungsziel eigentlich nicht verfehlen und eine Diskussion darüber, ob die Figur am Ende der Erzählung ihren Bildungsgang wirklich vollendet hat, führt im Grunde ins Leere. Dementsprechend weicht Blanckenburg, sobald er in seinen Textanalysen auf den finalen Charakterzustand des Protagonisten zu sprechen kommt, auf tautologische Formulierungen aus. Beispielsweise schreibt er über Wielands Roman *Geschichte des Agathon* (1766 – 1767), die Begebenheiten in diesem Roman würden dazu dienen, „den Agathon dazu zu machen, was er ist" (VR, 321). Am Ende ist der Charakter eben, was er am Ende ist. Ob er darüber hinaus auch etwas anderes hätte werden können oder sein sollen, wird nicht erwogen.

Die Analyse von Blanckenburgs Romantheorie zeigt auf, dass die latente Spannung zwischen Kausalität und Teleologie darin gar nicht explizit gemacht wird, und zwar deshalb, weil aus pragmatischer Sicht das Telos der Erzählung, etwa ein Zustand relativer charakterlicher Vollkommenheit, gar nicht das Wesentliche ist. Ob der Autor nun „einen *ganzen werdenden Menschen*" zeigt oder ihn „bey einer gewissen Periode, in einem gewissen innern Zustande auf[nimmt], um ihn in einen andern zu bringen", ist letztlich sekundär; in beiden Fällen kann er den Leser „gleich angenehm unterhalten" (VR, 519 – 520). Entscheidend ist die *Dynamik* der Vervollkommnung, der *Prozess* der inneren Reife und der Ausbildung der Denk- und Empfindungskräfte.[9] Man könnte sogar sagen, dass für die pragmatische Poetik die offene Zukunft, das heißt die Möglichkeit von Veränderung und Entwicklung, letztlich wichtiger ist als das Ankommen an einem Entwicklungsziel. Diesen Eindruck bestätigt eine Reflexion, die sich in Johann Jakob

---

skript mit dem Titel „Geschichte der Einbildung", das er eingesehen habe und in dem dieses Ende gewählt worden sei (VR, 398). Es ist ein Fingerzeig auf den zeitgenössischen Schwärmerdiskurs und damit indirekt auch auf Goethes Roman *Die Leiden des jungen Werthers* (1774), dem Blanckenburg bekanntermaßen eine lange und durchaus anerkennende Rezension widmet.

9 In dieser Dynamisierung des Vollkommenheitsbegriffs sieht Manfred Engel (1993, 91 – 92) den „Keim zu [...] einer empiristischen Transformation rationalistischer Konzepte", eine für die denkgeschichtliche Entwicklung in der zweiten Hälfte des achtzehnten Jahrhunderts insgesamt charakteristische Tendenz.

Engels dichtungstheoretischem Hauptwerk, der 1783 erschienenen Schrift *Anfangsgründe einer Theorie der Dichtungsarten*, findet. Engel diskutiert darin den Unterschied zwischen den pragmatischen (das heißt: geschehensdarstellenden) und den beschreibenden Gattungen und führt dazu an, dass in diesen das „Anschauen der Gegenwart" im Vordergrund stehe, in jenen hingegen die „Erwartung der Zukunft" (Engel 1845 [1806], 180). Die Zukunftsspannung des Rezipienten ist für ihn ein zentraler poetologischer Faktor, wobei sie sich allerdings nicht einfach auf beliebige zukünftige Begebenheiten richten soll, sondern auf die Weiterentwicklung des Charakters im Wechselspiel von äußeren und inneren Einflüssen. Zu den wichtigsten Eigenschaften literarischer Figuren zählen seiner Meinung nach Beweglichkeit und Entwicklungsfähigkeit: „Ein Mensch, der immer nur Eins ist", widerspreche nicht nur der Wahrscheinlichkeit, sondern sei ohne jeden ästhetischen Reiz; denn dieser resultiere ja gerade aus der „Erwartung, wie ihn [den Charakter] dieser und jener Vorfall rühren, was er für Entschließungen fassen, zu welchen Mitteln er greifen werde" (Engel 1845 [1806], 183). Deshalb lehnt Engel – auch darin mit Blanckenburg übereinstimmend – die Gestaltung vollkommener Charaktere und Repräsentationen des „sittlichen Ideals" ab (Engel 1845 [1806], 197).[10] Das Aufzeigen eines Entwicklungsprozesses gilt beiden Theoretikern mehr als die Orientierung an statischen Idealen. Für Blanckenburg ist in dieser Hinsicht der Roman gegenüber dem Drama sogar im Vorteil, weil er über mehr Zeit und Raum verfügt, diese Entwicklung zu veranschaulichen. Er vertritt sogar die Ansicht, das Drama könne ausschließlich *fertige* und *gebildete* Charaktere zeigen" und die Darstellung der „Umschmelzung" oder „Umformung" einer Figur sei ein Alleinstellungsmerkmal des Romans (VR, 390 – 391).

Das wahre Telos der Erzählung liegt also in der Bewegung. Ist man sich der vernünftigen und zweckmäßigen Einrichtung der Welt gewiss, muss sie narrativ nicht erst erwiesen werden. Was es nach Ansicht von Blanckenburg oder Engel hingegen vorzuführen gilt, ist die Entwicklungsfähigkeit der menschlichen Gemütskräfte. Das „Innre der Personen [...] in Bewegung [zu] sehen" (VR, 58), ist wichtiger als das Endergebnis dieses Prozesses. Der moralische Nutzen der Erzählung besteht folglich nicht darin, einen exemplarischen Bildungsgang darzustellen, sondern darin, das Urteilsvermögen des Rezipienten zu steigern. Bei diesem Vorhaben ist, wie vor allem Blanckenburg hervorhebt, die erzählende Literatur gegenüber dem Drama nicht unbedingt im Nachteil. Zumindest wird der strukturelle Vorteil der dramatischen Form, ihre plurimediale Wirkung, dadurch

---

10 Mit Sulzer (1771, 199) könnte man ergänzen, dass die Darstellung charakterlicher Vollkommenheit auf dieser Grundlage nur dann zu rechtfertigen ist, wenn die Erzählung nachvollzieht, „aus was für Grundsätzen, aus was für Gemüthskräften sie entstanden ist".

ein Stück weit relativiert, dass die Erzählung der inneren Geschichte des Protagonisten mehr Raum zur Entfaltung geben kann. Daran anknüpfend wird nun
die Frage zu beantworten sein, ob auch die spezifische narrative Vermittlungsstruktur den Zielen der pragmatischen Poetik entgegenkommt oder ob die Präsenz
einer vermittelnden Erzählinstanz in der Theorie als Hindernis wahrgenommen
wird.

3.1.2 Die *Mise en Scène* des inneren Zustands

3.1.2.1 Uhrmacher mit Stimme

Die Verdienste Blanckenburgs für die Geschichte der Romantheorie sind unbe-
stritten. Dass seine Verdienste für die Geschichte der Erzähltheorie bisher nicht in
gleichem Maße gewürdigt wurden, resultiert auch aus der Einschätzung, Blan-
ckenburg ignoriere die Rolle und Funktion des Erzählers in der Erzähltheorie (vgl.
Wölfel 1974 [1968], 49–50). Es wurde bereits darauf hingewiesen, dass solchen
Urteilen häufig historisch unreflektierte Begriffsverwendungen zugrunde liegen.
Vorausgesetzt wird in diesem Fall die Auffassung vom Erzähler als fiktivem
Aussagesubjekt, das nicht nur die Ordnung der Erzählwelt garantiert, sondern
zugleich den Sinngebungsprozess reflektiert und möglicherweise auch ironisiert.
Weil man in Blanckenburgs Text keine Hinweise auf eine derartige Konzeptualisierung findet, dafür aber in der zeitgenössischen Romankunst bei Wieland oder
Sterne, attestiert man dem Theoretiker prinzipiell eine „Kurzsichtigkeit gegenüber
der Rolle des Erzählers" (Wölfel 1974 [1968], 50). Diese Behauptung greift allerdings erheblich zu kurz, denn Blanckenburgs Theorie enthält durchaus Reflexionen über die Funktion und Ausgestaltung des Erzählers. Dabei geht es zum
einen um die Autonomie der Figurenwelt gegenüber ihrem Schöpfer, dem erzählenden Autor, zum anderen um die Vermittlerrolle des Erzählers und die
Mittelbarkeit der Darstellung.

Grundlegend für Blanckenburgs Poetik ist der Gedanke, dass der Autor den
Mikrokosmos seiner Erzählwelt zwar entwirft, dann aber, mit Beginn der Erzählung, nicht mehr in den Gang der Geschehnisse eingreifen soll. Beschrieben wird
dieses Verhältnis mit Leibniz' Metapher von Gott als einem Uhrmacher, der die
Welt einmal einrichtet, aufzieht und dann sich selbst überlässt:

> [S]o versteht es sich von selbst, daß der Romanendichter seine eigne Absichten, die er mit
> seinem Werk gehabt hat, so genau mit den, in seinem Werk gebrauchten Mitteln verbunden
> haben müsse, daß sie aus diesen erfolgen, ohne, daß wir seine Hand weiter im Spiele sehen.
> Er muß vorher die Materialien, das heißt, seine handelnden Personen und ihre verschie-
> denen Eigenschaften, aussuchen, zurechtputzen, nach Maaßgabe ihrer entworfenen Ein-
> richtung zusammen setzen, – das Werk aufziehen, – und nun es seinen Weg gehen lassen.

> Der Dichter selbst gehört gar nicht mit ins Ganze seines Werks; er wäre was außerordentliches, das gleichsam in den Gang desselben hineingriffe. Der Künstler, der all' Augenblicke über seiner Uhr stellen muß, hat wahrlich keine gute Uhr gemacht. (VR, 339–340)

Zunächst ist zu bemerken, dass es hier ausschließlich um die auktoriale Verfügungsgewalt geht und nicht etwa um die kommunikative Präsenz des Erzählers. Deshalb führt auch die Einschätzung, Blanckenburg orientiere sich an einem „traditionelle[n] Gebot der erzählerischen Objektivität des Epikers" (Wölfel 1974 [1968], 49), in eine falsche Richtung. Die Verborgenheit des erzählenden Autors bezieht sich, zumindest an dieser Stelle, zunächst auf die Motivierung der Handlung. Sichtbar in diesem Sinne wird der Autor dort, wo pragmatischer und ästhetischer Nexus auseinandertreten, wo also das Handeln der Figuren nicht mehr aus ihrem inneren Zustand abgeleitet wird und lediglich dramaturgischen Zwängen folgt. Dann werden die Charaktere zu „Maschiene[n] des Dichters", da nicht etwa eine Veränderung der „Geists- und Gemüthsverfassung" die Tat hervorruft, sondern allein die Willkür des Autors (VR, 260). Zwischen beiden Metaphern – Bekenntnis zum Autor als Uhrmacher einerseits und Einspruch gegen die maschinenmäßige Verwendung der Figuren andererseits – scheint ein Widerspruch zu bestehen (vgl. Engel, M. 1993, 97). Dennoch vermag sie Blanckenburg relativ problemlos zusammenzubringen. Im Ganzen gesehen ist der Kosmos, der große wie der kleine, eine zweckmäßig eingerichtete Maschine; die Figuren darin aber folgen ihrer inneren Gesetzmäßigkeit beziehungsweise den in ihnen wirksamen allgemeinen Gesetzen der menschlichen Gemütskräfte. Wenn also der Autor nicht mehr in seinen einmal entworfenen Plan eingreifen soll, bleibt er doch für Blanckenburg der Bezugspunkt, der die Ordnung des gesamten Geschehens garantiert und verantwortet. Der ganzen Erzählung liegt seine Absicht zugrunde und diese Absichtlichkeit muss er keineswegs verbergen. In Blanckenburgs Rezension von Goethes *Werther* findet sich der Satz, dass in dem Erzählwerk nichts „nur um seiner selbst willen [...] erscheinen" soll (Blanckenburg 1775, 72). Die Evokation einer vom Autor unabhängigen Realität – wie sie die Poetik des neunzehnten Jahrhunderts fordern wird – wäre nicht in Blanckenburgs Sinn. Die Erzählwelt muss im Gegenteil als Produkt des Autors ausgewiesen werden, denn nur als solches ist sie „immer schon eine Einheit" (Voßkamp 1973, 196). Die Sinn- und Kohärenzstiftung findet gewissermaßen vor dem Erzählen statt, in rhetorischen Kategorien gesprochen: bei der Erfindung und Anordnung des Stoffes. Das Konzept eines fiktionsimmanenten Erzählers, der dem Dargestellten erst im und durch das Erzählen Sinn und Kohärenz verleiht, ist mit dieser Vorstellung nicht vereinbar und wird deshalb auch nicht in Erwägung gezogen.

Hinsichtlich der Frage nach der Gegenwart des Erzählers als Vermittlungs- und Kommunikationsinstanz, impliziert bereits das Konzept der Anschaulichkeit, dem Blanckenburg im Einklang mit der Erzähl- und Geschichtstheorie seiner Zeit verpflichtet ist, die Bevorzugung einer szenisch-dramatischen vor einer berichtenden Darstellungsweise. Was Gatterer (1990 [1967], 468) über den Geschichtsschreiber sagt, dass er sich seinen Lesern so sehr verbergen müsse als möglich, korrespondiert mit Blanckenburgs Bemerkung, man solle an das „Daseyn des Dichters" möglichst nicht erinnert werden und ihn „über seinem Werke vergessen" (VR, 525). Am ehesten erreiche der Autor dieses Ziel, indem er „bloße *Erzählung*" in Handlung verwandle (VR, 494). Der Begriff ‚bloße Erzählung' meint an dieser Stelle nicht eine unpragmatisch, unmotivierte Aneinanderreihung von Begebenheiten, sondern ein vorwiegend deskriptives Erzählen, bei welchem der Leser von den „Leidenschaften und Empfindungen" der Figuren nur erfährt, statt sie in deren Handlungen ausgedrückt zu sehen (VR, 494). Blanckenburg erläutert dieses Vorgehen mit einem Beispiel aus Wielands Verserzählung *Musarion* (1768): Statt zu erzählen, dass Phanias, die Hauptfigur der Erzählung, verliebt sei, oder statt es ihn selbst erzählen zu lassen, belasse Wieland es bei der Nennung äußerlich wahrnehmbarer Verhaltensäußerungen, etwa ein Stocken der Rede oder Tränen, die ins Auge treten; damit sage er mehr, als „zehn Erzählungen und zehn Liebeserklärungen hätten sagen können" (VR, 498).

Das Beispiel aus Wielands *Musarion* verdeutlicht, dass die gewünschte Unaufdringlichkeit des Erzählers und die Verwandlung von Erzählung in Handlung oft mit einer perspektivischen Einschränkung einhergehen; denn die Fixierung auf den äußeren Eindruck bedeutet gleichzeitig einen zumindest teilweisen Verzicht auf Innensicht und Introspektion. Nun ist aber die Verdeutlichung des inneren Zustands wie gesehen ein entscheidendes Kriterium, um die Erzählung im pragmatischen Sinn zu motivieren und dadurch ihren Nutzwert für den Leser zu erhöhen. Mit Nachdruck spricht sich Blanckenburg deshalb gegen ein Erzählen aus, das aus den inneren Vorgängen, den Absichten und Empfindungen der Figuren ein Geheimnis macht: „Und *errathen* wollen wir nicht; wir wollen vom Dichter *lernen*" (VR, 276). Zwar könne der Leser immer noch eine vom „äußern Betragen abstrahirte Kenntniß" des „innern Seyns" einer Figur erlangen, er habe dann „aber dem Dichter [...] nichts dabey zu danken", und zudem bleibe diese Kenntnis „sehr unbestimmt" und „sehr unvollständig" (VR, 280). Die Forderung nach einer szenischen Erzählweise widerspricht aus Blanckenburgs Sicht nicht der Forderung nach Klarheit und Nachvollziehbarkeit der innerseelischen Vorgänge. Offenbar geht er davon aus, dass bei einer genauen und sorgsamen Motivierung des Geschehens die Handlungen und körperlichen Reaktionen der Figuren als unzweideutige Zeichen ihrer Gedanken- und Gefühlswelt interpretiert werden können. Gleichwohl lässt er auch die Möglichkeit zu, dass der Erzähler selbst als allwissender Informant auftritt und insofern dann doch wieder zum ‚bloßen Erzählen' seelischer Vorgänge übergeht. Er unterstreicht in diesem Zu-

sammenhang, dass die medialen Bedingungen der Erzählung, die eine Selbst-
exposition wie im Drama nicht zulassen, auf der anderen Seite dem Autor zum
Vorteil gereichen können, sobald es um die Verdeutlichung der inneren Geschichte seiner Figuren geht: Wenn die „Personen des Romans nicht mit solcher
Schicklichkeit, als die dramatischen, ihre Empfindungen entfalten können: so
thue es der Dichter an ihrer Statt! Er kann uns die Räder zeigen und das Werk
zerlegen, um uns zu lehren, warum der Zeiger dies vielmehr als jenes gewiesen
hat" (VR, 100). Da er „*Schöpfer* und *Geschichtschreiber* seiner Personen zugleich"
ist (VR, 379–380), die Funktionsrolle des Erfinders und die des Vermittlers
gleichsam in Personalunion ausübt, kann er „den Vorwand nicht haben, daß er
das Innre seiner Personen nicht kenne" (VR, 264). Zur Beförderung der Transparenz gestattet Blanckenburg dem Erzähler auch eingeschobene Reflexionen
sowie Abweichungen von der Chronologie, um über Vergangenes aufzuklären
oder „dem Leser den rechten Gesichtspunkt zu zeigen, aus dem er Charakter und
Vorfall beurtheilen soll" (VR, 406).[11]

Stärker noch als Blanckenburg reflektiert Engel über die medialen Bedingungen der Informationsvergabe im Drama und in der Erzählung. Er bemerkt
zunächst, dass die grundsätzliche Gattungsdifferenz – die darin bestehe, dass in
der Erzählung die Handlung vergangen sei, während sie sich im Gespräch beziehungsweise im Drama im gegenwärtigen Augenblick vollziehe (Engel 1964
[1774], 55–56) – auch im szenischen Erzählen nicht ganz überspielt werden kann.
Der Erzähler verfüge zwar über technische Möglichkeiten, „der Gegenwart durch
verschiedene Stufen näher [zu] rücken", die „Spuren der Vergangenheit" aber
könne er nie ganz auslöschen (Engel 1964 [1774], 56); noch nicht einmal dann,
wenn er ganz auf die Erzählerfigur verzichte, wie es im Dialogroman des späten
achtzehnten Jahrhunderts und passagenweise auch in Engels eigener Erzählung
Herr Lorenz Stark (1795–1796) geschieht. Mit dem Verzicht auf die Erzählerfigur
würde der Autor, ohne die dramatische Unmittelbarkeit zu erreichen, zudem die
Vorteile der Erzählform preisgeben, die Engel durchaus erkennt. Einer dieser
Vorteile liegt dem Theoretiker zufolge darin, dass der Erzähler „mehr, als der
Dialogist, auf einen bestimmten Gesichtspunkt, auf eine gewisse festgesetzte
Absicht arbeiten" kann (Engel 1964 [1774], 73). Offenkundige Absichtlichkeit wird
dabei keineswegs als ein künstlerisches Defizit verstanden. Das Zurechtlegen
eines Stoffes nach Maßgabe einer „moralischen", „politischen" oder „philoso-

---

11 Hinzuzufügen ist, dass Blanckenburg (VR, 526–527) das ‚launige Erzählen' – das heißt ein
humoristisches Erzählen mit einer stark selbstreflexiven Erzählerfigur im Stiles Sternes – nicht
grundsätzlich verwirft und dieser Erzählweise sogar einen gewissen Reiz zuspricht. Er erkennt
weiterhin, dass auch der Erzähler in Wielands *Agathon* Züge des Launigen aufweist, wenngleich er
sie für peripher hält und letztlich zu den Schwächen des Romans zählt.

phischen" Absicht ist für Engel ein legitimes Ziel auch literarischen Schreibens. Ebenso wenig wie Blanckenburg spricht er sich für eine strikte Objektivität aus (vgl. Hahl 1971, 36 – 43). Aus diesem Grund betont er auch den kommunikativen Charakter und die Adressiertheit der Erzählung: „Der Erzehler nimmt jeden Augenblick offenbare Rücksicht auf seinen Zuhörer; der Dialogist sieht auf keinen Zuhörer und weiß nur immer von seinen Personen" (Engel 1964 [1774], 79). Rücksicht auf den Rezipienten nimmt der Erzähler nach Engel vor allem insofern, als er ihn dabei unterstützt, die pragmatischen Zusammenhänge der Handlung leichter einzusehen. Der Vergangenheitscharakter der Erzählung kommt ihm hierbei zugute:

> Da er seiner ganzen Materie Herr ist, weil er die Handlung als schon vergangen betrachtet; so giebt er um so leichter seinem Vortrage diejenige Ordnung, die ihm zur Einsicht des Zusammenhangs der Begebenheiten die schicklichste dünkt. Er holt aus der Vergangenheit Umstände zurück, die auf den jetzigen Punkt der Handlung ein Licht werfen können; [...] Eben so blickt er zuweilen in die entfernteste Zukunft hinein, wenn er dem jetzigen eine Erklärung davon versprechen, oder eine Reflexion, die ihm eben hier an ihrer Stelle dünkt, dadurch bestätigen kann. (Engel 1964 [1774], 77 – 78)

Die Präsenz des Erzählers zeigt sich demnach bereits in der Ordnung der Geschichte. Was den Gebrauch von Rückwendungen und Vorausdeutungen aus Engels Sicht legitimiert, ist ihr Nutzen für die Aufklärung des Rezipienten. Obwohl der Theoretiker einer präsentisch-dialogischen Darstellungsweise grundsätzlich den Vorzug gibt, sieht er doch, dass die Erzählung das übergeordnete Ziel, den Leser unterhaltend zu belehren, auf eine andere, eben ihren medialen Bedingungen entsprechende Weise ebenso zu erreichen vermag.

Die Präferenz einer szenischen Darstellungsform impliziert weder bei Blanckenburg noch bei Engel die Forderung nach einem prinzipiellen Verbergen oder Ausblenden der Erzählerfigur. Denn dieser Präferenz liegt nicht das Verlangen nach größtmöglicher Objektivität zugrunde, sondern das Interesse an der Vergegenwärtigung der Figurenentwicklung. Beide Theoretiker gehen davon aus, dass die Erzählung sich der Gegenwärtigkeit der dramatischen Darstellung annähern kann und soll, allerdings nur bis zu einem bestimmten Punkt: Der Erzähler würde sein Ziel verfehlen, wenn der dramatische Charakter seiner Darstellung auf Kosten der Motivtransparenz ginge und der Leser oder Zuhörer die Intentionen und Gemütslagen der Personen erst erraten müsste. Die Forderung, den inneren Zustand der Figuren vornehmlich an äußerlich wahrnehmbaren Verhaltensweisen und Handlungen darzustellen, bedeutet also keine radikale perspektivische Einschränkung auf das äußerlich Sichtbare. Die enge Korrelation von Visualität und Wissen ist – anders als später im realistischen Erzählmodell – für die pragmatische Poetik kein entscheidender Punkt. Sind ihm hinsichtlich der Vergegenwärtigung der Handlung also Grenzen gesetzt, kann der Erzähler diesem Defizit doch ein Stück entgegenwirken, indem er von seinen Lizenzen Gebrauch macht, dem Rezipienten über die Beschreibung innerer Vorgänge, die Anordnung der Erzählung sowie über eingestreute Reflexionen die Wirkungszusammenhänge der Geschichte vor Augen zu führen.

3.1.2.2 Die Sprache der Seele

Nach den Prämissen des pragmatischen Erzählmodells erfüllt der Erzähler in erster Linie die Funktion, dem Leser ausreichend Information zur Verfügung zu stellen, um die Handlungsfolge nachvollziehen zu können. Das gilt auch hinsichtlich der Darstellung innerer Vorgänge. Die Lizenz des Erzählers, das Gemüt seiner Figuren beschreibend oder reflektierend offenzulegen, wird auch nicht diskutiert. Doch bleibt fraglich, ob ihm auf diese Weise überhaupt eine befriedigende Präsentation emotionaler Prozesse gelingen kann. Wie Engel darstellt, liegt das Problem nicht nur darin, dass das ‚bloße Erzählen' der Leidenschaften und Empfindungen schwächer auf den Rezipienten wirkt als ihre szenische Vorstellung. Ein wichtigeres und grundlegenderes Defizit der Beschreibung ergibt sich nämlich aus der Beschaffenheit der Sprache selbst. Denn diese bestehe „aus lauter Zeichen allgemeiner Begriffe" und ziele stets auf Abstraktion und Verallgemeinerung (Engel 1964 [1774], 62). Aus diesem Grund gelinge es ihr so schlecht, das Individuelle und Spontane seelischer Vorgänge zu erfassen: „Sie hat nur Wörter für die obersten Gattungen und Arten derselben, und muß eine unendliche Menge feiner Nüancen und Nebenbestimmungen unangegeben zurücklassen" (Engel 1964 [1774], 62). Immer blieben „Schattirungen" und „Geheimnisse der Verbindungen" zurück, die sich „schlechterdings von keinem Beschreiber fassen ließen" (Engel 1964 [1774], 58).

Sprache aber ist nicht nur Werkzeug des analysierenden und abstrahierenden Verstandes, sie ist auch Tätigkeit und Handlung; und als solche wiederum erscheint sie Engel geeignet, das innere Befinden des Sprechenden zum Ausdruck zu bringen. Der Sprechakt wird dann gewissermaßen zur impliziten Selbstoffenbarung:

> Es ist unglaublich, wie sehr sich die Seele den Worten einzudrücken, wie sie die Rede gleichsam zu ihrem Spiegel zu machen weiß, worinn sich ihre jedesmalige ganze Gestalt bis auf die feinsten und delikatesten Züge darstellt. Der logische Satz, oder der bloße allgemeine Sinn, aus den Worten herausgezogen, ist immer das Wenigste; die ganze Bildung des Ausdrucks, die uns genau die bestimmte Fassung der Seele bey dem Gedanken zu erkennen giebt, ist alles. (Engel 1964 [1774], 57)

Das Sprechverhalten und die stilistischen Besonderheiten der gesprochenen Sprache legen demzufolge das Innere der Figur offen. Die „Auswahl der Worte", die „Inversionen der Rede", „die Verbindungen, die gemacht, und die nicht gemacht werden", „das plötzliche Abbrechen eines Gedankens" oder auch „der Fall, der Klang, der ganze Zusammenbau der Periode", all das verleihe der Rede Individualität und Ausdrucksstärke (Engel 1964 [1774], 58). Wenn der Erzähler davon profitieren wolle, so bleibe ihm eigentlich nur die Möglichkeit, „sobald es auf Schilderung der Seele ankömmt, ins Dramatische", das heißt in den Dialog und die direkte Rede, überzugehen (Engel 1964 [1774], 63). Hänge er die Worte der Figuren „durch Verbindungspartikeln an seine eigenen" – Engel denkt hier vermutlich an die indirekte Rede –, gingen durch die „Einförmigkeit der Construction" die bedeutungsentscheidenden individuellen Nuancen mündlicher Rede verloren (Engel 1964 [1774], 60). Nutze er hingegen nur seine eigenen Worte, das heißt den reinen Gedankenbericht, dann müsse er sich auf verallgemeinernde Angaben beschränken (Engel 1964 [1774], 63). Das brauchbarste Mittel zur Darstellung von Gedanken und Gefühlen, so steht für den Theoretiker fest, bleibt in jedem Fall der Dialog beziehungsweise die direkte Figurenrede.[12]

Nach Engels Darstellung liegt die Problematik der narrativen Darstellung von Gefühlen und mentalen Prozessen darin, dass der Erzähler direkt benennen muss, was eigentlich nur indirekt, über Sprechverhalten und Redeweise zum Ausdruck kommen kann. Von den indirekten Ausdrucksmöglichkeiten der Sprache profitieren kann er letztlich nur, wenn sich seine Beschreibungen nicht auf andere, sondern auf ihn selbst beziehen. Allerdings wird der Erzähler dann auch „in seinem Werke die Hauptperson spielen, seine Handlung verdunkeln, und uns statt der Seelen der darinn verwickelten Personen, von deren Zustande doch einzig die Frage war, seine eigene kennen lernen" (Engel 1964 [1774], 60). Diese Überlegung ist bemerkenswert, auch wenn Engel ihr nicht weiter nachgeht. Schließlich enthält sie, konsequent weitergedacht, die Ansätze einer Theorie der homodiegetischen Erzählung. Der Vorwurf, die Selbstreflexivität des Erzählers

---

12 Zu einem ähnlichen Urteil kommt Eschenburg in seinem *Entwurf einer Theorie und Literatur der schönen Redekünste* (1783), in dem er zwischen einer historisch-erzählenden und einer dramatisch-dialogischen Darstellungsform im Roman unterscheidet und jener die Funktion der „Fortführung und Darlegung der Handlung", dieser hingegen die der „Schilderung und Entwickelung der Charaktere" zuordnet (1805 [1783], 229). Diese paritätische Aufgabenteilung kann vor dem Hintergrund von Engels Argumentation freilich nicht ganz überzeugen. Denn folgt man den Prämissen des pragmatischen Erzählmodells, dann kann von einer Fortführung der Handlung ohnehin nur dort die Rede sein, wo Charaktere geschildert und entwickelt werden. Die funktionale Relevanz der historisch-erzählenden Darstellungsform wird dadurch von vornherein eingeschränkt.

würde die eigentlichen Personen und ihr Handeln verdunkeln, könnte mit einer Erzählung, in der der Erzähler zugleich die Hauptperson ist, umgangen werden. Engel macht diese Möglichkeit allerdings nicht explizit. Überhaupt spielt die homodiegetische Erzählung in der pragmatischen Erzähltheorie noch keine Rolle – genauer gesagt berücksichtigt die Theorie als eine Alternative zur Heterodiegese nur das Erzählen in Briefen mit einem oder mehreren homodiegetischen Erzählern.

In dieser Hinsicht sind Blanckenburgs Schriften einige aufschlussreiche Bemerkungen zu entnehmen. Der Theoretiker geht wiederholt auf die Besonderheiten dieser Erzählform ein, wobei sich sein Urteil mit der Zeit ändert. Im *Versuch* weist er zunächst auf die Nachteile des Briefromans hin, die seiner Meinung nach darin bestehen, dass erstens in den Briefen der Vergangenheitscharakter des Erzählten noch stärker zum Ausdruck kommt, dass zweitens der Erzähler beziehungsweise Briefschreiber leicht den Eindruck von Geschwätzigkeit und überspannter Selbstbezüglichkeit erweckt und dass drittens in den meisten Fällen der innere Zustand des Schreibers nicht der Anlage und dem Ausdruck des Geschriebenen entspricht (vgl. VR, 520–521). Denn ein Brief „fängt sich oft sehr ruhig an, und wird immer unruhiger", und am Ende erfährt der Leser von einer emotional aufwühlenden Begebenheit, durch die der Schreiber in „Kummer" oder „Unruhe gestürzt worden ist"; in diesem Zustand befand sich die Figur allerdings schon, „da sie anfing zu schreiben", weshalb „sie also ihren Brief, weil sie eben in voller Bewegung war, ganz unruhig, ihrem Zustande gemäß, hätte anfangen müssen" (VR, 521). Diese Bemerkungen legen nahe, dass sich die Einwände weniger auf die Form der Brieferzählung an sich als auf die bisherigen Versuche ihrer literarischen Verwirklichung beziehen. So gesehen ist es nur konsequent, dass Blanckenburg sein Urteil mit dem Erscheinen von Goethes Roman *Die Leiden des jungen Werthers* (1774), der zweifellos ein bisher nicht gekanntes Maß an Korrespondenz von innerer Entwicklung und sprachlichem Ausdruck vorführt, korrigiert. In seiner 1775 publizierten Rezension verteidigt er den Roman und sein Ende nicht nur gegen moralisierende Kritik, sondern rechtfertigt auch die besondere Erzählweise. Eine Figur, die nichts als „Gefühl" sei, habe nicht besser in Handlung gesetzt, sein Charakter nicht „anschauender dargelegt werden" können als dadurch, dass man ihn selbst zum Erzähler mache (Blanckenburg 1775, 50). Zur Legitimität der Darstellungsform trägt in den Augen des Rezensenten zudem bei, dass der Autor seinen Helden nicht nur mit dem entsprechenden Ausdrucksvermögen ausstattet, sondern auch dessen Mitteilungsbedürfnis zu motivieren weiß: „Der Dichter wollte uns [...] die *innre* Geschichte eines Mannes geben [...]; und ein *Werther* durfte [...] sein Inneres aufdecken, – und war fähig dazu, – und oft in der *Nothwendigkeit* seine Empfindungen auszuschütten" (Blanckenburg 1775, 50).

Die Bedeutung dieser Reflexionen über den Briefroman ist theoriegeschichtlich nicht zu unterschätzen. Sie dokumentieren eine erste systematische
Annäherung an die Merkmale und Besonderheiten des homodiegetischen Erzählens, wenngleich die Überlegungen auf den Briefroman beschränkt bleiben.
Ausprägungen homodiegetischen Erzählens jenseits dieser Gattung erfahren
noch keine differenzierte Betrachtung. Dies wird sich, nebenbei bemerkt, bis ins
neunzehnte Jahrhundert auch nicht ändern. Erst im Rahmen des realistischen
Erzählmodells ist eine vertiefte Auseinandersetzung mit diesem Gegenstand erkennbar. Hingegen wird die Homodiegese sowohl im klassisch-romantischen als
auch im idealistischen Erzählmodell theoretisch vernachlässigt. Zu dominant ist
in diesen Kontexten, wie noch zu zeigen sein wird, die Präferenz eines nicht beteiligten und nicht figürlichen Erzählers.

3.2 Das klassisch-romantische Erzählmodell

3.2.1 Die „ächt epische Einheit"

In seinen zwischen 1801 und 1804 in Berlin gehaltenen „Vorlesungen über schöne
Literatur und Kunst" empfiehlt August Wilhelm Schlegel der Geschichtsschreibung eine Rückkehr zu jenem Prinzip des ‚bloßen Erzählens', das die pragmatische Erzähltheorie gerade überwinden wollte. Grund dafür ist nicht ein gesun-
kener, sondern im Gegenteil ein gestiegener Kohärenzanspruch: „[A]lles
Wirkliche ist wahrhaft nothwendig", behauptet Schlegel, doch diese „Nothwendigkeit" entzieht sich ihm zufolge der empirischen Erfahrbarkeit, kann „oft nicht
unmittelbar, und zuweilen nie vollständig eingesehen werden" (Schlegel, A. 1989,
187). In ihrer „rohesten Gestalt" gleiche die Geschichte einem bloßen „Aggregat
von Vorfallenheiten, ohne Zusammenhang, und ohne Sinn und Bedeutung im
Ganzen", und die ihr adäquate historiografische Form sei die „Chroniken-Me-
thode" (Schlegel, A. 1989, 187). Das Erkenntnisbedürfnis zwinge den Menschen
allerdings, über dieses Aggregat hinauszugehen und die Ereignisse zunächst nach
dem Gesetz von Ursache und Wirkung aufeinander zu beziehen. Das entspreche
der Stufe der pragmatischen Geschichtsschreibung. Doch diese kann nach
Schlegel statt einer „unbedingten Nothwendigkeit" immer nur eine „bedingte
Nothwendigkeit" aufzeigen, da sie den Betrachter an einer unendlichen Be-
gründungskette entlang zurückführt, ohne je auf einen Grund zu treffen (Schlegel,
A. 1989, 188). Bliebe man an diesem Punkt stehen, wäre die Geschichte etwas
Trostloses. Doch fühle „[j]eder edlere Mensch [...] in sich ein Streben der Annä-
herung an etwas unerreichbares" und diesem Gefühl folgend erhebe er an die
Geschichte die Forderung eines „unendlichen Fortschrittes im Menschenge-

schlechte" (Schlegel, A. 1989, 188). Auf dieser Idee, so Schlegel, beruht der Wert und der Sinn von Geschichte, doch lässt sie sich empirisch nicht bestätigen: „Eben weil es eine bloße Idee ist, läßt sie alles übrige völlig unbestimmt" (Schlegel, A. 1989, 189). Die teleologische Bewegung der Geschichte kann demzufolge in der Geschichtsschreibung nicht zur Darstellung gebracht werden. Was der Historiker nach Ansicht Schlegels deshalb zu leisten hat, ist gewissermaßen ein ‚bloßes Erzählen' auf zweiter Stufe, bei dem Ziellosigkeit und lose Anordnung zur ästhetischen Absicht werden:

> Gediegene Darstellung ohne alles Raisonnement und ohne hypothetische Erklärerey ist daher der eigentliche Charakter der Historie: in den einzelnen Theilen muß die vollkommenste Empirie herrschen, nur im Ganzen darf die Beziehung auf eine Idee liegen. So kehrt denn die Geschichte in ihrer vollendeten Gestalt gewissermaßen zum Styl der Chroniken zurück, indem sie das, was in diesen bewußtlos und aus bloßer Einfalt geschieht [...] mit Absicht und der tiefsten Bedeutung thut. (Schlegel, A. 1989, 189)

Das bloße Erzählen wird zum idealen Erzählen. Schlegels Ausführungen zur Form der Geschichtsschreibung verdeutlichen eine radikale Abkehr von den Prinzipien des pragmatischen Erzählmodells, die sich in der literaturtheoretischen Diskussion bereits seit den späten 1790er Jahren abzeichnet. Zwei wichtige Zeugnisse dieses Paradigmenwechsels sind die altphilologischen Arbeiten des jüngeren Schlegel: der kurze Aufsatz „Über die Homerische Poesie" von 1796 und die umfangreiche, unvollendet gebliebene *Geschichte der Poesie der Griechen und Römer* von 1798.[13] Nicht in jeder Hinsicht sind diese Texte Friedrich Schlegels modellbildend, aber die zentralen Prämissen und entscheidenden poetologischen Konsequenzen des klassisch-romantischen Erzählmodells lassen sich an ihnen doch exzellent aufzeigen. Sie verdienen daher eine ausführlichere Analyse.

3.2.1.1 Die Harmonie des Unbestimmten. Friedrich Schlegels Epostheorie
Die werkbiografische Bedeutung von Schlegels altphilologischen Schriften ist nicht unumstritten, wobei die Urteile primär davon abhängen, ob der Übergang zwischen der klassischen und der frühromantischen Phase als Bruch oder als

---

13 Wie auf anderen Gebieten der frühromantischen Poetik zeigt sich auch hinsichtlich der Erzähl- und Epostheorie, dass August Wilhelm Schlegel von den innovativen Impulsen seines jüngeren Bruders profitiert und seine eigene Leistung vor allem in der Systematisierung und Weiterentwicklung dieser Ansätze zu sehen ist. Zu August Wilhelm Schlegels literaturgeschichtlicher Stellung vgl. Petersdorff (2010).

Kontinuum gedeutet wird.[14] Im Mittelpunkt dieser Auseinandersetzung steht die Interpretation von Schlegels Begriff der epischen Einheit, der entweder als Ausdruck klassizistischen Denkens (Burdorf 2011, 118 – 120; Gesse 1997, 196 – 197) oder als eine frühe Ausprägung der romantischen Unendlichkeitspoetik gewertet wird (Buschmeier 2011, 239 – 247; Wohlleben 1990, 54 – 65).

Bekanntlich entstanden Schlegels Texte über die antike Epik in unmittelbarem Kontext von Friedrich August Wolfs *Prolegomena ad Homerum* (1795). Wolf hatte die homerischen Epen als Produkte einer komplexen Bearbeitungsgeschichte ausgewiesen und die (alte) These ihrer kollektiven Autorschaft bestätigt, zugleich aber versucht, die Einheit der philologisch dekonstruierten Texte unter Heranziehung der paulinischen Opposition von Geist und Buchstabe wiederherzustellen. Ebenso hält auch Schlegel an einem Einheitspostulat fest, zieht dafür aber ein gattungstheoretisches Argument heran. Der Begriff der Einheit sei demnach für jede Gattung anders zu fassen, die Einheit des Epos insbesondere von der des Dramas abzuheben: „Die wesentliche Eigenschaft einer Dichtart ist ihre eigentümliche Einheit" (KFSA 1, 466). Bezogen auf die epische Gattung hält Schlegel fest, dass sich die Einheit nicht aus dem pragmatischen Motivationszusammenhang ergeben kann, da dieser notwendig auf einen infiniten Regress hinausläuft. Jede Begebenheit ist darin nur „das Glied einer endlosen Reihe, die Folge früherer, und der Keim künftiger Begebenheiten. Keine Begebenheit steht einzeln; und auch diejenige, welche unter mehrern die hauptsächliche ist, wird wieder nur zum Teil einer noch größern" (KFSA 1, 474).

Schlegel folgert daraus, dass eine Einheit auf der Handlungsebene nur möglich ist, wenn sich die Darstellung vom pragmatischen Erkenntnis- und Erzählprinzip löst und alles Geschehen auf ein ideelles Wirkungsgesetz zurückbezogen wird. Das Drama beziehungsweise die antike Tragödie leistet seiner Ansicht nach genau dies: Hier ist „der Zweck völlig ausgeführt, die Verwicklung vollkommen aufgelöst, die Absicht aus Gesinnung, und der Zufall aus Schicksal hergeleitet worden" (KFSA 1, 124). Wie Schlegel weiter analysiert, erfordert diese Idealität eine radikale Ablösung von der Erfahrungswirklichkeit, was unter den medialen Voraussetzungen des Dramas, zum Beispiel aufgrund der zeitlichen Begrenzung der Aufführungssituation oder durch die räumliche Abtrennung der Spielfläche, leichter möglich ist als im Epos. Dieses bleibe dagegen stärker an den

---

14 Mit der Fokussierung auf zwei bislang unveröffentlichte Notizhefte widmet sich der Sammelband von Benne und Breuer (2011) den altphilologischen Arbeiten und der Frage nach den werkbiografischen Kontinuitäten und Diskontinuitäten. Von besonderem Interesse für den vorliegenden Zusammenhang ist der Aufsatz von Buschmeier (2011), der vorrangig auf Schlegels Epostheorie Bezug nimmt. Zu Friedrich Schlegels Auseinandersetzung mit der antiken Philosophie und Poetik vgl. auch Messlin (2011) sowie grundlegend Behler (1979, LXXIV–XCI.).

Bedingungen der Erfahrungswirklichkeit haften und könne deshalb alles Geschehen „weder als Handlung der Freiheit, noch als notwendige Fügung des Schicksals" darstellen, sondern nur „als zufällige Begebenheit" (KFSA 1, 473). Wobei der Begriff ‚Zufall' hier nur die Abwesenheit eines absoluten Grundes meint, nicht aber den generellen Verzicht auf pragmatische Motivierung. Denn diese kommt, wie Schlegel betont, im Epos durchaus zur Geltung. Dargestellt werde darin eine „Vielheit [...] durch ursachliche Verknüpfung verbundener Gegenstände" (KFSA 1, 124), aber diese ursächlichen Verbindungen machten noch kein „vollendetes poetisches Ganzes", denn ihnen fehle „jene Herleitung aller Fäden des Werks aus einem Anfangspunkte, die Hinleitung auf einen Endpunkt" (KFSA 1, 472).

An dieser Stelle vollzieht Schlegel eine entscheidende Wendung, denn statt die Epik mit Verweis auf die fehlende Einheit der Handlung als minderwertige Dichtart abzutun, interpretiert er das vermeintliche Defizit kurzerhand zu einem poetologischen Vorzug um. Im Zentrum dieser Umdeutung steht die Kategorie der Unbestimmtheit. Eben diese „sonderbare Eigenschaft" des Epos, dass es kein Ende im eigentlichen Sinn habe und scheinbar ins „Unendliche erweitert werden" könne (KFSA 1, 467–468), eröffne so etwas wie eine ideelle Perspektive, einen Verweis auf die unfassbare Präsenz des Absoluten (vgl. Wohlleben 1990, 55).[15]

> Kein Kenner der homerischen Poesie wird behaupten, er habe das Unendliche dargestellt, oder das Streben nach dem Unendlichen sei in ihm zum Bewußtsein gekommen. Jeder Freund Homers weiß es aber, daß er gleichsam eine grenzenlose Aussicht eröffnet, und die Erwartung ins Unendliche anregt. Er erregt nämlich keine bestimmte Erwartung nach der Entwicklung eines Keims, der Auflösung eines Knotens, der Vollendung einer Absicht, oder auch nach einer bestimmten Art des Stoffs, sondern eine durchaus unbestimmte und also ins Unendliche gehende Erwartung bloßer Fülle überhaupt. (KFSA 1, 125)

Dass im Epos die Einheit nur als Ahnung oder Erwartung zur Darstellung kommt, scheint Schlegels Interesse an der Gattung zu verstärken. Die „ächt epische Ein-

---

15 Es ist durchaus plausibel, dass Schlegel in der ursprünglichen Anlage seiner Abhandlung diese Wendung noch nicht abgesehen hatte und das Theorem der Unbestimmtheit zunächst nur dazu diente, die Epik gegenüber dem Drama abzuwerten und so den „zielvoll eingeschlagenen Weg zum Gipfelpunkt, nämlich der griechischen Tragödie", fortzusetzen (Wohlleben 1990, 63). Doch zu dieser Gipfelwanderung kommt es nicht. Die Tragödie als das Modell durchgängiger Bestimmtheit ist zwar, wie Behler (1979, CXIV) bemerkt, als Bezugsgegenstand in der Abhandlung „ständig gegenwärtig", aber eben nie direkt Gegenstand der Diskussion. Im Erarbeitungsprozess haben sich offensichtlich die Gewichte verschoben, so dass sich Wohllebens Vermutung geradezu in ihr Gegenteil verkehrt: Die Bestimmtheit der Tragödie ist die Kontrastfolie, auf der sich die Unbestimmtheit des Epos umso interessanter hervorhebt. Zur philosophischen Dimension des Unbestimmtheitsbegriffs im deutschen Idealismus vgl. Gamm (1997).

heit" (KFSA 1, 469) gilt ihm mit einem Mal mehr als die dramatische Bestimmtheit, denn sie ist eine Einheit, die nur implizit, als ästhetisches Prinzip greifbar wird. Voraussetzung dafür ist, dass sich die Unbestimmtheit der Handlung auch in der Darstellungsweise spiegelt, etwa indem die Erzählung „ohne Sprung von einem zum andern über[geht]" (KFSA 1, 478) und mühelos unterschiedliche Zeiten und Orte zusammenführt. Die Einheit kommt dann nach Schlegels Ansicht in der Gleichmäßigkeit und der Stetigkeit des „epischen Stroms" (KFSA 1, 125) zum Ausdruck, die Harmonie darin, dass das Epos „in jedem Punkte seines Laufs zugleich Anspannung und Befriedigung enthält" (KFSA 1, 480). Durch den stetigen Wechsel von „Verwicklungen und Entwicklungen", „Hervortreten und Zurücktreten", „Vereinigungen und Gegensätze[n]" entstehe eine sinnlich befriedigende Gesamtheit, ein „reiche[s] fließende[s] Gemälde" (KFSA 1, 472).[16] Wer, fragt Schlegel rhetorisch mit Bezug die *Odyssee*, „würde nicht jedem epischen Gedicht wünschen, daß es so leicht fortglitte, daß alle Gestalten bei einer solchen Fülle sich doch ebenso gefällig und klar runden und aneinander reihen möchten" (KFSA 1, 470)?

Als ein wichtiges Strukturmerkmal der epischen Darstellung betont Schlegel die temporale Distanz zwischen Erzählakt und erzählten Vorgängen. Dieses Hinausschieben des Geschehens in eine „wunderbare Entfernung" (KFSA 1, 502) eröffne der Erzählung größtmögliche Bewegungsfreiheit. Sie wisse sich einerseits allen „Gegenständen anzuschmiegen" (KFSA 1, 486) und könne andererseits mühelos darüber hinweggehen. Daraus resultiert wiederum die Einebnung von handlungslogischen Hierarchien, das heißt das Abschleifen der Ereignisse zu gleichwertigen, ihrer Bedeutung nach mehr oder weniger austauschbaren beziehungsweise beliebig vermehrbaren Komponenten. Folgt man Schlegels Argumentation, so breitet sich die Erzählung gleichmäßig und ohne merkliche Akzentuierungen über den Stoff aus, verliert sich in scheinbar Bedeutungslosem, weil dem Erzähler jedes Einzelsegment gleich viel gilt. In der *Odyssee* sei das Schönste oftmals das, was in einer „Lebensgeschichte des Helden, oder in einer Lobrede auf ihn durchaus keine Stelle finden dürfte, und als fremdartiger Auswuchs beleidigen würde" (KFSA 1, 470). Die Selektion und Akzentuierung von Ereignissen folgt mit anderen Worten keinem gängigen Muster. Nach Schlegels Darstellung ist es nicht mehr ihre funktionale Stellung in der Handlungsarchitektur, die die erzählten Begebenheiten zusammenbindet, sondern der alles in-

---

16 Buschmeier (2008, 127, 375–376) argumentiert mit dem Verweis auf die Gemälde-Metapher, dass Schlegels Einheitsbegriff das sukzessiv-zeitliche Moment zugunsten des simultan-räumlichen abwerte. Die eigentliche Sinnspitze der Metapher dürfte aber doch wohl in dem Attribut des Fließenden liegen, das heißt in der Überführung der tableauartigen Anordnung in die stetige Sukzession der Narration.

tegrierende und jede funktionale Differenz nivellierende Erzählfluss des Epikers. Jeder Punkt des epischen Gedichtes kann aus Sicht des Theoretikers deshalb als Anfang oder Ende dienen. Wie das Epos in der Mitte beginne, so ende es auch dort, denn nirgendwo würden die „Fäden der Erzählung gänzlich abgeschnitten" (KFSA 1, 470; vgl. Wohlleben 1990, 60).[17]

Die epische Einheit, wie Schlegel sie definiert, beruht auf einer Harmonie, die erst im narrativen Prozess gestiftet wird. Diese Deutung entschärft zugleich die Fragen nach der dramaturgischen Geschlossenheit und Ganzheit des homerischen Textes – ohne sie freilich ganz beantworten zu können. Denn auch die Harmonie des erzählerischen Tons und der sinnlichen Abrundung muss hergestellt werden und es bleibt unklar, welche Instanz dafür eigentlich verantwortlich ist. Bezeichnenderweise kommt Schlegel hinsichtlich der Frage, wem die Herstellung der besonderen epischen Einheit zu verdanken ist, zu keinem endgültigen Urteil. Auf der einen Seite wertet er die synthetisierenden Eingriffe der Diaskeuasten als Verunstaltung der ursprünglichen, inneren Einheit. Die Rede ist vom „Kitt" und den „Klammern", mit denen die Bearbeiter die originalen Gesänge, die zwar nicht von einem einzigen Autor stammten, doch in einer „Kunstschule schwesterlich gebildet" worden seien, äußerlich zusammengefügt und so in poetische „Unordnung" gebracht hätten (KFSA 1, 517–518). Auf der anderen Seite erwägt er den Gedanken, ob nicht durch die Redaktion gerade erst

---

17 Schlegel behauptet für das Epos nicht nur eine Gleichwertigkeit der einzelnen Handlungsteile, sondern auch die Strukturgleichheit von Teil und Ganzem. Er nennt die Gattung einen „poetische[n] Polyp, wo jedes kleinere oder größere Glied [...] für sich eignes Leben, ja auch ebensoviel Harmonie als das Ganze hat" (KFSA 1, 131). Die Metapher ist komplex und lässt eine ganze Reihe von Auflösungs- und Deutungsvarianten zu. In der naturwissenschaftlichen Diskussion des achtzehnten Jahrhunderts wurde die Frage diskutiert, ob Polypenkolonien als ein einziger Organismus anzusehen sind oder nur als Anhäufung einer Vielzahl von Einzelorganismen. Darauf bezogen, reflektiert die Metapher die Frage nach der Qualität und Art der Einheit in den homerischen Epen und lässt sie bewusst offen (vgl. Schirren 2011, 188; Markner 2004, 213). Der Vergleich von Kunstwerk und tierischem Organismus referiert aber auch auf die Vorstellung einer Verbindung von Selbstständigkeit und Funktionalität (vgl. Engel, M. 1993, 384–385). Damit ist der Assoziationsspielraum der Metapher freilich noch nicht ausgeschöpft. Auf weitere Aspekte macht Wohlleben (1990, 61) aufmerksam: „Die halb pflanzliche, halb tierische Existenz dieses Wesens verweist auf einen Ort des Übergangs: wie Homer nach traditioneller Auffassung zwischen ‚Naturpoesie' und ‚Kunstpoesie' oszilliert. Außerdem handelt es sich um etwas entwicklungsgeschichtlich Frühes, das noch mancher Spezifikation vorausliegt". Hahl (1971, 102–103) weist darauf hin, dass die Metapher auch in Schillers Briefen *Über die ästhetische Erziehung des Menschen* von 1795 vorkommt, hier allerdings in einer politischen Bedeutung, die von Schlegel nicht explizit aufgegriffen wird. Schlegel selbst scheint übrigens die Angemessenheit der Metapher später angezweifelt zu haben, zumindest erwähnt Schirren (2011, 181) eine entsprechende Bemerkung in den unveröffentlichten Notizen.

eine „ursprüngliche Ordnung wiederhergestellt" worden sei (KFSA 1, 518), und begründet dies ausgerechnet mit einem Hinweis auf die historisch-pragmatischen Bezüge. Schließlich würden die Einzelteile in ihrem „geschichtlichen Zusammenhange [...] auf gewisse Art ein Ganzes bilden, und mehr oder minder deutliche Spuren einer ursprünglichen Fortsetzung und absichtlichen Beziehung verraten" (KFSA 1, 518–519).[18] An dieser Formulierung, die im Grunde seine gesamte Epiktheorie auf den Kopf stellt, lässt sich erkennen, dass die Frage nach der Organisationsinstanz des epischen Textes dem Theoretiker weiterhin Schwierigkeiten bereitet.

Deshalb vollzieht Schlegel einen erneuten Sprung in seiner Argumentation und führt die Diskussion um die ursprüngliche Einheit der Epen zu der Frage nach dem Verhältnis von Kunstgeschichte und Kritik. Seine Ausführungen zur homerischen Periode schließen mit dem Ergebnis, dass sowohl die Diaskeuasten als auch die Chorizonten (die Kritiker, die die kompositorische Einheit der Texte anzweifeln und sie in ihre Einzelteile zergliedern) in ihrer Behandlung der Epen Recht getan hätten. Jene repräsentierten dabei den Standpunkt der Kunstgeschichte, die „mehr auf das Allgemeine als auf das Besondre" sehe und deshalb die homerische Poesie als einheitlichen Ausdruck eines Zeitalters begreifen könne (KFSA 1, 526). Diese hingegen repräsentierten die Kritik, die „unterscheiden und auflösen" und „keine Disharmonie verschweigen" wolle (KFSA 1, 527). Im Wechsel zwischen analysierender Kritik und synthetisierender Geschichtsschreibung spiegelt sich somit das eigentümliche Gleichgewicht von Einheit und Fülle, Abrundung und Akkumulation, Zusammenhang und Loslösung, das die epische Poesie nach Schlegels Darstellung insgesamt charakterisiert. Anders gewendet: Die spezifische Einheit des Epos entspricht dem hermeneutischen Vorsatz, „die homerische Poesie zugleich in dem Sinne der Diaskeuasten und in dem der Chorizonten", gleichzeitig als Kritiker und als Historiker zu „betrachten" (KFSA 1, 527).

---

18 Damit würde die Zusammenfügung der Einzelteile im Grunde auf reine Verstandesarbeit reduziert, nämlich auf die Rekonstruktion pragmatischer Beziehungen. Schlegel relativiert diesen Eindruck allerdings umgehend mit dem Hinweis auf zwei makrostrukturelle Ordnungsmuster der homerischen Texte, *Aristeia* und *Nostos* (Auszeichnung des Helden und Heimkehr), die dem Stoff gewissermaßen schon eingeschrieben gewesen seien. Demnach handele es sich bei der Zusammenfügung nicht um eine durch handwerkliche Tätigkeit von außen herbeigeführte Ordnung, vielmehr zögen sich die Einzelteile gleichsam von selbst zu größeren Einheiten zusammen. In der überarbeiteten Auflage von 1822 spricht Schlegel dann verdeutlichend von den „zwei Ideen" einer „nicht erst erkünstelten, sondern allerdings ursprünglich künstlerisch darin eingewebten, obwohl sehr losen dichterischen Ordnung und Verknüpfung", die als der „Lebensfaden" der beiden homerischen Epen anzusehen seien (KFSA 1, 519).

In den letzten Abschnitten seiner Abhandlung eröffnet Schlegel damit eine völlig neue Perspektive, in der sich die Grundzüge seiner Hermeneutik und die Theorie einer produktiven Kritik ankündigen (vgl. Thouard 2011; Breuer 2011, 85–90). Damit transzendiert er zugleich sein initiales Anliegen einer Gattungsbestimmung des Epos, denn nicht mehr die formalen Charakteristika der Gattung stehen hier zur Diskussion, sondern die Verwandlung und Fortschreibung des Textes im Rezeptionsakt (vgl. Buschmeier 2008, 129). Dieser Richtungswechsel ist im Hinblick auf Schlegels persönliche Entwicklung sicherlich interessant, er hebt jedoch die Ergebnisse der zunächst angestrebten Gattungspoetik nicht auf. Für die Geschichte des erzähltheoretischen Denkens sind diese Ergebnisse vor allem deshalb relevant, weil Schlegel mit einer Differenzierung verschiedener Ebenen der Ordnung und Motivierung arbeitet und nicht mehr wie die Erzähltheorie der Spätaufklärung das Primat auf die pragmatische Verknüpfung der Begebenheiten legt. Epische Einheit ist bei ihm ein Produkt der künstlerischen Anordnung, die sich erst im Prozess des Erzählens herstellt. Schlegel betont die Eigenwertigkeit des narrativen Vorgangs gegenüber den historischen Zusammenhängen, von denen berichtet wird, und damit auch die Notwendigkeit, zwischen beiden Ebenen analytisch zu trennen.

Der Periodisierungsbegriff ‚klassisch-romantisch‘ bietet sich vor allem aus zwei Gründen an, um Schlegels Position gegenüber den erzähltheoretischen Vorstellungen der Spätaufklärer abzugrenzen: Einerseits gewinnt Schlegel seine zentralen Erkenntnisse aus der produktiven Auseinandersetzung mit der klassischen Antike. Andererseits liegt seiner gesamten Theorie die Vorstellung zugrunde, dass der Zweck der epischen Kunst nicht im Nachvollzug einer – in den Worten August Wilhelm Schlegels – bedingten Notwendigkeit liegen kann, sondern nur im Aufzeigen einer unbedingten Notwendigkeit; diese höchste und letzte Einheit aber ist nicht über die Handlung, sondern nur auf indirektem Weg über die Mittel der erzählerischen Behandlung darstellbar. Beide Aspekte von Schlegels „Phänomenologie des Epischen" (Wohlleben 1990, 54) sind für die Literatur um 1800 insgesamt, über die Binnendifferenzierung zwischen Klassik und Romantik hinweg prägend.

Friedrich Schlegels Epostheorie ist demnach kein anachronistischer Klassizismus, der in der romantischen Phase dann überwunden würde. Ebenso wenig aber ist sie „ein einsamer Findling" (Wohlleben 1990, 64) im literarischen Leben der Zeit. Sein origineller Vorstoß zu einem neuen Gattungsbegriff der Epik findet im Gegenteil zahlreiche Entsprechungen, nicht nur in seinem eigenen Werk, sondern auch, wie im Folgenden deutlich wird, in den erzähltheoretischen Diskussionen der ‚Klassiker‘.

3.2.1.2 Vom Wirkungszusammenhang zur ästhetischen Einheit

Schlegels provozierende These von der Grenzenlosigkeit der epischen Handlung stößt in der zeitgenössischen Diskussion allerdings zunächst auf Widerstand. Am 28. April 1797 schreibt Goethe nach der Lektüre des Aufsatzes „Über die Homerische Poesie" an Schiller, der junge Schlegel sei zwar ein „guter Kopf" und wohl auch „auf dem rechten Wege", habe sich aber dennoch verrannt: Wenn dem Epos tatsächlich jede Einheit abgehe, könne es nicht mehr als Kunstwerk gelten (MA 8.1, 340). Allerdings überzeichnet Goethe damit ein Stück weit Schlegels Argumentation, denn von einem Fehlen jeglicher Einheit ist dort gar nicht die Rede. Sie ist nur nicht da zu finden, wo man sie gewöhnlich sucht, nämlich auf der Ebene der dargestellten Handlung. In dieser Hinsicht berührt sich Schlegels Urteil durchaus mit den theoretischen Positionen, die Goethe und Schiller in ihrem Briefwechsel entwickeln und aus denen später der Aufsatz „Über epische und dramatische Dichtung" (1797/1827) hervorgeht.[19]

Der gattungstheoretische Austausch zwischen Goethe und Schiller setzt im Frühjahr 1797 ein. Goethe schließt zu dieser Zeit sein Epos *Hermann und Dorothea* ab, Schiller arbeitet am Wallenstein-Projekt. Die wechselseitige Teilhabe an der Arbeit des Freundes weckt das Bedürfnis nach einer schärferen theoretischen Abgrenzung der Arbeitsgebiete und damit zugleich nach den Grenzen und Gesetzen von epischer und dramatischer Literatur.[20] Wie in Schlegels Epiktheorie dreht sich auch bei Goethe und Schiller die Diskussion um die gattungsbedingten Unterschiede in der Beschaffenheit der Handlung. Und wie bei Schlegel, so findet sich auch bei Goethe und Schiller der Gedanke, dass in der Epik die kausale Verknüpfung und funktionale Hierarchisierung der Handlungssegmente weit weniger ausgeprägt ist als im Drama. Die „Selbstständigkeit seiner Teile", schreibt Schiller am 21. April 1797 an Goethe, ist der „Hauptcharakter des epischen Gedichtes", statt „ungeduldig zu einem Ziele" zu eilen, verweilt der Leser hier „mit

---

19 Zudem hatte bereits Herder in seinem 1795 in den *Horen* veröffentlichten Aufsatz „Homer, ein Günstling der Zeit" eine ähnliche Deutung der homerischen Epen vorgelegt und die lose Verknüpfung der Einzelteile zu ihrem eigentlichen Kompositionsprinzip erklärt.

20 Das Bemühen, das eigene Arbeitsfeld gegenüber dem des befreundeten Autors abzugrenzen, steht mit dem Bemühen um theoretische und begriffliche Klarheit nicht im Widerspruch (vgl. dagegen Dörr 2011, 133). In der Forschung wurden der gattungstheoretische Austausch und der Aufsatz vor allem unter werkbiografischer und textgeschichtlicher Perspektive analysiert (Gerlach 1987; Koopmann 1998, 639–644; Dörr 2011). Die theoriegeschichtliche, insbesondere erzähltheoretische Bedeutung von Goethes und Schillers Überlegungen ist dagegen weitgehend unbeleuchtet geblieben. Kornbacher (1998) diskutiert den Einfluss von August Wilhelm Schlegels Rezension von *Hermann und Dorothea* auf die Entstehung des Aufsatzes, lässt dabei aber sowohl den Bezug zur Epostheorie Friedrich Schlegels als auch den weiteren theoriegeschichtlichen Rahmen unberücksichtigt.

Liebe bei jedem Schritte" (MA 8.1, 332). Vier Tage später führt er diesen Gedanken weiter und geht dabei auch auf Goethes Bemerkung ein, dass im Epos alles Interesse auf dem Wie und nicht auf dem Was der Darstellung liege. Diese Aussage kritisiert Schiller als zu allgemein, nicht der Unterschied zwischen Inhalt und Form sei entscheidend, sondern die Frage, ob der Sinn und Zweck des Erzählens bereits in der Handlung liegt oder außerhalb davon: „Beide der Epiker und d[er] Dramatiker stellen uns eine Handlung dar, nur daß diese bei dem Letztern der Zweck, bei Ersterem bloßes Mittel zu einem absolutern ästhetischen Zwecke ist" (MA 8.1, 336). Zur Erläuterung zieht Schiller den Begriff der Exposition heran: Diese diene im Drama als Mittel, den Konflikt vorzubereiten und die Handlungsresultate zu motivieren. Ihre Relevanz beruht mit anderen Worten allein auf ihrem Funktionswert, denn sie interessiert nur, „weil sie zu etwas führt" (MA 8.1, 338). Die Handlung im Drama muss nach Schillers Urteil folglich als Wirkungszusammenhang verstanden werden; alle Aufmerksamkeit gilt hier „der Kategorie der Kausalität" (MA 8.1, 338), das heißt der Frage, warum sich die Dinge entwickeln, wie sie sich entwickeln. Im Epos hingegen, so Schiller, haben alle Ereignisse einen Eigenwert unabhängig vom Gang der Handlung. Die Aufmerksamkeit liege hier auf der Kategorie der „Substantialität" (MA 8.1, 339), das heißt auf dem selbstständigen und selbstgenügsamen Dasein der Dinge, so dass die einzelnen Handlungsteile nicht mehr funktional voneinander abgehoben werden könnten und dementsprechend „Anfang und Ende in ihrer Dignität und Bedeutung weit näher an einander" rückten (MA 8.1, 338). Aus diesem Grundsatz erklärt sich Schiller die mangelnde Zielspannung des Epos: Für den Epiker liege der Zweck nicht am Ende des Geschehensverlaufs, sondern bereits in „jedem Punkt seiner Bewegung" (MA 8.1, 332).

Sein Briefpartner kommt zu ähnlichen Ergebnissen. In dem Aufsatz „Über epische und dramatische Dichtung" (1797), den Goethe bereits im Brief vom 28. April 1797 erwähnt (MA 8.1, 341), aber erst im Dezember desselben Jahres an Schiller übersendet, ist die Rede von den ‚rückwärtsschreitenden Motiven' in der Epik (FA 18, 446).[21] Der Begriff ist etwas missverständlich, weil er sich nicht, wie man denken könnte, auf die Chronologie bezieht – dafür nutzt Goethe die Dichotomie von ‚zurückgreifenden' und ‚vorgreifenden Motiven' –, sondern auf die Teleologie der Erzählung. Im Gegensatz zu den ‚vorwärtsschreitenden Motiven', die die Handlung ihrem Ende entgegenführen, und zu den ‚retardierenden Motiven', die den Handlungsgang lediglich verzögern, „entfernen" die ‚rückwärts-

---

21 Anders als Dörr (2011) gehe ich davon aus, dass die gattungstheoretischen Überlegungen Goethes und Schillers im Grundsatz korrelieren und es deshalb wenig zielführend ist, die Theoreme des Aufsatzes auseinanderzunehmen und mit einiger interpretatorischer Gewalt einem der beiden Autoren zuzuordnen.

schreitenden' oder auch ‚retrogradierenden Motive' „die Handlung von ihrem Ziele" (FA 18, 446). Dieser, man könnte vielleicht besser sagen: digressiven Motive bedient sich nach Goethes Ansicht „das epische Gedicht fast ausschließlich", während die ‚vorwärtsschreitenden Motive' in der Dramatik überwiegen (FA 18, 446). Demzufolge macht nicht der größere oder geringere Umfang den Hauptunterschied zwischen epischer und dramatischer Handlung aus, sondern das innere Organisationsprinzip. In der Epik wird die Aufmerksamkeit des Lesers vom Ende der Handlung bewusst weggelenkt.

Es ist bemerkenswert, dass Goethe in dem Aufsatz auf Aspekte der Motivierung und Verknüpfung der einzelnen Handlungselemente kaum eingeht. Augenfällig wird dies bei seiner Unterscheidung verschiedener „*Welten*", die in der Epik und im Drama „zum Anschauen gebracht werden sollen" (FA 18, 446). Der Begriff der Welt verdeutlicht bereits, dass es Goethe um die Identifikation von Wirklichkeitsdimensionen geht und weniger um Strategien der Motivierung. Er differenziert dabei zwischen drei Welten: Erstens die physische Welt, der (Natur-) Raum, der die handelnden Personen umgibt oder der durch die Darstellung evoziert wird; zweitens die sittliche Welt, das heißt das Gebiet der Zwecke, der Handlungsabsichten und ihrer sozio-kulturellen Voraussetzungen; drittens die „Welt der *Phantasien, Ahnungen, Erscheinungen, Zufälle* und *Schicksale*" (FA 18, 446), mithin der ideellen Verknüpfungen. In welchem Verhältnis die Welten zueinander und zum Gang des Geschehens stehen oder stehen können, bleibt unbestimmt. Goethe zeigt wenig Interesse daran, die möglichen oder wünschenswerten Wirkungsbeziehungen zwischen den Welten zu konkretisieren. Im Brief, den er Schiller am 23. Dezember 1797 begleitend zum Aufsatz schickt, findet sich allerdings eine diesbezüglich aufschlussreiche Stelle. Bezogen auf sein eigenes Epos *Hermann und Dorothea* (1797) heißt es dort, dass er sich in diesem Werk bemüht habe, den Einfluss der dritten Welt auf das Geschehen, „ob gleich nicht auffallend", so doch in „leisen Spuren" anzugeben (MA 8.1, 471). Die Existenz eines ideellen Zusammenhangs eröffnet sich darin mit anderen Worten nicht an einem markanten Punkt, vorzugsweise mit dem Abschluss der erzählten Handlung, sondern über eine Reihe unscheinbarer „simbolisch[er]" Verweise (MA 8.1, 471). Mit Schiller könnte man sagen: Die Einflussnahme der dritten Welt wird nicht am Ende, dafür aber (potenziell) an jedem Punkt der Bewegung sichtbar. Dieser Bemerkung über die Unauffälligkeit des ideellen Zusammenhangs in *Hermann und Dorothea* entspricht, dass Goethe in seiner Theorie das Nebeneinander verschiedener Welten betont, ohne eine von diesen den anderen überzuordnen und ohne näher zu erklären, wie sich die Veranschaulichung der Welten in der Motivationsstruktur der epischen oder dramatischen Handlung niederschlägt.

Goethes Vorstellung eines gleichberechtigten Nebeneinanders der verschiedenen Welten und damit auch Motivierungsebenen scheint sich nicht allein auf sein Epos beziehen zu lassen. Zumindest findet sie eine bemerkenswerte Entsprechung in den Ergebnissen, zu denen Friedrich Schlegel in seiner 1798 veröffentlichten Rezension von *Wilhelm Meisters Lehrjahre* (1795–1796) gelangt. Schlegel nennt als zentrales Charakteristikum von Goethes Erzählstil die unaufdringliche Symbolisierung, die den Zusammenhang von Partikularem und Allgemeinem, Endlichem und Unendlichem immer nur als Wink und Ahnung angibt. Ihn fasziniert an dem Text jene Tendenz zur Unbestimmtheit, die er auf andere Weise auch im homerischen Epos verwirklicht sieht.[22] Ist es dort die ununterbrochene Fortbewegung des Geschehens, welche die Erwartungen an einen Zielpunkt beständig ins Leere laufen lässt und doch immer wieder neu anregt, ist es hier, in Goethes Roman, der dezente Schein von Doppelbödigkeit, der das ideelle Fundament der Ereignisse sichtbar macht und gleichzeitig dem Zugriff entzieht. Zugleich wird der pragmatische Zusammenhang nicht völlig aufgegeben. Goethes Kunst besteht nach Schlegels Ansicht gerade darin, ein Gleichgewicht auch zwischen den Motivierungsebenen herzustellen, damit nicht „das Gefühl in ein leeres Unendliches hinausstrebe, sondern das Auge nach einem großen Gesichtspunkt die Entfernung sinnlich berechnen" kann (KFSA 2, 128). Zwar bemerkt der Rezensent, dass der Roman die „gewöhnlichen Erwartungen von Einheit und Zusammenhang täuscht", fügt aber sogleich hinzu: „ebenso oft als er sie erfüllt" (KFSA 2, 134). Die Relativierung wirkt also in die eine wie die andere Richtung. Seinen Reiz erlangt der Text für Schlegel dadurch, dass er einen Zustand der Unentschiedenheit gewissermaßen perpetuiert und die pragmatischen und ideellen Zusammenhänge nie konsequent ausführt, aber auch nie ganz entkräftet.[23]

In der Spätaufklärung drehte sich die erzähltheoretische Diskussion in erster Linie um die Frage, wie mit den Mitteln der Erzählung Wirkungszusammenhänge veranschaulicht werden können. Die Theoretiker um 1800, Goethe und Schiller ebenso wie die beiden Schlegels, arbeiten dagegen mit einem Begriff der epischen Handlung, für den das Kriterium der kausalen Stringenz nicht mehr zentral ist. Die Frage nach dem Werden und Gewordensein der Begebenheiten verliert an Bedeutung, wenn die Erzählung ihr Ziel bereits in jedem Punkt ihrer Bewegung

---

22 Zu den Überschneidungen zwischen Epos- und Romantheorie bei Friedrich Schlegel vgl. Buschmeier (2008, 350–380).

23 Friedrich Schlegel verbindet dieses Erzählverfahren in seiner Rezension mit dem Begriff der Ironie. Nach Mennemeier (1971) versteht Schlegel darunter weniger ein punktuell eingesetztes Verfahren als einen Zustand. Unter Bezug auf ein Nachlassfragment Schlegels, in dem dieser die Ironie als eine „permanente Parekbase" umschreibt, spricht Mennemeier von einem „zu dauernder Präsenz gebrachte[n] Prinzip der Relativierung alles dessen, was in der empirisch-gegenständlichen Ebene des Kunstwerks spielt" (1971, 233).

hat (Schiller) oder durch rückwärtsschreitende Motive die Orientierung auf das Ende gestört wird (Goethe) oder generell ästhetische Verknüpfungsprinzipien an die Stelle der Kette von Ursachen und Wirkungen treten (Schlegel). Eine abweichende Position vertritt Wilhelm von Humboldt in seiner umfangreichen, 1799 veröffentlichten Abhandlung *Ueber Göthes Herrmann und Dorothea*. Humboldt definiert das epische Gedicht darin als die „dichterische Darstellung einer Handlung durch Erzählung" (Humboldt 1986 [1961], 267) und besteht dabei auf einem starken Handlungsbegriff, den er gegenüber dem Begriff der Begebenheit abgrenzt. Im Gegensatz zu Friedrich Schlegel geht er davon aus, dass auch die Epik Handlungen und nicht Begebenheiten zum Gegenstand hat. Auch im Epos muss ihm zufolge das „Streben nach einem bestimmten Ziele" deutlich werden, der Stoff ein „abgesondertes Ganzes" bilden und eine „bestimmte Kraft in sich enthalten, deren Richtungen der Dichter verfolgen kann" (Humboldt 1986 [1961], 257).

Die Sonderstellung von Humboldts Beitrag in der Epiktheorie um 1800 zeigt sich ebenfalls in der darin enthaltenen Diskussion über die Formen poetischer Wahrheit. Ausgangspunkt ist dabei die Frage, unter welchen Voraussetzungen eine dargestellte Handlung als wahr, das heißt ausreichend motiviert und in sich stimmig, erscheint. Der Begriff Wahrheit, so stellt Humboldt zunächst klar, bezieht sich auf dem Gebiet der Kunst nur auf die Korrespondenz des Dargestellten mit der Natur als einem Objekt der Einbildungskraft. Poetische und historische Wahrheit werden von ihm auf dieser Grundlage voneinander differenziert: „Historisch wahr ist, was in keinem Widerspruch mit der Wirklichkeit, poetisch, was in keinem Widerspruch mit den Gesetzen der Einbildungskraft steht" (Humboldt 1986 [1961], 318). Dass sich die Einbildungskraft aber allein ihren eigenen Gesetzen, „bloss der Willkühr ihres eignen Spiels" überlässt, ist nach Humboldt nur im Märchen zu rechtfertigen (1986 [1961], 318). In anderen Gattungen hingegen müsse sie sich gewissermaßen freiwillig an ein externes Organisationsprinzip anlehnen. Zwei Möglichkeiten nennt Humboldt: Einerseits kann die Einbildungskraft den „Gesetzen des menschlichen Gemüths" folgen; dann nimmt sie alles in die Darstellung auf, was „nach der allgemeinen Beschaffenheit des Gemüths, nach den allgemeinen Gesetzen der Veränderung desselben in ihm denkbar ist", unabhängig davon, ob es der allgemeinen Erfahrung entspricht oder nicht (Humboldt 1986 [1961], 318–319). Humboldt zufolge kommt diese *„idealische* Wahrheit" (1986 [1961], 319) primär in der Lyrik und in der Tragödie zur Geltung. Die Einbildungskraft kann sich andererseits aber auch an der *„pragmatischen"* Wahrheit ausrichten, dann folgt sie den „äusseren [Gesetzen] der Natur" und „verwirft alles, was nicht innerhalb des gewöhnlichen Laufs der Natur", das heißt im Bereich des Erfahrungsgemäßen, liegt (Humboldt 1986 [1961],

318 – 319). Humboldt sieht diese Motivierungsform vor allem in der Epik verwirklicht.[24]

Trotz dieser Betonung der pragmatischen Wahrheit in Bezug auf die epische
Literatur darf ein wichtiger Unterschied zum pragmatischen Erzählmodell nicht
übersehen werden: Die Herausarbeitung und Veranschaulichung des pragmatischen Nexus ist für Humboldt nicht Ziel und Zweck des Erzählens. Es geht ihm um
die Gesetze, nach denen die Einbildungskraft ihre Bilderfolgen hervorbringt. Statt
den Rezipienten zum pragmatischen Denken anzuleiten, ist es aus Humboldts
Sicht Aufgabe des Epikers, den Leser oder Zuhörer „pragmatisch zu stimmen"
(Humboldt 1986 [1961], 320), das heißt, ihm das Gefühl zu vermitteln, dass das,
was erzählt wird, dem gewöhnlichen Lauf der Dinge entspricht.[25] Der Fokus liegt
nicht auf den kausalen Verknüpfungen an sich, sondern auf der Wirkungsqualität, die von der pragmatischen Darstellung in der Epik ausgeht. Überhaupt betrachtet Humboldt die jeweilige ästhetische Wirkung als ein zentrales Kriterium
zur Einteilung der Gattungen. Die Fortsetzung der bereits zitierten Definition des
epischen Gedichts lautet: Darstellung einer Handlung durch Erzählung, „welche
[…] unser Gemüth in den Zustand der lebendigsten und allgemeinsten sinnlichen
Betrachtung versetzt" (Humboldt 1986 [1961], 267). Aus erzähltheoretischer Sicht
bedeutsam ist, dass Humboldt die Wirkungsqualität der Epik in der Erzählform
begründet sieht. Für ihn handelt es sich um ein Merkmal, das alle erzählenden
Texte gemein haben, auch wenn es vielleicht in der antiken Epik am reinsten zum
Ausdruck kommt.

> Denn was nur erzählt wird, das wird schon dadurch von selbst in eine gewisse Ferne gestellt:
> das kann daher nicht so unmittelbar auf die Empfindung einwirken; das wird mehr in das

---

24 An anderer Stelle skizziert Humboldt noch eine weitere, abweichende Einteilung von Motivierungsformen. Mit Bezug auf Goethes Epos hebt er hervor, dass alle Ereignisse darin durch „eine
dreifache Nothwendigkeit begründet" sind: erstens „als Folgen des vorher Gegebenen", zweitens
„als Mittel zum Zweck des Ganzen" und drittens „als die tauglichsten Werkzeuge zur Hervor-
bringung einer wahrhaft epischen Wirkung" (Humboldt 1986 [1961], 331). Die erste Form könnte
man als pragmatische, die zweite als finale und die dritte als ästhetische Motivierung bezeichnen.
Vgl. dazu die ähnliche, konzeptuell aber nicht identische Dreiteilung bei Martínez und Scheffel
(2007 [1999], 111 – 114).

25 Dem Begriff der Stimmung kommt in Humboldts Gattungstheorie eine zentrale Bedeutung zu.
Nach Humboldt beruht die Einteilung der Gattungen auf der Verschiedenheit von Stimmungen:
„[N]ur in so fern es der allgemeinen Beschaffenheit unsrer Phantasie nach eine dichterische
Stimmung giebt, die von allen andren wesentlich verschieden ist, kann derselben eine eigne
Gattung entsprechen" (Humboldt 1986 [1961], 250). Der Stimmungsbegriff ist dabei gleichzeitig
produktions- als auch rezeptionsästhetisch zu verstehen. Er bezieht sich auf den inneren Zustand
des Rezipienten, den die Wirkung des Kunstwerkes hervorruft, und zugleich auf den inneren
Zustand des Autors, den die Einbildungskraft „bearbeitet" (Humboldt 1986 [1961], 250).

Gebiet des Verstandes und der blossen Betrachtung gezogen; das sieht man daher mit grösserer Unpartheilichkeit, mit mehr Ruhe an; dabei kann man endlich, da es ein abgesondertes Ganzes für sich ausmacht, mehr Verbindung, mehr Totalität aufsuchen. (Humboldt 1986 [1961], 268)

Dass die erzählende Darstellung eine größere Distanz zum Gegenstand schafft und dadurch an Unmittelbarkeit verliert, hatte die Erzähltheorie der Spätaufklärung bereits ausführlich thematisiert. Was Humboldts Reflexionen davon abhebt, ist die unterschiedliche Bewertung dieser formalen Eigenschaft. Die ‚gewisse Ferne', in welche die Erzählung ihren Gegenstand rückt, wird nicht mehr als ein struktureller Nachteil aufgefasst. In diesem Punkt berühren sich Humboldts Vorstellungen mit denen Goethes, Schillers und der Schlegels. Alle diese Autoren sehen den eigentlichen Mehrwert erzählender Darstellung gerade in der freien Beweglichkeit des Erzählers, die sich aus dem (temporalen) Abstand zwischen dem Erzählakt und den erzählten Vorgängen ergibt. Aus diesem Grund richtet sich ihr theoretisches Interesse auf Textverfahren, die die Unabhängigkeit des Erzählers von der Figurenwelt und ihren Gesetzen unterstreichen, sowie auf das Verhältnis von Erzähl- und Handlungsebene.

3.2.2 „Idealisches Erzählen"

3.2.2.1 Die „dichterische Zeitfolge" und das Gesetz des Gleichgewichts

Am 19. April 1797 eröffnet Goethe den brieflichen Austausch mit Schiller über die Gattungsgesetze der Epik und Dramatik mit der These, dass es „eine Haupteigenschaft des epischen Gedichts" sei, „immer vor und zurück" zu gehen, weshalb auch „alle retardirende Motive episch" seien (MA 8.1, 331). Dabei lässt er allerdings offen, ob sich das Prinzip des Retardierens auf die Beschaffenheit der Handlung oder die Anlage der Erzählung bezieht. Beide Interpretationen sind denkbar: Die retardierenden Motive, die den Handlungsgang verzögern und dennoch, wie Goethe hinzufügt „keine eigentliche *Hindernisse*" darstellen, sind dem erzählerisch bearbeiteten Stoff bereits inhärent. Das Vor- und Zurückgehen lässt sich hingegen als Hinweis auf die narrativen Verfahren der Rückwendung beziehungsweise Vorausdeutung verstehen. Die systematische Unschärfe in Goethes Argumentation präzise erfassend, schlägt Schiller in seinem Brief vom 25. April vor, beim Prinzip des Retardierens zwischen zwei Ebenen zu unterscheiden: „Auch glaube ich, es gibt zweierlei Arten zu retardieren, die eine liegt in der Art des Wegs, die andre in der Art des Gehens, und diese deucht mir kann auch bei dem geradesten Weg [...] sehr gut statt finden" (MA 8.1, 336). Schillers Anliegen ist es, begrifflich zwischen der Ebene der Geschichte und der Ebene der Vermittlung, modern gesprochen zwischen der *histoire* und dem *discours*, zu trennen (vgl. Kap. 2.2.1). Seine Formulierung geht aber über diese Unterscheidung noch hinaus, indem sie die Unabhängigkeit, ja potenzielle Gegenläufigkeit von erzählerischem Diskurs und erzählter Geschichte hervorhebt. Die Art des Gehens muss der Art des Weges nicht zwangsläufig entsprechen.

Dass die Ordnung der Erzählung der Ordnung der Handlung nicht folgen muss, lässt sich am plausibelsten am Beispiel des Zeitverhältnisses darlegen. Aus diesem Grund betont die Epiktheorie um 1800 nicht nur die Bedeutung des Zeitkriteriums für die Unterscheidung dramatischer und erzählender Literatur, sondern darüber hinaus auch die Möglichkeiten der Erzählung, die zeitliche Ordnung der Handlung aufzuheben und umzugestalten. Als „großer wesentlicher Unterschied" von Drama und Epik wird in Goethes Aufsatz der Umstand bezeichnet, „daß der Epiker die Begebenheit als *vollkommen vergangen* vorträgt, und der Dramatiker sie als *vollkommen gegenwärtig* darstellt (FA 18, 445). Bemerkenswerterweise spricht Goethe nicht davon, dass der Epiker eine vergangene Begebenheit behandelt, sondern dass er sie ‚als' vergangen ‚vorträgt'. Das der Alltagserzählung entsprechende Verhältnis der Nachzeitigkeit zwischen Erzählakt und erzähltem Vorgang soll – so lässt sich die Formulierung wohl interpretieren – in der literarischen Erzählung nachgebildet und sogar künstlich verstärkt werden. Der Grund für die Betonung der Nachzeitigkeit liegt offenbar in der dadurch entstehenden Freiheit des Erzählers gegenüber dem Stoff, die ihm etwa ermöglicht, „nach Belieben rückwärts und vorwärts [zu] greifen" (FA 18, 447). Eine ähnliche Beurteilung des Zeitverhältnisses in der Epik findet sich in August Wilhelm Schlegels Rezension von Goethes Epos *Hermann und Dorothea* (1797), deren Lektüre Goethe im Dezember 1797 zur Revision seines Aufsatzes veranlasst.[26] „Die Zeitverhältnisse der Wirklichkeit werden aufgehoben", schreibt Schlegel, „und alles fügt sich in eine nach den Gesetzen schöner Anschaulichkeit geordnete dichterische Zeitfolge" (Schlegel, A. 1984 [1964], 121). Die Zeitfolge der

---

26 Kornbacher (1998) sieht in dieser konzeptuellen Übereinstimmung einen Beleg dafür, dass Goethes Aufsatz entscheidend von Schlegels Rezension beeinflusst wurde. Dem widerspricht Dörr (2011, 127). Dabei ist nicht zu vergessen, dass das Theorem des Vergangenheitscharakters der Erzählung theoriegeschichtlich betrachtet keineswegs neu ist. Auch Schiller nutzt es bereits einige Jahre zuvor in seinem Aufsatz „Ueber die tragische Kunst" (1792): „Alle erzählende Formen machen das Gegenwärtige zum Vergangenen; alle *dramatische* machen das Vergangene gegenwärtig" (Schiller 1962, 165). Wichtig ist, dass Schiller sich hier noch ganz im Vorstellungskreis des pragmatischen Erzählmodells bewegt und den Vergangenheitscharakter der Erzählung tendenziell als Nachteil deutet: „Die Epopee, der Roman, die einfache Erzählung rücken die Handlung, schon ihrer Form nach, in die Ferne, weil sie zwischen den Leser und die handelnden Personen den Erzähler einschieben. Das Entfernte, das Vergangene schwächt aber, wie bekannt ist, den Eindruck und den theilnehmenden Affekt; das Gegenwärtige verstärkt ihn" (Schiller 1962, 165).

Erzählung untersteht mit anderen Worten ästhetischen Gesetzen und nicht den Maßstäben der Erfahrungswirklichkeit.

Wie bereits am Gegenstand von Friedrich Schlegels Schriften zur Epiktheorie deutlich wurde, kann das Theorem des Vergangenheitscharakters der Erzählung auch herangezogen werden, um die besonderen Eigenschaften der epischen Handlung – die reduzierte Teleologie, die Offenheit und Erweiterbarkeit, die Selbstständigkeit der Einzelteile – daraus abzuleiten. Zeit- und Handlungsstruktur sind demnach eng miteinander verwoben. Eben diesen Zusammenhang arbeitet auch Schiller heraus, am deutlichsten in seinem Brief an Goethe vom 26. Dezember 1797. Zum Unterschied zwischen dramatischer und epischer Handlung heißt es dort:

> Die dramatische Handlung bewegt sich vor mir, um die epische bewege ich mich selbst, und sie scheint gleichsam stille zu stehn. [...] Bewegt sich die Begebenheit vor mir, so bin ich streng an die sinnliche Gegenwart gefesselt, meine Phantasie verliert alle Freiheit, es entsteht und erhält sich eine fortwährende Unruhe in mir, ich muß immer beim Objekte bleiben, alles Zurücksehen, alles Nachdenken ist mir versagt, weil ich einer fremden Gewalt folge. Beweg ich mich um die Begebenheit, die mir nicht entlaufen kann, so kann ich einen ungleichen Schritt halten, ich kann nach meinem subjektiven Bedürfnis mich länger oder kürzer verweilen, kann Rückschritte machen oder Vorgriffe tun u.s.f. Es stimmt dieses auch sehr gut mit dem Begriff des *Vergangenseins*, welches als stillstehend gedacht werden kann, und mit dem Begriff des *Erzählens*, denn der Erzähler weiß schon am Anfang und in der Mitte das Ende, und ihm ist folglich jeder Moment der Handlung gleichgeltend, und so behält er durchaus eine ruhige Freiheit. (MA 8.1, 473)

Das Bild ist eindrücklich, doch die Argumentation bedarf der Erläuterung. Dörr (2011, 131) weist darauf hin, dass Schiller offenbar von den medialen Bedingungen des modernen Lesers ausgeht und nicht vom mündlichen Erzählen. Schließlich seien die eigenständigen Vor- und Rückgriffe dem Zuhörer des antiken Epos ebenso wenig möglich wie dem Theaterzuschauer. Dem ist entgegenzusetzen, dass sich die Bemerkung nicht ausschließlich auf den Aspekt der Rezeption bezieht. Wie der Hinweis auf den Erzähler verdeutlicht, urteilt Schiller auch aus produktionsästhetischer Perspektive. Es geht also nicht nur um den Lektüreeindruck, sondern auch um die Art und Weise, wie sich die Handlung dem Produzenten des Textes, dem Erzähler, darstellt. Die Vor- und Rückgriffe beziehen sich deshalb vermutlich weniger auf das Vor- und Zurückblättern des Lesers als auf die erzählerischen Verfahren der Vorausdeutung und Rückwendung. Bemerkenswert ist aber vor allem die Schlusswendung des Gedankens. Dass dem Erzähler, weil er von Beginn an um das Ende wisse, jeder Moment gleich viel gelte, ist alles andere als selbstverständlich. Die These ließe sich auch umkehren: Das Wissen um das Ende erleichtert dem Erzähler die Selektion und Akzentuierung der entscheidenden Ereignisse. Schillers Argumentation ist an dieser Stelle vielleicht nicht zwingend, deckt sich aber mit seinem Begriff der epischen Handlung. Die gleichmäßige Verteilung des Erzählerinteresses entspricht der Gleichwertigkeit und Selbstständigkeit der einzelnen Handlungsteile. Der Gleichmut und die Ruhe, mit denen der Erzähler die Ereignisse betrachtet, korrespondieren mit der reduzierten Teleologie und Offenheit des Geschehens.

Mit der Gleichgültigkeit gegenüber funktionalen Hierarchien innerhalb des Handlungsgefüges betont Schiller ein wichtiges Charakteristikum des klassisch-romantischen Erzählerkonzepts. In den erzähltheoretischen Texten der Zeit finden sich zahlreiche vergleichbare Äußerungen: Im „schönste[n] Gleichgewicht und Maß der stetigen und unermüdlichen Bewegung", heißt es bei August Wilhelm Schlegel, verweile der Erzähler „bei jedem Punkte der Vergangenheit mit so ungeteilter Seele, als ob demselben nichts vorher gegangen wäre und auch nichts darauf folgen sollte" (1984 [1964], 122). Zu diesem Erzählerkonzept gehört zugleich die Absenz von Anzeichen emotionaler Teilnahme. Der Erzähler, schreibt Schlegel, gleiche einem „bloß beschauende[n] Wesen"; seine Erzählung könne dem Leser durchaus Teilnahme abnötigen, er selber aber zeige sich stets völlig „leidenschaftslos" (1984 [1964], 120 – 121). In Goethes Aufsatz heißt es über den Rhapsoden, er erscheine als ein „weiser Mann [...], der in ruhiger Besonnenheit das Geschehene übersieht" und in seinem Vortrag das „Interesse egal verteilen" wird, „weil er nicht im Stande ist, einen allzulebhaften Eindruck geschwind zu balancieren" (FA 18, 447). Und in Humboldts Abhandlung wird das sogenannte „Gesetz des Gleichgewichts" aufgestellt (1986 [1961], 315). Es fordert vom Erzähler, dass er von den „ausschliesslichen Ansprüchen Einzelner" absieht, „sogar gegen den nothwendigen Untergang Einzelner gleichgültig" bleibt und beim Leser „keine Empfindung ausschliessend oder auch nur mit auffallendem Uebergewicht" erregt (Humboldt 1986 [1961], 315).

Die Dinge im Gleichgewicht zu halten, ist nach den Vorstellungen der klassisch-romantischen Erzähltheorie die wichtigste Funktion des Erzählers; mögliche andere Funktionen wie Selektion, Akzentuierung oder Kommentierung der Geschehnisse treten dagegen zurück. Ein weiteres Charakteristikum ist, dass der Vermittlungsinstanz – Goethes Bemerkung vom Rhapsoden als einem weisen Mann zum Trotz – in der Regel wenig Figuralität zugeschrieben wird. Die Erzähltheorie um 1800 präferiert einen entpersonalisierten Erzähler, der zudem so wenig Spuren wie möglich vom empirischen Autor trägt.

3.2.2.2 Die Stimme der Einbildungskraft

Die Präferenz eines leidenschaftslosen Erzählens deutet bereits darauf hin, dass in der vermittelnden Instanz weniger eine den fiktiven Charakteren vergleichbare Person gesehen wird als ein „höheres" und gleichsam „rein anschauendes Wesen

[...], das über alle Teilnahme erhaben ist" (Schlegel, A. 1989, 61). Die Tätigkeit dieser Instanz entspricht nach Ansicht August Wilhelm Schlegels deshalb auch nicht dem „Begriff des natürlichen Erzählens", sondern stellt „ein idealisches Erzählen" (Schlegel, A. 1989, 465) dar, bei dem jede Form des persönlichen Engagements unterdrückt und jeder Selbstbezug auf den Sprechenden ausgeblendet wird. Konsequent weitergedacht heißt dies, dass auch der Autor als empirisch fassbare Person zum Verschwinden gebracht werden muss. Der Erzählerbericht kann vor diesem Hintergrund nicht mehr als das Wort des Autors aufgefasst werden, aber ebenso nicht – und das unterscheidet diese Konzeption von der Autor-Erzähler-Trennung in der modernen Narratologie – als Rede einer fiktiven Figur. Die Disjunktion von empirischem Autor und Erzähler resultiert in diesem Kontext gerade aus der Absicht, möglichst jeden Anschein von Figuralität und Persönlichkeit zu vermeiden. Der Erzähler ist gewissermaßen der Repräsentant nicht des empirischen, sondern eines idealen Autors, wobei hier unter idealem Autor keine im Text angelegte Zuschreibungsinstanz zu verstehen ist, sondern das von der historischen Person abstrahierte dichterische Vermögen, mithin die Einbildungskraft. Dies gilt unabhängig davon, wie vordergründig oder offen (im Sinne von Chatmans Konzept des *overt narrator*) die Erzählinstanz angelegt ist. So unterscheidet Humboldt zwei Arten der erzählerischen Darstellung danach, ob es „dem Dichter mehr auf eine gewisse bestimmte Thätigkeit der Einbildungskraft oder nur auf Thätigkeit überhaupt" ankommt, ob ihm mehr daran liegt, „gerade nur dieses oder jenes Bild" oder „bloss überhaupt in einem gewissen Ton und Rhythmus Bilder" zu erzeugen (1986 [1961], 178). Den ersten Typ sieht er in den homerischen Epen verwirklicht. Hier „tritt immer der Gegenstand auf, und der Sänger verschwindet" (Humboldt 1986 [1961], 179). Der zweite Typ entspricht dem ‚launigen' Erzählstil Ariosts, bei dem der „Dichter [...] immer zugleich mit auf der Bühne" bleibt (Humboldt 1986 [1961], 179). Mit dieser Formulierung ist aber nicht der Dichter als reale Person gemeint, sondern die Macht, die er verkörpert. Humboldt versteht Ariosts Erzählstil deshalb als Ausdruck einer dominant selbstbezüglichen Einbildungskraft, die „nicht bildend, ein bestimmtes Object erzeugt", sondern nur „ihre eigne Kraft immer wieder von neuem hervorbring[t]" (1986 [1961], 184). Deshalb kann Humboldt auch davon sprechen, dass Ariosts Erzählen mit der „Person" des Autors zugleich die des Lesers sichtbar macht: „Im Homer ist durchaus bloss die Natur und die Sache, im Ariost immer zugleich auch die Kunst und die Person, sowohl die des Dichters, als die des Lesers. Denn wenn der Leser sich selbst vergessen soll, darf er nicht an den Dichter erinnert werden" (Humboldt 1986 [1961], 180). Die Tätigkeit der Einbildungskraft verbindet den Produzenten mit dem Rezipienten.

Ein vergleichbares Erzählerkonzept lässt sich der bekannten und bereits zitierten Passage aus Goethes Aufsatz entnehmen, in der die Unterschiede zwischen dramatischer und erzählender Darstellungsform aus der Tätigkeit der vermittelnden Instanzen (Rhapsode vs. Mime) abgeleitet werden.

> Die Behandlung im Ganzen betreffend, wird der Rhapsode, der das vollkommen Vergangene vorträgt, als ein weiser Mann erscheinen, der in ruhiger Besonnenheit das Geschehene übersieht; [...] er wird nach Belieben rückwärts und vorwärts greifen und wandeln, man wird ihm überall folgen, denn er hat es nur mit der Einbildungskraft zu tun, die sich ihre Bilder selbst hervorbringt, und der es auf einen gewissen Grad gleichgültig ist, was für welche sie aufruft. Der Rhapsode sollte als ein höheres Wesen in seinem Gedicht nicht selbst erscheinen, er läse hinter einem Vorhange am allerbesten, so daß man von aller Persönlichkeit abstrahierte und nur die Stimme der Musen im Allgemeinen zu hören glaubte. (FA 18, 447)

Zunächst ist bemerkenswert, dass sich Goethe mit dem Begriff des Rhapsoden allein auf eine vermittelnde, möglicherweise auch ordnend und strukturierend tätige Instanz bezieht, nicht aber auf den Urheber der epischen Erzählung. Die Frage nach dem Bezug von Erzähler und Autor wird so grundsätzlich ausgeklammert. Zudem ist die Rede davon, dass der Rhapsode idealerweise nur in körperloser Form als eine ‚Stimme' gegenwärtig ist. Diesem Verständnis nach hat der Rezipient von den individuellen Besonderheiten des Sprechenden, von dessen Person völlig zu abstrahieren. Was er hört, ist nicht die Stimme eines realen Erfahrungssubjekts, sondern die ‚der Musen im Allgemeinen', mithin die Stimme der Einbildungskraft. Der empirische Autor wird hier als Faktor der poetischen Produktion gleichsam übersprungen und sowohl der schöpferische Akt als auch die narrative Vermittlung einer unpersönlichen Instanz überantwortet.[27]

Eine Stimme ist körperlos, aber dennoch hörbar. Die völlige Zurückdrängung oder Dissimulation des Erzählers verlangt dieses Konzept nicht. Der narrative Rahmen bleibt präsent, und dies nicht zuletzt deshalb, weil die Vernehmbarkeit der Erzählerstimme erheblich zu der von den Theoretikern eingeforderten Distanz zum Stoff und zur Evokation des Vergangenheitscharakters der Erzählung beitragen kann. Wie Humboldt betont, verhindert die Mittelbarkeit des Erzählens die emotionale Vereinnahmung des Rezipienten: Dadurch, dass „immer eine dritte Person, der Erzähler", zwischen dem Leser und dem dargestellten Gegenstand steht und alles „erst durch unser intellectuelles Vermögen hindurch[geht], ehe es unser Gefühl zu berühren im Stande ist" (Humboldt 1986 [1961], 270), wird einer zu stark aufs Stoffliche ausgerichteten Rezeptionsweise entgegengewirkt und das Gleichgewicht zwischen den in Bewegung gesetzten menschlichen Gemütskräften (Gefühl, Verstand und Phantasie) gewährleistet.

---

27 Zur Entwicklung und den Verwendungsweisen des narratologischen Konzepts der Stimme, das hier erstmals auftaucht, vgl. auch Aczel (2005) und Blödorn et al. (2006).

Die Instanz, die eine intellektuelle Distanz zum erzählten Stoff herstellt, muss aber nicht unbedingt der Erzähler sein. In der Korrespondenz mit Goethe über den *Wilhelm Meister* entwickelt Schiller eine Deutung des Romanhelden als einer Mittlerfigur, die dem Rezipienten den nötigen Abstand und Raum zur Reflexion verschafft. Er bezeichnet Wilhelm deshalb als die „notwendigste aber nicht die wichtigste Person" des Romans und meint damit, dass sich die Bedeutung des Helden weniger aus dem Handlungszusammenhang als aus dem Vermittlungsvorgang ergebe (MA 8.1, 279).

> [S]chon zur bloßen *Darstellung* des Ganzen [hätte] kein anderer so gut gepaßt. Nicht nur der *Gegenstand* verlangte ihn, auch der *Leser* brauchte ihn. Sein Hang zum reflektieren hält den Leser im raschesten Laufe der Handlung still, und nötigt ihn immer vor- und rückwärts zu sehen und über alles was sich ereignet zu denken. Er sammelt so zu sagen den Geist, den Sinn, den *innern* Gehalt von allem ein, was um ihn herum vorgeht, verwandelt jedes dunkle Gefühl in einen Begriff und Gedanken, spricht jedes einzelne in einer allgemeineren Formel aus, legt uns von allem die Bedeutung näher, und indem er dadurch seinen eigenen Charakter erfüllt, erfüllt er zugleich aufs vollkommenste den Zweck des ganzen. (MA 8.1, 196)

Die Figur übernimmt demnach narratoriale Funktionen: Sie ordnet, synthetisiert, interpretiert. Obwohl sie mitten in der Handlung steht, gleicht sie in Schillers Augen einem ruhenden Pol, um den herum sich alles bewegt.[28] Die Passivität und Biegsamkeit Wilhelms wird in der zeitgenössischen Rezeption von Goethes Roman kontrovers diskutiert; auch Humboldt geht in einem Brief an Goethe auf diesen Aspekt ein, deutet diese Eigenschaften aber eher handlungslogisch, nämlich als notwendige Bedingung für die Zusammenführung unterschiedlicher Personen und Situationen.[29] Schiller hebt dagegen stärker die Vermittlungsfunktion hervor, Wilhelms Gemüt erscheint ihm als ein „treuer", aber nicht „bloß passiver Spiegel der Welt", dessen poetisches, aber nicht schwärmerisches „Sehen" erst den Zusammenhang und inneren Gehalt der Begebenheiten offenlege (MA 8.1, 197). Das Konzept des Helden als Spiegel und Bindeglied zwischen Erzähl- und Handlungsebene, das Schiller hier entfaltet, ist nicht nur im Rahmen des klassisch-romantischen Erzählmodells von Bedeutung. In unterschiedlichen Interpretationen begegnet es regelmäßig in den erzähltheoretischen Diskussionen des neunzehnten Jahrhunderts, unter anderem auch in Ludwigs *Romanstudien* (vgl. Kap. 4.1.3.1).

---

28 „*An* ihm und *um* ihn geschieht alles, aber nicht eigentlich *seinet*wegen", analysiert Schiller (MA 8.1, 279).

29 Vgl. dazu Humboldts Brief an Goethe vom 24. November 1796 (Goethe 1988, 258). Zur Einordnung der Stellungnahmen Humboldts und Schillers in die Rezeptionsgeschichte und in den Epochenkontext vgl. M. Engel (1993, 236 – 245).

3.2.2.3 „Episierte" Dialoge

Im Rahmen des klassisch-romantischen Erzählmodells wird also ein Erzähler-konzept geprägt, das Verborgenheit und Offenheit, Zurück- und Hervortreten der Vermittlungsinstanz miteinander vereint. Abgelehnt wird eine ausgeprägte Figuralität, da der Erzähler weder als fiktive Person noch als *alter ego* des Autors, sondern eher als Verkörperung der Einbildungskraft verstanden wird. Gleichzeitig wird der Vermittlungs- und Kommunikationscharakter des Erzählens betont, ebenso wie die (temporale) Distanz zwischen Erzählakt und erzähltem Geschehen. Dieses Erzählerkonzept beeinflusst nun auch die Vorstellungen von der Anlage des erzählten Dialogs und der Figurenrede.

Zunächst ist zu bemerken, dass diesem Gesichtspunkt in der theoretischen Diskussion deutlich weniger Aufmerksamkeit geschenkt wird, als dies im pragmatischen Erzählmodell der Fall war. Unter den hier besprochenen Theoretikern ist es einzig August Wilhelm Schlegel, der dieses Thema ausführlicher behandelt. Seine Kritik gilt dabei der Dichtungs- und Dialogtheorie der Spätaufklärung, der er eine zu starke Orientierung an den Begriffen und Maßstäben der Alltagserzählung beziehungsweise des alltäglichen Gesprächs vorwirft. Damit degradiere die Theorie die Kunst auf „leidende Nachahmung", während doch die aus der Wirklichkeit vertrauten Redeformen, Dialog und Erzählung, auf dem Gebiet der Kunst eine qualitative Veränderung erführen und zwar je nach „Wesen der Dichtart", die sich ihrer bediene (Schlegel, A. 1984 [1964], 120). „Der epische Dialog ist ebensowenig ein bloß natürlicher als der tragische", schreibt Schlegel (1984 [1964], 120). Er sei vielmehr „episiert", was bedeute, dass seine „unstetige Flüchtigkeit durch die gleichförmige Ruhe der Darstellung gefesselt" werde (Schlegel, A. 1984 [1964], 123–124). Was den epischen Dialog vom natürlichen abhebe, sei zum einen seine reduzierte Teleologie: „Im gewöhnlichen Leben eilt die Rede nach einem gewissen Ziele fort und hält sich auf dem Wege dahin nicht auf. In epischen Reden herrscht aber Ruhe, als ob in keinem Momente auf den folgenden gedacht würde" (Schlegel, A. 1989, 63). Zum anderen, so Schlegel weiter, sei die Verknüpfung der einzelnen Redeteile nur „lose", das heißt nicht von der Logik des Gedankengangs oder der Psyche des Redenden bestimmt, und die Gesprächsentwicklung dementsprechend digressiv (1984 [1964], 124). Schließlich fehle der epischen Figurenrede auch die individuelle Abstufung, der „Erzähler" versetze sich nicht in die Denk- und Sprechweise seiner Charaktere, sondern bilde „sie zur Gleichartigkeit mit den übrigen Theilen der Erzählung um" (Schlegel, A. 1989, 465). Figuren- und Erzählerrede sollen also nach Schlegels Vorstellung weitgehend assimiliert werden; auch in dieser Beziehung greift die Forderung nach Homogenität und Gleichmäßigkeit des Erzählerdiskurses. Denn die Einheit des epischen Kunstwerks – dies ist der Kerngedanke des klassisch-romantischen Erzählmodells – beruht weniger auf dem Zusammenhang der Handlung als auf der Einheitlichkeit ihrer narrativen Repräsentation.

Schlegels Bemerkungen zum Dialog und zur Figurenrede werden auch deshalb hier wiedergegeben, weil an ihnen die Unterschiede zu den Positionen des idealistischen und realistischen Erzählmodells klar hervortreten. Im Kontext des idealistischen Erzählmodells dominiert, wie noch zu zeigen sein wird (vgl. Kap. 3.3.3.2), ein Dialog-Begriff, der die Kriterien der Zielstrebigkeit, Handlungsbezogenheit und Gradlinigkeit geltend macht. Ein Theoretiker wie Ludwig dagegen akzentuiert wieder stärker die Eigenbeweglichkeit der Figurenrede, das heißt ihre relative Unabhängigkeit vom Gang der Handlung. Anders als Schlegel aber verbindet er damit ein dezidiert mimetisches Interesse (vgl. Kap. 4.1.7). Das „Stürmische und Unordentliche der Gemütsbewegungen" (Schlegel, A. 1984 [1964], 125 – 126) nachzuahmen, was Schlegel in Abkehr von der pragmatischen Erzähltheorie vehement zurückweist, erhebt Ludwig erneut zur hauptsächlichen Aufgabe der Dialogführung.[30]

3.2.3 Zwischenspiel: Jean Pauls *Vorschule der Ästhetik*

Jean Pauls *Vorschule der Ästhetik*, die zuerst 1804 und in erweiterter Auflage 1813 erschien, nimmt in dem hier entwickelten theoriegeschichtlichen Rahmen gleich in mehrfacher Hinsicht eine Sonderstellung ein. Zunächst ist zu bemerken, dass darin explizit erzähltheoretische Überlegungen im Vergleich zu den epiktheoretischen Beiträgen Schillers und Goethes, aber auch der Brüder Schlegel deutlich weniger Raum einnehmen und die Argumentation stärker auf die Einzelgattungen

---

30 Wie zum Dialog finden sich auch zur Problematik der narrativen Wiedergabe von Gemütszuständen, Gedanken und Gefühlen in der klassisch-romantischen Erzähltheorie wenig ergiebige Analysen. Eine Ausnahme stellt auch in diesem Punkt Humboldts Abhandlung dar. Gekoppelt wird die Diskussion hier an die Thematik des Wunderbaren, worunter Humboldt Momente der Unberechenbarkeit, des Zufälligen und scheinbar Grundlosen versteht, die im antiken Epos durch das Eingreifen der Götter bewirkt würden, im modernen Epos hingegen in den „verborgnen Tiefen unsres Gemüths" (1986 [1961], 222) wurzelten. Denn „ein grosser Theil der Thätigkeit unsrer Seele [liege] in seinem Détail ausser dem Kreis unsres Bewusstseyns" und „Gedanken und Empfindungen" schössen oft „wie aus unbekannten Tiefen" hervor; diese „unbewussten Vorstellungen" aber stünden mit den „Begebenheiten im Bunde" und beeinflussten unmerklich den Gang der Dinge (Humboldt 1986 [1961], 221). Aufgabe des Epikers ist es Humboldt zufolge gleichwohl nicht, dieses Unbewusste zum Gegenstand der Darstellung zu machen und so dem Wunderbaren auf den Grund zu gehen. Die Gedankenwiedergabe sollte stattdessen vorwiegend indirekt erfolgen, etwa indem der Rezipient in eine ähnliche Stimmung wie der Held versetzt werde und auf diese Weise nachempfinden könne, was in dem Charakter vorgehe (vgl. Humboldt 1986 [1961], 224).

Epos und Roman ausgerichtet bleibt. Das verrät bereits die Kapiteleinteilung: Das „XI. Programm" der *Vorschule* behandelt die „Geschichtsfabel des Drama und des Epos", das „XII. Programm" ist dagegen allein dem Roman gewidmet; es enthält Überlegungen zu einer Typologie der Romanformen, wobei Jean Paul unter anderem zwischen einem „epische[n]" und einem „dramatische[n] Roman" differenziert (2015, 144 – 147). Gleichwohl plädiert er an anderen Stellen für ein Zusammenfassen der Gattungen, nennt beispielsweise Homers *Odyssee* den epischen „Ur-Roman" (Jean Paul 2015, 125), weshalb immer wieder auch narratologisch relevante Überlegungen in seine Darstellung einfließen. Eine zweite Besonderheit der *Vorschule* liegt darin, dass sie wie das gesamte Œuvre Jean Pauls nur schwer einem Literatursystem beziehungsweise einem Erzählmodell zuzuordnen ist. Auf der einen Seite wird ein deutliches Abrücken von der romantischen Unbestimmtheitspoetik und damit dem klassisch-romantischen Erzählmodell erkennbar, auf der anderen Seite zeigt sich im Fehlen einer idealistischen Fundierung eine deutliche Differenz zur hegelianischen Ästhetik.[31] Seine Sonderstellung verdankt der Text schließlich seiner bemerkenswerten Wirkung. Trotz zum Teil divergierender poetologischer und anthropologischer Voraussetzungen übernimmt die Erzähltheorie des neunzehnten Jahrhunderts zentrale Theoreme und Formulierungen vor allem zum Unterschied zwischen epischer und dramatischer Handlung. Auch aus diesem Grund bietet es sich an, auf die für den vorliegenden Zusammenhang wichtigsten Aspekte des Textes kurz einzugehen.

Im Kontext einer Geschichte der Erzähltheorie sind die Bemerkungen zur Beschaffenheit der Handlung in Drama und Epos von besonderem Interesse. Charakteristisch für Jean Pauls Argumentation ist eine eigentümliche Spannung zwischen der Betonung der Kontingenz und Zufälligkeit menschlicher Geschicke auf der einen und der Forderung nach Kohärenz und einer überzeugenden Motivierung der Handlung auf der anderen Seite:

> Da alles geschehen, jede Ursache die Welt-Mutter von 6 Jahrtausenden oder von einer Minute werden und jede Berg-Quelle als ein Strom nach allen Weltgegenden hinab oder in sich zurückfallen kann; da jeden Zufall ein neuer, jedes Schicksal ein zweites zurücknehmen kann: so muß doch, wenn nicht ewig fieberhafte kindische Willkühr und Unbestimmung hin und her wehen soll, durchaus irgend ein Geist ins Chaos greifen und es ordnend bändigen; nur daß hier die Frage und Wahl der Geister bleibt. (Jean Paul 2015, 109)

---

31 Berhorst (2002), der Jean Pauls Gattungsbegriff der Epik umfassend aufarbeitet, betont die Korrespondenzen zur Epiktheorie der Brüder Schlegel, Goethes und Schillers. Wichtigster Überschneidungspunkt ist seiner Ansicht nach die Auffassung der Zeit, konkret: die Außerkraftsetzung der Zeitverhältnisse im Epos (2002, 141). Für Götz Müller (1996 [1990]) hingegen fußt Jean Pauls Ästhetik im Allgemeinen auf einer Kritik an der Frühromantik und dem Willen zur Korrektur transzendentalphilosophischer Konzepte.

Die *inventio* beginnt für den Autor mit einem Blick in das Chaos: Jeder Augenblick eröffnet *virtualiter* eine unüberschaubare Reihe von Entwicklungen. Eine „Unendlichkeit möglicher Welten" (Jean Paul 2015, 115) stehe dem Dichter zur Verfügung. Daraus zieht Jean Paul aber nicht die Konsequenz, dass die Handlung in Drama und Epos eben diese Kontingenz abzubilden habe. Weder plädiert er an dieser Stelle für ein multilineares[32], sich gleichsam willkürlich verzweigendes Erzählen noch spricht er sich für eine Unterordnung der Handlungs- unter die Erzählebene aus, wie sie die Brüder Schlegel in ihrer Epiktheorie vornehmen. Zwar zitiert er deren These vom unbestimmten Ende und Umfang des Epos (Jean Paul 2015, 111), doch die Forderung nach einer geschlossenen Handlungsstruktur gibt er deshalb nicht auf. Der ästhetische Nexus, den das Erzählen zu stiften vermag, ersetzt bei ihm nicht den handlungsinternen Wirkungszusammenhang. Stattdessen aktiviert Jean Paul die theologische Vorstellung vom ‚Geist', der Ordnung in das Chaos bringt. Dieser ‚Geist' ist hier zunächst der Autor selbst. Ähnlich wie Blanckenburg stützt sich auch Jean Paul auf das Konzept vom Dichter als zweitem Schöpfer und führt die Kohärenz der dargestellten Handlung auf die auktoriale Verfügungsgewalt über den Stoff zurück. Das erste Kapitel jedes Romans – Jean Paul spricht vom „Allmacht-Kapitel" (2015, 163) – gleiche einem Schöpfungsakt, bei dem der Autor aus der Fülle an Möglichkeiten einzelne Faktoren und Bestimmungen auswähle, um dann die Handlung aus diesen Voraussetzungen entwickeln zu können. Damit ist der Autor freilich nicht von den „Erfindung-Foltern" (Jean Paul 2015, 115), der drückenden Last der Möglichkeiten befreit. Der Theoretiker empfiehlt deshalb kurzerhand die Orientierung an geschichtlichen Stoffen: Denn „[e]in Dichter, der sich diese Schöpfung aus Nichts durch ein fertiges historisches Welt-Theilchen erspart, hat blos das Entwicklungsystem (Epigenesis) zu befolgen" (Jean Paul 2015, 117). Indem er sich von der Geschichte Charaktere und Wahrscheinlichkeit borge, werde ihm „die halbe Mühe des Motivierens" genommen (Jean Paul 2015, 119).

An die Erzähltheorie der Spätaufklärung erinnert Jean Pauls Argumentation nicht nur wegen des Rückgriffs auf das *alter-deus*-Konzept; auch die Fokussierung auf die Charaktere und das Bemühen, deren innere Autonomie zum eigentlichen Garanten der dramaturgischen Einheit zu machen, erinnert an die pragmatische Erzähltheorie. In diesem Sinne sind für Jean Paul auch die Charaktere die „Geister", die „Bestimmung ins Unbestimmte des Mechanischen" bringen (2015, 109). Der Gedanke dahinter ist, dass die Allmacht des Autors – die letztlich dessen

---

32 Der Begriff des multilinearen Erzählens (*multi-path narrative*) wird in der Narratologie zur Beschreibung virtueller Welten und narrativer Strukturen von Computerspielen genutzt. Vgl. dazu Aarseth (2005).

Orientierungslosigkeit nur befördert, weil sie den Blick „gegen alle Kompaspunkte der Möglichkeit" (Jean Paul 2015, 117) zugleich freigibt – durch die innere Konsequenz der Charaktere in heilsamer Weise eingeschränkt wird: „Die todte Materie des Zufalls ist der ganzen Willkür des Dichters unter die bildende Hand gegeben. [...] Nur aber Geister darf er nicht ändern, so wie Gott uns die Freiheit blos geben, nicht stimmen kann" (Jean Paul 2015, 109).[33] Die Konstanz des Charakters ist ein bestimmender Faktor, wobei diese Konstanz nicht mehr wie noch bei Blanckenburg an der Übereinstimmung von äußerer und innerer Geschichte festgemacht wird, sondern an der Entsprechung von Intention und Tat. Jean Paul definiert den Charakter über seinen Willen: „Der Charakter ist blos die Brechung und Farbe, welche der Strahl des *Willens* annimmt" (2015, 69). Wichtiger als die pragmatische Motivierung einzelner Handlungsschritte ist deshalb die Demonstration der Autonomie der Figur und der freien Entfaltung ihres Willens. Betont wird mit anderen Worten der ideale Wirkungszusammenhang, der sich von der „schweren Kette der Ursächlichkeit" (Jean Paul 2015, 137) ein Stück weit losmacht: „Für das luftige ätherische Geisterreich der Poesie ist der Prozeßgang der Reichsgerichte der Wirklichkeit viel zu langsam: die Sylphide will auf keiner Musen-Schnecke reiten" (Jean Paul 2015, 137).

In dieser Hinsicht konstatiert Jean Paul allerdings einen grundsätzlichen Unterschied zwischen Drama und Epos: Letzteres „bedarf weniger Motivierungen als das Drama, nicht nur, weil dort höhere Gestalten in höherem Elemente gehen, sondern auch, weil sich dort mehr die Welt, hier aber die Menschen entwickeln" (Jean Paul 2015, 137). Im Hintergrund steht das bereits bei Friedrich Schlegel anzutreffende Theorem vom begebenheitlichen Charakter der epischen Handlung, in der Wille und Handlungsgewalt des Einzelnen von zahlreichen äußeren Faktoren beeinflusst und beschränkt werden. Doch unterstreicht Jean Paul zugleich nachdrücklich, dass an die Stelle des autonom handelnden Einzelnen nicht einfach die Willkür der Umstände oder der blinde Zufall trete. Stattdessen werde im Epos die gesamte Menschheit oder auch: der „Weltgeist" (2015, 111) zum handelnden Subjekt:

> Im Drama herrschet ein Mensch und zieht den Blitz aus der Wolke auf sich; im Epos herrschet die Welt und das Menschengeschlecht. [...] Das Epos breitet das ungeheuere Ganze vor

---

[33] Das Problem der Stofffindung wird damit freilich nur verschoben, denn nun stellt sich die Frage nach dem Erschaffen der Charaktere. Jean Paul weicht hier auf eine traditionelle Inspirationsmetapher aus und spricht vom Blitz, der den wahren Charakter gebiert (2015, 73). Auch empfiehlt er, wie bereits betont, die Übernahme historischer Charaktere: „Ein bekannt-historischer Charakter, z. B. Sokrates, Cäsar, tritt, wenn ihn der Dichter ruft, wie ein Fürst ein und setzt sein Kognito voraus; ein Name ist hier eine Menge Situationen" (Jean Paul 2015, 117).

uns aus und macht uns zu Göttern, die eine Welt anschauen; das Drama schneidet den Lebenslauf Eines Menschen aus dem Universum der Zeiten und Räume und lässet uns als dürftige Augenblickwesen in dem Sonnenstrahle zwischen zwei Ewigkeiten spielen; es erinnert uns an uns, so wie das Epos uns durch seine Welt bedeckt. (Jean Paul 2015, 111)

Das Epos kann deshalb Forderungen nach kausaler Stringenz und Geschlossenheit nicht im gleichen Maße erfüllen wie das Drama. In dieser Hinsicht vertritt Jean Paul die Position des klassisch-romantischen Erzählmodells. Was bei ihm fehlt, ist die kontrastive Gegenüberstellung des losen Zusammenhangs der Handlung mit der Einheit der narrativen Behandlung. Nicht die mögliche Gegenläufigkeit, sondern die Korrespondenz von Handlung und Erzählerdiskurs wird betont. Beispielhaft zeigen dies die Ausführungen zur Zeitstruktur und zum Erzähltempo des Epos. So notiert er zum Unterschied zwischen der epischen und dramatischen Einheit der Zeit und des Ortes: „Das Epos ist *lang* und *lange* zugleich, breit und schleichend; das Drama läuft durch eine *kurze* Laufbahn noch mit Flügeln" (Jean Paul 2015, 123). Die Betonung liegt auf der Übereinstimmung zwischen *histoire* und *discours*. Das Epos ist langsam, weil der Gegenstand, die Darstellung der „äußere[n] Welt" (Jean Paul 2015, 123), es erfordert. Beispielsweise geht Jean Paul davon aus, dass der Epiker im Gegensatz zum Dramatiker zwar leicht in der Zeit, aber nicht im Raum springen könne und zumindest gezwungen sei, den zurückgelegten Weg zwischen den verschiedenen erzählten Räumen mit darzustellen (vgl. 2015, 127). Die epische Breite und Langsamkeit resultierten zudem aus der Vielzahl an Personen, denn die „Menge der Mitspieler hält, wie die Menge der Uhrräder, den Gang der Maschine an" (Jean Paul 2015, 127). Kurzum, Jean Paul begreift den retardierenden Charakter des Epos nicht als Kunstgriff, der die Autonomie des Erzählenden gegenüber seinem Stoff hervorhebt, sondern als Konsequenz aus der stofflichen Fülle.

Mag es auch stimmen, dass in den Romanen Jean Pauls die „Einheit" nicht in den „raumzeitlichen Vorgängen, also in der traditionellen Handlung", sondern „allein in der Souveränität des Erzählers" liegt (Hillebrand 1993 [1972], 176)[34], widerspricht doch die *Vorschule*, zumindest in den Kapiteln zur dramatischen und epischen Handlung, dieser Überordnung des *discours* über die *histoire*. Jean Paul weicht gerade darin in signifikanter Weise vom klassisch-romantischen Erzählmodell ab, dass er an der Einheit der ‚raumzeitlichen Vorgänge' festhält und die Poetik der Unbestimmtheit, die er der Epiktheorie der Brüder Schlegel entnehmen konnte, nicht weiterführt. Allerdings tritt dabei eine eigentümliche Spannung zutage, denn die Forderung nach Bestimmtheit der Handlung kontrastiert mit der

---

34 Wölfel (1989 [1984], 60) spricht mit Bezug auf Jean Pauls Romane von einem „Desinteresse" des Erzählers am „Geschichtszusammenhang der Romanhandlung".

Diagnose der Unbestimmtheit der schöpferischen Phantasie, die in der „ganze[n] Unendlichkeit möglicher Welten von Ständen, Zeiten, Völkern, Ländern, Zufällen" (Jean Paul 2015, 115) nur schwer einen festen Boden findet. Jean Paul benennt damit ein zentrales Problem der Erzähltheorie des neunzehnten Jahrhunderts, ohne bereits die Antworten späterer Theoretiker zu antizipieren. Er vermag letztlich keinen Standpunkt anzugeben, von dem aus sich das Chaos der Möglichkeiten übersehen und in einen kohärenten Geschichtszusammenhang transformieren ließe; die hegelianische Ästhetik des neunzehnten Jahrhunderts beansprucht, eben dies auf Basis idealistischer Prämissen zu leisten.

3.3 Das idealistische Erzählmodell

Anders als die beiden zuvor besprochenen Modelle lässt sich das idealistische Erzählmodell nicht unmittelbar einer literarischen Strömung zuordnen (vgl. Kap. 2.1.3.3). Seine Theoreme und Begriffe sind gleichwohl äußerst wirkmächtig. Getragen von der Strahl- und Bannkraft der hegelianischen Kunstphilosophie dominieren die entsprechenden Denkfiguren den literaturtheoretischen Diskurs bis zum Ende des neunzehnten Jahrhunderts. Der wichtigste Unterschied zum klassisch-romantischen Modell liegt in der Aufwertung der Handlungs- gegenüber der Darstellungsebene, wobei die gewandelten Präferenzen auch mit einer Neu-Konzeptualisierung des Verhältnisses von Kunst und Erfahrungswirklichkeit zusammenhängen. Während die klassisch-romantische Theorie – bei allen Unterschieden im Einzelnen – zur Betonung einer Differenz zwischen der Wirklichkeit der Kunst und der empirisch erfahrbaren Welt tendierte, unterstreicht das idealistische Modell stärker die wechselseitige Durchdringung beider Bereiche. In den Vordergrund tritt nun der Prozess der künstlerischen Auseinandersetzung mit einer widerständigen Empirie. Im Folgenden möchte ich diese Transformation im Kunstverständnis anhand von Hegels *Vorlesungen zur Philosophie der Kunst* kurz erläutern, bevor ich dann auf die einzelnen Theoreme des Erzählmodells genauer eingehe.[35]

---

35 Die Überlieferung von Hegels Philosophie der Kunst ist problematisch, da die von Heinrich Gustav Hotho zwischen 1835 und 1838 herausgegebene dreibändige *Ästhetik* nicht vorbehaltlos als authentisches Dokument gelten kann (vgl. Gethmann-Siefert 2005b, 15–24). In den folgenden Ausführungen stütze ich mich daher überwiegend auf die inzwischen edierten Vorlesungsmitschriften von 1823 und 1826 und greife nur gelegentlich auf die von Hotho verantwortete *Ästhetik* zurück.

3.3.1 Die Wirklichkeit des Ideals

Zu Recht ist von der geistesphilosophischen Grundlegung der Hegel'schen Ästhetik gesprochen worden, versteht Hegel doch die Kunst „vom Begriff des Geistes her", nämlich als „die erste der Gestalten des ‚absoluten Geistes'" (Jaeschke und Arndt 2012, 664). Wie die Religion und die Philosophie, die beiden anderen Formen des absoluten Geistes, ist Kunst immer eine „wissende Selbstbeziehung", ist „Wissen des Geistes von sich und darin Rückkehr zu sich" (Jaeschke und Arndt 2012, 664). Die Quelle der Kunst liegt für Hegel demnach in der dem Menschen gegebenen Fähigkeit zur Verdopplung der eigenen Existenz: Er ist zunächst unmittelbar als der Eine in seiner natürlichen Beschaffenheit und zugleich ist er „*für sich*", indem er ein Selbstverhältnis zu sich gewinnt (Hegel 1998, 13). Dieses Fürsich-Sein äußert sich zum einen theoretisch als inneres Selbstbewusstsein, zum anderen praktisch, indem der Mensch das, was ihm gegeben ist, „die vorgefundene Äußerlichkeit", nach seinem Willen verändert und den Dingen damit „sein Siegel" einprägt (Hegel 1998, 13). Diese Tätigkeit verbindet Hegel zufolge die Kunst mit anderen Ausdrucksformen menschlichen Handwerks; darauf beschränkt, wäre sie also nur eine Äußerungsweise des objektiven Geistes unter anderen. Im Unterschied zu den Gegenständen seiner Handwerkskunst verbindet der Mensch mit den Werken der schönen Künste aber in der Regel keinen lebenspraktischen Nutzen, sondern will sich in ihnen als Arbeitender, Gestaltender und Handelnder anschaulich werden. Kunst ist das Handwerk der Selbsterkenntnis und ihre Bedeutung sieht Hegel darin, greifbares Produkt, Dokument einer aktiven Auseinandersetzung des Menschen mit seiner Welt zu sein (vgl. Gethmann-Siefert 2005b, 173–174). Aus diesem Grund schließt er den Bereich des Naturschönen als Gegenstand einer Philosophie der Kunst aus. Nicht in der Nachahmung einer göttlichen Natur kann die Leistung von Kunst liegen, denn „die Natur, die äußere Welt [...] macht es dem Geiste saurer, sich zu erkennen" (Hegel 1998, 3). Das Kunstwerk ist nach Hegel „aus dem Geist und für den Geist" (1998, 11), das sinnlich fassbare Material „dient gleichsam nur als Anhaltspunkt, an dem das Geistige sich festzumachen scheint, freilich nur, um sich von ihm abzustoßen – als eine vom Geiste selbst geschaffene und sich vorausgesetzte Reibefläche, an der er sich erst selbst entzündet" (Jaeschke 2010 [2003], 426).[36] Das besagt aber auch, dass die künstlerische Produktion dieser ‚Reibefläche'

---

36 Deshalb kommen nach Hegel auch vorrangig die ‚ideellen' Sinne, das Sehen und das Hören, in der Kunst zur Geltung. Auch hält er die Poesie für die ranghöchste Kunst, weil in ihr das sinnliche Element, sieht man von der Materialität der Texte ab, fast vollständig vergeistigt und zum Schein geworden ist. Hier könne die Kunst ihrer Aufgabe, „die sinnliche Erscheinung dem Begriff gemäß zu machen" (Hegel 1998, 79), im höchsten Maß gerecht werden.

bedarf, dass sie aus einer Auseinandersetzung mit einer empirisch vorgegebenen, sinnlich erfahrenen Wirklichkeit hervorgeht. Denn gerade die Widerständigkeit der Objektwelt reizt den Menschen zum Versuch, „aus der Gestalt der Dinge sich selbst wiederzuerkennen" (Hegel 1998 13). Hegel verwirft daher auch dezidiert einen Begriff der Idealität, der die Entkopplung von den Bedingungen und Vorgaben der Erfahrungswirklichkeit behauptet. Aufgefasst als eine Gegenwelt gegenüber der Prosa des Lebens bliebe Idealität nur eine abstrakte Leerformel ohne Wahrheitswert, ein Traumgespinst derjenigen, die „nur nach dem Himmel sehen und alles Erdenwesen verschmähen" (Hegel 1998, 105).

> Allein dies ist dann eine falsche Weise des Auffassens des Idealen, eine kranke Idealität. Denn der Mensch ist subjektive Totalität, und als diese ist er ausschließend gegen eine unorganische Natur, gegen das Äußerliche, und indem er sich ausschließt, verhält er sich dazu. Zum Subjekt gehört eine umschließende Welt wie zum Gott ein Tempel. Diese Welt ist keine zufällige, sondern eine in sich konsequent zusammenhängende Totalität. Der Mensch muß in Beziehung auf sie dargestellt werden, denn er steht in dieser Beziehung. (Hegel 1998, 105)

Die freie Selbstständigkeit des Menschen ist nach Hegel ohne seine Beziehungen zur äußeren Natur oder die ihn umgebenden geschichtlichen Verhältnisse nicht zu denken, denn erst indem er sich reflektierend und tätig zu seiner Umwelt verhält, wird der Mensch frei. Das Ideal der Kunst dürfe deshalb nicht „aus der ganzen Sphäre der Bedürftigkeit entrückt sein", es müsse die Bedingungen der alltäglichen Wirklichkeit und die „Prosa des gemeinen Lebens" (Hegel 1998, 105) in sich aufnehmen.

Kunst ist für Hegel in erster Linie Tätigkeit, ist Aneignung und „Durchdringung" (Jaeschke und Arndt 2012, 665) des empirisch Vorgegebenen; das Verhältnis von Geist und Empirie ist demzufolge immer als ein dynamisches und nicht als ein statisches zu denken. An diesem Punkt setzt auch Hegels Differenzierung zwischen dem ‚ruhigen' und dem ‚bewegten' Ideal an (vgl. Peres 1983, 60). Jenes, „das einfache Ideal", stellt gewissermaßen nur das Resultat der geistigen Anverwandlung des sinnlichen Materials dar, befreit von den irdischen Beschränkungen und „sich nicht [mehr] in die Endlichkeit auslassend" (Hegel 1998, 83). Dieses „Ideal für sich ist leicht zu fassen" (Hegel 1998, 82) und gerade das macht es für Hegel uninteressant. Denn das eigentlich Herausfordernde am Kunstwerk ist für ihn der Vorgang seiner Entstehung, insofern dabei eine Idee, eine geistige Vorstellung, „mit dem Dasein in die Äußerlichkeit tritt" und sich am Widerstand der empirischen, geschichtlichen, endlichen Wirklichkeit bricht, „aber in diesem Herausgehen in die Endlichkeit die Idealität noch erhalte[n]" muss (Hegel 1998 82). Diese Bewegung darzustellen und in der Anschauung zu reflektieren, ist seiner Ansicht nach die höhere Aufgabe der Kunst. Sie hat bei ihrer ruhenden Gestalt nicht stehen zu bleiben, sondern hat auch die Bewegungen des Geistigen darzustellen. Denn vorzüglich das Geistige ist Gegenstand der Kunst und ist nur Geist als in die Endlichkeit heraustretend, als Tätigkeit und als solche in Ungleiches tretend bis zum Verbrechen fortgehend! (Hegel 1998, 83)

Die Kunst vermag demzufolge die Idee als wirklich zu zeigen oder, besser gesagt, als wirklich werdend. Wohlgemerkt nicht im Sinne einer simplen Vereinnahmung der Welt durch den Geist, denn das Gebiet des endlichen Daseins muss nach Hegel in seiner Eigenständigkeit als das Ungleiche und Andere des Geistes bestätigt werden.

Hegel erfasst Kunst im Wesentlichen als Tätigkeit oder Handlung, weshalb seine Ästhetik auch auf die handlungsdarstellenden Künste zugeschnitten ist, im Bereich der Literatur also auf das Drama und die Epik. Denn eingehen in die Wirklichkeit kann das Ideal allein durch das Handeln der Individuen: Nur „durch den Willen tritt der Geist in die Wirklichkeit" (Hegel 1998, 84), nur im menschlichen Streben erlangt er wahrhaftiges Dasein.[37] Für Hegel geschieht dies immer dann, wenn das Individuum in seinem Tun nicht Instinkten oder partikularen Bedürfnissen, sondern allgemeinen sittlichen Interessen folgt und in seinem Wollen so zugleich den Gedanken einer vernünftig eingerichteten Gesellschaft realisiert. Handlungscharakter trägt das Kunst-Werk folglich in doppeltem Sinne, einerseits bezüglich des konkreten Schaffens des Künstlers, andererseits bezüglich des dargestellten Inhalts, insofern die Kunst das Eintreten der Ideen in den Kreis individueller Handlungsinteressen zum Gegenstand hat.[38] Aus diesem

---

37 Dies entspricht der grundlegenden Denkfigur der hegelianischen Philosophie, das Göttliche oder Absolute nicht als ein dem Menschen Gegenüber- oder Vorausliegendes, sondern als eine nur im Handeln der Menschen existierende, gleichwohl die partikulare Existenz übersteigende Größe aufzufassen. Denn das Absolute kann nur als eine Beziehung des Allgemeinen auf ein Konkretes und Endliches gedacht werden: „Wenn man im Ganzen das Ganze von seinen Teilen so unterscheidet, daß man es als eine gesonderte Entität neben den Teilen anordnet, dann ist das so fixierte Ganze selbst nur ein Teil des Ganzen neben den anderen Teilen; also muß das wahre Ganze als die Einheit des von den Teilen auch zu unterscheidenden Ganzen und der Teile gedacht werden [...]; also muß das wahre Eine als Einheit in der Vielheit und damit als Einheit von Einheit und Vielheit gedacht werden, und dementsprechend ist das wahre Allgemeine als Einheit seiner selbst und des Besonderen zu denken" (Schnädelbach 2001 [1999], 15).
38 Peres (1983) hat den Handlungsbegriff deshalb zu Recht als die Basis für Hegels Philosophie der Kunst bezeichnet. Denn über diesen Begriff lässt sich die Darstellungsstruktur des Kunstwerkes als ein Widerschein der prozessualen Erkenntnisbewegung des Geistes bestimmen: „Diese Bewegung des Sich-Entäußerns und Herstellens, das zugleich eine ‚Rückbiegung' der Bewegung auf sich selbst in der Anschauung seines Scheinens im Anderen bedeutet, ist die Handlung. [...] Wenn also der Geist sich in der Kunst in dem ihr eigenen sinnlichen Artikulationsmedium darstellt, dann muß die Darstellung die Erkenntnis des Geistes widerscheinen: Die Werke der Kunst

Grund leitet Hegel die wesentlichen Bestimmungsmomente des Kunstwerks auch aus einer Analyse der Handlungsentfaltung ab.

Unter diesen Prämissen ist die Erzählung in erster Linie als Handlung interessant und nicht aufgrund ihrer spezifischen Vermittlungsstruktur. Wie aus dem Folgenden hervorgeht, ist der Handlungsbegriff dabei eng an die Kriterien der Konflikthaftigkeit und der ideellen Motivierung gekoppelt. Sowohl im Drama als auch in der Epik entsteht Handlung in diesem Sinn erst durch einen Widerstreit zweier ideeller (sittlicher) Prinzipien.

3.3.1.1 Kollision der sittlichen Interessen

Als Basistheorem der idealistischen Erzähltheorie könnte man die Vorstellung bezeichnen, dass die erzählte oder inszenierte Handlung einer ideellen Bewegung entsprechen soll, also das In-die-Wirklichkeit-Treten einer Idee darzustellen hat. Entscheidend ist, dass diese ideale Motivierung nicht auf das Wirken einer extramundanen Größe zurückgeführt wird. Die Auffassung einer autark handelnden und willkürlich in die Geschicke der Menschen eingreifenden transzendenten Macht wird von Hegel explizit als künstlerisch minderwertig eingestuft. Das „Hindurchwirkende" (Hegel 2008 [1986], 480), das die Kunst zur Darstellung bringe, seien zwar in der Tat die „allgemeinen, ewigen Mächte des geistigen Daseins", aber diese seien – wie der Plural bereits andeutet – nicht „das absolut Göttliche selber", sondern dessen „Söhne" und „Kinder" (Hegel 2007 [1986], 286). Zur Erscheinung kommt mit anderen Worten das Göttliche als „Inhalt und Zweck der menschlichen Individualität, als konkretes Dasein zur Existenz gebracht und zur Handlung aufgeboten und in Bewegung gesetzt" (Hegel 2008 [1986], 480). Was dem Kunstwerk seinen ideellen Gehalt gibt, ist nach Hegels Verständnis das, was den Menschen im wahrsten Sinne des Wortes antreibt, die großen Motive seines

---

sind Produkte der künstlerischen Reflexionstätigkeit und als solche Darstellung dieser Reflexivität, die ihre Struktur prägt" (Peres 1983, 88). Gethmann-Siefert (2005b) betont in erster Linie die kulturpolitischen Konsequenzen aus Hegels Bestimmung des Ideals. Ihrer Interpretation nach schreibt Hegel der Kunst die Aufgabe zu, dem Menschen eine Handlungsorientierung zu eröffnen, in der die Gestaltung einer vernünftigen und freiheitlichen Gesellschaftsordnung aufscheint. Diese Funktion bleibt transhistorisch konstant, doch die Handlungskontexte unterliegen dem geschichtlichen Wandel. So lässt es die Komplexität der modernen Welt nicht mehr zu, vorbildliche Handlungsmuster in der Kunst aufzustellen, deren Nachahmung zu einem Wandel der sittlichen Einrichtungen beitrüge. Die Kunst der Moderne ist deshalb ihren realen Wirkungsmöglichkeiten nach begrenzt, generiert jedoch eine reflexive Auseinandersetzung mit den gesellschaftlichen Bedingungen und verweist so über sich hinaus auf die Notwendigkeit einer begrifflich-philosophischen Neuverhandlung der sittlichen Grundlagen von Staat und Gesellschaft (vgl. Gethmann-Siefert 1984).

Handelns. Darunter versteht Hegel das Eintreten für die Belange etwa der Familie, der Nation, der Religion, des Staates oder der Freundschaft. Indem die handelnden Individuen diese substantiellen, an sich gehaltvollen Zwecke als die ihren verfolgen, setzen sie gewissermaßen die ideelle Bewegung in Gang. „Der Wahrheit nach sind die ewigen herrschenden Gewalten dem Selbst des Menschen immanent" (Hegel 2007 [1986], 293) und eben darum können sie überhaupt zu einem Gegenstand der Kunst werden.

Das Immanenz-Prinzip gilt nach Hegels Ansicht auch dann, wenn der Kreis der Darstellung Götterfiguren mit einschließt. Blieben die Menschen nur der „passive Boden" für die Ratschlüsse der Götter, stünden sie diesen „äußerlich als dem Substantiellen" gegenüber, so sei das ein „ganz prosaisches Verhältnis" (Hegel 1998, 99), das kein künstlerisches Interesse beanspruchen könne; prosaisch deshalb, weil dort, wo das Geschehen vom willkürlichen Eingriff einer transzendenten Macht abhängt, dem Menschen das selbsttätige Verwirklichen seiner sittlichen Interessen nicht mehr möglich ist – ähnlich wie in der zur Prosa geordneten Welt der Moderne. Dieser Schwierigkeit kann der Autor nach Hegel nur dadurch entgehen, dass er die Götterfiguren als Verkörperungen des menschlichen Inneren auffasst und „einerseits das Ideale wohl individualisiert, aber ebenso dies Äußerliche zeigt als Immanentes, Geistiges, als dem Charakter des Menschen angehörig. Das äußerliche Erscheinen muß zugleich sich als ein Innerliches des Menschen zeigen" (Hegel 1998, 99). Erst die Identität mit den menschlichen Zwecken rechtfertigt für Hegel die Darstellung von Göttern und göttlichem Wirken. Die Handlungsfreiheit des Menschen darf ihm zufolge durch das Auftreten von übermenschlichen Figuren oder transzendenten Mächten nicht beschnitten werden, in seinen entscheidenden Zügen muss der Wirkungszusammenhang aus dem Handeln der Individuen selbst hervorgehen.[39]

Damit die sittlichen Interessen und Ansprüche, die das Movens der Handlung ausmachen, überhaupt in Bewegung kommen, bedarf es einer „ernsthaften" Situation (Hegel 2004, 49).[40] Darunter versteht Hegel einen durch Kollision von Interessen eingetretenen unhaltbaren Zustand, der die Personen zum Handeln provoziert. In seiner Vorlesung diskutiert er verschiedene Arten oder Typen von Anfangssituationen und bewertet diese nach ihrer künstlerischen Dignität (Hegel

---

39 Peres (1983, 78) spricht von einem grundsätzlichen „Widerspruch von Transzendenz und Immanenz", den Hegel auszugleichen suche. Diese Widersprüchlichkeit oder Spannung, so könnte man hinzufügen, ist ja durchaus prägend für Hegels gesamte Philosophie. Im Bereich der Kunstphilosophie scheint mir jedoch die Betonung deutlich stärker auf den Aspekt der Immanenz gelegt zu sein. Die im Kunstwerk darzustellenden, an sich gehaltvollen, allgemeinen ‚Mächte' treten erst als Intentionen und durch die Handlungen des Menschen ins Dasein.

40 Zum Begriff der Situation bei Hegel vgl. Peres (1983, 68–75).

2004, 50 – 54). Die minderwertigste ist demnach die Kollision, die durch ein physisches Übel (zum Beispiel eine Krankheit) hervorgerufen wird. Die zweite, schon bedeutendere Art von Kollision besteht darin, dass es aufgrund eines natürlichen Ereignisses wie des Todes einer Person zum Widerstreit unterschiedlicher Berechtigungen (zum Beispiel von Erbansprüchen) kommt. Die dritte Art von Kollision entsteht durch ein „zur Natur gewordenes Unrecht" (Hegel 2004, 51), das heißt einen dauerhaften Zustand der Ungerechtigkeit (wie etwa die Sklaverei oder die Ungleichheit der Stände). Auch diese Art bleibe allerdings aus ästhetischer Sicht unbefriedigend, weil sie das Gegenwirkende als etwas dem Handeln des Einzelnen Entzogenes und vermeintlich natürlich Gegebenes präsentiere (Hegel 2004, 51–52). Als höchste Form der Kollision hat nach Hegel die zu gelten, in der die unhaltbare Situation durch das Handeln der Menschen selbst hervorgerufen wird, etwa durch die „Verletzung eines wesentlich zu Respektierenden" (2004, 53) im Namen eines ebenfalls substantiellen Interesses.

Handlung in Hegels Sinn folgt immer der dreigliedrigen Struktur von Situation (Kollision), Reaktion und Lösung: Sie entsteht als eine Reaktion auf eine unhaltbare, konfliktvolle Situation und führt immer zu einer fundamentalen, irreversiblen Veränderung des Ausgangszustands.[41] Hegel geht davon aus, dass dieser Handlungsbegriff am reinsten im Drama umgesetzt werden kann, weshalb ihm diese Gattung auch als die höchste Entwicklungsstufe der Kunst gilt. In ihr komme die Kunst gleichsam zu sich selbst, denn sie stelle „Handlung als *Handlung*" (Hegel 2008 [1986], 478), das heißt im realen, szenischen Vollzug dar (vgl. Peres 1983, 130).[42] Diese Möglichkeit geht dem Epos ab, gleichwohl wendet Hegel auch auf diese Gattung einen starken Handlungsbegriff an. Aus seiner Sicht ist die Handlung in der Epik der dramatischen Handlung ihrer Struktur nach analog: Sie umfasst das „Ganze eines Geschehens", beginnend bei einem „besonderen Zustande", auf den die dargestellten Individuen reagieren, und fortgehend bis zur Durchsetzung oder Vereitelung der jeweiligen „Endzweck[e]", die sich die handelnden Parteien gesetzt haben (Hegel 1998, 288). Auch die epische Handlung

---

41 Nach den Kriterien von Schmid (2008 [2005], 14 – 18) zeichnet sich Handlung in Hegels Sinn also durch ein hohes Maß an Ereignishaftigkeit aus.

42 Gethmann-Siefert (2005a) charakterisiert den Gattungsfortschritt vom Epos zur Tragödie und zur Komödie als eine Zunahme an Reflexionsbewusstsein. Im Epos werden demnach die Taten des heroischen Individuums noch als mustergültig und sittlichkeitsbildend vorgeführt, im Drama hingegen haben sich die Verhältnisse verkompliziert. Tragödie und Komödie fallen nach dieser Interpretation in die Zeit einer ersten „Handlungs-Orientierungs-Krise" (2005a, 181). Denn im „sittlichen Orientierungsgeflecht der Polis", so Gethmann-Siefert, erweist sich das heroische Handeln als ein „vereinzeltes Handeln, das dennoch mit Allgemeinheitsanspruch auftritt und seine Grenze an einem gegenläufigen, aber ebenso kompetenten wie in seinen Intentionen legitimen Handeln findet" (2005a, 180).

muss folglich teleologisch ausgerichtet und in ihrem Umfang klar bestimmt sein. „Hegels Sinn ist", heißt es in der Mitschrift zur Vorlesung von 1826, „daß jedes [Epos] sich als ein Ganzes zeigt, nicht als ein Zusammengesetztes aus Vielfachem, das nur [einen] gemeinsamen Ton hat, sondern [als] episches Ganzes" (Hegel 2004, 211). Damit ist zugleich die Differenz zum klassisch-romantischen Erzählmodell angezeigt, und in der Tat wendet Hegel sich an dieser Stelle direkt gegen die Epiktheorie der Brüder Schlegel: „Es ist nicht so, daß [es], wie Herr Friedrich von Schlegel sagt, ohne Ende sich hätte fortmachen lassen" (Hegel 2004, 211).[43]

Im Kontrast zum klassisch-romantischen Erzählmodell findet sich die Differenzierung zwischen dramatischer und epischer Handlung, zwischen Handlung und Begebenheit, bei Hegel in deutlich abgeschwächter Form; sie wird aber auch nicht komplett aufgegeben. So heißt es im gleichen Kontext: „[D]as Epische ist für sich lose, hat nicht die Einheit, die das Drama hat" (Hegel 2004, 211). Die Unterschiede liegen zum einen in der Stellung des Helden und der handelnden Individuen zur Gesamtheit des Geschehens, zum anderen in dem spannungsvollen Verhältnis zwischen der inneren Souveränität des Einzelnen und dem Gewicht der äußeren Welt.

3.3.1.2 Massenhafte Bewegung und passive Helden

Für Hegel gehen beide Geschehensformen, Handlung wie Begebenheit, „vom Innern des Geistes aus" (2008 [1986], 354) und dokumentieren dessen Realisierung in Gestalt menschlichen Wollens und Handelns. Diese „Realisation" des Geistes, so liest man in Hothos Fassung der *Ästhetik* (1835–1838), beinhaltet immer zwei Seiten, nämlich

> *erstens* die innere des vorgesetzten und beabsichtigten Zwecks, dessen allgemeine Natur und Folgen das Individuum kennen, wollen, sich zurechnen und dahinnehmen muß; *zweitens* die äußerer Realität der umgebenden geistigen und natürlichen Welt, innerhalb welcher der Mensch allein zu handeln imstande ist und deren Zufälle ihm bald hemmend, bald fördernd entgegentreten, so daß er entweder durch ihre Begünstigung glücklich zum Ziele geleitet wird oder, will er sich ihnen nicht unmittelbar unterwerfen, sie mit der Energie seiner Individualität zu besiegen hat. (Hegel 2008 [1986], 354)

---

43 Einig ist er sich mit den Schlegels jedoch in dem Urteil, dass der pragmatische Zusammenhang allein noch keine poetische Einheit stiften kann, da „jede Begebenheit [...] in ihren Veranlassungen und Folgen ins Unendliche fort[geht]" (Hegel 2008 [1986], 386). „Nimmt man nur auf diese *Reihenfolge* Rücksicht, dann freilich läßt sich ein Epos nach rückwärts und vorwärts immer fortsingen" (Hegel 2008 [1986], 387).

In der dramatischen Handlung, die aus Hegels Sicht von allen zufälligen, hemmend oder fördernd eingreifenden Umständen abzusehen hat, kommt im Grunde genommen nur der erste Teil der ,Realisation des Geistes' voll zur Geltung, die ,äußere Realität der umgebenden geistigen und natürlichen Welt' hingegen zu kurz. Der begebenheitliche Charakter der epischen Handlung bringt die ideelle Bewegung dagegen im Ganzen zum Ausdruck, hier erscheint „die Welt des Willens in der ungetrennten Einigung dieser zwiefachen Seiten" (Hegel 2008 [1986], 355). In der Epik also wird der empirischen Realität in ihrer Unberechenbarkeit „dasselbe Recht" (Hegel 2008 [1986], 355) zugesprochen wie den inneren Zwecken der handelnden Individuen, in ihr herrscht nach Hegel ein relatives Gleichgewicht zwischen intentionalem Handeln und nicht intendierten Vorkommnissen: „In dem Epos ist die Einheit; es sind die Zufälligkeiten und Handlungen ebenso [in] ihr Recht [gekommen]" (Hegel 2005, 233). Innere Motive und äußere Umstände wirken hier zusammen, „es ist ein Spiel zwischen Handlungen und Begebenheiten" (Hegel 2005, 233).

Der geeignetste Gegenstand für die epische Form ist nach dieser Deutung ein Geschehen, das nicht auf den Willen eines Einzelnen zurückgeht, aber gleichwohl eine Richtung erkennen lässt: große gesellschaftliche Umwälzungen, Kriege, Siedlungsbewegungen, kurzum jede Art von „Massenbewegende[m] Wirken", wie Vischer (1857, 1269) es ausdrückt.[44] Denn im Zuge dieser großen weltgeschichtlichen Bewegungen gehen die partikularen Interessen und Absichten der Individuen in einem Allgemeininteresse auf. Es gibt dann „etwas", was die „Massen [...] zusammenbindet, was als unvordenkliches Gesammtproduct unbestimmt vieler Individuen stärker ist, als das einzelne Individuum, und über der Willkür desselben steht" (Vischer 1857, 1270). Die Ausrichtung an einer kollektiven Absicht erklärt auch, warum in der Epik trotz der Tendenz zur Breite und zum Begebenheitlichen noch von einer Handlung gesprochen werden kann. „Polymythie" (Vischer 1857, 1270), das heißt „die Erweiterung der Einen Handlung in viele", ist für die idealistischen Theoretiker nicht gleichbedeutend mit dem Verzicht auf Geschlossenheit und der Aufgabe des narrativen „Dreischlags" von „Anfang, Mitte, Ende" (Vischer 1857, 1282). Sie gehen davon aus, dass es bei aller Fülle von Umständen und Mannigfaltigkeit von Interessen in der epischen Handlung doch so etwas wie einen roten Faden geben müsse, einen untrüglichen, da ideellen

---

44 Übereinstimmend heißt es bei Hegel: „Der Stoff der Epopöe ist das Ganze eines Geschehens, das die Welt eines Volks in ihrer objektiven Entwicklung, in der ganzen Weise ihrer Verhältnisse sein muß. In ihr soll gehandelt werden; sie ist daher in einem besonderen Zustande aufzufassen, der die Handlung notwendig macht. Diese Handlung ferner ist ein bestimmter Endzweck, den Individuen auffassen und setzen. Diese nähere Handlung, der besondere Zustand eines Volks, kann nur ein Kriegszustand sein" (1998, 288).

Maßstab, der die Unterscheidung zwischen Hinter-, Mittel- und Vordergrund des Geschehens und die Hervorhebung einer primären Handlungsbewegung ermögliche (vgl. Vischer 1857, 1281).

Wenn die epische Handlung, wie Hegel vorschlägt, ein ,Spiel zwischen Handlungen und Begebenheiten', zwischen bewusst herbeigeführten Ereignissen und unberechenbaren Zufällen darstellt, dann werden Figuren nicht allein als Handlungsträger, sondern ebenso als Produkt von Situation und Geschehen erscheinen: „Es muß von den Individuen soviel getan werden, als auch die Umstände bewirken. Was die Menschen tun, muß selbst als Verwicklung der Umstände erscheinen" (Hegel 1998, 286). Beim epischen Helden komme es daher nicht so sehr darauf an, ob er einen bestimmten Zweck in seinem Handeln verfolge, denn der hauptsächliche Zweck des Gesamtgeschehens entziehe sich ohnehin dem Einzelwillen. Seine „Selbstthätigkeit", schreibt Vischer, erscheint „nur als Glied des Complexes [...], der als Ganzes nothwendig ist; der epische Held schwimmt mit starkem Arme, aber nicht gegen, sondern mit der Woge, und die Wassermasse, die er theilt, hält doch ihn selbst" (1857, 1268). Der Begriff des Helden wird nicht fallen gelassen, doch betonen beide Theoretiker, Hegel wie Vischer, die Tendenz zur Passivität. Für Hegel ist Achill gerade darin ein typisch epischer Held, dass er mehr durch seine Untätigkeit als durch entschlossenes Handeln wirke (2005, 235).[45] Vischer greift diesen Gedanken auf und überträgt ihn auf den Heldentyp im Bildungsroman. Auch dieser bleibe überwiegend passiv, seine Rolle beschränke sich mitunter sogar auf das bloße „Verarbeiten von Eindrücken, Leidenschaften, Bildungsmomenten" (Vischer 1857, 1268). Folgt man dieser Analyse, so steht in beiden Fällen, sowohl im antiken Epos als auch im modernen Roman, der Held zwar nach wie vor im Zentrum eines (ideell fundierten) Geschehens, er ist aber nicht der Motor dieser Bewegung; er nimmt höchstens teil an einem Prozess der Umgestaltung, doch er initiiert ihn nicht und treibt ihn auch nicht eigenmächtig voran.

Hinsichtlich der Handlungsstruktur und der Anlage der Hauptfigur liegen die beiden narrativen Großformen, Epos und Roman, aus Sicht der idealistischen Theoretiker gar nicht so weit auseinander. Mit dieser Beobachtung wird eine Problematik berührt, welche die wissenschaftliche Auseinandersetzung mit der hegelianischen Epiktheorie maßgeblich geprägt hat, nämlich die Frage nach der

---

45 Dem Wesen des Epischen entspricht es nach Hegel auch, wenn bei einer Figur das Handeln eher aus einer Charakteranlage als aus einem Willensentschluss hervorgeht. Beispielsweise sei Tapferkeit ein bevorzugter Gegenstand des Epos, weil man sie als eine natürlich gegebene, das heißt zufällige und vom Inhalt der einzelnen Handlungen unabhängige Eigenschaft des Individuums aufzufassen habe (Hegel 1998, 286–287).

historischen Differenz der beiden Gattungen und der Möglichkeit oder Unmöglichkeit eines modernen Epos.

3.3.1.3 „Abenteuerei", Bildung oder Tristesse? Handlungsmuster des modernen Romans

Hegels Meinung über den Vergangenheitscharakter des Epos scheint eindeutig: „Epische Gedichte können nur in gewisser Zeit sein. Die moderne Zeit kann keines haben" (1998, 295). Den modernen Roman betrachtet er offenkundig nur als Derivat des eigentlichen Epos. Im Epik-Kapitel seiner Vorlesung geht er daher kaum auf diese Gattung ein, wenngleich sich an anderer Stelle, in den Ausführungen über die romantische Kunstform, einige wichtige und einflussreiche Bemerkungen zum Roman finden (vgl. Hegel 1998, 197–198).[46] Doch wie begründet Hegel seine Verfallsdiagnose? Im Mittelpunkt seiner Argumentation steht das Verhältnis des handelnden Helden zu seiner geschichtlich-gesellschaftlichen Umwelt. Der wesentliche Unterschied beider Gattungen geht demzufolge zurück auf den radikal verengten Handlungsspielraum des Individuums in der modernen Gesellschaft:

> Der Held des Romans kann nicht der Held einer epischen Dichtung sein, denn das Sittliche und Rechtliche ist zu festen Verhältnissen geworden; in dieser Welt handelt das Individuum dieser gemäß; was ihm zu tun übrigbleibt, ist seine eigene Subjektivität. (Hegel 2005, 240)

Diese Begründung weist zurück auf die Grundlagen von Hegels Kunstphilosophie. Sie führt deshalb auch über den Rahmen der Epiktheorie hinaus, betrifft also alle Künste und Gattungen gleichermaßen. Es muss daher noch einmal zum Ausgangspunkt zurückgegangen werden, genauer gesagt zu Hegels Ausführungen über die Wirklichkeit des Ideals. Dort wird die Frage aufgeworfen, „wie die Endlichkeit beschaffen sein muß, [um] Ausdruck des Ideals zu sein" (Hegel 1998, 83), unter welchen Wirklichkeitsbedingungen also die individuellen Handlungen zugleich als unmittelbarer Vollzug wahrhafter Sittlichkeit aufgefasst werden können. Hegel bekräftigt zunächst, dass die Verwirklichung des Ideals als Absicht und Interesse handelnder Individuen notwendig rückgebunden bleibt an einen historischen Kontext, eine „umgebende Welt" (1998, 84), welche die Handlungsentscheidungen des Individuums bedingt. Mit dem Wandel dieser Voraussetzungen verändern sich nicht nur die Handlungsspielräume des Menschen,

---

46 Diese Passage über den Gegenstand des Romans wurde von Hotho zu Teilen auch in das Epik-Kapitel der *Ästhetik* übernommen (Hegel 2008 [1986], 392–393). – Zu Hegels Romantheorie vgl. auch die umfassende Darstellung bei Žmegač (1991 [1990], 111–144).

sondern in der Konsequenz zugleich auch der Stellenwert und das Leistungs-vermögen der Kunst (vgl. Gethmann-Siefert 2005b, 98). Nach Hegels Darstellung sieht sich der moderne Künstler mit der Existenz eines ausdifferenzierten Staatswesens konfrontiert, in dem die allgemeinen Ideen der Sittlichkeit und Vernunft bereits zu einem mehr oder weniger starren Rechtssystem mit dauer-haften Institutionen geronnen sind. Das Individuum finde hier das Allgemeine bereits „als eine vorhandene Welt" (Hegel 1998, 85) vor, ihm stehe lediglich frei, sich dagegen zu empören oder sie ihrer Berechtigung nach anzuerkennen. Die „sittlichen Mächte" seien „in die Existenz getreten" (Hegel 1998, 85), bestünden als ein Objektives und vom Einzelwillen Unabhängiges. Mit fortschreitender Verrechtlichung und Festigung der staatlichen Organe erschienen dann die In-dividuen zunehmend als „das Unbedeutendere" (Hegel 1998, 85), da sie nur noch „einen ganz bestimmten und immer beschränkten Anteil am Ganzen" (Hegel 2007 [1986], 241) zu erfüllen hätten. Im modernen Staat, schlussfolgert Hegel, vollzieht der Mensch das Wahre, das heißt die Idee einer in Vernunft und Freiheit be-gründeten Gemeinschaft, allenfalls im Namen bereits existierender Gesetze und Behörden; er muss die Ordnung des Gemeinwesens nicht selber mehr stiften, sondern verrichtet unwillkürlich eine ihm äußere und formelle Sittlichkeit.

Es ist hervorzuheben, dass es Hegel an dieser Stelle nicht um eine kritische Gesellschaftsdiagnose zu tun ist, auch wenn sich dergleichen aus den Ausfüh-rungen über die Ohnmacht des Individuums im modernen Staat aufzudrängen scheint. Tatsächlich geht es ihm allein um die Frage nach der künstlerischen Darstellbarkeit des Zusammenhangs von Individualität und Substantialität. Auch der moderne Staat mit seiner institutionalisierten Sittlichkeit hat – wie Hegel in seiner Rechtsphilosophie nachzuweisen beabsichtigt – als komplexes Produkt menschlicher Selbstbestimmung und Willensfreiheit zu gelten (vgl. Jaeschke 2010 [2003], 385). Die Identität des Allgemeinen mit dem Besonderen übersteige hier jedoch das Gebiet der Kunst und bedürfe der begrifflichen Explikation durch die Philosophie. Denn in diesem „objektive[n] Zustand des Willens" (Hegel 1998, 84) könne der Einzelne in seinem Handeln die Verbindung von individuellem und allgemeinem Interesse nicht mehr (nach-)vollziehen, wodurch sein Tun gehaltlos werde. Damit schwinde für die Kunst die Möglichkeit, die Verwirklichung des Ideals über die Darstellung einer substantiell gesättigten, individuell ausgeführ-ten Handlung anschaulich zu machen.

Unter den Bedingungen der Moderne, folgert Hegel, kann die Kunst ihrer eigentlichen Aufgabe nicht im vollen Maße gerecht werden. Als kunstgemäß gilt ihm deshalb allein eine Wirklichkeit, in der das Streben nach Sittlichkeit den einzelnen Individuen als Gefühl inhärent ist, ohne sich bereits zu den Formen einer institutionalisierten Rechtsordnung objektiviert und verfestigt zu haben. Diesen Zustand bezeichnet Hegel als „Heroenzeit" (2004, 45). Der Heros, das ausgezeichnete Individuum, tritt darin als der Stifter und Gestalter einer objektiven Sittlichkeit auf und realisiert das Allgemeine und Wahre als ein subjektives Bedürfnis. Ihm traut Hegel die „schlafwandlerische Sicherheit der weltgeschichtlichen Tat" (Gethmann-Siefert 2005b, 131) noch zu, die für das partikulare Individuum in der Moderne unerreichbar geworden ist, denn der Heros findet keine verfestigte Staatsordnung vor, sondern begründet sie erst. In der Heroenzeit ist das Substantielle „in den Individuen eingeschlossen, und daß dies und jenes Recht sei, dies geschieht durch die subjektive Willkür des Individuums" (Hegel 1998, 85). Daher kann Hegel auch davon sprechen, dass die Sittlichkeit im heroischen Weltzustand zufälliger ist als im modernen Staat, denn Recht und Gerechtigkeit werden dort nicht im Namen einer Rechtsordnung vollzogen, sondern sind nur Inhalt des subjektiven Gefühls und werden lediglich als partikulares Bedürfnis (zum Beispiel als Rachebedürfnis) zur Geltung gebracht. Auch dieser Hinweis verdeutlicht noch einmal, dass Hegel nicht der Frage nachgeht, welcher der beiden Zustände, der heroische oder der prosaische, „der bessere sei" (2007 [1986], 243). Ihn leitet allein der Gedanke, dass im Zustand des modernen Staatswesens das Zusammenspiel von Allgemeinem und Besonderem nicht mehr anschaulich zu machen ist und die Darstellung des Ideals deshalb die Grenzen der Kunst überschreitet:

> Alle gemeinen Regeln und Gesetze sind [derzeit] das Regierende. [...] Man hält jetzt mehr allgemeine Gesichtspunkte fest, um danach das Besondere zu bestimmen. Für die Kunstproduktion fordert man mehr Lebendigkeit, [in der] das [Allgemeine] mit dem Gemüte identisch sein soll. Insofern uns diese Lebendigkeit fehlt, kann man sagen, daß der Standpunkt, auf dem die Kunst ein wesentliches Interesse hat, nicht mehr der unsere ist. Die Kunst gewährt nicht mehr die Befriedigung, welche andere Völker darin gefunden haben und haben finden können. Unsere Interessen sind mehr in die Vorstellung gelegt, [und] die Art und Weise, die Interessen zu befriedigen, verlangt Abstraktion. (Hegel 2005, 54)

Das Problem, an dem eine moderne Epik zu scheitern droht, betrifft folglich die Kunst insgesamt: In einer Welt verfestigter staatlicher Institutionen erfüllt das Wollen und Handeln des Individuums kein allgemeines und substantielles Bedürfnis mehr. Zieht man nun allerdings Hegels Epikbegriff und seine Ausführungen über das antike Epos heran, so ist festzustellen, dass diese Gattung gegenüber anderen geschehensdarstellenden Künsten wie dem Drama über einen entscheidenden strukturellen Vorteil verfügt, der die These von der Unmöglichkeit des modernen Epos doch erheblich relativiert. Die hegelianische Konzeptualisierung des epischen Helden stellt ja gerade heraus, dass schon der Heros im antiken Epos nicht in erster Linie als zielstrebig Handelnder in Erscheinung tritt, sondern eher an einer massenbewegenden geschichtlichen Entwicklung partizipiert. Folgt man dieser Vorstellung, dann unterscheidet sich der Held des antiken

Epos hinsichtlich seines Handlungsspielraums und seiner Autonomie weit weniger von dem der modernen Epik, als es zunächst den Anschein hat.

Analysiert man Hegels Bemerkungen darüber, wie weit sich der moderne Roman, was die Struktur seiner Handlung betrifft, vom Epos entfernt, eröffnet sich allerdings eine weitere Problematik: Denn genau genommen bestimmt er die Stellung, die Struktur und den Inhalt des Romans in zweifacher Weise – wie in seiner gesamten Philosophie der Kunst zwei verschiedene geschichtsphilosophische Konstruktionen nebeneinander herlaufen. Der Bestimmung der Kunst und ihrer Geschichte über die Trennung zweier Weltzustände – des heroischen und des prosaischen – steht die Einteilung der Kunstgeschichte in eine Abfolge dreier Makroepochen – der symbolischen, der klassischen und der romantischen Kunstform – gegenüber. Das Differenzkriterium zur Definition dieser Makroepochen ist die „Bestimmtheit der Idee" (Hegel 2005, 111), das heißt die Frage, welche Stufe der Selbsterkenntnis des Geistes die Kunstwerke einer Epoche auszudrücken vermögen.[47] In der symbolischen Kunstform gestalte sich eine „noch unbestimmte Idee", im Klassischen hingegen sei „die Idee" bereits „als freies Subjekt bestimmt", habe also eine höhere Stufe der Selbsterkenntnis erreicht; die höchste Stufe stelle allerdings die romantische Kunstform dar, denn im Klassischen sei die Idee zwar bereits als Subjekt bestimmt, „aber noch nicht als reiner Geist" (2005, 111). Erst im Romantischen sei „der Geist in sich selbst" (Hegel 2005, 112). Damit wird die Kunst nach Hegels Verständnis zugleich an ihre Grenze geführt, da dieser reinen Geistigkeit eigentlich keine Gestalt mehr adäquat ist. Ermögliche es im Klassischen noch der niedrigere Grad an Bestimmtheit der Idee, dass sie als Gestalt erscheine, so sei diese Harmonie für die romantische Kunstform nicht mehr zu erreichen. Ihr ist, in Hegels Worten, „die Gestaltung eine Gleichgültigkeit, denn die Idee als solche steht über ihrer Existenz oder Gestaltung" (2005, 112).

Die historische Entwicklung muss nach Hegel als ein doppelgleisiger Prozess gelesen werden: In ihrem Zuwachs an geistiger Selbsterkenntnis steht die romantische Periode über der klassischen. Dem höherwertigen Inhalt gemäß müsste dann eigentlich die Kunstgeschichte als Fortschrittsgeschichte aufzufassen sein, die Kunst des Christentums stünde aufgrund der vertieften Geistigkeit höher als die der Antike (vgl. Jaeschke 2010 [2003], 427). Doch die Verinnerlichung

---

47 In der Vorlesung von 1823 bestimmt Hegel die Epochen noch mithilfe der traditionellen poetologischen Unterscheidung von Inhalt (Stoff, Gehalt) und Form. Im Symbolischen habe der „Stoff" demnach das Übergewicht und für „das Innere" werde eine „Form aufgesucht, die nicht vollendet ist, weil das Innere nicht vollendet ist"; im Klassischen werde diese Vollendung erreicht, in der romantischen Kunstform aber gehe „der Gehalt über die Form" und erfordere mehr, „als die Darstellung des Kunstwerks zu geben vermag" (Hegel 1998, 118–119).

des Geistes läuft Hegel zufolge Gefahr, eine Grundbedingung der Kunst aufzuheben, nämlich das Ideelle im Äußeren zeigen zu können, da die „unmittelbare
Welt", die äußere Realität nun nicht mehr „würdig ist der Seligkeit der Seele in
sich" (1998, 182). Damit drohe der Kunst das „Zerfallen" (Hegel 2005, 173), weil sie
ihre wesentliche Funktion, die Idee als ein Wirkliches und sinnlich Erfahrbares
darzustellen, nicht mehr erfüllen könne. Genauer gesagt wird Kunst nach Hegel
auch unter diesen Bedingungen weiterhin existieren, aber nicht mehr unbedingt
als ‚schöne Kunst'. Denn Schönheit verlangt nach seinem Verständnis, dass der
geistige Gehalt in eine äußere Realität hineingebildet wird, im Romantischen aber
sei das Äußere nur noch das Andere, der vom Geist entlassene Stoff.[48]

Der Roman nun gilt Hegel als die repräsentative Gattung der romantischen
Kunstform. Das Erzählschema, was er dabei zum Paradigma erhebt, ist das des
humoristischen Romans, da sich in diesem der subjektive Wille gegenüber dem zu
gestaltenden Stoff vollkommen frei wisse:

> Im Humor ist es die Person des Künstlers, die eigene Subjektivität, die sich produziert. Es ist
> nicht mehr um einen objektiven Inhalt zu tun, sondern der Künstler selbst tritt auf; [...] Es ist
> eine Darstellung des Subjekts, das sich und allen Stoff, den es gebraucht, preisgibt. (Hegel
> 1998, 201–202)

Gegenstand des humoristischen Romans ist nach Hegel das selbstreferenzielle
Spiel des Autors, wobei sich dessen Witz gewissermaßen an jedem beliebigen
Objekt entzünden kann. In erzähltheoretischen Begriffen: Der *discours* verschattet
die *histoire*, der pragmatische Zusammenhang wird so gut wie aufgelöst und
stattdessen eine „Verkettung des Heterogensten" präsentiert, „unordentlich zu-
sammengerafft" und in eine „fremdartige Ordnung" gebracht (Hegel 1998, 202).
Für Hegel verbindet sich die humoristische Form in der Regel mit einer offenen

---

48 Jaeschke (2010 [2003], 445–50) plädiert dafür, Hegels These vom Vergangenheitscharakter
der Kunst von der geschichts- und kunstphilosophischen Dichotomie von Antike und Moderne zu
entkoppeln und als eine primär oder sogar ausschließlich religionsphilosophische zu deuten.
Danach müsse die Kunst die Aufgabe, das Göttliche darzustellen, notwendigerweise an die Religion übertragen, da dem Kunstwerk immer das fehle, worin Gott allein existiere: das menschliche Selbstbewusstsein (vgl. Jaeschke 2005). Dabei ist allerdings zu beachten, dass die Frage
nach dem Verhältnis von Religion und Kunst nur einen Aspekt von Hegels Argumentation ab-
deckt, seine Überlegungen zum Wandel der Kunst nach Maßgabe der sozio-historischen Hand-
lungswirklichkeit – begrifflich gefasst in der Gegenüberstellung von heroischem und prosaischem
Weltzustand – hingegen nicht berührt. Statt sich ausschließlich auf einen der beiden Begrün-
dungswege zu konzentrieren, wäre Hegels berühmte These vom Ende der Kunst somit am sinn-
vollsten von zwei Seiten aus zu erläutern, entsprechend der doppelten Opposition der Kunst zu
den beiden anderen Erscheinungsformen des absoluten Geistes, der Religion und der Philosophie.

Handlungsstruktur, die er als „Abenteuerei" (2005, 169) bezeichnet. Von Handlung im engeren Sinne kann dabei kaum die Rede sein, da es dem „romantischen Charakter" nicht „darum zu tun ist, ein Werk zu produzieren" (1998, 196). Stattdessen betreibe er reinen Aktionismus, agiere ziel- und konzeptlos und stelle so „Recht und Gerechtigkeit" bestenfalls auf eine „zufällige Weise" her (Hegel 2005, 170). Das Handlungsschema der Abenteuerei entbehrt folglich der Ernsthaftigkeit und erfordert deshalb aus Hegels Sicht eine komische Behandlungsweise. Cervantes' *Don Quijote* (1605/1615) gilt ihm als Höhepunkt dieser Entwicklung und zugleich als „Schluß des Romantischen" (1998, 197).

Hegel vollzieht an dieser Stelle eine bemerkenswerte Wendung: Der *Don Quijote* ist für ihn der paradigmatische Roman der romantischen Kunst; nach der Lehre der Kunstformen aber endet die Kunstgeschichte im Grunde genommen mit diesem Stadium, weil dem Geistigen kein Äußeres mehr entsprechen kann. Nun wechselt Hegel gewissermaßen das geschichtsphilosophische Narrativ, bezieht die Differenzierung zwischen einem heroischen und einem prosaischen Weltzustand mit ein und analysiert, dass vor diesem Hintergrund der *Don Quijote* keineswegs als Endpunkt in der Entwicklung der epischen Kunst angesehen werden kann. Mit dem sich verfestigenden Staatswesen bricht kunstgeschichtlich eine neue Epoche an (die Hegel nicht benennt), in der sich konsequenterweise auch neue Erzähl- und Handlungsschemata ausbilden. Der paradigmatische Roman der Moderne, das heißt der nach-romantischen Kunstform, ist für Hegel deshalb nicht der *Don Quijote*, sondern Goethes *Wilhelm Meisters Lehrjahre* (1795–1796).[49] Zwar ist Hegel darum bemüht, eine Kontinuitätslinie zwischen beiden Romanen und den damit verbundenen Erzählprinzipien herzustellen. Deshalb behauptet er, dass der moderne Roman sich „freilich in einiger Entfernung an diesen Charakter [d.i. die Figur des Don Quijote]" anschließe (Hegel 2005, 170). Die einschränkende Hinzufügung ‚freilich in einiger Entfernung' markiert jedoch die entscheidende Bruchstelle in Hegels Argumentation. Der *Don Quijote* fällt geschichtlich betrachtet in die Auflösungsphase des Rittertums, in der sich die „Zufälligkeit des äußerlichen Daseins [...] in eine höhere Ordnung des Staats verwandelt" (Hegel 1998, 197). In der Moderne aber ist dieser Prozess abgeschlossen, die „Hauptmomente der Sittlichkeit" (Hegel 1998, 197) sind längst fest geworden. Dieser gewandelten gesellschaftlichen Wirklichkeit kann das Erzählschema der Abenteuerei eigentlich nicht mehr genügen. Auf subtile Weise, indem er das ritterliche In-die-Welt-Ziehen als Gemeinsamkeit hervorhebt und damit eine Kontinuitäts-

---

49 Vgl. dagegen Žmegač (1991 [1990], 126) und Voßkamp (2007, 35), die davon ausgehen, dass Hegel im *Don Quijote* den paradigmatischen Roman der Moderne sieht. Zur Bedeutung des Strukturschemas des Bildungsromans für Hegels Philosophie des Geistes vgl. Gamm (1997, 127).

beziehung zu Cervantes' Roman suggeriert, ersetzt Hegel deshalb das Schema des humoristischen Romans durch das Schema des Bildungs- oder Entwicklungsromans:

> Das Individuum zieht ritterlich aus und will das Gute für die Welt vollbringen, sein Ideal der Liebe befriedigen. Es gerät in Kampf mit der festen Wirklichkeit, und das Ende kann nur dies sein, daß das Individuum die Welt nicht anders macht, sondern daß das Individuum sich seine Hörner abläuft und sich in das Objektive ergibt. (Hegel 1998, 197)

Hier ist nicht mehr von einem plan- und ziellosen Herumirren der Hauptfigur die Rede. Das beschriebene Schema lässt sich durchaus als Handlung in Hegels Sinn auffassen, denn es geht im Kern um die Kollision zweier Prinzipien, die zu einem Kampf führt, und dieser Kampf hat wiederum ein klar markiertes und dazu ziemlich tristes Ende (vgl. Žmegač 1991 [1990], 127).[50] Allerdings geht es dabei nicht mehr um das Ringen der Völker oder Religionen, sondern um den Kampf des Einzelnen oder, wie es bei Vischer (1857, 1308) heißt, „eines erfahrungslosen Herzens" gegen die Unnachgiebigkeit gesellschaftlicher Strukturen. Vischer ist es auch, der aus Hegels Argumentation die Konsequenzen zieht. Er spricht offen von den „Schlachten des Romans" (Vischer 1857, 1308) und verdeutlicht damit, dass Epos und Roman eine vergleichbare, nämlich konfliktäre Handlungsstruktur zugrunde liegt.[51]

Vischer zeigt, dass sich auf der Grundlage von Hegels Kunstphilosophie für den Roman der Moderne, der auf dem Boden des prosaischen Weltzustandes gewachsen ist, durchaus ein Verwandtschaftsverhältnis zum antiken Epos be-

---

50 Hegel klärt an dieser Stelle nicht, welche Rolle dem Humor in dieser Art des Romans, das heißt im Bildungs- oder Entwicklungsroman, zukommt. Gethmann-Siefert (2005a, 183–185; 2005b 340–341) sieht im Humor und generell im Komischen die Forderung an die Kunst der Moderne verwirklicht, die Letztgültigkeit von Handlungsorientierungen infrage zu stellen und den Rezipienten zur befreienden Reflexion zu zwingen. Zu berücksichtigen ist allerdings auch Hegels Differenzierung zwischen ‚subjektivem' und ‚objektivem Humor'. In jenem erkennt Hegel die Gefahr einer leeren Subjektivität, die an sich selbst Genügen findet und sich nur noch mit sich selbst beschäftigt. Die Form des wirklichkeitszugewandten objektiven Humors hingegen sieht Hegel musterhaft in Goethes *West-Östlichem Diwan* (1819) gestaltet. Vgl. dazu Vieweg (2005, 308–310). Zur Frage, inwieweit sich die moderne Erzählkunst diesem Paradigma anschließen und der *Diwan* als das neue Epos gelesen werden kann vgl. Gethmann-Siefert (2005b, 345–346).

51 Daraus ergibt sich eine Aufwertung des Romans im Gattungssystem. Vischer tritt mit Entschiedenheit der Annahme entgegen, der Roman sei nur ein „verwildte[s] Epos" (1857, 1309), mithin ein degenerierter Abkömmling einer mustergültigen Form. Stattdessen, so Vischer, muss er als „etwas spezifisch Anderes" gelten, als selbstständiges und eigenwertiges „Product einer ganz andern Stylrichtung", das dem Epos auf „klar getrenntem Gipfel", wenn auch auf einem niedrigeren, gegenübersteht (1857, 1309).

haupten lässt, wenngleich es andere Schlachten und Konflikte sind, die in ihm zur Austragung kommen. Aus Hegels und Vischers Überlegungen ergibt sich aber auch, dass sich die beiden Gattungen dennoch in einem wichtigen Aspekt der Handlungsstruktur unterscheiden: Das Telos der Erzählung wird im modernen Roman anders als in seinem antiken Gegenstück zu einem grundsätzlichen Problem. Die Kunst und insbesondere die geschehensdarstellenden Künste zeigen nach Hegels Vorstellung das Ideal in seiner (Fort-)Bewegung; von einem absoluten Endpunkt der Handlung kann deshalb eigentlich nie die Rede sein, im Drama ebenso wenig wie in der Epik, da jede Reaktion der sittlichen Mächte und Interessen auf einen Zustand eine neue Situation schafft, die wiederum zur Reaktion herausfordert (vgl. Hegel 1998, 93–94). Im modernen Roman, insofern er dem Erzählschema des Bildungs- oder Entwicklungsromans folgt, wird dagegen am Ende ein Zustand erreicht, der jede Bewegung zum Stillstand bringt. Auch tritt keine Veränderung des (äußeren) Zustands mehr ein, da „die Stetigkeit des Prosaischen [von] vornherein anerkannt" wird (Vischer 1857, 1310). Hegels berühmtes Wort, dem Aufbegehren des Romanhelden folge am Ende der „Katzenjammer" (2005, 170), lässt sich im Grunde genommen erst vor dem Hintergrund dieser theorieimmanenten Problematik richtig einordnen. Ästhetisches Unbehagen löst das Ende des Romans bei ihm nicht deshalb aus, weil sich die staatliche Ordnung als dem partikularen Individuum überlegen erweist, sondern weil dieses Sich-Fügen des Helden letztlich in einen Zustand der Bewegungslosigkeit führt, der eine künstlerische Darstellung nicht mehr zulässt. Die „Mängel" des (Bildungs-)Romans liegen demzufolge nicht in der prosaischen Form, auch nicht im engeren Sinne in seinem prosaischen Inhalt, sondern in der aus künstlerischer Sicht unbefriedigenden Antwort auf die Frage: „[W]as soll der Held am Ende werden?" (Vischer 1857, 130) Dass der Held am Ende „seiner irdischen Bedürftigkeit und der harten Ecken und Kanten der Realität inne wird", wie Carrière (1854, 181) es ausdrückt, wäre philosophisch betrachtet für Hegel durchaus ein befriedigendes Ergebnis, aber eben nicht aus künstlerischer Sicht. Man könnte sagen, dass der Roman an dieser Stelle ein neues Handlungsschema entwickeln muss, das im Rahmen des idealistischen Erzählmodells gleichwohl noch nicht zur Verfügung steht. Erst das realistische Erzählmodell wird die Konturen dieses Schemas aufzeigen.[52]

---

52 Insofern ist fraglich, ob Hegels Wort vom Katzenjammer des Helden wirklich als eine ironische Distanzierung vom Bildungsroman und eine Vorwegnahme der Desillusions- und Tristesse-Poetik der französischen Romanliteratur gedeutet werden kann. Vgl. dagegen Žmegač (1991 [1990], 126–127) und Voßkamp (2007, 39).

3.3.2 Implizite Autorschaft

Das idealistische Erzählmodell, so viel ist nun deutlich geworden, wertet die Handlungs- gegenüber der Darstellungsebene auf, insofern der wesentliche Gehalt des Kunstwerkes, die ideelle Bewegung, bereits der Handlung inhärent ist. Es stellt sich daher die Frage, was die spezifische Darstellungsform des Erzählens diesem Gehalt überhaupt noch hinzufügen kann und ob sie nicht im Gegenteil den ideellen Gehalt des Kunstwerks infrage stellt. Denn die Idealität des Vorgangs besagt nichts anderes, als dass die Ereignisfolge einem allgemeinen Gesetz folgt, dessen objektive Gültigkeit weder von der Erfindungsgabe des Autors noch von dem Vermittlungstalent eines Erzählers abhängig sein darf. Aus dieser Sicht scheint es konsequent, wenn Hegel die Epik insgesamt vom Erzählprinzip zu lösen versucht. Die Grundform dieser Gattung ist für ihn nicht die Alltagserzählung, sondern das Epigramm, weil es „sagt, was die Sache ist" (Hegel 1998, 284). Dinge und Gegenstände werden in der Epik als „selbständiger Inhalt" (Hegel 1998, 284) gleichsam hingestellt und entstehen nicht erst im narrativen Prozess. Mit diesem Schachzug scheint Hegel sich des Problems der Erzählform entledigt und die narrative Vermittlungsinstanz als theoretische Größe umgangen zu haben. Die Frage nach der Stellung und dem Einfluss des Autors als Produzenten des Kunstwerks bleibt jedoch virulent. Sie beschäftigt die idealistische Erzähltheorie des neunzehnten Jahrhunderts nachhaltig und provoziert, wie später am Beispiel von Vischer dargelegt wird, zum Teil ausgesprochen innovative konzeptuelle Lösungen.

3.3.2.1 Objektive Geschichte vs. auktoriale Souveränität

Dass Objektivität zu den zentralen Gattungsmerkmalen der Epik zählt, ist eine weithin anerkannte und dennoch viel diskutierte Prämisse des idealistischen Erzählmodells. Im Grundsatz ist man sich einig: „Wir sind gewohnt", schreibt Moriz Carrière (1854, 146), „die epische Poesie als die objective zu bezeichnen und vorzugsweise Objectivität von ihr zu fodern"; wobei jedoch erst einmal zu klären sei, worauf sich der Begriff der Objektivität eigentlich beziehe. Für Carrière gibt es hier zwei Möglichkeiten: Entweder versteht man darunter „das Gegenständliche, das äußerlich Wirkliche", und unter epischer Objektivität folglich eine plastische, am Gegenständlichen orientierte Darstellungsweise; oder der Begriff wird auf die dargestellten Inhalte angewendet und drückt dann „das in sich Begründete, für sich selbst Geltende" der Handlung aus, so wie man etwa von einer „objectiven Wahrheit" spricht im Gegensatz zu Vorstellungen, „die nur Einzelnen nach deren besonderer Gemüthsbeschaffenheit richtig erscheinen" (Carrière 1854, 146). In diesem Sinn muss unter epischer Objektivität die „Gesetzmäßigkeit" (1854, 147)

der Handlung verstanden werden und diese Form der Objektivität steht für Carrière wie für andere Theoretiker des idealistischen Erzählmodells zunächst im
Vordergrund. Die Behauptung der Allgemeingültigkeit und Gesetzmäßigkeit der
epischen Handlung zieht nach sich, dass dem Autor letztlich nur eine vermittelnde, aber keine oder nur eine reduzierte schöpferische Funktion zugesprochen
werden kann. Was er erzählt, steht nicht allein in seiner Macht, sondern wird ihm
von der „Nothwendigkeit des Weltlaufs" (Vischer 1857, 1266) gleichsam in die
Feder diktiert. „Die Welt des Epos ist vom Dichter ganz unabhängig, aber sie
strahlt aus ihm wieder" und ist „uns nur durch des Dichters Mund bekannt", heißt
es bereits in den 1808 erschienenen *Ästhetischen Vorlesungen* Heinrich Ludens
(1808, 105). Wie aber kann etwas unabhängig vom Dichter sein, wenn man es nur
aus seinem Mund erfährt? Ist der Autor nur das Medium einer geschichtlichen
Wahrheit oder gestaltet er den Stoff nach seinen Kräften?

Die intensive Diskussion über das Verhältnis von Autorschaft und Objektivität
ist für das idealistische Erzählmodell insgesamt charakteristisch, wobei die Antworten der Theoretiker allerdings sehr unterschiedlich ausfallen. Hegel nähert
sich dieser Problematik, indem er zunächst der – im Kontext der romantischen
Epostheorie gängigen – Vorstellung einer kollektiven Autorschaft des Epos ent-
gegentritt: „Beim Homer muß man nicht die Vorstellung zum Grunde legen, daß
ein Volk ein Gedicht mache; [ein] Volk macht kein Gedicht, sondern [ein] Individuum" (Hegel 2004, 210). Zwar treffe es zu, dass der Autor notwendig einem
Volk angehöre und der Stoff seines Werkes darum „in der Volksvorstellung"
(Hegel 2004, 209) wurzele. Gleichwohl sei es irreführend, ihn als den Chronisten
eines etwa in mythologischen Erzählungen oder Sagen vorgefundenen Inhalts
anzusehen, denn diese Vorstellung reduziere den Künstler auf den – in den
Worten Wilhelm Grimms (1829, 369) – „Mund der Sage".[53] Das echte Kunstwerk

---

[53] Hegel wendet sich mit seiner Deutung auch gegen Jacob Grimms Interpretation des Epos als
Volkssage. Im Gegensatz zu Hegel versteht Jacob Grimm unter dem mythologischen Gehalt des
Epos nicht historisch spezifische Ausdrucksformen kulturgeschichtlicher Entwicklungsstufen,
sondern historisch gleichrangige, nur verschiedene Zeichen oder Hieroglyphen einer ursprünglichen göttlichen Einheit. Dem Sprachforscher erschließt sich gewissermaßen aus der Tiefen-
struktur, aus den verborgenen etymologischen Beziehungen zwischen den epischen Figuren –
vom homerischen Epos bis zu den altdeutschen Heldensagen – die Ahnung eines „urgedicht[s]",
einer gemeinsamen, unwandelbaren Mythologie (Grimm, J. 1869, 74). Wie für die Ursprache, so
gelte auch für das Urgedicht, dass es niemals geschichtliche Wirklichkeit gewesen sei und darum
unfassbar bleiben müsse. Die Übereinstimmung einzelner Mythologeme in den verschiedenen
Epen beruht deshalb nach Jacob Grimm nicht auf Nachahmung, sondern ergibt „sich bei jeder
gelegenheit von selbst und unbewuster weise" (1869, 12). Es bedürfe auch keines einzelnen Individuums, das in einem einmaligen Schöpfungsakt eine Mythologie zur Darstellung bringe, da
der „schall solcher begebenheit durch das ganze volk verbreitet" sei (Grimm, J. 1869, 12). Für Jacob

aber, argumentiert Hegel (2004, 208), kann nur aus einer selbstständigen Willensäußerung hervorgehen und muss in jeder Beziehung eine „freie Produktion des Individuums" darstellen. Das klassische Epos zeichne sich gerade dadurch aus, dass es nicht einfach aus einer mündlichen oder schriftlichen Tradition hervorgehe. Es sei vielmehr eine Degenerationserscheinung des künstlichen, modernen Epos, dass es auf bereits vorgefundene historische Zusammenhänge Bezug nehmen müsse. Hier „kennen wir [...] die Geschichte" und der Dichter gibt ihr nur „eine eigentümliche Form" (Hegel 2005, 234), im klassischen Epos dagegen „erscheint der Inhalt nur, wie er vom Dichter gemacht ist" (Hegel 2004, 209). In gewisser Weise könne der Inhalt des antiken Epos zwar in volkstümlichen Vorstellungen bereits vorhanden sein, er gehöre aber zum Entstehungszeitpunkt des Werkes noch nicht zum „Volksbewußtsein" (Hegel 2005, 234) und habe sich noch nicht zu festen mythologischen Figuren und Konstellationen ausgebildet. Das Epos im eigentlichen Sinn erscheint nach Hegel deshalb immer nur an Schwellenzeiten, wenn „ein Volk aus der Dumpfheit seiner Bewußtlosigkeit ins Bewußtsein herauskommt" (2004, 208), und die Bestimmung des Epikers sieht er darin, diesen Prozess zu fördern und dem Volk durch die Ausgestaltung einer eigenen Mythologie gleichsam zu Bewusstsein zu verhelfen. Aus diesem Grund nennt er das Epos auch die „Bibel eines Volkes" (Hegel 2004, 205), doch muss für ihn die biblische Offenbarung das individuelle und selbstständige Werk eines einzelnen Künstlers bleiben. So wie es etwa bei Hesiod und Homer der Fall sei, über die Hegel sagt, sie hätten mit ihrem Schaffen „den Griechen ihre Götter gemacht" (2004, 209).

Hegel hält also daran fest, dass das Epos – zumindest das klassische – ein Produkt des individuellen Gestaltungswillens und der ungebundenen, nicht durch eine geschichtliche Vorlage geleiteten kreativen Schöpferkraft des Autors ist. Was der Epiker schafft, ist seiner Ansicht nach allerdings kein persönliches Dokument, sondern eine Transformation des spezifischen kulturellen Gehalts einer Zeit zu einer verbindlichen mythologischen Gestalt und insofern ein Werk von überpersönlicher, objektiver Geltung. Deshalb gilt auch für Hegel, dass der Autor hinter seinem Werk verschwindet oder, besser gesagt, in ihm aufgeht. Die narrativ entworfene Welt ist allein sein Produkt, doch das „Subjekt" ist im narrativen Diskurs nicht mehr zu fassen: Das Epos „singt sich so von sich selbst fort" (Hegel 2004, 208). Man könnte sagen, dass Autorschaft im Epos nach Hegel immer implizit bleibt. Denn die Subjektgebundenheit des Kunstwerks kommt nicht explizit an der Oberfläche der Erzählung zum Ausdruck, sondern nur indirekt im

---

Grimm ist die Frage nach dem Urheber oder Erfinder des Epos aus diesem Grund sekundär oder sogar irreführend, „denn jedes epos musz sich selbst dichten" (1869, 10 [Anm. 4]).

Ganzen des Werkes, das als solches nach Hegel immer nur von einem konkreten Individuum geleistet werden kann. So gilt, dass „der Dichter [zugleich] nicht erscheint, aber der Inhalt sein Produkt ist" (Hegel 2005, 233).

Hegels Auffassung vom Epiker als Stifter der mythischen und religiösen Gestaltungen eines Volkes kann die Spannung zwischen autonomem Schöpfungsakt und Gebundenheit an einen historisch spezifischen, überindividuellen Gehalt indes nicht ganz aufheben. Deshalb bereitet ihm die Bestimmung des Verhältnisses zwischen dem Künstler-Individuum und dem Volk beziehungsweise dem Kulturzustand, dem es angehört, erkennbar Schwierigkeiten. Auf der einen Seite behauptet er, der Autor vertrete einen Standpunkt, der sich von der Bewusstlosigkeit des Volkes abhebe, da er das Weltbild einer Zeit bereits zu poetischen Gestalten und Formen objektivieren könne. Das spricht für eine gewisse zeitliche Distanz zwischen Werk und dargestelltem Zeitalter, wie es Hegel in seiner Vorlesungen von 1823 auch hervorhebt: „Die Gedichte sind später als das Leben selbst" (1998, 293). Auf der anderen Seite betont er aber auch, dass die Distanz zwischen Künstler und dargestellter Zeit nicht zu groß sein darf, wenn das ursprüngliche Epos nicht zu einem künstlichen herabsinken soll: „Aber zwischen dem Geist des Dichters und dem, was er hervorbringt, muß ein enger Zusammenhang noch sein. Sonst ist eine Spaltung im Gedicht vorhanden" (Hegel 1998, 293). Es ist möglich, dass Hegel aufgrund dieser nicht aufgelösten Spannung zwischen Zeitgenossenschaft und reflexivem Vorsprung in seiner Vorlesung von 1826 darauf verzichtet, diesen Punkt weiter zu erörtern, und nur noch beiläufig angibt, dass der Künstler dem Volk, von dem er berichtet, angehören muss (2004, 210; 2005, 235).

Die Problematik, die sich aus dem Konflikt zwischen der Souveränität des Autors und der Repräsentativität des Stoffes ergibt, beschäftigt die idealistische Erzähltheorie auch über Hegel hinaus. Allerdings kommt es dabei zu einer grundlegenden Verschiebung: Statt wie Hegel die Bedeutung der kreativen Freiheit des Autors hervorzuheben, betonen die Theoretiker nun den geschichtlichen Gehalt der Epik. Der Autor habe demnach „sein Auge auf die Vergangenheit, auf das bereits fertige, in sich vollendete Leben" zu richten und ihm seinen Stoff zu entnehmen: „Als das bereits Gewordene ist es das Objective, und als das Vergangene und Nothwendige wird es mit Ruhe betrachtet" (Carrière 1854, 151). Vischer (1857, 1265–1266) sieht im Gegensatz zu Hegel in der Gebundenheit des antiken Epikers an die Überlieferung geschichtlicher Inhalte in Form von Sagen und Mythen den Grund für die Objektivität des klassischen Epos und auf der anderen Seite im Wegfall dieser mündlichen Überlieferungsformen in der Neuzeit das Grundproblem der modernen Epik. Denn durch diesen Verlust könne sich der Epiker nicht mehr auf eine in Grundzügen vorgefundene „Fabel" (Vischer 1857, 1306) stützen und trete unweigerlich als Erfinder und Arrangeur seines Stoffes in den Vordergrund. Um diese Problematik zu verdeutlichen und Lösungswege zu ermitteln, entwirft Vischer in seiner *Ästhetik* (1846–1857) ein Modell der narrativen Ebenen, in dem konsequent zwischen der Funktionsrolle des Erzählers und der des Urhebers unterschieden wird; angesichts der Komplexität und Innovativität dieses Ansatzes lohnt ein genauerer Blick auf seine Ausführungen.

3.3.2.2 Von der „Fabel" zum „Bild der Dinge". Vischers Modell der narrativen Äußerungsebenen

Zu Beginn seines Epik-Kapitels bekräftigt Vischer die Prämisse, wonach das Wesen der epischen Kunst in ihrer Objektivität, in der „scharfen Absonderung" des Stoffes „vom Subjecte" liegt (1857, 1265). Gleichzeitig widerspricht er entschieden Hegels Behauptung, der Autor könne vollständig hinter seinem Produkt verschwinden. Denn diese Vorstellung missachtet seiner Ansicht nach das zentrale Bauprinzip der Erzählform:

> Als Erzähler bleibt er [d.i. der Autor] aber neben dem Inhalt in naiver Synthese gegenwärtig und in seiner Thätigkeit sichtbar; nur dem Geiste der Behandlung nach tritt er hinter ihn zurück und weiß oder behauptet sein Product nicht als solches, sondern als selbständiges Leben des Gegenstands. (Vischer 1857, 1265)

Diese Einschätzung äußert Vischer im einleitenden Paragrafen seines Epik-Kapitels. Er bezieht sich also auf die Epik insgesamt und nicht allein auf ihre nachantiken Ausprägungen, was bedeutet, dass die Gegenwart des Erzählers seiner Ansicht nach keine subjektive Zutat der Modernen darstellt, sondern strukturell bedingt ist. Vischer identifiziert im Epos ebenso wie im Roman eine Sprech- und Kommunikationsinstanz, die in ihrer vermittelnden Tätigkeit jederzeit im Text gegenwärtig ist. Zwar könne sich der Autor wie der Bildhauer körperlich von seinem Werk entfernen, das ausgesprochene beziehungsweise geschriebene Wort aber bleibe stets an ihn als seinem Absender gebunden: „[W]ährend wir es genießen, mag es ein Anderer vortragen oder mögen wir es lesen, ist er dabei und darin, denn statt des Materials hat er ja nur das Wort, er spricht es, er spricht mit uns, bis wir zu Ende sind" (Vischer 1857, 1265). Nach Vischer muss bei der Diskussion um die epische Objektivität deshalb zwischen zwei Tätigkeiten und ihren Produkten differenziert werden: Dem Erzählakt auf der einen Seite, der das „Bild der Dinge" hervorbringt, das heißt die sprachlich evozierten Gegenstände und Ereignisse, und dem Auffinden oder Erfinden der „Fabel", das heißt der Handlung in ihren fundamentalen Sinn- und Wirkungsstrukturen, auf der anderen Seite (Vischer 1857, 1306–1307). Daraus schließt Vischer, dass die Objektivitätsforderung nicht mit gleichem Recht auf beide Tätigkeiten anwendbar ist, denn eine Unabhängigkeit vom Subjekt ist im Erzählakt gar nicht zu erreichen. Seine Argumentation zielt also darauf, dass für die epische Objektivität nicht die mehr oder weniger ausgeprägte Vordergründigkeit der Erzählinstanz ausschlaggebend ist, sondern der „Geist des Verfahrens" (Vischer 1857, 1266), das heißt die Haltung, die der Erzähler dem Inhalt gegenüber einnimmt. Objektiv wird oder scheint die Erzählung, wenn der Erzähler den Eindruck vermitteln kann, er habe die Fabel, die Geschichte als sinnvolles Ganzes, bereits vorgefunden und nicht erst im narrativen Prozess entstehen lassen.

Auf Grundlage dieser Überlegungen kann Vischer nun angeben, worin die Problematik objektiver Darstellung in der modernen Epik besteht. Das antike Epos, so argumentiert er, fußt auf einer reichen Tradition an Volkssagen, in denen der Autor die Fabel vorgebildet findet. Der antike Epiker müsse seine Geschichte demnach weder konstruieren noch substanziell verändern, er vermittle sie lediglich in seiner Funktionsrolle als Erzähler an die Nachwelt. Er erzähle daher in der Überzeugung, nicht der eigentliche oder einzige Urheber seiner Erzählung zu sein: Er „weiß [...] sein Product nicht als solches" (Vischer 1857, 1265). In der Moderne hingegen sei die Tradition verstummt und der Autor trete an ihre Stelle als alleiniger Schöpfer und Bildner des Stoffes. Nach dieser Deutung verkörpert der Erzähler gleichsam in Personalunion die Rolle des Vermittlers und des Erfinders, wodurch der Inhalt der Erzählung in doppelter Weise seiner subjektiven Verfügungsgewalt unterworfen zu sein scheint. Am Beispiel des Romans, dem modernen Epos, führt Vischer diesen Gedanken aus:

> [Der Romandichter] kann Nebenhandlungen, ja die Haupthandlung frei erfinden, gänzlich umbilden, wogegen der epische Dichter an die Umbildung, welche ein Stoff durch die feststehende Sage erfahren hat, gebunden und nur in der Durchführung, Entwicklung, Vergegenwärtigung frei ist. Der Romandichter ist also weit mehr freier Erfinder [...]. (Vischer 1857, 1306)

Aus dieser Analyse zieht Vischer eine etwas überraschende Konsequenz: Statt die Möglichkeit epischer Objektivität in der modernen Erzählkunst prinzipiell auszuschließen, vertritt er die Überzeugung, dass der moderne Autor die veränderte Stellung zum Erzählinhalt überdecken und sich so der Objektivität des antiken Epos annähern kann. Es müsse ihm nur gelingen, eine Differenz zwischen erzählender und schöpferischer Instanz ästhetisch zu suggerieren oder zumindest deren Identität zu verdunkeln: „Die epische Objectivität fordert, daß auch der frei schaltende Romandichter sich stelle, als thue er nichts dazu, als mache sich die Fabel von selbst oder zwinge ihn, weil sie einmal thatsächlich sei, so und nicht anders zu erzählen" (Vischer 1857, 1306). Legitimiert sieht Vischer diese künstliche Naivität, die „Fiction des Glaubens an die thatsächliche Nöthigung des Fabel-Inhalts" (1857, 1307), dadurch, dass auch der moderne Autor „vom epischen Geiste der Gegenständlichkeit durchdrungen" sein kann und sich noch ihm *idealiter* „die Nothwendigkeit des Weltlaufs" (1857, 1266) erschließt.

Unabhängig von der Frage, ob das Vertrauen auf eine zuverlässige Einsicht in die ‚Nothwendigkeit des Weltlaufs' eine zureichende Begründung der epischen Objektivität bietet oder nicht, bleibt die konzeptuelle Originalität von Vischers Überlegungen bemerkenswert. Fasst man das Ergebnis seiner Analysen in einem Schema zusammen, lässt sich eine gewisse Ähnlichkeit zwischen seiner Differenzierung von Äußerungs- oder Produktionsinstanzen des narrativen Textes und gängigen Kommunikationsmodellen der modernen Narratologie erkennen (Abb. 1).[54]

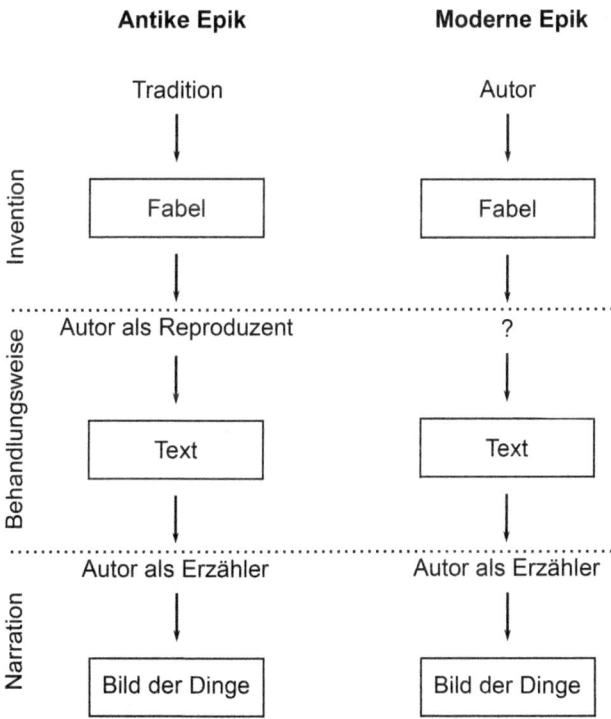

Abbildung 1: Narrative Äußerungsebenen nach Vischer

---

54 Eine ausführliche Übersicht über verschiedene Modelle der narrativen Kommunikation bietet Wenzel (2004a). Man muss freilich einschränkend hinzusetzen, dass Vischer nur die eine Seite der Kommunikation, nämlich die des Produzenten, in den Blick nimmt, die des Rezipienten hingegen übergeht.

Die erste Ebene ist die der Invention oder der Konstitution der Fabel, verstanden als eine bereits in ihren Sinnzusammenhängen geordnete Reihe von Ereignissen. Im antiken Epos wird diese Position nach Vischer von einer kollektiven Autorschaft vertreten, da die Handlung in ihren wesentlichen Umrissen durch die mündliche Überlieferung der Sage vorgezeichnet ist. In der modernen Epik hingegen steht hier der Autor, der den Stoff eigenmächtig erfindet und komponiert. Die zweite Ebene ist gewissermaßen die Schnittstelle, an der die Fabel zum Text umgebildet wird. Es geht Vischer hierbei nicht so sehr um den Schritt der Transformation eines bloß nach zeitlich-kausalen Relationen geordneten Stoffes in einen durchkomponierten, nach artifiziellen Kriterien strukturierten Text, wie es bei modernen Ebenen-Modellen gelegentlich unterschieden wird.[55] Von Bedeutung ist für ihn vielmehr, *wie* beziehungsweise *als was* die Fabel aufgefasst wird und welche Haltung der produzierende Autor ihr gegenüber einnimmt. Im antiken Epos besetzt diese Position der Autor oder, besser gesagt, der Reproduzent des Textes. Er entnimmt der mündlichen (beziehungsweise schriftlichen) Überlieferung seine Fabel und reproduziert sie in dem Wissen und mit der Haltung, eine seiner schöpferischen Leistung vorausliegende Wahrheit zu vermitteln. In der modernen Epik müsste an dieser Stelle eigentlich der ‚Autor als Produzent' stehen, der die von ihm erfundenen Ereignisse nun auch im „Bewußtsein der eigenen freien Thätigkeit" (Vischer 1857, 1266) zu einem Text formt. Wie bereits dargestellt, fordert Vischer allerdings vom modernen Epiker, dass auch er eine Haltung einnehme, als würde er nicht frei über den Inhalt des Textes verfügen: Der Autor „behauptet" dann „sein Product nicht als solches" (1857, 1265). Diese Haltung bleibt mithin eine reine Behauptung oder auch „Fiction" (1857, 1307), wenngleich eine aus Vischers Sicht gerechtfertigte. Konsequenterweise müsste man darum eigentlich von einem fiktiven Reproduzenten beziehungsweise einer fingierten Haltung des bloßen Reproduzierens sprechen. Beschreibbar wäre diese Position möglicherweise auch mit dem umstrittenen Begriff des impliziten Autors, insofern man darunter ein vom Textproduzenten intendiertes und vom Leser zu konkretisierendes Autorbild versteht. Die dritte Ebene des Modells ist die des Erzählaktes. Im obigen Schema wurde diese Ebene mit dem Begriff der Narration bezeichnet, der hier durchaus im Sinne Genettes (1998 [1994], 16) zu verstehen ist, also bezogen auf die konkrete kommunikative Tätigkeit des Erzählens. Produkt dieser Tätigkeit ist in Vischers Worten das „Bild der

---

55 Vgl. etwa das Modell bei Bal (1977) und ihre Unterscheidung zwischen *histoire* als „série d'*événements* logiquement reliés" (Reihe von logisch verbundenen Ereignissen; 1977, 4) und *récit* als „[l]'histoire ordonnée, structurée" (geordnete, strukturierte Geschichte; 1977, 8). Diese Einteilung entspricht letztlich der traditionellen rhetorischen Unterscheidung von *ordo naturalis* und *ordo artificialis*.

Dinge" (1857, 1307), die sprachlich evozierte Erzählwelt. Der Erzähler selbst wird dabei nicht grundsätzlich als fiktive Instanz begriffen, eher als eine vom Autor einzunehmende Funktionsrolle.

Es geht aus Vischers Ausführungen nicht eindeutig hervor, mit welchen Textstrategien es dem modernen Epiker gelingen kann, seine kreative Kompetenz zu verschleiern oder vergessen zu machen. An einer Stelle ist von „einer gemessenen, milden Ironie" (Vischer 1857, 1266) die Rede, ohne dass jedoch konkrete Verfahrensweisen genannt würden. Dann wieder spricht Vischer von der Möglichkeit, durch die Betonung einer zeitlichen Differenz zwischen Erzählakt und Handlung den Eindruck zu verstärken, der Erzähler greife die berichteten Ereignisse nur auf und bringe sie nicht selbst hervor (vgl. 1857, 1265). Vor diesem Hintergrund ist es verständlich, dass er den Vergangenheitscharakter der epischen Darstellung im Vergleich zu Hegel wieder deutlicher hervorhebt (vgl. Vischer 1857, 1267). Darüber hinaus wird das Problem, mit welchen Mitteln eine Trennung zwischen erzählender und schöpferischer Instanz suggeriert werden kann, nicht erörtert; möglicherweise auch deshalb, weil Vischer vor einem theoretischen Dilemma steht: Auf der einen Seite verlangt er von der Vermittlungsinstanz in der modernen Epik, ihre schöpferische Souveränität zu verleugnen, auf der anderen Seite darf dieser vorgegebene Mangel an kreativer Verfügungsgewalt nicht in eine Position der Unzuverlässigkeit umschlagen. Denn in diesem Fall könnte der Eindruck, dass die Handlungsabläufe einer objektiven Notwendigkeit folgen, aufgehoben werden. Dieses Dilemma im Verhältnis zwischen vermittelnder Instanz und vermitteltem Inhalt bestimmt im Kontext des idealistischen Erzählmodells insgesamt die Auseinandersetzung mit der Kategorie des Erzählers.

3.3.3 Erzählen vom objektiven Geschehen

3.3.3.1 Die Ruhe des Allwissenden

Charakteristisch für das idealistische Erzählmodell ist die weitgehende Indifferenz gegenüber Fragen des Erzählertyps, da das homodiegetische Erzählen nicht als diskussionswürdige Alternative zum heterodiegetischen Erzähler anerkannt wird. In der philosophischen Ästhetik wird die Frage nach unterschiedlichen Erzählerfiguren praktisch vollständig ignoriert. Vischer (1857, 1280) diskutiert die Möglichkeit eines figürlichen Erzählers nur am Beispiel der Binnenerzählung, der er die primäre Funktion zuschreibt, Anachronien in den erzählerischen Zusammenhang zu integrieren. Wenn Alternativen zum heterodiegetischen Erzählen genannt werden, wie in Keiters *Theorie des Romans und der Erzählkunst* (1876), erkennt man sie darum noch nicht zwangsläufig als künstlerisch wertvolle Gestaltungsformen an. Keiter entwirft zunächst eine dreistellige Typologie von Erzählerfiguren: Demnach kann der Dichter „in eigener Person, als außerhalb der Begebenheit stehend", das „Geschäft der Erzählung" übernehmen; oder er übergibt das Wort an eine Person, die „ihre eigenen Erlebnisse oder die einer anderen Person erzählt"; schließlich besteht noch die Möglichkeit, dass „mehrere Personen durch briefliche Mittheilung" als Vermittler fungieren (Keiter 1876, 214). Im Anschluss geht Keiter auf die Vor- und Nachteile der jeweiligen Erzählform ein und macht deutlich, dass in seinen Augen nur die erste kunstgerecht ist und vom Dichter angestrebt werden sollte: Denn „[s]ie allein ermöglicht höchste Objectivität, weil der Erzähler persönlich frei ist, das heißt, den Ereignissen als Unbetheiligter gegenüber steht" (Keiter 1876, 215). Bei den beiden anderen Formen beschreibt Keiter fast ausschließlich ihre künstlerischen Mängel, zu denen er vor allem die Tendenz zur „lyrische[n]" (1876, 215) Stimmung und die unglaubwürdige Informiertheit beziehungsweise die widernatürliche Gedächtniskraft des Erzählers zählt. Mögliche Vorteile des persönlichen Bezugs zwischen Erzähler und Erzählwelt nennt er nicht; die Präferenz des heterodiegetischen Erzählens wird in keiner Weise zur Diskussion gestellt.

Für die idealistische Erzähltheorie ist die Homodiegese in erster Linie deshalb eine mangelhafte Darstellungsform, weil in ihr in der Regel ein subjektiv gebundener Blick auf die Erzählwelt vermittelt wird. Vom Erzähler aber wird erwartet, dass er „mit dem Gleichmuthe der parteilosen Betrachtung" über seinem Stoff zu schweben vermag, wie Vischer (1857, 1275) es ausdrückt. Die geforderte Zurückhaltung und Überparteilichkeit des Erzählers unterscheidet sich allerdings von der Teilnahmslosigkeit oder gar Gleichgültigkeit, mit der im klassisch-romantischen Modell die Position des epischen Erzähler beschrieben wird. Hier, im idealistischen Modell, ergibt sich der Gleichmut aus dem sicheren Wissen um die ideelle Umfassung und Durchdringung aller Geschehnisse. Er beruht auf einer „Anschauung, für welche Alles ebensowohl begründet und begründend, als eine reine und selbständige Erscheinung des allseitig begründeten Weltganzen ist" (Vischer 1857, 1277).[56] Trotz der Distanz zum Stoff habe der Erzähler das Geschehen mit einem gewissen Wohlgefallen zu betrachten und „Alles mit gleicher Liebe" zu behandeln, weil sich ihm alles als „ein Ferment der geschichtlichen Bewegung" darstelle (Vischer 1857, 1275). Die Objektivität des Epos, schreibt Carrière (1854, 148), ist keine „kalte Aeußerlichkeit, sondern besteht darin, daß das subjective Gefühl des Dichters sich völlig in den Gegenstand ergossen hat", und deshalb

---

56 Die Wahrheit der erzählten Inhalte bzw. der dargestellten Handlungsverläufe kann für den Erzähler, wie ihn die idealistische Erzähltheorie konstruiert, überhaupt nicht infrage gestellt werden, er ist sich ihrer unmittelbar gewiss. Zur Anwendung von Wittgensteins Differenzierung von Wahrheit und Gewissheit auf den Begriff des allwissenden Erzählers vgl. Martínez (2004, 148–150).

auch nur auf eine implizite Weise aus dem Dargestellten hervorgeht, das heißt ohne „lyrische[n] Selbstgenuß" (1854, 161) und nicht in expliziten Bekenntnissen und Ausrufen. Wie die Figuren ihm nicht gleichgültig bleiben dürfen, so sollen dem Erzähler auch die Ereignisse nicht gleichwertig sein; denn nach idealistischem Verständnis handelt es sich nicht um vertauschbare Glieder einer ins Unendliche weisenden Reihe, sondern um Segmente eines ideell geordneten Ganzen. Die Perspektive des Erzählers ist demzufolge nicht nur allwissend, sondern auch allumfassend. Die idealistische Theorie betont die Forderung nach epischer Totalität und sie spricht dem Erzähler einen „weiten großen Ueberblick über das Ganze der Natur und der Menschheit" zu (Carrière 1854, 170); und obwohl sich ihm von der Höhe dieses Standpunkts aus ein potenziell „unendliches Sehfeld" (Vischer 1857, 1281) eröffnet, erschließt der Erzähler diese Fläche doch immer aus der Perspektive der Idee und deshalb in einer klaren Gliederung: Die „in's Unbestimmte verschwimmende Behandlung des Hintergrunds" hebt sich für ihn klar von der „Nähe und Deutlichkeit" des Mittel- und Vordergrunds ab (Vischer 1857, 1281). Die einzelnen Motive und Begebenheiten sind mit anderen Worten nicht etwa gleichwertig, sondern von unterschiedlicher Relevanz für den Erzähler, wobei ihr Bezug zum ideellen Gehalt der Erzählung das ausschlaggebende Kriterium für ihre Einordnung ist.

Es liegt nahe, dass die Souveränität, mit welcher der Erzähler den Stoff auf seinen ideellen Gehalt hin durchschaut, auch in der Art und Weise der Informationsvergabe zum Ausdruck kommt. Auf die epistemologischen Privilegien, die das heterodiegetische Erzählen gestattet, soll der Erzähler daher nach Ansicht der Theoretiker nicht verzichten: „Der Dichter soll im Bezug auf sein Werk allwissend sein; Entschuldigungen helfen ihm nicht" (Keiter 1876, 200). Im Verlauf der Erzählung darf der Rezipient niemals die Überzeugung verlieren, dass der Erzähler „schon im Anfang und in der Mitte das Ende weiß" (Vischer 1857, 1275) und dem Leser nichts Wesentliches vorenthalten wird. Die Gestaltungsmöglichkeiten, die sich aus der zeitweiligen oder generellen Zurückhaltung von Informationen etwa hinsichtlich der Spannungsführung ergeben, spielen in der Theorie deshalb auch eine untergeordnete Rolle. Bei Vischer lässt sich sogar von einer expliziten Missbilligung spannungserzeugender Verfahren sprechen. Seiner Ansicht nach muss es das Ziel des Epikers sein, „die pathologische Gewalt der Neugierde" (Vischer 1857, 1277) zu brechen oder zumindest abzumildern. Analog dazu empfiehlt er dem Leser, er solle „das Ende vorweg lesen [...], um den scharfen Pechfaden der Neugierde, mit dem der Romandichter uns anschnürt, durchzuschneiden" (Vischer 1857, 1277–1278). Vischers Vorbehalte gegenüber spannungserzeugenden Erzählverfahren resultieren keineswegs nur aus einer persönlichen Abneigung, sondern lassen sich schlüssig aus den Prämissen des idealistischen Erzählmodells ableiten. Denn diese besagen, dass der ideelle Gehalt des Werkes bereits im Dargestellten liegt und der Rezeptionsakt diesem Gehalt nichts Wesentliches hinzufügen kann. Trotz der Gegenwart einer Vermittlungsinstanz zielt auch die Epik, und nicht nur das Drama, auf Absolutheit und damit auf den Ausschluss sowohl des Autors als auch des Rezipienten aus dem Werk.[57] Spielhagen – dessen Erzähltheorie, wie noch zu zeigen sein wird, auf der Grenze zwischen idealistischem und realistischem Erzählmodell steht – formuliert diesen Einspruch gegen die Adressiertheit der Erzählung sehr deutlich: „Der Dichter als solcher hat mit dem Leser direkt schlechterdings nichts zu schaffen; hat ihm kein Wort zu sagen, keines" (BT 91). Erzählen im idealistischen Sinn ist gewissermaßen ein Kommunizieren, das seine Kommunikativität leugnet.[58] So ist es nur konsequent, wenn Vischer dem Leser rät, sich den rezeptionsleitenden Verfahren des Textes zu entziehen und die Erzählspannung im Keim zu ersticken.

Allerdings lassen sich aus den Reihen der Theoretiker, die sich an der idealistischen Ästhetik orientieren, auch Gegenstimmen vernehmen, die der Spannungsgestaltung gerade mit Blick auf den modernen Roman eine größere architektonische Bedeutung zusprechen.[59] Carrière etwa bezeichnet es als ein Charakteristikum moderner Erzähltexte, dass der Autor darin nicht wie ein Historiker erzählt, „der das Mitzutheilende längst als einen bereits fertigen Inhalt weiß", sondern dass sich „die Sache [...] vor den Augen des Lesers entwickel[t]" (1854, 181–182). Deutlich weiter noch geht Gottschall, für den eine spannungsreiche Komposition kein Alleinstellungsmerkmal moderner Epik darstellt: „Kein neuer Roman ist" seiner Meinung nach „spannender, als die Odyssee" (Gottschall 1858, 339). Die Möglichkeiten narrativer Spannungserzeugung versucht er in Abgrenzung zur dramatischen Spannung zu bestimmen. Ziele diese eher auf die Zukunft, sei die Spannung der Erzählung mehr auf die Vergangenheit gerichtet

---

[57] Die Epik weist nach diesem Verständnis dieselbe Absolutheit auf, die Szondi (2007 [1963], 15) allein dem (klassischen) Drama zuschreibt: „Der Dramatiker ist im Drama abwesend. Er spricht nicht, er hat Aussprache gestiftet. Das Drama wird nicht geschrieben, sondern gesetzt. [...] Das Drama ist lediglich als ein Ganzes zum Autor gehörend, und dieser Bezug gehört nicht wesenhaft zu seinem Werksein".

[58] Vischers Ebenenmodell und die darin ausgedrückte theoretische Differenzierung von Erzählung und Invention des Stoffes widerspricht dieser Einschätzung nicht. Schließlich beschränkt sich Vischer in seiner Darstellung allein auf die Produzentenseite und blendet den Kommunikationspartner, den Rezipienten, aus seinen Überlegungen aus.

[59] Auch Vischer erwähnt bereits die gestiegene Bedeutung spannungserzeugender Verfahren für das moderne Erzählen, sieht darin aber ausschließlich eine Degenerationserscheinung: „Die heutige Neigung, im Roman auf Ueberraschungen und starke Stöße zu arbeiten, in rapidem Scenenwechsel Neues auf Neues zu pfropfen, die Hauptfabel in unaufhörlichem Abbrechen bis zur äußersten Spannung der Ungeduld hinzuhalten, zeigt durch das Gegentheil des Richtigen recht das Richtige" (Vischer 1857, 1277).

(vgl. Gottschall 1858, 339–340). Die epischen Charaktere „haben ihre Antece-
dentien, die sich uns erst allmählich enthüllen, ähnlich wie wir im Verkehr des
Lebens mit Charakteren zusammentreffen, deren Vergangenheit uns erst nach
und nach offenbar wird" (Gottschall 1858, 339). Das „Ziel" der Erzählhandlung,
ergänzt Gottschall, sollte „eine gewöhnliche Neugierde" allerdings nicht überraschen, sondern vielmehr „mit Nothwendigkeit gegeben" sein (1858, 339).

Obwohl die idealistische Erzähltheorie den kommunikativen Aspekt des Erzählens tendenziell in den Hintergrund rückt und teilweise sogar explizit negiert,
werden spannungserzeugende Erzählverfahren, die eigentlich die Adressiertheit
und damit den kommunikativen Charakter der Erzählform betonen, nicht
grundsätzlich abgelehnt. Ein Grund dafür könnte darin liegen, dass diese Verfahren die Illusion einer beschränkten Souveränität des Erzählers und damit
zugleich der Eigenständigkeit des Inhalts unterstützen. Das Zurückhalten von
Informationen und das Vortäuschen von Nicht-Wissen lässt sich ja in gewissem
Sinne als eine Strategie des Autors deuten, seine Autorschaft zu verschleiern –
ganz wie Vischer es vom modernen Epiker verlangt: Der an sich „frei schaltende
Romandichter" unterwirft sich freiwillig einer perspektivischen Beschränkung
und macht den Leser damit glauben, „als thue er nichts dazu, als mache sich die
Fabel von selbst oder zwinge ihn, weil sie einmal thatsächlich sei, so und nicht
anders zu erzählen" (Vischer 1857, 1306).

Die charakteristische Spannung zwischen der kreativen Eigenleistung des
Autors und der Selbstständigkeit des Inhalts, die an dieser Stelle wieder aufscheint, prägt auch die Auseinandersetzung der idealistisch orientierten Erzähltheorie mit den Formen der narrativen Rede- und Gedankenwiedergabe. Die
Frage, auf welche Weise der Erzähler die Gedanken und Emotionen seiner Figuren
narrativ vermitteln kann, ohne dabei als Psychologe zu sehr in den Vordergrund
zu treten, wird dabei umfassend erörtert und zwar mit durchaus innovativen Ergebnissen. Besonders hervorzuheben ist, dass eine der meist diskutierten Kategorien der modernen Narratologie in diesem Rahmen erstmals theoretisch erfasst
und auf ihre Funktion hin bestimmt wird: die sogenannte ‚erlebte Rede'.

3.3.3.2 „Indirekter Monolog" und teleologischer Dialog

„Ich verkenne keinen Augenblick die Schwierigkeit, complicirte Seelenzustände
objectiv darzustellen", schreibt Spielhagen (1868 [1864], 190) in seinem frühen
Aufsatz „Ueber Objectivetät im Roman" (1864). Er bestätigt damit, dass der
Grundsatz der epischen Objektivität nicht auf den Bericht von äußeren Handlungen zu beschränken ist, sondern auf das Gebiet der Innenwelt und die Darstellung innerer Vorgänge ausgeweitet werden muss. „Es giebt auch eine Plastik
des Seelenlebens", heißt es übereinstimmend bei Gottschall (1858, 343), der auf

Grundlage dieser Behauptung als Anspruch für die narrative Gedankenwiedergabe formuliert: „[D]ie innere Welt der Seele muß uns, wie die äußere, in klarem Zusammenhang vorgeführt werden" (1858, 342). Die Theoretiker stehen daher vor der Herausforderung, Erzählstrategien zu benennen, mithilfe derer sich Emotionen und Gedankeninhalte – mithin etwas nur subjektiv Erfahrbares und noch dazu Unstetes – in einer der Beschreibung äußerer Gegebenheiten vergleichbaren Plastizität darstellen lassen, und zwar ohne dass sich dabei der Erzähler als analysierender Beobachter zu stark vor das Objekt seiner Beobachtung schiebt.

Die einfachste Antwort auf dieses Problem sieht vor, dass der Autor „die Empfindung durch die Gegenstände", „die sie hervorrufen" (Carrière 1854, 161), schildern und zudem das Innenleben der Figuren in sichtbaren Handlungen erfahrbar machen soll. In beiden Fällen wird die figurale Perspektive durch einen äußerlich sichtbaren Vorgang ausgedrückt. Doch nicht alle Theoretiker geben sich mit dieser Lösung zufrieden, nicht zuletzt deshalb, weil bei dieser Methode der Darstellung komplexer mentaler Prozesse und Zustände Grenzen gesetzt sind. Eine sehr gründliche und, wie sich zeigen wird, konzeptuell innovative Auseinandersetzung mit der narrativen Darstellung von „Seelenbewegungen" findet sich bei Heinrich Keiter (1876, 155). Dessen Analysen beruhen auf der Überzeugung, dass der erzählende Autor am besten „mit nur wenigen Worten den Gemüthszustand der Personen berühren, im Uebrigen aber es den Personen überlassen [soll], ihn zu offenbaren" (1876, 155). Referierende Formen der Darstellung wie der Gedankenbericht oder die indirekte Rede werden von Keiter deshalb auch nicht weiter berücksichtigt. Was er dafür in den Fokus rückt, sind Verfahren der expliziten oder impliziten Selbstoffenbarung der Figuren (Abb. 2).

Die implizite Darstellung des Inneren über die Schilderung äußerer Handlungen wird von Keiter an dieser Stelle ebenfalls genannt und auch empfohlen (1876, 160 – 161). Alternativ dazu könne der Autor aber auch von der Möglichkeit der expliziten Selbstauskunft der Figuren Gebrauch machen. Keiter unterscheidet in dieser Hinsicht zwischen unmittelbaren und mittelbaren Formen: Bei den unmittelbaren Darstellungsformen wird der Rezipient gewissermaßen Zeuge einer bewussten oder unbewussten Selbstaussprache der Figur. Die erste Variante dieses Typs wäre der „Monolog", der allerdings wegen seiner Unnatürlichkeit schon im Drama häufig als störend auffalle und nach Keiters Einschätzung deshalb in der Erzählung nur äußerst sparsam verwendet werden sollte (1876, 157– 158). Unter Monolog versteht der Theoretiker offenbar in erster Linie Äußerungen, die laut zu sich selbst gesprochen werden, und nicht das innere Selbstgespräch. Das Konzept des „erzählten Inneren Monologs" (Martínez und Scheffel 2007 [1999], 60) wird bei ihm folglich allenfalls angedeutet, aber noch nicht im vollen Umfang erfasst; vermutlich auch deshalb, weil er an der Anwendbarkeit der monologischen Darstellungsform aufgrund ihrer psychologischen Unglaubwürdigkeit Zweifel hegt. Diese Einwände gelten nicht für die zweite Form der unmittelbaren Darstellung von Gedanken, den Dialog. Keiter warnt bei dieser Art der unmittelbaren Mitteilung von Gedanken durch die Figuren lediglich vor zu viel tragischem Pathos und hohler Deklamation (1876, 158). Eine dritte Form schließlich stellt das schriftliche Selbstzeugnis (zum Beispiel in Briefen) dar, das Keiter als „echt epische[n] Kunstgriff" bezeichnet (1876, 159). Die Vermittlungssituation sei hier ungleich natürlicher und ungezwungener, doch habe der Autor darauf zu achten, die Briefe und ihre Anfertigung im Handlungsgang ausreichend zu motivieren (vgl. Keiter 1876, 159).

Im Anschluss daran geht Keiter auf die Möglichkeit einer mittelbaren beziehungsweise indirekten Darstellung des Figurenbewusstseins ein. Diese Variante hält er erkennbar für die eleganteste Lösung: „Ganz ungezwungen kann der Dichter die Gefühle der Personen auf *mittelbare* Weise kundgeben, wenn er sie nämlich so darstellt, daß sie sich zwanglos in den epischen Fluß einfügen, und den Dichter, durch welchen die Mittheilung geschieht, vergessen lassen" (Keiter 1876, 159). Für diese Vermittlungsform schlägt Keiter auch die Bezeichnung „indirekter Monolog" (1876, 160) vor und exemplifiziert sie an einem Zitat aus Spielhagens Roman *Problematische Naturen* (1861):

> Und wie ein Engel des Himmels erschien sie Oswald, in dessen krankes Herz ihre guten, mitleidigen Worte wie ein milder Regen auf welke Bäume gefallen waren. Und zum erstenmale erinnerte er sich wieder des Gespräches, das er am Tage seiner Zurückkunft von Sassitz mit dem Doctor gehabt hatte. *Also wirklich! Das holde, herrliche Geschöpf sollte auch verkauft werden, wie Melitta verkauft worden war? Sie sagte es selbst, aus ihrem eigenen Munde hatte er es nur eben gehört: sie hatte keinen Freund! Sie stand allein da in der Welt! sie konnte nicht für sich selbst handeln! Und sie hatte noch Mitleid und Trost für ihn, sie, die sie selbst des Mitleid's und Trostes – nein, thätiger Hilfe so sehr bedurfte.*[60] (Keiter 1876, 159–160)

Da die Hervorhebung von Keiter stammt, besteht kein Zweifel daran, dass er hier auf jene Form der Gedankenwiedergabe abzielt, die man heute als erlebte Rede oder autonome indirekte Rede bezeichnet (Martínez und Scheffel 2007 [1999], 58; Lahn und Meister 2008, 124). Aus sprachgeschichtlicher Perspektive beschreibt ein Jahr später der Mediävist Otto Behaghel (1877, 9) vergleichbare Mischformen indirekter und direkter Rede, gut zehn Jahre später folgt ihm darin der Schweizer Romanist Adolf Tobler (1887). Keiter seinerseits unternimmt nicht den Versuch, den ‚indirekten Monolog' grammatisch zu beschreiben, dafür geht seine Dar-

---

60 Keiter zitiert hier Spielhagen (1861, 28–29). Das Zitat weicht an einigen Stellen vor allem hinsichtlich der Interpunktion vom Originaltext ab. Da die Änderungen für den Zusammenhang nicht relevant sind, wurde nicht ermittelt, ob sie einer anderen Ausgabe oder einer laxen Zitierweise geschuldet sind.

stellung der sprachwissenschaftlichen Erfassung des Phänomens zeitlich voraus.[61] Es ist schon erstaunlich, dass die früheste Beschreibung dieses Erzählmittels in einem Poetik-Lehrbuch zu finden ist, das auf den ersten Blick ein konservatives, strikt an den Prämissen der idealistischen Tradition ausgerichtetes Kunstverständnis vertritt. Diese Tatsache unterstreicht die funktionale Polyvalenz der erlebten Rede.[62] Für Keiter liegt ihr Wert in der Plastizität der Gedankeninhalte, die gleichsam im Stillen artikuliert werden und damit an der Schwelle zum Wahrnehmbaren bleiben. Dieser Status lässt sie wie ein äußerlich erfahrbares Ereignis erscheinen, von dem der Erzähler aus Sicht des Theoretikers ebenso objektiv berichten kann wie von einem tatsächlichen Äußerungsakt.

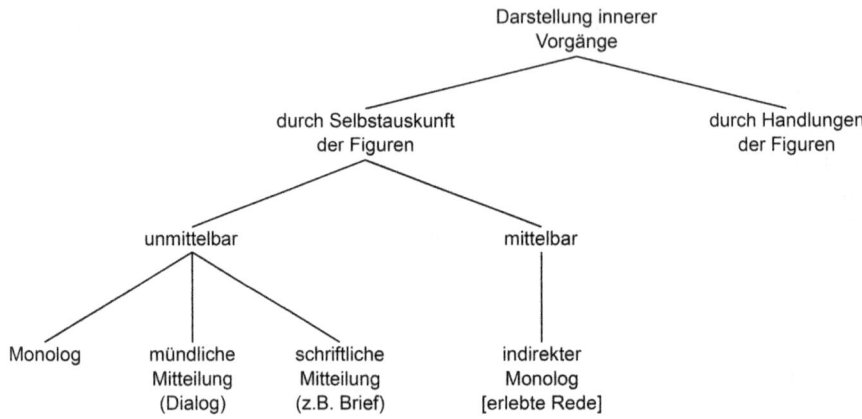

Abbildung 2: Formen narrativer Gedankenwiedergabe nach Keiter

Keiter geht davon aus, dass die psychologische Ergründung der Charaktere und die Darstellung innerer Prozesse in der Erzählung nicht zum Selbstzweck werden sollten, sondern dass sie nur dazu dienen, die Handlungsschritte zu motivieren und auf diese Weise den Handlungsgang voranzubringen. Diese eindeutige Unterordnung unter den Funktionszusammenhang der Handlung charakterisiert auch seine Auffassung von der Beschaffenheit des narrativen Dialoges. Entscheidend ist seiner Meinung nach vor allem, dass dem Autor bei jedem Dialog „ein bestimmtes Ziel" vor Augen steht; „diesem muß das Gespräch, ob

---

61 Keiters Beitrag zur Forschungsgeschichte der erlebten Rede ist meines Wissens bisher nicht berücksichtigt worden. Die erste Erfassung des Phänomens wird entweder Behaghel oder Tobler zugesprochen.

62 Zu den unterschiedlichen Formen und Funktionen der erlebten Rede vgl. die Darstellungen bei Fludernik (1993, 79–82) und Toolan (2001 [1988], 134–140).

versteckt oder offen, unablässig zueilen" (Keiter 1876, 208). Primär gehe es immer „um die Erreichung einer Absicht" (1876, 208), denn allein deshalb verdient eine Äußerung nach Keiters Ansicht überhaupt in die Darstellung aufgenommen zu werden. Vor „zerhackten Sätzen" oder „nichtssagenden Redetheilchen" habe sich der Autor hingegen zu hüten (Keiter 1876, 213). Für den Theoretiker besteht deshalb kein signifikanter Unterschied zwischen epischem und dramatischem Dialog. Beide werden von ihm als konfliktzentriert und aktional gedacht, das heißt, er interpretiert den Dialog generell als ein „situationsveränderndes Handeln" (Pfister 2001 [1977], 196): „Da folgt Rede auf Gegenrede, Schlag auf Schlag, Grund auf Grund, bis der schwächere Theil sich geschlagen zurückzieht" (Keiter 1876, 211). Dabei empfiehlt Keiter durchaus, die Figurenrede und das Sprachverhalten zu individualisieren, da dies zur Konturierung der Persönlichkeit der Charaktere und damit zur Motivierung ihrer Handlungen beitrage. Entscheidend aber ist, dass die Eigenbewegung der Figurenrede dem Gang der Handlung stets untergeordnet bleibt. Der Dialog gilt Keiter letztlich als Vehikel der Handlungsführung – eine Ansicht, die in anderen Texten der idealistischen Erzähltheorie in vergleichbarer Form artikuliert wird. So beklagt Spielhagen (1868 [1864], 190) ein „Ueberwuchern der Gesprächsform in den modernen Romanen", also eine Entkoppelung von Dialog und Handlung, und empfiehlt dem Romanautor deshalb, „jedes Wort, das nicht den Einblick in den Charakter des Redenden [...] vertieft, oder das die Handlung nicht weiter bringt, [...] unerbittlich zu streichen" (1868 [1864], 191–192). Der Dialog darf sich mit anderen Worten nicht verselbstständigen, um der ideellen Handlungsbewegung nichts von ihrer Stringenz und Teleologie zu nehmen.

3.4 Zwischenfazit

Keiters Theorie der narrativen Rede- und Gedankenwiedergabe, insbesondere seine Bemerkungen zum indirekten Monolog, führen vor Augen, dass auch unter vermeintlich überholten poetologischen Prämissen – wie in diesem Fall das Gesetz der epischen Objektivität – innovative erzähltheoretische Konzepte entwickelt werden können. Vor diesem Hintergrund ist noch einmal zu betonen, dass die historische Narratologie, wie sie hier entworfen wird, nicht als eine Fortschrittsgeschichte mit einer linearen Entwicklung von einem geringeren zu einem höheren Komplexitätsgrad der Begriffe und Methoden angesehen werden darf. Vielmehr treten je nach Maßgabe der theorieleitenden Voraussetzungen unterschiedliche Aspekte und Facetten erzählerischer Darstellung für die Theoretiker in den Vordergrund, wohingegen andere unter den gleichen Bedingungen nur eine untergeordnete Rolle spielen. So hat jedes der hier konstruierten Erzählmodelle seine konzeptuellen Stärken – ebenso wie seine blinden Flecke. Das pragmatische Erzählmodell konzentriert sich auf die handlungstheoretischen Kategorien der Kohärenz, des Werdens, der Differenzierung zwischen innerer und äußerer Entwicklung. Intensiv diskutiert werden zudem mögliche Defizite der erzählerischen Darstellungsform gegenüber der dramatischen sowie Möglichkeiten, diese Mängel auszugleichen. Im Kontext des klassisch-romantischen Modells etabliert sich wiederum ein Bedürfnis, Darstellungsebene und Handlungsebene stärker voneinander zu lösen und die narrative Behandlungsweise als ein eigenständiges, von den handlungslogischen Zusammenhängen unabhängiges Ordnungs- und Sinnsystem zu begreifen. In den Fokus der Aufmerksamkeit treten deshalb Kategorien, die sich auf das Verhältnis von *discours* und *histoire* beziehen wie die Zeitgestaltung und die Ordnung der Geschichte. Im idealistischen Erzählmodell wiederum verlagert sich der Schwerpunkt der Diskussion auf die – nun nicht mehr pragmatisch, sondern ideell begründete – Kohärenz der Erzählhandlung. Im Mittelpunkt der theoretischen Auseinandersetzung steht dabei in erster Linie das problematische Verhältnis zwischen der souveränen Schöpferkraft des Autors und der behaupteten Idealität und Selbstständigkeit der Handlung. Dieses Spannungsverhältnis gibt Anlass zu zahlreichen Überlegungen, auf welche Weise und zu welchem Grade der empirische Autor hinter sein Produkt zurücktreten kann.

Der kursorische Gang durch die Theoriegeschichte hatte zum Ziel, den Wandel der begrifflichen Grundlagen erzähltheoretischen Denkens seit dem ausgehenden achtzehnten Jahrhundert darzustellen, um vor diesem Hintergrund angeben zu können, worin die Spezifik von Otto Ludwigs Erzähltheorie liegt, welche seiner Kategorien und Begriffe signifikant von den Erkenntnisinteressen und den Voraussetzungen der geschilderten Erzählmodelle abweichen. Anders als bei den bisherigen Modellen möchte ich im Folgenden die Aufarbeitung der theoretischen Positionen um einige Ausblicke auf die denkgeschichtlichen Kontexte ergänzen. Auf diese Weise soll zugleich deutlich werden, wo sich aus der theoretischen Diskussion Ansatzpunkte für die Konstruktion eines Literatursystems beziehungsweise einer Epoche ,Realismus' gewinnen lassen.

4 Das realistische Erzählmodell

4.1 Otto Ludwigs Erzähltheorie

4.1.1 Zur Geschichte, Anlage und Form der *Romanstudien*

Es ist bereits betont worden, dass Ludwig keine geschlossene Theorie hinterlassen hat. Die *Romanstudien* ebenso wie die umfangreicheren *Shakespeare-Studien* entstanden als eine Sammlung privater Notizen und Betrachtungen, die in dieser Form nicht für die Publikation bestimmt waren. Zwar haben einflussreiche Freunde, allen voran Gustav Freytag und Berthold Auerbach, Ludwig zu überreden versucht, Teile der Studien zu veröffentlichen[1], und auch Ludwig selbst scheint zeitweise über eine Publikation nachgedacht zu haben.[2] Doch verfolgt er dieses Ziel offenbar nicht mit aller Energie, vermutlich auch, weil der heterogene Charakter der Aufzeichnung und die Komplexität der Analysen eine Zusammenfassung im Format eines poetologischen Grundsatzprogramms kaum zulassen.

Die Forschung hat diese Heterogenität und die mangelnde Systematik der Studien hervorgehoben (Meyer 1957, 1–2; Lillyman 1967, 21; McInnes 1972, 701–702) und trotzdem immer wieder den Versuch unternommen, Ludwigs Aufzeichnungen auf eine theoretische Kernaussage zu reduzieren oder ein mehr oder weniger geschlossenes poetologisches Programm daraus abzuleiten. Martini (1974 [1968], 197–200; 1981 [1962], 396–400), dem es um eine Bestimmung von Ludwigs Standpunkt im Epochenkontext geht, entnimmt den *Romanstudien* im Wesentlichen eine „Theorie des Synthese" (1974 [1968], 199), das heißt eine Poetik des Ausgleichs, in der die Widersprüche zwischen Poesie und Prosa, Essentiellem

---

1 Im Schreibkalender auf das Jahr 1856 hält Ludwig am 21. Januar einen Besuch von Freytag und Auerbach fest, bei dem Freytag ihn offenbar dazu drängt, etwas über das Drama Shakespeares in den *Grenzboten* zu veröffentlichen (GSA 61/IX, 7, S. 81).

2 Hinsichtlich der Dramentheorie existierte eine Fragment gebliebene Ausarbeitung mit dem Titel „Die dramatischen Aufgaben der Zeit – Mein Wille und Weg", die Stern in seine Edition der Studien mit aufnimmt (STD 1, 35–61). Ludwig befasste sich daneben aber offenbar auch mit dem Gedanken, Teile seiner Erzähl- und Romantheorie zu veröffentlichen. Im Manuskript der *Romanstudien* findet sich die Notiz „Material zu einem Aufsatze über die Technik des Romanes" (H 76). Ludwig listet hier allerdings nur einige Stichworte wie „Held das Medium", „Emanzipiren von Hülfslinien" oder „Epische Charaktere" auf (H 76). Als primärer Bezugspunkt hätten im Falle einer Ausarbeitung wohl die Romane Walter Scotts gedient, die ebenfalls genannt werden. An anderer Stelle (H 134) skizziert Ludwig eine systematische Gliederung seiner Theorie, was auf eine Veröffentlichungsabsicht hindeuten könnte. Es handelt sich um eine mehrfach überarbeitete und umgestellte Liste mit Benennungen einzelner thematischer Komplexe wie „Autor", „Charaktere und Motive", „Erzählungsart", „Arrangement" oder „Dialog".

https://doi.org/10.1515/9783110541502-004

und Kontingentem, Allgemeinheit und Individualität vermittelt werden sollen. Lillyman (1967, 17–33) beschränkt sich in seiner Deutung hauptsächlich auf Ludwigs Theorem, der Roman behandle nicht wie das Drama psychologisch problematische Charaktere, sondern vermittle ein Sitten- und Zeitbild, wobei er die Diskrepanz dieser theoretischen Position zu Ludwigs eigener Erzählpraxis hervorhebt. McInnes (1972) wiederum sieht Ludwigs Text von einem zentralen Widerspruch dominiert, der aus dem Verständnis des Romans als eines Mediums der Zeit- und Gesellschaftsdiagnose einerseits und dem Festhalten an einem idealistisch gefärbten Individualitäts-Begriff andererseits entsteht.[3] Diese Beiträge berühren wichtige Aspekte von Ludwigs Text, neigen dabei aber zur Harmonisierung seines heterogenen, fragmentarischen Charakters.[4]

Dass sich der Text dem Bemühen um Homogenität immer wieder entzieht, zeigt sich an der Diskussion um die Originalität beziehungsweise Traditionalität der darin entwickelten Begriffe und Argumentationen. Während einige Autoren die Nähe zur idealistischen Ästhetik Hegels oder Vischers betonten (Lohre 1913; Meyer 1957; McInnes 1972, 712; Martini 1981 [1962], 396–400), behauptet Lillyman (1967, 18–25) das Gegenteil und stellt überzeugend die Differenzen zwischen Ludwigs Ansatz und der idealistischen Epik- und Romantheorie heraus.[5] Offensichtlich kann die Frage nach den Einflüssen und Bezügen nicht pauschal beantwortet werden, sondern ist für die einzelnen Konzepte und Analyseaspekte, die der Text behandelt, differenziert zu betrachten. An dieser Stelle erweist sich der in dieser Untersuchung gewählte begriffsgeschichtliche Ansatz als Gewinn für die Erschließung des Textes, da weniger eine zentrale Botschaft oder Problematik im Vordergrund steht, sondern die begrifflichen Werkzeuge, mit denen Ludwig operiert, im Einzelnen analysiert werden sollen. Diese Herangehensweise ermöglicht ein nuanciertes Urteil über die Frage, in welchen Zusammenhängen Ludwig überkommene Begriffe aufgreift und wo sich seine Erzähltheorie von älteren Theoremen löst.

---

3 Dieser Ansatz wird aufgegriffen und mit Blick auf die Erzählung *Zwischen Himmel und Erde* (1856) weitergeführt bei Schönert (1980).

4 Die stärker deskriptiv ausgerichteten Arbeiten der älteren Forschung (Lohre 1913; Raphaël 1920; Meyer 1957) vermitteln eher ein Bild von der Uneinheitlichkeit und Vielgestaltigkeit der theoretischen Studien, bleiben dafür aber oft unpräzise hinsichtlich der literaturgeschichtlichen Einordnung. – An der Komplexität des Textes geht auch der Beitrag von Aulke (1999) vorbei. Wie der gesamte Sammelband zum Werk Otto Ludwigs, in dem er erschienen ist (Pilling 1999), steht dieser Aufsatz im Zeichen einer sehr eindimensionalen, ideologiekritischen Sichtweise auf den Autor.

5 Talgeri (1972) betont die Einflüsse von Hegels Philosophie auf Ludwigs Konzeption des poetischen Realismus. Er bezieht sich dabei auf Ludwigs Literaturverständnis im Allgemeinen; ob sich seine These allerdings auch im Hinblick auf die gattungsspezifischen Überlegungen zum Roman und zur Erzählung halten lässt, erscheint mir mehr als fraglich.

Wenn im Folgenden allerdings die Originalität des Textes insgesamt deutlicher hervortritt, beruht dies auch auf dem spezifischen Zuschnitt der Arbeit und der Konzentration auf narratologisch relevante Inhalte. Denn in seinen erzähltheoretischen Analysen wird Ludwigs Distanz zur klassischen und idealistischen Ästhetik in der Regel greifbarer als in seinen allgemeinen Aussagen zum eigenen poetologischen Ansatz. Trotzdem dürfen auch hinsichtlich der Erzähltheorie die Einflüsse der philosophischen Ästhetik ebenso wie die expliziten oder impliziten Bezugnahmen auf Vorstellungen aus dem Umkreis des klassisch-romantischen Erzählmodells nicht ignoriert werden.

4.1.1.1 Gattungstheorie am Widerstand der Lektüre

Hinsichtlich der Methode und der theorieleitenden Voraussetzungen heben sich die *Romanstudien* deutlich von der philosophischen Ästhetik ab. Ludwig steht kein kunstphilosophisches System zur Verfügung, aus dem heraus er seine Begriffe und Theoreme entwickeln könnte. Die Theoriebildung verläuft weitgehend induktiv, insofern der Theoretiker durch die Lektüre bekannter, aber nicht zwangsläufig oder in jeder Hinsicht als mustergültig verbürgter literarischer Werke die wichtigsten Regeln und Gesetzmäßigkeiten erzählerischer Darstellung erst noch zu finden beabsichtigt. „Ein so großes Tier wie ein Roman muß notwendig ein Rückgrat haben" (RS 536), schreibt Ludwig am Anfang seiner Studien und verdeutlicht damit, dass seine Analysen weniger dem Überprüfen oder Beweisen bereits angeeigneter Regeln dienen als dem Aufspüren grundlegender Strukturzusammenhänge narrativer Darstellung.[6]

Gleichwohl beginnt er seine Überlegungen nicht voraussetzungslos. Konzepte der klassischen und idealistischen Ästhetik sind weiterhin präsent, aber ihre Geltungskraft verblasst mit dem Verschwinden ihres philosophischen oder poetologischen Bezugssystems. Am Beispiel des Gattungsbegriffs lässt sich diese Entwicklung gut nachvollziehen. Einerseits übernimmt Ludwig die Annahme einer essenziellen Differenz der Makro-Gattungen Epik und Dramatik (die Lyrik spielt bei ihm kaum eine Rolle), das heißt die Vorstellung eines unterschiedlichen Wesens dieser Gattungen, aus dem sich historisch invariante Gattungsgesetze ableiten lassen. Andererseits unterläuft er diese Annahme, insofern er die Wesenszüge weniger aus der Spekulation als aus seinen Lektüreeindrücken und der Reflexion auf die Funktion und Wirkung möglicher Darstellungsverfahren zu

---

6 Der fehlende Systemcharakter markiert mehr als nur einen „formalen Unterschied" zur hegelianischen Kunstphilosophie, wie Talgeri (1972, 21) meint. Die gesamte Theoriebildung steht auf anderen Füßen und wird so von Beginn an in andere Richtungen gelenkt.

gewinnen hofft. Folgende methodologische Überlegung ist bezeichnend für diese Mittelstellung:

> Um das eigentliche Wesen des Romans und seine Bedingungen recht kennenzulernen, darf man sich nicht an die Virtuosen in dem Fache wenden, sondern an die Romanschreiber zweiten Ranges [...]. Jene Virtuosen biegen die Form nach ihrer Eigentümlichkeit und sind nicht selten eben da am anziehendsten, wo sie sich völlig gehen lassen. Ferner sind sie auch in der Anwendung der Kunstmittel nicht so durchsichtig; sie wissen sie so zu variieren und zu verstecken, daß man dieselben schon kennen muß, um sie in der Maske herauszufinden. (RS 533)

Der Unterschied zum idealistischen Ansatz liegt nicht in der Hinwendung zu technischen und handwerklichen Aspekten; auch die idealistische Theorie entwickelt, wie die vorangegangenen Analysen gezeigt haben, ein Interesse für die Technik des Erzählens, doch fundiert sie die besprochenen Darstellungsverfahren in einer Gattungsidee und geht davon aus, dass in der Geschichte der Literatur nur einige wenige mustergültige Texte dieses ideale Zusammentreten rein epischer oder dramatischer Kompositionsmittel überhaupt realisiert hätten. Aus dieser Sicht sind Texte von Autoren zweiten Ranges prinzipiell uninteressant, da sie die wesentlichen Gattungsgesetze ohnehin nur partiell erfüllen (vgl. Willems 1981, 142).[7] Ludwig aber beschreibt genau den entgegengesetzten Weg, wenn er behauptet, das Gattungsspezifische komme in Werken minderer Qualität besser zum Ausdruck als in den Texten bedeutender Literaten, die die Form individuell zu biegen wüssten. Seinem Vorsatz, sich zunächst an weniger bekannte Autoren zu halten, bleibt Ludwig allerdings nicht treu, setzt er sich doch im Verlauf seiner Studien hauptsächlich mit den Eigentümlichkeiten zweier fraglos bedeutender Romanciers, Walter Scott und Charles Dickens, auseinander.[8] Grundlegend aber

---

[7] Diese Konzeption rechtfertigt die Konzentration auf einen kleinen Kanon literarischer Meisterwerke, birgt aber auch das Problem, dass die Wesenszüge der Gattung im Grunde dem jeweiligen Muster abgelauscht werden und ihnen insofern ein Moment der Kontingenz und Relativität anhaftet. Nähe und Ferne Ludwigs zur idealistischen Ästhetik zeigen sich auch in dem Wunsch, die Theorie auf „wenige und einfache Grundregeln" (RS 667–668) zurückzuführen, die alle anderen enthalten, wodurch zugleich die Vielzahl an Bestimmungsmerkmalen in eine hierarchische Struktur überführt werden soll. Ludwig ist auf der Suche nach diesen Grundregeln, das heißt, er verfügt nicht mehr über einen Gattungsbegriff der Epik, aus dem sie sich konsequent ableiten ließen.

[8] Wie erwähnt, fixiert sich Ludwig in den *Romanstudien* nicht so stark auf einen einzigen Autor wie in seiner Dramentheorie, in der die Mustergültigkeit von Shakespeares Werken in keinem Punkt angezweifelt wird. Die Romane Scotts und Dickens' sind zwar zweifellos seine wichtigste Quelle, doch vertreten die beiden präferierten Autoren durchaus unterschiedliche poetologische

bleibt für ihn die Vorstellung, dass die empirische Erfahrung, das heißt der Lektürebefund, dem Aufstellen von Regeln vorangehen muss.[9]

Mitunter finden sich im Text Bemerkungen, in denen Ludwig den konstruktiven Anteil seiner Tätigkeit und den relativen Geltungsanspruch der beschriebenen Erzählverfahren hervorhebt. An einer Stelle etwa schreibt er: „Zu dem Romane, wie ich ihn hier auf Dickens' Spur konstruiert, gehört eine stetige Wachheit und Lebendigkeit der Aufmerksamkeit" (RS 606).[10] Ludwig reflektiert also durchaus, dass seine Kategorien und Regeln durchaus spezifischen Kontexten entnommen und möglicherweise nicht ohne Weiteres generalisierbar sind. Dennoch vertritt er keinen konsequent historisierenden Ansatz. Der geschichtliche Wandel von Erzählformen spielt in seinen Überlegungen eine geringe Rolle[11] und auch die mögliche historische Differenz zwischen dem klassischen Epos und dem modernen Roman wird nur an wenigen Stellen thematisiert. Wo er doch auf Unterschiede zwischen den narrativen Großformen zu sprechen kommt, greift er auch nicht auf die geschichtsphilosophische Konstruktion zurück, mit der Hegel und die ihm folgende Ästhetik die geschichtliche Stellung der beiden Gattungen bestimmen. Eher schon richtet er seine Aufmerksamkeit auf die ungleichen medialen Bedingungen der Produktion und Rezeption. Im Manuskript der Romanstudien etwa findet sich eine Passage, in der Ludwig eine rezeptionsästhetisch begründete Differenzierung vorschlägt: „Der Roman ist für den inneren Sinn gebildet, während das Epos sich auch an den äußeren wendet" (H 125); Romane wie

---

Ansätze, was Ludwig letztlich eine flexiblere, unvoreingenommenere Betrachtung ermöglicht (vgl. Raphaël 1920, 481).

9 Für Steinecke und Wahrenburg (1999, 15) ist es ein generelles Charakteristikum der Romantheorie, dass sie „wesentliche Erkenntnisse und Impulse […] der Romankritik" verdankt, dass sie von Beginn an in „ungewöhnlichem Maße […] aus der Beschäftigung mit den Werken" hervorgeht und insofern „eher induktiv als deduktiv, punktuell als systematisch" verfährt. Sie begründen ihre Einschätzung mit dem Hinweis, dass der Roman aufgrund seiner ihm nachgesagten poetischen Minderwertigkeit von der Poetik und Ästhetik oft übergangen und seine theoretische Erfassungen so in anderen Kontexten, etwa in Vorworten oder Romanbesprechungen, geleistet wurde. Ludwigs Hinwendung zur Empirie folgt jedoch anderen Motiven, da er sich bei seinen Ausführungen bereits auf die im Rahmen der idealistischen Ästhetik entfaltete Theorie des Romans hätte stützen können. Die poetische Dignität des Romans wird von Ludwig als selbstverständlich vorausgesetzt.

10 Die Wiedergabe dieser Stelle in Sterns Edition, auf der auch die hier zitierte Ausgabe beruht, ist übrigens ungenau, im Manuskript ist vom „humoristischen Romane" die Rede, den Ludwig „auf Boz' [d.i. Dickens] Spur construirt" (H 118). Zur problematischen Editionslage vgl. das folgende Kapitel.

11 Eine Ausnahme stellt die Typologie der Interesse-Verhältnisse dar, in der Ludwig unterschiedliche Grade der Gebundenheit des Autors, des Lesers wie der Figuren an den Stoff der Erzählung bestimmt und diese wiederum verschiedenen literaturgeschichtlichen Entwicklungsstufen zuordnet (vgl. Kap. 4.1.3.2).

Dickens' *Große Erwartungen* (1860–1861) glichen demnach einem Schauspiel, das „auf der Bühne der Phantasie von phantastischen Schauspielern für den inneren Sinn gespielt" werde und in dem jede „Person darin [...] ihre eigene Stimme" habe (H 125).[12] In anderem Zusammenhang, doch ebenfalls mit Blick auf einen Roman von Charles Dickens (*Dombey und Sohn*, 1846–1848), verallgemeinert Ludwig diese These sogar und behauptet, dass „der Roman [...] überhaupt dem Drama näher [liegt] als dem Epos" (RS 540). Konsequent weitergedacht, würde dieser Satz die gesamte klassisch-idealistische Gattungsarchitektur in Frage stellen, doch Ludwig geht dem Gedanken nicht weiter nach. Zum einen wohl deshalb, weil ihn das Epos als spezifische narrative Gattung nicht interessiert und die Konzentration auf den Roman für ihn derart selbstverständlich ist, dass er auf eine ausführliche Diskussion über den ästhetischen Rang dieser Gattung und über das Verhältnis von antiker und moderner Epik verzichtet. Zum anderen erhofft sich Ludwig von seinen Studien in erster Linie Hinweise auf die systematische Differenzierung von Erzählung und Drama, um seine zukünftige (dramatische) Produktion auf ein sicheres theoretisches Fundament zu stellen.[13] Die historische oder systematische Abgrenzung einzelner narrativer Gattungen bleibt dagegen von untergeordnetem Interesse.

In der Regel verwendet Ludwig die Gattungsbegriffe Erzählung, Roman und Epos synekdochisch für die Makro-Gattung Epik. Es geht ihm also im Wesentlichen um die gattungsübergreifenden Strukturprinzipien erzählender Darstellung.[14] Möglicherweise existiert allerdings ein Zusammenhang zwischen der Wahl

---

12 Die Stelle findet sich nicht in Sterns Edition. Bezeichnenderweise bezieht sich Ludwig hier wiederum auf eigene Lektüreerfahrungen oder, besser gesagt, Vorleseerfahrungen: „Eine Bemerkung, die ich machte, als ich meiner Frau einen der schönsten Dialoge zwischen Jo Gargery und Pip [d.s. Figuren aus Dickens' Roman *Große Erwartungen*] vorlas, darf hier stehen. Unsere Aesthetiker werfen in den Kasten ‚Epik' die Ilias mit unsern Romanen zusammen u. abstrahiren aus dem einen für das andere Gesetze. Sie denken nicht an den großen Unterschied, den es macht, daß jene Epen in <u>Fragmenten</u> von einzelnen Gesängen auswendig vor <u>festlich beim Schmause Versammelten</u> <u>rezitirt</u> wurden, während unsere Romane <u>nicht fragmentweise von Einzelnen</u> <u>hinter seiner Lampe gelesen</u>" werden (H 125).

13 Ludwigs Ansinnen widerspricht der Behauptung von Plumpe (2005 [1985], 34), die realistische Literaturtheorie neige zur Übertragung dramentheoretischer Prinzipien auf den Roman. Zumindest die *Romanstudien* weisen in die entgegengesetzte Richtung, da Ludwig die Prinzipien der narrativen Darstellung im Kontrast zu denen der dramatischen zu bestimmen sucht. Trotz der genannten Phänomene der Gattungsmischung bzw. der Verwandtschaft zwischen Roman und Drama bekräftigt er letztlich die Gattungsdifferenz zwischen erzählenden und dramatischen Texten.

14 Ludwig bedient sich gelegentlich des Hinweises auf die Alltagserzählung, um seine Theoreme zu stützen, etwa die Behauptung, die Erzählung stelle den Menschen im Gegensatz zum Drama notwendig im Kontext seines soziohistorischen Umfeldes dar: „Man versuche nur, etwas Erlebtes

der Gattungsbezeichnung und der Bezugnahme auf die Theoreme der klassischen und idealistischen Theorie. Zumindest fällt auf, dass an den Stellen, wo vom Epos oder dem Epischen die Rede ist, häufig auch traditionelle Begriffe und Vorstellungen entfaltet werden. Ein gutes Beispiel ist in dieser Beziehung Ludwigs Diskussion der Formen und Besonderheiten narrativer Spannungsführung. Eine erste intensive Beschäftigung mit dieser Thematik fällt in eine frühe Phase der Studien, entsprechende Aufzeichnungen finden sich bereits am Anfang des Manuskripts (H 25 – 27).[15] Später unterzieht Ludwig diese Passagen allerdings einer kritischen Revision und versieht seinen Text mit kommentierenden und korrigierenden Randbemerkungen.[16] Aus der Retrospektive kritisiert er an seinen eigenen Überlegungen, dass sie die angestrebte klare Differenzierung zwischen dramatischen und narrativen Spannungsformen verfehlten, weil ihm zum Zeitpunkt der Niederschrift noch zu stark „das Dramatische an[gehangen]" habe (H 26). In den Randbemerkungen dringt er deshalb auf eine deutlichere Differenzierung und zieht dafür das aus dem klassisch-romantischen und idealistischen Erzählmodell bekannte Theorem des begebenheitlichen Charakters der epischen Handlung heran. Während nun im älteren Haupttext fast durchgängig die neutrale Gattungsbezeichnung Erzählung gewählt wird, nutzt Ludwig in den Kommentaren überwiegend die Klassifikationen Epos oder Episch. Diese Differenzierung bleibt allerdings implizit, das heißt, sie wird von Ludwig selbst nicht thematisiert, und sie tritt auch an anderen Stellen nicht so deutlich hervor. Grundsätzlich gilt also, dass Ludwig der begrifflichen Unterscheidung zwischen Epik/Episch und Erzählung ebenso wenig Bedeutung zumisst wie einer konsequenten Trennung zwischen Epos und Roman.

Wie erwähnt verfährt Ludwig in seiner Theoriebildung nicht primär deduktiv, sondern leitet seine erzähltheoretischen Erkenntnisse aus der Begegnung mit der Empirie, das heißt aus der Lektüre überwiegend zeitgenössischer literarischer Texte, ab. Diese Orientierung am Rezeptionseindruck ist nicht nur von grundlegender Bedeutung für die Interpretation von Ludwigs Theorie- und Literaturverständnis, sondern hat auch den philologisch wertvollen Nebeneffekt, dass über die zeitliche Einordnung der herangezogenen Primärtexte einigermaßen belastbare Angaben zur Entstehungsgeschichte der *Romanstudien* gemacht werden können. Das ist umso wichtiger, als konkrete Hinweise zur Textgeschichte an-

---

zu erzählen, so wird man nötig finden – sei es auch nur eine kleine Anekdote – zur Erklärung die Zeit, in der sich dies Erlebte zugetragen, zu markieren, wohl sogar noch die Stimmung jener Zeit, weil das zum rechten Verständnis sich notwendig erweisen wird" (RS 554–555).

15 Dies entspricht in der edierten Fassung RS 565–573 und 577–578.

16 Auf die editionsphilologischen Probleme, die aus dem Nebeneinander von Haupttext und Randbemerkungen resultieren, werde ich im nachfolgenden Kapitel eingehen.

sonsten rar sind, sowohl textinterne wie textexterne. Die Briefe und privaten Aufzeichnungen Ludwigs enthalten so gut wie keine Äußerungen über Beginn und Fortschritt der Arbeit an den erzähltheoretischen Studien und in dem 190 Seiten umfassenden Manuskript selbst findet sich nur eine einzige explizite Datumsangabe: Auf Seite 73 beginnt Ludwig einen Absatz mit der Überschrift „Ende Juni 1858".[17] Moritz Heydrich (1872, LXXXII), der eine erste Sammlung von Ludwigs nachgelassenen Schriften herausgibt (die allerdings nur wenige Seiten aus den *Romanstudien* enthält), geht davon aus, dass der Beginn der Aufzeichnungen in die Zeit nach dem Erscheinen von *Zwischen Himmel und Erde* (1856) fällt und möglicherweise im Zusammenhang steht mit der Arbeit an dem Fragment gebliebenen Romanprojekt *Dämon Geld*.[18] Maragrete Mählich (1918, 59) wiederum nimmt an, dass die Studien etwas früher, nämlich um 1855 und damit bereits in der Entstehungszeit der Erzählung *Zwischen Himmel und Erde* einsetzen. Stichhaltige Belege für ihre Annahmen können aber weder Heydrich noch Mählich nennen.[19] Ludwig selbst bekennt in einem Brief an Julian Schmidt vom 12. Juli 1857, seine erste große Erzählung, *Die Heiteretei* (1855–1856), ohne den Ballast von Theorie und Reflexion, gewissermaßen hinter seinem eigenen Rücken geschrieben zu haben (STD 2, 405), was darauf hindeuten könnte, dass er zu dieser Zeit noch nicht mit den *Romanstudien* begonnen hatte. Die vage Angabe aber berechtigt nicht, ein Einsetzen der Aufzeichnung vor 1855 kategorisch auszuschließen. Der einzige Weg, die Entstehung des Textes zeitlich präziser zu bestimmen, führt über das Erscheinungsjahr der von Ludwig rezipierten Werke, das als *terminus post quem* der jeweiligen Notizen angesehen werden kann. Die folgende Tabelle enthält die für die Datierung relevanten Texte unter Angabe ihres Erscheinungsjahrs beziehungsweise des Erscheinungsjahrs der deutschen Über-

---

17 Diese Datumsangabe wird durch eine Notiz wenige Seiten zuvor gestützt. Ludwig skizziert dort die Idee zu einem humoristischen Roman, die ihm auf einem Frühlingsspaziergang im Großen Garten in Dresden gekommen sei. Anhand einer Eintragung im Schreibkalender auf das Jahr 1858 (GSA 61/IX, 9, S. 52a) lässt sich dieser Ausflug auf den Juni 1858 datieren.

18 Im April 1858 notiert Ludwig in seinem Schreibkalender (GSA 61/IX, 9, S. 35a), dass er die Arbeit an einem neuen Roman begonnen habe und sich überhaupt, auch aus ökonomischen Überlegungen heraus, stärker auf die Erzählliteratur konzentrieren wolle.

19 Das gilt erst recht für Sterns (1891, 19) Vermutung, die Niederschrift der *Romanstudien* falle zeitlich zwischen die ersten beiden Bände (ca. 1851–1856) und die letzten beiden Bände (ca. 1857–1865) der *Shakespeare-Studien*. Ohnehin könnte sich diese Angabe nur auf den Beginn der Aufzeichnungen, nicht aber auf deren Abschluss beziehen. Denn dass Ludwig auch nach 1858 noch daran arbeitet, dürfte Stern mit Blick auf die Bezugstexte nicht entgangen sein.

setzung[20] sowie der Seite ihrer Erstnennung im Manuskript.[21] Als zusätzliche Information werden auch Lücken im Manuskript mit angegeben, da das Auslassen von Seiten ein Indiz für eine zeitliche Distanz zwischen zwei Textabschnitten sein könnte.[22]

Tabelle 1

Seite	Titel	Erscheinungsjahr
3	*Barnaby Rudge* von Charles Dickens	1841 (1841)
14	*Ett år (Ein Jahr)* von Emilie Flygare-Carlén	1846 (1847)
15	*Namenlose Geschichten* von Friedrich Wilhelm Hackländer	1851
17–20	Lücke im Manuskript	
21	*The Old Oak Chest (Die alte Eichentruhe)* von George Payne Rainsford James	1850 (1851)
28	*Barthli der Korber* von Jeremias Gotthelf	1852
29	Lücke im Manuskript	
31	*Hard Times (Harte Zeiten)* von Charles Dickens	1854 (1854)
34–36	Lücke im Manuskript	
39	*Little Dorrit (Klein Dorrit)* von Charles Dickens	1855–1857 (1856–1857)
73	Datumsangabe „Ende Juni 1858"	
103	*A Tale of Two Cities (Zwei Städte)* von Charles Dickens	1859 (1859–1860)
112–114	Lücke im Manuskript	
115	*The Mill on the Floss (Die Mühle am Floss)* von George Eliot	1860 (1861)
117	*Great Expectations (Große Erwartungen)* von Charles Dickens	1860–1861 (1862)

---

20 Wie aus dem Schreibkalender auf das Jahr 1857 (GSA 61/IX, 8) hervorgeht, nimmt Ludwig in diesem Jahr offenbar Englischstunden. Es ist also möglich, dass er englischsprachige Romane auch im Original gelesen hat, wenngleich die Belege dazu fehlen.
21 Beachtet wurde dabei nur die Nennung eines Werkes im Haupttext, nicht aber in den Randbemerkungen, da diese zum Teil deutlich später hinzugefügt wurden.
22 Nicht aufgeführt sind S. 2, S. 142 sowie die letzten fünfzehn Seiten des Manuskriptes (S. 176–190), die ebenfalls nicht beschrieben sind.

Diese Angaben ermöglichen natürlich nur eine ungenaue Datierung. Immerhin lässt sich der Übersicht entnehmen, dass die *Romanstudien* in mehreren Arbeitsphasen und über einen längeren Zeitraum entstanden sind. Diese Einschätzung wird auch durch den Umstand gestützt, dass die Randbemerkungen Ludwigs im ersten Drittel des Manuskriptes in Schriftbild und Inhalt teilweise eine deutliche zeitliche Distanz zum Haupttext erkennen lassen. Demnach könnte der Beginn der Niederschrift bereits in die frühen 1850er Jahre fallen, in denen nach Heydrich (1872, LXIII–IV) auch das erste Heft der *Shakespeare-Studien* entsteht. Jedenfalls ist auffällig, dass auf den ersten rund 30 Seiten kein Text erwähnt oder besprochen wird, der nach 1855 erschienen ist. Auf den Seiten 37–111 setzt sich Ludwig mit literarischen Texten auseinander, die zwischen 1857–1860 publiziert wurden, was zur Annahme berechtigt, dass auch die Aufzeichnungen in eben diese Jahre fallen; vor allem um das Jahr 1858 scheint Ludwig sehr intensiv sowohl an den *Romanstudien* wie an den *Shakespeare-Studien* gearbeitet zu haben. Die Beschäftigung mit den Romanen *Die Mühle am Floss* von George Eliot und *Große Erwartungen* von Charles Dickens beweist wiederum, dass Ludwig in den frühen 1860er Jahren die Studien fortführt, möglicherweise nach einer zeitlich nicht weiter präzisierbaren Unterbrechung. Ob er sie auch bis in sein Todesjahr 1865 weiterführt, wie es Heydrich für die *Shakespeare-Studien* annimmt, ist auf Grundlage dieser Daten nicht zu ermitteln.[23]

Angesichts einer Entstehungszeit von vermutlich über zehn Jahren verwundert es nicht, dass die *Romanstudien* keine homogene und stringente Theorie enthalten. Es handelt sich im Ganzen eher um eine Form des poetologischen Tagebuchs, in dem Ludwig Lektüreeindrücke festhält und daran generalisierende Betrachtungen und Überlegungen zu eigenen literarischen Plänen anknüpft. Diese Heterogenität aber bezieht sich nicht allein auf konzeptuelle Zusammenhänge, sondern betrifft die gesamte Textgestalt und ist insofern auch ein – bis heute nur unzureichend gelöstes – editionstechnisches Problem.

4.1.1.2 Zur Editionslage

Noch immer steht keine Ausgabe der *Romanstudien* zur Verfügung, die den Text vollständig, in seiner chronologischen Ordnung und unter Beibehaltung seines fragmentarischen Charakters zugänglich macht. Die erste und bisher einzige

---

23 Der Hinweis von Lillyman (RS 697) auf den Roman *La belle drapière* (*Die schöne Tuchhändlerin*) des französischen Autors Elie Berthet als Beweis dafür, dass Ludwig bis ins Sterbejahr an den Romanstudien arbeitet, ist sachlich falsch. Der Roman erschien bereits 1843 (dt. Übersetzung: 1844) und nicht erst, wie Lillyman annimmt, 1865. Das erklärt auch, warum sich der Verweis auf den Roman schon am Anfang des Manuskripts (H 30) findet.

umfassende Edition stammt von 1891, alle nachfolgenden Ausgaben – mit Ausnahme einer auf wenige Seiten beschränkten Neuedition Victor Schweizers von 1898 – beruhen auf dieser von Adolf Stern zusammengestellten und verantworteten Textfassung. Auch William Lillyman, der den Text 1977 erstmals kommentiert herausgibt, orientiert sich an dieser Vorlage. Zweifellos ist es als Sterns Verdienst anzusehen, Ludwigs erzähltheoretisches Werk überhaupt der Öffentlichkeit bekannt gemacht zu haben. Die Aufnahme zentraler Passagen in wichtige Anthologien zur Roman- und Realismustheorie (u. a. Lämmert et al. 1971; Bucher et al. 1981 [1976]; Steinecke und Wahrenburg 1999) wäre ohne seine übersichtlich geordnete Textfassung kaum denkbar gewesen. Genau auf diese Breitenwirkung hin ist seine Edition auch angelegt, während forschungsspezifische Interessen an der Textgestalt und Textgenese zurückgestellt werden. Stern wendet sich damit bewusst von den Editionsprinzipien ab, denen Heydrich zwanzig Jahre zuvor in seiner zweibändigen Erstausgabe der *Shakespeare-Studien* (1872) gefolgt war. Im Gegensatz zu Stern spricht sich Heydrich nämlich gegen den Versuch aus, den „merkwürdigen Selbstgesprächen" (1872, XX) eine externe Ordnung und Systematik aufzuzwingen. Er möchte es dem Leser überlassen, „den Inhalt selbst zu schematisiren, zu rubriziren, ihn zu gruppiren, wie er eben dazu Lust und Bedürfniß hat" (Heydrich 1872, XXI). Schließlich sei es gerade der Charakter des „Suchens und Forschens" (Heydrich 1872, XX), des Unfertigen und Undogmatischen, der Ludwigs Arbeiten auszeichne. Freilich stößt Heydrich bei seinem Vorhaben an Grenzen: So verzichtet er auf eine dem Manuskript entsprechende Unterscheidung von Haupttext und kommentierenden Randbemerkungen und greift auch darüber hinaus kürzend und glättend in Ludwigs Aufzeichnungen ein. Zudem bleibt sein editorisches Engagement auf die Dramentheorie beschränkt, von den *Romanstudien* hingegen veröffentlicht er zwei Jahre darauf im ersten Band der nachgelassenen Schriften (der zweite Band enthält noch einmal die zuvor separat publizierten *Shakespeare-Studien*) lediglich einige wenige Seiten, eingelassen in eine biografische Skizze (Ludwig 1874, 92–101). Diese Lücke schließt erst Sterns Ausgabe, die dafür jedoch das Kriterium der Zugänglichkeit über das der philologischen Treue stellt. Das Manuskript mit all seinen „Randglossen, Nachträgen, Korrekturen, mit der krausen Wirrnis dramaturgischer, ästhetischer und psychologischer Untersuchungen, Abhandlungen wie flüchtiger Bemerkungen, mit den dazwischen geschobenen Selbstbekenntnissen und Ausrufungen" (STD 1, 25) wird hier stark zurechtgeschnitten und in einen halbwegs homogenen Text verwandelt.

Stern verfolgt mit seiner Ausgabe in erster Linie das Ziel, ein Publikum für Ludwigs Theorie zu gewinnen (STD 1, 25). Er entschließt sich daher zu umfangreichen Kürzungen, insbesondere von Passagen, in denen Ludwig seine eigenen literarischen Pläne entwickelt, da er davon ausgeht, dass diese nie ausgeführten

Skizzen nur von einem begrenzten, nämlich werkbiografischen Interesse sind. Gleichwohl beschränken sich die Weglassungen nicht nur auf diese Stoff- und Motivsammlungen. Stern streicht auch Textpassagen, die allgemeine und systematische Reflexionen enthalten; so fehlen beispielsweise in der Edition eine Auseinandersetzung mit Dickens' Roman *Oliver Twist* (H 39), eine Besprechung der Erzählungen Edmund Hoefers (1819–1882), in der die später viel beachtete Theorie der Erzählformen vorweggenommen wird (H 84), sowie wichtige Überlegungen zum Zusammenhang zwischen der Darstellung von Figuren und ihrer räumlichen Umgebung (H 135–136). Es ist unverständlich, warum Stern diese und andere systematisierende Passagen, die sich nicht unmittelbar auf Ludwigs eigenes Werk beziehen und durchaus wichtige theoretische Aspekte enthalten, in seine Edition nicht aufgenommen hat.

Neben diesen umfangreichen Kürzungen verändert Stern durch Umstellungen und Korrekturen den Charakter des Textes in dreifacher Hinsicht: Erstens hebt er die chronologische Ordnung der Aufzeichnungen auf und fasst die einzelnen Abschnitte unter inhaltlichen Gesichtspunkten neu zusammen. Sein Vorgehen ist zwar keineswegs willkürlich, dennoch werden dem Leser und Interpreten auf diese Weise wertvolle Kontextinformationen vorenthalten, etwa über die literarischen Beispiele, auf die Ludwig seine Theoreme bezieht. Auch sind Aussagen zur Entwicklung und Veränderung von Ludwigs poetologischen Überzeugungen auf dieser Editionsgrundlage nicht möglich. Zweitens verzichtet er auf eine Markierung von Randbemerkungen und Hinzufügungen, mithin auf alle textgenetischen Informationen, wodurch die Studien viel von ihrem selbstreflexiven Gestus verlieren. Bereits erwähnt wurde die theoretische Gegenüberstellung narrativer und dramatischer Spannungsformen (H 25–26), die Ludwig mit einigem zeitlichen Abstand durchsieht und kritisch kommentiert. Sterns Ausgabe vermischt beide Textstufen (STD 2, 97–107; vgl. RS 565–573), ungeachtet dadurch auftretender inhaltlicher Widersprüche. Drittens entschließt er sich zu Eingriffen auch auf grammatikalischer und lexikalischer Ebene. Die Glättung abgebrochener oder falscher Satzkonstruktionen fällt dabei noch am geringsten ins Gewicht, obgleich diese Unsicherheiten den prozessualen, mitunter erratischen Charakter der Theoriebildung unterstreichen. Gravierender sind da schon Eingriffe in die Terminologie. Stern weist in seinem Vorbericht auf die gelegentliche Verdeutschung von Begriffen hin und gibt dafür ein im Zusammenhang dieser Arbeit besonders heikles Beispiel an: die Ersetzung von „Narration" durch „Erzählung" (STD 1, 25). Im Laufe der Analyse wird auf diese Unterscheidung noch zurückzukommen sein (vgl. Kap. 4.1.5.1), an dieser Stelle sei aber bereits angedeutet, dass Ludwig damit möglicherweise eine begriffliche Differenzierung verbindet, nämlich zwischen der Tätigkeit des Erzählens und ihrem Produkt, dem narrativen Text. Sterns Eingriff nimmt dem Rezipienten die Möglichkeit, zu überprüfen, ob diese erzähltheoretisch durchaus wegweisende konzeptuelle Unterscheidung bei Ludwig bereits angelegt ist.

Nur wenige Jahre nach dem Erscheinen von Sterns Edition demonstriert Viktor Schweizer, dass auch in einer Leseausgabe nicht in Gänze darauf verzichtet werden muss, die Heterogenität und Dynamik der Handschrift wiederzugeben. In seine dreibändige Werkausgabe nimmt er einen nur wenige Seiten umfassenden, dafür neu edierten Auszug aus den *Romanstudien* auf (Ludwig 1898, 360 – 369). Ludwigs Randbemerkungen, die Stern umstandslos in den Haupttext integriert, sind hier zumindest als Fußnoten wiedergegeben, und darüber hinaus werden alle kleineren Eingriffe in den Text ausgewiesen. Bedauerlicherweise ist dies der letzte Versuch einer Neuedition von Ludwigs theoretischen Arbeiten geblieben. Denn die von Paul Merker unter Mitwirkung des Goethe- und Schiller-Archivs herausgegebene kritische Werkausgabe (Ludwig 1912 – 1922) wurde nie zu Ende gebracht und schließt die theoretischen Schriften nicht mit ein. So prägt Sterns arrangierte Textfassung, auf die die Forschung in der Regel ohne größere Vorbehalte zurückgegriffen hat, nach wie vor den Blick auf die *Romanstudien* und damit auch das wissenschaftliche Urteil.[24]

4.1.2 Die Transformation des idealistischen Handlungsmodells

Bisher wurde deutlich, dass Ludwig seine erzähltheoretischen Kategorien nicht aus einem mehr oder weniger geschlossenen ästhetischen System, sondern aus seinen Lektüreeindrücken ableitet, wobei ihm vornehmlich die Romane Walter Scotts und Charles Dickens' als Referenztexte dienen. Ferner wurde darauf hingewiesen, dass sich der Text der *Romanstudien* aufgrund seiner fragmentarischen Form und seines tagebuchähnlichen, unsystematischen Charakters einer einfachen Einordnung zumeist entzieht, was auch für die Frage nach der Nähe oder Distanz zur idealistischen Ästhetik gilt. Zu den Vorstellungen, die Ludwigs Erzähltheorie mit dem idealistischen ebenso wie mit dem klassisch-romantischen Erzählmodell verbinden, gehört die Auffassung der epischen Handlung als Begebenheit und damit als Gegensatz zur ‚reinen' Handlung des Dramas (vgl. Lohre 1913, 16 – 17). Der Begriff der Begebenheit impliziert dabei eine Auflösung der straffen linearen Verbindung zwischen persönlichem Willensentschluss, Tat und Reaktion; er beschreibt ein von zahlreichen Wirkungsfaktoren und von ver-

---

[24] Nur wenige Forschungsbeiträge gehen auf die problematische Editionslage ein und ziehen in ihrer Analyse auch das Manuskript heran. Zu den Ausnahmen gehören die Monografie von Raphaël (1920) sowie die Studie von Pallus (1960), die sich zwar vorwiegend mit der Dramentheorie auseinandersetzt, aber auch einige unveröffentlichte Passagen aus den *Romanstudien* zitiert.

schiedenen Seiten aus beeinflusstes, eine große Zahl von Akteuren umfassendes Geschehen. Diese Auffassung greift Ludwig in seinen Überlegungen wie gesagt auf; aber er transformiert sie zugleich und gibt ihr eine neue Wendung. Im Kontext des idealistischen Erzählmodells dominiert der Aspekt der Bewegung, das heißt, auch die begebenheitliche Handlung wird im Kern als ein Werden, eine qualitative Veränderung des Zustands begriffen. Demgegenüber etabliert Ludwig in den *Romanstudien* ein Handlungskonzept, das nicht die Zustandsveränderung, sondern den Zustand selbst zum zentralen Ereignis und Erzählanlass macht. Wie im Folgenden zu zeigen sein wird, ermöglicht diese konzeptuelle Entwicklung wichtige Rückschlüsse auf die denkgeschichtlichen Prämissen, die Ludwigs Theoriebildung beeinflussen und seine poetologischen Ansichten formen. So entspricht die Transformation des Handlungsmodells der Etablierung eines Persönlichkeitsbegriffes, der die Verankerung des Individuums in die ihm vorgegebenen und ihn umfangenden Strukturen seiner Lebenswelt als etwas Unaufhebbares setzt.

4.1.2.1 Im Reich der Alltäglichkeit

Die Hauptdifferenz zwischen Drama und Epik geht nach Ludwigs Darstellung aus einer unterschiedlichen Sicht auf den Menschen hervor: Während die Dramatik von allem Individuell-Historischen abstrahiere und das Verhalten der Figuren aus anthropologischen Dispositionen zu motivieren versuche – worunter Ludwig in erster Linie Leidenschaften wie Zorn, Hass, Habgier, Ehrgeiz etc. versteht –, habe es der Epiker immer mit „Gesellschaftstypen" (RS 557) zu tun.[25] Er erfasse den Menschen also stets vor dem Hintergrund der spezifischen soziohistorischen Bedingungen seiner Existenz. Nach dieser Ansicht kommt im Drama das „allgemein Menschliche" zur Geltung, die Epik hingegen, und das schließt den Roman mit ein, bedarf „der innigsten Durchdringung des allgemein Menschlichen durch die individuellen historischen Agentien" (RS 554).[26] Das Erzählen, so steht für Ludwig fest, setzt die äußere Welt in ihr Recht und macht die soziale und ge-

---

25 Zu Ludwigs Dramen- und Tragödientheorie vgl. die zusammenfassenden Darstellungen bei Ricklefs (1991) und Grüne (2015).
26 An anderer Stelle bringt Ludwig das Verhältnis von Drama und Epik auf die Dichotomie von Mensch – als Gegenstand des Dramas – und Bürger – als Gegenstand der erzählenden Gattungen (vgl. RS 562). Unter umgekehrten Vorzeichen greift er damit die Differenzierung auf, über die Blanckenburg den Roman vom klassischen Epos abgrenzt (vgl. VR XIII–XVI). Der anthropologische Blick auf den Menschen, auf dem Blanckenburg seine Romantheorie aufbaut, ist für Ludwig dem Drama vorbehalten.

schichtliche Dimension menschlicher Existenz erfahrbar.[27] Für die Komposition der Handlung bedeutet dies eine Multiplikation der Wirkungsfaktoren und dadurch eine geringere Stringenz der Wirkungszusammenhänge. Das „einzelne Leben" stehe in der Epik „nicht souverän da", sondern als „ein Stück Weltleben" (RS 605). Der Nexus zwischen Absicht, Handlung und Resultat sei hier zwar nicht völlig aufgehoben, aber doch aufgeweicht, der Zufall spiele eine größere Rolle und der Held werde eher von einer Bewegung ergriffen und getragen, als dass er selbst bewege: „Im Drama will der Held sich die Welt unterwerfen und erreicht es oder nicht, er siegt oder geht zugrunde; im Romane macht die Welt etwas oder nichts aus dem Helden. [...] Dort ist der Held Macher und Produkt; hier nur Produkt" (RS 571).[28]

Auf den ersten Blick bewegt sich Ludwig hier noch ganz im Vorstellungskreis des idealistischen Erzählmodells. Dass er die Konzepte der älteren Theorie aber nicht einfach nur übernimmt, sondern auch neu interpretiert, zeigt sich mitunter in den Details, etwa in den gewählten Metaphern: Um die Stellung des Helden zum Ganzen der epischen Handlung zu illustrieren, taucht in der Epiktheorie seit 1800 wiederholt das Bild des Stromes auf. Jean Paul (2015, 113) bezeichnet den Helden selbst als Strom, der sich durchs Meer zieht und in ihm aufgeht. Vischer (1857, 1268) wiederum setzt die Handlung mit dem Strom gleich, durch den der „epische Held schwimmt mit starkem Arme, aber nicht gegen, sondern mit der Woge." Ludwig greift nun zu einem ähnlichen, aber doch nicht identischen Bild für die Beschreibung der epischen Handlung. Im Vergleich zum Drama, schreibt er, hat der Kausalnexus

> weit mehr einzelne und schwächre, an sich unbedeutendere Glieder, [...] die Absichten der Einzelnen neutralisieren sich mehr, das Handeln des Einzelnen verschwindet mehr gegen das Ganze, wie das einzelne Handeln gegen den Zustand. Das Produkt der einen Absicht wird durch die der andern und durch gleichgiltiges Tun, d. h. absichtsloses retardiert, und der Ausgang trägt nicht die Signatur eines Kampfesausganges, wo einer gegen alle andern und diese gegen jenen sich durchsetzten und beide Parteien besiegt siegend oder siegend besiegt wären. Mehr dem Einanderdrängen von Eisschollen im Eisgange vergleichbar, von welchen jede, gedrückt, Druck ausübt, und doch die Gesamtheit des Druckes und die Ursache nicht in den Eisschollen selbst, sondern im Wasser liegt. (RS 607)

---

27 Wie bereits erwähnt, sieht Ludwig die Unterscheidung zwischen Epik und Dramatik sogar in der Struktur der Alltagserzählung begründet. Denn er geht davon aus, dass die narrative Wiedergabe von Erlebnissen für gewöhnlich mit der Darstellung ihrer individuellen Umstände einhergeht (vgl. RS 554 – 555).
28 Die Passage erinnert stark an eine Formulierung aus Jean Pauls *Vorschule der Ästhetik:* „Im Epos trägt die Welt den Helden, im Drama trägt ein Atlas die Welt" (2015, 113). Eine direkte Bezugnahme auf Jean Pauls Theorie lässt sich für die *Romanstudien* indes nicht belegen.

Der Strom der Geschichte, der den Einzelnen mit sich fortträgt, ist nach diesem Bild fast schon gefroren; es gibt zwar noch eine Bewegung, sichtbar aber ist nur noch das Ineinanderschieben des Erstarrten, der Eisplatten.[29] Nicht mehr nur allein vom Aufgehen individuellen Handelns in einer überindividuellen Bewegung ist die Rede, sondern auch vom Verschwinden der Handlung gegenüber dem Zustand. Bemerkenswert an dieser Passage ist weiterhin, dass Ludwig von einer geminderten Konflikthaftigkeit in der Epik ausgeht und hervorhebt, dass das Ende ‚nicht die Signatur eines Kampfesausganges' trägt. Das ist nun allerdings eine signifikante Abweichung von den Konzepten der idealistischen Ästhetik, die, wie gesehen, das Handlungsschema von Konflikt (Situation), Kampf (Reaktion) und Lösung auch auf die epische Literatur anwendet und im Epos den Kampf zwischen den sittlichen Prinzipien oder Mächten, im Roman hingegen den Konflikt zwischen Individuum und Gesellschaft gestaltet sieht.

Die Differenzen zur idealistischen Auffassung der epischen Handlung, die in der Eisgang-Metapher nur auf dem zweiten Blick hervortreten, werden noch deutlicher, wenn man Ludwigs Reflexionen über das Verhältnis von Individuum und Umwelt mit einbezieht. Besonders aussagekräftig ist in dieser Hinsicht eine Passage, in der die Entwicklung der Erzählhandlung an zwei „Hauptzustände[n]" (RS 563) des epischen Helden festgemacht wird, dem „große[n] Affekt des Handelns" (RS 563) einerseits und den habitualisierten Verhaltensformen der Alltagsexistenz andererseits:

> Beim epischen Charakter sind zwei Hauptzustände zu merken; der große Affekt des Handelns zerstiebt all die kleinlichen Anhängsel von habituellen Zügen, aus Stand, Beschäftigung u. s. w. mechanisch angeschwemmt, gleichsam die Flötzen des Menschengebirges, und die ideale ganze Menschennatur, der menschliche Kern macht sich geltend. In demselben Maße als der gewöhnliche, der Alltagszustand wiederum überhand nimmt, kehren jene Anhängsel wieder, machen sich die habituellen Züge aus Beschäftigung, engem Horizont u. s. w. wieder geltend, treten wieder die kleinen Bedenken ein; (RS 563–564)

Diese Gegenüberstellung erinnert an das narrative Schema des Bildungs- oder Entwicklungsromans, dessen Ausgang ja, zumindest nach Hegels Deutung, die Dominanz gesellschaftlicher Routinen über den Ehrgeiz und die Ideale des Einzelnen erweisen soll. Tatsächlich aber beschreibt Ludwig hier die Reintegration in den Alltagszustand nicht (im Sinne Hegels) als eine Form der Subordination unter ein fremdes Gesetz und auch nicht als einen Akt der Zurückstellung individueller

---

29 Ludwigs mitunter eigenwillige Metaphorik böte zweifellos ausreichend Material für eine eigene Untersuchung. Anknüpfen ließe sich hierfür an Kohls (2007) Arbeit zu Formen und Funktionen poetologischer Metaphern.

Ansprüche hinter das Gemeinschaftsinteresse. Vielmehr fordern die ‚ange-
schwemmten' Verhaltensweisen, die ‚Anhängsel' und ‚habituellen Züge' ihr
Recht; anfangs zurückgedrängt, kehren sie im Laufe der Zeit mit Macht zurück
und beherrschen den Menschen am Ende wieder ganz. Mit anderen Worten: Auch
wenn das Handeln des Helden den Rahmen des Gewöhnlichen für den Augenblick übersteigt, wird er doch langfristig die im unmittelbaren sozialen Umfeld
verankerten, meist unbewusst eingeübten Verhaltensweisen nicht ablegen können. Der Held, wie ihn Ludwig an dieser Stelle skizziert, kommt letztlich auf
keinem anderen Boden zu stehen als auf dem seiner alltäglichen Existenz, er tritt
der prosaischen Wirklichkeit nicht gegenüber, sondern findet sich in ihr immer
schon vor. Er geht nicht, um ein Wort des Soziologen Ferdinand Tönnies (1887, 4)
zu gebrauchen, „in die Gesellschaft wie in die Fremde", sondern bleibt in ihr als
seiner eigentlichen Heimat.

Im Vergleich zur idealistischen Tradition stellt Ludwig das Verhältnis von
Ideal und Erfahrung, Individualität und Gesellschaft gleichsam auf den Kopf. Jene
„ideale ganze Menschennatur" des Helden, „sein eigentliches Wesen, seine eigene nackte Gestalt ist dem an sein Handwerksgewand mit allem kleinlichen
Zubehör Gewöhnten ein fremdes und in seiner Fremdheit beängstigendes" (RS
564). Folgt man dieser Ansicht, so erscheint das Ideal kaum noch erstrebenswert,
weil es den Menschen entwurzelt und ihn orientierungslos macht. Bemerkenswert
ist auch, dass Ludwig den Individualitätsbegriff nicht mehr mit der Opposition
von Einzelnem und Welt verknüpft. Ihm zufolge kommt Individualität weniger in
Momenten der Auflehnung des Einzelnen gegen die Gesellschaft als in den eingeübten Alltagspraktiken und im gewöhnlichen Umfeld zur Geltung. Im Manuskript findet sich eine längere Ausführung zu diesem Gedanken, die noch einmal
die Unterscheidung zwischen ‚großem Affekt' und ‚alltäglicher Betätigung' aufgreift:

> Eigentlich sind sich die Menschen in ihrem Handeln in bedeutenderen Situationen [...] weit
> ähnlicher als sonst; [...] die Verschiedenheit kommt eigentlich in kleinen Dingen am meisten
> zur Erscheinung [...]; der große Affekt und das Handeln reißt sie aus der seltsamen Form, die
> sie durch Gewohnheit u. unzählige kleine, wirkende Umstände allmälig angenommen haben
> heraus; und wenn auch ihr Wie in Augenblicken der Noth u. des Gezwungenseins zu einem
> Entschluße noch Etwas davon beibehält, so überwiegt doch das allgemein Menschliche [...].
> Nur die Handlungen, die oft an einer Person vollbracht werden, die Gedanken, mit denen sie
> öfter zu thun haben pp erhalten allmälig das originelle Gepräge, indem sich s.z.s. Indivi-
> dualität immer mehr darin vertieft und zugleich mechanisch freier davon wird, so daß sie es
> s.z.s. zu ihrem Vergnügen u. Zeitvertreibe frei um u. neugestaltet. (H 121)

Individualität, die ‚seltsame Form', bildet sich in den Routinen aus, mit denen der
Alltag bewältigt wird. Sie ist mit anderen Worten in der alltäglichen Lebenspraxis

verankert und je weiter sich der Mensch vom Boden dieser eingeübten Verhaltensmuster entfernt, desto weniger individuell handelt er. Die Originalität individuellen Handelns liegt für Ludwig demnach darin, dass mit wachsender Sicherheit in bestimmten eingeübten Praktiken auch die Variationsmöglichkeiten steigen – wie die Zunahme der handwerklichen Fertigkeit eines Künstlers durch tägliche Übung auch das Spektrum seiner Ausdrucksmöglichkeiten vergrößert. Ludwig selbst findet dafür einen anderen, leicht irritierenden Vergleich: Jene aus Gewöhnung hervorgegangene „freie Originalität" entstehe „auf dieselbe Weise" wie der „Wahnsinn", nämlich durch fortwährende Wiederholung von mechanischen Vorgängen oder Gedankenprozessen (H 121). „Es ist gewißermaßen die souveraine Weise, Etwas vorzunehmen oder zu betreiben, die aus der Uebung entsteht, den Reiz der Neuheit, den die Handlung selbst verliert, ersezt der Handelnde durch die äußere Weise seines Handelns" (H 121).

Vor diesem Hintergrund verwundert es nicht, dass die meisten Charaktere in Ludwigs literarischem Werk einen ausgeprägten Hang zum Neurotischen aufweisen. Man denke nur an eine Figur wie Apollonius Nettenmair aus *Zwischen Himmel und Erde* (1856), dessen gesamtes Tun von einer radikalen Gewissenhaftigkeit und einem zwanghaften Ordnungsbedürfnis geleitet wird. Die regelmäßige Wiederkehr gleicher Handlungen bestimmt seinen Tagesablauf:

> Die Woche über saß Herr Nettenmair über seinen Büchern und Briefen, oder beaufsichtigte im Schuppen das Ab- und Aufladen, das Behauen und Sortieren der Schiefer. Punkt zwölf aß er zu Mittag, punkt sechs zu Abend auf seinem Stübchen; dazu brauchte er eine Viertelstunde, dann strich er mit leiser Hand über das alte Sofa und bewegte sich drei anderer Viertelstunden, war es Sommerszeit, im Gärtchen. Mit dem ersten Viertelschlage von ein und sieben Uhr klinkte er die Staketentüre wieder hinter sich zu. (RS 526)

Wichtiger noch als die Information über den genauen Zeitplan ist der Hinweis des Erzählers auf die regelmäßige Wiederkehr unwillkürlicher Bewegungen wie das Über-das-Sofa-Streichen der Hand. Zu Beginn des Textes wird geschildert, wie Apollonius, als er aus der Fremde in seine Heimat zurückkehrt und vom Anblick seiner Vaterstadt zu Tränen gerührt stehen bleibt, zunächst seinen Rock von einem störenden Spinnenfaden befreien muss, „ehe er sich mit ganzer Seele seinem Heimatsgefühle" überlassen kann (RS 337). Sicherlich soll hier ein Extrem dargestellt werden; auf der anderen Seite aber verkörpert die Figur nur in äußerster Konsequenz eine Auffassung vom Individuum, wonach „das originelle Gepräge" (H 121) eines Menschen maßgeblich von den unscheinbaren Handlungsroutinen des Alltags bestimmt wird und sich in diesen auch am deutlichsten abzeichnet.

Eine solche Auffassung hat Folgen für die Architektur der Erzählhandlung. Wie in *Zwischen Himmel und Erde* die Bildungsgeschichte, die in dem Stoff enthalten ist[30], übersprungen wird und die Erzählung erst danach, mit der Rückkehr des Protagonisten in seine Heimat einsetzt, so wendet sich Ludwig auch in den *Romanstudien* vom Handlungsmodell des Bildungs- oder Entwicklungsromans ab. Seine Überlegungen zur Handlung im Roman zeigen deutlich, dass sich das Erzählinteresse nicht mehr auf das Verlassen oder das konfliktreiche Überwinden eines vertrauten Lebenskontextes richtet, sondern auf die (Wieder-)Einbettung des Individuums in eine ihm vorgegebene Umwelt.[31] Auch in Passagen, in denen Ludwig das narrative Schema von Loslösung und Integration noch zitiert, wird dieser Wandel greifbar: „Der Roman", heißt es an einer Stelle, zeigt zunächst „das Reich der Alltäglichkeit in seiner Unbestrittenheit", dann „treten bewegte Verhältnisse auf" und die „historischen Agentien durchfluten das Stilleben"; es beginnt „der epische Kampf, der überall den Menschen frei macht von der Beschränktheit des Alltags", doch der „Alltag wehrt sich und macht der Bewegung jeden Zoll streitig; bis sich die Bewegung zur Ruhe begibt und der Alltag sein unbestritten Reich wieder antritt" (RS 564). Ludwig zitiert, wie gesagt, das Schema, aber er vertauscht die Subjekte. Statt des Helden und seiner Entwicklung wird der Alltag zum eigentlichen Protagonisten und zum eigentlichen Sympathieträger erhoben: „Es versteht sich nun von selbst, daß der Alltag an sich unsre Sympathie gewinnen muß" (RS 564). Wenn es hier einen Konflikt gibt, ist es nicht der zwischen Individuum und Gesellschaft, sondern der zwischen Tradition und Erneuerung. Aber um diesen Konflikt nachvollziehen zu können, benötigt man eine gewisse Vertrautheit mit dem „Hergebrachten" und „Bestehenden" (RS 575), mit dem „Stilleben, das sich gegen die Bewegung zu behaupten" versucht (RS 565). Genau darin aber liegt für Ludwig die Hauptaufgabe des Romanautors und

---

30 Apollonius verlässt seine Heimatstadt, um im Geschäft eines Vetters zu arbeiten. Wie der Erzähler rückblickend andeutet, ist dies die Zeit seiner persönlichen und beruflichen Reife (RS 346–347).

31 Wie die Grenze zwischen Individuum und Welt zu verschwimmen beginnt, so wird auch die Trennung zwischen privatem und öffentlichem Raum durchlässiger. Nach Swales (1997, 35) liegt ein charakteristischer Zug der deutschen Literatur des neunzehnten Jahrhunderts darin, dass sie keine „schroffe Kluft" zwischen beiden Bereichen kennt. Swales begründet dies primär sozialhistorisch und unter Bezugnahme auf die Studie Mack Walkers zur Sozialform der *German Home Towns*, den kleinen Landstädten oder Heimatstädten, die von einem „einzigartigen Geflecht wirtschaftlicher, familialer, institutioneller, affektiver Bindung getragen" wurden (Swales 1997, 33). Das ist eine vielversprechende Kontextualisierung, allerdings konzentriert sich Swales auf die Gattung des Bildungsromans, in dem seiner Ansicht nach die wechselseitige Verschränkung von öffentlichem und privatem Raum zum narrativen Leitprinzip gemacht wird. Es bleibt zu fragen, ob der im Bildungsroman dargestellte Sozialisierungsprozess nicht eine Spaltung zwischen Individuum und Gesellschaft, ein Auseinanderklaffen von privater und öffentlicher Sphäre voraussetzt und ob deshalb der „Raum des sozialisierten Innenlebens" (Swales 1997, 46) nicht eher dort zur Darstellung gebracht wird, wo dieses narrative Schema an Bedeutung verliert.

die Herausforderung modernen Erzählens: das „Reich der Alltäglichkeit" nicht nur in seiner „Unbestrittenheit" zu zeigen, sondern dem Leser einen Zugang zu diesem Reich zu verschaffen und ihn „darin heimisch [zu] machen" (RS 564). Gegenüber diesem Ziel tritt das Interesse am Konflikt zwischen Altem und Neuem für ihn deutlich in den Hintergrund.[32]

Es ist sicherlich möglich, diese signifikante Gewichtsverschiebung im Verhältnis von Bewegung und Statik und die Tendenz zur Entkopplung des Handlungsbegriffs vom Merkmal der Konflikthaftigkeit mit dem restaurativen Zug in Verbindung zu bringen, den die gesellschaftliche und politische Entwicklung im nachmärzlichen Deutschland ohne Frage aufweist. Mit Blick auf Ludwigs Individualitätskonzept sollte aber auch deutlich werden, dass sich hinter diesem Wandel der Begriffe und poetologischen Präferenzen mehr verbirgt als ein antirevolutionärer Reflex. Meiner Ansicht nach hebt Ludwig mit dem ‚Reich der Alltäglichkeit' einen Gegenstandsbereich ins Bewusstsein, den die moderne Wissenschafts- und Gesellschaftstheorie unter dem Begriff der Lebenswelt erfasst.[33] Die gemeinsame Grundlage ist dabei der Gedanke, dass sich der Mensch stets in bestehenden Strukturen des Wissens und Traditionen des Handelns vorfindet, die für ihn gleichwohl nur hintergründig präsent sind, weil sie zwar die alltäglichen Routinen begleiten und leiten, aber in der Regel, das heißt, solange sie nicht destabilisiert werden, kein Gegenstand reflexiver Auseinandersetzung sind. „Die Lebenswelt", heißt es bei Jürgen Habermas (2011, 64), „steht uns nicht theoretisch vor Augen", sondern *umfängt* und *trägt* uns, indem wir als endliche Wesen mit

---

32 Ludwig bezieht sich in diesem Zusammenhang auch auf konkrete literarische Beispiele. In der deutschsprachigen Literatur sei es die Gattung der Dorfgeschichte gewesen, die dem „Stilleben" (RS 565) erstmals die nötige Aufmerksamkeit und Sympathie entgegengebracht habe. Allerdings werde darin „mehr das Verwittern der lange so festen Konventionen" gezeigt, im Gegensatz zu den Romanen Walter Scotts, in denen das „Reich der Alltäglichkeit" noch in seiner „Festigkeit" und Lebendigkeit erscheine (RS 565). Zur Bedeutung des Genres der Dorfgeschichte für die Entstehung der realistischen Poetik vgl. Schönert (2002). Nach Schönerts Deutung präsentiert die Dorfgeschichte in der „Lebenswelt und Sozialform des Dorfes" ein „Modell für die Darstellung und Auflösung von Konflikten unter den Aspekten persönlicher und gemeinschaftlicher Verantwortlichkeit" (2002, 339).

33 Der Begriff ‚Lebenswelt' ist eine Schöpfung des neunzehnten Jahrhunderts, er findet aber zunächst vorwiegend auf dem Gebiet der Biologie Anwendung (vgl. Bermes 2002). Die literaturtheoretische Bedeutung des Konzeptes beleuchtet der Sammelband von Löck und Oschmann (2012). Allerdings wird das Problemfeld darin vorwiegend aus einer systematischen Perspektive erschlossen, insofern die Frage nach dem allgemeinen Verhältnis von Literatur und Lebenswelt sowie nach der Darstellbarkeit lebensweltlicher Erfahrungszusammenhänge im Vordergrund steht. Die historische Genese des Lebenswelt-Begriffs sowie der historische Wandel des Verhältnisses von Literatur und lebensweltlicher Erfahrung finden in den Beiträgen dagegen wenig Beachtung.

dem, was uns in der Welt begegnet, *umgehen*". Die zweite verbindende Annahme betrifft die eigentümliche Verschränkung von Subjektivität und Intersubjektivität. Lebenswelt konstituiert sich zwar immer aus der Perspektive eines erlebenden Ichs, doch ihre spezifischen Konturen erhält sie erst durch Prozesse des Handelns und der kommunikativen Bezugnahme auf Umwelt und Mitmenschen: „Wir erfahren uns performativ als *erlebende*, in organische Lebensvollzüge eingelassene, als *vergesellschaftete*, in ihre sozialen Beziehungen und Praktiken verstrickte, und als *handelnde*, in die Welt eingreifende Subjekte" (Habermas 2011, 64).

Man würde die Leistung, die Ludwig von der erzählenden Darstellung einfordert, unterschätzen, wenn man unter der Hinwendung zur Lebens- und Alltagswelt lediglich die Einbeziehung bisher nicht beachteter Stoffkreise versteht.[34] Tatsächlich geht es darum, die Bedeutung präreflexiven Wissens und intuitiven Handelns für die Konstitution von Realität und Individualität anzuerkennen. Erst die epistemologische Aufwertung alltagsweltlicher Erfahrung macht sie als Gegenstand literarischer Behandlung attraktiv. Noch Hegel (1998, 89) geht davon aus, dass der Zustand, in dem die sittlichen Mächte nur „als bewußtlose Gewohnheit vorhanden" sind, kein Gegenstand der Kunst werden kann: Denn eine „Gewohnheit [...] ist keine würdige Weise der substantiellen Macht", die bewegenden Kräfte müssen deshalb „Gestalt annehmen, Dasein erhalten und in Bestimmtheit gegeneinander erscheinen" (Hegel 1998, 89–90). Bei Ludwig sind es umgekehrt gerade jene prosaischen, „habituellen Spuren der Kleinlichkeit", die für den „poetische[n] Schwung" sorgen (RS 558). Das bedeutet, dass Erzählliteratur nicht einfach nur Lebenswelt abbildet, sondern dass sie ihre Mechanismen

---

34 In diesem Sinne ist das Interesse realistischer Literatur an der Alltagsexistenz des Menschen jedoch gerade in der älteren Forschung oft interpretiert worden: „Die alltägliche Wirklichkeit des gesellschaftlichen Lebens allein ist legitimer Gegenstand der Literatur, d. h. im wesentlichen des realistischen Romans. Auf diesen Satz läßt sich die realistische Romantheorie reduzieren" (Ruckhäberle und Widhammer 1977, 42). Weniger abschätzig, in der Sache aber ähnlich urteilt Žmegač (1991 [1990], 149): „Mit der literarischen Bewegung des Realismus beginnt in weltliterarischem Ausmaß die Geschichte einer Zielsetzung, die in vergangenen Epochen, wenn überhaupt, eine untergeordnete Rolle gespielt hat: die Geschichte der künstlerischen Bewältigung der alltäglichen Lebenswelt, wenn man so will, des banalen Werktags – im Gegensatz zur Darstellung des metaphorischen Sonntags". Maßgeblich gefördert wurde diese Sichtweise durch die epochale Studie Erich Auerbachs über das Mimesis-Prinzip in der abendländischen Literatur. Auerbachs Realismusbegriff fußt auf dem Aspekt der Stilmischung. Die „Grundlagen des modernen Realismus" bilden für ihn die „ernsthafte Behandlung der alltäglichen Wirklichkeit, das Aufsteigen breiterer und sozial tieferstehender Menschengruppen zu Gegenständen problematisch-existentieller Darstellung" sowie „die Einbettung der beliebig alltäglichen Personen und Ereignisse in den Gesamtverlauf der zeitgenössischen Geschichte" (Auerbach 2015, [1946], 458). An diesen Kriterien gemessen bleibt der deutsche Realismus Auerbach zufolge hinter den Leistungen anderer europäischer Literaturen deutlich zurück (vgl. 2015 [1946], 420–421).

und Strukturen nachzuvollziehen beginnt, etwa indem sie die Figuren in Beschäftigungen zeigt, die für die Handlung im engeren Sinne irrelevant sind, die aber die Wirksamkeit präreflexiver Überzeugungen und angelebter Normen verdeutlichen. Diesen Gesichtspunkt erfasst Ludwig mit der begrifflichen Unterscheidung zwischen ‚Tathandlung' und ‚Aktion': Jener liegt ein markanter Willensimpuls zugrunde und sie bewirkt eine qualitative Veränderung der Situation, diese hingegen geht eher aus den unbewussten oder halbbewussten Einstellungen hervor und sie zieht keine oder allenfalls eine schleichende Situationsveränderung nach sich (vgl. RS 605). „Die Charaktere" im Roman, so Ludwig, „entwickeln sich [...] nicht sowohl durch Tathandlung", die aus „freien Entschlüssen" hervorgeht und dann „in die Kausalität" eingreift, „als durch Aktion"; wo aber doch „Tathandlung" im Roman vorkommt, da muss sie „ein weit kleineres sein und weniger bedeutendes für den Gang des Ganzen, als im Drama" (RS 605). Auch wenn die Figuren „Leidenschaft besitzen", eigene Interessen oder Absichten verfolgen, „bleiben sie damit in ihrer kleinen Welt und lassen sie [d.i. die Leidenschaft] mehr im kleinen und einzelnen wirken, als daß sie sie zu einer großen oder schweren Tat zusammenfassen" (RS 608). Die Wirkungskraft der ‚Aktion' beruht also nicht auf Intensität, sondern auf Permanenz: Die Wirkung der Figuren „auf die Umgebung ist mehr ein schwache aber fortdauernde" (RS 608).

Ebenso wie der Einfluss des Charakters auf seine Umwelt für Ludwig nicht aus einer einzelnen Handlung, sondern nur aus der Gesamtheit der „habituellen Züge seiner Beschäftigungen" (RS 557) ersichtlich wird, ist umgekehrt die Einwirkung der Welt auf das Subjekt kein eindimensionaler Vorgang, der auf ein simples Ursache-Folge-Verhältnis reduziert werden könnte. Viel zu diffus und verschieden in ihrer Wirkungsrichtung sind dafür die äußeren Einflüsse. Mit Blick auf den Protagonisten aus Dickens Roman *Große Erwartungen* (1860 – 1861) bemerkt Ludwig, dass alle Impulse der Entwicklung hier „von außen kommen", aber nicht „als Rückschlag einer Tatsache, in der der Charakter sich mit leidenschaftlicher Energie zusammengefaßt hatte"; denn die Impulse liegen nicht in einer „abstrakt geraden Linie" und „kommen nicht von einer Seite und wirken nicht nach einer Seite" (RS 611– 612).[35]

Das Verhältnis von Individuum und Umwelt, wie es Ludwig in den *Romanstudien* entwirft, gestaltet sich also weder konfliktär noch lässt es sich auf eine einfache Ursache-Folge-Relation bringen. Denn zum einen sind dafür die individuellen Bestimmungsfaktoren zu vielfältig, zum anderen wird die Wirkung dieser

---

[35] Auf die naheliegende Frage nach den ethischen Konsequenzen, zum Beispiel hinsichtlich der Schuldfähigkeit des Subjekts und der Unabhängigkeit bzw. Determiniertheit seiner Handlungen, soll später genauer eingegangen werden (vgl. Kap. 4.1.4).

Einflüsse weniger in einer einzigen, herausgehobenen Handlung offenbar als in Verhaltensdispositionen und Handlungsroutinen. Anders gewendet: Im Verhältnis zwischen Individuum und Welt lässt sich keine Richtung ausmachen. Der Einzelne muss nicht erst auszuziehen, um in einen Raum der geteilten Interessen und sozialen Institutionen zu treten, er findet sich immer schon darin vor. Ebenso ist er nicht nur das passive Objekt, das den Bestimmungsfaktoren der Umwelt schutzlos ausgeliefert ist, er steht vielmehr in permanenter Interaktion mit dieser ihn umfassenden Welt; seine Existenz ist auf komplexe Weise mit seiner Lebenswelt verwoben. Er ist umgeben von einer „ganze[n] Sphäre voll charakteristischen Interesses" (RS 625), in der er sich „mit größter Behaglichkeit herumdreh[t]" (RS 632). Ludwig reflektiert dieses Verhältnis auch auf der Ebene der Figurenkonzeption und entwirft Typologien, die den Grad der Bindung an einen bestimmten Raum und einen spezifischen Wirkungskreis zum zentralen Einteilungskriterium erheben.

4.1.2.2 Figur und Raum

Unter dem Eindruck von Dickens' Roman *Große Erwartungen* (1860 – 1861) notiert Ludwig die Beobachtung, dass die Konstitution der Figuren im Bewusstsein des Rezipienten eng mit dem Vorstellungsbild ihrer unmittelbaren räumlichen Umgebung verbunden ist. „Zu bemerken, wie Boz [d.i. Dickens] die Localität benutzt, s.z.s. als Theil eines Charakters" (H 135). Er exemplifiziert seine These an den Hauptfiguren des Romans und leitet daraus die Schlussfolgerung ab, dass „die gewohnte Umgebung ein Stück des Menschen selbst [ist und] nicht allein in der Erscheinung mit Eines, sondern auch ein wesentliches Motiv der Existenz ist" (H 135). Der Zusammenhang von Figur und Lokal ist demzufolge nicht nur ein technischer Aspekt der Charakterzeichnung, sondern betrifft die Begründungsstrukturen der Erzählung. Ohne Kenntnis ihres jeweiligen Lebensumfeldes würden die Personen dem Leser nicht „begreiflich" werden: Denn solch ein „Charakterbild eines Menschen gleicht jenem Sohne der Erde, den Hercules in der Luft erdrücken mußte; [...] es ist in unmittelbarer Berührung des mütterlichen Bodens [...] von unendlich wirkender Kraft, davon entrückt ein bloßer Schemen seiner selbst" (H 135).

Die Verbindung von Raum und Figur ist für Ludwig also von grundsätzlicher Bedeutung für die Architektur und Motivierung der Handlung. Bereits in einer relativ frühen Phase seiner Studien entwirft er in Grundrissen eine Typologie von Romanfiguren, die genau diesen Aspekt zum Differenzkriterium macht.[36] Dabei

---

36 Die entsprechende Passage, in der sich Ludwig auf Friedrich Wilhelm Hackländers *Namenlose*

unterscheidet er zwischen den „festsitzenden" und den „sich bewegenden" Figuren (RS 633), wobei die vorhandene oder nicht vorhandene Beweglichkeit sowohl auf die räumliche Situierung wie auf die allgemeine Lebenseinstellung zu beziehen ist.[37] Figuren des ersten Typs bezeichnet Ludwig deshalb auch als „Zustandsmenschen" oder „Gewohnheitsmenschen" „ohne ausgreifende Neigungen", Figuren des zweiten Typs hingegen als „Drangmenschen", die „entweder reisen oder in andre äußre Verhältnisse, in andre moralische Zustände sich sehnen" (RS 633–634). Zusätzlich unterscheidet er die Figuren aber auch noch danach, welches psychische Vermögen (Gemüt, Phantasie, moralisches Gefühl, Verstand) sie beim Rezipienten überwiegend ansprechen. Demnach beschäftige der Zustandsmensch vorwiegend das Gemüt, der strebende Charakter hingegen eher das moralische Gefühl oder die Phantasie. Ein dritter Figurentyp, die „psychologische[n] Problemmenschen" (RS 634), reize dagegen primär den Verstand (RS 634).

Wie aus dem Manuskript hervorgeht, greift Ludwig später diese Typologie in seiner Analyse von *Große Erwartungen* auf und arbeitet sie weiter aus. Diesmal setzt er allerdings vier Typen an und bezieht zudem auch noch das Kriterium der Entwicklungsfähigkeit der Charaktere mit ein (Abb. 3). Der erste Typ entspricht den ‚festsitzenden' Figuren; Ludwig bezeichnet sie nun als die „Naiven, Bornirten, Gebundenen, Instinkt- und Gewohnheitsmenschen" (H 125). Diese charakterisiert nicht nur die Konzentration auf ein überschaubares Lebensumfeld und einen eingeschränkten Interessenkreis, sondern auch das Fehlen von Entwicklung, das heißt die charakterliche Statik: „In solche Figuren darf keine Entwickelung verlegt werden, sie sind ihrer nicht fähig, denn die Fertigkeit, die Geschloßenheit, das Gebundene ist eben ihr Wesen" (H 125). Eine hohe Beweglichkeit und Entwicklungsfähigkeit kennzeichnen die Figuren des zweiten Typs, die „Bildsamen, [...] Sehnenden, Geschobenen". Dieser Typ entspricht weitgehend dem aus der idealistischen Theorie bereits bekannten Figurenkonzept des passiven Helden (vgl. Kap. 3.3.1.2); gemeint sind also leicht formbare und bewegliche Figuren, die „mehr Thon" sind „als Töpfer" und denen „der Schwerpunkt fehlt" (H 125). Die zwei weiteren Figurentypen, die Ludwig in diesem Kontext nennt, sind einerseits die „Verstandesmenschen, die Ueberlegenen, Harten, Zähen, bewußt Selbstsüchtigen", und andererseits die „Phantasiemenschen" oder „Leidenschaftsmenschen"

Geschichten (1851) bezieht, wird von Stern in das letzte Drittel des Textes gerückt (vgl. RS 633–634). Im Manuskript findet sie sich ganz am Anfang (H 16).

37 An anderer Stelle führt Ludwig die typologische Trennung von ‚romantischen' und ‚naiven' Figuren ein (RS 642–643), die sich zwar mit der Unterscheidung von strebenden Figuren und Gewohnheitsmenschen überschneidet, allerdings den Gesichtspunkt der räumlichen Gebundenheit in den Hintergrund rückt.

(H 125). Die Bedeutung des lokalen Bezugs unterstreicht Ludwig, indem er den verschiedenen Figurentypen wiederum spezifische „Sphären und Schauplätze" (H 126) zuordnet. Den Gebundenen entspricht demnach das Dorf und das Landleben, den Verstandesmenschen das Geschäftsleben mit seinen „Expeditionen" und „Comptoirs"; die Phantasiemenschen finden ihre Entsprechung in einem „phantastisch staffirte[n] Local" (H 126) und die Bildsamen pendeln zwischen verschiedenen Sphären und verbinden diese gewissermaßen als Mittler miteinander.

	Gebundene Figuren / Gewohnheitsmenschen	Bewegliche Figuren / Gefühlsmenschen	Verstandesmenschen	Phantasie- / Leidenschaftsmenschen
Entwicklungsfähigkeit	gering	hoch (passiv)	mittel (aktiv)	hoch, zwischen Extremen schwankend
Ortsgebundenheit	hoch	niedrig	wechselnd	extrem in Ruhe und Bewegung
Charakteristische Sphäre, Schauplätze	Dorf	wechselnd	Geschäftsleben, Kontore, Expeditionen etc.	phantastisches Lokal, Spielhäuser, Gefängnisse etc.
Beispiele aus "Große Erwartungen"	Joe Gargery	Pip	Mr. Jaggers	Miss Havisham, Magwitch

Abbildung 3: Figurentypen im Roman

Nach Ludwigs Typologie kommt die Verschmelzung von Figur und Raum nicht bei jedem Figurentyp gleichermaßen zum Ausdruck. Am deutlichsten wird sie beim ersten Typ, den gebundenen Charakteren, für die beweglichen hingegen scheint sie kaum zu gelten. Interessant ist daher, dass Ludwig in seinen theoretischen Überlegungen nicht jedem Figurentyp die gleiche Bedeutung zumisst und sich eine klare Präferenz für die Figuren des ersten Typs abzeichnet. Die Leidenschaftsmenschen gehören nach seiner Überzeugung ohnehin eher ins Drama und auch der Typ der überlegenen Verstandesmenschen, für den erkennbar die Figur des Mr. Jaggers aus *Große Erwartungen* Pate stand, spielt außerhalb dieses Kontextes bei Ludwig keine Rolle. Für den zweiten Typ, die bildsamen und beweglichen Figuren, gilt das nicht – doch relativiert Ludwig ihre Bedeutung für den Handlungszusammenhang. Er weist ihnen vielmehr eine Funktionsrolle zu, die gewissermaßen auf der Schnittstelle zwischen *histoire* und *discours* liegt: Nach Ludwigs Verständnis dienen Figuren dieser Art in erster Linie dazu, den Rezipienten in die Erzählwelt einzuführen und mit den fiktiven Gegebenheiten, den Personen und Orten, bekannt zu machen. „[S]ie sind unser Begleiter oder wir die ihrigen", sie sind „der Weg, den gehend wir den andern begegnen" (H 126). Hier schließt das Konzept des ‚mittleren Helden' an, das Ludwig zuvor bereits am Gegenstand der Romane Walter Scotts entwickelt und auf dessen theorieimmanente Bedeutung und historische Aussagekraft später noch ausführlich einzugehen ist (vgl. Kap. 4.1.3.1). An dieser Stelle sei zunächst festgehalten, dass aus Sicht des Theoretikers die beweglichen Figuren nicht unbedingt im Zentrum des Interesses stehen, sondern eher dazu dienen, den Rezipienten in dieses Zentrum zu leiten. Die größte Aufmerksamkeit schenkt er den gebundenen und bornierten, also auf einen kleinen Wirkungskreis eingeschränkten Figuren. Aber auch diese bilden nicht das Zentrum einer Handlung im herkömmlichen Sinn, denn was an ihnen interessiert, sind weniger einzelne, spektakuläre Taten als ihr gewohnheitsmäßiges Verhalten, die Routinen des Alltagslebens. Ihr Reiz liegt in ihrem Status als Nebenfiguren, in der „Unbefangenheit ihrer Stellung zum Ganzen" (RS 605).

Die entscheidende Frage in diesem Zusammenhang ist nun, wie eine Handlung beschaffen sein muss, dass sie das „Ausleben der Figuren" (RS 606) ermöglicht, mithin dem scheinbar nebensächlichen und alltäglichen Tun der Figuren Raum gibt und es zu einem gewissen Grade sogar zum eigentlichen „Zweck" des Erzählens erhebt (RS 606). Welcher Struktur folgt eine Handlung, die kein Ereignis im „emphatischen Sinne" (Schmid 2008 [2005], 11) zum Mittelpunkt hat, also einen Vorfall, der sich durch Kriterien wie Imprädiktabilität, Irreversibilität oder Non-Iterativität von anderen abheben lässt, sondern stattdessen zahlreiche unscheinbare, da vorhersehbare und wiederholbare Ereignisse? Eine geschlossene Handlung, die sich am Dreischritt von Kollision, Reaktion und Lösung orientiert, kann Ereignisse dieser Art kaum integrieren. Sie würden darin allenfalls Begleiterscheinungen abgeben, den Hintergrund, vor dem sich das eigentliche Geschehen abhebt. Konsequenterweise entwirft Ludwig in seiner Theorie die Grundrisse eines alternativen Handlungsmodells, das Wiederholung und Variation zu den tragenden Kompositionsprinzipien macht.

4.1.2.3 Variationen des Vertrauten

Die Absicht, das Nebensächliche und Alltägliche als solches in der Erzählung zur Geltung zu bringen, setzt nach Ludwigs Einschätzung eine Reduktion der Erzählteleologie voraus.[38] Er sieht sich in diesem Punkt in Übereinstimmung mit der

---

38 Die Tendenz zur reduzierten Erzählteleologie in der Literatur des mittleren und späten

Epiktheorie Goethes und Schillers, hält aber auch einen Unterschied fest. Demnach hätten die Klassiker das Prinzip der Retardation nur als „mechanisches Mittel" aufgefasst, eine „unmittelbare Folge", das heißt einen linearen und final ausgerichteten Handlungsverlauf, künstlich zu unterbrechen (RS 578). Die Einsicht in den eigentlichen Grund der retardierenden Elemente, nämlich die „begebenheitliche Natur des Epischen, die überall die Unmittelbarkeit der Folge aufhebt", sei ihnen dabei verschlossen geblieben (RS 577). Freilich übersieht Ludwig seinerseits, dass die Technik der Retardierung im Kontext des klassisch-romantischen Erzählmodells dazu dient, das Auseinandertreten zweier Ordnungssysteme, des ästhetischen und des pragmatischen, zu verdeutlichen. Der Gedanke einer reduzierten Erzählteleologie ergibt sich hier aus der Prämisse, dass die relevanten Sinnzusammenhänge der Erzählung nicht auf der Ebene der Handlung, sondern auf der des Erzählens gestiftet werden. Vor diesem Hintergrund werden die einzelnen Segmente der erzählten Handlung tendenziell gleichwertig. Sie verlieren gewissermaßen ihr Eigengewicht und lassen sich mehr oder weniger beliebig anordnen oder – wie Friedrich Schlegel in seiner Epostheorie behauptet (vgl. Kap. 3.2.1.1) – beliebig erweitern. Anders bei Ludwig: Hier resultiert die reduzierte Teleologie nicht aus der Dominanz des *discours* über die *histoire*. Sie hat ihren Grund vielmehr darin, dass Ludwig die Einheit der Erzählung weniger an der Kohärenz der Ereignisfolge festmacht als an der Konsistenz der erzählten Welt. Nicht die pragmatische, ideelle oder ästhetische Motivierung der einzelnen Handlungen ist entscheidend, sondern die Beständigkeit der handlungsbestimmenden und -generierenden Voraussetzungen. Zusammenhang resultiert demnach zuvorderst aus der Kontinuität der charakterlichen, sozialen, aber auch topografischen Gegebenheiten, die das Handeln der Akteure prägen.

Die erzählte Handlung sollte nach Ludwig in erster Linie so eingerichtet sein, dass der Leser den Figuren häufig unter ähnlichen Voraussetzungen wiederbegegnet und sich von der Beständigkeit ihrer Verhaltensäußerungen überzeugen kann. Die „Figuren" sind demzufolge nicht nur die „Hauptsache eines Romans" (RS 632), sondern auch „das Feste" (RS 600), an dem sich der Leser orientiert. Diese konstanten Größen treten zueinander in Bezug, wobei der „Wechsel in ihren Situationen zur Welt, zu sich und zu einander" (RS 600) eine gewisse Dynamik hervorbringt. Das Rezept lautet also: „Eine kleine Anzahl immer wieder, aber in neuer Gruppierung erscheinender Figuren unter dem Einfluß einer unmerklich sich ändernden Situation" (RS 600). Eine solche Handlung gleicht einem Weg,

---

neunzehnten Jahrhunderts müsste demnach nicht zwangsläufig als Krisensymptom gedeutet werden. Vgl. dagegen Ajouri (2007), der diese Tendenz mit der Rezeption von Darwins Evolutionstheorie in Zusammenhang bringt. Zum Einfluss der Darwin-Rezeption auf die literarische Entwicklung vgl. auch Ritzer (2007a).

aber nicht dem geraden Weg von einem Gebiet ins andere, sondern dem verschlungenen Pfad durch eine Region, auf dem der Reisende ein ums andere Mal
denselben Orten und Personen nahe kommt:

> Wie eine kleine Reise in einer Gegend mit einer Anzahl leicht voneinander unterscheidbarer
> Höhen. Unser Weg, der zu diesem Zwecke geführt wird, zeigt uns jetzt diese Höhe und nennt
> sie uns, dann lernen wir jene kennen. Es kommen neue in unsern Gesichtskreis und bilden
> unter sich und mit den früher bekannten wechselnde Gruppen und zeigen immer neue, uns
> bisher ungekannte Seiten; einer und mehrere verschwinden, wir glauben sie nun verloren zu
> haben. Aber bei einer neuen Wendung des Weges überrascht uns plötzlich ihr Wiederer-
> scheinen. Wir sehen Höhen *vor* uns liegen und *hinter* uns; am Ende des Weges sehen wir
> beim Rückblicke alle, die einander so ferne schienen, zusammengerückt u. s. w. (RS 600)[39]

Die ungewöhnliche Metapher beschreibt die Erzählhandlung als eine räumliche
Konfiguration. Dieses Vorgehen lässt an Jurij Lotmans Raumsemantik denken und
in der Tat kann die kontrastive Gegenüberstellung mit dieser Theorie dazu beitragen, die Eigenheit von Ludwigs Handlungsmodell klarer herauszustellen.
Lotman beschreibt Handlung als die erfolgreiche oder gescheiterte Überschrei-
tung einer Grenze zwischen zwei semantisch komplementären Teilräumen (vgl.
Martínez und Scheffel 2007 [1999], 140–144). Eine Erzählung, die nicht einmal
den Versuch einer solchen Grenzüberschreitung zum Gegenstand hat, ist zwar
vorstellbar, wird von Lotman aber als sujetlos bezeichnet, enthält also keine
Handlung in seinem Sinne.[40] In Ludwigs Wegbeschreibung aber taucht bezeichnenderweise keine Grenze auf. Es ist eine Bewegung innerhalb einer Gegend und
nicht von einer in die andere. Statt der Transgression einer raumsemantischen
Grenze wird die Bewegung selbst, die ein wiederholtes Antreffen der für den erzählten Raum konstitutiven Gegebenheiten ermöglicht, zum eigentlichen Ereignis.

Noch einen weiteren Unterschied gibt es zwischen beiden Modellen: Lotman
geht bei seinem Handlungskonzept von der Figur des Helden und dessen (Be-
wegungs-)Tätigkeit aus, Ludwig hingegen fokussiert den Leser. Ihn scheint vorrangig die Frage zu beschäftigen, wie sich im Rezeptionsprozess überhaupt die
Vorstellung von Räumlichkeit und Welthaftigkeit einstellt. Im Manuskript findet
sich ein in diesem Kontext interessantes Gedankenspiel. Ludwig überlegt dort, ob
man nicht „eine große Stadt fingiren" könnte, deren Gebäude, Plätze und Straßen

---

39 Die Metapher des verschlungenen Pfades begegnet auch an anderen Stellen der *Romanstudien*, etwa in der Feststellung: „[D]ie gerade Linie wirkt im Roman so prosaisch und zweckwidrig
wie in einer Landschaft eine schnurgerade Straße" (RS 609).
40 Den Sujetbegriff bezieht Lotman stets auf die gesamte Struktur der Handlung (vgl. Martínez
und Scheffel 2007 [1999], 140).

unterschiedlichen deutschen Städten entstammen (H 158). Die fiktive Stadt „construirte sich allmälig in verschiedenen Romanen", die „alle daselbst spielen", und so würde sich mit der Zeit das Gefühl einstellen, sich in einer real vorhandenen Umgebung zu bewegen: „Nach u. nach würde man darin heimisch" (H 158). Nicht die mimetische Treue schafft demnach den räumlichen Effekt, sondern die Regelmäßigkeit, mit der auf bestimmte Gegenstände Bezug genommen wird. Das Umkreisen der Orte und Dinge macht sie dem Leser gewissermaßen greifbar, ebenso wie die Figuren durch die wiederholte Begegnung an Plastizität gewinnen. So verschmelzen Figuren, Orte und Dinge miteinander und konstituieren einen lebensweltlichen Zusammenhang der Interaktion, in den sich der Rezipient immer mehr eingewöhnt. Der Reiz einer wachsenden Vertrautheit mit der Erzählwelt und ihren Bewohnern kann dabei sogar das Interesse am Fortgang der eigentlichen Geschichte überwiegen:

> Hat uns der Dichter einmal recht für seine Figuren und ihre Schicksale erwärmt, dann trennen wir uns nicht gern von ihm; wir ertragen's, wenn ein Kapitel gegen das Ende hin ohne eigentliche Handlung uns nur eine und die andre liebe Gestalt sich begegnen läßt, uns in ein Haus, in ein Zimmer führt, wo wir so oft mit den Gestalten uns befunden, und uns zeigt, daß noch alles so steht wie sonst. Mit der Marie, wenn sie die Frau Welscher[41] besucht, begrüßen wir jedes einzelne Ding, das eine Geschichte für sie hat, denn diese hat es auch für uns. [...] Denn das Hauptgeheimnis des Romanschreibers in dieser Beziehung beruht darin, daß wir zuletzt die Personen alle genau gekannt, die Lokalitäten alle hundertmal selbst gesehen und darin allerlei mit erlebt zu haben fühlen müssen. Je öfter er deshalb dies alles uns vor Augen führt, je tiefer er das alles in das Gedächtnis unserer Phantasie und unsers Herzens eingräbt [...] desto besser. (RS 632–633)

Strukturbildend für eine solche Erzählhandlung ist das Doppelprinzip von Wiederholung und Variation. Auf Rezipientenseite entspricht diesem Verfahren der „Doppelreiz" von „Neuheit" und der „Gewohnheit" (RS 600). Ohne Überraschung und Wechsel würde das Interesse an den Figuren erlahmen, doch sollte es ein Wechsel von „wohlbekannten" (RS 600) Faktoren und Konstellationen sein. Die in der Handlung angelegten repetitiven Strukturen, die ein Wiederbegegnen und Wiedererkennen von Figuren oder Gegenständen ermöglichen, entsprechen demzufolge auf der Seite des Rezipienten dem Bedürfnis, sich des Vertrauten in immer neuen situativen Kontexten zu vergewissern. Mit Blick auf den Handlungsaufbau in *Große Erwartungen* (1860–1861) hält Ludwig fest, Dickens müsse sich gelangweilt haben, Pips Kindheit im Hause seiner älteren Schwester „durch eine ganze Anzahl von Szenen zu führen, die an sich auf ein neues oder wachsendes Interesse keinen Anspruch machen können und sollen" (RS 615). Doch

---

41 Figuren aus Hackländers Roman *Namenlose Geschichten* (1851).

würden gerade diese Sequenzen, die nur noch einmal das bereits Vertraute inszenieren, eine zum Verständnis der Vorgänge entscheidende lebensweltliche Nähe zu den Figuren schaffen. Damit der Leser später Pips Selbstvorwürfe gegenüber seinem Schwager Joe Gargery nachvollziehen und mitfühlen könne, müsse er zuvor „dessen Charakter und Treue gegen Pip [...] mit *erlebt*" haben (RS 615); denn man lerne eine Person „nicht bei einmal Sehen kennen" (RS 615). Aus diesem Grund, folgert Ludwig, müsse es „auch verhältnismäßig indifferente und daher langweilige Szenen geben" (RS 613), in denen kaum gehandelt oder eine größere Handlung vorbereitet werde, sondern „die Existenz, das Detail, der Zustand [...] im Übergewicht" seien (RS 593).

Diese „Zustandsszenen, in denen etwas an sich Gleichgiltiges vorgeht" (RS 553), bezeichnet Ludwig gelegentlich auch als Episode (RS 578). Ihre Funktion liegt seiner Ansicht jedoch nicht darin, separate Handlungsstränge zu eröffnen oder neue Figuren einzuführen, vielmehr dienen sie der „Eintiefung" (RS 615) der bereits bekannten Gegebenheiten im Bewusstsein des Rezipienten. Das müssen nicht unbedingt die Figuren sein, auch die Lokalitäten werden auf diese Weise dem Leser vertraut gemacht und atmosphärisch verdichtet (vgl. RS 553). Im Endeffekt gewinnt die Handlung durch diese Behandlung nur „an scheinbarem Handlungsreichtum" (RS 579), ihre Erweiterung ist folglich eher intensiv als extensiv, eher in die Tiefe als in die Breite gehend.[42] Dies hat Ludwig im Blick, wenn er darauf hinweist, dass die „epische Breite [...] bloß der Ausführung, nicht der Erfindung" gehört (RS 587). Die Abkehr von einer starken Erzählteleologie steht bei ihm nicht im Zeichen einer Totalitätspoetik, die ein möglichst umfassendes Gesellschaftspanorama entfalten will und dafür auf Einheit und Geschlossenheit der Handlung verzichtet. Anders als in Gutzkows ‚Roman des Nebeneinander', der sich zum Ziel setzt, „den Einblick zu gewähren in hundert sich kaum sichtlich berührende und doch von einem einzigen großen Pulsschlag des Lebens ergriffene Existenzen" (Gutzkow 1985, 115), geht es bei Ludwig weniger um die narrative Bewältigung empirischer Fülle als um die genaue Erfassung eines begrenzten Sets von Variablen in einer Vielzahl von Konstellationen. Um Ludwigs Metapher auf-

---

42 In seiner Analyse der unterschiedlichen sozio-politischen Voraussetzungen der englischen und deutschen Literatur vertritt Ludwig die Überzeugung, der deutsche Roman müsse durch das Fehlen einer politischen Metropole wie London oder Paris und den Mangel an kolonialen Beziehungen zur gesamten Welt die erzählerische Extensität durch gesteigerte Intensität ersetzen (RS 550). Intensität meint hier allerdings eher die psychologische Verdichtung oder auch „Innerlichkeit" (RS 550) der Handlung. Dagegen arbeitet Ludwig in seinen Überlegungen zu Dickens' Romanen gerade heraus, dass deren künstlerische Überzeugungskraft nicht auf Akkumulation von Ereignissen und Figuren beruht, das heißt nicht auf der Extensität der Vorgänge, sondern auf atmosphärischer Verdichtung und einem intensiven Interesse an den Charakteren.

zugreifen: Die Landschaft bleibt dieselbe, nur die Perspektive des Betrachters wechselt von Zeit zu Zeit.

Es würde zu weit gehen, aus diesen Beobachtungen eine gänzliche Abkehr vom Konzept einer linear fortschreitenden, geschlossenen Handlung herauszulesen. Ludwig stellt die Möglichkeit der Einheit und Schließung des erzählten Geschehens an keiner Stelle so grundsätzlich in Frage, wie es die romantische Epostheorie getan hatte.[43] Gleichwohl darf nicht übersehen werden, dass er in seinen Analysen ein Erzählverfahren entwirft und poetologisch rechtfertigt, das seinen Reiz nicht aus dem Nachvollzug einer ausgreifenden Handlungsbewegung in ihrer kausalen Folgerichtigkeit bezieht, sondern aus der Beständigkeit der Handlungsvoraussetzungen und der Ähnlichkeit der beschriebenen Situationen. Dieses Verfahren, das weniger die Kontiguität als die Äquivalenz zwischen den Handlungssegmenten betont, lässt sich durchaus als serielles Erzählen bezeichnen.[44] Es liegt nahe, diese Tendenz zur Serialität medienhistorisch zu kontextualisieren und folglich darin den Ausdruck einer auf die Publikation in Zeitschriften zugeschnittenen Romanpoetik zu sehen. Doch sprechen gute Gründe für die Annahme, dass das serielle Prinzip nicht allein einem gewerblichen Druck folgt, sondern auch den Prämissen realistischer Wirklichkeitsauffassung. Elizabeth Deeds Ermarth (1998 [1983]) hat auf diesen Zusammenhang von Realismus und Serialität aufmerksam gemacht.[45] Der Realismus des neunzehnten Jahr-

---

43 Deutlich wird dies etwa, wenn er den Fortgang der Erzählhandlung als ein Zusammenspiel von Finalspannung und Freude am Nebensächlichen beschreibt. Demnach bestehe die Aufgabe des Erzählers einerseits darin, den Rezipienten über dem Weg das Ziel vergessen zu lassen und die Spannung auf den Ausgang des Geschehens durch das Interesse am Detail zu zerstreuen (vgl. RS 593). Andererseits dürfe er die Finalspannung nicht völlig aufheben, damit der Rezipient das Interesse an der Lektüre nicht verliere: „Denn das Hauptgesetz ist: wir müssen gespannt sein auf das Resultat und doch mit ganzem Behagen dem Weg dahin Schritt vor Schritt folgen. Das Ziel des Weges muß uns locken, nicht stille stehenzubleiben, und der Weg selbst muß uns genug gefallen, um langsam gehen zu mögen" (RS 590). Ludwigs Beschreibung erinnert an das Urteil Schillers, der Rezipient eines epischen Textes dürfe „nicht ungeduldig zu einem Ziele" eilen, sondern müsse „mit Liebe bei jedem Schritte" verweilen (MA 8.1, 332; vgl. Kap. 3.2.1.2). Allerdings sieht Schiller in der Überlagerung der Finalspannung durch die Freude am Nebensächlichen in erster Linie ein Mittel zur Abmilderung eines bloß stofflich-empirischen Rezeptionsinteresses, Ludwig hingegen interessiert das scheinbare Heraustreten der Gegenstände aus dem Funktionszusammenhang der Handlung und der damit verbundene Realitätseffekt (vgl. Barthes 1968). Zu Ludwigs Theorie der Spannungsformen vgl. Kap. 4.1.6.1.
44 Ich stütze mich hier auf eine Definition von Baßler (2013a, 41): „Serialität besteht in genau dem Maße, in dem über den Text verteilte Abschnitte eines Syntagmas nicht mehr als kontig, sondern als äquivalent aufgefasst werden".
45 Auch der Ansatz von Baßler (2013b, 7–13) verweist, zumindest implizit, auf einen Zusammenhang zwischen realistischen und seriellen Verfahrensweisen. Den semiotischen Untersu-

hunderts ist für sie Höhepunkt eines in der Renaissance einsetzenden kulturge-schichtlichen Transformationsprozesses, in dessen Zentrum die Entwicklung ei-nes neuen Identitätskonzeptes steht. Diesem liege die Überzeugung zugrunde, dass sich die Identität der Dinge niemals in einem singulären Akt, sondern erst in einer Reihe von Wahrnehmungs- und Erfahrungsvorgängen erschließe: „Form and position are relative in realism, not absolute, so that invariant identity of anything cannot be discovered at once, but only eventually, through a series where similitudes or recurrent elements can be distinguished among the diffe-rences" (Ermarth 1998 [1983], 16). Realismus in diesem Sinne zielt auf das Her-ausstellen des Wiederkehrenden, das zuverlässige Aussagen über die Identität von Gegenständen erst ermöglicht. Die epische Breite realistischer Romane be-ruht daher nach Ermarth weniger auf dem Wunsch nach allumfassender Über-sicht als auf dem Anliegen, Dinge und Personen der Erzählwelt in einer Serie von Ereignissen und Situationen auf ihre invarianten Eigenschaften gewissermaßen zu prüfen: „The loose bagginess of realistic novels reflects not some disagreeable authorial limitation but rather the author's close adherence to the logic of realism that insists on the serial expression of truth" (Ermarth 1998 [1983], 50). Je mehr der Leser von den Figuren erfährt, je vertrauter er mit ihnen umgeht, desto eher wird er in der Lage sein, „to identify in the variety those deep consistencies both within individuals and between them that temporal continuities gradually reveal" (Ermarth 1998 [1983], 51).

Es entspricht exakt der von Ermarth beschriebenen Logik realistischer Welt-erfassung, dass Ludwig die primäre Funktion serieller Erzählweisen in der Ein-tiefung von Charakteren und Personenkonstellationen sieht. Serialität trägt weit mehr als der Überschuss von Detailinformationen dazu bei, der erzählten Welt Plastizität und Räumlichkeit zu verleihen und sie damit zu einem für den Leser bewohnbaren Ort zu machen. Dieser Zusammenhang lässt sich auch auf einer abstrakteren literaturtheoretischen Ebene nachvollziehen, wie ich an dieser Stelle kurz anhand einiger Überlegungen Eckhard Lobsiens (2012) zu den Konstituti-

---

chungen Gepperts folgend erkennt Baßler in realistischen Texten eine eigentümliche Spannung zwischen dem Bedürfnis einer metaphorischen Interpretation der erzählten Ereignisse und dem Zwang zur metonymischen Auflösung. Die Texte versuchten stets, die Erscheinungen der Er-zählwelt in eine höhere Bedeutungsebene zu überführen und einen ‚Metacode' zu etablieren. Da aber ein solcher Code nicht mehr zur Verfügung stehe, seien sie gezwungen, das Erzählte wie-derum ‚realistisch' zu erklären und ihm seine höhere Bedeutung abzusprechen. Dieses Verfahren lässt nach Baßler eigentlich kein befriedigendes Ende zu, da die metonymische Erklärung die Ereignisse zu Einzelfällen herabsetzte, was von den Autoren nicht beabsichtigt sei, gleichzeitig aber jeder neue Versuch ihrer Überhöhung nur die Unhaltbarkeit der Erklärungsmuster beweise. Pointiert gesagt: Realistische Erzähltexte scheitern in Serie.

onsweisen von Gegenständlichkeit in literarischen Texten verdeutlichen möchte. Lobsien bezieht sich darin zunächst auf den Vorschlag Roman Ingardens, die Unterscheidung zwischen realweltlichen und literarisch konstituierten Gegenständen an das Kriterium der Bestimmtheit zu knüpfen. Diesem Ansatz nach bleibt der Gegenstand in der literarischen Darstellung, da diese nur eine begrenzte Anzahl von Informationen zur Verfügung stellen kann, „notorisch unterbestimmt" (Lobsien 2012, 39), was wiederum den Leser dazu veranlasst, die Unbestimmtheitsstellen nach eigenen Vorstellungen zu füllen. Gegen Ingardens These wendet Lobsien nun ein, dass auch realweltliche Erfahrung nur als Zusammenspiel von Bestimmtheit und Unbestimmtheit funktioniert. Wie er unter Rückgriff auf Husserl erläutert, ist jeder Gegenstand in der Wahrnehmung immer nur unvollkommen gegeben, wiewohl das jeweils Nicht-Gegebene, die nicht wahrgenommenen Eigenschaften und Ansichten zu einem gewissen Grad bereits von dem Wahrgenommenen konturiert und vorstrukturiert werden. Diese „Abschattungen" des Gegenstandes „verweisen auf andere Standpunkte, die vom Betrachter auch noch eingenommen werden könnten und von denen her sich der Gegenstand mit seinem Kontext in anderen Abschattungen präsentiert" (Lobsien 2012, 43 – 44). Vor diesem Hintergrund ließe sich der Begriff der Unbestimmtheit, den Ingarden zur Differenzierung literarisch entworfener und realer Gegenstände heranzieht, sogar „als Analogieprinzip beider Gegenständlichkeiten ausweisen" (Lobsien 2012, 40). Daraus zieht Lobsien die Schlussfolgerung, dass literarische Texte den Eindruck von Gegenständlichkeit und lebensweltlicher Erfahrung nicht nur „im Modus der Negativität", das heißt durch die vom Leser zu füllenden Unbestimmtheitsstellen, sondern auch „mit ‚positiven' Verfahren" (2012, 41) erreichen können, indem sie jenes für die reale Wahrnehmung charakteristische Ineinandergreifen von Präsentation und Abschattung, Bestimmtheit und Unbestimmtheit nachbilden. Wie Lobsien unter anderem am Beispiel von Raabes Roman *Die Akten des Vogelsangs* (1896) erläutert, kann der literarische Text ein „perspektivische[s] Wahrnehmungssystem" einrichten, „durch das der Leser wandert und dabei immer wieder andere, gegeneinander verschobene Ansichten des Dargestellten gewinnt" (2012, 46 – 47).

Die Metaphorik erinnert nicht zufällig an Ludwigs Beschreibung der Erzählhandlung als einer Reise, bei der die Gegenstände der Umgebung von verschiedenen Seiten aus wahrgenommen werden, zuweilen verschwinden und dann unvermutet wieder auftauchen. Das Bild aus den *Romanstudien* entspricht auch konzeptuell Lobsiens Begriff eines perspektivischen und vom Leser durchwanderten Wahrnehmungssystems. Zwar geht es Ludwig nicht um den Unterschied zwischen realer und literarisch inszenierter Gegenständlichkeit, sondern um Prinzipien des Handlungsaufbaus und der Leserführung. Eben das aber führt vor Augen, wie eng beide Aspekte, die Struktur der Handlung und der Eindruck von

Gegenständlichkeit, zusammenhängen und dass dieser Eindruck eben nicht primär das Ergebnis von Detailreichtum ist. Gegenständlichkeit beruht vielmehr auf einer spezifischen Architektur der erzählten Welt, auf den „raum-bildende[n] Relation[en]" (Ritzer 2012, 33) der Handlung.[46] Erst die Möglichkeit, demselben Gegenstand in unterschiedlichen Kontexten wiederbegegnen, ihn aus verschiedenen Perspektiven wahrnehmen zu können, etabliert einen der lebensweltlichen Erfahrung analogen Bezug zum Dargestellten und damit den Eindruck der tatsächlichen Existenz der Dinge. Was Lobsien (2012, 47) hinsichtlich der „textuelle[n] ,Linearität'" festhält, lässt sich demnach auch auf die Linearität der Handlung beziehen: Sie muss „sich verformen, sich unterbrechen, in eine andere Ordnung sich umwenden; das Nacheinander muss so etwas wie ,Ausgedehntheit' vermitteln". Man kann sagen: Die Handlung muss die Gestalt einer „räumliche[n] Konfiguration" (Lobsien 2012, 47) erhalten. Sie muss darauf ausgerichtet sein, ein „Geflecht von [...] Standpunktmöglichkeiten" und „Blickpunktkoordinaten" (Lobsien 2012, 44) zu etablieren, von denen aus sich die Dinge und Personen in immer neuen Abschattungen und Verschiebungen zeigen. Die Erzählung erhält mit anderen Worten eine räumliche Dimension nicht durch akkurate Beschreibung von Dingen oder Orten, sondern durch die wiederholte Begegnung mit ihnen und ihre Erfassung von unterschiedlichen Seiten aus.

Zusammenfassend lässt sich festhalten, dass Ludwig in seinen erzähltheoretischen Analysen ein Handlungsmodell entwickelt, das sich deutlich von den Vorstellungen sowohl des idealistischen wie des klassisch-romantischen Erzählmodells entfernt. Im Gegensatz zu den idealistischen Theoretikern definiert er Handlung nicht mehr als die Austragung eines individuellen oder überindividuellen Konfliktes nach dem Dreischritt von Situation, Reaktion und Lösung. Doch steht die reduzierte Teleologie der Handlung bei ihm nicht im Zeichen einer Abwertung der empirischen gegenüber der ästhetischen Ordnung wie in der klassisch-romantischen Erzähltheorie. Sie resultiert vielmehr aus dem Bedürfnis, der erzählten Welt gewissermaßen mehr Tiefenschärfe zu verleihen, die Gegenständlichkeit der Dinge und die Eigenständigkeit der Figuren hervorzuheben. Dabei wird zugleich eine Relation zur Geltung gebracht, die in der klassisch-romantischen wie in der idealistischen Theorie entweder überhaupt noch nicht oder nur peripher reflektiert wurde, nämlich die komplexe Interaktion zwischen Individuum und Lebenswelt. Indem die Erzählung immer wieder zu den gleichen Figuren zurückkehrt und dabei auch der Darstellung scheinbar gleichgültiger,

---

46 Insofern scheinen Ludwigs Überlegungen die Einschätzung Ritzers zu bestätigen, dass es der Poetik des Realismus nicht um anschauliche Beschreibung, sondern um die Darstellung von Raum als „Wirkungsmotiv" (2012, 33) gehe.

repetitiver, situationsstabilisierender und nicht -verändernder Verhaltensformen Raum gibt, ermöglicht sie dem Leser, die Charaktere in den Strukturen ihrer Alltagsexistenz wahrzunehmen. Aus diesen Darstellungsabsichten ergibt sich die Vermutung, dass Ludwig die Handlung nicht mehr als eigentlichen Zweck des Erzählens auffasst. Tatsächlich finden sich in den *Romanstudien* Bemerkungen, die genau darauf hindeuten: Die „Hauptsache eines Romans", schreibt Ludwig mit Bezug auf Hackländers *Namenlose Geschichten* (1851), sind „doch seine Figuren" (RS 632), und über Scotts Romane urteilt er, das „drehende Rad der Begebenheit diene nur, die Existenzen als solche in ein natürlich anziehendes Spiel zu setzen" (RS 575). Folgt man diesen Analysen, zielt das Hauptinteresse eines Romanautors darauf, den Leser in eine „liebenswürdige Gesellschaft" (RS 632) zu bringen, ihn also in den lebensweltlichen Kontext einer sozialen Gruppe einzuführen und das Handeln der darin sich bewegenden Charaktere verständlich zu machen. Wie im Folgenden gezeigt werden soll, verändert diese Zwecksetzung auch die Funktion des Helden; denn Ludwig sieht in ihm weniger einen Handlungsträger als ein Erlebnismedium und eine Perspektivfigur.

4.1.3 Die Teilhabe des Rezipienten an der Figurenwelt

4.1.3.1 Das Konzept des mittleren Helden

„Des Helden Geschichte ist nur der Weg, auf welchem wir den Hauptfiguren begegnen, und der dazu gebaut ist, uns ihnen immer wieder begegnen zu lassen" (RS 581). Es sind wiederum die Romane Walter Scotts, auf die sich Ludwig mit dieser Äußerung bezieht. Allerdings ist er überzeugt, eine allgemeine Gesetzmäßigkeit erzählender Literatur damit erfasst zu haben, die in den Texten des schottischen Romanciers lediglich besonders deutlich hervortrete. Diese Beobachtung bestätigt erneut die Präferenz einer seriellen Handlungsstruktur, berührt dabei aber einen weiteren Gesichtspunkt, der bisher noch nicht zur Sprache kam, nämlich die Stellung und Funktion des Protagonisten. Begriffsgeschichtlich knüpft Ludwig sowohl an das Konzept vom ‚Helden als Spiegel' an, das die Mittlerstellung des Protagonisten zwischen Erzähler und Rezipient betont, als auch an das Konzept des ‚passiven Helden', das die Rolle der Hauptfigur im Funktionszusammenhang der Handlung fokussiert. Beide Heldenkonzepte hängen eng mit der Rezeptionsgeschichte von Goethes Roman *Wilhelm Meisters Lehrjahre* (1795 – 1796) zusammen. Wie bereits dargestellt, ist es Friedrich Schiller, der in seinem brieflichen Austausch mit Goethe die Auffassung vom Helden als Spiegel und Reflexionsmedium erstmals ausführlich erörtert (vgl. Kap. 3.2.2.2). Gleichzeitig sind es die ersten Rezensenten dieses Romans, die auf die eigentümliche Passivität und eine in ihren Augen bis zur Charakterlosigkeit reichende

Blassheit Wilhelms aufmerksam machen, wobei sie diese Aspekte zumeist als kompositorische Schwäche des Romans auffassen.[47] Auch Humboldt reflektiert über den merkwürdigen Charakter des Protagonisten, kann der Unbestimmtheit aber durchaus etwas Positives abgewinnen. In einem Brief an Goethe vom 24. November 1796 erläutert er, dass Wilhelms „durchgängige Bestimmbarkeit, ohne fast alle wirkliche Bestimmung, sein beständiges Streben nach allen Seiten hin, ohne entschiedene natürliche Kraft", für die „Ökonomie des Ganzen" von tragender Bedeutung seien (Goethe 1988, 258). Humboldt zufolge gleiche Wilhelm „einem Punkte [...], um den sich eine Menge von Gestalten versammeln müssen, die ihn zu einem Menschen werden lassen", weshalb sich umgekehrt von ihm aus ein umfassender Blick auf „die Welt und das Leben" eröffne (Goethe 1988, 258). Der dargestellte Bildungsprozess bleibe auf diese Weise „völlig unabhängig von einer einzelnen Individualität und eben dadurch offen für jede Individualität" und „jeder Mensch" könne „im Meister *seine* Lehrjahre wiederfinden" (Goethe 1988, 257–258). Die scheinbare Charakterlosigkeit ist nach dieser Deutung eine notwendige Voraussetzung, um die Möglichkeit eines Transfers der dargestellten Ereignisse auf den individuellen Rahmen des Rezipienten zu gewährleisten: „[D]er Dichter, um völlig bestimmt zu sein, nötigt den Leser, diese Weisheit sich selbst zu schaffen, und das Produkt in dieser letztern hat nun keine andern Grenzen, als die seiner eigenen Fähigkeit" (Goethe 1988, 259).[48]

Ludwigs Konzept des mittleren Helden überschneidet sich mit beiden Ansätzen: Ähnlich wie Humboldt geht er davon aus, dass die relative Profillosigkeit und mangelnde Zielstrebigkeit des Helden sowohl den Einbezug des Lesers als auch die Darstellung komplexer gesellschaftlicher Zusammenhänge erleichtert;

---

47 Johann Caspar Friedrich Manso schreibt in seiner Rezension von 1797, dass Wilhelm „unter den Männern, mit denen er sich zusammenfindet, eine sehr untergeordnete Rolle spielt, wenig Selbstständigkeit zeigt, und wo er aus eignem Antrieb und ohne Leitung handelt, gewöhnlich irrt" (zit. n. FA 9, 1283). Auch Friedrich Nicolai mokiert sich in *Vertraute Briefe von Adelheid B** an ihre Freundin Julie S*** (1799) über den „breiweiche[n] Wilhelm", der sich von allen Figuren regieren lasse und im Grunde „kein Charakter" sei, „sondern ein nicht handelndes Schlenterwesen, das nebenher mit jeder weißen Schürze liebelt" (zit. n. FA 9, 1316).

48 Eine Verbindung zwischen der relativen Passivität und Profillosigkeit Wilhelms und seiner Funktion als Reflexions- und Spiegelfigur erkennt auch Vischer (1857, 1268), wobei er den Protagonisten von Goethes Roman insgesamt doch als „allzu unselbständig" kritisiert. Die Reduktion des Helden auf ein Medium „zum bloßen Verarbeiten von Eindrücken, Leidenschaften, Bildungsmomenten" (Vischer 1857, 1268) geht ihm ein Stück zu weit. Friedrich Schlegel (KFSA 2, 144) dagegen deutet, ähnlich wie Schiller und Humboldt, Wilhelms Unselbstständigkeit und Willensschwäche als Stärke des Romans. Allerdings bezieht er sich dabei nicht auf die Funktion Wilhelms im Handlungszusammenhang oder seine Rolle als Reflexionsmedium. Vielmehr sieht er seine Einschätzung bestätigt, dass sich die Einheit des Textes nicht bereits aus der dargestellten Handlung ergibt.

mit Schiller wiederum verbindet ihn die Annahme, dass der Held trotzdem „kein bloß passiver Spiegel der Welt" (MA 8.1, 197) ist, sondern reflektierend die Geschehnisse begleitet und insofern eine wichtige Relaisstelle im narrativen Vermittlungsprozess einnimmt. Der literarische Bezugspunkt dieses Heldenkonzepts ist für ihn, wie erwähnt, das Romanwerk Walter Scotts. Wie andere Scott-Rezensenten vor ihm[49] analysiert Ludwig, dass die Protagonisten des Autors gewöhnlich durch ihre Mittelmäßigkeit auffallen, woraus er ableitet, dass sie bewusst als Repräsentanten des „mittleren Durchschnitt[s]" eingesetzt sind (RS 580). Auf der Handlungsebene macht Ludwig die Durchschnittlichkeit der Figur an der relativen Bedeutungslosigkeit ihrer persönlichen Lebensgeschichte fest. Ihr Schicksal dürfe den Leser „nie zu anhaltend pathologisch beschäftigen" (RS 592) und darum kein oder nur ein geringes psychologisches Interesse wecken. Für die Vermittlungsebene hingegen sei relevant, dass der Held „den gleichen Standpunkt" einnehme und „die Menschen und Dinge im ganzen mit demselben Auge" ansehe wie das Gros der Romanleser (RS 583). In diesem Fall, so legen Ludwigs Analysen nahe, bezieht sich die Durchschnittlichkeit also auf die Repräsentanz gruppenspezifischer Normen und Einstellungen. Der Held solle dem „Gemeingefühl"(RS 588) und den „Gemeinsinn" (RS 589) entsprechen, idealerweise also ähnliche oder die gleichen Überzeugungen vertreten wie der Durchschnitt des Publikums.

Eine solche Auffassung scheint auf den ersten Blick einer Ideologie der Konvenienz und des ‚Normalen' (bei gleichzeitiger Ausgrenzung des ‚Anormalen') zu folgen, von der Programm und Literatur des bürgerlichen Realismus ja in der Tat nicht ganz freizusprechen sind (vgl. Anz 2002). Doch Ludwigs Konstruktion ist komplizierter. Zunächst einmal geht es ihm nicht um den Ausschluss des Abweichenden oder psychologisch Problematischen, sondern darum, dieses in ein Verhältnis zu setzen. Der Held ist der „Maßstab, der dem Leser die bedeutendern", mithin die vom Durchschnitt abweichenden, durchaus auch pathologischen „Gestalten vermittelt" (RS 580). Er „kann mit dem Träger des psychologischen Problems bekannt zu werden suchen oder mit dem Problem selbst [...], in ihm selbst aber darf das Problem nicht vorgehen" (RS 583). Stattdessen bleibe er „der Beobachter" (RS 583), der dem Außerordentlichen oder Befremdlichen gegenüberstehe und es einzuordnen versuche.

---

49 Die theoretische Erfassung des mittleren Helden beginnt bereits bei Scott selber und zieht sich durch die Rezeptionsgeschichte seiner Werke. Vgl. dazu Steinecke (1975, 34–35). Im deutschsprachigen Raum ist es vor allem Willibald Alexis, der sich vor Ludwig intensiv mit dem Heldentyp bei Scott beschäftigt. Auf die Geschichte des Konzeptes und Alexis' Interpretation wird ausführlich in Kap. 4.2.2.1 eingegangen.

> Die Helden sind immer so gebildet, daß sie geschickt sind, das Medium zwischen uns und den auffallenden, den drastischen Gestalten des Romans zu werden. Erstlich stehen sie uns nach ihrer Charakteranlage am nächsten, das heißt sie repräsentieren am vollständigsten den mittlern Durchschnitt, dann sind sie so beschaffen, daß sie für die Art Eindrücke am meisten gestimmt und geeignet sind, die jene drastischen Figuren machen sollen; sie sind alle mehr aufnehmend als produktiv, sie sind die geschicktesten Spiegel für die Lagen und Personen, die sie reproduzieren sollen in Stimmung und Reflexion; sie sind deshalb jung, frisch, haben eine Phantasievorneigung, wie die Leser selbst, die sonst nicht zu dem Romane greifen würden, in ihnen erlebt der Leser den Roman. (RS 585)

Die beschriebene Figurenkonstellation erinnert an die vom außergewöhnlich begabten Detektiv und seinem biederen Gehilfen. Hier wie dort dient die Einführung einer durchschnittlich begabten Perspektiv- und Kontrastfigur dazu, die Besonderheit des eigentlich interessanten Charakters noch zu unterstreichen. Tatsächlich wird ein ähnlicher Effekt von Ludwig auch explizit angesprochen. Er konstatiert, dass die besonderen Figuren nur gelegentlich den Weg des Helden kreuzen dürfen, sollen sie ihren Reiz behalten. Denn „die ganze Wirkung des Geheimnisvollen und Wunderbaren [...] fällt weg, wenn wir uns fortwährend mit dessen Trägern beisammen finden" (RS 581).[50] Diese Beobachtung lässt allerdings auch noch eine zweite mögliche Funktion des mittleren Helden aufscheinen, die der ersten – Hervorhebung des Außergewöhnlichen – im Grunde genommen entgegenläuft: Das Außergewöhnliche wird gewöhnlich, je länger und kontinuierlicher es die Aufmerksamkeit der Vermittlerfigur beschäftigt. Überraschende Verhaltensweisen oder unerwartete Ereignisse werden durch das Prinzip der Wiederholung in den Erfahrungshorizont der Figur wie des Lesers eingegliedert, zunächst Unvertrautes wird so mit der Zeit vertraut.

Interessanterweise taucht auch in diesem Zusammenhang die Metapher der Reise wieder auf, die den Gang der Erzählung als das beständige Umkreisen einer landschaftlichen Besonderheit beschreibt. Über die Geschichte Frank Osbaldistones, Ich-Erzähler und mittlerer Held in Scotts Roman *Rob Roy* (1817), heißt es, sie sei „nur der Weg, den der Autor uns um einen schönen gewaltigen Berg [gemeint ist die Titelfigur] so herumführt, daß wir diesen, nachdem wir ihn einige Zeit aus den Augen verloren, etwa durch das Hindernis andrer kleinrer Höhen oder dichter Waldbäume um uns, immer wieder erblicken" (RS 584). Der Held leistet demnach eine Vermittlung eigener Art. Er setzt das Unvertraute in Beziehung mit dem Vertrauten und ermöglicht dem Leser, eine lebensweltliche Nähe zu

---

50 Ludwig bezeichnet mit dem Begriff des Wunderbaren in der Regel keine übernatürlichen Ereignisse, sondern ein Geschehen, das den Erfahrungsgewohnheiten der Figur oder des Lesers nicht entspricht und deshalb für das Erfahrungssubjekt (zunächst) rätselhaft bleibt.

dem zunächst Fremden und Ungewohnten zu gewinnen: „So betrachten wir den Wunderlichern (momentan Wunderlichern) jederzeit durch den eben weniger Wunderlichen, der uns durch dieses Weniger relativ im Augenblicke näher gerückt ist. Immer wird uns das relativ Fremdre durch das relativ Bekanntre vermittelt" (RS 591). Das Fremde muss nach Ludwigs Einschätzung nicht zwangsläufig eine außerordentliche Figur sein, deren Handeln den Durchschnitt übersteigt oder ethische Normen unterläuft; es kann sich auch um einen fremden, von der eigenen Lebenswelt entfernten sozialen Kontext handeln. Der mittlere Held wird dann zum Besucher oder Ankömmling in einer ihm unbekannten Gegend:

> Der Held ist bei Scott gewöhnlich ein Fremdling der in die Gegend kommt, worin die eigentümlichen Figuren, die in seine Geschichte verflochten sind oder werden, daheim sind. Wir werden mit Gegenden u. s. w. bekannt, indem der Held damit bekannt wird. [...] Er, der Held, unser eigner Durchschnitt, kommt aus unsern Sitten in diese fremden, die ihm darum auffallen müssen, er ist auch hier unser Organ, er vermittelt uns mit dem Orte und dessen Bewohnern, dessen ganzer Eigenheit, seine Reflexionen darüber sind die unsern. (RS 583)

An dieser Stelle wird deutlich, dass das „Gemeingefühl" (RS 588), das der Held nach Ludwig verkörpert, in der Regel ein gruppenspezifisches und folglich ein Ergebnis sozialer Verständigung ist. Der Protagonist repräsentiert den Durchschnitt nicht aller Menschen, sondern einer bestimmten Wertegemeinschaft, genauer gesagt den des intendierten Publikums. Ludwig versteht den mittleren Helden mit anderen Worten als eine Art Personifikation des idealen oder abstrakten Rezipienten.[51] Für dieses „Organ des Lesers", schreibt er, „sollte man einen andern Namen" haben als den des Helden (RS 583); er selbst spricht darum auch vom „Stellvertreter" des Lesers (RS 587), vom „Miterleber" oder auch „Mitzuschauer, der Leser, in die Geschichte selbst hineingerückt" (H 57). Eine solche Figur stellt nach Ludwigs Einschätzung ein Identifikationsangebot für den Leser dar, doch beruht die Identifikation nicht primär auf Sympathie oder Interesse für den Charakter, sondern erfolgt gewissermaßen unwillkürlich, das heißt auf Grundlage geteilter, aber nicht unbedingt reflektierter Ansichten und Einstellungen. Im Manuskript heißt es dazu treffend: „Mit ihm [dem Helden] muß der Leser jeden Augenblick sich identifiziren können, ja es, ohne daran zu denken, unwillkührlich [...] jeden Augenblick thun" (H 57). Wichtig ist, dass diese präre-

---

51 Zu diesem Konzept vgl. Schmid (2008 [2005], 102–104). Man könnte auch sagen, der ‚mittlere Held' ist das Pendant oder die Verkörperung des „mittleren Leser[s]" (Wolf 1993, 128). Mit diesem Begriff beschreibt Wolf in seiner Studie zur ästhetischen Illusion den für das Gelingen der Illusionsbildung idealen Lesertyp. Allerdings bezieht sich die Mittelstellung des Lesers bei Wolf in erster Linie auf das Wissen um ästhetische Codes und Konventionen, weniger auf soziale Verhaltensmuster und Einstellungen wie bei Ludwig.

flexive Übereinkunft zwischen Leser und Held Ludwig zufolge nicht dazu dient, den gemeinsamen Standpunkt zu verabsolutieren und Gegenteiliges zu ignorieren, sondern dazu, die Bekanntschaft mit fremden Gewohnheiten und möglicherweise widersprechenden Wertvorstellungen zu ermöglichen: Mit dem Helden richtet der Rezipient seine Aufmerksamkeit auf eine Lebenswelt, an der er (noch) nicht teilhat. Das heißt, der mittlere Held hat in erster Linie eine perspektivierende Funktion; über ihn vermag der Erzähler, den Rezipienten in ein bestimmtes Verhältnis zu den erzählten Gegenständen und Vorkommnissen zu setzen.[52]

Voraussetzung dafür ist allerdings, dass die Beobachtungen und Reflexionen des Helden nicht an partikulare psychische oder physische Voraussetzungen gebunden bleiben, sondern von anderen Individuen unmittelbar anerkannt werden können. Dementsprechend fordert Ludwig eine „rechte Besonnenheit" (RS 588) und ein ausgeprägtes Urteilsvermögen vom Helden. Dieser muss folglich über Eigenschaften verfügen, die dem Leser einen zuverlässigen Zugriff auf die erzählte Welt ermöglichen. Dabei geht es nicht um die Objektivität der narrativen

---

[52] In dieser Hinsicht unterscheidet sich Ludwigs Konzept des mittleren Helden vom dramentheoretischen Konzept des gemischten Charakters. Das taucht bekanntlich erstmals bei Aristoteles auf, der mit Bezug auf die ethische Disposition literarischer Figuren festhält, diese könnten „entweder besser oder schlechter" sein, „als wir zu sein pflegen, oder auch ebenso wie wir" (2006 [1982], 7). Für die Tragödie empfiehlt er aus wirkungsästhetischen Gründen die Nachahmung eines ausgeglichenen Charakters zwischen den Extremen absoluter Makellosigkeit und Schlechtigkeit (vgl. Aristoteles 2006 [1982], 39). Aus vergleichbaren Gründen fordert noch Lessing im 75. Stück der *Hamburgischen Dramaturgie* (1767–1769), der Dramatiker solle den Helden „vollkommen so denken und handeln" lassen, „als wir in seinen Umständen würden gedacht und gehandelt haben, oder wenigstens glauben, daß wir hätten denken und handeln müssen", so dass er „mit uns von gleichem Schrot und Korne" erscheine (1985, 558–559). Die Dramentheorie der Aufklärung erweitert dieses Konzept um die Frage nach dem Handlungsumfeld des Helden und dem Wirkungskreis seiner Handlungen. Seine Mittelstellung bezieht sich dabei gar nicht in erster Linie auf den sozialen Rang, das heißt seine Zugehörigkeit zum Bürgertum oder niederen Adel, sondern vielmehr auf die Motive seines Handelns und ihre Nähe zur Erfahrungswirklichkeit des Publikums. Die Mittlerfunktion ergibt sich also bereits aus der Konzentration der Handlung auf die Sphäre des Häuslichen und Privaten. Jean Paul wiederum überträgt das Konzept des gemischten Charakters in die Romantheorie, genauer gesagt in seine Theorie der drei Romanschulen: Charakteristisch für die deutsche Romanschule ist nach Jean Pauls Einteilung ihre Mittelstellung zwischen den großen Leidenschaften und dem erhabenen Stil der italienischen Schule und den niedrigen Gegenständen und dem *genus humile* der niederländischen Schule. Sie habe die „bürgerliche Alltäglichkeit" zum Gegenstand, der Held wiederum stehe darin „gleichsam in der Mitte" und fungiere „als Mittler zweier Stände, so wie der Lagen, der Sprachen, der Begebenheiten" (Jean Paul 2015, 151). – In allen diesen Ansätzen nimmt der Held weiterhin die Zentralstellung im Handlungszusammenhang ein und bleibt im Mittelpunkt des Erzählinteresses. Der mittlere Held hingegen, wie ihn Ludwig beschreibt, interessiert nicht an sich, er führt aber den Leser an die eigentlich interessanten Gestalten und Dinge der erzählten Welt heran.

Darstellung, die steht an dieser Stelle noch gar nicht zur Debatte, sondern um die intersubjektive Übertragbarkeit der Erlebnisse und Erfahrungsinhalte der Hauptfigur. Wenn es das Ziel ist, den Leser in einem zunächst fremden und ungewohnten Kontext heimisch zu machen, wie Ludwig es annimmt, dann darf das Medium, das den Leser mit dieser Welt in Kontakt bringt, nicht selbst rätselhaft sein und so alle Aufmerksamkeit auf sich ziehen: „Wenn wir mit ihm an Andern irrewerden, dürfen wir's nie mit ihm selbst werden können" (H 57).[53]

Der mittlere Held führt den Leser selbst in die Geschichte, eröffnet ihm einen persönlichen, unmittelbaren Zugang zur Erzählwelt. Der Begriff der Unmittelbarkeit bedarf hier allerdings der Klärung, denn Ludwig weist in diesem Zusammenhang ebenfalls mit Nachdruck darauf hin, dass die Mittelbarkeit, verstanden als Hindurchgehen der dargestellten Ereignisse und Figuren durch ein aufnehmendes, reflektierendes Bewusstsein, als das zentrale Merkmal der erzählenden Literatur angesehen werden muss:

> Summa: der Charakter des Epischen ist Mittelbarkeit, Umweg, Hindurchgehen des Starken, Unmittelbaren durch das Medium, das mildernde einer dritten Person, sodaß wir sozusagen es aus der andern Hand erhalten, die Urteil und Betrachtung bereits dazu getan, oder so, daß wir den Eindruck der Anschauung unmittelbar mit dem Urteile darüber vereint erhalten [...]. (RS 590)

Entscheidend ist, dass nach Ansicht des Theoretikers nicht zwangsläufig der Erzähler „*der* Bewertende, *der* Fühlende, *der* Schauende" (Friedemann 1969 [1910], 26) sein muss, der als Medium zwischen die dargestellte Welt und den Leser tritt (obwohl er diese Funktionsrolle, wie später noch zu zeigen ist, ebenfalls ausfüllen kann); auch der mittlere Held fungiert als ein solches Medium. Mit ihm, so könnte man sagen, wird das Moment der Mittelbarkeit auf die Ebene der *histoire* über-

---

[53] Es wäre sicherlich ein lohnenswertes Unterfangen, die literaturtheoretische Reflexion über den mittleren Helden mit soziologischen oder ethnologischen Konzepten in Bezug zu setzen. Ludwigs Bemerkungen über den Helden als Fremden, der sich mit der Zeit in einen zunächst unvertrauten sozialen Kontext integriert, lassen beispielsweise an den Begriff des Fremden denken, den Georg Simmel zu Beginn des zwanzigsten Jahrhunderts in seinem „Exkurs über den Fremden" soziologisch beschreibt. Gemeint ist ein Soziotyp, der anders als der Wandernde die fremde Gegend, in die er gelangt, nicht gleich wieder verlässt, sondern darin heimisch wird, dabei allerdings immer einen Rest von Distanz zu anderen Mitgliedern der Gemeinschaft behält. Simmel schreibt diesem Typus aufgrund der beibehaltenen Distanz eine besondere Objektivität zu, die freilich „nicht etwa einen bloßen Abstand und Unbeteiligtheit bedeutet, sondern ein besonderes Gebilde aus Ferne und Nähe, Gleichgiltigkeit und Engagiertheit ist" (Simmel 2016 [1992], 766–767). Diese Auffassung von Objektivität als einer eigentümlichen Verbindung von Teilhabe und Distanz scheint mir nicht nur Ludwigs Vorstellungen, sondern dem realistischen Objektivitätsverständnis im Allgemeinen recht nahezukommen (vgl. Kap. 4.1.6.3; 4.2.3.1).

tragen, wird zu einem Adhärens der erzählten Welt.[54] Bei diesem figuralen Medium aber kommt es nach Ludwig vor allem darauf an, dass die Art und Weise, wie dieses Subjekt mit seiner Umwelt interagiert, intersubjektiv anschlussfähig bleibt. Dem Leser muss die Möglichkeit gegeben werden, diese Subjektposition zu übernehmen, also zu einem gewissen Grade selbst zu der dritten Person zu werden, die das Geschehen kognitiv und emotional verarbeitet. Die „Betrachtungen", die der Held anstellt, „seine Vermutungen und Meinungen von den Charakteren und Dingen, seine Hoffnung wie seine Furcht in Beziehung darauf" (RS 581) decken sich *idealiter* mit denen des intendierten Lesers. Das heißt, es muss der Eindruck vorherrschen, dass die Figur nur tut oder denkt, „was der Leser an seiner Stelle thäte" oder dächte (H 57). Denn es kommt nicht auf diese Urteile und Wertungen an sich an, nicht auf die Verfassung des betrachtenden Subjektes, sondern auf die Beziehung, die im Moment des Erlebens und Erfahrens zwischen dem Subjekt und seiner Umwelt gestiftet wird. Folgt man dieser Argumentation, dann erscheint die dargestellte Welt nie unabhängig von den Betrachtungen und Urteilen einer dritten Person; aber über den mittleren Helden als Erlebnismedium kann dem Rezipienten ein Stück weit der Eindruck vermittelt werden, dass er selbst die Position des teilnehmenden, mit den Figuren unmittelbar in Kontakt stehenden Beobachters einnimmt.

Dieses Konzept erlaubt zahlreiche Rückschlüsse auf Ludwigs allgemeines Kunst- und Wirklichkeitsverständnis. Besonders relevant in Bezug auf die Konstitution einer Epoche ‚Realismus' erscheint mir dabei, dass der Rekurs auf das Illusionsprinzip und auf die Frage nach dem Abbildungsverhältnis zwischen Literatur und Wirklichkeit nicht hinreicht oder sogar ins Leere läuft, wenn man Ludwigs poetologischen Ansatz erfassen will. Wie im nächsten Kapitel dargelegt werden soll, weisen Ludwigs Überlegungen stattdessen auf die Notwendigkeit, schärfer zwischen den Begriffen und Verfahren der Illusion und der Immersion zu unterscheiden.

---

54 Wie an anderer Stelle bereits erwähnt wurde (Kap. 2.2.1), überspielt Ludwigs Begriff der Mittelbarkeit die Grenze zwischen *discours* und *histoire*. Er kann sich auf die „Begebenheitlichkeit" der epischen Handlung beziehen (RS 571), aber auch wie im angeführten Zitat auf das „Hindurchgehen" der Erzählung durch ein perspektivierendes oder vermittelndes Medium (RS 590). Eine Verbindung zwischen diesen Verwendungsweisen liegt in der Indirektheit der Darstellung bzw. des Dargestellten. Die Erzählung nimmt gleichsam immer einen „Umweg" (RS 590); in einem Fall folgt das Geschehen nicht den direkten Handlungsimpulsen der Individuen, im anderen Fall ist die erzählte Welt nur in der Art und Weise, wie der Erzähler oder die Figur sie erfährt, zugänglich.

4.1.3.2 Immersion statt Illusion. Eine Typologie des poetischen Interesses

Das Konzept des mittleren Helden ist nicht nur narratologisch interessant, sondern auch im Hinblick auf die poetologische Grundsatzfrage nach dem Verhältnis zwischen literarischer und extraliterarischer Wirklichkeit. Definitionen realistischen Schreibens stützen sich häufig auf zwei Prämissen, von denen die erste besagt, dass es Theoretikern und Autoren des Realismus auf die Suggestion einer „Identität der literarischen mit der außerliterarischen Realität" (Eisele 1976, 74) ankomme, und die zweite, dass mit der Suggestion von Identität entweder das Abbildungsverhältnis, das heißt die Wiedererkennbarkeit des Originals in der Abbildung, gemeint sei oder die „illusion référentielle" (Barthes 1968, 88), die Inszenierung einer quasi unmittelbaren Wirklichkeitsreferenz durch den Überfluss an funktionslosen Detailinformationen. Nach der einen Deutung zielt realistische Prosa auf einen „Wiedererkennungseffekt" (Plumpe 2003, 222), nach der anderen auf einen ‚Realitätseffekt' (Barthes) – in beiden Fällen aber scheint klar, dass das Realismusprinzip in unauflösbare Widersprüche mit dem Poetisierungs- und Ordnungsbedürfnis der Autoren beziehungsweise mit der inneren Logik der Sprache als Zeichensystem geraten muss.

Ludwigs Ausführungen über den mittleren Helden führen nun vor Augen, dass er an einer Überschneidung zwischen literarischer und außerliterarischer Realität interessiert ist, die mit dem Bestreben nach Ähnlichkeit zwischen Original und Abbild oder dem Prinzip der referentiellen Illusion nicht einfach gleichzusetzen ist. Die zentrale Absicht, die dem Konzept nach Ludwig zugrunde liegt, besteht darin, den Rezipienten in die Erzählwelt hineinzuversetzen und ihn darin heimisch zu machen, so dass er letztendlich an ihr wie an einer außerliterarischen Wirklichkeit partizipiert. Entscheidend ist mit anderen Worten nicht, ob der Leser die Gegebenheiten der fiktiven Welt – seien es Figuren, Orte, Landschaften, Gebräuche etc. – auf ein außerliterarisches Original zurückführen kann oder ob sich der Eindruck einer direkten Wirklichkeitsreferenz einstellt, sondern ob die Art und Weise des Umgangs mit den fiktiven Gegebenheiten den Mustern und Strukturen lebensweltlicher Erfahrung entspricht. Überspitzt formuliert: Nicht die Widerspiegelung der (äußeren) Welt wird verlangt, sondern das Erschaffen einer (für den Leser zugänglichen) Textwelt.

Die Differenz, auf die es in diesem Zusammenhang ankommt, lässt sich gut über die begriffliche Trennung zwischen ‚Illusion' und ‚Immersion' verdeutlichen, insofern diese Begriffe zwei zwar zusammenhängende, aber doch unterscheidbare Aspekte des Umgangs mit künstlerischen Repräsentationen erfassen.[55] Il-

---

55 Eisele (1976) weist auf den Unterschied zwischen Illusion- und Immersionspoetik hin, begreift allerdings letztere lediglich als einen gesteigerten Illusionismus. Die Theorie des Realismus strebe

lusionswirkung beginnt dort, wo ein Ähnlichkeitsbezug zwischen Kunst und Realität hergestellt wird, Immersionswirkung hingegen verlangt darüber hinaus die mentale Konstruktion einer Welt, in der die künstlerisch dargestellten Gegebenheiten (Dinge und Personen) existieren (vgl. Ryan 2015 [2001], 62–64).[56] Die Voraussetzung des immersiven Effekts ist also das Verständnis des Textes „as a window on something that exists outside language and extends in time and space well beyond the window frame" (Ryan 2015 [2001], 63). Der Reiz liegt dann für den Rezipienten nicht im Spiel von Wahrheit und Täuschung, sondern darin, die eigene Person für die Dauer der Lektüre und mitunter noch darüber hinaus für einen Teil der imaginierten Welt zu halten, sich in ihr bewegen und mit ihren Bewohnern interagieren zu können. Nach diesem Verständnis wäre Immersion eine besondere Form der Illusionsbildung: Sie geht über das Erkennen von Ähnlichkeit und das momentane Für-wahr-Halten hinaus und bezeichnet einen Zustand imaginierter Innerhalbbefindlichkeit und Teilhabe, den illusionistische Kunst in unterschiedlichem Grad, mitunter aber auch gar nicht gewährt.[57]

---

demnach eine „Radikalisierung der Illusionspoetik" an, die darin bestehe, den Leser zum „Bewohner [...] der fiktiven literarischen Welt" zu machen (1976, 79).

56 Nach Ryan sind für das Konzept einer Textwelt vier Eigenschaften konstitutiv: „a connected set of objects and individuals, a habitable environment, a reasonably intelligible totality for external observers, and a field of activity for its members" (2015 [2001], 63). Ryan geht in ihrer Darstellung auf die Bedeutung des Immersions-Prinzips für die realistische Literatur ein, wobei sie allerdings die hier vorgeschlagene Unterscheidung zwischen Immersions- und Illusionspoetik nicht trifft.

57 Eine präzise Differenzierung beider Begriffe wird in der Forschung in der Regel nicht vorgenommen. Für Wolf (2009, 2013) ist Immersion eine der beiden Konstituenten von ästhetischer Illusion, neben dem gegenläufigen Prinzip der Distanzwahrung, das die Rezeption von Kunstwerken in der Regel von anderen Formen der Immersion, zum Beispiel dem Träumen, unterscheidet. Es stellt sich allerdings die Frage, warum für diese Unterscheidung einer distanzlosen und einer distanzwahrenden Form des Sich-Hineinversetzens der terminologische Wechsel von Immersion zu Illusion bemüht werden muss und ob man nicht einfach von ‚ästhetischer Immersion' sprechen könnte. In jedem Fall scheint mir Wolfs Definition von ästhetischer Illusion zu eng, das heißt zu stark an das Prinzip der Immersion geknüpft zu sein. Wolf schreibt: „The most important qualification of the particular state of mind which is termed ‚aesthetic illusion' is in fact an *activation of the imagination*. It is thus first and foremost the inner, mental experiencing of (elements of) an imaginative world which is elicited and shaped by an artefact. This means that one must have the impression of being confronted with (or be surrounded by) at least ‚something' or ‚somebody' – which is more than merely feeling a mood, an emotion, or a deep appreciation" (2013, 7–8). Die hier *en passant* erwähnte Differenz zwischen dem Konfrontiertsein mit und dem Umgebensein von einer fiktiven Gegenwart ist meines Erachtens von erheblicher Bedeutung und könnte über die begriffliche Opposition von Illusion und Immersion zum Ausdruck gebracht werden. In Wolfs umfangreicher Habilitationsschrift zur ästhetischen Illusion (1993) spielt der Immersionsbegriff dagegen noch keine Rolle, die Beschreibung des Phänomens trägt dement-

Als theoretisches Konzept ist Immersion eng mit der Ästhetik und Logik virtueller Realitäten etwa in Computerspielen verbunden, die auf Interaktivität und die Partizipation des Rezipienten ausgelegt sind. Doch kann davon ausgegangen werden, dass der bezeichnete ästhetische Effekt der Teilhabe und des Hineinversetzens in einen (fiktiven oder nicht-fiktiven) Erfahrungs- und Handlungsraum weit über diesen medialen Kontext hinausreicht und ein seit jeher genutztes Potential sprachlicher und nicht-sprachlicher Repräsentation darstellt (vgl. Schaeffer und Vultur 2005, 238). Ludwigs Beitrag zur Theorie der Immersion ist auch deshalb bemerkenswert, weil er die Bedeutung der Handlungsführung bei der Konstitution von Textwelten beleuchtet. Danach hängt die Erzeugung einer Weltvorstellung und damit die Möglichkeit für den Rezipienten, sich selbst als in diesem erzählten Raum befindlich zu denken, nicht allein von den Erzähltechniken ab – beispielsweise vom Gebrauch szenischen Erzählens, interner Fokalisierung oder erlebter Rede (vgl. Ryan 2015 [2001], 95–96) –, sondern auch davon, ob die Bauweise der Erzählung ein Wiederbegegnen mit den Orten, Dingen und Menschen vorsieht. Seine Reflexionen über den mittleren Helden verdeutlichen zudem, wie die Figurenkonzeption, insbesondere die Anlage und Stellung des Protagonisten, die Zugänglichkeit der erzählten Welt für den Leser erhöhen und somit immersive Lektüreweisen begünstigen kann.

Aspekte einer Theorie der Immersion berührt Ludwig daneben auch im Kontext seiner Auseinandersetzung mit dem Begriff des Interesses.[58] Grundlegend für seine Überlegungen ist zunächst die Unterscheidung von zwei Arten des poetischen Interesses, dem „freie[n]" und dem „gebundne[n]" (RS 649). Diese Opposition lässt sich nach Ludwig auf alle Ebenen der literarischen Kommunikation beziehen, auf den Autor ebenso wie auf den Rezipienten oder die Figuren. Die Frage ist jeweils, in welchem Verhältnis die Instanzen (Autor, Rezipient, Figur) zum Gegenstand der Darstellung stehen. Ludwig zufolge können auf dieser Basis drei „Grundverhältnisse des Interesses" voneinander abgehoben werden (Abb. 4):

Erstens: Autor, Publikum und Personen verhalten sich frei zum Gegenstande – die Shakespearische Tragödie. Zweitens: Autor und Publikum verhalten sich frei, die Personen naiv, gebunden zum Gegenstande – Don Quixote. Drittens: Autor (wenigstens scheinbar), Publi-

---

sprechend einen deutlich anderen Akzent: Die Rede ist vom „genußvolle[n] Erleben eines von Kunstwerken hervorgerufenen Scheins als einer Quasi-Wirklichkeit bei gleichzeitig latentem Bewußtsein ihrer Scheinhaftigkeit" (Wolf 1993, XI). Der Schwerpunkt liegt hier auf dem Aspekt des Scheins und der spielerischen Täuschung, in der oben zitierten Definition hingegen auf dem Aspekt der Welthaftigkeit und des Hineinversetzt-Werdens.
58 Der Interessebegriff spielt auch in Ludwigs Spannungstheorie eine Rolle (vgl. Kap. 4.1.6.1). Bei der Darstellung dieser Zusammenhänge soll auf die begriffsgeschichtlichen Voraussetzungen näher eingegangen werden.

kum und Personen verhalten sich naiv zum Gegenstande. Letzteres scheint dem modernen Bedürfnisse am meisten zu entsprechen, darum ist es die Regel in der modernen Literatur. (RS 650)

Unter dem Verhältnis zum Gegenstand versteht Ludwig in erster Linie, ob und zu welchem Grad die Figuren, der Rezipient und der Autor in der Lage sind beziehungsweise in die Lage versetzt werden, von den partikularen Bedingungen der dargestellten Ereignisse zu abstrahieren und diese auf einen allgemeinen Gehalt hin zu befragen. Der erste Typ basiert auf dem Prinzip der vollkommenen Überlegenheit des Geistes über den Gegenstand. Er liegt immer dort vor, wo bedeutende Inhalte und „das allgemeine Menschenlos" (RS 651) verhandelt und die Dinge „von einem höhern Standpunkte, gleichsam mit der Teilnahme eines vom Irdischen freien, verklärten Geistes beschau[t]" werden (RS 651). Die Gattung, die diesem Typ nach Ludwig am ehesten entspricht, ist die Tragödie, wohingegen er dem zweiten Typ die Gattung der Komödie beziehungsweise des humoristischen Romans zuordnet. Die Figuren in diesen Gattungen bleiben ihm zufolge den besonderen Bedingungen ihres individuellen Handlungskreises verhaftet, während Rezipient und Autor zwar „etwas tiefer" als im ersten Typ in die Figurenwelt „herabsteigen", sich auch „vorübergehend in das Dargestellte vertiefen" und „sich mit den Personen identifizieren" können, zum Schluss aber sich darüber erheben und dann „den Genuß der Freiheit des Betrachters desto stärker" empfinden (RS 652). Beim dritten Typ schließlich ist die Gebundenheit an den Stoff eine grundsätzliche und langfristige. Man könnte sagen, das Herabsteigen des Lesers in die Figurenwelt ist hier ein Besuch von Dauer.

Wichtig ist, dass Ludwig den dritten Typ trotz anfänglicher Bedenken, es könne sich hierbei um eine Dekadenzerscheinung der Kunstgeschichte handeln, als legitimes und zeitgemäßes ästhetisches Bedürfnis rehabilitiert. Zwar heißt es, „daß Nr. 1 und 2 als real-ideal die eigentliche Region der Kunst oder des Künstlerischen, der Poesie im höhern geistigern Sinne beleben, dagegen Nr. 3 mehr zu naturalistischer Technik führt" und der „Unterhaltungsliteratur" den Boden bereitet; doch betont er im gleichen Zusammenhang, dass diese Technik „in ihrer Art groß sein kann und bei Dickens dies ohne Frage ist" (RS 651). Allein der Verweis auf Dickens verdeutlicht, dass die dritte Form des poetischen Interesses nicht einfach als künstlerisch minderwertig oder als ein zu überwindender Standpunkt der Literaturentwicklung abgetan werden darf; schließlich ist ein Großteil der *Romanstudien* allein dem Werk dieses Autors gewidmet.

Die Gebundenheit des Autors, des Lesers wie der Figuren an den Gegenstand kommt im dritten Typ zunächst darin zum Ausdruck, dass der dargestellte Geschehenszusammenhang, „der einzelne Fall" (RS 651), nicht mehr ohne Weiteres auf einen allgemeinen Gehalt bezogen werden kann. Wie die Figuren auf ihre

	Interesse / Verhältnis zum Gegenstand		
Autor	frei	frei	gebunden (scheinbar)
Rezipient	frei (reflektiert- analytisch)	frei /gebunden (zeitweilige Identifikation)	gebunden (miterlebende Person)
Figur	frei	gebunden	gebunden

↓	↓	↓
Tragödie	Komödie, humoristischer Roman	moderner Roman

Abbildung 4: Typen des poetischen Interesses

partikularen Lebensumstände und Probleme fixiert bleiben, so tritt auf der Seite des Rezipienten das Interesse an der „einzelne[n] Wirklichkeit des Lebens" an die Stelle des Interesses für das „Allgemeine der menschlichen Natur und Ge- schichte" (RS 651). Mit Blick auf Dickens' ersten Roman hält der Theoretiker fest: „[W]ir lieben den Pickwick im Pickwick", also „die zufällige Geschichte eines einzelnen liebenswürdigen Originals" (RS 653).[59] Dieses Interesse an den Figuren um ihrer selbst willen erfordert nach Ludwig auch einen Wandel der Rezepti- onshaltung, von einer eher distanziert beobachtenden Aneignung des Gesche- hens hin zu einer persönlichen Teilhabe und Anteilnahme. Ludwig bringt diesen Unterschied an dieser Stelle auf die Opposition von „künstlerische[r] Illusion" in den ersten beiden Typen und „wirkliche[r] Täuschung" im dritten Typ (RS 651);

---

[59] Die Typologie scheint der von Baßler (2013b) vorgeschlagenen Differenzierung zu entspre- chen, wonach naturalistische Texte das Einzelne um seiner selbst willen zeichnen, während realistische Texte vom Einzelnen immer zum Allgemeinen übergehen wollen (und daran schei- tern). Denn Ludwig beschreibt die Konzentration auf das Individuelle mit dem Attribut ‚natura- listisch', das von ihm in anderen Kontexten auch abwertend benutzt wird. Allerdings rehabilitiert er an dieser Stelle die naturalistische Technik mit dem Verweis auf Dickens und unterstellt den modernen Roman insgesamt diesem Prinzip. – Zum Problem des Verhältnisses von Singularität und Gesetzmäßigkeit der erzählten Ereignisse in der realistischen Poetik vgl. auch Geppert (1994, 124 – 128).

damit scheint er anzudeuten, dass im letzten Fall jede Form von ästhetischer Distanz und Fiktionsbewusstsein aufgehoben wird und so tatsächlich eintritt, was Eisele (1976, 83) als „systemimmanente Dynamik" realistischen Schreibens bezeichnet hat: dass der Realismus „über sich hinaus[drängt]" und dazu tendiert, „Realität zu werden". Tatsächlich aber versteht Ludwig unter ‚wirklicher Täuschung' keinen Zustand der naiven Selbsttäuschung, in dem die Grenze zwischen Fiktion und Realität aufgehoben ist, sondern eine imaginative Reaktion auf einen literarischen Text, im Zuge derer der Leser ein Gefühl von persönlicher Gegenwärtigkeit in der fiktiven Welt entwickelt. Es stellt sich dann der Eindruck ein, die Geschehnisse nicht „als freier Beschauer, sondern als mitspielende Person mit erleben" zu können (RS 651). Statt einer vorübergehenden, nur oberflächlichen Identifikation mit den Figuren, die im zweiten Typ vorherrscht, wird der Leser beim dritten Typ „in die Zustände des Vorganges mit hineingesetzt [...], wie es die dargestellten Menschen selber sind" (RS 652). Ludwig gibt hier eine relativ neutrale Beschreibung einer immersiven Rezeptionsweise; neutral in dem Sinne, dass sie nicht als unreflektiert verworfen oder auf einen Mangel an Bewusstsein für die Fiktionalität und Poetizität des rezipierten Textes zurückgeführt wird.

Gleichwohl gerät eine solche Rezeptionsweise gerade unter Literaturwissenschaftlern schnell unter Trivialitätsverdacht. In diesem Sinne hält Helmstetter (1998, 236) dem realistischen Leser den Kurzschluss zwischen „Literatur" und „lebensweltliche[m] Wirklichkeitsverständnis" vor und kritisiert die Übertragung erfahrungsweltlicher Maßstäbe auf literarische Zusammenhänge als dilettantisches Lektüreverhalten. Diese Kritik ist nicht völlig unbegründet und doch, zumindest mit Bezug auf die Literaturtheorie des neunzehnten Jahrhunderts, auch voreilig, weil sie an der Frage nach den historischen Voraussetzungen dieser Analogsetzung von literarischer und lebensweltlicher Erfahrung vorbeigeht. Helmstetter übersieht die Möglichkeit, dass das Interesse an einer immersiven Lektüreweise einen epistemologischen Hintersinn haben könnte. Meines Erachtens verweisen Ludwigs Analysen und sein poetologischer Ansatz nämlich auf zwei keineswegs triviale erkenntnistheoretische Überzeugungen, die eigentlich erst die Philosophie des ausgehenden neunzehnten Jahrhunderts in ihrer ganzen Tragweite erkennt: Das ist zum einen der Gedanke, dass jede Reflexion über die Beschaffenheit von Realität an der alltäglichen Lebensbewältigung ansetzen muss, und zum anderen die Vorstellung, dass es eine Form von Erkenntnis gibt, die persönliche Teilhabe, den Bezug auf ein erlebendes, sozial interagierendes Subjekt voraussetzt.

4.1.3.3 Dichtung als „Zusammenerlebniß". Bezüge zur Philosophie des Erlebens (Lotze, Dilthey)

Ludwig macht die erkenntnistheoretischen und anthropologischen Hintergründe seiner Überlegungen selbst nicht explizit. Sie lassen sich aber an einem Begriff ablesen, der für seine Studien von großer Bedeutung ist: dem Erlebnis-Begriff. Um die Beziehung zwischen Rezipient und erzählter Welt zu beschreiben, nutzt Ludwig nicht nur bevorzugt die Verben ‚erleben' und ‚miterleben', sondern auch das zu dieser Zeit noch relativ junge Substantiv ‚Erlebnis' (meist in der Plural-form).[60] Markant ist eine Stelle im Manuskript, in der es heißt, dass der Charakter des Helden „aus seinem u. unsern Zusammenerlebnißen" entstehe (H 164). Die Präsenz des Begriffs in den *Romanstudien* lässt sich in Verbindung bringen mit seinem in der zweiten Hälfte des neunzehnten Jahrhunderts einsetzenden Aufstieg zu einem philosophischen und kulturellen Schlüsselkonzept. Zwar wird der Begriff erst gegen Ende des Jahrhunderts im Umkreis der Philosophie Wilhelm Diltheys systematisch bestimmt, im philosophischen Diskurs taucht er aber schon bedeutend früher auf, unter anderem im Werk von Ludwigs Zeitgenossen Hermann Lotze (vgl. Cramer 1972, 705–706).

Lotze, geradezu ein Modephilosoph des mittleren neunzehnten Jahrhunderts, wurde in seinem Denken durch eine akademische Doppelausbildung zum Mediziner und Philosophen und die daraus resultierende wechselseitige Einschränkung naturwissenschaftlicher und philosophischer (idealistischer) Deutungsansprüche maßgeblich geprägt.[61] Auf der einen Seite kritisiert er entschieden den Logozentrismus der idealistischen Tradition: Seiner Ansicht nach gibt es keinen Grund, dem Denken gegenüber anderen Bewusstseinsvorgängen wie Fühlen oder Wollen grundsätzlich einen höheren Rang einzuräumen oder es aus seiner Verknüpfung mit diesen Vorgängen herauszulösen. Sein Angriffspunkt ist vor allem die hegelianische Überzeugung einer Identität von Denken und Sein, der er entgegensetzt, dass die Totalität des Seins niemals in begrifflichen Kategorien aufgehen, dass das Sein niemals gedacht, sondern nur erlebt werden könne:

> Nichts erscheint deshalb weniger gerechtfertigt, als die Behauptung, dieses Denken sei dem Sein identisch und vermöge rückstandslos dasselbe in sich aufzulösen; überall bleiben vielmehr in seinem Strome völlig unauflöslich die einzelnen Punkte zurück, welche die einzelnen Seiten des großen Inhalts darstellen, den wir mit dem Namen des Seins be-

---

60 Die Geschichte des Erlebnisbegriffs ist immer noch erstaunlich wenig ausgeleuchtet, trotz der grundlegenden Beiträge von Gadamer (2010 [1960], 66–76) und Cramer (1972). Wertvolle Hinweise, gerade aus literaturhistorischer Sicht, liefern zudem Sauerland (1972, 1–12) und Schillemeit (2001).

61 Neben der detaillierten Darstellung von Pester (1997) bieten auch die rezenten Studien von Beiser (2013) und Woodward (2015) einen guten Überblick über Denken und Werk Lotzes.

zeichnen. Einfacher und wahrer hätten wir gesagt: das Sein schaue sich selbst an; wir, indem wir sind, wir wissen, fühlen, empfinden oder erleben sehr wohl, was es heißt, zu sein; [...] Und in diesem Sinne hat alle Welt von jeher gewußt, was es mit dem Sein oder der Realität auf sich habe, denn alle Welt hat den Sinn dieser Worte innerlich erlebt; (Lotze 1864, 238 – 239)

Auf der anderen Seite richtet sich Lotzes Philosophie und der von ihm verwendete Begriff des Erlebens gegen materialistische Tendenzen und den absoluten Führungsanspruch der Naturwissenschaften. Wie die Systeme der Philosophie Leben und Sein nicht erschöpfend erfassen könnten, blieben bestimmte Lebensbereiche auch für die naturwissenschaftliche Erkenntnis unzugänglich. Insbesondere sei dies der Bereich menschlicher Wertsetzungen, mithin das Netz der persönlichen Sinn- und Bedeutungsbezüge, das jeder Mensch in der konkreten Auseinandersetzung mit Wirklichkeit unvermeidlich aufbaut.[62]

[J]ede einzelne Aeußerung unseres Bewußtseins, jede Regung unserer Gefühle, jeder keimende Entschluß ruft uns zu, daß mit unüberwindlicher und unleugbarer Wirklichkeit Ereignisse in der That geschehen, die nach keinem Maße naturwissenschaftlicher Begriffe meßbar sind. So lange wir dies Alles in uns erleben, wird der Materialismus zwar im Bereiche der Schule, die so viele vom Leben sich abwendenden Gedanken einschließt, sein Dasein fristen und seine Triumphe feiern, aber seine eigenen Bekenner werden durch ihr lebendiges Thun ihrem falschen Meinen widersprechen. Denn sie werden alle fortfahren, zu lieben und zu hassen, zu hoffen und zu fürchten, zu träumen und zu forschen [...]. (Lotze 1856, 287)

Der Erlebnisbegriff steht bei Lotze also in einer doppelten Frontstellung gegen die idealistische Auflösung und die materialistische Entleerung von Wirklichkeit. Er erfüllt eine „Ersatzfunktion für die abgelebte Methode dialektischer Konstruktion und beansprucht zugleich, den Sinnverlust rückgängig zu machen, den die Lebensbezüge des Einzelnen durch ihre naturwissenschaftliche bzw. materialistische Interpretation erfahren" (Cramer 1972, 706).

An diese Verwendungsweise schließt Wilhelm Dilthey einige Jahre später an, wobei er den Begriff sehr viel systematischer nutzt und ihm in seiner Erkenntnistheorie, später auch in seiner Poetik und Literaturtheorie einen zentralen Platz zuweist. Obwohl diese Auseinandersetzung mit dem Erlebnisbegriff nicht in den engeren zeitlichen Kontext der *Romanstudien* fällt und ein direkter Bezug nur umgekehrt gegeben ist (Dilthey hat Ludwigs Studien gelesen und zieht sie für seine Theorie der dichterischen Einbildungskraft heran), empfiehlt sich an dieser Stelle ein knapper Überblick über Diltheys Positionen, um das epistemologische

---

62 Es ist Lotze, der die philosophische Auseinandersetzung mit dem Wertbegriff begründet (vgl. Schnädelbach 2013 [1983], 206 – 218).

und poetologische Potenzial des Begriffs besser einschätzen zu können. Dilthey steht gewissermaßen am (vorläufigen) Ende einer begriffsgeschichtlichen Entwicklung, die Mitte des Jahrhunderts einsetzt und die in Ludwigs Erzähltheorie bereits deutliche Spuren hinterlassen hat. Aus diesem Grund werde ich im Folgenden Diltheys erkenntnistheoretischen Ansatz (a) und seine Literaturtheorie (b) kurz vorstellen, um dann in einem dritten Schritt Übereinstimmungen und Differenzen zu Ludwigs Poetik festzuhalten und Rückschlüsse auf die Bedeutung des Erlebnisbegriffs in den *Romanstudien* zu diskutieren (c).

(a) Diltheys erkenntnistheoretischer Ansatz basiert auf der idealistischen Grundannahme, dass die Objekte der Welt dem Menschen immer nur im Medium seines Bewusstseins, als „Bewußtseinstatsachen" gegeben sind (GS 19, 59). Als „Satz der Phänomenalität" (GS 19, 60) bezeichnet er diesen Ausgangspunkt und hebt zugleich hervor, dass aus ihm nicht auf die Prävalenz des Intellektes über andere Formen der Wirklichkeitsverarbeitung geschlossen werden darf. Denn „erfülltes Bewußtsein" beinhalte immer mehr als reine Verstandestätigkeit, in ihm wirkten kognitive, affektive und voluntative Impulse zusammen und aufeinander ein (GS 19, 20).

> Und diese verschiedenen Klassen der psychischen Tatsachen sind nicht voneinander gänzlich geschieden, wie schon die tägliche Beobachtung des gewöhnlichen Lebens zeigt. Wirklichkeit oder Ding ist sonach vermöge des obigen Satzes [der Phänomenalität] zunächst nur zu der Totalität unseres erfüllten Lebens in Beziehung gesetzt als zu dem Orte seiner Existenz. Wenn wir mehr als bloße Vorstellung in dem Ding besitzen, das für uns da ist, so wird dies doch zunächst daraus abzuleiten sein, daß das Ding, daß die Wirklichkeit mehr in sich faßt als bloßes Vorgestelltsein (GS 19, 20).

Ähnlich wie Lotze nimmt auch Dilthey eine konsequent „anti-reduktionistisch[e]" (Jung 1996, 36) Position ein und behauptet, dass jeder Versuch der Isolierung einzelner Dimensionen des Bewusstseins eine sachwidrige Verkürzung tatsächlicher Erfahrungsfülle darstelle und deshalb nicht an den Grund und das Fundament menschlicher Erkenntnis heranreiche. Der Ausdruck „Tatsache des Bewußtseins" bedeutet ihm nichts anderes als „Erlebnis in meinem Bewußtsein" (GS 19, 59). Realität geht mit anderen Worten nicht in Vorstellung auf, sondern wird primär erlebt und erfahren. Mit den Leitbegriffen des Lebens und des Erlebnisses zielt Dilthey genau auf diese Verbundenheit und Interdependenz der einzelnen psychischen Vermögen.

Der Satz der Phänomenalität besagt also nicht, dass die Objektwelt dem Menschen allein unter den Bedingungen des Denkens (oder Vorstellens) gegeben ist, und ebenso wenig lässt sich aus ihm folgern, dass sich die Objekte für das Erkenntnissubjekt zu einem bloßen Schein verflüchtigen. Denn „[d]ie *äußere Wirklichkeit* ist in der Totalität unseres Selbstbewußtseins nicht als bloßes Phänomen gegeben, sondern als Wirklichkeit, indem sie wirkt, dem Willen widersteht und dem Gefühl in Lust und Wehe da ist" (GS 1, 368). Dilthey betont, dass „auf dem Standpunkte unbefangenen Erlebens" (GS 19, 70) die äußeren Tatsachen für das vorstellende, fühlende, wollende Subjekt mit gleicher Gewissheit gegeben sind wie seine Gefühle und Gedanken:

> Ein Kind oder ein Arbeiter wird der Gegenstände, welche ihn umgeben, so sicher sein als seiner selbst. Und ihr getrostes: „Ich sehe es ja", mit welchem sie diese Tatsächlichkeit und Dinglichkeit begründen, bedeutet nicht, daß sie die Tatsache auf einen Wahrnehmungs-vorgang zurückführen, für welchen ein Grund angenommen werden müßte; im Gegenteil, es enthält den Hinweis, in und mit dem Akte sei ihnen das Ding gegeben. [...] Denn das gemeine Bewußtsein verlegt Kants Dinge an sich getrost in die Sinneswelt und sieht den Akt der Sinneswahrnehmung an wie das Öffnen eines Fensters, durch welches wir von Luft und Licht dieser Wirklichkeit nur abgesperrt waren. (GS 19, 70 – 71)

Das Kind in Diltheys Beispiel repräsentiert einen Wirklichkeitszugriff, der nur in geringem Maße vom Abstraktionsvermögen, dafür aber verstärkt von affektiven Bindungen zur Umwelt getragen wird, der Arbeiter hingegen das Primat praktisch-voluntativer Weltbezüge. Insbesondere diese nicht-reflexiven Dimensionen des Bewusstseins vermitteln dem Menschen jene Grundgewissheit einer von ihm unabhängigen Objektwelt, die ihm erst ermöglicht, sich in ihr zu bewegen und mit ihr umzugehen.[63] An dieser Stelle sollte hervorgehoben werden, dass die ver-stärkte Aufmerksamkeit für die präreflexive Lebenserfahrung und die nicht-ko-gnitiven Dimensionen des Bewusstseins nicht zwangsläufig auf eine „Metaphysik des Irrationalen" (Schnädelbach 2013 [1983], 174) hinauslaufen muss, die der Lebensphilosophie des späten neunzehnten und frühen zwanzigsten Jahrhun-derts zum Vorwurf gemacht wurde.[64] Weder ist Leben für Dilthey ein kulturkriti-scher Begriff noch zielt seine Argumentation auf die Degradierung der Ratio und der Erscheinungsformen des menschlichen Geistes zu Afterphänomenen menschlicher Existenz. Ihm geht es auch nicht um die Behauptung eines my-

---

63 Dilthey bezeichnet diese primäre Leistung des Bewusstseins als „Innewerden" oder auch „unmittelbares Gewahrwerden" (GS 20, 153). Diese Unmittelbarkeit bezieht sich auf die „Vorgänge und Zustände, wie sie in unsrem Selbstbewußtsein gegeben sind", die für das aufnehmende Bewusstsein zunächst als „objektiver Tatbestand" und „Wirklichkeit" gelten (GS 20, 153). Die Objektivierung des eigenen Selbstbewusstseins, die die unmittelbar gegebenen inneren Zustände und Vorgänge auf Vorgänge der Wahrnehmung, des Denkens und des Fühlens zurückführt, kann nach Dilthey erst auf einer höheren Stufe der geistigen Entwicklung geleistet werden.
64 Schnädelbach (2013 [1983], 178) interpretiert die verschiedenen Ausprägungen der Lebens-philosophie als Spielarten einer „*Gegenmetaphysik* gegen den ontologischen Intellektualismus der abendländischen Tradition", die in der deutschen Romantik, vor allem aber bei Schopenhauer ihre Wurzeln habe.

thologischen Refugiums der Ursprünglichkeit und Ganzheit, sondern um die Mehrdimensionalität von Erfahrungszusammenhängen. Reflexion oder Rationalität stehen deshalb nicht in Opposition zum Leben, sie sind aber darin eingebettet. In Diltheys Worten: „Das Denken tritt am Lebensvorgang auf" (GS 19, 344).

Nicht den vor- und irrationalen Aspekten des Lebens gilt Diltheys hauptsächliches Interesse, sondern der eigentümlichen Gestalt der Wirklichkeit unter den Voraussetzungen der persönlichen Lebenserfahrung sowie den Möglichkeiten der Mitteilbarkeit dieser Gestalt. Eine individuelle Struktur erhält die Lebenswirklichkeit seiner Ansicht nach dadurch, dass sich in ihr alle Dinge, Vorgänge und Personen immer auf das Erlebnissubjekt hin anordnen. Dilthey erfasst diese Relation zwischen dem Ich und den Dingen und Menschen, die in seinen Erfahrungskreis eintreten, mit dem Begriff des Lebensbezugs. Nichts ist dem erlebenden Subjekt einfach nur gegeben, alles steht in einem Bezug zu seinem Fühlen, zu seinem Wollen und zu seinen Erkenntnisinteressen:

> Es gibt gar keinen Menschen und keine Sache, die nur Gegenstand für mich wären und nicht Druck oder Förderung, Ziel eines Strebens oder Bindung des Willens, Wichtigkeit, Forderung der Rücksichtnahme und innerer Nähe oder Widerstand, Distanz und Fremdheit enthielten. Der Lebensbezug, sei er auf einen gegebenen Moment eingeschränkt oder dauernd, macht diese Menschen und Gegenstände für mich zu Trägern von Glück, Erweiterung meines Daseins, Erhöhung meiner Kraft, oder sie schränken in diesem Bezug den Spielraum meines Daseins ein, sie üben Druck auf mich, sie vermindern meine Kraft. (GS 7, 131)

Je nach Stärke des Lebensbezuges ordnen sich die Elemente der Realität um ihren Mittelpunkt, das Erlebnissubjekt, und verblassen entsprechend, wo sie nur noch peripher mit diesem in Bezug stehen: „Jede Gegend hat für uns in dem Grad Realität, als unserer Füße sie betreten, unsere Hände die Gegenstände betastet haben, der Widerstand ihrer Entfernungen zu überwinden war, der Genuß ihrer Früchte etc. uns glänzte" (GS 19, 356). Das Beispiel verdeutlicht zugleich, dass sich die Lebensbezüge für den Menschen nicht nur aus dem gegenwärtigen Befinden ergeben, sondern sich in der Zeit ausbilden. „Was in der Erfahrung gegeben ist, nennen wir Wirklichkeit" (GS 19, 178), aber Erfahrung macht der Mensch zeitlebens und er überprüft aktuelle Erfahrungen immer an bereits vollzogenen. So unterliegt die Auffassung von dem, was Realität und Bedeutung hat, im individuellen Lebensprozess einem beständigen, mal mehr und mal weniger spürbaren Aktualisierungsprozess. In jeder Wahrnehmung sind Erinnerungen enthalten, die die Aufmerksamkeit steuern und auf die Verarbeitung und Interpretation der Wahrnehmungsinhalte einwirken. Gleichzeitig färben die aktuellen Erlebnisse zurück auf die Erinnerungen, so dass auch die innere Realität, das Erlebte, nicht aus statischen und jederzeit verfügbaren Einheiten entsteht, sondern sich im Lebensvollzug beständig neu formt und stets der „Gewalt einer rückblickenden

Interpretation unterworfen" bleibt (Habermas (2003 [1968], 192). Dilthey spricht von der „Intellektualität der inneren Wahrnehmungen", die besagt, dass es keine „reine Erfahrung [des im Bewusstsein] Gegebenen" geben kann (GS 19, 335). Denn der Mensch kann nichts aufnehmen, ohne es in die Ordnungsstrukturen seiner individuellen Lebenserfahrung einzuordnen, und sich nichts ins Gedächtnis zurückrufen, ohne es in den Kontext aktueller Erfahrungen zu rücken.

Diese „Erkenntnistheorie der ersten Person" (Jung 1996, 56), das ist zu beachten, mündet bei Dilthey nicht in Solipsismus. Zwar ist jedes Leben etwas Einzelnes, das „einen eigenen Sinn" hat (GS 7, 199), doch leistet der Mensch, eben um jenen Sinn zu generieren, Prozesse der Verallgemeinerung und der Objektivierung und schafft so die Möglichkeit intersubjektiver Verständigung. Persönliche Lebenserfahrung setzt nach Dilthey voraus, dass der Mensch gewissermaßen beständig sich selbst begegnet, dass er sich vergangener Erlebnisse erinnert sowie getätigte Handlungen und fixierte Lebensäußerungen zu verstehen sucht. Er „lernt [...] sich nur auf dem Umweg des Verstehens selber kennen" (GS 7, 87) ebenso wie er das Handeln und die Äußerungen anderer nur auf diesem Weg kennen und abzuschätzen lernt. Der Lebensvollzug gestaltet sich also nach dem Zusammenhang von Erleben, Ausdruck (in Worten oder Taten) und Verstehen, den Dilthey zur Grundlage der im Spätwerk ausgearbeiteten Hermeneutik macht. In diesem Kontext führt er auch aus, dass sich das einzelne Subjekt in seinem Leben immer zugleich „in einer Sphäre von Gemeinsamkeit" (GS 7, 147) bewegt. So greift das Individuum auf die allgemeinen Strukturen einer Sprache zurück, partizipiert an einer gruppenspezifischen, „allgemeinen Lebenserfahrung" (GS 7, 132–133) und orientiert sich im Handeln an den Vorgaben gesellschaftlicher Institutionen ebenso wie an kulturellen, zum Beispiel religiösen Wertvorstellungen. Wie jeder Mensch das Zentrum seines „individuellen Dasein[s]" ist, so ist er zugleich auch „Kreuzungspunkt von Zusammenhängen, welche durch die Individuen hindurchgehen, in denselben bestehen, aber über ihr Leben hinausreichen" (GS 7, 134–135). Den Geisteswissenschaften obliegt nach Diltheys Konzeption die Aufgabe, das Handeln des Menschen unter Berücksichtigung dieses Zusammentretens individueller Voraussetzungen und persönlicher Lebenserfahrung auf der einen Seite und umfassender geschichtlich-gesellschaftlicher Strukturen auf der anderen Seite nachzuvollziehen. Sie setzen dabei auf einer höheren Ebene fort, was im Alltag der Menschen gängige Praxis ist. Denn das „hermeneutische Verstehen", auf das die Geisteswissenschaften abzielen, „ist nur die methodisch ausgebildete Form der dumpfen Reflexivität oder halben Transparenz, in der sich das Leben vorwissenschaftlich kommunizierender und gesellschaftlich interagierender Menschen ohnehin vollzieht" (Habermas 2003 [1968], 188).

(b) Der Poetik kommt in Diltheys Philosophie eine Sonderstellung zu, wie die intensive und bis in die Anfänge seiner akademischen Tätigkeit zurückreichende

Beschäftigung mit literaturtheoretischen und -geschichtlichen Themen dokumentiert.[65] Ein Grund für diese Sonderstellung mag sein, dass in der Poetik ein
Grundproblem geisteswissenschaftlicher Erkenntnis besonders deutlich hervortritt, nämlich die Frage, inwieweit die Individualität der historischen Formen
generalisierende Aussagen und Urteile zulässt, das heißt in welchem Verhältnis
das Bemühen um Allgemeingültigkeit und Systematizität zur Historizität der
einzelnen Stile, Programme und Poetiken steht. Dilthey betreibt die Historisierung der Poetik durchaus konsequent, hält jedoch an der Möglichkeit fest, zu
verbindlichen, transhistorisch gültigen Werturteilen und Formgesetzen vorzu-
stoßen. Daher differenziert er zwischen einer „historisch begrenzten Technik",
etwa den verschiedenen Ausprägungen der dramatischen Form in der Antike, im
elisabethanischen England oder im spanischen Barocktheater, und den „allgemeinen Gesetzen der Dichtung" (GS 6, 108). Letztere können nach Dilthey allein
auf psychologischer Basis, genauer gesagt auf der Grundlage einer Theorie der
poetischen Einbildungskraft gewonnen werden.[66] Was Dilthey an diesem theoretischen Vorhaben aber eigentlich fasziniert, ist weniger die Aussicht auf die
Identifikation konkreter poetischer Regeln und Gesetze als die Möglichkeit, am
Gegenstand der dichterischen Einbildungskraft Aspekte seiner Erkenntnistheorie
weiterzuentwickeln und modellhaft zu erläutern, auf welche Weise „sich das
psychische Leben der Individuen als ein Zusammenhang organisiert" (Jung 1996,
91). Gebündelt legt er seine diesbezüglichen Überlegungen 1887 in der Schrift *Die
Einbildungskraft des Dichters* vor.

Diltheys Ausgangspunkt ist eine Kritik an Aristoteles und dessen Versuch, die
Kunst und ihre Gestaltungsformen auf das Prinzip der Nachahmung zurückzuführen. Diese Vorstellung kritisiert Dilthey als „objektivistisch", ebenso wie die
aus seiner Sicht zugrunde liegende epistemologische Überzeugung einer Entsprechung von Denken und Sein (GS 6, 110). Seit sich die Erkenntnistheorie „in
das subjektive Vermögen der Menschennatur" vertieft und die „selbstständige
Kraft desselben [...], die das in den Sinnen Gegebene umgestaltet", erfasst habe,
sei „auch in der Ästhetik das Prinzip der Nachahmung unhaltbar" geworden (GS
6, 115). Dilthey sieht es als spezifische Leistung gerade der klassischen deutschen
Ästhetik an, die Bindung an das Gesetz der Nachahmung überwunden und die
schöpferische Leistung der Einbildungskraft herausgestellt zu haben. Allerdings
sei sie darin zu weit gegangen und habe letztlich zu einer „Überschätzung der

---

65 Einen Eindruck von Diltheys enormer Produktivität auf diesem Gebiet sowie wertvolle Informationen über die zum Teil komplexen textgeschichtlichen Entwicklungen seiner Beiträge zur
Ästhetik und Literaturtheorie vermitteln die Bände 6, 25 und 26 der *Gesammelten Schriften*.
66 Zur Bedeutung dieser Theorie für Diltheys Gesamtwerk vgl. Makkreel (1991, 23–24).

Form" sowie zur „Verehrung eines von der Wirklichkeit getrennten Bezirkes reiner idealischer Gestalten" tendiert (GS 6, 122). Dilthey greift an dieser Stelle auf die Worte Otto Ludwigs zurück, um seine Thesen zu stützen, und spricht von einer „unnatürlichen Scheidung" von „Kunst und Leben", die die Poesie zu einer „Fata morgana" gemacht und „den Menschen mit der Welt und sich selbst entzweit" habe (GS 6, 122).[67] Die Lossagung vom Mimesis-Prinzip ist für Dilthey also nicht gleichbedeutend mit der Trennung von Kunst und Erfahrungswirklichkeit. Grundlage allen literarischen Schaffens ist aus seiner Sicht notwendig „Erlebnis" und „lebendige Erfahrung", und damit meint Dilthey zunächst nichts anderes als die aus tätigem Lebensvollzug gewonnenen „Bilder der Außenwelt" oder „Lebensvorstellung" (GS 6, 128). Der „Erfahrungskreis", auf den sich der Dichter beziehe, sei von dem anderer Menschen nicht unterschieden.[68] Gleichwohl erfahre das Material eine Umbildung: Die der Erfahrung und dem Erlebten entnommenen „Einzel- oder Allgemeinvorstellungen von Charakteren" entwickelten sich zu literarischen Figuren, der „Nexus der Vorgänge, den die Erfahrungen des Lebens darbieten", werde zur „ästhetischen Handlung" (GS 6, 128–129). Diltheys besondere Aufmerksamkeit gilt nun den psychologischen Prozessen, die bei dieser Transformation eine Rolle spielen.

Wichtig ist, dass die Umbildung von Erfahrungsinhalten, aus denen das literarische Werk entsteht, nach Dilthey auch in anderen Lebensbereichen nachzuweisen ist. Die poetische Einbildungskraft, so sein Argument, arbeitet nach Gesetzen, die auch bei der Verarbeitung von Bewusstseinsmomenten im Kontinuum der alltäglichen Lebenserfahrung wirksam sind.[69] Im Autor „wirken [...]

---

67 Dilthey zitiert hier Ludwig (1874, 84).

68 Die Historizität des Erfahrungszusammenhanges bedingt dabei nicht nur die Spezifik der Inhalte, sondern auch die Art und Weise ihrer Darstellung: „Das Weltverständnis der Zeit entscheidet, welche Lebensvorstellungen das Gefühl emporhebt sowie in welcher Richtung es sie zu poetischen Bestandteilen und Beziehungen ausbildet. Es hebt ein Wesenhaftes in den Charakteren heraus. Es gibt der Handlung Bedeutsamkeit. Es eröffnet durch Verwandtschaft und Kontrast zwischen den Charakteren weite Perspektiven. Es schafft eine bestimmte Art von Einheit der Handlung im Drama. Und dies alles tut es eben auf Grund der Tatsachen von Verwandtschaft, Kontrast, Struktureinheit, Wechselwirkung, welche ihm das Leben des Zeitalters zur Verfügung stellt" (GS 6, 233).

69 Hinzuzufügen ist, dass Dilthey die künstlerische von anderen Arten der Einbildungskraft unterscheidet, nämlich zum einen von der wissenschaftlichen Einbildungskraft, die eine Dominanz des kognitiven Weltbezugs voraussetzt und etwa in dem Entwurf von Hypothesen eine Erweiterung der Erfahrung ermöglich; zum anderen von der praktischen Einbildungskraft, die primär dem Willen entspringt und Handlungsziele erschafft. Demgegenüber würden in der künstlerischen Einbildungskraft die „Vorstellungsinhalte und deren Verbindungen *von den Gefühlen aus* bestimmt und geformt" (GS 6, 147). Genau genommen ist die künstlerische Imagination für Dilthey sogar nur eine spezifische Art eines gefühlsbestimmten Transformationsprozesses.

dieselben Vorgänge, welche in jedem Seelenleben auftreten", nur dass sie hier in einer gesteigerten „Intensität" zur Geltung kommen (GS 6, 131). Wie im Hinblick auf seinen erkenntnistheoretischen Ansatz bereits deutlich wurde, sind Erfahrungsinhalte für Dilthey nie statische Größen, sondern bewegliche Einheiten, die sich im Zusammenwirken der Lebensbezüge und unter dem Einfluss einer ebenfalls schöpferischen Erinnerung beständig verändern. Diese Grundeigenschaft der inneren Vorstellungen bezeichnet er als das „Leben der Bilder":

> Wie die Wahrnehmungen oder Vorstellungen in dem wirklichen Zusammenhang des Seelenlebens auftreten, sind sie von Gefühlen durchdrungen, gefärbt, belebt; die Verteilung der Gefühle, der Interessen, der so bedingten Aufmerksamkeit erwirkt mit anderen Ursachen ihr Auftreten, den Grad ihrer Entfaltung, ihr Erlöschen; Spannungen der Aufmerksamkeit, die von den Gefühlen her sich bilden und Formen von Willenstätigkeit sind, erteilen den einzelnen Bildern eine triebartige Energie oder lassen dieselben wieder versinken. Daher ist jede Vorstellung in der wirklichen Seele *Vorgang*; die Empfindungen selber, die in einem Bilde verknüpft sind, wie die Beziehungen, die zwischen ihnen bestehen, unterliegen *inneren Veränderungen*; auch die Wahrnehmung, das Bild ist lebendiger veränderlicher Vorgang. (GS 6, 139–140)

Dilthey legt den Akzent auf die Bildsamkeit der Bewusstseinsinhalte. Bilder und Vorstellungen werden nicht nur – etwa nach dem Gesetz der Assoziation – miteinander verschiedenartig verbunden, sie verändern auch ihre Gestalt und ihre Proportionen. So wie jede Schöpfung des Einbildungsvermögens Erlebtes und Erfahrenes verarbeite, so enthalte jeder Erinnerungsvorgang notwendig ein bildnerisches und zum Teil auch schöpferisches Moment. Einbildungskraft und Erinnerungsvermögen liegen mit anderen Worten die gleichen Bewusstseinsprozesse zugrunde. „Es giebt kein Gedächtniß, welches nicht auch Einbildungskraft wäre, so wie es keine Einbildungskraft giebt, welche nicht auch Gedächtniß wäre", schreibt Dilthey in seinem 1877 erschienenen Aufsatz über „Charles Dickens und das Genie des erzählenden Dichters" (GS 25, 410). Konkret benennt und erläutert er drei fundamentale Prinzipien, nach denen im Bewusstsein Vorstellungsbilder und Erfahrungen umgestaltet werden. Die Veränderung erfolgt demnach zum einen durch den Ausfall oder die Ausschaltung einzelner Bestandteile (GS 6, 172); im gewöhnlichen Leben entscheide die „augenblickliche Bewußtseinslage" darüber, welche Elemente der Vorstellungen wegfielen, der Dichter hingegen gebrauche dieses Prinzip, um eine „Klarheit und Übereinstim-

---

Daneben ließen sich weitere Fälle angeben, in denen eine „Stimmung" oder „Gefühlslage" die Vorstellungen modifiziere, zum Beispiel die eingebildeten Leiden des Hypochonders (GS 6, 147). Was die künstlerische Einbildungskraft nach Dilthey auszeichnet, ist die Absichtlichkeit, mit der diese Stimmungen hervorgerufen werden.

mung der Bildbestandteile" zu erreichen (GS 6, 172–173). Zum anderen kommt es zu einer Veränderung der ursprünglichen Eindrücke durch Verminderung oder Steigerung der Intensität. Dilthey denkt hierbei vor allem an die Macht von Gefühlen, alle Vorstellungen und Wahrnehmungen gleichsam in ihren Bann zu ziehen, so wie beispielsweise die Melancholie „die Farben der Wirklichkeit verblassen" lässt (GS 6, 173). Seiner Ansicht nach zeichnet es viele Dichterpersönlichkeiten aus, dass sie für diese Art der gefühlsgeleiteten Transformation in besonderer Weise empfänglich sind: „[D]ie Felsen werden schroffer, die Wiesen saftiger, wenn ihr Auge darüber hingeht" (GS 6, 174). Zu diesen beiden Gesetzen kommt aber noch ein drittes, das für die literarische Produktion von besonderem Gewicht ist: „Bilder und ihre Verbindungen ändern sich, indem in ihren innersten Kern neue Bestandteile und Verbindungen eintreten und so diesen ergänzen" (GS 6, 174). Dilthey versteht unter dieser produktiven Erweiterung der Bilder allerdings nicht die „Neuschöpfung von Inhalten, die nirgend erfahren wurden" (GS 6, 142), sondern die Aufnahme von Erfahrungsinhalten aus einem anderen, möglicherweise entfernten Bildzusammenhang in den aktuellen.

Diese Umbildungsprozesse erfolgen nun nach Dilthey nicht zufällig oder ausschließlich nach Maßgabe situativ bedingter Reize der Aufmerksamkeit, des Willens oder des Gefühls. Zu den zentralen Gesichtspunkten seiner Poetik wie seiner Erkenntnistheorie gehört die Vorstellung einer persönlichen, das heißt aus Erfahrung erwachsenen inneren Struktur des Bewusstseins. Dilthey nennt diese Struktur den „*erworbene[n] Zusammenhang* des Seelenlebens" (GS 6, 143). Er basiert auf den Eindrücken, die das Subjekt im fortwährenden Kontakt mit seiner Umwelt gewinnt und die sich in ihm als Erinnerungen gewissermaßen anlagern. Der Zusammenhang umfasst dabei „nicht nur unsere Vorstellungen, sondern auch die aus unseren Gefühlen entsprungenen Wertbestimmungen und die aus unseren Willenshandlungen entstandenen Zweckideen, ja die Gewöhnungen unseres Gefühls und unseres Willens" (GS 6, 143). Das Zusammenwirken dieser Faktoren macht, wie gesehen, im Kern das aus, was Dilthey unter Erleben versteht. Insofern sind Erlebnisse die zentralen Bestandteile dieses Gesamtzusammenhangs. In seinen Aufzeichnungen zur Umarbeitung der *Poetik* notiert Dilthey: „Alles von mir Erlebte, Erlebbare bildet nun [einen Zusammenhang]. Leben ist Verlauf, der in einem Strukturzusammenhang zu einem Ganzen verbunden ist" (GS 6, 313). Dieser Nexus ermöglicht dem Erfahrungssubjekt, sich in ein stabiles Verhältnis zu seiner Umwelt zu setzen. Die Struktur, die im Erleben kontinuierlich ausgebildet wird, wirkt zugleich auf dieses Erleben zurück und reguliert die Aufnahme und Verarbeitung von Eindrücken. „Im Zuge seiner Entwicklung", erläutert Makkreel (1991, 140), „schützt uns dieser umfassende Zusammenhang davor, auf jeden Reiz unseres Milieus reagieren zu müssen und gestattet uns, mit Überlegung zu handeln". Seine Wirksamkeit ermöglicht die Ausprägung konstanter Handlungsmuster und damit letztlich auch einer persönlichen Identität. Denn unsere „Interessen werden nicht von verschiedenen, aufgrund sich verändernder Lebenssituationen willkürlich entstehenden Gefühlen bestimmt, sondern unsere Gefühle werden in eine wertende Struktur eingeordnet, die eine wachsende Kohärenz unseres Verhaltens gegenüber der Welt sicherstellt" (Makkreel 1991, 140). Dieser Zusammenhang nun wirkt auch bei der Umbildung von Erfahrungsinhalten, wie sie unter anderem die poetische Einbildungskraft vornimmt. Er „bedingt dann als ein Ganzes, nicht klar und deutlich nach Bestandteilen und Beziehungen unterschieden und doch wirksam, die Vorgänge im Dichter, durch welche Lebensvorstellungen emporgehoben werden zu poetischen Bildern" (GS 6, 231).

Wie der erworbene Zusammenhang des Seelenlebens dem Menschen allgemein ermöglicht, Kategorien wie Bedeutung, Sinn oder Wesen auszubilden[70], so schafft er in der literarischen Produktion die Voraussetzung für die Typisierung und Verallgemeinerung von Figuren und Handlungen. Prozesse der Ausscheidung von zufälligen oder partikularen Erfahrungen sowie der Konzentration auf das individuell Wertvolle und Wesentliche begleiten und strukturieren den Lebensalltag jedes Menschen. Insofern greift der Autor, wenn er eine Figur oder eine Handlung imaginiert, immer schon auf eine geordnete Wirklichkeit zurück: „Die unbewußte Arbeit der Lebenserfahrung, die in dem Dichter vollbracht ist, ehe ihm noch sein Stoff gegenübertritt, läßt ihn die tote Faktizität desselben in einer notwendigen Folge von Momenten [...] nachbilden" (GS 6, 187). Der Zusammenhang der Lebenserfahrung fundiert mit anderen Worten die Idealisierung und Typisierung der Geschehenszusammenhänge im literarischen Werk. Doch ist diese Erfahrung für Dilthey keineswegs als ein ausschließlich subjektiver Bezugs- und Bedeutungsrahmen zu verstehen, denn in ihm sind auch intersubjektive, nämlich gesellschaftliche und kulturelle Wertsetzungen wirksam. Neben die persönliche tritt, wie bereits herausgestellt wurde, immer auch eine allgemeine, das heißt gruppenspezifische Lebenserfahrung. Wenn das literarische Werk aus einer „Umbildung von Lebensvorstellungen in ästhetische Bestandteile und Be-

---

[70] „Das Zentrum der Lebensstruktur selbst, wie es so erlebt wird, im Gegensatz zu allem, was nicht Zentrum ist, spricht sich aus in den Kategorien von Wesen, Essentialität, Bedeutung, Sinn. [...] Wir nennen das am Leben, was so für uns dessen Mittelpunkt ist, das Wesentliche, das Essentielle. Wir sagen, daß Bedeutung und Sinn des Lebens hierin beruhen" (GS 19, 375). Durch Fokussierung seines Interesses ordnet der Mensch die Tatsachen seiner Wirklichkeit nach Relevanzkriterien. Worin dieser Mittelpunkt auch liegen mag, ob sich das Individuum dessen bewusst ist oder nicht, „irgendetwas macht ihm Wesen und Bedeutung seines Daseins aus; und dadurch ist in jedem der Unterschied dieses Elementar-Entscheidenden von dem Unwesentlichen, ja Gleichgültigen gegeben" (GS 19, 376).

ziehungen" entsteht, ist es darin also auch „durch die Koordination von Le-
benstatsachen und Lebensvorstellungen bedingt, welche den Charakter eines
Zeitalters ausmachen" (GS 6, 233). Zudem gibt es nach Dilthey neben diesen
historisch bedingten Wert- und Bedeutungsbestimmungen auch anthropologisch
konstante oder zumindest transhistorisch aktuelle Erfahrungsinhalte wie die
Konfrontation mit dem „unermeßlichen Raum der Gestirne" (GS 6, 232); allerdings
lasse sich aus solchen Inhalten kein „allgemeingültiges Weltverständnis ableiten"
(GS 6, 232). Dieses Verständnis und damit die literarische Produktion blieben
notwendig „durch die geschichtliche Bewußtseinslage bedingt und relativ" (GS 6,
232).

Der erworbene Seelenzusammenhang aber ist nicht nur die entscheidende
Voraussetzung für die *Produktion* von Literatur, er ist auch bei deren *Rezeption*
maßgebend. Dilthey geht davon aus, dass der Rezipient, indem er die literarisch
dargestellte Welt, ihre Figuren, Orte und Situationen, in seinem Vorstellungsver-
mögen rekonstruiert, sie zu einem gewissen Grad dem eigenen inneren Strukturzusammenhang eingliedert. Die Wirkung eines literarischen Werkes wird
deshalb davon abhängen, ob das Dargestellte mit den in diesem Zusammenhang
gegebenen „Gesetzen und Wertbestimmungen des Wirklichen" (GS 6, 199) korreliert. Auf dieser Übersetzung in die eigene Lebenserfahrung beruht nach Dilthey
auch die künstlerische Illusion und die Glaubhaftigkeit des Dargestellten für den
Rezipienten.

> Da aber diese ganze poetische Welt samt den Personen und Schicksalen in ihr sich nur in der
> Phantasie eines Hörers oder Lesers aufbaut und dort ihre Existenz hat, steht sie zugleich
> unter dem Gesetz der Seele, in welche sie tritt; der erworbene Zusammenhang des ganzen
> Seelenlebens muß zu ihrer Auffassung mitwirken. So muß sie den Gesetzen gemäß sein,
> welche unser Erkennen an der Wirklichkeit gefunden hat. Sie muß die Gefühlswerte der
> Menschen und Dinge richtig ausdrücken, wie sie ein reifer Geist am Leben entwickelt hat. Sie
> muß ein Verhältnis der Willen und einen Zusammenhang der Zwecke zeigen, wie ihn
> männlicher Sinn an seiner Arbeit erworben hat. Dann entsteht die *Glaubhaftigkeit*, die
> *Wahrscheinlichkeit*, das *Kernhafte* in dem Schein des Wirklichen, deren Personen und
> Schicksale bedürfen, um in Mitleid und Furcht zu erschüttern. (GS 6, 221–222)

Das literarische Werk ist also in doppeltem Sinne erfahrungsgebunden: Es entsteht aus der Transformation von erlebter Wirklichkeit durch den Autor und wird
vom Rezipienten auf seinen eigenen Erfahrungshintergrund bezogen. Erlebnis
und Erfahrung liegen der Dichtung zugrunde, aber der Autor muss zugleich die
dargestellte Welt nacherlebbar machen, damit sie auf den Leser ihre volle Wirkung entfalten kann. Damit aber dem Rezipienten „die Nachbildung zum Erlebnis
der Wirklichkeit" (GS 6, 199), zum Analogon seiner eigenen Lebenserfahrung
werden kann, muss das Dargestellte bereits die Gestalt erfahrener und erlebter

Wirklichkeit angenommen haben. Dilthey erläutert diesen Gedanken an anderer Stelle mit Bezug auf den lyrischen Dichter. Dieser bringe ein „Erlebnis zum Ausdruck", indem er „Menschen und Dinge in einem Lebensbezug zu einem ideellen [d. h. nicht empirischen, sondern fiktiven] Ich" erscheinen lasse, „in welchem sein eigenes Dasein und innerhalb desselben sein Erlebnisverlauf in der Phantasie gesteigert ist" (GS 7, 132). Dieser Grundsatz gilt nach Dilthey aber nicht nur für die Lyrik, sondern für jede literarische Gattung[71] und sogar für die Geschichtsschreibung, zumindest sofern sie auf Anschaulichkeit abzielt. Der „Eindruck des wirklichen Lebens", so Dilthey, kann sich immer nur dann einstellen, wenn „Personen, Sachen, Vorgänge die Gestalt und Färbung" erhalten, „in der sie vom Gesichtspunkt des Lebensbezugs aus Wahrnehmungen und Erinnerungsbilder im Leben selber geformt haben" (GS 7, 132).

In dieser Leistung, ein fremdes Leben nacherlebbar zu machen, liegt für Dilthey die eigentliche Funktion von Literatur. Sie eröffnet damit, wie er in seinem Spätwerk explizit, eine der Geschichtsschreibung vergleichbare Form des Verstehens. Um diesen Zusammenhang zu verdeutlichen, möchte ich abschließend einen kurzen, von Dilthey nicht publizierten Text heranziehen, der im Umkreis der Abhandlung *Der Aufbau der geschichtlichen Welt in den Geisteswissenschaften* (1910) entstanden ist und den Titel „Das Verstehen anderer Personen und ihrer Lebensäußerungen" trägt. Im Zentrum dieses Textes steht die Unterscheidung zwischen „elementaren" und „höheren Formen des Verstehens" (GS 7, 210). Zielen jene nur auf die Übersetzung eines Ausdrucks (eines Satzes, einer Handlung, einer Geste etc.) in einen darin ausgedrückten Inhalt, ohne „den ganzen Lebenszusammenhang" (GS 7, 210) des Aussagenden zu berücksichtigen, so versuchen die höheren Formen des Verstehens einzelne Äußerungen auf ein Ganzes, „auf den Zusammenhang in einem Werk oder einer Person" (GS 7, 212) zu beziehen und so einen „Lebenszusammenhang im Gegebenen aufzufinden" (GS 7, 213). Möglich wird dies nach Dilthey durch die Fähigkeit des Menschen, sein eigenes Selbst „in einen gegebenen Inbegriff von Lebensäußerungen" zu übertragen (GS 7,

---

71 Trotz seines historisierenden Ansatzes hält Dilthey an dem Theorem der Ur-Gattungen fest, die er aus „primären mächtigen Formen des Erlebnisses" (GS 6, 204) ableitet. Auf Grundlage dieser anthropologisch konstanten Erlebnisformen hätten sich im Laufe der Literaturgeschichte feste Gattungsmuster herausgebildet: aus der „Kultushandlung" und der „Festesfreude" das Lied (also die Lyrik), aus dem Tanz, dem Gebärdenspiel und der Pantomime das Drama, aus dem „Gedächtnis der Stammesahnen" wiederum die Epik (GS 6, 204). Aus diesen relativ unbestimmten Gattungsgrenzen leitet Dilthey dann auch konkrete Gattungskriterien ab, ohne deren Validität immer historisch einzuschränken. Für den Gegenstand der epischen Poesie ist hier der bereits erwähnte Aufsatz von 1877 über „Charles Dickens und das Genie des erzählenden Dichters" von besonderer Relevanz.

214) und auf diese Weise ein fremdes Seelenleben nachzubilden. Als Hineinversetzen, Nachbilden oder Nacherleben bezeichnet Dilthey diesen Vorgang, der im Übrigen nicht als reine Einfühlung in die Psyche eines Charakters missverstanden werden darf, da die Ausbildung eines Seelenzusammenhangs ja stets im Kontakt mit einer spezifischen Umwelt erfolgt und insofern die „Vergegenwärtigung eines Milieu und einer äußeren Lage" (GS 7, 215) zum Verständnis des fremden Lebens unabdingbar ist. Diese höhere Form des Verstehens, die auf Nacherleben beruht, vermag nach Dilthey in erster Linie die Geschichtsschreibung und die Literatur anzuregen. Wobei er mit Blick auf die literarische Fiktion noch einmal differenziert zwischen dem Verstehen, das sich auf das Handeln der dargestellten Figuren, und dem Verstehen, das sich auf die Beziehung zwischen dem literarischen Werk und seinem Urheber bezieht (GS 7, 211–212).[72] Das Sich-Hineinversetzen, die Immersion in die fiktiven Zusammenhänge, gilt Dilthey gleichwohl nicht als Ausweis eines naiven Lektüreverhaltens, sondern stellt für ihn einen legitimen Umgang mit der literarisch inszenierten Wirklichkeit und den Lebensäußerungen der darin gestalteten fiktiven Figuren dar. Seiner Ansicht nach unterscheidet sich diese Form des höheren Verstehens in der Herangehensweise kaum von derjenigen, die sich auf die Beziehung zwischen Werk und Autor richtet. Denn in beiden Formen transzendiert der Rezipient beziehungsweise Interpret die Begrenzung des eigenen Lebens und macht einen fremden Lebenszusammenhang vorübergehend zu dem eigenen.

(c) Welche Rückschlüsse lassen sich nun aus Diltheys Erkenntnistheorie und seiner Poetik für die Erzähltheorie Otto Ludwigs ziehen? Wie die Präsenz des Erlebnisbegriffs in den *Romanstudien* bereits anzeigt, lassen sich Kontinuitätslinien im theorieleitenden Wirklichkeits- und Literaturverständnis ausmachen, allerdings auch einige markante Differenzen.[73] Die Überschneidungen resultieren daraus, dass beide Theoretiker von einem Analogieverhältnis zwischen Literatur

---

72 Dilthey geht davon aus, dass die mentalen Prozesse, die im Dichter während der Produktion eines literarischen Werkes vorgehen, denjenigen ähnlich sind, die im Rezipienten während der Lektüre wirken: „Die Verbindung von einzelnen Seelenvorgängen, in welchen eine Dichtung geboren wurde, ist nach Bestandteilen und Struktur derjenigen ähnlich, welche sie dann bei dem Hören oder Lesen hervorruft" (GS 6, 194). Das ermöglicht ihm die Annahme, dass der Rezipient nicht nur die äußeren Bedingungen und Motivationen des Autors nachvollziehen, sondern auch den kreativen Schaffensprozess zu einem gewissen Grad nacherleben kann.
73 Übereinstimmungen zwischen Ludwig und Dilthey diskutiert bereits Nicolai (1934, 144). Sauerland (1972, 117) sieht Diltheys Poetik in einer Zwischenstellung zwischen Moderne und Realismus. Bis in die 1890er Jahre bewege sich Dilthey demnach in deutlicher Nähe zum realistischen Literaturverständnis, wie Verbindungen unter anderem zu Ludwigs poetologischen Schriften zeigten (Sauerland 1972, 128). Um die Jahrhundertwende sei dann eine Wende und eine Annäherung an symbolistische Tendenzen erkennbar.

und Erfahrungswirklichkeit ausgehen: Das betrifft sowohl die Leistung der schöpferischen Einbildungskraft, die auf höherer Stufe fortsetzt, was bei der alltäglichen Bewältigung und Strukturierung des Lebens beginnt, als auch die imaginative Aneignung des Dargestellten durch den Rezipienten, die dem verstehenden Nachbilden eines fremden Lebenszusammenhangs gleicht. Ludwig hat diese Gedanken nicht in vergleichbarer Stringenz wie Dilthey entwickelt, doch finden sich in seinen Texten an einigen Stellen Überlegungen, in denen die Verfahrensweisen der poetischen Einbildungskraft mit Prozessen der Organisation von Bewusstseinsinhalten in der alltäglichen Lebenspraxis in Verbindung gebracht werden (vgl. Steinmetz 1975, 235–237). Besonders aussagekräftig ist diesbezüglich eine Passage aus den *Shakespeare-Studien*, die den Titel „Die poetische Wahrheit analog dem Bilde der Erinnerung" trägt und worin der Gedanke entfaltet wird, dass sich der Autor bei der von ihm zu leistenden Idealisierung eines Geschehens – worunter Ludwig die Abstraktion von zufälligen oder folgenlosen Vorgängen und das Zusammenfassen der Ereignisvielfalt zu einer sinnvollen Einheit versteht – an „dem Gesetze der Erinnerung" orientieren könne:

> Wie geht die Erinnerung zu Werke? Einer denkt, z. B. an Jugendliebe und ihr Schicksal; dann wird die Erinnerung eine dichterische Abstraktion vornehmen, alles Vorher und Nachher, alles, was zugleich mitspielte, aber nicht eingriff, weglassen; die Personen, die mit in den Handel selbst verflochten waren, werden von der Erinnerung nur an *der* Seite erhellt sein, die mitthätig den beiden Helden zugewandt war; das volle Licht der Aufmerksamkeit wird auf die beiden Hauptpersonen, auf den sich Erinnernden und seine damalige Geliebte fallen. Wie die Erinnerung nun vom gleichgiltigen Neben der Gruppe, so wird sie auch von den Zeitspatien zwischen den einzelnen Szenen abstrahieren, sie wird stetig von Ursache zur Wirkung gehen, seien sie auch in der Zeit noch so weit auseinander, hier schließen sie eine Kette; wie die einzelnen Szenen interessanter für die Erinnerung sind, um so länger wird sie verhältnismäßig bei ihnen verweilen und sie ausmalen, je weniger interessant, desto schneller wird sie darüber hinwegeilen; (STD 2, 39–40)

Der Vorgang der Ordnung von Erfahrungsinhalten im Gedächtnis und die Ordnung der fiktiven Welt durch den Autor sind nach Ludwigs Darstellung strukturell analog; die „Erinnerung ‚poetisiert' Gewesenes" (Steinmetz 1975, 236). Anders oder zumindest deutlicher als Dilthey tendiert Ludwig allerdings dazu, den Prozess der Transformation von Erlebnissen und Erfahrungen als einen Übergang von Befangenheit zur relativen Übersicht zu beschreiben. Mit dem zeitlichen Abstand wachse demnach das Verständnis für die in den Wirren des Lebens verborgenen Zusammenhänge: Die „Beziehungen, die der darin lebende übersah, vom Moment hingerissen, werden ihm nun heraustreten, Rat und Lehre sich daran knüpfen, da das Ganze übersehbar ist und zugleich vor ihm liegt, der damals ein bewußtloser Raub des Augenblickes war" (STD 2, 40). Ludwig betont also, dass die Erinnerung nicht einen sachfremden Zusammenhang konstruiert, sondern einen den Ereignissen inhärenten, aber zunächst nicht erschlossenen Sinn auffindet. Der Erinnernde „begreift alles, so fremd es seinem jetzigen Menschen ist" (STD 2, 40), genauer gesagt begreift er es, indem er auf gewonnene Erfahrungen wie auf das Leben eines fremden Menschen zurückblickt. Überein kommen Dilthey und Ludwig gleichwohl in dem Anliegen, die Transformation von Erfahrungsinhalten im Medium der poetischen Einbildungskraft mit dem Verweis auf die analoge Leistung der Erinnerung zu legitimieren. Für beide ist daher der Unterschied zwischen literarisch entworfener und außerliterarisch erfahrener Wirklichkeit mit dem Unterschied zwischen den augenblicklich durchlebten und den erinnerten Ereignissen vergleichbar. Um dieses Verhältnis auszudrücken, nutzt Ludwig bevorzugt den Begriff der Steigerung, mit dem auch Dilthey die Veränderung von Erfahrungsinhalten in Abhängigkeit von der Intensität der Empfindung bezeichnet. Über die Welt in Dickens' Romanen notiert Ludwig, sie erscheine als eine „gesteigerte wirkliche" (RS 603); an anderer Stelle spricht er davon, Dickens' „Verfahren" beruhe auf „einer Steigerung der Wirklichkeit in Form u. Farbe" (H 121). Literarische und außerliterarische Wirklichkeit unterscheiden sich folglich nicht kategorisch, sondern graduell in der Intensität der Eindrücke.

Diltheys und Ludwigs Positionen überschneiden sich also in der Einschätzung, dass die poetische Einbildungskraft die außerliterarisch erfahrene Wirklichkeit modelliert und umformt, dabei aber auf eine Weise verfährt, die anderen Bewusstseinsprozessen wie der Erinnerung strukturell und funktional entspricht. Ferner nehmen beide an, dass die Analogie zu den Strukturen der Erfahrungswirklichkeit nicht nur für die Produktion, sondern auch für die Rezeption literarischer Texte entscheidend ist. Das Miterleben (Zusammenerleben) oder Nacherleben der Geschichte, von dem Dilthey und Ludwig sprechen, beruht auf einer modalen Analogie zwischen außer- und innerliterarischer Welt, modal deshalb, weil sie sich auf die Art und Weise des Umgangs mit den fiktiven Figuren und Geschehnissen bezieht. Nach diesem Verständnis lässt sich der Rezipient – in der Regel im vollen Bewusstsein der Fiktivität des Dargestellten – auf eine Art Überblendung von literarischer und persönlicher Erfahrungswirklichkeit ein. Diese komplexe mentale Interaktion meint mehr als nur eine emotionale Bindung und das Sympathisieren mit einzelnen Figuren. Zwar kann das emotionale Engagement ein wichtiger Faktor sein; Dickens' Romane lobt Ludwig deshalb auch explizit dafür, dass sie den Leser zur Anteilnahme an den Schicksalen der Figuren bewegen (RS 644). Mit dem Konzept des mittleren Helden aber zeigt er auf, dass eine intensive Erlebnisbindung an die fiktive Welt auch ohne ein ausgeprägtes emotionales Interesse an der Hauptfigur möglich ist (vgl. Kap. 4.1.3.1); und in seiner Theorie der Spannung weist er, wie noch zu zeigen sein wird, auf Formen der Spannungserzeugung, die nicht auf Sympathie, sondern auf Neugier beruhen und die den Leser weniger auf emotionale als auf intellektuelle Weise an das erzählte Geschehen binden (vgl. Kap. 4.1.6.1). Der Komplexität der immersiven Rezeptionsweise entspricht, dass das Erlebnis der fiktiven Welt nicht zwangsläufig mit Abschluss der Erzählung oder der Beendigung der Lektüre endet, sondern darüber hinaus andauern kann. Figuren und Ereignisse behalten dann gewissermaßen ihren Platz im ‚erworbenen Seelenzusammenhang' (Dilthey) des Rezipienten. Eben dies meint Ludwig, wenn er notiert, dass der Erzähler „etwas gebe[n]" müsse, „was unser Gemüt ins Interesse zieht, und zwar so fest, daß es zu einem Teile unsers innern Besitzes, sozusagen unsers Wesens wird, das, was wir als unser aus dem Buche davontragen" (RS 603).

Die Analogie zwischen literarischer und persönlich erfahrener Welt bezieht sich also auf den Erfahrungsmodus, weniger auf die Inhalte der Darstellung. Folgt man diesem Ansatz, so kann ein ‚Zusammenerlebnis' mit der Figur für den Rezipienten auch dort möglich sein, wo die erzählte Welt in ihrer Beschaffenheit und Ausstattung von dessen Erfahrungswirklichkeit abweicht. Wiederum mit Bezug auf Dickens diskutiert Ludwig die Strategie des Autors, den Leser zu Beginn der Lektüre gewissermaßen gewaltsam in einen von der eigenen Lebenswelt entfernten Kontext zu versetzen, um ihn dann wiederum im Verlauf der Lektüre in diesen Kontext einzugewöhnen: „Zunächst regt er [Dickens] unsre Phantasie an, damit er unsern Glauben gewinne, seine Welt uns wirklich lebendig werde" (RS 604). Dabei trügen „drastische Begebenheiten" am Anfang dazu bei, den Leser „vom Alletag ab[zu]schließen" (H 120) und „das normale Maß vergessen" zu lassen (RS 603). Sei dieser Sprung geschafft, greife wieder der Maßstab der Erfahrungswelt, dann müssten „die Gesetze der Wirklichkeit in dies gesteigerte Leben eingebildet werden, und daßelbe mit Liebe und Lust ins Detail verfolgt" werden (H 120). Mit anderen Worten: Es kommt nicht darauf an, dass der Alltag des Lesers dargestellt, sondern dass dem Leser das Dargestellte zum Alltag wird. Die Einführung in einen zunächst fremden und unbekannten Kontext ist, wie gesehen, eine zentrale Funktion des mittleren Helden. Ein solcher Figurentyp kann nach Ludwigs Darstellung zwischen der Erfahrungswelt des Lesers und der literarisch dargestellten Wirklichkeit vermitteln und Unterschiede überbrücken. An seiner Seite „erlebt der Leser den Roman" (RS 585), weil er sich gegenüber der fiktiven Welt wie gegenüber einer realen verhalten kann, und nicht weil die dargestellten Ereignisse oder die Verhaltensweisen der Figuren in allem seinen Erwartungen und Überzeugungen entsprechen.

An dieser Stelle tritt zugleich eine wichtige Differenz in den Überlegungen Diltheys und Ludwigs zutage. Das nachbildende Verstehen, das Literatur nach dem Verständnis beider Theoretiker ermöglicht, bezieht sich bei Dilthey im Wesentlichen auf die Biografie und die Lebensäußerungen eines einzelnen Subjektes – sei es eine fiktive Figur aus dem literarischen Werk oder die reale Person des

Autors. Hineinversetzen in Diltheys Sinn meint demnach das Nachbilden des Seelenzusammenhangs einer fremden Individualität in dem eigenen. Für diese Annahme einer quasi unmittelbaren Zugänglichkeit des individuellen Seelenlebens ist Diltheys Hermeneutik später oft kritisiert worden. Denn sie unterläuft einen wichtigen Aspekt seiner eigener Erkenntnistheorie, dass nämlich das Verständnis einer fremden Individualität soziale Interaktion und Kommunikation voraussetzt. Wäre Dilthey dieser Grundannahme gefolgt, schlussfolgert Habermas (2003 [1968], 227) in seiner Interpretation, „hätte er gesehen, daß Objektivität des Verstehens nur innerhalb der Rolle des reflektierten Mitspielers in einem Kommunikationszusammenhang möglich ist." Ludwigs Poetik hingegen, insbesondere das Konzept des mittleren Helden, basiert nicht auf dem Prinzip der Einfühlung in einen anderen Seelenzusammenhang. Der mittlere Held zeichnet sich gerade durch seine relative Profillosigkeit aus; der Leser vermag seinen Platz eben deshalb so leicht einzunehmen, weil so wenig individuelle Züge wie möglich die Übertragung der eigenen Identität in eine fremde hindern. Denn diese Übertragung ist nicht der eigentliche Zweck, sondern nur das Mittel, um der erzählten Welt so nahe wie möglich zu kommen, um selbst zur „mitspielende[n] Person" (RS 651) zu werden, wie es in Ludwigs Typologie des poetischen Interesses heißt. Das Hineinversetzen in Ludwigs Sinn bezieht sich also nicht auf die Persönlichkeit einer oder mehrerer Figuren, sondern auf die Teilhabe an der Welt der Figuren. Der Rezipient wird mit anderen Worten nicht dazu genötigt, sein eigenes Ich gewissermaßen zu negieren und seinen eigenen erworbenen Seelenzusammenhang in einen fremden zeitweilig umzugestalten; er soll vielmehr in eine für ihn neue, fremde Lebenswelt eingeführt und sukzessive mit ihr vertraut gemacht werden.

In dieser Hinsicht berührt sich Ludwigs Poetik weniger mit Diltheys Theorie der Einbildungskraft als mit dessen früher Erkenntnistheorie und dem darin entfalteten Wirklichkeitsverständnis. „Die Tatsache welcher wir Wirklichkeit zuschreiben", schreibt Dilthey, „besitzt eine Beziehung zu unserem handelnden Leben; sie ist in *dem Zusammenhang des Wirkens und Leidens* inbegriffen, in *welchem unser Selbst ein Teil* ist" (GS 19, 21). Eine Gegend, die nur aus dem Eisenbahnwagen heraus wahrgenommen werde, behalte deshalb stets etwas Unwirkliches und Kulissenhaftes; als Wirklichkeit erschließe sie sich erst, wenn man sie betrete und durchwandere (vgl. GS 19, 21). „Demnach ist mein Selbst an einem bestimmten Ort und hat zu anderen Dingen eine *Lage*, welche durch die Art der Wechselwirkung und der damit verbundenen Individualität von Gefühlen bedingt ist" (GS 19, 22). Es sei daran erinnert, das Ludwig gerne die Metapher der Reise gebraucht, um die Beziehung des Rezipienten zur erzählten Welt zu beschreiben. Im Kontext von Überlegungen zu einer nie ausgeführten Novelle mit dem Arbeitstitel „Tagebuch während einer Sommerreise im königlichen großen Garten zu Dresden" notiert er, die Sache sei „so zu behandeln, daß dem Leser selbst vorkommt, als habe er eine Reise mitgemacht" (RS 666). Die Illusion des Reisens entsteht aber nur dort, wo der Rezipient in eine persönliche ‚Lage' zu den Dingen und Figuren des erzählten Raums gebracht wird und er den Eindruck gewinnt, in irgendeiner Weise am Zusammenhang dieser Gegebenheiten zu partizipieren. Das gelingt nicht, wenn er die Gegend gleichsam in hoher Geschwindigkeit durchquert und nur aus dem Abteilfenster betrachtet; er muss sich darin bewegen und sie erleben.

Die vielfältigen Bezüge zwischen Ludwigs Poetik und einer Theorie des Erlebens, die bei Lotze angedeutet und später bei Dilthey systematisch entfaltet wird, bieten möglicherweise auch eine Antwort auf die Frage, warum es fast ausschließlich die Erzählprosa ist, „die das literaturgeschichtliche Profil der Realismus-Epoche geprägt" hat, wo doch vielen Autoren und Theoretikern der Zeit, allen voran Otto Ludwig, das Drama als die höhere Kunstform galt (Aust 2006, 263).[74] Denn die Erzählung ist in besonderer Weise geeignet, Analogien zwischen den Strukturen des literarischen Textes und den Strukturen der Erfahrungswirklichkeit auszudrücken. Zum einen kann sie, über den Einsatz eines homodiegetischen oder zumindest personalisierten Erzählers, den Prozess des Erzählens als Erinnerungsvorgang inszenieren. Ludwig weist auf diesen Zusammenhang hin, wenn er behauptet, dass „Gesetz der Erzählung" sei „die Phantasie in der Gestalt der Erinnerung" (RS 568).[75] Zum anderen lässt die Erzählung im Vergleich zum Drama eine stärkere Imagination von Welthaftigkeit und Innerhalbbefindlichkeit zu, weshalb sie eine immersive, miterlebende Rezeptionsweise deutlich stärker unterstützen kann. Auch wenn man nicht so weit gehen möchte wie Fludernik (1996), das Kriterium der Erlebnishaftigkeit oder Erfahrungshaftigkeit (*experientiality*) zum zentralen Bestimmungsmerkmal von Narrativität überhaupt zu machen, so trägt doch ihre Korrektur älterer, *plot*-fixierter Narrativitätsbegriffe dazu bei, diese spezifische Leistung von Erzählungen wahrzunehmen. Denn in der Erzählung bezieht sich die Evokation von „human immundation" und „situational embodiment" (Fludernik 1996, 311) nicht nur auf die Ebene der Figuren – dies wäre kein großer Unterschied zum Drama, das die Figuren ebenfalls als in situativen Bezügen und Interaktionszusammenhängen Stehende

---

74 In der Forschung findet sich zur Erklärung dieser Dominanz meist nur der wenig befriedigende Hinweis auf die „Realitätsoffenheit" (Rebing 1972, 12) der Erzählung respektive des Romans, das heißt die Fähigkeit, aufgrund der im Vergleich mit dem Drama loseren und elastischeren Form „die Vielfältigkeit und Heterogenität der modernen Lebenswirklichkeit zu repräsentieren" (Plumpe 2005 [1985], 33).

75 Eine vergleichbare Bemerkung findet sich im Kontext seiner Theorie der Erzählformen (vgl. Kap. 4.1.5.2). Über die „eigentliche", das heißt homodiegetische Erzählung schreibt Ludwig, der Erzähler habe darin „das Gesetz der Erinnrung zu seiner Regel" (RS 654).

zeigen kann – sondern potentiell auch auf den Rezipienten und sein Verhältnis zur erzählten Welt.[76]

Dass die theoretische Vorrangstellung des Dramas trotzdem nicht infrage gestellt wird, verrät indes noch etwas anderes über die Poetik des neunzehnten Jahrhunderts: Die Einführung des Lesers in einen spezifischen Sozialraum und die Ermöglichung einer intensiven, erlebnishaften Bindung an Figuren und Ereignisse ist ihr zentrales, aber nicht das einzige Anliegen. Die meisten Autoren und Theoretiker sehen es daneben weiterhin als Aufgabe der Literatur an, über die modellhafte Darstellung sozialer Konflikte verbindliche ethische Richtlinien zu etablieren. Das Drama, in erster Linie natürlich die Tragödie, wird traditionell an diesem Anspruch gemessen, und so verwundert es nicht, dass Ludwig vor allem im Rahmen seiner *Shakespeare-Studien* auf ethische Gesichtspunkte eingeht und den Zusammenhang von Handeln und Leiden, Schuld und Strafe reflektiert. In den *Romanstudien* rücken diese Aspekte in den Hintergrund, was freilich nicht bedeutet, dass Ludwig dem Bedürfnis nach einer „poetischen Gerechtigkeit" (RS 537) in der Erzählung generell widerspräche. Auch die Erzählung muss seiner Ansicht nach der Forderung des „moralischen Gefühles" (STD 1, 466–467) standhalten. Daher bietet es sich an, den Analysefokus für einen Augenblick zu erweitern und zum einen unter Heranziehung der dramentheoretischen Schriften zu klären, was Ludwig unter einer moralisch befriedigenden Handlung versteht, und zum anderen zu überlegen, ob diese im Rahmen seiner Erzählpoetik überhaupt zu realisieren ist.

---

76 Auch Fluderniks Auffassung von narrativer Mimesis scheint mir der realistischen Position, wie sie hier am Beispiel Ludwigs dargestellt wird, bemerkenswert nahezukommen. Für Fludernik darf Mimesis nicht mit Nachahmung gleichgesetzt werden, sondern „needs to be treated as artificial and illusionary projection of a semiotic structure which the reader recuperates in terms of a fictional reality. This recuperation, since it is based on cognitive parameters gleaned from real-world experience, inevitably results in an implicit though incomplete homologization of the fictional and the real worlds" (1996, 35). Fludernik zufolge erfordern Narrationen generell eine solche Übertragung von kognitiven Parametern der Erfahrungswirklichkeit auf die erzählte Welt; in diesem Sinn sind also alle Erzählungen mimetisch, unabhängig davon, „whether that world is identical to the interlocutors' shared environment, to a historical reality or to an invented fictional fantasy. And in so far as all reading is interpreting along the lines of a represented world, it necessarily relies on the parameters and frames of real-world experience and their underlying cognitive understandings" (Fludernik 1996, 37). Wollte man diesen Ansatz für eine Bestimmung des literarischen Realismus fruchtbar machen, wäre nun zu differenzieren, ob die Übertragung der Muster und Schemata realweltlicher Erfahrung mehr oder weniger unbemerkt geschieht oder ob sie über die Erzählanlage reflektiert und bewusst gefördert wird.

4.1.4 Poetische Gerechtigkeit und charakterologischer Nexus

In seinem wichtigen Beitrag über die *Romanstudien* kommt Edward McInnes (1972) zu dem Ergebnis, dass Ludwigs Argumentation zwei einander widersprechende Theoreme enthalte: Auf der einen Seite würden der Roman als Medium der Zeitdiagnose und der Romancharakter als das Produkt der gesellschaftlichen Verhältnisse aufgefasst; auf der anderen Seite halte Ludwig an der Vorstellung der unbedingten moralischen Autonomie und der Verantwortung des Menschen für sein Schicksal fest (vgl. McInnes 1972, 708). In der Tat berührt McInnes damit einen Problemzusammenhang, der nicht nur für Ludwigs Studien, sondern darüber hinaus für die Theorie und Praxis der Literatur in der zweiten Hälfte des neunzehnten Jahrhunderts von zentraler Bedeutung ist. Im Kern geht es um die Frage, ob aus dem literarisch dargestellten Handeln einzelner Individuen überhaupt so etwas wie allgemein verbindliche ethische Richtlinien gewonnen werden können. Von zwei Seiten ist dieser Anspruch gefährdet: Auf der einen Seite droht das individuelle Handeln im Geflecht der überindividuellen, gesellschaftlichen Prozesse aufzugehen, was bedeuten würde, dass die Faktoren, die über das Gelingen oder Scheitern individueller Lebensentwürfe entscheiden, kaum noch im Einflussbereich des Einzelnen liegen (vgl. Plumpe 2005 [1985], 26–27). Auf der anderen Seite scheint die Partikularität der dargestellten Geschehnisse und Lebensverhältnisse gar keine Verallgemeinerung über den beschriebenen gesellschaftlichen Kontext hinaus mehr zuzulassen, so dass die Literatur mit dem Versuch, einen ethischen „Metacode" (Baßler 2013b, 8) zu etablieren, notwendig scheitern muss.

Ludwig gibt keine eindeutige Antwort auf die Frage, ob und in welchem Maß die modellhafte Behandlung ethischer Probleme überhaupt Gegenstand des Romans sein sollte. Mitunter spricht er davon, dass im Gegensatz zum Drama „das Ganze" der Romanhandlung „nicht zur Überschaulichkeit mit einem Blicke, zum Zusammenfassen in ein sittliches Urteil bestimmt" sei (RS 605).

> Die Personen können wohl Schuld wirken und wirken sie, aber für sich, ohne daß das Ganze die Richtung davon bekäme; [...] Die Personen handeln gut oder böse, haben die Folgen davon zu tragen, aber nicht der Zusammenhang dieses Handelns und Leidens ist die Hauptsache, noch prägt sie (die Schuld) sich als das Zentrum und den eigentlichen Gegenstand des Werkes aus. (RS 608)

Nicht weil die Geltungskraft von Kategorien wie Schuld und Strafe, Gut und Böse generell suspendiert wäre, stünden sie nicht mehr im Zentrum der Erzählung, sondern weil die Aufmerksamkeit im Roman von vornherein eher auf der „Existenz und der Breite der Erscheinung" liege und angesichts der Vielzahl an Wirkungsfaktoren die „Schuld der Einzelnen [...] als solche mehr Folge als Ursache" sei (RS 608). Ludwig scheint die Brisanz, die sich hinter einer solchen Formulierung verbirgt, nicht klar zu erfassen. In anderen Zusammenhängen jedenfalls unterstreicht er wieder den Anspruch, im Roman eine „poetische oder vielmehr sittliche Gerechtigkeit" zur Darstellung zu bringen (RS 551) und dabei „alle moralische Schiefheit" zu vermeiden, das heißt, die Figuren nicht von der Verantwortung für ihre Handlungen zu entbinden. An Dickens kritisiert er nicht zuletzt, dass dieser die „Schuld" der Personen auf „die gesellschaftlichen Zustände" wälze, wohingegen Scott dafür gelobt wird, dass keine seiner Figuren „eine andre Schuld büßt, als die er selber auf sich geladen" (RS 555). Die Frage nach den Wirkungszusammenhängen und den ethischen Konsequenzen kann so peripher also doch nicht sein.

Es ist nicht unmittelbar einzusehen, wie die Vorstellung einer durch die Wirksamkeit überindividueller Prozesse eingeschränkten Handlungsgewalt des Einzelnen mit der Behauptung der Verantwortlichkeit des Individuums für sein Schicksal, wie zudem das Interesse am Partikularen mit dem Wunsch nach poetischer Gerechtigkeit, also nach der Darstellung allgemein verbindlicher ethischer Regeln, in Einklang zu bringen ist. Es kann auch nicht behauptet werden, dass Ludwig eine in alle Richtungen befriedigende und umfassende Antwort auf diese Problemkonstellation gefunden hätte. Gleichwohl dürfen die Lösungsansätze, auch wenn sie in den *Romanstudien* zumeist implizit bleiben, nicht einfach übergangen werden. Mitunter enthalten auch scheinbar unkritische und unreflektierte Bemerkungen wie die folgende über den Autor als „lieben Gott" und die Konstruktion von poetischer Gerechtigkeit bei genauem Hinsehen doch wertvolle Hinweise auf eine Ethik, die zwischen den genannten Gegensätzen vermittelt:

> In den Charaktern ist etwas Festes gegeben; dem Leser macht's Freude, daß er errät, wie die Person in dem und dem Falle handeln wird; ebenso in der poetischen Gerechtigkeit; hier ist gewissermaßen der liebe Gott selbst eine Person von Gerechtigkeitsliebe, die eine Lust daran hat, die Ränkespinner in ihren eignen Netzen sich fangen zu lassen, und eine gewisse Eitelkeit, den Geheimnisvollen zu spielen, sich momentan verkennen zu lassen, um am Ende desto imposanter hervorzutreten und sagen zu können: Ich bin doch ich. Daß der liebe Gott den Charakter hat, weiß der Leser, er weiß, daß er so tun wird, wie er tut; so hat er das Vergnügen des Ahnens, des Ratens, wie der liebe Gott es machen wird, und zuletzt das Vergnügen, zu empfinden: Hab ich nicht gewußt, daß der liebe Gott das machen wird, wenn auch nicht gleich, wie? So ist denn am Ende der Leser mit keiner Person so sehr zufrieden, als mit dem lieben Gott, und es ist wiederum recht von dem Romanschreiber, der doch eigentlich dieser sein lieber Gott selbst ist, daß er den Leser mit dieser Empfindung entläßt. Ästhetisch und moralisch zweckmäßig. (RS 537)

Bemerkenswert an diesen Zeilen sind vor allem zwei Aspekte: Erstens lassen sie erkennen, dass die poetische Gerechtigkeit für Ludwig primär ein Rezeptionsbedürfnis darstellt, das an die Erzählung herangetragen wird. Mit der Ordnung der

Geschehenszusammenhänge nach sittlichen Prinzipien entspricht der Autor einer bereits existierenden Erwartungshaltung. Er bewegt sich mithin in seinem Schaffen notwendig in einem durch die geltenden ästhetischen und ethischen Konventionen bestimmten Feld. Es ließe sich nun darüber streiten, ob Ludwigs Bemerkungen einen recht biederen Konservatismus propagieren, der nur die Affirmation bestehender Einstellungen kennt und jede Form von Destabilisierung und diskursiver Auseinandersetzung ablehnt, oder ob sich in den Zeilen nicht doch ein ironischer Unterton bemerkbar macht, der sowohl die ästhetische als auch moralische Zweckmäßigkeit einer solchen Erzählung ein Stück weit infrage stellt. Wie dem auch sei, die Passage bietet in jedem Fall noch einen weiteren Ansatzpunkt zum Verständnis der ethischen Grundlagen von Ludwigs Poetik: So ist auffällig, dass eine Reflexion über die Beschaffenheit der Charaktere am Anfang der gesamten Überlegung steht und dass Ludwig den ästhetischen Genuss am Vollzug der poetischen Gerechtigkeit mit dem Vergnügen an der inneren Konsequenz eines Charakters und der Vorhersehbarkeit seines Handelns gleichsetzt. Um zu verstehen, wie er auf diesen Vergleich kommt und was das für seine Ethik bedeutet, ist ein kurzer Seitenblick auf die *Shakespeare-Studien* und die darin entwickelte Auffassung vom tragischen Begründungszusammenhang hilfreich.[77]

In der Auseinandersetzung mit Shakespeares Dramen versucht Ludwig Klarheit darüber zu gewinnen, auf welche Weise die moderne Tragödie den Zusammenhang von Schuld und Strafe ohne Rückgriff auf eine richtende metaphysische Instanz begründen und darstellen kann. Dabei zieht er, grob gesagt, zwei unterschiedliche Modelle in Erwägung: die Leidenschafts- und die Charaktertragödie. Nach jenem Modell repräsentieren die tragischen Helden typische Leidenschaften wie Ehrgeiz, Eifersucht, Liebe etc. in einer über die Maßen gesteigerten Form. Ihre Persönlichkeit ist dabei auf den Ausdruck dieser einen übersteigerten Anlage zugespitzt, der „Charakter [...] bloß der Boden für die Leidenschaft" (STD 1, 63). Ludwig kann so zwar begründen, worin das Typische und Repräsentative im tragischen Helden liegt, allerdings bleibt vage, woran dieser eigentlich scheitert und warum der „Normalverlauf einer Leidenschaft" (STD 1, 92) notwendig in der Katastrophe endet. Daher überrascht es nicht, wenn er daneben noch ein weiteres Tragödienmodell entfaltet, das den Schwerpunkt der Begründungsstrukturen in den Charakter des Helden verlegt. Voraussetzung dafür ist allerdings ein entscheidender Wandel der Figurenkonzeption: Demnach wird der

---

[77] Zu den folgenden Ausführungen vgl. auch Grüne (2015) sowie allgemein zu Ludwigs Dramen- und Tragödientheorie Martini (1981 [1962], 201–206), Schanze (1971, 383–386; 1973, 67–71) und Ricklefs (1991).

tragische Held nicht mehr über ein ausgreifendes leidenschaftliches Streben, sondern über eine Reihe vermeintlich unbedeutender, aber konstant auftretender Verhaltensäußerungen definiert. Wichtig ist es daher, dass der Rezipient die Figuren nicht mehr nur als „personifizierte Leidenschaften" auffasst oder sie „bloß in ihre Leidenschaft, ihren Affekt eingeklemmt" sieht, sondern dass er sie „auch in gleichgiltigeren Berührungen mit andern [...], in typischen Szenen des gewöhnlichen Lebens" wahrnimmt und so letztlich das Gefühl vermittelt bekommt, als hätte er „mit diesen Menschen jahrelang gelebt" (STD 1, 65–66). Die entscheidende Veränderung im Modell der Charaktertragödie gegenüber dem Modell der Leidenschaftstragödie liegt darin, dass der ideale (tragische) Nexus nunmehr an der Existenz des Helden, das heißt an den mehr oder weniger statischen charakterlichen Voraussetzungen, statt an seinem – durch leidenschaftliches Streben hervorgerufenen – Handeln festgemacht wird.[78] Mit Bezug auf die *Romanstudien* könnte man sagen: Der „Alltagszustand" überwiegt auch hier den „große[n] Affekt des Handelns" (RS 563–564). Dieses Tragödienmodell entspricht also dem aus den erzähltheoretischen Studien bereits bekannten Persönlichkeitsbegriff, der den angewöhnten und deshalb kaum beachteten Verhaltensäußerungen und Handlungsroutinen eine bedeutende identitätsbildende Kraft zuschreibt. In den *Shakespeare-Studien* fasst Ludwig diese Vorstellung in einer prägnanten Formulierung zusammen: „Die unbelauschten Züge zeichnen die Existenz" (STD 1, 129). Aus dieser Prämisse zieht er die Schlussfolgerung, dass auch die tragische Schuld des Helden nicht aus einer einzigen Tat, sondern aus der Gesamtheit an Handlungsroutinen hervorgehen muss:

> Der Mensch als Charakter wirkt nicht allein in einer einzigen, bestimmten That auf seine Umgebung, er wirkt, ohne es zu wissen und zu wollen, in jeder seiner Äußerungen. Er ist nicht bloß einmal, in einer Stunde, der Schmied seines Schicksals, er hämmert in jedem

---

[78] Für Ludwig hat das Drama deshalb auch nicht das Werden eines Charakters zum Gegenstand (vgl. STD 1, 72). Überhaupt fällt auf, dass Ludwig insgesamt ein statisches Figurenkonzept bevorzugt, das nicht das Moment der Entwicklung, sondern stattdessen die Konstanz der charakterlichen Anlagen hervorhebt. Das gilt auch für die *Romanstudien*, in denen Ludwig die Charakterentwicklung einmal als ein „Mittelding zwischen *Werden* und *Sichtbarwerden*" beschreibt: „Die Stetigkeit verlangt, [...] daß ein Ding nicht zu seinem entgegengesetzten werden kann, daß in die neu sich bildende Mischung nichts kommen kann, als was in der alten schon war; die Teile treten eben nur in ein andres Verhältnis [...]. In der Tat kann bei aller Entwicklung nur das in Menschen und Dingen (Tatsachen) sichtbar werden, was in ihnen schon lag" (RS 618). An anderer Stelle heißt es ähnlich: „Die innern Entwicklungen sind am gelungensten, wenn sie bloß ein allmähliches Enthüllen dessen sind, was in dem Menschen ist, in den stärksten Gliedern ein Erwachen dessen, was in dem Menschen schlief" (RS 625). Und über Pip, den Protagonisten in Dickens' Roman *Große Erwartungen* (1860–1861), schreibt Ludwig: „Es wird nichts an ihm verändert, es wird bloß in die Erscheinung hervorgelockt, was indifferent in ihm lag" (RS 621).

Momente daran, bis die Katastrophe den Hammer ihm aus der Hand nimmt. Sein Schicksal ist die Totalsumme aller Wirkungen seiner Eigentümlichkeit. (STD 1, 422)

Dass der Mensch über seine Charakteranlagen und ihre permanente Wirkkraft oft nur unzureichend Rechenschaft abzulegen weiß, wird zu einem zentralen Faktor in Ludwigs Konzeption des tragischen Begründungszusammenhangs. Als dessen Kern bestimmt er den „Widerspruch zwischen Aufgabe und Vermögen" (STD 1, 175), zwischen Handlungsabsicht und Charakteranlage. Dabei ist zu betonen, dass dieser tragische Widerspruch für Ludwig nicht aus dem Konflikt zwischen der – einer allgemeinen sittlichen Forderung entsprechenden – Pflicht und der individuellen Neigung beziehungsweise dem allgemeinen menschlichen Vermögen hervorgeht. Der Konflikt entsteht nicht, weil der Held einem kategorischen Imperativ folgt, sondern weil er sich selbst ein Ziel setzt, das seiner Natur nicht gemäß ist. Er wird „durch seine Natur", das heißt aufgrund persönlicher Neigungen, „und von außen durch die Situation", das heißt durch mehr oder weniger zufällige äußere Einflüsse, „bewogen, sich eine Aufgabe zu stellen, der er wiederum durch die Beschaffenheit jener Natur nicht gewachsen ist" (STD 1, 155). Der tragische Held stellt sich die Aufgabe selber, sie wird ihm nicht von außen oktroyiert. Ludwig interessiert also in erster Linie die auf mangelnde Kenntnis der eigenen Voraussetzungen gegründete Selbstüberschätzung und nicht die Frage nach der Umsetzbarkeit sittlicher Ideale. Es geht ihm um den Fall, dass jemand „etwas will und nicht kann, daß er sich glauben machen will, er werde es noch können" (STD 1, 237), und durch das Festhalten an dieser Überzeugung sein Scheitern besiegelt. Der eigentliche Kern der tragischen Konstruktion ist folglich nicht der Widerspruch selbst, sondern die Selbsttäuschung, das sturen Anrennen gegen die eigenen Voraussetzungen. Zu dieser Selbsttäuschung aber kommt es, weil das, was die Existenz zeichnet, in der Regel ‚unbelauscht' bleibt und die Eigentümlichkeit des Charakters sich gleichsam nur hinter dessen Rücken kundgibt.

Mit diesem Modell einer charakterologischen Tragödie entwickelt Ludwig einen durchaus bedenkenswerten Ansatz, den tragischen Begründungszusammenhang von Handeln und Schicksal auf eine neue Basis zu stellen und dabei von ideellen oder metaphysischen Konstruktionen weitgehend Abstand zu nehmen. Es stellt sich nun die Frage, ob Ludwig diesen Ansatz auch auf seine Erzähltheorie überträgt. Eine Bemerkung aus den *Romanstudien*, in der es heißt, dass der „tragische Widerspruch im Charakter" für die Erzählung nicht nötig sei (RS 668), scheint dagegen zu sprechen. Allerdings bezieht sich diese Aussage wohl eher darauf, dass innere Konflikte bei den Romanfiguren nicht unbedingt eine tragische Zuspitzung erfahren und in der Katastrophe enden müssen. Jedenfalls nimmt Ludwig insbesondere in der Diskussion eigener Figuren und in seinen Figurenentwürfen Bezug auf das in der Tragödientheorie entwickelte Konzept.[79] Noch auf der vorletzten Seite seines Manuskriptes findet sich ein entsprechender Hinweis; der Protagonist eines humoristischen Romans, liest man dort, sei nach diesem Schema zu konstruieren, das heißt, er müsse sich eine „Aufgabe setzen, die seine Beschaffenheit unlöslich macht und ihn in Leiden versezt" (H 174). In einem anderen Kontext gibt Ludwig dieser Überlegung größeren Raum und führt eine Reihe von Beispielen für Figuren an, die sich aus „Widersprüchen epischer Natur" (RS 660) zusammensetzen. Dabei fällt allerdings auf, dass die diskutierten Widersprüche anders als bei den Dramenfiguren weniger aus der Unzulänglichkeit des individuellen Vermögens resultieren als vielmehr auf sozial bedingten Gegensätzen beruhen. Bei dem ersten Beispiel, das Ludwig diskutiert, handelt es sich um einen Soziotyp, der ihm aus der eigenen Heimat vertraut ist: der sogenannte ‚Neustädter'. Nach Ludwigs Beschreibung sind darunter vagabundierende Kaufleute zu verstehen, die den „Reiz des Herumtreibens", den „Wandertrieb" und die „Tendenz zum Unbegrenzten" mit kaufmännischem Kalkül und dem „Nüchternen des kleinen Geschäftsmannes" vereinen (RS 558–559). Ein zweites Beispiel wäre die Figur eines Landgeistlichen, der aus den „Widersprüchen der verschiednen Lebenskreise, denen er zugleich angehört, auf das interessanteste zu konstruieren" ist, etwa aus den Kontrasten zwischen humanistischer Bildung und bäuerlicher Lebensweise oder zwischen seiner Eigenschaft als „Repräsentant Gottes" und seiner Gebundenheit an die kirchliche Verwaltungsbehörde (RS 559). Schließlich führt er das Beispiel des Handwerkers an, der in allen Dingen, die

---

79 Darüber hinaus findet Ludwig vergleichbare Charakterkonstruktionen auch in Erzähltexten anderer Autoren verwirklicht. Zur Figur des Oldbuck aus Scotts *Altertümler* (1816) beispielsweise notiert er: „Wie herrlich die habituellen Spuren der Kleinlichkeit, aus der Beschäftigung des Altertümlers hervorgegangen, wie kontrastiert die Geschicklichkeit, Hypothesen sich selbst als Feststehendes einzuschwatzen, mit dem scharfen, nüchternen Verstande und der Fähigkeit warm hingebenden Handelns, wenn dies herausgefordert wird; wobei der schöne große Leib des letztern nichtsdestoweniger in der Tracht jener Kleinlichkeit erscheint" (RS 558). Ohne Schwierigkeiten ließe sich an dieser Stelle auch die Brücke zu Ludwigs eigener literarischer Praxis schlagen. Das Motiv der Selbsttäuschung und inneren Widersprüchlichkeit, aus der sich tragische oder beinahe tragische Konsequenzen entwickeln, findet sich eigentlich in allen wichtigen Werken: In der *Heiteretei* (1855–1856) führt der innere Widerspruch in der Protagonistin – ihr Drang nach Selbstbestimmung bei gleichzeitiger sozialer Abhängigkeit, ihr Hass auf Männer bei gleichzeitiger uneingestandener Zuneigung für den zunächst grob und arrogant auftretenden Holder-Fritz – fast zur Katastrophe. In *Zwischen Himmel und Erde* (1856) findet sich das Motiv der Selbsttäuschung vielleicht am deutlichsten in der Gestalt des Vaters ausgeprägt, der die Rolle des *pater familias* und des Geschäftsführers verbissen weiterspielt, auch wenn es seine physischen Voraussetzungen gar nicht mehr zulassen. In Ludwigs Dramatik ist das naheliegende Beispiel eines solchen Charaktertyps der Erbförster, dessen Tragik weniger aus einem Übermaß an Eigensinn als aus einer konsequenten Selbstüberschätzung hervorgeht (vgl. Grüne 2013).

seine Arbeit betreffen, äußerst konservativ ist, in politischen Fragen aber „jede Neuerung" begrüßt oder dessen „Handwerksstolz oder Geschäftsstolz" mit den „kleinen Gaunereien" und „Handwerkskniffe[n]" des Tagesgeschäfts kontrastiert (RS 660–661).[80] Ludwig verallgemeinert diesen Gedanken weiter und merkt an, dass sich Berufsstände nicht zuletzt durch verschiedene und zum Teil gegensätzliche Wertesysteme unterscheiden: „An manchen Berufsarten sprechen wir dasselbe als Tugend des Einzelnen an, was an andern ein Fehler heißen würde", es komme immer darauf an, was den „Mittelpunkt der speziellen Standesehre" ausmache (RS 661). Im Manuskript heißt es weiter: „Wie anders wird dem Offizier das [...] Schuldenmachen angerechnet, als dem Kaufmanne, wie anders Mangel an überreiztem Point d'Honneur dem Kaufmanne, als dem Offizier" (H 49).

Ludwig entwirft also eine Reihe von Figuren(typen), die in sich gegensätzliche charakterliche und sozio-mentale Voraussetzungen vereinen. Anders als in der Tragödientheorie geht es ihm nicht primär um die tragischen Konsequenzen der inneren Konflikte; die Problematik aber, dass der Mensch mit sich selbst in Widerspruch gerät, bleibt bestehen. Ludwigs Beispiele betonen in auffälliger Weise die Integration des Einzelnen in gesellschaftliche Strukturen und sie weisen die Individuen als, in Diltheys Worten, „Kreuzungspunkte von Beziehungssystemen" (GS 7, 154) aus. Allerdings koppelt Ludwig die Frage nach dem richtigen Handeln nicht daran, ob die in diesen Beziehungssystemen realisierten Werte gerechtfertigt sind, sondern daran, ob das Individuum diese Voraussetzungen und ihre möglichen Widersprüche zu reflektieren imstande ist und sein Handeln danach auszurichten versteht. Das ethische Urteil über einzelne Figuren hängt eher davon ab, welches Verhältnis sie zu sich selbst erlangen, ob ein „Zutagekommen" der Widersprüche „im Bewußtsein des damit behafteten Individuums" erkennbar ist oder das „Hinwegräsonnieren derselben unter den Auspizien des Wunsches" und der Mangel an Einsicht dominieren (RS 559). Das mag unbefriedigend sein, weil die Kritik an herrschenden Diskursen und Denkformationen damit in den Hintergrund tritt. Anderseits gelingt es Ludwig auf diese Weise, der Einsicht in die soziale Vorprägung des individuellen Lebens gerecht zu werden, ohne gleichzeitig die Überzeugung von der Selbstverantwortung des Einzelnen aufgeben zu müssen.[81]

---

80 Diese Überlegungen stehen im Manuskript in direktem Zusammenhang mit den zuvor genannten Beispielen (H 49–50). Stern löst die Passage jedoch unverständlicherweise aus ihrem Kontext und fügt sie am Ende des Gesamttextes unter der Überschrift „Ein epischer Widerspruch beim Bürger" wieder ein (RS 660–662).

81 Eine gewisse Balance lässt sich auch für das Verhältnis von Individualität (des Falls) und Allgemeinheit (der Regel) erkennen: Die Beispiele, die Ludwig nennt, haben typischen Charakter, der Umgang mit den sozio-mentalen Widersprüchen aber ist individuell verschieden und von

Im vorliegenden Zusammenhang ist allerdings nicht entscheidend, wie überzeugend Ludwigs Ethik für sich genommen ist, sondern in welchem Verhältnis sie zu seinen erzähltheoretischen Analysen steht; und hier wird nun eine wichtige Korrelation deutlich: Ludwigs Vorstellungen vom Zusammenhang von Verschulden und Erleiden beruhen auf dem Gedanken, dass die Charakteranlagen eines Menschen erst in seinen routinierten und scheinbar nebensächlichen Betätigungen im vollen Umfang hervortreten und sie der betreffenden Person deshalb häufig nur undeutlich bewusst sind. Damit der Rezipient wiederum die Schuld der Figur, das heißt die Selbsttäuschung und das Auseinanderklaffen von Anlage und Aufgabe, erkennen kann, muss er mit ihren charakterlichen und sozialen Voraussetzungen vertraut sein. Das bedeutet, er muss sie in ihren alltäglichen Beschäftigungen zu Gesicht bekommen und ihre Handlungsroutinen kennen lernen. Wie gesehen, entwirft Ludwig in seiner Erzähltheorie ein Handlungsmodell, das dem Rezipienten eben dies ermöglicht, weil es den „habituellen Spuren der Kleinlichkeit" (RS 558) einen großen Raum zumisst. Im Drama wird eine solche Handlungsführung dadurch erschwert, dass der geringere Textumfang dem Ausleben-Lassen der Charaktere Grenzen setzt. Die Erzählung dagegen kann sich leichter das serielle Prinzip von Wiederholung und Variation zunutze machen, das die Darstellung von Alltagsroutinen ermöglicht. Die Entdramatisierung der Handlung, das heißt der Verzicht auf bedeutende Konflikte und die Fokussierung auf das beiläufige und scheinbar konfliktfreie Handeln, muss daher keineswegs den Verzicht auf die Behandlung ethischer Fragestellungen im Roman bedeuten; folgt man Ludwigs Ansatz, dann ist der Rezipient erst unter diesen Voraussetzungen überhaupt in der Lage, sich ein Urteil über die Figuren zu bilden, also Verzerrungen in ihrem Selbstbild und Widersprüche sich überschneidender Lebenskreise in ihrer Persönlichkeit wahrzunehmen.

Die Darstellung des Charakters in seiner Lebenswelt und als Kreuzungspunkt von Beziehungssystemen erfordert aber nicht nur Raum, sondern auch Kenntnis dieser Welten und Systeme. An dieser Stelle rückt nun also die Frage in den Vordergrund, in welchem Verhältnis der Autor zur Welt seiner Figuren steht. Ludwigs Reflexionen über die Stellung und Rolle des Autors berühren dabei im Wesentlichen drei Aspekte: Zum einen diskutiert er, welchen ethischen Maßstä-

---

zufälligen, zum Beispiel charakterlichen Dispositionen abhängig. Verallgemeinerbar wiederum ist die Regel, dass erfolgreiches Handeln ein unverzerrtes Verhältnis zu sich selbst und ein klares Bewusstsein von den Grenzen des eigenen Handlungsspielraums voraussetzt. Freilich schließt hier eine Problematik an, die Ludwig nicht weiter reflektiert. Es wäre nämlich zu fragen, ob nicht auf dieser Grundlage allein das individuelle Handlungs- und Reflexionsvermögen über die Rechtmäßigkeit des Handelns entscheidet, ob nicht also – ganz im Sinne der realpolitischen Ethik (vgl. Rochau 2005 [1985], 61) – der Erfolg zum obersten Maßstab des Urteils erhoben wird.

ben der Autor selbst zu genügen hat und inwieweit er für die künstlerische und moralische Ordnung der literarischen Wirklichkeit verantwortlich ist. Zum anderen geht er auf die Frage ein, wie vertraut der Autor mit den von ihm entworfenen Lebenswelten sein muss, um ihnen innere Plausibilität verleihen zu können. Schließlich bespricht Ludwig auch die Rolle des Autors als Erzähler der fiktiven Ereignisse. Zwar enthalten die *Romanstudien* keine systematische Erörterung des Verhältnisses zwischen Erzähler und Autor, gleichwohl gibt es Passagen, in denen das Erzählen als ein von der Erfindung und Anordnung des Geschehens zu unterscheidender Vorgang erfasst wird, dessen Subjekt, der Erzähler, mit dem Autor nicht unbedingt identisch sein muss.

4.1.5 Die Verantwortung des Autors und die Anteilnahme des Erzählers

4.1.5.1 Die auktoriale Bürde

Eine kategorische Trennung von literarischer und außerliterarischer Wirklichkeit entspricht nicht Ludwigs Literaturbegriff. Er geht im Gegenteil davon aus, dass die künstlerisch entworfene Welt in vielfältiger Weise auf die Erfahrungswelt des Autors bezogen bleibt, auch wenn die individuellen Erfahrungsinhalte und Erlebnisse in der Phantasie – ähnlich wie in der Erinnerung – umgebildet und gesteigert werden. Insofern liegt es nahe, dass er dem empirischen, biografisch fassbaren Autor auch eine Funktionsrolle in der narrativen Kommunikation zuweist und ihn nicht für eine zu vernachlässigende Größe ansieht. In den *Romanstudien* wird der Autor in der Regel als *poeta faber*, also als kompetenter Handwerker beschrieben, an dessen Arbeit auch die Maßstäbe bürgerlicher Arbeitsmoral herangetragen werden können.[82] Beispielsweise leitet Ludwig den Erfolg der englischen Romanautoren von dem Umstand ab, dass sie stets als „Praktikus" (RS 534) oder „Arbeiter vom Fache" (RS 535) ans Werk gingen; wie der Maurer sich bei den Grundmauern nie übereilen dürfe, „um nur bald die kühnen Zinnen und Gewölbe aufsetzen zu können", so gewährleiste die „Kaltblütigkeit" und „umsichtige Ruhe" des Autors letztlich auch die innere Stabilität und Ausdruckskraft des Kunstwerks (RS 535). Dabei geht es Ludwig weniger darum, die Produktion von Literatur als einen rein technischen und wie jedes Handwerk erlernbaren Prozess darzustellen, sondern eher um die professionelle Einstellung des Autors zu seinem Schaffen. Ernsthaftigkeit, Seriosität, Zielgerichtetheit des Arbeitens sind für Ludwig die entscheidenden Voraussetzungen künstlerischer

---

82 Zum Konzept des *poeta faber* sowie allgemein zur Geschichte des Autorbegriffs vgl. Jannidis et. al. (1999, 5) und Schönert (2009, 4 – 5).

Meisterschaft. Wie mit dem Handwerker könne der Dichter deshalb auch mit einem „großen Staatsmann" verglichen werden, der sich „einen Zweck" setze und diesen mit „wunderbarer Selbstbeherrschung und Ausdauer" verfolge (RS 535).[83]

Diese Gewissenhaftigkeit bezieht Ludwig aber nicht nur auf den kunstgerechten Umgang mit den literarischen Formen; er fordert sie auch hinsichtlich der Behandlung der erzählten Begebenheiten ein. Für den Theoretiker meint das in erster Linie, dass der Autor sich nicht hinreißen lässt, die Dinge und Figuren der Erzählwelt zu Spielzeugen seiner Einbildungskraft zu machen. Er müsse seine „Phantasie immer im engsten Zaume" (RS 558) haben und der fiktiven Realität eine relative Autonomie und Widerständigkeit zugestehen. Ein Vorbild in dieser Demut vor dem Stoff erkennt Ludwig in Walter Scott, denn dieser habe in seiner „weise[n] Mäßigung" und „Bescheidenheit der Natur" nie „den sichern Boden unter den Füßen" verloren und stets instinktiv erfasst, „wieviel der und der Charakter trage, ohne unter der Last zu brechen" (RS 557–558). Ludwig nimmt an, dass es einen unmittelbaren Zusammenhang gibt zwischen der Herangehensweise des Produzenten und der intendierten Rezeptionshaltung: Die erzählte Welt kann dem Rezipienten nur dann zu einer realitätsanalogen Erfahrung werden, wenn sie der Autor zuvor wie eine erfahrbare Wirklichkeit behandelt und nicht wie eine reine Phantasiewelt. Dass daneben die Schicksale der Figuren „nach sittlicher Gewissenhaftigkeit" (RS 565) zu ordnen sind, stellt aus der Sicht des Theoretikers keinen Widerspruch dar. Denn die Handlung nach sittlichen Prinzipien einzurichten bedeutet für Ludwig, wie gesehen, nichts anderes, als das „Gesetz" der „Persönlichkeit" (Schönert 1980, 166) konsequent anzuwenden und die Schicksale der Figuren aus ihrem charakterimmanenten Widerspruch abzuleiten.

Allein aufgrund der künstlerischen und ethischen Verantwortung, die der Autor übernimmt, kann nach Ludwigs Vorstellung von einer kategorischen Trennung zwischen Werk und (empirischer) Person nicht die Rede sein. Dazu kommt, dass der Theoretiker auch die individuelle Lebenserfahrung als einen relevanten Faktor für die Gestaltung der literarischen Welt ansieht. Ludwig hebt es als eine besondere Qualität der englischen Romanciers hervor, dass sie den Gegenstand ihrer Erzählungen zunächst intensiv studierten und sich „aufs genauste mit den Verhältnissen bekannt" (RS 538) machten. Von diesem Erfahrungswissen hängt aber nach Ludwig nicht nur die sachgemäße Darstellung von fiktiven Ele-

---

83 Nach Widhammer (1972, 137) kultiviert der Realismus in kritischer Abgrenzung gegenüber der „lose[n] Formpraxis" der Restaurationszeit geradezu ein „Ethos der Form". Genauer könnte man vielleicht von einem Ethos des Formens sprechen, denn wie Ludwigs Ausführungen deutlich machen, liegt die entscheidende ethische Qualität im Arbeitsprozess und im Bemühen um Formgebung.

menten ab, zu denen außerfiktionale Entsprechungen (Städte, Landschaften, Gebräuche etc.) existieren; der Grad der Vertrautheit mit den Gegenständen hat seiner Ansicht nach zudem Auswirkungen auf den gesamten Bau und die Kohärenz der Erzählung. Der Autor muss „die Dinge kennen, die er schildert. Nur so kann er unsern Glauben wecken und erhalten und die Mittelglieder zwischen den Effektszenen hinlänglich beleben und uns interessant machen" (RS 534). Jene Mittelglieder, in denen nichts Effektvolles geschieht, in denen scheinbar Nebensächliches vor sich geht oder bereits Vertrautes wiederholt wird, stellen aber nach Ludwigs Handlungsmodell gerade das Rückgrat der Erzählung dar. Dank ihnen kann der Rezipient ein Verhältnis der Vertrautheit mit der erzählten Wirklichkeit ausbilden. Eine oberflächliche Bekanntschaft mit den Lebenswelten, die Eingang in einen Roman finden, reicht mit anderen Worten nicht aus, um auch den Leser darin heimisch machen zu können; nur das Erlebte kann erlebbar gemacht werden:

> Ich glaube aber, diese poetische Wahrheit, die aus Übereinstimmung alles Einzelnen entsteht, wird ein Dichter nur aus der Provinz, die ihn geboren, wo er erzogen ist, ziehen können, denn er selber ist ja seine eigne Norm im Charakterentwerfen. (RS 554)

Ludwig löst sich damit auch von der Totalitätsforderung der idealistischen Ästhetik, die besagt, dass der Roman wie das Epos ein möglichst vollständiges Bild der Welt oder eines Zeitalters zeichnen solle. Herkunft und Sozialisation begrenzen nach Ludwig den Kreis, aus dem der Autor seine Motive, Stoffe und Figuren nehmen kann. Andernfalls verlöre die Erzählung an Glaubwürdigkeit, und zwar nicht in erster Linie aufgrund einer ungenauen Darstellung außerfiktional existierender Gegebenheiten, sondern aufgrund der Unzugänglichkeit und Unverständlichkeit der spezifischen Lebenswirklichkeit der Figuren. Ein allumfassender Überblick über die Gesellschaft ist auf dieser Grundlage kaum mehr möglich. Erfahrungsgebundenheit bedeutet im Kontext von Ludwigs Theorie allerdings nicht, dass jeder Roman eine verschlüsselte Selbstbiografie darstellen muss. Der Autor kann seine Erfahrung auch verarbeiten, indem er die Strukturen einer Lebenswelt und die typischen Handlungs- und Denkmuster ihrer Bewohner literarisch nachbildet. Für den autobiografischen Gehalt beispielsweise von Dickens' Romanen zeigt Ludwig darum (im Gegensatz übrigens zu Dilthey) wenig Interesse, gleichwohl fasst er sie als Produkt der Auseinandersetzung mit individuellen Lebensumständen und persönlichen Erfahrungen auf.[84]

---

84 Die Vertrautheit mit den kulturellen Voraussetzungen ist nach Ludwig auch Voraussetzung für das Gelingen des historischen Romans: „Man müßte dazu in einer Gegend leben, wo noch die

Die Wirklichkeit, auf die sich die literarische Welt bezieht, ist eine persönlich erfahrene und erlebte Wirklichkeit. Vor dem Hintergrund dieser Prämisse liegt die Vermutung nahe, dass Ludwig an einer konzeptuellen Trennung zwischen der Person des empirischen Autors und der im Text gestalteten Erzählinstanz wenig gelegen ist. Wenn der Autor bei der Konstruktion der literarischen Welt unmittelbar an seinen eigenen Erfahrungskreis gebunden bleibt, wenn er zudem die künstlerische wie ethische Verantwortung für sein Werk übernimmt, warum sollte er dann in seinem Text nicht auch das Wort ergreifen können? Tatsächlich trennt Ludwig nicht systematisch zwischen Autor und Erzähler. Dies lässt sich an einer Reihe von Textstellen belegen, beispielsweise an der Aussage, dass Informationen über die Figuren am besten „ohne Einmischung des Autors" (RS 556; vgl. RS 622) vermittelt würden. Es ist offensichtlich, dass Ludwig hier beide Instanzen, Erzähler und Autor, miteinander identifiziert. Allerdings gibt es daneben auch Passagen, in denen ihre konzeptuelle Trennung zumindest angedeutet wird. Ein Beispiel ist Ludwigs „idealgenetische" (Schmid 2008 [2005], 254) Übersicht über die Stadien der literarischen Produktion von der Komposition der Handlung bis zur narrativen Vermittlung: Nach seiner Darstellung beginnt der Autor zunächst damit, die einzelnen Handlungssegmente in eine zeitlich-kausale Ordnung zu bringen und dann nach den Gesetzen der Steigerung und Spannungserweckung, beispielsweise mithilfe von Anachronien, zu arrangieren. Dabei nimmt er „Späteres voraus und läßt das Vorhergegangne erklärend folgen, und zwar so, daß der Erzähler selbst oder Personen der Erzählung es entweder auf einmal oder allmählich in den Fortgang des Ganzen verschlungen bringen" (RS 573). In diesem Kontext bezeichnet ‚Erzähler' in der Tat eine vom Autor eingesetzte Instanz, der die sprachliche Vermittlung der erzählten Ereignisse obliegt; und offensichtlich bezieht sich Ludwig dabei auf einen heterodiegetischen Erzähler, da er als Alternative die Vermittlung von Geschehen durch Personen der Erzählung, also durch einen oder mehrere homodiegetische Erzähler, anführt. Gleichwohl ist es auch in diesem Zusammenhang nicht sein Interesse, Autor und Erzähler auf Grundlage der Unterscheidung zwischen realem und fiktivem Aussagesubjekt voneinander abzuheben. Eher geht es ihm um die Differenzierung ihrer Tätigkeit – vergleichbar mit Vischers Unterscheidung zwischen dem Autor als Urheber und dem Autor als Erzähler (vgl. Kap. 3.3.2.2).

Ludwig neigt demnach dazu, den Erzählakt als einen von anderen Stadien der Komposition zu unterscheidenden Vorgang zu erfassen, während ihn die Frage, welchem Äußerungssubjekt diese Tätigkeit zugeschrieben werden sollte, nur

---

Tradition jener Zeit lebendig ist, wo Bauart und sonstige Denkmäler der Kunst und des Lebens noch möglichst unverändert vorhanden" (RS 561).

peripher beschäftigt. Diese Annahme lässt sich durch einen Befund stützen, der erst aus dem Manuskript hervorgeht und der zur Verdeutlichung der problematischen Editionslage bereits angesprochen wurde (vgl. Kap. 4.1.1.2): Gemeint ist Ludwigs Verwendung des Begriffs ‚Narration', den Adolf Stern als überflüssigen Anglizismus ansieht und darum in seiner Edition konsequent durch ‚Erzählung' ersetzt. Ludwig übernimmt ihn aller Wahrscheinlichkeit nach aus der Sekundärliteratur zu Walter Scott, genauer gesagt aus Moritz Brühls Biografie *Denkwürdigkeiten aus Walter Scott's Leben* (1839–1841), einer deutschen Bearbeitung von John Gibson Lockharts *Memoirs of the life of Sir Walter Scott* (1837–1838). Aus dieser Biografie zitiert Ludwig großflächig, unter anderem Scotts Bemerkung: „Beßer ein oberflächl. Buch, welches die bekannten u. anerkannten Fakten gut und schlagend zusammenfaßt, als eine todte, langweilige Narration, die jeden Moment eine Pause macht, um tiefer in einen Mühlstein zu gucken, als die Natur des Mühlsteins zuläßt" (zit. nach H 62). ‚Narration' bezieht sich in diesem Zitat auf den Erzählakt, das heißt den Vorgang der Präsentation von Geschehenszusammenhängen durch einen Erzähler.[85] In diesem Sinne verwendet dann auch Ludwig den Begriff. Mit Bezug auf Scotts Romane *Der Astrolog* (1815) und *Der Altertümler* (1816) spricht er zum Beispiel davon, dass die „Narration" darin „etwas Stotterndes, immer von vorn Anfangendes" habe (H 66). Die Stelle zeigt aber zugleich, dass die begriffliche Hervorhebung des Erzählvorganges von der Erzähler-Autor-Trennung unabhängig ist. Denn unmittelbar darauf schreibt Ludwig, dass „Scott" sich „in der Narration" nie „unmittelbar an den Leser" wendet (H 66). Die Frage nach dem Äußerungssubjekt ist für den Theoretiker ohne Belang. Allerdings findet sich auf den letzten Seiten des Manuskripts eine interessante Bemerkung, in der diese Frage zumindest implizit aufgeworfen wird, und zwar deshalb, weil sich Ludwig hier auf seine eigene Erzählung *Zwischen Himmel und Erde* (1856) bezieht und die darin gestaltete Narration, die Vortragsweise des Sprechers, einer Kritik unterzieht:

> Was mir jetzt am meisten daran auffällt, ist das dramatisch Affektvolle der Narration. Die Erzählung ist wie die einer persona dramatis an eine oder mehre Andere auf der Bühne gewandt. Der Erzähler erzählt seine Geschichte nicht als ein Kunstwerk, sondern als ein wirkl. Erlebniß, das er sich vom Herzen los reden muß; daher verwandelt sich oder strebt die Darstellung – ganz dramatisch – sich in das Dargestellte zu verwandeln. (H 168)

---

85 Diese Verwendungsweise deckt sich weitgehend mit Genettes Begriff der *narration* (Narration), der ebenfalls den Erzählakt im Unterschied zur *histoire* (Geschichte; Signifikat, Erzählinhalt) und zum *récit* (Erzählung; Signifikant, Erzähltext) bezeichnet (Genette: 1998 [1994], 16).

Mit der zeitlichen Distanz zu seinem eigenen Text gewinnt Ludwig anscheinend auch Abstand zum eigenen Erzählstil, den er deshalb als die Tätigkeit einer anderen Person beschreibt. Doch interessiert ihn auch in diesem Kontext nicht der sprachlogische Status des Erzählers, sondern eher dessen Figuralität und die emotionale Anteilnahme an dem berichteten Geschehen. Es hat dabei den Anschein, als bewerte Ludwig in Übereinstimmung mit den Prämissen des idealistischen Erzählmodells jede Form persönlicher Teilhabe und emotionalen Engagements der Vermittlungsinstanz als einen künstlerischen Missgriff. Eine derart ‚dramatisierte' Narration, so Ludwig, „ist das Gegentheil des epischen Behagens und mag, wenn man es überhaupt gelten laßen will, an Arbeiten von kleinerem Umfange gestattet sein" (H 168). Allerdings relativiert er diese Einschätzung im Hinblick auf Dickens' Erzählstil und hebt zugleich hervor, dass er sich durchaus eine künstlerisch befriedigende Gestaltungsweise eines engagierten Erzählers vorstellen kann:

> Die kleineren Novellen von Dickens scheinen auf den ersten Blick dieser Gattung ähnlich, sind es aber durchaus nicht. Sie sind außerordentlich lebendig, aber diese Lebendigkeit, die der Erzähler auf sein Werk überträgt, kommt in seinem [sic!] Ursprunge nicht aus dem Gegenstande durch den Autor in das Werk, sondern sie ist ein Charakterzug des Erzählers, ist nicht erregter Affekt, sondern Temperament, überhaupt Erregbarkeit. (H 168)

An dieser Stelle wird nun doch eine Trennung zwischen Autor und Erzähler ins Spiel gebracht. Offenbar hält Ludwig die persönliche Betroffenheit der erzählenden Instanz für gerechtfertigt, wenn sie nicht dem Autor, sondern der Figur und dem Charakter des Erzählers zugeschrieben wird. Je stärker der Erzähler als Charakter greifbar wird, desto weniger ist man demzufolge geneigt, persönliche Äußerungen, Wertungen, Emotionen etc. als Ausdruck eines vom Stoff gewissermaßen hingerissenen Autors aufzufassen. Die Betroffenheit des Vermittlers, so Ludwigs Argument, ist dann selbst Teil des Dargestellten und nicht eine an das Dargestellte herangetragene Haltung.

Ludwig geht dem Gedanken einer kategorialen Unterscheidung zwischen Autor und Erzähler nicht weiter nach; auf die Frage nach der Figuralität des Erzählers und dessen persönlicher Bindung an die dargestellte Welt kommt er dagegen mehrfach zurück. Sie wird auch in der wohl bekanntesten Passage der *Romanstudien* behandelt, an der die Bedeutung des Textes für die Geschichte der Erzähltheorie in der Regel festgemacht wird: Gemeint ist die Theorie der Erzählformen. Wie sich zeigen wird, verbindet Ludwig darin auf innovative Weise die Unterscheidung zwischen einem berichtenden und einem szenischen Erzählmodus unter anderem mit der Gegenüberstellung von einem figürlich fassbaren und einem unpersönlichen Erzähler.

4.1.5.2 Ludwigs Erzählsituationen: „Eigentliche", „szenische" und gemischte Erzählform

Die narratologische Bedeutung von Ludwigs Ausführungen über die „Formen der Erzählung" (RS 654) ist bereits früh erkannt worden. Oskar Walzel stellt sie in seinem wichtigen Aufsatz „Objektive Erzählung" von 1915 ausführlich vor, wobei er Ludwigs Theorie als Gegenposition zu Spielhagens Objektivitätsdogma und der damit verbundenen Abwertung mittelbar-berichtender Erzählweisen ansieht (1968 [1926], 182–184, 198–199). Zwar beschreibe der Autor der *Romanstudien* die Charakteristika und auch die Vorzüge der szenischen Erzählung, lasse aber die zweite Erzählform, die eigentliche Erzählung, trotzdem gelten, lehne also nicht wie Spielhagen jede Einmischung des Dichters kategorisch ab (Walzel 1968 [1926], 184). Der Kontext, in den Walzel Ludwigs Typologie hier rückt, wird deren Rezeption auf lange Sicht prägen. Sie wird nämlich noch in der modernen Narratologie vor allem herangezogen, wenn es um die Differenzierung einer berichtend-mittelbaren und einer szenisch-unmittelbaren Erzählweise geht (vgl. Martínez und Scheffel 2007 [1999], 48; Fludernik 2008 [2006], 47). Am Ende seines Aufsatzes deutet Walzel zwar an, dass möglicherweise nicht alle „Merkmale, die Ludwig der einen und der anderen Art zuweist, [...] bis ins letzte dem Gegensatz entsprechen, den Spielhagen zwischen der von ihm abgelehnten subjektiven Erzählung und seiner Lieblingsform, der Erzählung von objektiver Gesetzmäßigkeit, aufstellt" (1968 [1926], 199). Um welche anderen Merkmale es sich handelt und in welcher Beziehung sie zueinander stehen, lässt er jedoch offen, weil diese Fragen für den Argumentationszusammenhang seines Aufsatzes nicht relevant sind.

Eine ähnlich verkürzende Sicht auf Ludwigs Typologie präsentiert rund 40 Jahre später auch Franz Stanzel in seiner Habilitationsschrift *Die typischen Erzählsituationen im Roman* (1955). Auch er rückt die Unterscheidung zwischen eigentlicher und szenischer Erzählform in den Kontext der Auseinandersetzung um das objektive Erzählen. Nach seiner Darstellung lassen sich alle Beobachtungen Ludwigs auf einen „Grundunterschied zurückführen, nämlich Anwesenheit und Abwesenheit des Autors in der Erzählung" (Stanzel 1955, 23). Es ist bemerkenswert, dass Stanzel unmittelbar darauf das erste Mal seine eigene Typologie der drei Erzählsituationen skizziert (1955, 23).[86] Er übergeht an dieser Stelle allerdings, dass seine eigene Einteilungsweise nicht nur auf dem Kriterium der An- oder Abwesenheit des Erzählers beruht, sondern weitere Merkmale heranzieht, allen voran die Frage nach der narrativen Perspektive. Ein Grund, warum

---

86 An dieser Stelle spricht Stanzel noch von ‚auktorialer', ‚personaler' und ‚neutraler Erzählweise'. Später ersetzt er diese Einteilung durch die Triade ‚auktoriale Erzählung', ‚Ich-Erzählung' und ‚personale Erzählung' – eine begriffliche Anpassung, auf die später noch zurückzukommen sein wird.

Stanzel diese Differenz nicht erwähnt, liegt womöglich darin, dass sich seine Theorie in dieser Hinsicht von Ludwigs Ansatz gar nicht unterscheidet. Denn auch die Theorie der Erzählformen beruht auf einer solchen Kombination verschiedener Merkmale. Anders als Stanzel behauptet, differenziert Ludwig nämlich nicht nur nach dem Grad der narrativen Distanz, das heißt danach, „ob der Erzähler und der Erzählvorgang zusammen mit der erzählten Handlung im Vorstellungsbild des Lesers konkretisiert werden" (Stanzel 1955, 23); er unterscheidet die Erzählformen auch nach ihrer unterschiedlichen perspektivischen Anlage (Innen- und Außenperspektive) sowie nach der Frage, ob der Erzähler Teil der Figurenwelt ist oder nicht (Ich- und Er-Erzähler beziehungsweise homo- und heterodiegetischer Erzähler). Diese Verbindung unterschiedlicher Kategorien charakterisiert auch Stanzels eigenes Vorgehen und sein Konzept der Erzählsituation. Umso erstaunlicher ist es, dass er diese Dimension von Ludwigs Ansatz nicht erkennt oder zumindest nicht explizit macht. In den späteren Überarbeitungen und Ausarbeitungen seiner eignen Theorie tritt der Bezug zu den *Romanstudien* auch immer stärker zurück. In *Typische Formen des Romans* (1964) identifiziert Stanzel die Unterscheidung zwischen eigentlicher und szenischer Erzählform mit der zwischen zwei „Grundformen des Erzählens": dem „Bericht" und der „ausführlich schildernde[n] Darstellung" (1993 [1964], 11). Zugleich betont er, dass diese Grundformen für die Konstituierung von Romantypen noch nicht ausreichten und deshalb um andere Merkmale ergänzt werden müssten (vgl. Stanzel 1993 [1964], 15). In der *Theorie des Erzählens* (1979) schließlich erwähnt Stanzel lediglich, dass Ludwigs Ausführungen die Grundlage für seine Termini „berichtende Erzählung" und „szenische Darstellung" abgegeben hätten (2001 [1979], 191); von weiteren konzeptuellen Überschneidungen zwischen der Theorie der Erzählformen und dem Begriff der Erzählsituation ist indes nicht die Rede.

Die Innovativität seines Ansatzes, verschiedene Merkmale narrativer Gestaltung zu typischen Formen zu verbinden, war freilich Ludwig selbst nicht bewusst; immerhin markiert er jedoch im Manuskript die grundsätzliche Bedeutung der Passage, indem er ihr eine Art Überschrift voranstellt („Die Formen der Erzählung selbst") und die Absätze einrückt (H 100). Sein Ausgangspunkt ist die Beschreibung der „eigentliche[n] Erzählung" (RS 654). Das Attribut drückt aus, dass diese Darstellungsweise strukturell der Alltagserzählung entspricht. Erzählt wird darin, „wie man im gewöhnlichen Leben zu erzählen pflegt" (RS 654). Das bezieht sich sowohl auf die im Vergleich zur szenischen Erzählung verminderte Artifizialität als auch auf die Relation zwischen Erzähler und Erzählgegenstand:

> Man muß voraussetzen, daß der Erzähler seinen Gegenstand entweder ganz oder teilweise selbst erlebt, oder daß er ihn aus fremder Hand hat; er referiert und muß sich wohl hüten, Dinge zu detaillieren, die er weder selbst erlebt noch von einem andern erfahren haben

kann, z. B. die unbelauschten letzten Augenblicke eines Menschen und dergleichen. Hat er die Geschichte selbst erlebt, so wird er entweder selbst der Held derselben sein, oder doch dem Helden direkt oder indirekt zeitweilig oder stets nahe gestanden haben [...]; d. h. entweder er selbst oder sein Gewährsmann oder seine Gewährsmänner. (RS 654)

Aus dieser bündigen Beschreibung geht bereits hervor, dass Ludwigs Kategorie sowohl die dominierende Darstellungsweise (berichtend) als auch die Stellung des Erzählers zur Figurenwelt (homodiegetisch) bestimmt. Die Ich-Erzählung oder Homodiegese versteht er dabei, wie die meisten Erzähltheoretiker nach ihm, als eine Simulation faktualen Erzählens. Der Erzähler unterliegt darin einer natürlichen epistemischen Beschränkung, er „wird sein Wissen um die Sache motivieren müssen" (RS 654). Ein weiteres Strukturmerkmal, das Ludwig mit der eigentlichen Erzählung in Verbindung bringt, ist die Tendenz zur chronologischen Ordnung der Handlung. An dieser Stelle ist auf einen erheblichen, sinnverfälschenden Eingriff Sterns in den Text hinzuweisen: In der editierten Fassung liest man, der Erzähler fange „in der Regel in medias res" an (RS 654), im Manuskript aber heißt es, er beginne „ab ovo" (H 100). Stern geht offenbar von einem Versehen Ludwigs aus, weil es direkt im Anschluss heißt, dass der Erzähler „das früher Geschehne als Erläuterung an der Stelle, die dessen bedarf, beibringen" könne (RS 654). Plausibler aber scheint mir, Ludwigs Worte so zu deuten, dass die eigentliche Erzählung in der Regel zu Beginn der Haupthandlung einsetzt, dann überwiegend chronologisch voranschreitet und nur an einzelnen Stellen, an denen der Hinweis auf die Vorgeschichte zur Erklärung der Ereignisse notwendig ist, die Ordnung durch Rückwenden aufgebrochen wird. Dazu passt auch Ludwigs anschließende Überlegung, wie Anachronien psychologisch zu motivieren und damit in ihrer Artifizialität abzuschwächen sind, etwa indem sich der Erzähler das „Gesetz der Erinnrung zu seiner Regel" nimmt und nur dann abschweift, wenn es die „Assoziation der Ideen erlaubt" (RS 654). Zuletzt geht der Theoretiker noch auf die Vor- und Nachteile dieser Erzählform ein: Die eigentliche Erzählung ermögliche auf der einen Seite die Darstellung „innerer Entwicklungen" und eines „allmählichen Werdens", auf der anderen Seite aber laufe sie leicht Gefahr, „durch Spannung oder Einförmigkeit zu ermüden" (RS 654).

Im Anschluss daran bespricht Ludwig die zweite Erzählform, die „szenische Erzählung" (RS 654). In den Mittelpunkt rückt er dabei zunächst die Kategorie des Modus, also die Frage nach der Art und Weise der Geschehensvermittlung. Ludwig begreift diese Erzählform explizit als einen „dramatische[n] Modus (Martínez und Scheffel 2007 [1999], 49), das heißt, er geht von einer bewussten Imitation der medialen Bedingungen des Dramas aus. Der Erzähler wolle demnach „seinen Vorgang in Ort und Zeit sammeln", die Ereignisse „vor das innre Auge" des Lesers stellen und diesen so „zu einer Art Zuschauer und Zuhörer" machen (RS 655).

Damit verbunden sei die Absicht, sich selbst und seine Tätigkeit vergessen zu machen und einen quasi unmittelbaren Zugang zu den Geschehnissen zu suggerieren: „Der so Erzählende erlebt die Geschichte", das heißt, er präsentiert sie nicht als Erinnerung, und er „läßt sie den Leser mit erleben" (RS 654). An einer anderen Stelle schreibt Ludwig, dass in der szenischen Erzählung „die Geschichte sozusagen sich selbst" erzählt (RS 657).[87] In dieser Hinsicht erinnert ihn diese Erzählform nicht nur an das Drama, sondern auch noch an ein anderes, neueres Medium: „[D]er Gegenstand", bemerkt Ludwig, „konterfeit sich selbst wie eine Photographie" (RS 657).

Man könnte nun fragen, ob die beiden Beschreibungen tatsächlich zusammenpassen, ob eine Fotografie beziehungsweise eine sich selbst erzählende Geschichte tatsächlich erlebt werden kann und ob nicht das Erleben immer die Gegenwart eines Erlebnissubjekts voraussetzt; doch sollen diese Fragen hier noch zurückgestellt werden. Zunächst gilt es, den weiteren Argumentationsgang nachzuvollziehen und Ludwigs Bestimmung der szenischen Erzählung in Gänze vorzustellen. Denn der Theoretiker berücksichtigt neben dem Merkmal der Darstellungsweise (Modus) auch die drei anderen Kriterien, mit denen er die eigentliche Erzählung bestimmt hatte: die Stellung des Erzählers zum Geschehen, die Perspektive und die narrative Ordnung. So hebt er hervor, dass anders als beim eigentlichen, das heißt homodiegetischen Erzählen der szenisch Erzählende nicht gezwungen ist, über sein Wissen Rechenschaft abzulegen: „Er braucht nicht zu motivieren, wie er dazu kommt, zu wissen, was er erzählt" (RS 654 – 655); er ist, so lässt sich aus dieser Beschreibung schließen, nicht Teil der Figurenwelt. Dafür ergibt sich jedoch eine andere perspektivische Beschränkung. Ludwig zufolge soll in der szenischen Erzählung die „Mittelsperson" (RS 655) nicht nur aus der erzählten Welt zurücktreten, sie soll dem Leser möglichst ganz verborgen werden. Um das zu erreichen, müsse sich der Autor bei der Vergabe von Informationen „der Lizenzen des Dramatikers" bedienen und beispielsweise Angaben zur Vorgeschichte den Figuren selbst in den Mund legen, „anstatt sie selbst zu exponieren" (RS 655). Dafür wiederum sei die Erzählform nicht an das Gesetz der Erinnerung gebunden, der Erzähler genieße in der Anordnung des Stoffes größere Freiheiten und müsse seine Entscheidungen nicht begründen (RS 656). Kurzum: In der szenischen Erzählform „dominiert nur die ästhetische Zweckmäßigkeit", in der eigentlichen Erzählform hingegen „ist die historische Glaublichkeit, der Kredit des Erzählers ein Hauptpunkt" (RS 657).

Diese Differenzierung zwischen ‚ästhetischer Zweckmäßigkeit' und ‚historischer Glaublichkeit' verdient eine nähere Betrachtung. Es wird Ludwig nicht

---

87 Die Bemerkung ist Teil eines längeren Absatzes, den Ludwig am Rand hinzufügt (H 101).

entgangen sein, dass auch in einem literarischen Text, der vorwiegend die Form der eigentlichen Erzählung nutzt, ästhetische Ordnungsprinzipien zur Anwendung kommen. Der Unterschied, auf den es ihm offenbar ankommt, liegt darin, dass die ästhetischen Zwecke in diesem Fall von einer dargestellten Instanz verantwortet werden. Wenn etwa die chronologische Ordnung aufgehoben wird und der Erzähler „etwas Frühergeschehenes ein[schaltet], das Vorhergehende oder auch das Nächstkommende zu erklären" (RS 656), dann lassen sich diese Maßnahmen immer einem figürlich fassbaren Medium zuschreiben:

> Immer aber ist es der Erzähler, der zu seiner Bequemlichkeit oder um des Verständnisses willen dergleichen tut. Der Erzähler stellt sich und sein Erzählen zugleich mit dar; er muß zugleich seine Erzählung beglaubigen. Hier ist ein episches Medium, mache es sich nun mehr oder weniger bemerklich. (RS 656)

Dieser Gesichtspunkt wird noch etwas deutlicher, wenn man eine frühere Passage aus dem Manuskript heranzieht, in welcher Ludwig seine Theorie der Erzählformen bereits andeutet. Die Lektüre der Novellen Edmund Hoefers gibt dort den Anstoß für Überlegungen zur „Technik" der „eigentl[ichen] Erzählung", worunter er auch in diesem Zusammenhang das homodiegetische Erzählen versteht (H 84). Ludwig hält fest, dass der Autor gewisse Freiheiten aufgibt, dafür aber seiner Erzählung mit der Person des Erzählers ein stabiles Organisationszentrum verleihen kann: „Auch diese Weise der Erzählung fordert eine gewiße Concentration, namentl. eine gewiße Einheit der Person. [...] Der rechte Ausdruck für dies Gesetz wäre eigentlich: Einheit des Erzählers, d. h. Einheit des epischen Mediums" (H 84).[88] Im szenischen Erzählen hingegen „fällt dieses Medium als dargestelltes völlig weg" (RS 656) und der erzählende Autor ist der Verpflichtung enthoben, seine Erzählung zu beglaubigen oder seine kompositorischen Eingriffe zu rechtfertigen. Er gibt „bei seinen Arrangements [...] nie einen Grund, warum in dieser Folge? wozu diese Szene? woher er dies weiß und dies. Das alles bis auf die letzte Frage muß der Vorgang selbst beantworten" (RS 656).[89] Er genießt mithin auf der

---

[88] Wie Ludwig in diesem Zusammenhang erläutert, kann auch bei der eigentlichen Erzählung von einer Ähnlichkeit zum Drama gesprochen werden, bezogen nämlich auf die „Lebhaftigkeit und Unmittelbarkeit des epischen Mediums"; denn der Erzähler gleiche einer „persona dramatis, welche Etwas zu erzählen hat innerhalb des Dramas" (H 84). Wie im vorigen Kapitel ausgeführt, wendet Ludwig einen ähnlichen Vergleich später auch auf seine eigene Erzählung *Zwischen Himmel und Erde* (1856) an, in der allerdings ein heterodiegetischer Erzähler vorliegt.

[89] Nur vor diesem Hintergrund, das heißt mit Rücksicht auf den wegfallenden Rechtfertigungs- und Motivierungszwang, lässt sich auch Ludwigs Einschätzung verstehen, die szenische Erzählung biete insgesamt mehr Variationsmöglichkeiten und könne einem „weit verwickeltern Plane, einer weit reichern und mannigfaltigern Komposition gerecht werden" als die eigentliche Er-

einen Seite die Freiheit, den Stoff allein nach dem „Gesichtspunkte der Spannung des Effektes" oder „der idealen Bedeutung" (RS 656) organisieren und sich über andere Ordnungsmuster (zum Beispiel die Chronologie) ohne umständliche Rechtfertigung hinwegsetzen zu können. Auf der anderen Seite aber bedeutet der (scheinbare) Wegfall des Erzählers in der szenischen Erzählung für Ludwig zugleich auch die Aufgabe einer figuralen Ordnungsinstanz, die das Geschehen von ihrem Standpunkt aus ordnet und interpretiert. Das Organisationszentrum, so könnte man sagen, liegt nicht mehr innerhalb, sondern außerhalb der erzählten Welt.

Ludwig betont also einigermaßen überraschend, doch sehr entschieden die größere künstlerische Freiheit, die dem erzählenden Autor in der szenischen Erzählung gegeben ist. Das wirft die Frage auf, ob er diese Freiheit ausschließlich als Vorteil wertet und ob er der szenischen Erzählform daher insgesamt den Vorzug gibt. Sicher ist, dass Ludwig die Illusion szenischer Unmittelbarkeit grundsätzlich für ein legitimes und sogar erstrebenswertes Anliegen literarischen Erzählens ansieht. Ausschlaggebend ist dabei aber weniger der Wunsch nach größtmöglicher Objektivität als vielmehr das Interesse, den Rezipienten gleichsam an den Schauplatz des Geschehens zu bringen. Ludwig widerspricht sogar ein Stück weit der Vorstellung, die szenische Erzählung überzeuge durch größere Objektivität, mit der Aussage, hier werde „die Kunstmäßigkeit bemerklicher" (RS 655). Die Zurücknahme des Erzählers steigert seiner Ansicht nach also den artifiziellen Charakter der Darstellung. Drei Gründe dafür sind Ludwigs Argumentation zu entnehmen: Erstens lässt sich die Ordnung der Erzählung nicht mehr (gewissermaßen auf natürlichem Weg) auf die ordnende und bedeutungsgebende Erinnerung eines figuralen Erzählers zurückführen. Zweitens betont die szenische Erzählform die Souveränität der schöpferischen Einbildungskraft über den Stoff, da Szenen und Situationen beliebig arrangiert werden können und sachbedingte Ordnungsschemata wie die Chronologie an Bedeutung verlieren. Hinsichtlich der Dominanz der Einbildungskraft übertrifft diese Erzählweise in Ludwigs Augen sogar das Drama, wo dem Autor zumindest in den realen Beschränkungen der Bühne und der Schauspieler so etwas wie ein stofflicher Widerstand entgegensteht. Von diesen Einschränkungen sei der szenisch Erzählende befreit, denn er „schafft sich seine Schauspieler selbst, in denen nichts Selbständiges, nichts Individuelles [liegt], das der Maske und den übrigen Absichten des Dichters widerspräche" (RS 656). Er „kann, was der Gedanke kann, seiner Darstellung kommt

---

zählung (RS 655). Denn man könnte ebenso gut das Gegenteil annehmen, dass nämlich die zeiträumliche Konzentration der Erzählung im szenischen Erzählen die Darstellung weit verzweigter Handlungszusammenhänge eher behindert als begünstigt.

keine reale Beschränkung in den Weg" (RS 656). Drittens steigert zwar der Verzicht auf einen persönlich involvierten Erzähler die Unmittelbarkeit der Erzählung, dafür aber wird „die Darstellung eine mehr äußerliche sein" (RS 655). Ludwig geht davon aus, dass der Erzähler in der szenischen Erzählung zwar nach seinem Willen zwischen einzelnen Szenen und Schauplätzen springen kann und in dieser Beziehung alle Freiheiten hat, dass er aber gleichzeitig in seinem Wissen auf das äußerlich Wahrnehmbare beschränkt bleibt und nicht einfach vermittels Introspektion auf die Gedankeninhalte der Figuren zugreifen kann. Geschaffen wird mit anderen Worten ein Standpunkt, von dem aus der Leser das Geschehen wie in einer Theateraufführung mitverfolgt, das heißt aus unmittelbarer Nähe und doch davon getrennt. Er bleibt „Zuschauer und Zuhörer", der „Gestalten sieht und ihre Reden hört" (RS 655), darüber hinaus jedoch keine Informationen erhält. „Diese Art der Erzählung", folgert Ludwig deshalb, „setzt die Existenz des eigentlichen Dramas voraus; Leute, die davon nichts wüßten, würden sich in dieser Art der Erzählung nicht zu orientieren wissen" (RS 655). Übersetzt in die Termini Genettes könnte man sagen, dass in dieser Erzählform – im Gegensatz zur ‚intern fokalisierten' eigentlichen Erzählung – eine ‚externe Fokalisierung' vorherrscht (Genette 1998 [1994], 135).[90] Passend wäre wohl auch Stanzels Begriff der ‚neutralen Erzählsituation', der eine Erzählweise beschreibt, in der „der Standpunkt der Beobachtung in keiner der Gestalten des Romans" liegt und „trotzdem die Perspektive so eingerichtet ist, daß der Beobachter bzw. Leser das Gefühl hat, als imaginärer Zeuge des Geschehens anwesend zu sein" (Stanzel 1955, 23). Es ist vielleicht kein Zufall, dass Stanzel diese Erzählsituation, an deren Stelle später die ‚personale Erzählsituation' tritt (1955, 93; vgl. Broich 1983), in unmittelbarem Anschluss an seine Analyse von Ludwigs Theorie der Erzählformen das erste Mal erwähnt.

Beide Erzählformen, die eigentliche wie die szenische, haben aus Ludwigs Sicht sowohl Vor- als auch Nachteile: In der einen steht der Erzähler unter einem gewissen Motivierungszwang, dafür existiert ein persönlich fassbares Orientierungszentrum und der Erzähler kann seine eigene innere Entwicklung zur Darstellung bringen. Die andere Erzählform dagegen bietet die Möglichkeit, die Er-

---

90 Aus diesem Grund deckt sich der Begriff der szenischen Erzählung auch nicht vollständig mit Chatmans Konzept des *covert narrator*. Denn dieser verfügt nach Chatman (1978, 197) durchaus über die Fähigkeit, Gedanken der Charactere in indirekter, transponierter Form wiederzugeben. Bei der szenischen Erzählung in Ludwigs Sinn scheint die Möglichkeit zur Introspektion hingegen prinzipiell ausgeschlossen. Die Hervorhebung der Äußerlichkeit markiert, nebenbei bemerkt, einen konzeptuellen Wandel gegenüber dem pragmatischen Erzählmodell. Denn dort wurde das szenisch-vergegenwärtigende Erzählen in erster Linie als Möglichkeit aufgefasst, die Äußerlichkeit der rein berichtenden, ‚bloßen Erzählung' aufzuheben (vgl. Kap. 3.1).

eignisse dem Rezipienten scheinbar *in actu* zu präsentieren und ihn so dicht wie möglich an die Figurenwelt heranzuholen; allerdings wird der Prozess der Bedeutungsstiftung aus dem Bereich der Darstellung ausgeschlossen und keine Instanz muss sich für die Selektion und Ordnung der erzählten Szenen verantworten. Zudem ist die Informationsvergabe in dieser Erzählform deutlich eingeschränkt, weil der Erzähler die Stellung eines außenstehenden, gleichsam unsichtbaren Beobachters einnimmt. Diesem ambivalenten Urteil entsprechend sucht Ludwig nach einer dritten Erzählform, die „die Vorteile beider vereinigen kann", nämlich die „psychologische Entwicklung, überhaupt die stete Darstellung innrer und äußrer Vorgänge, die Kausalität des Verstandes" und die „lyrische Innigkeit des Gemüts" aus der eigentlichen Erzählung mit der „detaillierten Mimik, charakteristischen Ausmalung der äußeren Erscheinung und dem erfrischenden Springen der freien Phantasie" aus der szenischen Erzählung (RS 657).

Ludwigs beschreibt diese dritte Erzählform, die man als ‚gemischte Erzählung' bezeichnen könnte, deutlich weniger präzise als die beiden anderen Formen, obwohl er ihr insgesamt den Vorzug gibt. Offen bleibt etwa, ob der Erzähler in diesem Fall Teil der erzählten Welt sein kann oder nicht. Denkbar wäre sowohl ein homodiegetisches Erzählen mit einem Wechsel zwischen der Perspektive des erlebenden und des erzählenden Ichs[91] als auch ein heterodiegetisches Erzählen mit einem hohen Anteil an szenischer Darstellung. Aus Ludwigs Analysen lässt sich entnehmen, dass der Erzähler in seiner Perspektive nicht festgelegt ist, sondern die Wahl hat, erklärend und berichtend den Leser an die Hand zu nehmen oder ihn mit den Geschehnissen unmittelbar zu konfrontieren: „Diese Art fügt den Reiz des Problematischen zu dem des genauen Durchschauens von Personen und begebenheitlichen Zusammenhängen, [...] sie erzählt eins, das andre läßt sie den Leser miterleben" (RS 657). In den Termini Genettes (1998 [1994], 136) ausgedrückt, liegt bei dieser Erzählform also eine Null-Fokalisierung vor. Dem Erzähler ist eine gewisse Freiheit gegeben, im Unterschied allerdings zur szenischen Erzählung tritt bei der gemischten Form die „Mittelsperson" (RS 655) nie vollständig in den Hintergrund. Die ästhetischen Entscheidungen und nar-

---

91 Zu dieser Unterscheidung vgl. Stanzel (2001 [1979], 259). Ludwig kennt eine solche Trennung nicht, doch ist auffällig, dass er in seinen Überlegungen zur homodiegetischen Erzählung oft ausschließlich die Position des erlebenden Ichs fokussiert. Beispielsweise behauptet er, im Zurückhalten von Wissen, „Aussparen der Gestalten, Aufschieben der Aufklärung" etc. sei „der Roman, in welchem der Held seine eigne Geschichte erzählt, sehr im Vorteil", denn er könne diese Zurückhaltung dadurch motivieren, „daß er [der Erzähler] an keiner Stelle der Erzählung mehr weiß, als der Leser auch" (RS 623). Diese Einschätzung ist nur mit Bezug auf das erlebende Ich zutreffend, da das erzählende Ich für gewöhnlich über mehr Wissen verfügt und dieses nur bewusst zurückhält.

rativen Verknüpfungen bleiben jemandem zurechenbar. Der Erzähler verhüllt sich nicht völlig, sondern stellt seinen Standpunkt und seine Tätigkeit zumindest in Ansätzen mit dar. Er steht, gleichgültig ob als Handelnder oder nur als kommentierender Beobachter, in einer Beziehung zu seinem Stoff und er präsentiert diesen nicht als vollkommen autonom, sondern als abhängig von ihm, seinen Urteilen und Absichten.

Das folgende Schema (Abb. 5) veranschaulicht, über welche Gestaltungsaspekte Ludwig die drei Erzählformen bestimmt und voneinander abhebt. Zur besseren terminologischen Markierung der Unterschiede werden die bekannten Begriffe Genettes herangezogen. Um Missverständnissen vorzubeugen, sei an dieser Stelle darauf hingewiesen, dass Ludwigs Beschreibungen diesen Begriffen nicht in jeder Hinsicht entsprechen.[92]

	Eigentliche Erzählung	Szenische Erzählung	Gemischte Erzählung
Modus	berichtend	szenisch	Bericht und Szene
Stellung des Erzählers	Teil der Erzählwelt [Homodiegese]	außerhalb der Erzählwelt [Heterodiegese]	?
Perspektive	Innensicht [interne Fokalisierung]	Außensicht [externe Fokalisierung]	Innen- und Außensicht [Nullfokalisierung]
Ordnung	überwiegend chronologisch Gesetz der Erinnerung	häufig nicht chronologisch Gesetz der Phantasie	chronologisch oder nicht chronologisch

Abbildung 5: Formen der Erzählung

Ludwig sieht also in der Mischung zwischen eigentlicher und szenischer Erzählung die größten Vorteile. In dieser Hinsicht entspricht seine Theorie, wie Brinkmann (1977 [1957]) gezeigt hat, der eigenen literarischen Praxis. Brinkmann

---

92 Die angesprochene Nähe zu Stanzels Erzähltheorie lässt auch den Versuch attraktiv erscheinen, Ludwigs Erzählformen mit den drei Erzählsituationen in Beziehung zu setzen. Einige Ähnlichkeiten sind zumindest nicht zu übersehen: Der gemischten Erzählung entspricht, was die Freiheiten des Autors betrifft, Stanzels auktoriale Erzählsituation, der eigentlichen Erzählung hingegen die Ich-Erzählsituation. Dass die szenische Erzählung gewisse Merkmale – zum Beispiel die szenisch-vergegenwärtigende Erzählweise (*showing* statt *telling*) – mit der neutralen Erzählsituation teilt, die Stanzel später durch die personale Erzählsituation ersetzt, wurde bereits erwähnt.

selbst sieht in dem Nebeneinander von eigentlicher und szenischer Erzählung eine problematische und ästhetisch unbefriedigende Vermischung objektivierender und subjektivierender Erzählstrategien. Meines Erachtens aber geht diese Deutung an einem wichtigen Aspekt von Ludwigs Poetik vorbei, denn die Präferenz für die gemischte Erzählung hängt auch mit der Ausrichtung auf den Erlebnisaspekt zusammen, das heißt mit der Überzeugung, dass sich die erzählte Welt dem Rezipienten im Modus des Erlebens erschließen soll. Zumindest erklärt sich auf diese Weise, warum Ludwig nicht die rein szenische Erzählweise, die ihn aufgrund ihrer Nähe zur dramatischen Darstellung eigentlich anspricht, den anderen Formen vorzieht. Wie Fludernik (1996, 172–177) herausstellt, liegt im neutralen Erzählen, das heißt im Erzählen mit externer Fokalisierung, aufgrund des Fehlens oder der Transparenz eines erfahrenden Bewusstseins ein geringer Grad an Erlebnishaftigkeit (*experientiality*) vor. Da Fludernik *experientiality* zum Kernkriterium ihres Erzählbegriffs macht, nimmt sie folglich für Texte, in denen neutral beziehungsweise konsequent mit externer Fokalisierung erzählt wird, auch einen geringen Grad an Narrativität an.[93] Damit stimmt Ludwig insofern überein, als er in der szenischen Erzählung nicht nur eine oberflächliche Nähe zum Drama erkennt, sondern sogar behauptet, dass sie ohne Kenntnis des Dramas und seiner medialen Bedingungen für den Rezipienten gänzlich unverständlich bleibe. Der Darstellungsweise entspricht mit anderen Worten keine natürliche Erlebnissituation. Um sie nicht als vollkommen unnatürlich zu verwerfen, muss der Leser sie auf die künstlichen Bedingungen des Theaters (in der modernen Literatur dann auch: des Films) zurückführen.

Nun spricht Ludwig gleichwohl zunächst davon, dass in der szenischen Erzählform der Autor die Geschichte „erlebt" und sie den Leser „mit erleben" lässt (RS 654). Aber diese Formulierung steht im deutlichen Kontrast insbesondere zu der später verwendeten Metapher der sich selbst abkonterfeienden Fotografie. Offenbar bezieht Ludwig den Erlebnisbegriff zunächst auf die scheinbare Unmittelbarkeit und die im Vergleich zur eigentlichen Erzählung reduzierte zeiträumliche Distanz zu den Ereignissen. Wenn Ludwig aber im Folgenden explizit die Äußerlichkeit der Darstellung und die Nähe zur Rezeptionssituation des Dramas, ja sogar zum Medium der Fotografie hervorhebt, macht er damit deutlich, dass der Rezipient in dieser Erzählform über die Rolle eines passiven Beobachters nicht hinauskommt. Dadurch wird aber gerade *nicht* erreicht, was Ludwig im Kontext seiner Typologie des poetischen Interesses als Charakteristi-

---

93 Wobei Fludernik darauf hinweist, dass viele neutral erzählte Texte auf eine nachträgliche Narrativierung durch den Leser angelegt sind, der dann die neutrale Sehperspektive (*camera-eye*) als Wahrnehmung eines heimlichen Beobachters interpretieren kann.

kum des modernen Romans beschreibt: dass der Rezipient nämlich die Geschichte nicht „als freier Beschauer, sondern als mitspielende Person mit erleb[t]" (RS 651). Denn etwas anderes ist es, die Dinge nur nah vor Augen zu haben oder ihnen imaginär zu begegnen.

Den Unterschied, auf den es hier ankommt, kann man gut anhand zweier Beispiele verdeutlichen, die Dilthey in einer seiner frühen erkenntnistheoretischen Schriften verwendet. Das erste Beispiel illustriert den Zustand des völligen Sich-selbst-Verlierens in den Gegenstand, bei dem der Beobachter die Eindrücke und Empfindungen nicht mehr auf sein eigenes Ich bezieht und die Wahrnehmung der Gegenstände nicht von einem „Innewerden" des Bewusstseinsvorgangs, kraft dessen sie überhaupt für das Subjekt da sind, begleitet wird (GS 19, 60). Dilthey sieht die theatrale Illusion als einen solchen Fall an:

> Wenn ich auf der Bühne vor mir den Brutus in seinem Zelt gewahre, vor der Schlacht von Philippi, wie ihm der Geist Julius Cäsars erscheint: dann ist nichts da für mich als dieses Zelt, Brutus in ihm schlafmüde lesend, das dunkler brennende Licht, die furchtbare Erscheinung des Ermordeten. Mein Selbst ist sozusagen ausgelöscht in diesem Augenblick und in bezug auf diesen Wahrnehmungsgegenstand; ich werde des Vorgangs, in dem ich gewahre, nicht inne. (GS 19, 60)

Diese Beschreibung passt auch auf das szenische Erzählen. Die gewöhnliche Form der Weltaneignung ist für Dilthey jedoch das Erlebnis und für dieses ist der Bezug auf das Bewusstsein eines der Wirklichkeit entgegentretenden Subjekts konstitutiv. Das Erlebnis entspricht nicht dem Betrachten einer vom Publikumsraum abgetrennten Bühne, sondern eher dem Öffnen eines Fensters:

> Ich öffne in der Morgenfrühe das Fenster und gewahre, daß die Blüten des Flieders aufgebrochen sind: sein Geruch dringt in mein Gemach, und nun erinnere ich mich, daß ich gestern um dieselbe Zeit seine Blüten noch geschlossen fand. Gewiß spielt sich dies alles als Erlebnis in meinem Bewußtsein ab, und ich bin mir seiner als eines solchen unmittelbar gewiß. Das Gesichtsbild meines Körpers und seiner Umgebung, das Gefühl von Blendung in der ersten Helle, der Druck der Hand am Fenster und die damit verknüpfte Veränderung des Gesichtsbildes, die begleitenden Muskelgefühle und alsdann der hinzutretende Geruch des Flieders, endlich das Auftreten einer ähnlichen und doch nicht ganz mit dem jetzigen Eindruck verschmelzenden Erinnerung: das alles ist Erlebnis, Tatsache meines Bewußtseins. (GS 19, 65)

Erlebnis in diesem Sinn lässt sich mit szenischer Erzählung allein nicht simulieren. Denn hierfür braucht es einen Mittler, ein figurales Zentrum, von dem aus die erzählte Wirklichkeit erfasst und erfahren wird, wobei dem Rezipienten jedoch die Möglichkeit gegeben sein muss, diese Mittlerposition zu übernehmen.[94] Der letzte Punkt ist wichtig, weil er erklärt, warum Ludwig nicht der eigentlichen Erzählung, also dem homodiegetischen Erzählen den Vorzug gibt. Denn bei dieser Erzählform droht der Rezipient ebenfalls zum außenstehenden Beobachter zu werden, nur dass es in dem Fall das Innenleben einer einzigen Figur ist, das zum Gegenstand der Beobachtung wird. Ludwigs Überlegungen aber zielen darauf, den Rezipienten selbst als miterlebende Person in die erzählte Welt zu integrieren. In seiner Theorie entspricht das Konzept eines mittleren Helden am ehesten einer solchen Konstruktion (vgl. Kap. 4.1.3.1). Es lässt sich in gewisser Hinsicht ebenfalls als eine Mischform zwischen Mittelbarkeit und Unmittelbarkeit – ebenso wie zwischen Homodiegese und Heterodiegese – auffassen. Denn durch die Bindung der Erlebnisperspektive an eine Figur der Erzählwelt kann sich auch dort, wo „der Autor den Helden uns durch das Ganze in der dritten Person darstellt", der Eindruck einstellen, „als erzähle er uns in des Helden Geschichte seine eigne; denn der Held bleibt unser Auge, unser Ohr, durch die wir die Dinge sehen und hören" (RS 582). Dem Rezipienten wird ermöglicht, gleichsam auf die Szene zu treten, als ‚mitspielende Person', statt sie nur zu betrachten; der Erzähler wiederum behält grundsätzlich die Freiheit, die beschränkte Figurenperspektive zu überschreiten, etwa indem er „den eigentlichen Haupthelden stellenweise pausieren" lässt „und so lange eine andre Gestalt zu unserm Medium, unserm Auge und Ohr" macht (RS 582).

---

94 An dieser Stelle ist auf ein bemerkenswertes Rezeptionszeugnis von Ludwigs Theorie der Erzählformen hinzuweisen: In seinem Vortrag auf dem XXI. Deutschen Kongress für Philosophie im September 2008 geht Wolfram Hogrebe (2011) auf diese Theorie und vor allem auf den Begriff des szenischen Erzählens ein (vgl. auch Hogrebe 2009, 35–76). Allgemein geht es dem Philosophen in seinen Ausführungen darum, das Szenische als Basis jeder menschlichen Welterfahrung, gewissermaßen als die Grundform, in der sich dem Menschen Welt darbietet, aufzuzeigen. Ludwigs besonderes Verdienst besteht nach Hogrebe nun darin, erstmals „von dem Ausdruck ‚szenisch' hermeneutischen Gebrauch" gemacht und gesehen zu haben, dass es „Mitteilungsformen gibt, für die die physische Präsenz so wesentlich ist wie in einem Spiel" (2011, 48–49). Hogrebe interpretiert den Terminus der szenischen Erzählung also als einen ersten begrifflichen Vorstoß zu jener „szenische[n] Einbettung", in der sich der Mensch vorfindet und aus der er sich „als Gefangene[r] einer variationsfähigen, aber unvermeidlichen Partizipation" nicht befreien kann. Die reine szenische Erzählung aber scheint, nach meiner Deutung, nicht geeignet, im Rezipienten den Eindruck von Partizipation zu erwecken. Sie konfrontiert ihn scheinbar unmittelbar mit dem Ereigniszusammenhang, aber sie bettet ihn nicht darin ein. – Vgl. auch den Versuch Günthers (1928), eine Analogie zwischen Ludwigs Erzählformen und drei Formen der Rededarstellung zu konstruieren. Für ihn entspricht die szenische Erzählung der direkten Rede, die eigentliche Erzählung der indirekten Rede, die gemischte Erzählung schließlich der erlebten Rede (1928, 150).

Aber kann dieser Rezeptionseffekt auch erreicht werden, wenn auf eine Figur als Perspektivträger verzichtet wird? Auf jeden Fall müsste die Balance zwischen Mittelbarkeit und Unmittelbarkeit, personengebundenem Zugriff und einem auf andere Personen (einschließlich des Rezipienten) übertragbaren Wahrnehmungsstandpunkt gewahrt bleiben. Eine prinzipielle Ausblendung des Erzählers, wie sie das szenische Erzählen vorsieht, würde dieses Gleichgewicht aufheben, die größere Unmittelbarkeit mit einer Verringerung von Partizipation und der Aufgabe eines Orientierungszentrums erkauft werden. Die Herausforderung bestünde also darin, den Erzähler zum Erlebnismedium werden zu lassen – in der Homodiegese beispielsweise durch die Verlagerung des Schwerpunkts vom erzählenden auf das erlebende Ich, in der Heterodiegese durch die Gestaltung eines figurennahen Wahrnehmungsstandpunkts. Im Manuskript der Romanstudien findet sich eine kurze Randbemerkung, die auf eine solche Auffassung vom Erzähler als Erlebnismedium hindeutet. Es handelt sich allerdings eher um einen Vorsatz für das eigene Schaffen als um eine theoretische Überlegung: „[J]ede Situation", ermahnt sich Ludwig, „erstl[ich] als Erzähler, dann in den Charakteren durchempfunden u. durchgespielt" (H 159). Mit anderen Worten: Auch wenn der Erzähler nicht Teil der Figurenwelt ist, soll er ein quasi-figurales, erfahrungsanaloges Verhältnis zu den erzählten Situationen und Ereignissen aufbauen.

Eine erzähltechnische Konsequenz aus der Absicht, den heterodiegetischen Erzähler als Teil der Figurenwelt erscheinen zu lassen, ist die Gestaltung einer figurennahen Perspektive. Neben den Reiz des „genauen Durchschauens von Personen und begebenheitlichen Zusammenhängen" tritt dann zumindest zeitweilig der „Reiz des Problematischen" (RS 657). Der damit verbundene Effekt der Spannungserzeugung unterstützt zudem eine immersive Rezeptionsweise. Es kann vor diesem Hintergrund nicht überraschen, dass Ludwig den Techniken der Spannungsführung und dem Zusammenspiel zwischen Verrätselung und Aufklärung in den *Romanstudien* detaillierte Analysen widmet. Sie sind in ihrer Bedeutung für seine Poetik bereits deshalb nicht zu unterschätzen, weil sie eine deutliche Akzentverschiebung gegenüber der idealistischen Erzähltheorie anzeigen. Ludwig hält Spannung nicht mehr wie Vischer (vgl. Kap. 3.3.3.1) für ein ästhetisch fragwürdiges Nebenprodukt narrativer Gestaltung und Neugier für eine grundsätzlich bedenkliche Rezeptionshaltung. Nicht die Neugier des Lesers abzutöten, sondern sie im Gegenteil zu wecken und geschickt zu lenken, ist für ihn eine Hauptaufgabe des Romanautors; und dies nicht nur aus verkaufsstrategischem Kalkül, sondern weil Neugier und das Ausbilden von Erwartungen zu den grundlegenden Organisationsprinzipien des Menschen gehören, mithilfe derer er Wirklichkeit erschließt und strukturiert.

4.1.6 Verborgene Wahrheiten und objektives Interesse

4.1.6.1 Perspektivkunst und Spannungsführung

„Die Erzählung (groß oder klein) muß interessant sein. Was ist das?", fragt Ludwig und gibt sogleich die Antwort: „[S]ie muß spannen" (RS 565–566). Diesem Grundsatz entsprechend, nimmt die Analyse narrativer Spannungskonstruktion in den *Romanstudien* einen breiten Raum ein. Oberflächlich betrachtet steht dahinter nur das dramaturgische Kalkül eines Autors, der seine Leserschaft, auf die er angewiesen ist, auf möglichst angenehme und anregende Art unterhalten möchte. Spannungserzeugende Erzählverfahren wie die zeitweilige Verrätselung der Geschehnisse weisen nach dieser Deutung letztlich auf eine partielle Entmündigung des Lesers hin, insofern dieser dazu bewogen wird, sich der geschickten Führung eines Erzählers anzuvertrauen. Eben dies behauptet Jörg Schönert (1980) in Bezug auf die narrative Anlage der Erzählung *Zwischen Himmel und Erde* (1856): Ludwig gebe „die lenkende und wertende Autorität des Erzählers nicht preis", er wünsche sich vielmehr „einen neugierigen und gespannt-aktiven Leser, der die Einzelaspekte der Geschichte wie Puzzleteile in das vom Erzähler vorgestanzte Schema einlegt" (Schönert 1980, 165). Diese Einschätzung ist nicht falsch, aber auch einseitig; denn sie bestimmt die Spezifik von Ludwigs Poetik allein durch die Abgrenzung gegenüber Erzählverfahren der frühen Moderne, um so „falschen Schlüssen über die ,Modernität' des Erzählens" in seinen Texten vorzubeugen (Schönert 1980, 165). Im Rahmen einer Geschichte der Erzähltheorie muss der Blick indes erst einmal in die andere Richtung gewendet werden, denn die detaillierte Auseinandersetzung mit den Grundlagen der Spannungsgestaltung ist keineswegs eine Selbstverständlichkeit, ja in diesem Umfang eigentlich ein Novum in der Theoriegeschichte. Die literaturtheoretische Beschäftigung mit dem Konzept der Spannung setzt erst um die Mitte des neunzehnten Jahrhunderts ein (vgl. Hügel 1978, 73–74), Ludwig bewegt sich in seinen Analysen also auf weitgehend unbetretenem Terrain. Mag es daher auch stimmen, dass er noch nicht mit einem „selbstverantwortlichen Leser" rechnet, bleibt immer noch zu klären, warum er sich überhaupt einen „neugierigen und gespannt-aktiven Leser" (Schönert 1980, 165) wünscht.

Es wurde bereits deutlich, dass Ludwig dem seit Kant problematisch gewordenen Begriff des Interesses eine wichtige Stellung einräumt und dass er den Zustand des uninteressierten Wohlgefallens zumindest bezüglich des modernen Romans nicht als adäquate Rezeptionshaltung ansieht (vgl. Kap. 4.1.3.2).[95] Seine

---

[95] Zur Geschichte der Interessebegriffs in der Ästhetik vgl. Wölfel (2001), der allerdings den Bezug zum Begriff der Spannung nicht berücksichtigt.

intensive Auseinandersetzung mit der Theorie und Technik der literarischen Spannung unterstreicht diese Position noch einmal nachdrücklich. Nach allem, was bisher über die Grundlagen von Ludwigs Poetik in dieser Untersuchung herausgearbeitet wurde, liegt ein Grund für die Aufwertung und theoretische Erschließung des Phänomens auf der Hand: Spannung bindet den Leser an die Erzählwelt. Sie ist ein geeignetes Instrument, um eine immersive Lektüreweise zu provozieren und die emotionale wie intellektuelle Anteilnahme des Rezipienten an den fiktiven Figuren zu steigern (vgl. Ryan 2015 [2001], 99 – 106). Ludwig geht der Funktion der Spannung indes tiefer auf den Grund. Er entwirft in Grundzügen eine Theorie der Spannungsformen, in der er zwei Arten der Spannung nach der zugrunde liegenden Rezeptionshaltung ebenso wie nach ihrer narrativen Konstruktionsweise voneinander unterscheidet: eine „Spannung aus Teilnahme" (RS 566), die für ihn im Wesentlichen eine „Spannung auf den Ausgang"[96] (STD 2, 104) ist, und eine „Spannung aus Neugier" (RS 566), die er auch als eine „Spannung des Anfangs" (RS 571) bezeichnet.[97]

Die Spannung aus Teilnahme basiert auf der Identifikation des Rezipienten mit einer Figur, aus der wiederum Befürchtungen oder Hoffnungen in Bezug auf ihr Schicksal entstehen: „Wir sehen also etwas herannahen, was wir leidenschaftlich verabscheuen; wir sehen etwas verhindert, was wir leidenschaftlich begehren" (RS 569). Auf den Ausgang gerichtet ist diese Spannungsform insofern, als hier die Frage nach dem endgültigen Gelingen oder Scheitern einer Handlung überwiegt. Der Rezipient ist also mit den Absichten der handelnden Figuren weitgehend vertraut, die Spannung entsteht aus der Berechnung möglicher katastrophaler oder glücklicher Ereignisverläufe, wobei sehr häufig das Aufeinanderprallen konfligierender Handlungsinteressen im Zentrum des Geschehens steht. Für Ludwig ist diese Spannungsform für das Drama charakteristisch, während im Roman – folgt man dem Theorem der begebenheitlichen Natur der

---

96 Bei Lillyman steht fälschlicherweise „aus den Ausgang" (RS 571).

97 Eine gewisse Ähnlichkeit besteht dabei zu einem Differenzierungsvorschlag, den Lessing in der *Hamburgischen Dramaturgie* (1767– 1769) gebraucht, nämlich zwischen einem teilnehmenden, sympathetischen Interesse, das mit einem moralischen Urteil verbunden ist, und einem Interesse aus Neugier, das sich jenseits moralischer Kriterien an der Frage des Gelingens oder Nichtgelingens einer Handlung entzündet (Lessing 1985, 575 – 580; vgl. Wölfel 2001, 130). – Die Trennung zwischen Anfangs- und Finalspannung findet sich auch in der modernen Erzähltheorie (vgl. Suerbaum 1971, 230), Weber (1975, 96 – 97) bezieht sich dabei explizit auf die *Romanstudien*. An Ludwigs Typologie erinnert zudem der Systematisierungsvorschlag von Brewer (1996, 110 – 114). Die Spannung der Teilnahme bzw. auf den Ausgang entspricht in vielen Aspekten dem von Brewer eingeführten Typ der Konflikt- und Bedrohungsspannung, die Spannung aus Neugier bzw. des Anfangs hingegen dem Typ der Rätselspannung. Zu Brewers Einteilung vgl. Wenzel (2004b, 187– 192)

epischen Handlung (vgl. Kap. 4.1.2.1) – die Absichten einzelner Figuren nicht im gleichen Maße das gesamte Geschehen dominieren und deshalb auch die Spannung der Teilnahme seiner Ansicht nach „weit abstrakter" (RS 577) sein muss. Die Frage laute im Roman nicht: „Wird's ihm glücken?", sondern: „Wird es ihm werden?" oder „Wird, was sich begibt, zu seinem Glücke ausschlagen?" (RS 571) Dafür kommt in der erzählenden Literatur Ludwig zufolge die zweite Art der Spannung, die Spannung aus Neugier respektive des Anfangs, in größerem Umfang zur Geltung. Das ergibt sich für den Theoretiker bereits daraus, dass in der Erzählung anders als im Drama die Absichten und inneren Beweggründe der Figuren lange verschwiegen werden können. Im Drama, so Ludwig, darf „kein Geheimnis sein", im Epischen hingegen „blickt Geheimnis, Rätsel überall aus dem und in den Vorgang" (RS 566). Die geschickte Verrätselung gehört aus seiner Sicht sogar zu den zentralen künstlerischen Herausforderungen des Erzählens:

> Eine Hauptkunst des Romanschreibers ist ferner das Arrangement, das Verschweigen von Dingen, die man gern wissen möchte, das Zeigen von Personen und Dingen, deren Verhältnis zum Ganzen noch unbekannt, das Abbrechen, das Verschlingen, das Verbergen des Innern hinter Äußerm, der Absichten der Personen. (RS 537)

Auch in der Spannung der Neugier steht nach Ludwig die Absicht der Handelnden im Mittelpunkt, doch interessiert den Rezipienten in dem Fall nicht die Frage, ob eine Absicht erfolgreich ausgeführt wird oder nicht, vielmehr möchte er wissen, welche Absichten der Handelnde überhaupt hat. Die rezeptionsleitenden Fragen lauten hier: „Wer ist das? Was macht er? Was will er? Warum?" (RS 571). Je länger sich die Aufklärung hinauszögere, desto intensiver werde die Spannung. Die Erzählung gleiche dann einem anhaltenden Wechselspiel aus Verrätselung und Enthüllung:

> Überhaupt besteht die Spannung der Neugierde darin, daß uns soviel gesagt wird, daß wir gern alles wüßten, und dieses uns ganz allmählich zugemessen wird. Und wenn wir das Ganze von dem wissen, was uns zuerst stückweise gezeigt wurde, wird gewöhnlich neben diesem alten ein neues Rätsel angeknüpft. (RS 569–570)

Der eigentliche Reiz liegt bei dieser Spannungsform folglich in der Erkenntnisarbeit selbst, in der sukzessiven Entschlüsselung des Vorenthaltenen. Doch muss die Spannung keineswegs reiner Selbstzweck sein. Wie Ludwig ausführt, erweckt die zeitweilige Verrätselung der Absichten das Interesse des Rezipienten, mit den Figuren vertraut zu werden, um ihr zunächst rätselhaftes Tun zu verstehen. Er werde demnach dazu veranlasst, die Charaktere und ihr Verhalten genau zu beobachten und daraus Schlussfolgerungen hinsichtlich der zu erwartenden Resultate ihres Handelns abzuleiten; so wie er sich im realen Leben einer unbekannten Person nähern würde, wenn ihre verborgenen Absichten ihn interessierten. Der immersive Effekt, der sich aus der Spannung des Anfangs beziehungsweise der Neugier ergibt, beruht also im Wesentlichen darauf, dass sich der Leser sein Wissen über die Intentionen der Figuren gewissermaßen selbst erarbeitet.

> Die Spannung im Anfange besteht darin, daß uns irgend ein Tun gezeigt wird, ohne daß wir weder die Gründe davon wüßten, noch was aus dem Tun entstehen soll, den Zweck. Dabei werden wir mit Figuren bekannt. Und selbst worin das Tun eigentlich besteht, erfahren wir erst allmählich. Ganz auf die Natur des Menschen gegründet. Sehen wir Bewegungen eines Menschen, die wir nicht sogleich zu deuten wissen, so treten wir ihm näher und sehen ihm zu, bis wir wissen, was er macht. Durch und bei dem Tun wird der Mensch selbst uns interessant. Je auffallender und rätselhafter Tun und Mensch, desto mehr sind wir gespannt, zu wissen, was er macht, wer er ist, was er damit will. (RS 570)

Die Spannung aus Teilnahme gewinnt ihre Dynamik aus der Konfrontation verschiedener Interessen. Folgt man Ludwigs Analyse, dann wird sie vor allem dort zur Anwendung kommen, wo es, wie im Drama, um einen ethischen Konflikt geht und die Figuren vorrangig als Träger allgemeiner Prinzipien oder Ideen in Erscheinung treten. Die Spannung aus Neugier verlagert hingegen den Fokus auf die Figuren selbst. Unter Bezug auf Ludwigs Typologie des poetischen Interesses (Kap. 4.1.3.2) könnte man sagen, dass bei dieser Spannungsform das Interesse am einzelnen Fall und an der partikularen Erscheinung überwiegt. Denn zunächst tritt die konkrete Person hervor und erst mit der Zeit gewinnt der Leser eine Vorstellung von ihren Handlungsabsichten. Im Manuskript verdeutlicht Ludwig den Unterschied zwischen dramatischer Final- und narrativer Anfangsspannung am Beispiel einer kleinen Szene, in der geschildert werden soll, wie Kinder einen „Speiteufel [d.i. ein Feuerwerkskörper] werfen" (H 27). Das erste Mal wissen wir, die Leser, „bei ihrer ersten Vorbereitung dazu, was werden wird", das wäre die „speziell dramatische Spannung"; das andere Mal sehen wir „daßelbe an, aber ohne zu wißen, was die Kinder damit wollen u. kommen ganz allmälig dahinter. Oder beßer: wir sehen die Kinder" (H 27). Der erste Fall rückt den Zusammenhang zwischen Absicht, Tat und Folge in den Mittelpunkt, im zweiten hingegen steht die Person selbst und das Verständnis ihrer Handlungsäußerungen im Fokus. Die Spannung des Anfangs, dies lässt sich aus Ludwigs Überlegungen folgern, wird umso wichtiger sein, je mehr dem Autor daran gelegen ist, seine Figuren in ihrer Selbständigkeit und nicht nur als Träger einer ethisch interessanten Konstellation vorzuführen, das heißt je weniger die Handlung für das „Zusammenfassen in ein sittliches Urteil bestimmt ist" (RS 605).

Eine Bestätigung für seine Thesen zur Spannungserzeugung sieht Ludwig in Dickens' Roman *Große Erwartungen* (1860 – 1861), der im Titel ja bereits das Spiel mit Verbergen und Andeuten, Zweifel und Vorhersage ankündigt. Wie Ludwig im Manuskript festhält, fasziniert ihn gerade am Beginn des Romans das Wechsel- und Abhängigkeitsverhältnis zwischen der wachsenden Vertrautheit mit den Personen und den Hinweisen auf ihre noch unbekannten, rätselhaften Seiten:

> Wie ist auch jede Person ausgespart, wie kenntlich gleich im Anfange gezeichnet u. doch in der Regel wie wenig von ihrem Inneren verrathen. An jede Person, an jedes Local (durch Stimmung u. dunkle Vorstellungen [am Rand: in der Schilderung oder den Gefühlen u. Betrachtungen, die es in der betreffenden Person hervorbringt.]) ist eine Spannung geknüpft; jede ist ein Räthsel für sich, an dem wir bei jedem Begegnen wiederum herumrathen; denn wie auf der einen Seite uns die Person bekannter wird, um so spannender das Räthsel. So dies Hin- und Her-Schicken, Gehen, warten; [am Rand: auch damit Pip u. der Autor Zeit haben, die Banalität „durchzuempfinden". Denn dies ist der paßende Ausdruck.] Alles auf Spannung berechnet. Ein Gespräch, welches blos das Vehikel des Bekanntwerdens scheint, ist wiederum an sich ein spannendes Moment. So sausen eine Menge Räthselfaden an uns vorüber, wir möchten jedem einzelnen nachsehen, wohin er führt; u. zu welchem Gewebe dieser u. dieser, der u. der u. der u. am Ende alle führen mögen. Ja! große Erwartungen, Erwartungen ohne Zahl, nach allen Richtungen! (H 122)

Ludwig diskutiert nun verschiedene Möglichkeiten, wie sich diese Spannungs- form erzähltechnisch realisieren lässt, das heißt die „Verschweigungen" (RS 622) des Erzählers motiviert werden können. In der homodiegetischen Erzählung etwa kann eine entsprechende perspektivische Einschränkung durch die Orientierung am Erfahrungshorizont des erlebenden Ichs erreicht werden.[98] Wenn der Erzähler nämlich „an keiner Stelle der Erzählung mehr weiß, als der Leser auch", dann wird „jede neu auftretende Figur wenigstens eine Zeitlang [...] ein Rätsel blei- b[en]" (RS 623). Ein ähnlicher Effekt ist aber auch bei einem heterodiegetischen Erzähler möglich, der sich darauf beschränkt, nur „die Außenseite der Figuren" zu zeigen (RS 548). Durch diese szenische Erzählweise (in Ludwigs Sinn) gibt er dem „Scharfsinn" des Lesers „mehr Raum zum Erraten" (RS 548).[99] Eine weitere Möglichkeit für den heterodiegetischen Erzähler, Informationen über das Innere seiner Figuren zurückzuhalten, sieht Ludwig in dem Wechsel zwischen ver- schiedenen Figurenperspektiven:

---

[98] Es wurde bereits betont, dass Ludwig in seiner Theorie nicht zwischen erlebendem und er- zählendem Ich trennt und bei Aussagen über den homodiegetischen Erzähler häufig allein die figurale Position, das erlebende Ich, in den Blick nimmt.

[99] Als ein gelungenes Beispiel perspektivischer Beschränkung sieht Ludwig den Beginn von Dickens' Roman *Harte Zeiten* (1854) an: „Welche Kunst der Exposition! Es ist, als kämen wir aus der vollen Sonne plötzlich an einen dunklen Ort, wo wir erst nichts gewahren als Finsternis. Wir hören sprechen, und in demselben Maße, als unser Auge sich von dem plötzlichen Kontraste erholt, wird uns die Umgebung allmählich sichtbar" (RS 543).

> Wenn die Erzählung bald mit der bald mit der Figur geht und so alles, wenigstens das Be-
> deutendste, was geschieht, erst hypothetisch und ungewiß in irgend einem falschen Lichte,
> wohl auch selbst falsch, vorzeigt und dann erst den betreffenden Vorgang [...] selbst erzählt.
> (RS 547)

In diesem Fall bezieht sich die Ungewissheit des Rezipienten weniger auf die
Intentionen des Handelnden als auf den tatsächlichen Ablauf der Ereignisse. Der
Spannungstyp aber bleibt derselbe, denn auch hier werden Vorgänge gezeigt, die
zu einem gewissen Grad unverständlich bleiben oder zumindest Zweifel und
Unsicherheit beim Leser auslösen. Er wird dazu gebracht, Hypothesen über den
tatsächlichen Geschehensverlauf aufzustellen, die sich in der Folge dann entweder verifizieren oder falsifizieren lassen. Der Forschungsdrang des Rezipienten
kann dabei durchaus mit dem der Figur korrelieren, die Figur selbst also zur
Aufklärung des Rätsels beitragen:

> [E]s geschieht etwas; dies gibt, da nur einzelnes davon bekannt wird, der Figur, der es be-
> kannt wird, ein falsches Bild des Geschehen (und damit dem Leser selbst), das sie martert,
> spannt oder zur Hoffnung bewegt, und den Leser mit, der dann mit ihr die Sache genauer
> untersucht und durch die Ergebnisse der Forschung bald zur Furcht bald zur Hoffnung
> hingerissen wird [...]. (RS 547)

Gesteigert wird diese Form der Perspektivierung, in der Figuren- und Erzähler-
perspektive gegeneinander gesetzt werden, wenn dasselbe Geschehen von verschiedenen figuralen Standpunkten aus wahrgenommen wird – ein Verfahren,
das Ludwig selbst in seiner Erzählung *Die Heiteretei* (1855–1856) angewandt hat.
In seiner Theorie bespricht er diese Form multiperspektivischen Erzählens
ebenfalls, wobei er allerdings keine radikale Form von Multiperspektivität im Sinn
hat, bei der sich die einzelnen Positionen nicht mehr zu einem kohärenten Ge-
samtbild zusammenführen lassen.[100] Gleichwohl kann die Erzählung seiner Ansicht nach „eine Reihe modifizierter und entstellter einzelner Spiegelbilder des
Begebenheitskernes, die dieser in die Seelen der Mitspieler wirft", nebeneinander
stellen: „Wir sehen die Sache erst, wie sie andern sichtbar wird und nach ihrer
Natur ihnen erscheint, als wie sie wirklich ist. Der Leser müßte sich die Momente
berichtigend nach seiner Meinung zusammensetzen" (RS 549).[101]

---

100 Zum Begriff der Multiperspektivität vgl. Nünning und Nünning (2000, 18).
101 Auch im Kontext seiner Überlegungen zum mittleren Helden betont Ludwig, dass der
Wechsel zwischen verschiedenen Figurenperspektiven nicht mit der Negierung von Objektivi-
tätsansprüchen verbunden sein muss. Beispielsweise könne der Perspektivwechsel auch durch
die Absicht motiviert sein, bei zeitweiliger Unzuverlässigkeit des figuralen Erlebnismediums bzw.
Perspektivträgers eine verlässlichere Figurenperspektive einzunehmen: „Also wo der Held selbst

Die Verrätselung dient aus Ludwigs Sicht also nicht einer Destabilisierung des Wirklichkeitsverhältnisses, weder auf der Ebene der Figuren noch auf der des Rezipienten. Das initiale Rätsel soll vielmehr eine Erkenntnisbewegung in Gang setzen, die letzten Endes zur Gewissheit führt, zumindest aber ein stabiles Urteil über den Ereignisverlauf sowie die Intentionen der beteiligten Personen zulässt. Was in der Erzählung zur Darstellung gebracht werden soll, ist mit anderen Worten nicht das Wahrnehmungsdefizit an sich, sondern der Forschungs- oder Erkenntnisprozess, der durch problematische Wahrnehmungen oder Zweifel ausgelöst wird. Ein wichtiger Gesichtspunkt ist für Ludwig dabei die Relation zwischen Forschung und Handlung, zwischen dem Erkenntnisstand einer Figur und den daraus abgeleiteten Verhaltensweisen. Die Erzählung ist ihm zufolge so einzurichten, dass „ein Gewicht darauf fällt, welche Forschungen die Gestalt anstellt, was sie aus dem Erfahrnen folgert [...], was sie tut, zu befördern oder zu vermeiden" (RS 548–549).[102] Entscheidend sind mithin die praktischen Konsequenzen des Erkenntnisprozesses. Die Figur passt ihre Handlungsweisen ihrem Informationsstand an und „so geht dies Forschen wieder in ein Handeln über und tritt in die Substanz der Erzählung ein" (RS 548). Das Interesse des Lesers richtet sich dann nicht allein darauf, aus den verschiedenen Standpunkten ein Bild des tatsächlichen Geschehens zu rekonstruieren, sondern ebenso auf die Relation zwischen den „Spiegelbilder[n] des Begebenheitskernes" und den „durch diese herausgeforderten Handlungen" (RS 549). Das Ineinandergreifen von Erkenntnisprozess und Handlungsgang betont Ludwig auch im Kontext seiner Unterscheidung zwischen „analytischer" und „synthetischer" Erzählung (RS 593). Denn er favorisiert eine Mischung beider Kompositionsweisen, bei welcher der Handlungsfortschritt sukzessive zur Lösung eines Rätsels beiträgt. Zu Beginn eines solchen Textes stehe ein Vorgang, der in seiner „völlig rätselhaften Einwirkung auf den andern" eine „bloß unbestimmte aber scharfe Neugierde" errege; während man dann dem synthetisch sich entwickelnden Vorgang „Schritt vor Schritt" folge, gehe diese „Ahnung in immer klareres Wissen um die Natur des Rätsels über" (RS 593; vgl. RS 568).

---

in einer Erregung oder in eine solche hineingeratend dargestellt werden muß, er also die Fassung verliert, die ihn zu unserm Medium qualifiziert [...], in solchen Kapiteln gehe die Erzählung mit einer andern Person, die die Qualifikation hat, solange seine Stelle bei uns zu vertreten" (RS 591). **102** An dieser Stelle kann dann wieder die Spannung aus Teilnahme relevant werden, vor allem wenn der Erkenntnisstand von Figur und Rezipient divergiert und letzterer deshalb zu einer anderen Einschätzung der Handlungssituation kommt. Dann tritt der Fall ein, dass „er fördern möchte, wo die Gestalt retardiert, bekannt machen, wo sie verheimlicht, verheimlichen, wo sie bekannt macht, vorsichtig sein, wo sie zu unbedenklich, und umgekehrt" (RS 549).

Aus dieser Überlegung geht hervor, dass Ludwigs Interesse an spannungserzeugenden Erzählverfahren nicht als Hinweis darauf gewertet werden kann,
dass er die Möglichkeit eines zuverlässigen Urteils über die Beschaffenheit der
Dinge und die Realität von Ereignissen grundsätzlich in Zweifel zieht; denn am
Ende steht für ihn immer die Einsicht in die tatsächlichen Verhältnisse. Gleichwohl wird durch eine spannungsvolle Anlage der Erzählung der Erkenntnisvorgang selbst ins Zentrum der Darstellung gerückt. Wissen ist nicht einfach gegeben,
sondern muss erarbeitet werden, indem die aus der Beobachtung rätselhafter
Ereignisse abgeleiteten Hypothesen fortwährend an der Erfahrung überprüft und
gegebenenfalls korrigiert werden. Ludwigs Theorie folgt in dieser Beziehung der
von Ermarth (1998 [1983]) rekonstruierten Logik realistischen Schreibens, wonach
bei allen intersubjektiven Differenzen die Möglichkeit eines finalen Konsens immer vorausgesetzt bleibt.

> Disagreement is only an accident of position. However refracted it may be by point of view
> and by circumstance, the uniformity at the base of human experience and the solidarity of
> human nature receive confirmation from realistic conventions. All individual views derive
> from the same world and so, with enough good faith, enough effort, enough time, problems
> *can* be solved, tragedies *can* be averted, failures in communication *can* be overcome.
> (Ermarth 1998 [1983], 65)

Hinsichtlich der Überzeugung, dass ein finaler Konsens über die Beschaffenheit
von Realität möglich ist und perspektivische Verunsicherungen durch genaue
Beobachtung und die Integration verschiedener Perspektiven überwunden werden können, nähert sich der Realismus, wie Geppert (1994) gezeigt hat, den Positionen des philosophischen Pragmatismus an. Ich möchte im Folgenden genauer auf diese Kontextualisierung eingehen, da sie meines Erachtens dazu
beitragen kann, die unausgesprochenen epistemologischen Grundlagen von
Ludwigs Spannungstheorie im Besonderen und der realistischen Poetik im Allgemeinen besser zu verstehen.

4.1.6.2 Der Weg der Erkenntnis. Bezüge zum philosophischen Pragmatismus

Gepperts umfangreiche komparatistische Arbeit zum deutschen, französischen
und englischen Realismus des neunzehnten Jahrhunderts ist primär semiotisch
ausgerichtet. Ihre Bedeutung liegt jedoch darin, dass sie im Gegensatz zu anderen
Studien zur realistischen Zeichensprache den Bezug zwischen den vorgefundenen
Textstrukturen und außerliterarischen Konstellationen nicht negiert und deshalb
in den realistischen Erzählwelten mehr als ein selbstbezügliches Spiel mit den

Zeichen zu erkennen vermag.[103] Geppert geht es darum, die Spezifik des realistischen Wirklichkeitsverhältnisses zu erfassen, und er schlägt dafür eine ungewöhnliche Kontextualisierung vor: Er verortet den literarischen Realismus in einer „breite[n] Spur pragmatischen Denkens", aus der am Ende des neunzehnten Jahrhunderts auch der Pragmatismus als philosophische Strömung hervorgeht (1994, 10).[104] Diese geistesgeschichtliche Verwandtschaft legitimiert aus seiner Sicht den Ansatz, zur Beschreibung realistischer Erzählverfahren die semiotischen Kategorien von Charles S. Peirce, dem Begründer des amerikanischen Pragmatismus, heranzuziehen. In diesem Kontext interessieren jedoch weniger diese äußerst differenzierten und komplexen zeichentheoretischen Analysen als vielmehr jene pragmatische Dimension im realistischen Wirklichkeitsverständnis, von der Geppert ausgeht. Um diese Zusammenhänge an Ludwigs *Romanstudien* nachvollziehen zu können, möchte ich kursorisch die Grundzüge des pragmatischen Realitätsbegriffs vorstellen, wobei ich mich in Anlehnung an Geppert ausschließlich auf Peirces Ansatz konzentriere.

Die Grundlage von Peirces Pragmatismus ist eine Theorie der Realität, die man mit Karl-Otto Apel (1975 [1967], 57) als „sinnkritischen Realismus" bezeichnen kann. Sie fußt auf einer kritischen Auseinandersetzung mit Kants Erkenntnistheorie; Peirce negiert mit aller Entschiedenheit die Annahme, dass dem Menschen lediglich die durch die Einwirkung der Dinge hervorgerufenen Vorstellungen zugänglich seien, während die ‚Dinge an sich‘, wie sie unabhängig von den Gesetzen des Bewusstseins existierten, für ihn unerkennbar blieben. Realität ist nach Peirces Ansicht immer das Ergebnis einer Interpretation beziehungsweise einer hypothetischen Schlussfolgerung auf Basis von Sinnesdaten. Alle Gegenstände der Realität sind daher „Produkte der geistigen Tätigkeit", nämlich eines bewussten oder unbewussten Schlusses, der „durch die Sinnesempfindung in Bewegung gesetzt wird" (Peirce 1991 [1967], 117). „Der erschlossenen Seinsordnung nach", erläutert Klaus Oehler (1993, 75), „existiert das Objekt, bevor es un-

---

103 Diese Kritik ließe sich gegen die Studie von Ort (1998) erheben, die aus dem Bestreben heraus, die Texte des Realismus nicht auf ihre sozialgeschichtliche Aussagekraft reduzieren zu wollen, das „Problem der Beziehung von Literatur zur ‚außerliterarischen Realität'" nicht bloß für zweitrangig, sondern sogar für „obsolet" erklärt und die Aufmerksamkeit allein auf die innerliterarisch inszenierten Semiosen richtet (1998, 3). Aus Orts Sicht ist realistische Literatur „sehr weitgehend als metasemiotisch" (1998, 1) zu betrachten, denn „die ‚Zeichen‘ für ‚Realität‘ gehen in der ‚Realität‘ der ‚Zeichen‘ auf" (1998, 9). Das große Verdienst von Orts Studie und allgemein der semiotisch ausgerichteten Realismusforschung liegt gleichwohl darin, die Artifizialität und strukturelle Komplexität realistischer Erzählverfahren herausgearbeitet zu haben.
104 Geppert liefert damit zugleich einen wichtigen Beitrag zur Vorgeschichte des Pragmatismus (vgl. 1994, 55–75). Zu den Traditionen pragmatischen Denkens im neunzehnten Jahrhundert vgl. auch Stachowiak (1987).

sere Sinnesempfindung sollizitiert, aber der erschlossenen Erkenntnisordnung nach ist der Begriff des Objektes erst das Ergebnis einer Überlegung, die von der Sinnesempfindung ausgelöst wird." Der Mensch hat nach Peirce deshalb „keinen Begriff von einem absolut Unerkennbaren" (1991 [1967], 42), insofern für ihn nur das real ist, was bereits Gegenstand einer Erkenntnis ist. In Peirces Worten: „[D]er unmittelbare Gegenstand des Denkens in einem wahren Urteil *ist* die Realität" (1991 [1967], 119). Der Begriff der Wahrheit wiederum deutet an, dass die Annahme der Konstitution realer Gegenstände im Erkenntnisvorgang nicht gleichzusetzen ist mit der Annahme, die Gegenstände existierten nur im Bewusstsein. Der „Realist hält den Verstand nicht für ein Gefäß, bei dem ein Ding, sobald es darinnen ist, aufhört außerhalb dieses Gefäßes zu sein" (Peirce 1991 [1967], 119). Der Erkenntnisprozess, in dem sich Realität konstituiert, ist einer fortwährenden Prüfung durch die Erfahrung unterzogen. Stimmt die Schlussfolgerung, die jedem Erkenntnisvorgang zugrunde liegt, nicht mehr mit der erfahrenen Sinneseinwirkung überein, handelt es sich offensichtlich um ein falsches Urteil, und der Mensch sieht sich veranlasst, seine Interpretation zu berichtigen und nach einer neuen Erklärung zu suchen, die „der Erfahrung Kohärenz verleiht" (Oehler 1993, 75).

An dieser Stelle tritt eine grundlegende Unterscheidung in den Vordergrund: Peirce behauptet, dass Realität prinzipiell erkennbar ist, dass aber dem faktisch Erkannten durchaus falsche Schlussfolgerungen zugrunde liegen können (vgl. Apel 1975 [1967], 53). Der sich anschließenden Frage, ob vor diesem Hintergrund nicht doch von einem unerkennbaren ‚Ding an sich' gesprochen werden muss, weil dem Menschen die völlige Gewissheit fehlt, dass sein Urteil über einen Gegenstand auch von Bestand und nicht irgendwann zu korrigieren ist, setzt Peirce die Vorstellung eines kontinuierlich fortschreitenden Erkenntnisprozesses entgegen. Die Interpretation von Realität mag bei jedem Individuum mangelhaft sein, denn jedes „menschliche Denken und jede Meinung enthält ein willkürliches, zufälliges Element, das von den Grenzen abhängig ist, die dem Individuum von seinen Verhältnissen, seinen Fähigkeiten und Neigungen gesetzt werden, kurz, ein Element des Irrtums" (Peirce 1991 [1967], 115). Im Ganzen aber, das heißt bezogen auf die Menschheit beziehungsweise die Gemeinschaft der im Forschungsprozess engagierten Individuen, und auf lange Sicht „tendiert" die „menschliche Meinung" zur Wahrheit (Peirce 1991 [1967], 115). Peirce artikuliert hier einen ungebrochenen Fortschrittsoptimismus, der auch nicht dadurch aufgehoben wird, dass jenes wahre Urteil über die Realität, dem die Menschheit immer schon zustrebt, eher als ein regulatives Ideal im Sinne Kants zu verstehen ist denn als tatsächlich erreichbarer Zustand:

> Es gibt also auf jede Frage eine wahre Antwort, eine endgültige Konklusion, zu der die Meinung eines jeden Menschen beständig hingezogen wird. Er mag für einige Zeit von ihr abweichen, aber man gebe ihm mehr Erfahrung und Zeit zur Überlegung, und er wird sie schließlich erreichen. Das Individuum mag nicht lange genug leben, um die [ganze] Wahrheit zu erreichen, denn in jeder individuellen Meinung bleibt ein Rest von Irrtum. Gleichwohl, es bleibt [vorausgesetzt], daß es eine definitive Meinung gibt, auf die der menschliche Geist im ganzen und auf lange Sicht hintendiert. (Peirce 1991 [1967], 115)

Die Spannung zwischen dem erreichten, aber möglicherweise unzureichenden Wissensstand und dem Ideal eines definitiv wahren Urteils über die Beschaffenheit der Realität kann Peirce jedoch nicht aufheben.[105] Allerdings unternimmt er es, die Methode des Forschungsprozesses und damit auch das Wahrheitskriterium zu spezifizieren. Im Kontext dieser Theorie der Forschung entstehen seine beiden bekannten Aufsätze „Die Festlegung einer Überzeugung" von 1877 und „Wie unsere Ideen zu klären sind" von 1878, die später als Geburtsurkunden des Pragmatismus bezeichnet wurden (vgl. Apel 1975 [1967], 59). Richtungsweisend für die pragmatische Philosophie sind sie vor allem deshalb, weil in ihnen die Verbindung von Theorie und Praxis, Denken und Handeln in den Mittelpunkt gerückt wird. Peirce stellt die Behauptung auf, „daß die alleinige Funktion des Denkens darin besteht, Verhaltensweisen des Handelns herzustellen" (1991 [1967], 192). Durch das Denken versuche der Mensch Überzeugungen festzulegen und Zweifel aufzuheben; eine Überzeugung aber ist für Peirce nichts anders als die Einrichtung einer „Verhaltensgewohnheit" (1991 [1967], 156).[106] Es ist die Sicherheit zu wissen, wie mit dem Gegenstand der Erkenntnis umzugehen ist. Präziser formuliert etabliert jede Überzeugung eine Verhaltensdisposition, die in zukünftigen Handlungssituationen, die den fraglichen Gegenstand betreffen, intuitiv aktualisiert wird: „Die Überzeugung veranlaßt uns zwar nicht, sofort zu handeln, aber sie versetzt uns in die Lage, uns auf bestimmte Art zu verhalten, wenn die Gelegenheit da ist" (Peirce 1991 [1967], 156–157). Nun stellt sich allerdings wiederum die Frage, ob dieser Überzeugung notwendig ein wahres Urteil zugrunde liegen muss und ob nicht gerade die konkrete Lebenserfahrung zeigt, dass das „Gefühl des Überzeugtseins" (Peirce 1991 [1967], 156) nur zu oft auf falschen Schlüssen und Vorurteilen beruht. Mit Blick eben auf diese Lebenspraxis formuliert Peirce auch sehr deutlich, dass hier das Kriterium der Wahrheit im Grunde

---

105 Diese Problematik wird auch noch im zwanzigsten und einundzwanzigsten Jahrhundert die Debatte um eine pragmatische Auffassung von Objektivität und Wahrheit bestimmen. Vgl. dazu die Zusammenfassung bei Bernstein (2010, 106–124).

106 Die Definition von Überzeugung als Verhaltensgewohnheit, der der Mensch zustrebt, um den unbefriedigenden Zustand des Zweifels hinter sich zu lassen, übernimmt Peirce vom schottischen Philosophen Alexander Bain (vgl. Apel 1975 [1967], 112–114).

genommen irrelevant wird, da der Überzeugte ohnehin von der Wahrheit seiner Meinung ausgehe und es für ihn nur darauf ankomme, Zweifel möglichst schnell zu beseitigen und stabile Verhaltensgewohnheiten auszubilden (1991 [1967], 157–158). Die Menschen sind gewissermaßen „von Natur aus zum Glauben, zum Für-wahr-Halten angelegt" (Oehler 1993, 85), denn ein „wirklicher und lebendiger Zweifel" (Peirce 1991 [1967], 158) ist gleichbedeutend mit dem Verlust von Handlungsorientierungen, zieht also eine erhebliche Destabilisierung des individuellen Weltverhältnisses nach sich. Die Erfahrung des Zweifels „signals the disruption of our habits. It makes dramatically clear that how we habitually go on has, in some context, proven to be ineffective or, worse, counterproductive. Such doubt prompts a process in which agents struggle to regain their fluency of action" (Colapietro 2010, 725).

Forschung ist demnach der Versuch, die Destabilisierung der Verhaltensgewohnheit zu korrigieren. Sie zielt im Wesentlichen auf die „Festlegung einer Überzeugung", ob diese aber auf einer wahren Erkenntnis beruht, zeigt sich nach Peirce allein daran, ob die damit verbundene Verhaltensweise funktioniert oder nicht. Nun gibt es aber unterschiedliche Methoden, zu einer Überzeugung zu gelangen, und diese lassen sich Peirce zufolge durchaus hinsichtlich ihrer Komplexität und Präzision evaluieren. In seinem Aufsatz „Die Festlegung einer Überzeugung" beschreibt er insgesamt vier Methoden. Ihnen ordnet er einerseits geistesgeschichtliche Epochen zu und konstruiert so einen Prozess der fortschreitenden Verfeinerung der erkenntnistheoretischen Konzepte. Andererseits geht er davon aus, dass alle Methoden im Lebensalltag des Menschen nach wie vor zur Anwendung kommen und daher allenfalls im Rahmen der Wissenschaften von ihrer Ablösung und Außerkraftsetzung die Rede sein kann. Die erste und auch die einfachste Methode zur Festlegung einer Überzeugung nennt Peirce die Methode der Beharrlichkeit. Nach ihr begnügt sich der Mensch mit der erstbesten Antwort auf seine Zweifel und hält in der Folge „krampfhaft" (Peirce 1991 [1967], 159) an ihr fest, unbekümmert um alle Einwände. Bei der Methode der Autorität hingegen ist es nicht dem einzelnen Individuum überlassen, welche Überzeugung es annimmt; vielmehr wird die Meinung von staatlichen oder religiösen Institutionen dem Einzelnen vorgegeben. Mögliche Zweifel werden hier nicht nur wie in der ersten Methode verdrängt, sondern gewaltsam unterbunden. „Kann völlige Übereinstimmung nicht anders erreicht werden", ergänzt Peirce zynisch, „so hat sich ein allgemeines Blutbad unter denen, die nicht in bestimmter Weise dachten, als ein sehr wirksames Mittel erwiesen, um eine Ansicht in einem Land durchzusetzen" (1991 [1967], 161–162).[107] Dagegen stellt die sogenannte Apriori-Methode unzweifelhaft einen enormen zivilisatorischen Fortschritt dar. Peirce hat hier in erster Linie die neuzeitliche Philosophie seit Descartes im Blick, die seiner Ansicht nach die Vernunft zum obersten Richtmaß erklärt habe und deshalb dazu tendiere, nur das als Überzeugung anzunehmen, was „der Vernunft genehm" (1991 [1967], 164) erscheine. Bei allem Respekt vor ihren großen Verdiensten kritisiert Peirce doch scharf, dass Überzeugungen hier mit einer ähnlichen Willkür festgelegt würden wie in den beiden anderen Methoden. Denn was gerade der Vernunft genehm sei, lege die „Mode" (Peirce 1991 [1967], 165) fest; dementsprechend kurzlebig seien auch die philosophischen Systeme. Peirces eigener Vorstellung eines der Wahrheit entgegenstrebenden Forschungsprozesses entspricht keine dieser drei Methoden. Den höchsten Ansprüchen genügen kann ihm zufolge allein die vierte Methode, die der Wissenschaft, und zwar deshalb, weil darin die „Überzeugungen nicht von etwas Menschlichem bestimmt werden, sondern durch irgendetwas, das außerhalb von uns fortdauert – durch etwas, auf das unser Denken keine Wirkung hat" (Peirce 1991 [1967], 166). Dass sich eine Überzeugung in der praktischen Erfahrung zu bewähren hat, gilt eigentlich auch bei den anderen Methoden; doch anders als dort wird in der Methode der Wissenschaft der Zweifel, der durch eine Diskrepanz zwischen dem Befund der Erfahrung und der in der Theorie gebildeten Erwartungshaltung entsteht, nicht verdrängt oder unterdrückt, sondern gewissermaßen institutionalisiert. Der Forschungsprozess ist hier auf Dauer gestellt und die Wahrheit wird als „etwas Öffentliches" (Peirce 1991 [1967], 166) angesehen; nicht deshalb, weil sie wie bei der Methode der Autorität von gesellschaftlichen Institutionen aufgezwungen wäre, sondern weil sie auf Schlussfolgerungen beruht, die jedes einzelne Individuum, vorausgesetzt, es verfüge über die nötigen geistigen Fähigkeiten und über ausreichend Zeit, bestätigen würde.

Der Unterschied zwischen den Methoden, den Peirce hier konstruiert, liegt vornehmlich darin, dass in den ersten drei Fällen die Überzeugung mehr oder weniger vorgegeben wird und nur bei der wissenschaftlichen Methode das Resultat eines Forschungsprozesses darstellt, der bei der „Frage nach den Stützen einer Überzeugung" (Peirce 1991 [1967], 171) ansetzt und einem finalen Konsens der Forschenden entgegenstrebt. Die Aussicht auf die Generierung wahrer Aussagen über die Realität ist nach Peirce hier höher, da die empirische Überprüfung erwarteter Verhaltensweisen im Rahmen des Experiments bereits stattfindet. Zudem lässt die Methode mehr als die anderen Raum für das Auffinden neuer,

---

107 In der zitierten Ausgabe steht fälschlicherweise „Blutband" statt „Blutbad" (im Original: „general massacre").

kreativer Erklärungen für das bisher Unerklärliche und Rätselhafte. Ausdruck dieser Kreativität ist die innovatorische Hypothese, die Peirce später auch als Abduktion bezeichnet und als eine dritte Schlussform neben Deduktion und Induktion diskutiert.[108] Während die Deduktion ein bekanntes Gesetz auf Einzelfälle anwende und das Resultat vorhersage, die Induktion aus der Beobachtung von Fall und Resultat auf ein allgemeines Gesetz schließe, versuche die Abduktion oder Hypothese ein rätselhaftes Resultat durch die Einführung eines unbekannten Gesetzes zu einem Regelfall zu machen und dadurch zu erklären: „Um eine Hypothese handelt es sich, wenn wir einen sehr seltsamen Umstand finden, der durch die Unterstellung erklärt werden würde, daß es ein Fall einer bestimmten allgemeinen Regel ist, und wenn wir daraufhin jene Unterstellung akzeptieren" (Peirce 1991 [1967], 232). Die Abduktion schlägt gewissermaßen aufs Geratewohl ein Gesetz vor, aus dem das rätselhafte Resultat gesetzmäßig abgeleitet, das heißt deduziert werden könnte, und dieser Vorschlag wird im Laufe des Forschungsprozesses wiederum induktiv überprüft und gegebenenfalls korrigiert. Das Raten ist mit anderen Worten eine Voraussetzung dafür, dass so etwas wie Erkenntnisfortschritt überhaupt möglich ist.

Auf Grundlage dieser zugegeben sehr knappen Ausführungen zu den Grundlagen von Peirces Realitäts- und Wahrheitsbegriff lässt sich nun besser nachvollziehen, welche Verbindungslinien Geppert zwischen pragmatischer Philosophie und literarischem Realismus identifiziert. Eine grundsätzliche Übereinstimmung liegt für ihn darin, dass das „realistische Erzählen" wie der Pragmatismus „immer den Halt und Widerstand der Empirie" (Geppert 1994, 71) suchten und Aussagen über die Wirklichkeit, so gesichert sie auch aktuell scheinen mögen, unter einen generellen Fallibilismus-Vorbehalt stellten: „Man könnte Bereitschaft und Fähigkeit, sich aufgrund von Erfahrungen zu korrigieren, geradezu als notwendige […] Voraussetzung realistischen Erzählens und Darstellens definieren" (Geppert 1994, 71). Als „realistische[n] Weg" beschreibt Geppert diese Korrektur von Wirklichkeitsentwürfen am Prüfstein der Erfahrung, den „Progress von Entwurf, Erfahrung und Erneuerung des Entwurfs" (1994, 71). In dieser narrativen Struktur, so Geppert, und nicht in der Stoff- oder Detailfülle der Erzählung liegt der „Empirismus des realistischen Romans" (1994, 71). Des Weiteren stellt er heraus, dass sowohl der Pragmatismus wie der literarische Realismus die praktische Befähigung des Menschen betonten, zuverlässige Urteile über die Wirklichkeit auszubilden. Beide Positionen führen mit anderen Worten vor Augen, dass die Einbettung des Individuums in lebensweltliche Zu-

---

108 Die Begriffe der Hypothese und der Abduktion haben ihre eigene Geschichte in Peirces Werk, auf die ich an dieser Stelle nicht eingehen kann. Vgl. dazu Richter (1995).

sammenhänge, das heißt in „einen fraglosen Hintergrund von intersubjektiv geteilten und praktisch bewährten Überzeugungen", einen „totalen Zweifel an der
Zugänglichkeit der Welt sinnlos" macht (Habermas 2004 [1999], 248). Die Zu-
rückweisung eines radikalen Skeptizismus beruht in erster Linie auf der Annahme, dass Erkenntnis und Handeln, dass der Begriff, den der Mensch sich von
einem Gegenstand macht, und der praktische Umgang mit diesem Gegenstand
nicht voneinander zu lösen sind. Was wir von der Welt und ihren Gegebenheiten
denken, zeigt sich demnach am ehesten in unserem habitualisierten Handeln.
Jeder Verhaltensgewohnheit aber liegt nach Peirce eine konditionale Struktur
zugrunde, das heißt, sie ist nie allein auf die Bewältigung aktueller Handlungssituationen gerichtet, sondern impliziert immer die Erwartung, dass die involvierten Gegenstände in zukünftigen Situationen die gleichen Eigenschaften aufweisen und das aktuelle Verhalten dann immer noch adäquat sein wird. Der
Begriff der Verhaltensgewohnheit impliziert daher, wie Geppert anmerkt, einen
„kontinuierlichen Zusammenhang von Erfahrung, denkender Verallgemeinerung
und Zukunft" (1994, 25); denn nicht nur ist das Denken „nichts ohne Erfahrung"
und diese „auch nichts ohne Verallgemeinerung", sondern beide sind „haltlos"
und auch nutzlos „ohne die reale Erwartung realer zukünftiger Bestätigung – die
immer auch enttäuscht werden kann" (Geppert 1994, 25). Im Kontext der vorliegenden Untersuchung ist es von besonderem Interesse, dass Geppert in dieser
Ausrichtung auf eine zukünftige Übereinstimmung den Grund für die Affinität des
literarischen Realismus zur erzählenden Darstellung ausmacht. Der „Zukunfts-
bezug erwarteter Prüfbarkeit und Bestätigung" jeder Wirklichkeitsaussage kommt
ihm zufolge „im Erzählen vielleicht noch deutlicher zum Tragen als im Alltag",
schließlich ist in der Erzählung doch „alles immer erst von seiner relativen Zukunft, vom Fortschritt der Erzählsequenz aus zu beurteilen" (Geppert 1994, 26).[109]

Die Verwandtschaft zwischen dem pragmatischen Denken und dem literarischen Realismus, die Geppert aufzeigt, wird durch Ludwigs Erzähltheorie bestätigt. Verschiedene Vergleichspunkte lassen sich dabei identifizieren: Das serielle

---

109 An anderer Stelle unternimmt es Geppert, Peirces dreistelliges Zeichenmodell in „Grundbegriffe der Erzähltheorie" zu übersetzen und sie auf die Triade von *narration*, *histoire* und *discours* zu beziehen (1994, 53). Der Versuch bleibt allerdings eher Andeutung und wird auch in
seinen folgenden Ausführungen weder präzisiert noch konsequent angewandt. Auf eine andere
Dimension des Narrativen bei Peirce weist Colapietro (2010). Für ihn ist die Verarbeitung und
Vermittlung der im Forschungsprozess gewonnenen Erkenntnisse eine genuin narrative Leistung:
„Experimental intelligence [...] must inevitably lean on narrative consciousness. An experiment in
the true sense is as much a drama as a dialogue; and, as a drama, the import and teachings of an
experiment are available only by means of narration (an agent undertook a course of action and,
as a consequence of these actions, certain results – some of which were likely unanticipated or
unexpected – ensued)" (Colapietro 2010, 741).

Handlungsprinzip von Gewöhnung und Variation kann beispielsweise als ein Analogon zur pragmatischen Auffassung des Forschungsprozesses gesehen werden. Denn das Bauprinzip der Erzählung, wie Ludwig es beschreibt, ist darauf ausgelegt, die Verhaltensgewohnheiten der Figuren vorzuführen beziehungsweise dem Leser stabile Prognosen über die Verhaltensgewohnheiten der Figuren zu ermöglichen.[110] Noch deutlicher scheint mir der Bezug zum Pragmatismus jedoch in Ludwigs Spannungstheorie gegeben. Das beginnt mit der Bereitschaft, die „scharfe Neugier" (RS 593) und das „Vergnügen des Ahnens" und „Ratens" (RS 537) überhaupt als legitime Rezeptionshaltungen und damit auch als mögliche Analysefelder der Erzähltheorie anzuerkennen. Das Wechselspiel von Verrätselung und Auflösung, das Ludwig in seinen Analysen herausarbeitet, steht zudem in auffälliger Nähe zu den Konstruktionsprinzipien der Kriminalgeschichte, die von Geppert als „pragmatisches Paradigma" (1994, 185) bezeichnet wird. Diese Einschätzung beruht weniger auf der Tatsache, dass Peirce selbst ein großer Bewunderer der Detektivromane Arthur Conan Doyles war, als auf der offensichtlichen Ähnlichkeit der „Logik der Abduktionsschlüsse" mit dem „klassischen Detektivschema" (Geppert 1994, 187). Eben diese Logik aber ist es, die auch Ludwigs Konzept einer Spannung der Neugier respektive des Anfangs bestimmt: Der Leser oder eine „Figur des Forschens" (RS 553) steht zu Beginn der Erzählung einem undurchsichtigen Geschehen gegenüber, erwägt mögliche Erklärungen, die das rätselhafte Resultat zu einem ableitbaren und wiederholbaren Fall machen würden, überprüft diese Hypothesen schließlich induktiv an der (Lektüre-)Erfahrung. Es ist das Interesse am Bewegungsgang des Forschens, das den Literaturtheoretiker Ludwig und den Philosophen und Wissenschaftstheoretiker Peirce miteinander verbindet. Sie nähern sich von unterschiedlichen Seiten einer ähnlichen Frage: Wie nämlich der Mensch auf empirischem Weg stabile und beständige Überzeugungen ausbilden kann und wie er dies nicht erst im wissenschaftlichen Kontext, sondern bereits in der Alltagspraxis immer schon leistet. Ludwig beschreibt gewissermaßen das passende narrative Schema zu Peirces erkenntnis- und wissenschaftstheoretischen Ausführungen.

Um eine Verbindung zwischen dem Prinzip der literarischen Spannung und den Methoden der wissenschaftlichen Forschung behaupten zu können, ist vielleicht nicht einmal der Umweg über den entfernten Kontext des amerikanischen Pragmatismus nötig. Caroline Levine zeigt in ihrer Studie über Spannung und Realismus im viktorianischen Zeitalter, welche Bedeutung der „suspension of

---

110 Wie bereits dargestellt, ist die Herausbildung von Rezeptionserwartungen und die hypothetische Vorwegnahme möglicher Verhaltensweisen der Figuren für Ludwig ein entscheidender Faktor bei der Rezeption literarischer Texte: „In den Charaktern ist etwas Festes gegeben; dem Leser macht's Freude, daß er errät, wie die Person in dem und dem Falle handeln wird" (RS 537).

judgment" (2003, 4) und dem hypothetischen Schließen im wissenschaftstheoretischen Diskurs des neunzehnten Jahrhunderts zugeschrieben wird. Die Gestaltung literarischer Spannung sei deshalb keineswegs nur ein trivialer Kunstgriff, sondern diene als eine Art „epistemological training" (Levine 2003, 2) für
den Leser: „Narrative fiction emerges, here, as a particularly effective way to in-
troduce readers to the activity of hypothesizing and testing in order to come to
knowledge" (Levine 2003, 8). Levine stützt sich dabei auch auf literaturtheoretische Aussagen George Eliots, in denen ein direkter Bezug zwischen der narrativen
Spannungserzeugung und der Praxis des wissenschaftlichen Experiments hergestellt wird. Eliot geht dabei von der Überlegung aus, dass es das Interesse des
Rezipienten an den Figuren der Erzählung deutlich erhöht, wenn er ihnen das
erste Mal in einer ungewöhnlichen und rätselhaften Situation begegnet. „Very
commonly our first awakening to a desire of knowing a man's past or future comes
from our seeing him as a stranger in some unusual or pathetic or humorous situation, or manifesting some remarkable characteristics" (Eliot 1968 [1959], 263).
In diesem Fall setzt das ein, was Ludwig als Spannung der Neugier beschrieben
hat: „We make inquiries in consequence, or we become observant and attentive
whenever opportunities of knowing more may present themselves without our
search" (Eliot 1968 [1959], 263). Diese Art der indirekten Wissensvermittlung, die
suspension of judgment voraussetzt und durch genaue Beobachtung und die
Korrektur gefasster Erwartungshypothesen voranschreitet, rückt Eliot in direkte
Nähe zur experimentellen Methode der Wissenschaften. Als Vergleichspunkt
dient ihr das Spannungsmoment, das in beiden Fällen das Interesse für den
Vorgang wesentlich beeinflusst:

> These indirect ways of arriving at knowledge are always the most stirring even in relation to
> impersonal subjects. To see a chemical experiment gives an attractiveness to a definition of
> chemistry, and fills it with a significance it would never have had without the pleasant shock
> of an unusual sequence such as the transformation of a solid into gas, and *vice versâ:* To see a
> word for the first time either as substantive or adjective in a connection where we care about
> knowing its complete meaning, is the way to vivify its meaning in our recollection. Curiosity
> becomes the more eager from the incompleteness of the first information. (Eliot 1968 [1959],
> 263)

Wie am Ende der wissenschaftlichen Experimentreihe im Normalfall ein Ergebnis
steht, so soll auch die literarische Spannung aus Eliots wie aus Ludwigs Sicht
nicht unaufgelöst bleiben. Die Aussicht auf eine finale Übereinkunft über die
Bedeutung eines Ereignisses oder die Eigenschaften einer Person bleibt immer
vorausgesetzt. Die erzählte Welt soll, bildlich gesprochen, zwar nicht gleichmäßig
hell beleuchtet sein, doch der Weg, den der Leser durch diese Welt nimmt,
letztendlich doch ans Licht führen. Die Literaturtheorie und die pragmatische

Philosophie beziehungsweise die Wissenschaftstheorie des (mittleren) neunzehnten Jahrhunderts berühren sich in der Überzeugung, dass objektiv gültige
Aussagen über die Wirklichkeit prinzipiell möglich sind.[111] Das führt zu der Frage,
welchen Stellenwert der Objektivitätsbegriff in Ludwigs Theorie einnimmt. Aus
den bisherigen Ausführungen ergibt sich bereits, dass das Problem der erzählerischen Objektivität bei Ludwig anders aufgefasst wird als in der idealistischen
Ästhetik. Denn der Konflikt zwischen der objektiven Notwendigkeit der Handlungsbewegung und der schöpferischen Autonomie des Autors ist für ihn von
untergeordneter Bedeutung; eher schon geht es ihm um das Bestreben des Erzählers beziehungsweise des Rezipienten, den Figuren und Sachverhalten der
erzählten Welt in vollem Umfang gerecht zu werden, das heißt die Bereitschaft zu
zeigen, im Urteil über sie die Möglichkeit einer kritischen Korrektur zuzulassen.

4.1.6.3 Nur nicht gleichgütig! Bedingte Objektivität und subjektiver Humor

Der realistischen Literatur des neunzehnten Jahrhunderts wird gemeinhin ein
Bemühen um objektivierende Darstellungsformen zugesprochen. Die Polemik der
journalistischen Wortführer gegenüber der politisch engagierten (Tendenz-)Lite-
ratur des Vormärz, auch die Kritik an (vorgeblicher) Weltvergessenheit, die gegen
Romantik und Idealismus erhoben wird, schließlich die einflussreichen romantheoretischen Beiträge Friedrich Spielhagens mit ihrer apodiktischen Objektivitätsforderung halten den Objektivitätsdiskurs im Zentrum der poetologischen
Auseinandersetzung. In den *Romanstudien* indes steht das Theorem der epischen
Objektivität insgesamt eher im Hintergrund. Wo Ludwig darauf zurückkommt,
werden gewichtige konzeptuelle Unterschiede zum Objektivitätsverständnis des
idealistischen Erzählmodells deutlich. Mit Bezug auf den historischen Roman
etwa bemerkt er, dass es dem Autor bei einem gewissen historischen Abstand
zwischen den erzählten Inhalten und der eigenen „Lebensanschauung" leichter
falle, „objektiver zu sein", als wenn er seinen Stoff aus der Zeitgeschichte nähme
(RS 561). In diesem Punkt stimmt er mit der idealistischen Theorie noch überein,
denn auch dort wird die zeitliche Distanz zum erzählten Gegenstand als ein objektivierender Faktor aufgefasst (vgl. Vischer 1857, 1265). Wenn Ludwig jedoch
fortfährt, der Autor könne sich ganz dem „Reiz des Neuen und Wunderbaren"
hingeben, „seine Figuren ganz fremd kostümieren, ihr Denken und Tun u. s. w.

---

111 Dies wandelt sich mit der im letzten Drittel des Jahrhunderts einsetzenden Debatte um die
Grenzen naturwissenschaftlicher Erkenntnis. Bekannt ist der sogenannte Ignorabimus-Streit, der
durch den Vortrag Emil Du Bois-Reymonds „Über die Grenzen des Naturerkennens" (1872) ausgelöst wurde. Vgl. dazu Bayertz et. al. (2007). Zunehmende Erkenntnisskepsis charakterisiert auch
die Literatur in der Spätphase des Realismus. Vgl. dazu Ritzer (2001).

aufs genauste individualisieren, weil er in seiner eignen Person jede nötige Erklärung geben kann" (RS 561), dann wird eine deutliche Differenz zur idealistischen Position ersichtlich. Offenbar sieht der Theoretiker das Hervortreten des Autors als erläuternde Instanz nicht mehr als einen Gegensatz zum Objektivitätsgedanken an. Das heißt: Der Autor kann in eigener Person sprechen und sichtbar werden, solange er seine Aufmerksamkeit den Gegenständen und Figuren der erzählten Welt zuwendet und mit seiner Person das Interesse an diesen nicht verschattet. Objektiv wird die Erzählung demnach nicht durch die gänzliche Abstraktion von der eigenen Persönlichkeit, sondern durch das Bestreben, die eigenen Überzeugungen und Ansichten nicht auf fremde Kontexte zu projizieren:

> Es gälte also den Geist einer Zeit zu schildern oder vielmehr darzustellen, nicht nur ihre Sitte, sondern alles, was als geistiges und gemütliches Agens, als Stimmung, Sehnsucht, Streben u. s. w. in einer bestimmten Zeit lag. Er [d.i. der Autor] dürfte durchaus nicht unsre Zeit bloß in eine ältre verkleiden, nicht was wir wünschen, was uns drückt und namentlich nicht unsre Reflexion über die bestimmte Zeit und ihre Gestalten in diese hinübertragen. Gerade darin liegt ein epischer Reiz, daß man jene Gestalten und ihr Tun, Dichten und Trachten, ihre Sympathie und Antipathie in größrer Unmittelbarkeit nachzuschaffen sich müht. (RS 561)

Ludwigs Reflexionen überschneiden sich mit dem idealistischen Objektivitätsbegriff in dem Punkt, dass die erzählte Welt als eine selbstständig existierende, das heißt nicht von der kreativen Willkür des Autors abhängige Realität inszeniert werden soll. Der Stoff darf auf keinen Fall bloßes Spielzeug in den Händen des Autors werden, jede offene Absichtlichkeit „erkältet" (RS 542). Aber es ist nicht mehr die Gesetzmäßigkeit der Handlung, die in den Vordergrund treten soll; Ludwig denkt in erster Linie an die Autonomie der erzählten Figuren. Diese müssen ihre eigene Stimme gegen die des Autors noch behaupten können. Von einer völligen Zurücknahme des Autors oder vom Verwischen seiner Spuren im Erzähldiskurs aber ist nicht die Rede. Wie bereits dargestellt (vgl. Kap. 4.1.5.1), sieht Ludwig den empirischen Autor ohnehin als einen Teil nicht nur der narrativen Kommunikation, sondern zu einem gewissen Grad auch der Erzählwelt an. Sei es, dass der Autor erst eine Gegend bereist und studiert, ehe er davon erzählt, sei es, dass er sich auf den Erfahrungskreis der eigenen Heimat beschränkt (vgl. RS 561) – in jedem Fall operiert er gewissermaßen auf der Grenze zwischen literarischer und außerliterarischer Wirklichkeit. Diese Erfahrungsgebundenheit reduziert die Objektivität der Erzählung in Ludwigs Augen nicht, sie spricht im Gegenteil dafür, dass der Autor nicht vollkommen frei über seinen Stoff verfügt, sondern den „Halt und Widerstand der Empirie" (Geppert 1994, 71) sucht.

Ferner bedeutet Objektivität der narrativen Darstellung für Ludwig nicht den Verzicht auf emotionale Bezug- und Anteilnahme. Gleichmütigkeit oder sogar Gleichgültigkeit des Epikers, wie sie im klassisch-romantischen Erzählmodell angestrebt wird, hält er sogar für einen künstlerischen Mangel: „Nichts ist [...] gefährlicher, als das Gleichgiltige" (RS 572). Die Kommunikativität des Erzählens soll nach Ansicht des Theoretikers ebenso wenig verborgen werden wie das persönliche Interesse des Erzählers am Gegenstand seiner Erzählung. Ludwig vergleicht den Autor mit einem Gastwirt, der seinen Gästen „Interessantes [...] interessant vortragen" kann; obgleich es missfallen würde, wenn er sich „zu auffällig" hervordränge oder wenn er „vor Wärme unruhig, unstet, haltungslos" sei, wünsche man ihn auf der anderen Seite „als Erzähler nicht kalt" (RS 637). Am humoristischen Erzählstil E. T. A. Hoffmanns kritisiert Ludwig deshalb in erster Linie, dass der Autor mit der „Haupterwartung" des Lesers spiele und ihm „am Glücklichwerden seiner Helden nichts gelegen" zu sein scheine; Dickens hingegen wisse nicht nur „unser Gemüt" für die Hauptfiguren „zu interessieren", es sei ihm auch selbst „ernst" mit ihnen (RS 644). Die emotionale Beziehung, die zwischen Rezipient und Figuren gestiftet werden soll, muss der Autor als Erzähler demnach ebenfalls eingehen. „[D]er Realist", schreibt Ludwig an anderer Stelle, „liebt den Gegenstand" (RS 628), er wendet ihm also aktiv seine Aufmerksamkeit zu. Es kann demnach kein vollständiges Zurücktreten des Subjekts hinter das Objekt geben, denn erst dadurch, dass ihm ein Subjekt sein Interesse zuwendet, wird das Objekt überhaupt der Erfahrung zugänglich gemacht.[112] Anders gewendet: Das Objekt bleibt ein Gegenstand der Reflexion, aber die Reflexion hebt den Gegenstand und seine Eigenständigkeit nicht auf.[113]

Vor diesem Hintergrund wird verständlich, warum Ludwigs Objektivitätskonzept nicht prinzipiell reflexionsfeindlich ist, das heißt, warum er Reflexion als Bestandteil des Erzähldiskurses akzeptieren kann. Objektivität bedeutet für ihn,

---

112 Die Gebundenheit der Objektkonstitution an ein erfassendes, interessiertes Subjekt bedeutet aber nicht, dass die Objekte dem Subjekt beliebig verfügbar wären, wie Brinkmann (1977 [1957], 97) mit Bezug auf die realistische Erzählpraxis behauptet. Gerade das Gegenteil ist der Fall bzw. wird literarisch inszeniert.

113 Preisendanz hält die „Abneigung" gegen die „Elimination des Erzählers" für einen charakteristischen Formzug realistischer Erzählliteratur (1977 [1963], 86). Seiner Ansicht nach steht allein Spielhagen „im Banne eines fragwürdigen Objektivitätsbegriffs", während die literarischen Texte der Zeit in der Regel eine Spannung zwischen Subjektivität und Objektivität inszenierten und dabei die Erzählerfigur und den Erzählvorgang akzentuierten (Preisendanz 1977 [1963], 86). Grund dafür ist nach Preisendanz das Festhalten an einem spezifisch poetischen, künstlerischen Zugriff auf Wirklichkeit. Vgl. dagegen die Darstellung bei Eisele (1976, 66 – 72), der die angebliche Reflexionsfeindlichkeit der poetischen Realisten aus den Voraussetzungen des empiristischen Erkenntnismodells ableitet. Widhammer (1977, 39 – 43) geht ebenfalls davon aus, dass die realistische Literaturtheorie das Streben nach Objektivität zu einer zentralen Forderung erhebe. Er erkennt darin den Ausdruck eines tiefen „Mißtrauen[s] gegen problembewußtes Denken" (Widhammer 1977, 41) und der Sehnsucht nach einer „Unmittelbarkeit des Lebens" (Widhammer 1977, 40), die längst nicht mehr existierte (vgl. Hahl 1971, 200 – 217).

dass der Autor sich mit ernsthaftem Interesse den Gegenständen seiner Erzählung widmet – seien es nun rein fiktive oder außerfiktional existierende Sachverhalte. Er fordert, dass die „äußere[n] Tatsache[n]" einen „Wert an sich" haben (RS 609), aber nicht, sie ohne Bezug auf ein interessiertes, reflektierendes Subjekt darzustellen. An keiner Stelle der *Romanstudien* wird dem erzählenden Autor das Recht abgesprochen, sich kommentierend zu Wort zu melden. Freilich diskutiert Ludwig auch Möglichkeiten, den Reflexionsprozess ganz auf die Ebene des Dargestellten zu verlegen, etwa durch die Einführung eines mittleren Helden. Eine solche Vermittlerfigur habe dann die Funktion, „die Lagen und Personen", denen sie begegne, „in Stimmung und Reflexion [zu reproduzieren]" (RS 585), sie weise darum in der Regel eine ausgeprägte Fähigkeit „zu beobachten, zu betrachten, zu reflektieren" (RS 587) auf. Doch auch dort, wo dem Erzähler keine Vermittlerfigur zur Verfügung steht, die die Reflexionsarbeit für ihn übernehmen kann, darf er nach Ludwigs Einschätzung Kommentare und Betrachtungen einfließen lassen; vorausgesetzt, er weiß diese geschickt in den Zusammenhang der Handlung zu integrieren. Eben dies geschafft zu haben, die „Reflexionen einzureihen in den Gang der Erzählung" (RS 629), lobt Ludwig beispielsweise an George Eliots Roman *Die Mühle am Floss* (1860). Auch in der bereits vorgestellten Typologie des poetischen Interesses (vgl. Kap. 4.1.3.2) weist Ludwig auf die Möglichkeit eines eingebetteten, das heißt handlungsbegleitenden Reflektierens hin. Bei den ersten beiden Formen des Interesses – Autor, Rezipient und Figuren verhalten sich frei zum Gegenstand beziehungsweise Autor und Rezipient verhalten sich frei, die Figuren gebunden zum Gegenstand – liege demnach prinzipiell eine Dominanz der Reflexion über den Stoff vor. In der dritten Form – Autor, Rezipient und Figuren verhalten sich gebunden zum Gegenstand – kehre sich dieses Verhältnis um, doch die Reflexion sei auch hier keineswegs ausgeschlossen, sondern werde nur „neben dem Vorgange hergehen" (RS 651). In Diltheys Worten ausgedrückt: Sie „tritt am Lebensvorgang auf" (GS 19, 344).

Die Gebundenheit an eine von ihm unabhängig scheinende, selbstständige Realität bedeutet für den erzählenden Autor allerdings den Verzicht auf eine bestimmte Art des Humors. Folgt man Ludwigs Analyse, so scheinen humoristische Erzählformen generell wenig dazu geeignet, das Realitätsbedürfnis des modernen Publikums zu befriedigen:

> Unsere Zeit hat einen gewissen Ernst und viel Substantielles; das Formelle ist ihr nichts, nicht das *Wie* nur das *Was* interessiert sie, und den Humor verzeiht sie nur dem Ernste, in welchen jener sich mischt. Das Spiel des Humors mit sich selber gilt ihr nichts. Ja der Autor muß sich die Miene geben, als habe er die vollkommne Welt im Sacke und wollte nur erst aufräumen mit dem, was nicht da sein sollte. (RS 658)

Der ironische Unterton legt nahe, dass Ludwig die vorwiegend oder sogar ausschließlich aufs Stoffliche gerichtete Neugier des zeitgenössischen Lesepublikums eher hinnimmt als goutiert. Unterschwellig, so hat es den Anschein, kommt der Wunsch zum Ausdruck, am Humor als dem letzten Refugium der künstlerischen Unabhängigkeit gegenüber dem wachsenden Bedürfnis nach planer Stoffhuberei oder, wie es Preisendanz (1977 [1963], 89) formuliert, als „Möglichkeit eines freien, beweglichen, souveränen Bezugs zu der Eigengesetzlichkeit dessen, was dargestellt wird", festzuhalten. Doch hat die Gegenüberstellung von Hoffmanns und Dickens' Erzählstil gezeigt, dass Ludwig im Zweifel immer die ernste Behandlung, das heißt das Herausstellen der ‚Eigengesetzlichkeit dessen, was dargestellt wird', bevorzugt und das ‚Spiel des Humors mit sich selber' dagegen ablehnt. Er präferiert also eine Form des Humors, die wie die Reflexion auf den Widerstand der Empirie nicht verzichtet, in der sich der humoristische Blick mit einem ernsthaften Interesse für die Gegenstände der Erzählung mischt.

Ludwig reflektiert die entscheidende Differenz zwischen willkürlichem Spiel und ernsthaftem Interesse über die vermutlich von Hegel übernommenen Begriffe des ‚objektiven' und des ‚subjektiven' Humors. Den objektiven Humor ordnet er dem zweiten Typ des poetischen Interesses zu, bei dem Autor und Rezipient sich frei zum Gegenstand verhalten, die Figuren allerdings gebunden. Als Beispiel nennt Ludwig den *Don Quijote* (1605/1615) und erläutert, dass der Humor in diesem Roman aus dem Widerstreit zwischen dem „Herrliche[n]" und dem „Törichte[n] der Menschennatur" und aus dem ewigen „Kampf des Idealismus mit dem Realismus" in der Menschheitsgeschichte hervorgehe, was bedeute, dass für den Rezipienten wie für den Autor das „Interesse am Allgemeinen" überwiege (RS 653). Der subjektive Humor hingegen ist nach Ludwig dem dritten Typ des poetischen Interesses zuzuordnen, bei dem sich Autor, Rezipient und Figuren gleichermaßen gebunden verhalten und wo das „Interesse am Besondern" das Interesse am Allgemeinen dominiert (RS 653). Während Cervantes mit Don Quijote und Sancho Pansa letztlich allegorische Gestalten geschaffen habe, die jeweils einen Zug der menschlichen Natur repräsentierten, gehe der humoristische Effekt beispielsweise in Dickens' *Die Pickwickier* (1836–1837) nicht mit einer solchen Verallgemeinerung einher; hier amüsiere das Herrliche und Törichte „eines einzelnen liebenswürdigen Exemplars" (RS 653) und nicht der gesamten Gattung. Subjektiver Humor ist für Ludwig also gerade nicht – wie für Hegel – Ausdruck absoluter Freiheit des Geistes über den Stoff, sondern drückt im Gegenteil die Fixierung auf den einzelnen Fall, auf einen partikularen empirischen Kontext aus.[114]

---

114 Mögliche Funktionen des Humors wie Abmilderung stofflicher Schroffheit, die Vermittlung

Der subjektive Humor in diesem Sinn impliziert immer auch Interesse an der Individualität der Figuren. Es ist also die Form des Humors, die mit Ludwigs Verständnis von erzählerischer Objektivität am ehesten harmoniert, denn in beiden Fällen ist die bewusste Hinwendung des Autors respektive Erzählers zu den Figuren und die Rücksicht auf ihre Eigengesetzlichkeit die entscheidende Voraussetzung. Das völlige Absehen von der Person des Autors, das Verbergen jeder Form persönlicher Teilnahme – auch der (subjektive) Humor drückt eine Art der Teilnahme aus –, ferner der Verzicht auf jede Art von reflexiver Umrahmung sind für Ludwig dagegen keine erstrebenswerten Ziele narrativer Gestaltung. Legt man dieses im Vergleich zum idealistischen Erzählmodell abgeschwächte Objektivitätsverständnis zugrunde, könnte man zu dem Schluss kommen, dass Ludwig der Theorie der narrativen Gedanken- und Bewusstseinsdarstellung weniger Gewicht zumisst als beispielsweise ein Theoretiker wie Heinrich Keiter, der deutlich von der idealistischen Tradition beeinflusst ist. Denn da eine präsente Vermittlerinstanz nicht gänzlich abgelehnt wird, besteht auch kein vergleichbares Bedürfnis nach der Identifizierung und theoretischen Erfassung von Darstellungsweisen, die das Medium des Erzählers scheinbar vollkommen transparent machen. Gleichwohl beschäftigt sich Ludwig in den *Romanstudien* durchaus intensiv mit Aspekten der Rede- und Gedankenwiedergabe. Doch nähert er sich dem Thema in der Tat aus einer anderen Richtung als die idealistischen Theoretiker. Für ihn ist die Frage nach der Charakterisierungsfunktion der Rede relevant, das heißt ihre individuelle Färbung und psychologische Aussagekraft. Insgesamt richtet er seine Aufmerksamkeit dabei eher auf den Dialog, aber auch auf das Ineinandergreifen von Denken und Sprechen sowie auf Übergänge zwischen Gedankenrede und gesprochenem Wort.

4.1.7 Das „Agiren der Rede"

Zur Eigengesetzlichkeit der Figuren gehört auch ihr sprachliches Ausdrucksvermögen. Nach den vorigen Überlegungen kann nicht überraschen, dass Ludwig eine weitgehende Individualisierung der Figurenrede und ihre stilistische und inhaltliche Profilierung gegenüber der Erzählerrede fordert. Jeder Redebeitrag soll möglichst die Eigenheit seines Sprechers ausdrücken, „die Personen müssen ihre eignen Gedanken denken und Worte reden, nirgends Abstrakta und Sprachröhre

---

zwischen konfligierenden Interessen oder die Problematisierung gesellschaftlicher Mechanismen werden von Ludwig nicht diskutiert. Überhaupt spielt der Humor in seiner Poetik eine untergeordnete Rolle, obwohl viele seiner Figurenentwürfe und projektierten Erzählungen durchaus humoristische Züge tragen.

der Intentionen des Dichters" (RS 547, vgl. RS 543). Ludwigs Plädoyer gegen eine homogenisierte und transpsychologische Ausdrucksweise richtet sich in erster Linie gegen die Rede- und Figurenkonzeption der Klassiker und hier insbesondere gegen Schillers Dramatik.[115] Allerdings wird die Emanzipation vom „Buchartigen" (RS 618) und die (zum Beispiel durch die Verwendung von dialektalen Formen) gesteigerte Wirklichkeitsnähe nicht wegen des Nachahmungseffekts angestrebt. Für Ludwig ist das sprachliche Ausdrucksvermögen als Wirkungsmotiv interessant. Er betont, dass eine nach Beruf, Alter, Bildung oder Geschlecht abgestufte Sprache „nicht bloß ein äußres Charakteristikum, sondern ein zur Motivierung des Ganzen wesentliches Moment" ausmacht (RS 671). Verzichte man darauf, die Figuren in ihrer Rede- und Ausdrucksweise nach diesen Kriterien voneinander abzugrenzen, hebe man zugleich die „Notwendigkeit ihres Tuns auf" (RS 671). Bemerkenswert ist weiterhin, dass Ludwig bei der Entsprechung von Rede und Charakter nicht nur an das verwendete Vokabular, sondern auch an die Art der Redeführung denkt, die in ihrer Charaktergebundenheit dem Sprecher selbst meist nicht bewusst wird. Nach seiner Analyse folgt die Rede stets gewissen Gewohnheitsmechanismen, die nicht einfach abgelegt werden können: „Der zu befehlen gewohnte wird durch die äußerste Höflichkeit, die er zeigen will, den Nachdruck, den jene Gewohnheit seiner Redeweise gibt, nicht ganz verstecken können" (RS 617).

Die hier angedeutete Korrelation zwischen der Art der Redeführung und dem Charakter beziehungsweise seiner sozialen Rolle führt zu einem Kernaspekt in Ludwigs Theorie der Figurenrede. Konkret geht es dabei um das Verhältnis von Handlung und Rede. Im idealistischen Erzählmodell ist, wie gesehen, die Figurenrede eindeutig der Handlung untergeordnet; es wird also vorausgesetzt, dass die Redebeiträge hauptsächlich der Weiterentwicklung des zentralen Konfliktes und der Artikulation der kollidierenden Positionen dienen. Die Struktur der Rede ist dementsprechend teleologisch, das heißt auf ein Diskussionsergebnis (Konsens oder Dissens der Parteien) ausgerichtet, das dann wiederum zu weiteren Handlungen Anlass gibt (vgl. Kap. 3.3.3.2). Ludwig hingegen beschreibt eine aus den Funktionsbezügen der Handlung weitgehend herausgelöste Figurenrede. Der Dialog im Roman scheint ihm „allmählicher", „zuständlicher", „sich auslebender, mehr um seiner selbst willen da zu sein" (RS 616) als der auf Bündigkeit und Handlungsentwicklung ausgerichtete Dialog im Drama. Er hat mit anderen Wor-

---

115 „Das [ist] die Weise der Idealisten, daß sie, wo ihre Personen fühlen und handeln sollten, ihre eignen Gefühle und Reflexionen über deren Lage geben" (RS 563). Schiller fungiert für Ludwig stets als Repräsentant des literarischen Idealismus.

ten eine Eigenbeweglichkeit, die sich nicht in das Korsett einer linearen Handlung pressen lässt; Ludwig selbst spricht vom „Agiren der Rede" (H 139).

Es zeigt sich, wie in dieser Konzeptualisierung der erzählten Rede die Grundzüge von Ludwigs Persönlichkeitsbegriff wiederkehren. Das „Ausleben der Gespräche" (RS 630) entspricht dabei dem Auslebenlassen der Figuren und der Fokussierung auf die habituellen Praktiken des Alltagslebens (vgl. Kap. 4.1.2.1). Wie die Persönlichkeit des Menschen für Ludwig nicht in einem einzigen, herausragenden Handlungsakt, sondern in den vielen ritualisierten und scheinbar nebensächlichen Tätigkeiten am deutlichsten zum Ausdruck kommt, so zeichnet sie sich im Dialog auch weniger in den expliziten Redeinhalten (zum Beispiel in den gewählten Argumenten für oder wider bestimmte Konfliktpositionen) ab, sondern eher in den unbemerkten Regularitäten des individuellen Sprachverhaltens: „[J]e weniger der Inhalt einer Rede an sich bedeutet, desto mehr kann diese den Charakter – sollte heißen die Persönlichkeit – darstellen" (RS 630). Musterhaft in dieser Hinsicht sind für ihn die Dialoge bei Dickens, an dem Ludwig schätzt, dass er „den kleinsten Inhalt ausspinnen kann in lange Gespräche" (RS 542) und es versteht, das Akzidentielle zum Wesentlichen zu machen, die Art und Weise des Sprechens zum eigentlichen Inhalt der Darstellung. Mit Bezug auf Dickens' Roman *Barnaby Rudge* (1841) notiert er am Rand des Manuskripts: „Kunst langer Gespräche, die doch zu keinem Resultate führen" (H 4).

Ludwig geht zunächst von einer „Grundverschiedenheit" (RS 615) des epischen und des dramatischen Dialogs aus und glaubt, den ateleologischen, retardierenden Charakter der erzählten Figurenrede aus den primären Bestimmungsmerkmalen der Epik ableiten zu können. Der Blick auf die *Shakespeare-Studien* offenbart jedoch, dass diese Konzeptualisierung des Dialogs keineswegs gattungsspezifisch ist und Ludwig der dramatischen Figurenrede die gleiche Eigenbeweglichkeit zuspricht wie der epischen. Seine dramentheoretischen Studien umfassen detaillierte Analysen der Stilmittel und Kunstgriffe, mithilfe derer eine Herauslösung des Dialogs aus den Handlungsbezügen erreicht werden kann. Ausführlich bespricht er zum Beispiel das „aus der Konstruktion fallen" (STD 1, 129), die „Parenthese", das heißt das Einschieben von Nebenvorstellungen oder Abschweifungen, um die Figurenrede aufzubrechen und gleichsam zu strecken (STD 1, 129, 135, 161), oder auch den „polyphone[n] Dialog", das Aneinandervorbeisprechen und das Gegeneinanderlaufen monologisierender Redebeiträge (STD 1, 430). Alle diese Verfahren bieten die Möglichkeit der indirekten Charakterisierung, das heißt, sie lenken die Aufmerksamkeit von den eigentlichen Inhalten der Rede beziehungsweise den ausgetauschten Argumenten auf das Sprachverhalten der Figuren. Die dramaturgischen Konsequenzen aus diesem Dialogkonzept sind im Rahmen einer Dramentheorie allerdings weitaus gravierender als in der Erzähl- oder Romantheorie (vgl. Grüne 2015, 58 – 60). Denn der Dramenbegriff, von dem Ludwig eigentlich ausgeht, impliziert die Vorstellung einer linear verlaufenden, in sich geschlossenen Handlung und noch dazu die Prävalenz der Handlung über den Charakter. Seine Analyse der Figurenrede weist aber genau in die entgegengesetzte Richtung: Das Auslebenlassen der Charaktere und ihrer Rede ersetzt die Handlung im engeren Sinn; statt des bedeutenden, intentionalen und situationsverändernden Tuns der Protagonisten rückt vielmehr ihr habituelles, das heißt ihr un- oder halbbewusstes (Rede-)Verhalten in den Vordergrund. An einigen Stellen der *Shakespeare-Studien* ist daher auch von einer völligen funktionalen Unterordnung der Handlung unter den Dialog die Rede: „Die Hauptsache im Drama ist doch nicht die Handlung, sondern das dramatische Gespräch" (STD 1, 145). In der Erzähltheorie fallen diese Konsequenzen dagegen weniger ins Gewicht, da Ludwig davon ausgeht, dass die epische Handlung *per se* einen deutlich geringeren Grad an Teleologie und Geschlossenheit aufweist als die dramatische. Dennoch bleibt seine Konzeption der Figurenrede auch erzähltheoretisch innovativ: Denn das idealistische Erzählmodell betont zwar ebenfalls den begebenheitlichen Charakter der epischen Handlung gegenüber der stärker teleologisch ausgerichteten Handlung des Dramas, ordnet aber dessen ungeachtet weiterhin den Dialog der Handlung unter. Ludwig dagegen löst diese Hierarchie auf; er entlässt gleichsam die Figurenrede in ihre Selbstständigkeit.

Der kurze Exkurs zur Dramentheorie verdeutlicht, dass Ludwigs Dialogkonzeption nicht in den Gattungsbegriffen von Epik oder Dramatik wurzelt, sondern tiefer hinabreicht und ihren eigentlichen Grund im Persönlichkeitsbegriff des Theoretikers hat. Maßgeblich ist demzufolge eine Auffassung vom Menschen, die dem Bodensatz der Individualität, den unbewussten Anlagen und habitualisierten Verhaltensformen größere Bedeutung und Prägekraft zuschreibt als dem intentionalen Handeln. Die Figurendarstellung hat deshalb nicht nur das nachzuvollziehen, was sich im „heiteren Reiche des Bewußtseins" zuträgt, sondern muss auch oder sogar vor allem die „dunkle Tiefe der Charaktere" zur Anschauung bringen (STD 1, 178). Es ist bemerkenswert, dass Ludwig in seiner Theorie den Formen der Gedankenwiedergabe gar nicht so viel Bedeutung schenkt, dafür aber untersucht, wie sich die Prozesse des Denkens – einschließlich der darin wirksamen unter- und halbbewussten Vorgänge – über die gesprochene Rede darstellen lassen. Ludwig spricht von den „dunklen Vorstellungen" (RS 539, 545), an anderer Stelle auch von den „Nebenvorstellungen", die „in die Gedanken" der Sprechenden treten und die diese „unwillkürlich ins Gespräch hereinbringen" (RS 617). Was die Unterhaltung dadurch an Geradlinigkeit und Zielstrebigkeit verliert, gewinnt sie zugleich an Aussagekraft in Bezug auf die Persönlichkeit und die psychische Verfassung der beteiligten Sprecher. Ludwig zählt einige Beispiele auf, in denen die Verbindung zwischen dem assoziativen, sprunghaften Gedankenprozess und der Entwicklung der Figurenrede besonders deutlich wird:

Die typische Wendung „darüber fällt mir ein." Das à propos, das im gewöhnlichen Leben seinem Sinne entgegen gebraucht wird. Das Korrigieren (sich selbst z. B.), […] das mehrmale Anheben, das Unterbrechen, das Übersetzen des schon Gesagten ins deutlichere, wenn der Redner sieht oder fürchtet, der andre fasse ihn nicht, das Unterstreichen. Der scherzhaft gewandte Nachsatz zum ernsten Vordersatz und umgekehrt. Das sich *in* einen Affekt hineinsprechen, das sich *aus* einem Affekt heraussprechen oder sprechen wollen, das in andern Ton fallen und zum gewöhnlichen Umgangston zurückkehren. Das sich nicht gleich besinnen können. Das Antworten auf die Einwürfe, die einem einfallen, als hätte sie der andre vorgebracht. Das Wehren gegen eine Meinung, die wir bei dem andern mit und ohne Grund voraussetzen. Das leise bei sich, in Gedanken Fortführen eines Gespräches, dessen laute Fortsetzung dann einem Bache gleicht, der eine Zeitlang verdeckt geflossen u. s. w. (RS 617)

Wie der letzte Punkt andeutet, beziehen sich diese Äußerungen auf einen Grenzbereich zwischen Rede- und Gedankenwiedergabe. Dieser Umstand ist nicht unerheblich, wenn man der Frage nachgeht, ob Ludwig bereits über ein Konzept der autonomen indirekten beziehungsweise erlebten Rede verfügt, von der er in seinen Erzähltexten ausgiebig Gebrauch macht. Denn es ist ein Kennzeichen dieser Form der Gedankenwiedergabe, dass sie häufig eine Gratwanderung „am Rande der Sprachlichkeit" (Martínez und Scheffel 2007 [1999], 58) oder der Versprachlichung darstellt. Ihr autonomer Status, das heißt das Fehlen von Inquit-Formeln, trägt dazu bei, dass die getätigten Aussagen nur schwer entweder als reiner Bewusstseinsinhalt oder als tatsächliche Rede identifiziert werden können. Zudem ist der Aufgriff figurenspezifischer Lexik oder Grammatik ein oft gewähltes Mittel, die erlebte Rede vom Erzählerbericht abzuheben. Und schließlich wird diese Vermittlungsform – gerade in der Literatur des neunzehnten Jahrhunderts – bevorzugt dazu genutzt, Zustände extremer emotionaler Anspannung darzustellen, die sich auch zu knappen Ausrufen oder Selbstansprachen verdichten können. Beachtet man diese Dimension erlebter Rede, so lassen sich folgende Zeilen durchaus als eine konzeptuelle Annäherung an das Phänomen verstehen, wenngleich die Beschreibungen auch auf andere Formen der Rede- und Gedankenwiedergabe passen:

Im Romane ist breiter Raum für die Darstellung und Ausmalung der dunkeln Vorstellungen, die Denken und Sprechen begleiten und wechselwirkend leiten. Im Romane kann die ganze psychologische Wahrheit dieser Vorgänge sich austoben. Der Einfluß der Nebenvorstellungen auf die Logik des Denkens und den Charakter des Stils, in welchem dadurch Temperament und Charakter des Denkenden und Sprechenden sich verrät ohne sein Wissen und seinen Willen. Die Art der Bilder der Phantasie, mit welchen sie Gedanken und Worte illustriert, ihre Bemühungen, adäquat zu sein, und die Wechselwirkung zwischen diesen Bemühungen der Phantasie und dem Gange und der Folge der Gedanken. (RS 545)

Die Frage, ob Ludwig bei dieser Beschreibung das Phänomen der erlebten Rede vor Augen hat, ist letztlich sekundär. Entscheidend ist das offenkundige Interesse an den die Figurenrede begleitenden oder ihr vorausgehenden psychologischen Prozessen sowie an der individuellen Prägung des Denkens und Sprechens. Die Figurenrede ist für ihn nicht mehr vorrangig eine Möglichkeit, Inhalte (Aussagen) zu kommunizieren, um damit Handlung vorzubereiten; er versteht sie stattdessen als eine Art des Handelns, in der sich ebenso wie in anderen Alltagspraktiken angelebte oder angelegte Verhaltensmuster geltend machen, die sich in der Regel dem Bewusstsein des Sprechenden entziehen.[116] Der Fokus verschiebt sich also von den Referenzgegenständen der Rede auf die charakterlichen, mentalen und sozialen Voraussetzungen des Redens und Denkens.[117] Die erlebte Rede ist sicherlich ein geeignetes und darum auch viel genutztes Instrument, diese Voraussetzungen offenzulegen und den Gedankenprozess gewissermaßen im Vollzug darzustellen. Insofern beschreibt Ludwig zwar nicht das grammatische oder stilistische Phänomen an sich, wohl aber dessen mögliche Funktion.

4.1.8 Zusammenfassung

Angesichts der Fülle an behandelten Aspekten und der Ausführlichkeit der Analysen müssen Otto Ludwigs *Romanstudien* als das wichtigste Dokument der deutschsprachigen Erzählforschung vor dem zwanzigsten Jahrhundert angesehen werden. In systematischer Hinsicht relevant sind sie, weil Ludwig einige bis dahin vernachlässigte Aspekte narrativer Gestaltung wie die Techniken der Spannungserzeugung oder auch das homodiegetische Erzählen behandelt und dabei zum Teil komplexe Systematiken wie die Typologie der Erzählformen entwickelt. In historischer Hinsicht fallen dagegen die zahlreichen Abweichungen von der idealistischen Erzähltheorie ins Gewicht. So löst sich Ludwig von der Auffassung der epischen Handlung als einer in sich geschlossenen, ideellen Bewegung, die dem Strukturschema von Situation, Reaktion und Lösung folgt, und entwirft stattdessen ein serielles Handlungsmodell, das auf dem Entwicklungsprinzip von Variation und Gewöhnung basiert. Er analysiert, wie die Handlung durch die

---

116 Ein weiteres Beispiel für die Entwertung der referentiellen Funktion der Rede ist die beständige Wiederholung von Gesprächsinhalten. So bemerkt Ludwig, dass Dickens seine Figuren oft „mit fixen Ideen behaftet", weshalb diese die Tendenz zeigen, kaum dass „ihnen irgend ein Assoziationshaken gegeben wird durch die Rede eines andern, auf ihr Lieblingsthema zuzustürzen" (RS 543).
117 Zu den Voraussetzungen gehört auch die unmittelbare Sprech- bzw. Erlebnissituation. Um die Figurenrede vom „Buchartigen zu emanzipieren", muss der Erzähler Ludwig zufolge versuchen, „den Charakter präzis in der Situation zu fühlen, ihn in der augenblicklichen Umgebung zu sehen" (RS 618).

wiederholte Begegnung mit Gegenständen, Orten und Figuren gewissermaßen eine räumliche Tiefe erhält, da die Dinge immer wieder, aber von unterschiedlichen Standpunkten aus erfasst werden. Dieses Prinzip ermöglicht dem Rezipienten, mit der Erzählwelt vertraut zu werden und an ihr wie an der realen Welt teilzuhaben. Entscheidend ist, dass dieser Immersionseffekt nicht um seiner selbst willen angestrebt wird, sondern die Voraussetzung für ein umfassendes Verständnis der Figuren und ihres Handelns darstellt. Im Hintergrund steht demnach die Vorstellung, dass die „unbelauschten Züge", das heißt die unreflektierten Einstellungen und die unhinterfragten Handlungsroutinen, die „Existenz" des Menschen und seine Identität zeichnen (STD 1, 129). Diese Züge vermag nur derjenige zu erfassen, der mit dem betreffenden Menschen umzugehen gewohnt ist, der seine Lebenswelt zumindest eine Zeit lang geteilt hat. Eine erzähltheoretische Umsetzung dieser Prämissen lässt sich auch in Ludwigs Entwürfen zu einer Figurentypologie erkennen, in der die Verbindung zwischen Figur und räumlicher Umgebung zum zentralen Kriterium erhoben wird, sowie im wichtigen Konzept des mittleren Helden. Mit letzterem beschreibt Ludwig einen besonders in Walter Scotts Romanen anzutreffenden Heldentyp, der sich weder durch besondere Eigenschaften auszeichnet noch eigentlich im Mittelpunkt der Handlung steht, gerade darum aber die Funktion erfüllen kann, Stellvertreter des Lesers im Text zu sein und diesem einen Zugang zur Erzählwelt zu eröffnen. Für die Figur wie für den Rezipienten gewinnt die literarische Wirklichkeit ihre Struktur erst im Modus des Erlebens und der persönlichen Erfahrung.

Die Ausrichtung auf den Erlebnisaspekt, die sich durchaus in Bezug setzen lässt zu der ab der Mitte des neunzehnten Jahrhunderts einsetzenden philosophischen Aufwertung des Erlebnisbegriffs, kommt auch in Ludwigs wichtigstem Beitrag zur Geschichte der Erzähltheorie zum Ausdruck: in der Theorie der Erzählformen. Diese enthält keineswegs nur die Unterscheidung einer szenischen und einer berichtenden Erzählweise, sondern fasst – vergleichbar mit Stanzels Konzept der Erzählsituation – verschiedene Gestaltungsmerkmale (Erzählertyp, Erzählmodus, Perspektive) zu komplexen Typen des Erzählens zusammen. Das berichtende Erzählen verbindet Ludwig mit einem homodiegetischen Erzähler und interner Fokalisierung, das szenische Erzählen hingegen mit einem unpersönlichen Erzähler und externer Fokalisierung. Die dritte von ihm genannte Möglichkeit verbindet die szenische Erzählweise, die den Rezipienten dicht an das erzählte Geschehen heranrückt, ihn aber auch zu einem unbeteiligten Beobachter macht, mit der Gestaltung eines persönlich fassbaren Vermittlungsmediums, dessen Präsenz einen erlebnishaften Bezug zum Dargestellten erst ermöglicht.

Zur Intensivierung der Leserbindung tragen auch spannungserzeugende Erzählverfahren bei, deren Analyse in den *Romanstudien* ein breiter Raum gewidmet ist. Ludwig unterscheidet eine Spannung der Teilnahme, die sich vorwiegend auf das Ende eines Konfliktes oder einer Handlung bezieht, von einer Spannung aus Neugier, bei der die Spannung aus der Ungewissheit über die Intentionen der agierenden Figuren entsteht. Bei dieser zweiten Form der Spannung, die weniger auf einer emotionalen Neigung als auf einem intellektuellen Interesse beruht, entwirft der mit einer verrätselten Realität konfrontierte Leser Deutungshypothesen, die immer auch Erwartungen an das zukünftige Verhalten der Figur implizieren, und überprüft und korrigiert diese im weiteren Verlauf der Erzählung. Ludwigs Aufmerksamkeit für diesen hypothesengeleiteten und empirischen Erkenntnisprozess kann im Zusammenhang gesehen werden mit Entwicklungen innerhalb der Erkenntnis- und Wissenschaftstheorie im neunzehnten Jahrhundert. Ein ähnliches Modell der Festlegung und Stabilisierung von Überzeugungen wird etwa im amerikanischen Pragmatismus bei Charles S. Peirce beschrieben.

Zu den sowohl systematisch als auch historisch bedeutsamen Aspekten von Ludwigs Erzähltheorie gehören schließlich die umfangreichen Reflexionen über die Rede- und Gedankenwiedergabe. Anders als die Theoretiker des idealistischen Erzählmodells beschäftigt ihn weniger die Frage nach der Objektivität der Wiedergabe innerer Vorgänge – der Begriff der erzählerischen Objektivität spielt für ihn insgesamt eine geringe Rolle – als das Zusammenspiel von Denken und Sprechen. Am Beispiel insbesondere von Dickens' Romanen analysiert er die Kunst, über eine aus den Handlungsbezügen herausgelöste, scheinbar ziellos sich auslebende Figurenrede die untergründig sich vollziehenden Denkprozesse sowie charakterspezifische Verhaltensmuster zur Darstellung zu bringen.

Überblickt man diese Analyseergebnisse, so wird deutlich, wie stark sich Otto Ludwig in seiner Erzähltheorie von den Begriffen und Vorstellungen der klassischen und idealistischen Ästhetik emanzipiert. Mit seinen Untersuchungen betritt er häufig neue Wege und es wird nun zu prüfen sein, ob ihm andere Theoretiker der Zeit darin folgen. Lange Zeit unveröffentlicht, konnten die *Romanstudien* im poetologischen Diskurs in der zweiten Hälfte des neunzehnten Jahrhunderts keine direkte Wirkung entfalten. Möglicherweise aber lassen sich trotzdem in den erzähltheoretischen Zeugnissen zeitgenössischer Autoren Positionen ausmachen, die Ludwigs Konzepten entsprechen und die eine wachsende Diskrepanz zu den Vorstellungen des idealistischen Erzählmodells bestätigen.

4.2 Grundzüge eines realistischen Erzählmodells

4.2.1 Erzähltheorie der Praktiker

Ludwig hat sich nie als Literaturtheoretiker betrachtet. Seine systematischen Reflexionen waren ursprünglich darauf angelegt, praktisch umsetzbare Lösungen für erzähltechnische Fragen aufzufinden. Das unterscheidet seine Theorie von den Systemgebäuden der philosophischen Ästhetik (Hegel, Vischer, Carrière) und von der populärwissenschaftlichen Literaturtheorie (Gottschall, Keiter) und rückt sie zugleich in die Nähe zu den narratologischen Beiträgen anderer Praktiker wie Friedrich Spielhagen, Theodor Fontane und Berthold Auerbach. Eine gewisse Oppositionsstellung gegenüber den spekulativen Ansätzen der akademischen Ästhetik verbindet diese praxisnahe Erzähltheorie, wobei der Gestus der Distanzierung stark variiert. Fontane kultiviert in seinen Briefen, Kritiken und Essays die Ablehnung von ästhetischer Dogmatik und Systemzwang; ein Exemplar von Keiters *Versuch einer Theorie des Romans und der Erzählkunst* (1876), das ihm Wilhelm Hertz übersandt hatte, schickt er mit der Bemerkung zurück, er wisse nicht, was solche Bücher nützten, ihn würden die Ansichten Balzacs oder Scotts über den Roman interessieren, aber sicher nicht die eines Heinrich Keiter.[118] Deutlich ausgeprägter ist der Wille um systematische Grundsätze hingegen bei Spielhagen, der seine theoretischen Veröffentlichungen zwar stets als Werkstattberichte ausgibt, aber auch explizit in eine Traditionslinie mit Texten der klassischen Ästhetik, insbesondere Wilhelm von Humboldts, stellt.

Spielhagens Schriften sind es auch, die hinsichtlich des Umfangs und der Detailliertheit der erzähltheoretischen Betrachtungen am ehesten an Ludwigs *Romanstudien* heranreichen. In ihrer Wirkung übertreffen sie diese sogar bei Weitem. Gerade für die Entstehung der Erzähltheorie als wissenschaftlicher Disziplin waren Spielhagens Beiträge und die durch sie ausgelöste Diskussion um das objektive Erzählen von enormer Bedeutung. Käte Friedemanns wegweisende Arbeit *Die Rolle des Erzählers in der Epik* (1910) ist in erster Linie eine Antwort auf Spielhagen und zugleich der Versuch, dessen Thesen systematisch zu entkräften. Diesem Ansatz folgend, hat die Forschung Spielhagens Erzähltheorie häufig auf das Objektivitätsproblem reduziert und aus der Ablehnung seiner als unzureichend reflektiert geltenden Forderungen den Schluss gezogen, dass die Theorie bestenfalls als Ausdruck einer historischen Problemkonstellation von Interesse sei.[119] Bei genauerem Hinsehen überrascht diese Haltung, und zwar nicht nur

---

118 Brief Fontanes an Wilhelm Hertz vom 15. November 1876. Als Nachtrag zum Briefwechsel Fontane-Hertz ediert in Hay (1981, 100).

119 Zur Kritik an Spielhagens Position vgl. Hellmann (1974 [1957]). Auch Sammons (2004, 52–53) vermag in Spielhagens theoretischen Bemühungen nur noch eine „historical curiosity of no intrinsic value" erkennen und begründet dies mit dem verloren gegangenen Glauben an die „objective narration"; vor dem Hintergrund der narratologischen Erkenntnisse des zwanzigsten Jahrhunderts falle es schwer, Spielhagens Positionen „with any seriousness at all" zu begegnen. Diese Äußerungen dokumentieren eine verblüffende Geschichtslosigkeit, die selbst schon ans Doktrinäre grenzt. Kein Gedanke wird darauf verwandt, dass auch moderne literaturtheoretische

deshalb, weil die Ausführungen zum objektiven Erzählen vielschichtiger sind, als das Urteil der Forschung vermuten lässt. Überraschend ist sie vor allem deshalb, weil über der Frage nach der Sichtbarkeit des Erzählers ein zentrales Thema Spielhagens aus dem Blick geraten ist, nämliche die theoretische Beschreibung des komplexen Verhältnisses von Autor und Held; ein Thema, das in diesem Umfang eigentlich erst wieder bei Michail Bachtin, und zwar in dessen fragmentarischer Frühschrift *Autor und Held in der ästhetischen Tätigkeit*, erörtert wird.[120] Im Rahmen einer Geschichte der Erzähltheorie zeigt sich, dass die Eigentümlichkeit von Spielhagens Ansatz in seiner Mittelstellung zwischen idealistischem und realistischem Erzählmodell liegt. Viel stärker als Ludwig bleibt er den Konzepten der idealistischen Theorie verhaftet, in einigen Aspekten aber, insbesondere in der Theorie der homodiegetischen Erzählung, überschneiden sich die Vorstellungen der beiden Theoretiker durchaus.

Im Gegensatz zu Spielhagen hat Fontane darauf verzichtet, seine Ansichten in programmatischer Form vorzulegen. Seine allerdings kontinuierliche Beschäftigung mit erzähltheoretischen Fragen knüpft sich in der Regel an konkrete Lektüreeindrücke und manifestiert sich in zahlreichen verstreuten Äußerungen und Notizen, von denen nur wenige zu fertigen Rezensionen ausgearbeitet und publiziert wurden. Welche Bedeutung diesen poetologischen Äußerungen im Gesamtwerk des Autors zukommt, ist umstritten. Für Helmstetter (1998, 253) zeigt Fontane in seinen theoretischen Betrachtungen „kaum ein eigenes Profil", statt-

---

Begriffe ihren historischen Ort haben und man sie deshalb vielleicht nicht zum unfehlbaren Maß für vorgängige Konzepte erheben sollte. Differenzierter und umfassender ist die Darstellung bei Rebing (1972), der gleichwohl ebenfalls seine kritische Distanz gegenüber Spielhagens Theorie deutlich zum Ausdruck bringt.

120 Wie Poole (2001) zeigt, war Bachtin mit Spielhagens Schriften vertraut. Poole konzentriert sich in seiner Analyse allerdings auf den Einfluss Spielhagens auf das Konzept von narrativer Objektivität, das Bachtin in seiner Studie über die Poetik Dostojevskijs entwickelt. Spielhagens Überlegungen zur Verwandlung des Autors in den Helden bleiben auch in dieser ansonsten sehr erhellenden Studie unberücksichtigt. Dass mögliche Bezüge zu Bachtins Frühwerk *Autor und Held in der ästhetischen Tätigkeit* bisher kaum untersucht wurden, hängt auch mit der verspäteten Rezeption dieses Textes zusammen, der erst seit einigen Jahren vollständig in deutscher Übersetzung vorliegt (Bachtin 2008). Aber auch wenn man diesen Kontext unberücksichtigt lässt, überrascht es doch einigermaßen, wie wenig Aufmerksamkeit die Forschung dem Grundanliegen von Spielhagens Theorie geschenkt hat. Sammons (2004, 62) erkennt in der Reflexion über die Konstitution des epischen Helden lediglich ein Ablenkungsmanöver („red herring") mit der Funktion, die Problematik des Verhältnisses von Poiesis und Mimesis zu überspielen. Rebing (1972, 14) wiederum behauptet, Spielhagen lege den Akzent so sehr auf das Handwerkliche, dass die Frage zu kurz komme, „ob ‚Objektivität' nicht auch ein bestimmtes Verhältnis des Autors zum Werk" voraussetze. Dabei drehen sich vor allem Spielhagens späte Beiträge vorwiegend um dieses Verhältnis.

dessen bestätige er darin nur die „Tradition realistischer Naivität", die er gleichzeitig in seinen literarischen Werken unterlaufe (vgl. auch Müller-Seidel 1980 [1975], 466). Mittenzwei (1974 [1968]) und Bowman (2008) hingegen betonen die Parallelen zwischen Theorie und Praxis, wobei letzterer zudem versucht, den Kontrast zwischen Fontanes Romanpoetik und dem Programmrealismus, zu dessen Vertretern er auch Otto Ludwig zählt, herauszuarbeiten. Kaum beachtet wurde bisher allerdings die Frage nach der Entwicklung von Fontanes poetologischen und erzähltheoretischen Vorstellungen. Dabei fällt auf, dass sich die oft herangezogene Rezension von Freytags *Soll und Haben* von 1855 in zentralen Punkten deutlich von späteren Zeugnissen unterscheidet. Bezogen auf die hier vorgeschlagene theoriegeschichtliche Periodisierung lässt sich dieser Wandel als Übergang vom idealistischen zum realistischen Erzählmodell beschreiben.

Anders als bei Fontane und Spielhagen, deren erzähltheoretische Beiträge in der Forschung wahrgenommen (wenn auch nicht immer ernst genommen) wurden, ist Auerbachs Bedeutung für die Geschichte der Erzähltheorie praktisch völlig unbeachtet geblieben. Stattdessen konzentriert sich die literaturtheoretisch orientierte Auseinandersetzung mit dem Autor fast ausschließlich auf die Poetik der Dorfgeschichte und die Konzeption von Volksliteratur, die Auerbach in der 1846 publizierten Studie *Schrift und Volk* entfaltet.[121] Dabei hat der Autor in den 1860er Jahren eine Reihe von Beiträgen vorgelegt, in denen er explizit und durchaus detailliert auf narratologische Fragen eingeht. Mit dem im Februar 1865 gehaltenen Vortrag über „Goldsmith. Der Pfarrer von Wakefield", den er später in seine Aufsatzsammlung *Deutsche Abende* (1867) aufnimmt, leistet er zum Beispiel einen wichtigen Beitrag zur Theorie der homodiegetischen Erzählung. Ein weiteres zentrales Dokument seiner Erzähltheorie ist der ebenfalls in den *Deutschen Abenden* abgedruckte Vortrag „Goethe und die Erzählungskunst". In den Vorbemerkungen zu diesem Aufsatz erwähnt Auerbach weitere Aufzeichnungen zum „Versuche einer Technik der Erzählung" (1867, 4), die er gesammelt habe und die nur zu einem geringen Teil in den Beitrag eingeflossen seien; möglicherweise plante er also zu dieser Zeit sogar eine umfangreichere Veröffentlichung zur Theorie der Erzählung. Angesichts der engen persönlichen Beziehung zwischen Auerbach und Ludwig scheint es wenig verwunderlich, dass sich beide Autoren in ihren theoretischen Positionen und Urteilen nahekommen, wenngleich Ludwigs

---

121 So bereits bei Kinder (1973, 115–139). Die beiden rezenten Sammelbände von Reiling (2012) sowie Hamann und Scheffel (2013) lassen diesen Aspekt der Werkgeschichte ebenfalls weitgehend unbeleuchtet, und auch die jüngst erschienene Edition von Auerbachs Schriften zur Literatur (Auerbach 2014) berücksichtigt die erzähltheoretischen Texte nicht. Hahl (1971, 231) erwähnt immerhin Auerbachs Erzähltheorie als einen Gegenentwurf zu Spielhagens Objektivitätsdoktrin.

Analysen insgesamt doch eine größere thematische Spannweite und einen höheren Grad an Komplexität aufweisen.

In engem persönlichen Kontakt und freundschaftlichem Austausch stand Ludwig auch zu Julian Schmidt, was die Forschung dazu verleitet hat, ihre literaturtheoretischen Ansätze miteinander zu identifizieren (Bernd 1995, 134). Die Bezüge aber zwischen den *Romanstudien* und Schmidts Texten sind im Ganzen besehen relativ gering. Das liegt zum einen daran, dass der Redakteur der *Grenzboten* primär an einer allgemeinen Realismustheorie interessiert ist und weniger an Fragen nach den konkreten Bau- und Strukturprinzipien narrativer Werke. Zum anderen folgt er in seinen Kritiken, wo er doch auf erzähltheoretische Aspekte zu sprechen kommt, deutlich traditionelleren Vorstellungen und Begriffen als Ludwig in seinen Reflexionen.

Ergiebiger ist da der Vergleich mit einem anderen Praktiker, dessen Werk zwar bereits in der ersten Hälfte des neunzehnten Jahrhunderts entstand, der aber weit darüber hinaus vor allem als Vermittler der historischen Romane Walter Scotts auf die literarische Entwicklung einen großen Einfluss geübt hat: Willibald Alexis. Sein wichtigstes erzähl- und romantheoretisches Zeugnis ist eine ausführliche Besprechung der Werke Scotts, die 1823 in den *Wiener Jahrbüchern der Literatur* erscheint. Darin analysiert Alexis unter anderem Scotts mittlere Helden und seine Interpretation dieses Figurentyps ähnelt in vielen Aspekten der Darstellung, die Ludwig – vermutlich ohne Alexis' Rezension zu kennen – in den *Romanstudien* vorlegt.[122] Selbstverständlich sind diese theoretischen Übereinstimmungen zu einem gewissen Punkt durch die Charakteristika der literarischen Bezugstexte bereits vorgegeben; doch stößt man außerhalb der Scott-Rezeption auf ähnliche Figurenkonzeptionen, was wiederum nahelegt, dass sich die Vorstellungen über die Beschaffenheit und Funktion des Helden im modernen Roman im Laufe des neunzehnten Jahrhunderts grundsätzlich wandeln.

4.2.2 Der Held im Roman: Handlungs- oder Erlebnismittelpunkt?

4.2.2.1 Von „liebenswürdigen Nullen" und Ausnahmefällen

In seiner umfangreichen Rezension von Scotts Werken greift Alexis den Vorwurf auf, der schottische Autor habe stets nur „unbedeutende, charakterlose junge Menschen" und „liebenswürdige Nullen" als Helden gewählt (1823, 29). Diese

---

122 Zur Bedeutung von Alexis' Rezension und dem darin entworfenen Heldenkonzept im romantheoretischen Diskurs der Restaurationszeit und des Realismus vgl. Steinecke (1975, 37–39) sowie Lach (2011).

Kritik nimmt der Rezensent zum Anlass, den „Begriff eines Helden" (Alexis 1823, 30) näher zu beleuchten. Herkömmlicherweise, so Alexis, versteht man darunter einen „Mann, der durch Kraft und Freyheit des Willens entweder im Widerstande gegen eine von innen oder außen andrängende Gewalt, oder durch auf irgend eine Art wirkungsreiche eigne Thaten sich vor Andern auszeichnet" (1823, 30). Adäquat sei diese Verwendungsweise jedoch nur mit Bezug auf die Tragödie und das Epos, nicht im Zusammenhang mit dem Roman. Denn diese Gattung ist für Alexis die Ausdrucksform der modernen Individualität und ihr spezifischer Gegenstand die Lebensgeschichte des Einzelnen unter den Bedingungen der bürgerlichen Gesellschaft (vgl. 1823, 5, 31). Je vielfältiger die Kontakte sind, mit denen das Individuum mit der Außenwelt in Berührung steht, „um so interessanter wird der Roman" (Alexis 1823, 31). Bis hierhin entsprechen Alexis' Überlegungen dem Konzept des passiven Helden, wonach der Romanheld das bildsame Objekt einer auf ihn einwirkenden und seine Handlungsgewalt einschränkenden Umwelt darstellt. Der Rezensent aber geht noch einen Schritt weiter: „Steigern wir dieses Verhältniß immer mehr, so wird endlich die Person des sogenannten Helden ganz zurücktreten, wogegen die andern mannigfachen Gegenstände zur Hauptsache im Romane werden" (Alexis 1823, 31). Die Figur selbst, ihre Entwicklung und der von ihr durchlebte Bildungsprozess verlieren mit anderen Worten zunehmend an Bedeutung; erzählt wird in erster Linie um der Dinge und Realitäten willen, denen der Protagonist begegnet.

Dieser Wechsel im Gegenstandsbezug, der von Alexis als „Sieg der Objektivität über die Subjektivität" gedeutet wird, zieht allerdings die Frage nach sich, welche Funktion diesem „Nichthelden" dann noch zukommt und ob nicht besser jede Fokussierung auf ein einzelnes Individuum aufgegeben werden sollte (1823, 31). Alexis beantwortet diese Frage mit dem Hinweis, dass der Held als „Repräsentant des Lesers" (1823, 32) angesehen werden könne. Voraussetzung dafür ist nach Ansicht des Rezensenten zum einen die Zuverlässigkeit respektive Objektivierbarkeit der figuralen Wahrnehmungen und Auffassungen; der Held muss einem „Spiegel" gleichen, „welcher uns die Gegenstände, denen er begegnet, klar zeigt" (Alexis 1823, 32). Zum anderen aber bedarf es einer gewissen ideologischen Nähe zwischen Figur und implizitem Leser. Der Held in Scotts Romanen, erläutert Alexis, ist in der Regel „ein Südbritte" und entspricht dem Bild, das der Autor von seinem Leser beziehungsweise seiner Hauptleserschaft hat, nämlich trotz gehobener Bildung „unbekannt mit den nationalen Einrichtungen *Schottlands*" (1823, 33). Die Erfahrungsperspektive von Held und Leser korrelieren also *idealiter,* und wenn die Figur „in dieses Land auf eine oder die andere Art verschlagen wird, und allmälich die Eigenthümlichkeiten mit Verwunderung kennen lernt", soll der Rezipient parallel dazu einen ähnlichen Erkenntnis- und Erfahrungsprozess durchlaufen (Alexis 1823, 33).

Alexis interpretiert Scotts Heldentyp ebenso wie Ludwig als eine „Mittelsperson" (1823, 33), die den Maßstab des idealen Rezipienten verkörpern soll.[123] Er analysiert, dass durch die Durchschnittlichkeit und relative Farblosigkeit des Helden die Aufmerksamkeit des Rezipienten – statt auf die zentrale Figur – auf die ihn umgebenden Gegenstände, Schauplätze und Figuren der erzählten Welt gelenkt wird.[124] Die wichtigste Funktion dieses Figurentyps, darin sind sich die beiden Theoretiker ebenfalls einig, besteht darin, dem Leser eine ihm weitgehend unbekannte Lebenswelt nahezubringen und ihm durch diese schrittweise erworbene Vertrautheit das erzählte Geschehen und das Handeln der Figuren verständlich zu machen. Der Rezipient erhält Zugang zu einer ihm zuvor verschlossenen, fremden Wirklichkeit und er durchschreitet sie gleichsam an der Seite des Protagonisten, bis beide darin „heimisch" werden, „überall auf bekannten Boden" treten und mit den „Gegenstände[n] ringsum in irgend einer Art befreundet sind" (Alexis 1823, 22).

> Das Bild soll so lebendig werden, daß wir selbst mit den Personen der Dichtung dort leben könnten. [...] Der Leser [...] wird gezwungen, mit dem Romanhelden in der Fischerhütte, beim Bettler oder unter den kleidumgürteten Hochländern zu wohnen, und es sich mit ihnen bey schmaler Kost gefallen zu lassen. Er schmaust mit dem reichen Pächter, und friert und wird ermüdet bey den Nebelwanderungen über das Heidemoor. (Alexis 1823, 22)

Der Held als Figuration des idealen Lesers erlaubt eine Verschränkung (keine Gleichsetzung!) von Textwelt und außerliterarischer Wirklichkeit. Man kann von einer Art Verdopplung der Rezeptionsinstanz sprechen, wobei allerdings der Leser nicht die Position eines textimmanenten, fiktiven Adressaten einnimmt, sondern die einer handelnden und wahrnehmenden fiktiven Figur.[125] Die Vermischung von

---

123 Alexis und Ludwig stimmen nicht nur in der Analyse dieses Figurentyps, sondern auch in seiner Bewertung überein. Zu einem ganz anderen Urteil kommt hier Ludolf Wienbarg, der in den *Wanderungen durch den Thierkreis* (1835) der an Scott geschulten Literaturkritik vorwirft, nur noch charakterlose, untätige Helden zuzulassen und das große, handelnde Individuum aus dem Gebiet des Romans zu verbannen: „Die Kritik drückt ihren Daum auf jeden Hahn im Korbe, dem der Kamm zu hoch steigen und zu kampflustig aufschwillen will. Der Held soll nicht allzu bedeckend, nicht allzu groß und thatkräftig sein, nicht der Strom, der alle übrigen, als Bäche, verschlingt und mit sich fortreißt, nicht die Trompete, die alle sonstigen Instrumente des Orchesters niederschmettert, nicht der heroische Wagenlenker, der die Rosse des Geschickes mit Peitschenhieben vor sich hertreibt" (Wienbarg 1835, 243).
124 Auf die Konsequenzen, die sich aus diesem Heldenkonzept für die Gattung des historischen Romans und die Darstellung von Geschichte ergeben, kann an dieser Stelle nicht näher eingegangen werden. Vgl. dazu Steinecke (1975, 34).
125 Nach Zipfel (2001, 252) liegt in fiktionalen Texten grundsätzlich eine „Verdoppelung der Rezeptionssituation" (und ebenso eine Verdopplung der Produktionssituation) vor; demnach

Fiktion und Realwelt bezieht sich hier nicht auf die erzählten Fakten an sich, sondern auf die Analogie der wirklichkeitskonstituierenden Erfahrungsprozesse: Die Gegenstände und Charaktere sollen nicht für wahr gehalten, sondern auf eine Art und Weise wahrgenommen werden, die dem Umgang mit realen Gegenständen und Charakteren entspricht. Das Interesse an der Ausbildung einer solchen realitätsanalogen Haltung gegenüber der dargestellten Welt bringt auch Fontane an zwei zentralen Stellen seines poetologischen Werkes klar zum Ausdruck. Die erste davon findet sich in seiner 1875 erschienenen Rezension zu den ersten Bänden von Freytags Romanzyklus *Die Ahnen* (1872–1880). Der Rezensent stellt darin die Frage nach der Aufgabe des Romans und beantwortet sie mit dem Verweis auf den erwünschten Rezeptionseffekt. Der Roman solle eine Geschichte erzählen, die glaubhaft sei und den Leser emotional anspreche. Er

> soll uns eine Welt der Fiktion auf Augenblicke als eine Welt der Wirklichkeit erscheinen, soll uns weinen und lachen, hoffen und fürchten, am Schluß aber empfinden lassen, teils unter lieben und angenehmen, teils unter charaktervollen und interessanten Menschen gelebt zu haben, deren Umgang uns schöne Stunden bereitete, uns förderte, klärte und belehrte. (Fontane 1969, 317)

Die poetologische Pointe lässt sich nur erfassen, wenn man zwischen dem ersten und dem zweiten Teil des Zitats trennt. Denn was Fontane zunächst beschreibt, sind Beispiele emotionaler Anteilnahme (Furcht, Hoffnung, Trauer etc.), die sich auf den konkreten Handlungsverlauf und das Schicksal der Figuren beziehen; in den Termini von Ludwigs Spannungstheorie ausgedrückt, handelt es sich also um Formen der Spannung aus Teilnahme. Im zweiten Teil des Zitats aber spricht Fontane von einer den Augenblick der Lektüre überdauernden emotionalen Bindung, die sich auf die Charaktere an sich und weniger auf den Ereignisverlauf bezieht. Während die erste Form der Teilhabe die Grenze zwischen Fiktion und Realität lediglich im Moment der Lektüre aufzuheben scheint, wird diese Grenze in der zweiten Form gewissermaßen langfristig überspielt, insofern hier im Medium der Erinnerung Lebenserfahrung und Lektüreerfahrung zusammenfließen. Noch deutlicher bringt Fontane diesen Gedanken in dem nachgelassenen Entwurf seiner Paul-Lindau-Rezension von 1886 zum Ausdruck:

---

nimmt der reale Leser die Position des fiktionsimmanenten Adressaten ein, um den Text als einen quasi faktualen zu rezipieren. Zipfel stützt sich im Wesentlichen auf sprachlogische Überlegungen, die Verdopplung der Rezeptionssituation ergibt sich für ihn aus der Struktur fiktionaler Texte, ist aber dem Rezipienten in der Regel nicht bewusst. Bei Alexis und Ludwig geht es hingegen stärker um den mentalen Vorgang des Sich-Hineinversetzens in den Kontext der erzählten Welt.

Das wird der beste Roman sein, dessen Gestalten sich in die Gestalten des wirklichen Lebens einreihen, so daß wir in Erinnerung an eine bestimmte Lebensepoche nicht mehr genau wissen, ob es gelebte oder gelesene Figuren waren, ähnlich wie manche Träume sich unserer mit gleicher Gewalt bemächtigen, wie die Wirklichkeit. (Fontane 1969, 568)

Diese Wirkung, das Verschwimmen von Fiktion und Realität, beruht nicht auf der Treue der Nachahmung, sondern auf der Möglichkeit eines realitätskonformen Umgangs mit den Gegebenheiten und allen voran den Figuren der Erzählwelt. Der Roman, so Fontane, ist ein „Wiederspiel" (und nicht: Widerspiel) des Lebens, das im Modus der Fiktion die Realität variierend fortführt: „[D]arauf kommt es an, daß wir in den Stunden, die wir einem Buche widmen, das Gefühl haben, unser wirkliches Lebens fortzusetzen" (Fontane 1969, 568). Aus der Lektüre- wird eine Lebenserfahrung, die fiktive Welt verwandelt sich in ein Sediment der Persönlichkeit. Der Transformationsprozess gleicht dem der Erinnerung, weshalb sich die Überlagerung zwischen Realität und Fiktion nicht nur während des Rezeptionsaktes, sondern vor allem in der Retrospektion einstellt. Einen ähnlichen Gedanken liest man bei Auerbach im Aufsatz über Goldsmiths *Der Pfarrer von Wakefield* (1766): „Zwei Menschen, die dieses Buch jeder für sich mit ganzer Hingebung gelesen, haben ein Stück Kindheit mit einander verlebt, und dazu noch ein Stück Kindheit auf dem Lande; sie können einander Erinnerungen erwecken" (Auerbach 1867, 291). Bemerkenswerterweise bezieht sich diese geteilte Erinnerung nach Auerbachs Analyse weniger auf die Handlung als auf die Figuren. Die „ganze Geschichte" sei nur noch wenigen späterhin präsent, „in Erinnerung" bleibe vielmehr der Ich-Erzähler, der „wie der eigene Großvater oder wie ein gastlich wohlwollender Oheim" dem sich Erinnernden vor Augen stehe (Auerbach 1867, 291). Die Figur wird mit anderen Worten aus dem Handlungskontext herausgelöst und tritt, mit Dilthey gesprochen, in den erworbenen Seelenzusammenhang des Lesers ein: „Seit einem Jahrhundert ist er nun der persönliche Bekannte eines jeden Lesers, die Buchgestalt ist aus den Lettern herausgetreten ins Leben, und was in der Wirklichkeit thatsächlich und im dichterischen Empfinden Wahrheit und Folgerichtigkeit, hat sich in Eins verschmolzen" (Auerbach 1867, 291).

Derartige Beschreibungen eines Ineinandergleitens von fiktiver und außerliterarischer Wirklichkeit scheinen einem unreflektierten Literaturverständnis und damit dem „Gedeihen des Banausischen" (Eisele 1976, 97) den Boden zu bereiten; bestätigen sie doch, dass die literarisch dargestellte Welt primär unter lebensweltlichen und nicht unter ästhetischen Kategorien erfasst werden soll.[126] Dass

---

126 Das ist der Vorwurf, den Helmstetter (1998) gegenüber der realistischen Lektürepraxis er-

solche Vorstellungen nicht zwangsläufig als Ausdruck epistemologischer und poetologischer Naivität gedeutet werden müssen, ist an anderer Stelle bereits deutlich geworden (vgl. Kap. 4.1.3.3). Der Vorwurf eines fehlgeleiteten oder oberflächlichen Literaturverständnisses greift also sicher zu kurz; berechtigter ist die Kritik, dass die Auffassung vom Helden als Stellvertreter des Lesers einer ideologischen Normierung, mithin der Ausgrenzung von normabweichenden Verhaltensformen aus dem Bereich der Darstellung, Vorschub leistet. Welche Problematik sich auftut, wenn die Figuren (vor allem die Protagonisten) dem ideologischen Maßstab des Lesers entsprechen sollen, lässt sich Fontanes Auseinandersetzung mit dem russischen und französischen Realismus beziehungsweise Naturalismus entnehmen. An Zolas Roman *Die Eroberung von Plassans* (1874) kritisiert er die Extravaganz der Hauptfiguren „nach der Moral-Seite hin" (Fontane 1969, 547), wobei er dies dezidiert als ästhetischen und nicht als ethischen Einwand verstanden wissen will. Der Ausnahmefall, auch und gerade der moralische, sei ja „durchaus zulässig" (Fontane 1969, 547), wenn nicht sogar gewünscht, nur dürfe er nicht auf einer charakterlichen Devianz beruhen, die für den Leser nicht nachvollziehbar sei. Nach Fontanes Ansicht sind allein „die *tatsächlichen* Ausnahmefälle, nicht die *persönlichen*" (1969, 547) künstlerisch legitimiert. Persönliche Ausnahmefälle gehörten als „beklagenswerte *Krankheits*-Erscheinung" eher in ein „mediz[inisches] Buch" als in einen Roman (Fontane 1969, 547). Denn für den letzteren

> verlangen wir Durchschnittsmenschen, die nur durch eine besonde Verkettung von Umständen in „Ausnahmefälle" hineingeraten. Wir müssen den Menschen begreifen und als einen der unsren anerkennen, das ist die erste Bedingung, und zweite Bedingung ist, daß, wenn der „Ausnahmefall" eintritt, wir ihn zwar als Ausnahmefall empfinden aber doch zugleich auch fühlen müssen: wir, in gleicher Lage, hätten denselben Ausnahmefall eintreten lassen. Darstellungen, die durchweg einen „Ausnahmefall" zeigen, in denen uns *alles* fremd berührt, Charakter wie Tat, gehören nicht in die Kunst. (Fontane 1969, 547)

Was Fontanes Überlegungen zu Zolas Roman mit dem Konzept des mittleren Helden verbindet, ist die rezeptionsästhetische Perspektive. Fontane argumentiert hier nicht als Autor, sondern als Leser; sein Kernargument gegen extravagante Hauptfiguren ist die Fremdheit solcher Charaktere für den Rezipienten. Aus seiner Sicht aber ist die Anschlussfähigkeit des Dargestellten an die Erfahrung des Romanlesers von entscheidender Bedeutung. Dieser muss einen persönlichen Bezug zum Dargestellten entwickeln, muss „freudig mitgeh[en]" und „folgen" können

---

hebt, wobei er die Herausbildung dieser Praxis nur mediengeschichtlich begründet und keine Rückschlüsse auf das zugrunde liegende Wirklichkeitsverhältnis zieht.

(Fontane 1969, 548). Denn dieses „Mitgehn" (Fontane 1969, 548) ist die Voraussetzung für eine enge „Erlebnisbeziehung zwischen Romangestalten und Leser" (Markwardt 1959, 384) und damit für ein hermeneutisches, das heißt nicht von individuellen Lebensbezügen abstrahierendes Verständnis – im Gegensatz zum naturwissenschaftlich-medizinischen Erklären – der Figuren.[127] Wenn aber der persönliche Zugang zur Lebenswelt der Figuren gewahrt bleibt, dann hat der Autor durchaus die Möglichkeit, seine Leserschaft an das Fremde und Außergewöhnliche heranzuführen, etwa in den Nebenfiguren des Textes. Dementsprechend lobt Fontane die „Mittelgrundsfiguren" in Zolas Roman als „meisterhaft" (1969, 545). Was für den Helden gilt, muss also nicht für alle Charaktere gelten, es kommt nur darauf an, das (in Ludwigs Worten) „relativ Fremdre durch das relativ Bekanntre" (RS 591) zu vermitteln. Fontane übersieht übrigens keineswegs, dass das moralische Empfinden des Publikums zwar ein intersubjektiver, aber doch leicht verrückbarer Maßstab ist. Verhaltensweisen, die zu einer Zeit von einer Lesermehrheit verworfen werden, sind nachfolgenden Generationen möglicherweise nicht mehr fremd, und eine entsprechend handelnde Hauptfigur würde dann kein Rezeptionshindernis mehr darstellen. Jede diesbezügliche Gewissheit, so unanfechtbar sie den Zeitgenossen auch scheinen mag, lässt sich korrigieren oder aufheben, denn „[z]uletzt, wie man sich dagegen sträuben mag, beruht in irdischen Dingen *alles* auf Majoritätsbeschluß" (Fontane 1969, 548).

Sowohl bei Alexis als auch bei Ludwig und Fontane wird der Romanheld nicht mehr über seine Funktion im Handlungszusammenhang, sondern über sein Verhältnis zum Rezipienten bestimmt. Im Gegensatz zur idealistischen Erzähltheorie, die sich vorrangig auf die Frage nach der Handlungsgewalt des Helden konzentriert, richten diese Theoretiker ihre Aufmerksamkeit auf die Anschlussfähigkeit der Figuren an Wissen und Wertungshaltung eines idealen beziehungsweise intendierten Publikums. Gewissermaßen von der entgegengesetzten Seite geht Spielhagen das Konzept des Helden an, denn er fokussiert die Verbindungen, die zwischen dem Autor und der Hauptfigur seiner Erzählung existieren. Nicht nur deshalb nimmt seine Theorie einen Sonderstatus in der poetologischen Diskussion des neunzehnten Jahrhunderts ein. Wie im folgenden Kapitel dargestellt wird, liegt ihre Spezifik in einer eigentümlichen Verbindung von Prämissen und Konzepten des realistischen und des idealistischen Erzählmodells.

---

127 Preisendanz (1977 [1963], 81) sieht darin ein Bestehen auf einem spezifisch poetischen Zugriff auf Wirklichkeit. Zu berücksichtigen ist allerdings, dass es Fontane in den oben angeführten Stellen aus der Zola-Kritik primär um das Verhältnis zwischen Rezipient und erzählter Welt geht und nicht um die Frage, wie der Autor Wirklichkeit zu erfassen und darzustellen hat.

4.2.2.2 Der Romanheld als Variation des Autor-Ichs (Spielhagen)

Während Spielhagen in seinen frühen erzähltheoretischen Beiträgen vornehmlich Aspekte der Darstellungstechnik behandelt, rückt er in den nach 1870 erschienenen Aufsätzen zunehmend die Frage nach der Beschaffenheit des epischen Helden und nach dessen Verhältnis zur Persönlichkeit des Autors in den Vordergrund. Am Objektivitätspostulat hält er dabei fest, aber er versteht nun unter objektiver Darstellung nicht mehr nur ein Oberflächenphänomen narrativer Darstellung, sondern ein den gesamten Schaffensprozess umfassendes Leitprinzip. Spielhagen stellt damit heraus, dass die Schwierigkeit für den Autor nicht darin liegt, anschaulich und ohne Rückgriff auf auktoriale Kommentare zu erzählen; die Herausforderung ist vielmehr, bereits im Entwurf der fiktiven Welten den eigenen Standpunkt und das persönliche „Weltbild" (BT 21) zu transzendieren. In „Finder oder Erfinder" von 1871 empfiehlt der Theoretiker dem Romanautor darum, von seiner eigenen Person ganz abzusehen und den Helden nach gänzlich fremdem Vorbild zu formen: „[M]it allem Ernst, mit aller Innigkeit, mit leidenschaftlicher Liebe" solle der Autor „in die Natur eines Wesens sich versenk[en], welches eben nicht er selbst, sondern ein in jeder Beziehung [...] von ihm möglichst verschiedenes ist" (BT 21). In seinen späteren Aufsätzen, insbesondere in der umfangreichen Abhandlung „Der Ich-Roman" von 1882, widerspricht Spielhagen jedoch dieser einfachen Lösung des Objektivitätsproblems. Er betont stattdessen die Gebundenheit an die Erfahrungsperspektive des eigenen Ichs, von der sich der Romanschriftsteller im Entwurf seines Helden nicht frei machen könne. Die wichtigste Aufgabe des Autors sieht Spielhagen nun darin,

> das innerlich Geschaute (wir nannten es oben „Idee") auch andere schauen zu lassen dadurch, daß er es darstellt, an einer Person darstellt, die [...] dasselbe mit denselben Augen sieht, mit denen er selbst es gesehen; dieselben Erfahrungen macht, die er selbst gemacht; aus denselben Erfahrungen dieselben Schlüsse zieht, die er selbst gezogen. Die (dichterische) Darstellung aber, wie dies alles an und in einer Person vor sich geht und zustande kommt, ist der Roman; jene Person selbst nennen wir den Helden desselben; und da jene Person eben, wie wir gesehen, in ihren Anschauungen, Ansichten und Erfahrungen dem Dichter ähneln, ja bis zu einem gewissen Punkte gleichen muß, ist der Dichter selbst, soweit diese notwendige Aehnlichkeit oder Gleichheit geht, der Held des Romans. (BT 173–174)

Diese Stelle legt nahe, dass Spielhagen Autor und Held weitgehend miteinander identifiziert. Seine Argumentation ist indes differenzierter, denn eigentlich geht er davon aus, dass der Protagonist im Roman aus einer Umbildung oder Transformation der Autor-Persönlichkeit hervorgeht, wobei sich im Verlauf des künstlerischen Prozesses das Ich oder Er des Romans unterschiedlich weit vom „aktuellen" oder „empirischen Ich" (BT 203–204) des Autors entfernen kann. Insofern kann nicht einfach von einer Identität beider Instanzen gesprochen werden.[128]

Das Problem, mit dem sich Spielhagen konfrontiert sieht, entsteht aus dem Widerspruch zwischen dem Verständnis des Helden als Produkt persönlicher Lebenserfahrung und dem Festhalten an einer Figurenkonzeption, die ihn als repräsentativen Träger eines ideell motivierten Handlungsgeschehens definiert. Denn Spielhagen löst sich nicht konsequent von dem Grundgedanken des idealistischen Erzählmodells, wonach dem Autor die Aufgabe zukommt, „das Leben so zu schildern, daß es uns als ein Kosmos erscheint, der nach gewissen großen ewigen Gesetzen in sich und auf sich selbst ruht", was mit der „logischen und ästhetischen Notwendigkeit" verbunden ist, aus den „vielen Menschen einen aus[zu]sondern, der gleichsam als der Repräsentant der ganzen Menschheit dasteht" (RS 73). Dabei besagen seine Überlegungen zum Romanhelden doch gerade, dass sich der Autor nicht einen beliebigen Menschen ‚aussondern' kann, sondern dass er gebunden bleibt an die eigene Erfahrung, wenn nicht sogar an die eigene Persönlichkeit. Der Theoretiker selbst erhebt den Einwand, dass auf dieser Grundlage die Forderung nach Repräsentativität von Figur und Handlung problematisch wird. Denn der „einzelne Fall" könne „niemals die Regel konstituieren" und „ein Menschenleben", sei es auch „noch so folgerichtig mit dem Lauf der Welt in Verbindung gesetzt", bleibe „doch immer nur ein Einzelnes […], an welchem immer nur ein aliquoter Teil des allgemeinen Menschenloses illustriert werden kann" (BT 74). Trotz dieser Bedenken aber lässt er die Auffassung nicht fallen, der Autor habe seinen Helden zu einem allgemeinen Exempel emporzuheben. Wenngleich diese „Rechnung nicht ohne Rest aufgehen, der Beweis nicht ganz erbracht werden" könne, so müsse er doch versuchen, den Rest „auf den möglichst kleinsten Ausdruck" zu bringen und mit dem „einzelne[n] Fall thunlich viel [zu] beweisen" (BT 74). Der Widerspruch zwischen der Akzentuierung der Erfahrungsgebundenheit des literarischen Schaffens auf der einen Seite und der Forderung nach repräsentativen Figuren- und Handlungskonstellationen auf der anderen Seite, der für das idealistische Erzählmodell insgesamt charakteristisch ist (vgl. Kap. 3.3.2), wird in Spielhagens Reflexionen über den Zusammenhang von Held und Autor noch einmal deutlich verschärft.

---

128 Folgerichtig lehnt Spielhagen einen reduktionistischen Biografismus im Umgang mit literarischen Texten ab. Denn „das wirkliche Verhältnis zwischen dem Romandichter und seinem oder seinen diversen Helden [ist] viel zu subtil, viel zu intim […], als daß es bis in seine Wurzel klargelegt werden könnte von uns, den Draußenstehenden, und hätten wir auch das ausführlichste, authentischste biographische Material zur Verfügung" (BT 191). Umso unverständlicher ist das Urteil Hellmanns (1974 [1957], 137), Spielhagen nehme nur den autobiografischen Hintergrund des Kunstwerks in den Blick und verharmlose dadurch das Subjektivitätsproblem.

In seinem Aufsatz über den „Ich-Roman" versucht Spielhagen, die Schritte, die für die Erweiterung des Autor-Ichs zu einer repräsentativen Figur nötig sind, genauer zu beschreiben. Er vergleicht zu diesem Zweck die Konzeption des Romanhelden mit der Anlage der Hauptfigur in einer Autobiografie, wobei er den Unterschied zunächst an den Kriterien der Faktentreue und der ideellen Kohärenz festmacht. Der (Auto)-Biograf sei gebunden an „seine individuellen Schicksale" (BT 181), dürfe nicht fälschen oder über die „ungeheure Masse rein zufälligen, durch das ganze Leben des Betreffenden zerstreuten Details" (BT 182) einfach hinwegsehen. Anders der Romanheld: Die Geschichte des fiktiven Helden sei einmal „durch das Medium der Phantasie gegangen", von „Zufälligkeit, Einseitigkeit, Halbheit befreit, vollkommen seiner eigensten Natur entsprechend, d.h. idealisch geworden", ihm begegne deshalb „ausnahmslos das Rechte am rechten Orte und zur rechten Zeit" (BT 183). Zufriedenstellend ist diese einfache Unterscheidung freilich auch für Spielhagen nicht, denn wie er selber anmerkt, wird auch die Autobiografie „nicht ohne eine stärkere oder schwächere Beteiligung der Phantasie zustanden kommen" (BT 181). Auch der Biograf ordne „die Ereignisse seines Lebens zur bequemsten Uebersicht", beleuchtete sie *sub specie* seiner gereiften Lebensanschauung und Welterfahrung" und nehme ihnen dadurch ihre „realistische Schärfe" (BT 181). Insofern wäre die Verschiedenheit zwischen den Gattungen bestenfalls eine graduelle und keine „fundamentale" (BT 181). Spielhagen holt deshalb weiter aus und erläutert, dass der autobiografische Held und der Romanheld unterschiedliche Persönlichkeitsbegriffe verkörpern. Was eine Person zur autobiografischen Behandlung qualifiziert, ist nach Ansicht des Theoretikers eine gewisse „Einseitigkeit" (BT 183). Diese Einseitigkeit, so Spielhagen, zeigt sich darin, dass der Charakter „gewisse Qualitäten", die „in ihm präponderierten", „zuerst unbewußt, später bewußt [...] kultivierte, sumblimierte, zur höchsten Perfektion brachte" (BT 183–184), indem er

> immer herrischer alle anderen Kräfte seiner Seele und seines Leibes in den Dienst, in die Sklaverei jener Qualitäten stellte; immer mehr seine Existenz mit der Bethätigung derselben identifizierte; immer ausschließlicher das Leben auf die Möglichkeit hin ansah, welche es ihm für diese Bethätigung gewährte. Es ist nicht anders, kann nicht anders sein, und wäre der betreffende autobiographische Held ein Goethe. Auch er, trotz seiner scheinbar unendlichen Vielseitigkeit und Versabilität, hat seine *ruling passion*, der er keineswegs stets hold und gewärtig, aber schließlich immer unterthan und dienstpflichtig ist. (BT 184)

Die Geschichte des autobiografischen Helden entspricht nicht dem Bildungsgedanken, wonach das Individuum aus der anfänglichen Selbstbezüglichkeit allmählich heraustritt und durch den vielseitigen Kontakt mit der Welt die Gesamtheit seiner Anlagen entwickeln kann; eher führt die biografische Entwicklung zu einer Verfestigung und Vertiefung der Einseitigkeit. Was Spielhagen hier mit Blick auf die Autobiografie beschreibt, erinnert an Ludwigs Persönlichkeitsbegriff, der wie gesehen von einer relativen Konstanz des Charakters ausgeht und die oft hinter dem Rücken des Individuums sich geltend machende Prägekraft der charakterlichen Anlagen betont (vgl. Kap. 4.1.2). Die Differenz zwischen beiden Theoretikern liegt darin, dass Ludwig diesen Persönlichkeitsbegriff gattungsübergreifend anwendet, während Spielhagen ein gattungsspezifisches Figurenmodell entfaltet. Denn der Held des Romans muss und – was noch wichtiger ist – kann seiner Ansicht nach von dieser charakterlichen Borniertheit befreit werden. Jene „angeborene persönliche und moralisch vielleicht unendlich wertvolle Einseitigkeit" wird dann „zur Vielseitigkeit, zur Allseitigkeit gebrochen und erweitert [...], weil sonst das Bild der Welt, welches sich in der Seele des Helden spiegeln soll, [...] der Totalität ermangeln würde" (BT 184–185). Die zentrale Romanfigur wird demnach ihrer individuellen Beschränktheit enthoben, und zwar zum einen, indem sie aus ihrer Bindung an spezifische Interessen und Lebenskreise gelöst und in möglichst vielseitigen Kontakt mit der Welt gesetzt wird; zum anderen verliert sie ihre charakterliche Unbeweglichkeit und gewinnt eine „Lenk- und Leitbarkeit" (BT 183), welche die Demonstration eines repräsentativen Entwicklungsgangs zulässt. Spielhagen beruft sich ausdrücklich auf das Figurenkonzept des Bildungsromans, wenn er fordert, den Helden in jungen Jahren darzustellen, wo die „Eindrucksfähigkeit und Versabilität" noch groß sei, während der Mann in reiferen Jahren seine „romanheldenhafte anmutige Schmiegsamkeit und Biegsamkeit" verliere (BT 186).

Spielhagen skizziert also zunächst einen Persönlichkeitsbegriff, der die Inkommensurabilität des einzelnen Charakters und zudem die Persistenz einzelner Charakteranlagen akzentuiert, negiert aber die Bedeutung dieses Konzeptes für die Romanpoetik. Stattdessen geht er von der Möglichkeit eines Läuterungsprozesses aus, bei dem das „alte, erfahrungsmäßige, naive, enge und beschränkte Ich" des Autors in ein „neues, künstlich seiner Beschränkung enthobenes, reflektiertes" (BT 203) umgewandelt wird. Dieser Prozess ist für ihn ein wesentlicher Teil der künstlerischen Arbeit und geht insofern der Darstellung voraus. Pointiert gesagt: Der Roman muss nicht unbedingt eine Bildungsgeschichte erzählen, er hat sie aber zu seiner Voraussetzung. Allerdings deutet Spielhagen auch die Möglichkeit an, dass der Prozess der Selbstüberwindung des Autors im Gang der Handlung gewissermaßen gespiegelt wird. Dazu kommt es etwa, wenn die Ähnlichkeit zwischen Autor und Held im Verlauf der Erzählung abnimmt. Spielhagen analysiert, dass in vielen Romanen zu Beginn eine größere Nähe und Verwandtschaft zwischen beiden Instanzen festzustellen ist als am Ende, wo der Autor „aus den gegebenen Verhältnissen die idealen Konsequenzen zieht, welche das mit unzähligen gleichzeitigen Verpflichtungen überbürdete Leben nicht ziehen kann" (BT 206–207).

Die Bemerkung über die ‚idealen Konsequenzen' lässt darauf schließen, dass für Spielhagen die Umwandlung vom empirischen Autor-Ich zum idealisierten Figuren-Ich mit der Entscheidung für eine geschlossene Handlungsstruktur verbunden ist. Doch zeigen seine Überlegungen auch in dieser Hinsicht ein charakteristisches Schwanken zwischen einander widersprechenden Positionen und Konzepten. Unter Rückgriff auf die Epiktheorie Humboldts und der Schlegels spricht Spielhagen von der „ruhelosen Tendenz nach größtmöglicher Ausdehnung des Horizontes" als einem epischen Fundamentalprinzip (BT 133). Das beständige Fortschreiten der Erzählung leitet er aus der Beschaffenheit der „epischen Phantasie" (BT 133) ab, die auf den Autor „mit der Gewalt einer Naturkraft" (BT 47) wirke. Am Beispiel der Alltagserzählung lasse sich dieser quasi natürliche Ausdehnungstrieb des Erzählens gut beobachten: Wer eine „selbsterlebte Geschichte" erzähle, tue dies meist, ohne „von vornherein einen Standpunkt einzunehmen", von dem aus „das Ganze" übersehen werden könnte; und wenn er glaube, diesen Standpunkt gefunden zu haben, werde er bemerken, dass er „die Sache nicht beim rechten Ende angefangen" habe, dass er weiter ausholen müsse, um „Lücken" zu schließen und „dunkle Punkte" aufzuhellen; deshalb werde er sich notgedrungen dazu entschließen, seine Erzählung weiter auszuführen (BT 45 – 46). Nach dieser Beschreibung gründet der epische Expansionsdrang in dem infiniten Regress der pragmatischen Motivierung. Unmittelbar im Anschluss schlägt Spielhagen dann eine differierende Deutung der epischen Breite vor: Als Grund für die Ausdehnung wird nun genannt, dass die „epische Phantasie" nicht vorrangig den einzelnen Menschen erfasse, „wie er sich in seiner Vereinzelung, als Individuum, in dieser oder jener besonderen Situation" befunden, ihr Objekt sei vielmehr „die Menschheit", zumindest aber „ein Volk", und darum strebe sie danach, diesen gewaltigen Gegenstandsbereich in seiner „Totalität", das heißt möglichst vollständig, darzustellen (BT 48).[129] Diese Erklärung greift auf Vorstellungen des idealistischen Erzählmodells zurück, sie bleibt aber nicht Spielhagens letztes Wort. Im Aufsatz über den „Ich-Roman" führt er die Tendenz zur Grenzenlosigkeit auf einen epistemologischen Fallibilismus zurück. Das Weltbild des Epikers – und zu diesem muss man nach Spielhagen geboren werden (vgl. BT 167) – fuße primär auf Erfahrungswissen, das induktiv aus der Beobachtung einzelner Fälle abgeleitet werde und deshalb mit jeder Erweiterung des Erfahrungshorizontes auch falsifiziert werden könne:

> Der Epiker kann, streng genommen, seinen letzten Schluß niemals ziehen, da derselbe immer auf der Uebereinstimmung aller möglichen Fälle beruhen müßte, und von diesen

---

129 Zum Totalitätsbegriff bei Spielhagen und seinen Wurzeln in der Ästhetik Wilhelm von Humboldts vgl. Rebing (1972, 70 – 105)

möglichen Fällen doch nur immer ein winziger Bruchteil in dem Kreise seines Beobachtungsfeldes liegt; kann niemals, streng genommen, mit seiner Weltanschauung so zu sagen abschließen, sondern muß stets gewärtig sein, daß sich sein Horizont erweitert, und stets bereit, seine Weltanschauung daraufhin zu modifizieren. (BT 168)

Dieser Ansatz scheint geistesgeschichtlich in eine völlig neue Richtung zu weisen. Es ist bezeichnend für Spielhagens gesamte Theorie, dass er hinsichtlich der sich hieraus ergebenden poetologischen Konsequenzen scharf zwischen der ästhetischen Tätigkeit des Autors und den Vorgängen auf der Ebene der dargestellten Welt unterscheidet. Das Offenhalten von Veränderung und Korrektur des eigenen Weltbildes solle demnach tunlichst nicht innerhalb eines Werkes spürbar werden, da sonst Aufbau und Ordnung der Erzählung aus den Fugen gerieten (vgl. BT 169). In der Werkbiografie hingegen dürfe die Notwendigkeit der Selbstkorrektur und das Fehlen eines definitiven Schlussstriches durchaus zum Ausdruck kommen. Denn in jedem einzelnen Roman, so Spielhagen, unternimmt der Künstler einen neuen Versuch, seinem Weltbild „andere und neue Seiten abzugewinnen" (BT 189). Indem er dem ersten Roman, „in welchem er sein Alles gegeben und gesagt zu haben glaubt, einen zweiten anreiht, in welchem er sein Letztes zu geben und zu sagen gedenkt, der wieder einen dritten und vierten u. s. w. notwendig macht", entspricht der Autor in seiner künstlerischen Tätigkeit jener „der epischen Phantasie immanenten ruhelosen Tendenz nach größtmöglicher Ausdehnung des Horizontes" (BT 188). Das epische Expansionsstreben ist also gewissermaßen auf die Ebene des Œuvre gebannt, während im Einzeltext die Forderung nach einer geschlossenen Struktur weiterhin Gültigkeit hat.[130]

In den nach 1870 entstandenen Aufsätzen lässt sich beobachten, dass Spielhagen von anthropologischen und epistemologischen Prämissen ausgeht, die dem idealistischen Erzählmodell eigentlich widersprechen, dass er aber trotzdem weiterhin auf zentrale Begriffe desselben zurückgreift. Er betont auf der einen Seite das Primat der Erfahrung und die Partikularität der menschlichen Existenz und fordert auf der anderen Seite Vollständigkeit und Totalität in der Darstellung sowie die idealisierende Umbildung des Helden zu einem „Repräsentant[en] der ganzen Menschheit" (RS 73). Auffällig ist dabei allerdings, dass sich die für das idealistische Erzählmodell charakteristische Konzentration auf die Handlung und ihre ideelle Gesetzmäßigkeit in Spielhagens späten Texten nicht mehr findet. Es ist nicht die Handlung, an der der Theoretiker die Kohärenz und Geschlossenheit der Erzählung festmacht; es ist die Figur des Helden. Eine ähnliche Schwerpunktverlagerung von der Handlung auf die Charaktere konnte

---

130 Spielhagen thematisiert damit als einer der ersten Erzähltheoretiker das Konzept des Œuvre-Autors. Zu diesem Begriff vgl. Schmid (2009a, 167).

auch für die *Romanstudien* festgestellt werden; nur beschäftigt Ludwig hauptsächlich die Frage, wie die Erzählung durch das Auslebenlassen der Charaktere, das heißt die Darstellung ihrer alltäglichen Handlungsroutinen, an Kontur und Geschlossenheit gewinnt. Spielhagen hingegen leitet die narrative Kohärenz aus der Einheitlichkeit der figuralen Perspektive ab. „Der Held", schreibt er, „ist nämlich gewissermaßen das Auge, durch welches der Autor die Welt sieht, in diesem Roman wenigstens, in diesem Stadium seiner Entwicklung wenigstens", er ist „der Gesichtswinkel, unter welchen uns der Autor das Stück Menschentreiben, das er aus dem Ganzen ausschneidet, gerückt hat" (BT 72).

Auch für Spielhagen ist der Protagonist der Erzählung also eine Art von Erlebnismedium; die entscheidende Differenz zum Konzept des mittleren Helden, wie es Alexis und Ludwig entwerfen, liegt darin, dass Spielhagen die Funktion des Helden produktionsästhetisch definiert anstatt rezeptionsästhetisch: Er ist das Auge des Autors und nicht des Lesers. Von ihm aus wird die narrative Welt überhaupt entworfen (vgl. BT 71), er ist ihr Gravitationszentrum, er gibt den „Maßstab" (BT 72) vor und garantiert so die „Kongruenz der Teile und damit die Harmonie des Ganzen" (BT 73).[131] Für Spielhagen dient der Held nicht dazu, die erzählte Welt dem Leser zu einem Erfahrungsraum werden zu lassen; er ist vielmehr das Produkt bereits (vom Autor) getätigter Erfahrungen, die nun geordnet und in ihrer Genese vor dem Leser ausgebreitet werden. Während Ludwig ein Wechsel des Erlebnismediums für möglich und sogar wünschenswert hält, weil es ihm um die Einbeziehung des Rezipienten in die Erzählwelt geht und diese Aufgabe verschiedene Figuren erfüllen können (vgl. Kap. 4.1.6.1), lehnt Spielhagen einen solchen Perspektivwechsel konsequent ab, da seiner Meinung nach der Erfahrungsprozess des Helden Zentrum und Rückgrat der gesamten Erzählung ist und deshalb das Erfahrungsmedium nicht beliebig ausgetauscht werden kann (vgl. BT 80).[132]

---

131 „Mit ihm [d.i. dem Helden] fängt der Roman an, mit ihm endet er. [...] Er ist das Centrum, welchem innerhalb der Peripherie alles zustrebt; er ist auch der Radius, welcher den Umfang der Peripherie bestimmt. Wer und was nicht mit dem Helden in irgend einem Zusammenhange steht, gehört nicht in den Roman, und dieser Zusammenhang darf nicht zu entfernt sein, oder der Roman verliert in dem Maße der Entfernung an Übersichtlichkeit und mit der Übersichtlichkeit an Schönheit" (Spielhagen 1898, 213).

132 Es wäre zu diskutieren, ob in dieser strengen Beschränkung auf eine figurale Perspektive das vorausweisende, moderne Moment von Spielhagens Erzählpoetik gesehen werden kann. Wenn jedenfalls Wilhelm Scherer in seiner kritischen Besprechung von Spielhagens theoretischen und literarischen Schriften moniert, durch die perspektivische Beschränkung stelle sich ein „düstere[r], enge[r] Gesamteindruck" (Scherer 1879b, 156) ein, dann liest sich dies rückblickend eher als ein Lob und ein Indiz für die Modernität des Autors.

Eben diese Kritik steht im Mittelpunkt von Spielhagens Auseinandersetzung mit George Eliots *Middlemarch* (1871–1872), die er 1874 unter dem Titel „Der Held im Roman" veröffentlicht. Der Text ist für den vorliegenden Zusammenhang besonders interessant, weil er nicht nur Spielhagens Position verdeutlicht, sondern kontrastiv dazu auch die Grundzüge einer alternativen Erzählpoetik aufzeigt, die wiederum Ludwigs theoretischen Vorstellungen nahekommt.

4.2.2.3 Der überwucherte Held oder „Einheits-" vs. „Vielheits-Roman"

In seinem Aufsatz übt Spielhagen eine harsche, bisweilen fast aggressive Kritik an Eliots Roman. Dabei ist es seiner Meinung nach nicht ein Mangel, sondern gerade der Überfluss an Erzähltalent bei der Autorin, der den Text problematisch macht. Jene Expansionstendenz der epischen Phantasie kommt Spielhagen zufolge darin gewissermaßen ungebremst zur Wirkung und überschwemmt förmlich die Heldin. Nach seinen Begriffen aber geht damit der Maßstab des gesamten Werks verloren und es öffnet sich die „Schranke gegen das Hereinbrechen des Unorganischen, des Grenzenlosen" (BT 73). Mag man also auch die erzählerische Kraft der Autorin noch so sehr bewundern, als Kunstwerk ist der Roman für Spielhagen verloren. Dass er ihn als „ein (im ästhetischen Sinne) [...] barbarisches Werk" (BT 99) bezeichnet und der Autorin Disziplinlosigkeit vorwirft, hat ihm später oft zum Nachteil gereicht und das Bild eines engstirnigen Prinzipienreiters bekräftigt (vgl. Schneider 2005, 104–107; Sammons 2004, 57). Sieht man von dieser einseitigen Wertung ab, wird seine Analyse der Romanstruktur aber durchaus gerecht. Spielhagen erfasst präzise, in welchen Aspekten Eliots Werk seinen eigenen poetologischen Vorstellungen widerspricht. Doch kann er darin keine berechtigte Alternative, sondern nur eine Depravation der Erzählkunst erkennen.

Kernpunkt seiner Argumentation ist das Verhältnis der Heldin zu ihrer Umwelt. Im ersten Teil des Romans, analysiert Spielhagen, erscheint die Protagonistin, Dorothea Brooke, noch als „der Mittelpunkt der kleinen Welt, an die sie das Schicksal gekettet hat, wie den Prometheus an den Felsen" (BT 79). Die Heldin ist der Mittelpunkt, aber sie hebt sich von ihrer Umgebung ab und steht ihr letztlich antagonistisch gegenüber: „Diese Welt" ist der „(ästhetisch) notwendige Hintergrund für die Gestalt der Heldin, der dumpfe hölzerne Resonanzboden gleichsam, über welchem die zarten Saiten ihrer Seele doppelt schmerzlich erklingen mußten" (BT 79). Spielhagen zeichnet hier in Grundrissen ein idealistisches Figurenkonzept: Das Individuum ist zwar von seinem unmittelbaren sozialen Umfeld bestimmt, bewahrt sich aber einen humanen, allgemeinmenschlichen Kern, ein Bewusstsein seiner inneren Autonomie, die es dann doch über das gesellschaftlich Vorgegebene emporhebt. Die Idee des Romans ist für ihn deshalb der „Kampf der borniertem Krähwinkelei und des herzlosen Philistertums gegen die Hochherzigkeit eines edlen Weibes" (BT 85). An diesem Figurenkonzept und dem damit verknüpften Handlungsschema gemessen muss die Kompositionsweise des Romans unbefriedigend erscheinen. Denn im Laufe der Erzählung verschieben sich, wie Spielhagen präzise konstatiert, die Verhältnisse von Vorder- und Hintergrund zuungunsten der Heldin: „[D]er Hintergrund mußte Hintergrund bleiben, sollte nicht der Gesichtswinkel verschoben, die Perspektive verrückt, der Plan durchkreuzt, der Hintergrund schließlich zum Vordergrund, und die Gestalt der Heldin um ihre Würde und Bedeutung gebracht werden" (BT 79 – 80). Korrekterweise trage der Roman deshalb auch den Titel „Middlemarch" und nicht „Dorothea Brooke"; besser noch, setzt Spielhagen polemisch hinzu, hätte er heißen sollen: „Middlemarch und diverse umliegende Dörfer" (BT 80). Offensichtlich kann der Theoretiker wenig Verständnis für die Gewichtsverlagerung aufbringen, die Eliots Roman charakterisiert, und zwar nicht aufgrund mangelnder Einsicht und Engstirnigkeit, sondern weil die Kompositionsweise seinen Vorstellungen von der Anlage und Funktion des epischen Helden entgegenläuft. Für ihn steht fest, dass im Zentrum des Romans allein der handelnde Mensch zu stehen hat, wohingegen die Schilderung des sozial-kulturellen Raumes, in dem er sich bewegt, nur der präziseren Motivierung der Handlungen dienen sollte. Es sei eine „Pflicht" des Autors, diese „Welt des Detail" darzustellen, um die Figuren und ihre Absichten umfassend profilieren zu können; Eliot aber mache aus der Pflicht eine „Lust" (BT 81). Diese „wunderliche Welt sonderbarer Geschöpfe mit allen ihren Gattungen und den Species und Variationen dieser Gattungen", die sie nicht müde werde zu schildern, sei bei ihr zum Selbstzweck geworden (BT 81). Sie gewinnt mit anderen Worten an Dominanz gegenüber dem Individuum und dies nicht in dem Sinn, dass die „Masse von Zwergen" mit ihren „Zwergtugenden" (BT 81) den bedeutenden Einzelnen erstickt – eine solche Konfliktkonstellation hätte Spielhagens Interpretation des Ideengehalts von Eliots Roman durchaus entsprochen. Das Hervortreten von Detail und Umwelt rührt aber laut Spielhagen in diesem Text daher, dass die Grenzen zwischen Zwergen und Riesen, Vorder- und Hintergrund, Individuum und Lebenswelt zu verschwimmen beginnen. Das „provincial life", das der Roman laut Untertitel zu studieren unternimmt, reicht so tief in die Persönlichkeitsstruktur auch und gerade der Zentralfiguren, dass eine konfliktäre Gegenüberstellung beider Pole nicht mehr möglich ist.

Spielhagen teilt diesen Persönlichkeitsbegriff nicht und er hat deshalb auch ein andere Auffassung davon, wie das Verhältnis zwischen Held und Umwelt im Roman beschaffen sein sollte. Was er nur mit ablehnender Geste beschreibt, wird von anderen Kritikern und Theoretikern der Zeit hingegen explizit begrüßt. Zu diesen Befürwortern zählt Wilhelm Scherer, der in einer Kritik von Eliots letztem Roman, *Daniel Deronda* (1876), auch auf *Middlemarch* (1871–1872) eingeht und zu Spielhagens Einwänden Stellung bezieht. Anders als dieser geht Scherer davon aus, dass Eliot die lose Kompositionsweise ganz bewusst gewählt habe, weil sie dem zentralen Anliegen ihres Romans entspreche: eine „Anatomie und Physiologie der Provinz" zu geben (Scherer 1877, 248). Das „Problem", dem das Erzählinteresse gelte, sei nicht in der Heldin, sondern in den „regelmäßigen Lebenserscheinungen der Provinz" zu suchen (Scherer 1877, 248). Scherer analysiert, dass der Roman weniger den Kampf des Individuums mit einer feindlichen Umwelt schildert als das langsame Versinken im Sumpf des Alltags. Der Mensch, der „etwas Besonderes sein will", wird „gewöhnlich", gibt seine Ideale auf und „kommt innerlich herunter" (Scherer 1877, 240–241). Zwar klingt hier noch ein idealistischer Akzent an – die Vorstellung nämlich, dass mit dem Gewöhnlich-Werden der beste Teil des Menschen, sein Streben nach Idealen, verloren geht –, doch gesteht Scherer der Autorin grundsätzlich das Recht zu, den Fokus der Darstellung nicht auf die Auseinandersetzung der Heldin mit dem Alltag zu legen, sondern den Alltag gewissermaßen selbst zum Helden zu erheben. Seine Beschreibung erinnert stark an Ludwigs Formulierung, der Romanautor müsse „das Reich der Alltäglichkeit in seiner Unbestrittenheit" zeigen (RS 564). Ob Ludwig die Erzählstruktur in *Middlemarch* als Bestätigung seiner theoretischen Überlegungen angesehen hätte, bleibt bedauerlicherweise reine Spekulation, da Eliots Hauptwerk erst einige Jahre nach seinem Tod erschien. Allerdings enthalten die *Romanstudien*, wie bereits erwähnt, eine kurze Besprechung von Eliots *Die Mühle am Floss* (1860), in der ähnliche Kompositionsprinzipien analysiert und gewürdigt werden. Zunächst konstatiert Ludwig in dem Text einen Wandel der Ereignishaftigkeit, denn statt von „ungewöhnlichen Erlebnissen" erzähle Eliot von „ganz gewöhnliche[n] Menschen", „die ein ganz gewöhnliches Ereignis auf ganz gewöhnliche Weise erleben" (RS 628). Dadurch erwecke der Roman den Eindruck fehlender kompositorischer Geschlossenheit, tatsächlich aber würden nur andere Kompositionsstrategien greifen, die die Aufmerksamkeit des Lesers von der Handlung und den Ereignissen auf die Gegenstände selbst und die Figuren lenkten. Ausdrücklich lobt der Theoretiker Eliots Kunst der Charakteristik, die er sogar noch über die von Dickens stellt, und die Selbstständigkeit der Figuren, von denen keine als „bloße Charge" auftauche (RS 628). Was Spielhagen an Eliots späterem Roman zum Teil heftig kritisiert, nämlich den Verlust der Vorrangstellung des Helden beziehungsweise der Heldin, die Dominanz des Details über die Handlung sowie das Aufgehen des Einzelnen in seiner Lebenswelt, wird von Ludwig mit Bezug auf *Die Mühle am Floss* gerade im Gegenteil als Vorzug des Textes dargestellt.

Die unterschiedliche Bewertung von Eliots Erzählungen muss im Kontext einer allgemeinen Debatte um die Funktion des Helden im Roman und die Struktur der epischen Handlung gesehen werden. Während einige Theoretiker, wie Spielhagen, an den diesbezüglichen Vorstellungen des idealistischen Erzählmodells festhalten, argumentieren Theoretiker wie Scherer und Ludwig für die ästhetische Anerkennung eines Erzählens, dessen Schwerpunkt nicht auf einer einzelnen, herausragenden Figur und auch nicht auf einem zentralen Konflikt liegt. Ein weiteres Zeugnis dieser Debatte bietet die Entstehungs- und Rezeptionsgeschichte von Theodor Fontanes Debütroman *Vor dem Sturm* (1878). Anhand von brieflichen Zeugnissen aus der Entstehungszeit dieses Romans ist nachzuvollziehen, wie sich Fontanes poetologische Auffassungen wandeln und er sich langsam vom Handlungskonzept des idealistischen Erzählmodells löst. In seiner ersten Freytag-Rezension von 1855 hatte er noch die geschlossene Handlungsstruktur von *Soll und Haben* (1855) gelobt und explizit hervorgehoben, dass sich das Werk in seiner straffen Komposition wohltuend von der „Formlosigkeit des englischen Romans" – Dickens und Thackeray werden als Beispiele genannt – unterscheide (Fontane 1969, 296). Diesen Autoren, so lautet der Vorwurf des jungen Rezensenten, fehle Wille und Disziplin, eine in sich strukturierte und geschlossene Handlung zu entwerfen, sie

> ,spinnen ihren Faden', wie der charakteristische Ausdruck lautet, und ziehen allerhand echte und unechte Perlen an demselben auf. Wenn der Faden eine beliebige Länge erreicht hat, so denkt entweder Publikum und Verleger oder im günstigsten Fall auch der Schriftsteller daran, daß es Zeit sei, abzuschließen. Er bindet die beiden Enden des Fadens rasch zusammen und nennt das Abrundung und Abschluß. (Fontane 1969, 296)

In Freytags Werk sieht Fontane das genaue Gegenteil verwirklicht. Es sei keineswegs „leicht und heiter hingeschrieben, sondern vielmehr *ernstlich aufgebaut*", es gebe darin „keine Episoden und Abschweifungen" und „nirgends überflüssige Personen"; kurzum, alles sei „organisch [...] ineinandergefügt" (Fontane 1969, 296–297). Besondere Erwähnung findet die Anlehnung an die kompositorische Stringenz des Dramas. Nach Fontanes Analyse kann der Roman als die Verschmelzung dreier Dramen angesehen werden, die jeweils eine eigene Figur zum „Mittelpunkt" hätten und von denen wiederum das „Schauspiel" mit dem Titel ‚Anton Wohlfahrt' das Zentrum des ganzen Werkes darstelle (1969, 297). Die Handlungsstruktur folge also klaren Bedeutungshierarchien, das erzählte Geschehen sei auf einen Mittelpunkt, die zentrale Figur und die *„Idee"* des Werkes, die „Verherrlichung des *Bürgertums*", ausgerichtet (Fontane 1969, 302). Doch nicht nur jede der Figuren, auch jedes Detail hat nach Ansicht des Rezensenten eine klare Funktion im Textgefüge. Fontane weist auf den versierten Einsatz der ästhetischen Motivierung hin, worin ihm Freytag freilich fast schon etwa „zu weit geht": „Da wird im ersten Bande kein Nagel eingeschlagen, an dem im dritten Bande nicht irgend etwas, sei es ein Rock oder ein Mensch aufgehängt würde" (Fontane 1969, 298).

Diese günstige Einschätzung von Freytags *Soll und Haben* beruht auf der Präferenz geschlossener Erzählformen, zentraler Heldenfiguren und einer klar konturierten, am Drama orientierten Handlungsstruktur.[133] Mit der Arbeit an seinem eigenen Roman *Vor dem Sturm* rückt Fontane jedoch zunehmend von diesen Vorstellungen ab; zumindest machen die Kommentare zum Schaffen deutlich, dass seine eigenen Darstellungsabsichten mit den in der Freytag-Rezension vertretenen Ansichten zur Kohärenz und Struktur der Romanhandlung nicht in Einklang zu bringen sind. In dem wichtigen Brief an Wilhelm Hertz vom 17. Juni 1866 geht Fontane ausführlich auf seine Intentionen ein:

> Ohne Mord und Brand und große Leidenschaftsgeschichten, hab ich mir einfach vorgesetzt eine große Anzahl märkischer (d.h. *deutsch-wendischer*, denn hierin liegt ihre Eigenthümlichkeit) Figuren aus dem Winter 12 auf 13 vorzuführen [...]. Es war mir nicht um Conflikte zu thun, sondern um Schilderung davon, wie das große Fühlen das damals geboren wurde, die verschiedenartigsten Menschen vorfand und wie es auf sie wirkte. Es ist das Eintreten einer großen Idee, eines großen Moments in an und für sich sehr einfache Lebenskreise. Ich beabsichtige nicht zu erschüttern, kaum stark zu fesseln, nur liebenswürdige Gestalten, die durch einen historischen Hintergrund gehoben werden, sollen den Leser unterhalten, wo möglich schließlich seine Liebe gewinnen; aber ohne allen Lärm und Eclat. (Fontane 1979, 163).

Fontane plädiert in diesen Zeilen für eine radikale Reduktion der Ereignishaftigkeit. Doch ist es offensichtlich nicht das intellektuelle Distinktionsbedürfnis gegenüber der Sensationsgier eines bloß konsumierenden Publikums, das hinter diesem Anliegen steht; die Einbindung und Unterhaltung des Rezipienten wird im Gegenteil zu einem wichtigen poetologischen Faktor erhoben. Entscheidend für den Verzicht auf ‚Conflikte' und bedeutende Handlungen ist vielmehr, dass eine Ebene der historischen Entwicklung in den Blick genommen wird, die den großen Taten zugrunde oder in diesem Fall: voraus liegt. Fontane spricht zwar noch von einer „Idee" (und denkt dabei wahrscheinlich an die Vorstellung vom Volksaufstand und nationalen Befreiungskrieg), aber nicht die ideelle geschichtliche Bewegung an sich soll Gegenstand der Darstellung werden, sondern der mentalitätsgeschichtliche Boden, aus dem sie erst hervorgeht. Der Romancier wendet seine Aufmerksamkeit mit anderen Worten den untergründig wirksamen kollek-

---

[133] In der Rezension von 1855 findet sich also in der Tat jene Tendenz, dramatische Kompositionsprinzipien auf den Roman zu übertragen, an der Widhammer (1972, 143–145) und Plumpe (2005 [1985], 34) die klassizistische und idealistische Ausrichtung der realistischen Literaturtheorie festmachen. Diese Deutung fokussiert allerdings nur eine Seite der poetologischen Diskussion, alternative Ansätze, wie sie sich zum Beispiel den späteren theoretischen Äußerungen Fontanes entnehmen lassen, bleiben hingegen unberücksichtigt.

tiven Einstellungen ('das große Fühlen') zu, die den Handelnden meist nicht vor Augen stehen und die deshalb ebenso wenig reflektiert werden wie die Wirkungen angelebter sozialer und ethnischer Dispositionen ('deutsch-wendisch').

Der historische Roman im Sinne Fontanes erzählt, um eine Formulierung des Historikers Gustav Droysen (1977, 234) aufzugreifen, von einem „stille[n] Geschehen". Die Kompositionsform, in der dies möglich wird, überschreitet die Konzepte des idealistischen Erzählmodells. Die zeitgenössische Kritik reagiert auf die spezifische Struktur des Romans deshalb mit wenig Verständnis. „Wenn es Aufgabe des Epos ist", schreibt der Rezensent Friedrich Karl Schubert in den *Blättern für literarische Unterhaltung*, „eine fortschreitende bedeutsame Handlung zu erzählen und in ihren Hauptträgern psychologisch zu begründen, so erfüllt der vorliegende vierbändige Roman dieselbe nur zum Theil" (zit. n. Fontane 2011, 422). Was dem Autor das eigentliche Ereignis hätte sein sollen, bleibe außerhalb des Romans: „An der Schwelle des Sturmes der Befreiungskriege unternimmt es der Dichter, uns für die vorhergehende Windstille zu interessiren. Der Leser befindet sich da beinahe in der Lage einer tanzlustigen Schönen, die vor dem Balle noch ein Concert anhören muß" (zit. n. Fontane 2011, 423). Was Fontane in den Vordergrund hebe – „naturgetreue Einzelbilder", „Beschreibung von Oertlichkeiten", den „photographisch genaue[n] Bericht" über „Leute, Cultur und Sitte" –, dürfe eigentlich nur das Beiwerk oder den Hintergrund der eigentlichen Handlung abgeben, weil es im Ganzen vielleicht von „culturhistorischem Werth", aber von untergeordnetem literarischen Interesse sei (zit. n. Fontane 2011, 423). Demgegenüber legen Fontanes eigene Kommentare jedoch nahe, dass es ihm nicht auf die kulturhistorische Bebilderung eines Geschehens, sondern auf die Verlebendigung einer „Gesinnung" (an W. Hertz am 1. Dez. 1878. Fontane 1979, 637), das heißt die Evokation einer historisch fixierbaren Lebens- und Denkweise, ankommt. Die Kompositionsstruktur des Romans ist deshalb gerade darauf ausgelegt, beim Leser das Gefühl einer gewissen Banalität und Eintönigkeit der Vorgänge hervorzurufen, denn die Wirksamkeit des Alltäglichen in der Geschichte ist der Gegenstand des Erzählinteresses. Wiederholung und Variation bekannter Konstellationen werden zu den tragenden Strukturprinzipien der Handlung. Allerdings fällt es auch wohlgesonnenen Kritikern schwer, die Legitimität dieser seriellen Erzählverfahren anzuerkennen. Julius Rodenberg, der Fontanes Werk öffentlich durchaus lobt, berichtet in seinem Tagebuch vom „negative[n] Vergnügen" der Romanlektüre: „Es ist so unglaublich dumm und albern [....]; ich frage mich immer: Was wird nun kommen? Werden sie wieder über Land fahren (mit den Ponies)? Werden sie sich wieder zu Tisch setzen? Werden sie wieder schlafen gehen? Das ist die beständige Runde, die [sich] statt durch 4 Bände durch vierzig fortsetzen könnte" (zit. n. Fontane 2011, 427). In der publizierten Buchbesprechung verzichtet Rodenberg auf eine derartige Fundamentalkritik und kommt zu einem insgesamt günstigen Urteil über den Roman. Doch trifft man auch hier auf Spuren des Unverständnisses, die zuweilen an Spielhagens *Middlemarch*-Kritik erinnern. So bemängelt Rodenberg, Fontane differenziere nicht deutlich genug zwischen Haupt- und Nebenfiguren, so dass „Vorder- und Hintergrund [...] nicht immer die richtige Perspective" zeigten (zit. n. Fontane 2011, 426).[134]

---

134 In dieser Hinsicht werden Parallelen in der Rezeption von Fontanes Debütroman und Stifters *Der Nachsommer* (1857) erkennbar, dem die Kritik ebenfalls eine falsche Perspektivierung vorwirft. Dieses Argument bemüht jedenfalls Julian Schmidt in seiner Rezension von Stifters Roman, wobei er sich auf das Interesse des Autors am Kleinen und scheinbar Nebensächlichen bezieht. Großes und Kleines, so Schmidt, sei wohl von einer göttlichen Perspektive aus betrachtet gleich bedeutend, Stifter aber vergesse, dass sein Publikum nicht Gott sei (1858, 167). Deshalb sei es falsch, „das Unbedeutende und Gleichgiltige mit derselben Wichtigkeit wie das Große" zu behandeln, legitim sei das „Detailliren" nur, „wenn es einem bestimmten psychologischen Zweck dient, wenn es einer Stimmung den entsprechenden Ausdruck gibt" (Schmidt 1858, 167). Schmidt stützt sich auf ein traditionelles Handlungskonzept, das eine klare Unterscheidung zwischen Vordergrund und Hintergrund, Ereignis und Detail, einmaliger und routinierter Handlung vorsieht. Stifters *Der Nachsommer* und später Fontanes *Vor dem Sturm*, aber auch Ludwigs erzähltheoretische Analysen widersprechen nicht grundsätzlich dieser Differenzierung, wohl aber der damit verbundenen Hierarchisierung. Schmidt erkennt nicht, dass Stifter dem Detail und dem Kleinen nicht deshalb so viel Aufmerksamkeit schenkt, weil er eine gottgleiche Perspektive einnimmt, von der aus alle Unterschiede verschwimmen, sondern weil er der Überzeugung ist, dass die Wirkung langfristiger Entwicklungen nicht in einzelnen Ereignissen sichtbar wird, sondern nur oder zumindest besser in den kleinen, wiederkehrenden, unauffälligen Handlungen und Vorgängen. Schmidts ästhetischer Konservatismus und seine Distanz zu Ludwigs Erzähltheorie werden in dieser Rezension noch an einer anderen Stelle deutlich. Zu Beginn des Textes bekräftigt Schmidt (darin noch mit Ludwig übereinstimmend) die Bedeutung spannungserzeugender Erzählverfahren. Anders als Ludwig aber kennt er nur eine Spannung aus Teilnahme, die auf den Ausgang einer konfliktären Handlung gerichtet ist: „Ein Roman als solcher interessirt uns nur dann, wenn uns zu Anfang die Personen und Zustände so bestimmt charakterisirt werden, daß wir Theilnahme für sie empfinden und etwas Näheres von ihnen zu erfahren wünschen; wenn dann die Berührung derselben Conflicte nach sich zieht, auf deren Lösung wir begierig sind, wenn wir dem Dichter mit der Empfindung dessen, was kommen muß, vorauseilen, und doch durch den Eintritt desselben angenehm überrascht werden, weil die Wirklichkeit, wie sie der Dichter zu schaffen weiß, mit größerer Macht auf unsere Einbildungskraft eindringt, als unser Vorgefühl" (Schmidt 1858, 161–162). Eine Spannung des Anfangs und der Neugier, die sich statt auf den Ausgang der Handlung zum Beispiel auf die Enthüllung der Identität einer Figur richtet, kennt Schmidt nicht oder er sieht sie nur als eine Vorbedingung der Spannung aus Teilnahme an. Gerade dieser Spannungstyp aber ist für Stifters Roman von großer struktureller Bedeutung, wohingegen die traditionellere, auf die Handlung bezogene Spannungserzeugung konsequent vermieden wird, wie Schmidt dann auch feststellt: „Von diesen Gesetzen, die man nur aussprechen darf, um sie sofort als richtig zu empfinden, ist bei Stifter keines beobachtet" (Schmidt 1858, 162).

Fontane selbst reflektiert die Besonderheiten der Romanstruktur in ihrer Differenz zum etablierten Gattungsverständnis. In einem Brief an Paul Heyse vom 9. Dezember 1878 entfaltet er die in diesem Kontext bemerkenswerte typologische Unterscheidung von „Einheits-Roman" und „Vielheits-Roman" (Fontane 1979, 639). Zunächst hält er fest, dass das „größre dramatische Interesse" den „Erzählungen ‚mit *einem* Helden'", das heißt dem Einheits-Roman, vorbehalten bleibe (Fontane 1979, 639). Trotzdem, so Fontane weiter, werde „der Vielheits-Roman, mit all seinen Breiten und Hindernissen, mit seinen Portraitmassen und Episoden, [...] sich dem Einheits-Roman ebenbürtig – nicht an Wirkung aber an Kunst – an die Seite stellen können" (1979, 639). Die schwächere Wirkung des Vielheits-Romans spricht also nicht gegen seine künstlerische Berechtigung; das Interesse ist nur weniger ‚dramatisch', das heißt es richtet sich weniger auf eine einzelne, herausragende Handlung oder das Schicksal eines einzelnen Akteurs. Damit widerspricht Fontane zugleich der Ansicht, dieser Romantyp sei lediglich eine panoramatische Aufschwemmung einer Handlung und erschöpfe sich in der Aneinanderreihung von Charakteristiken und Episoden. Ihm zufolge geht nicht darum, ein möglichst breites und facettenreiches Zeitbild zu geben, sondern den Leser in ein regional und historisch begrenztes Handlungs- und Lebensumfeld gleichsam einzugewöhnen. Vielheit in Fontanes Sinn bedeutet nicht, dass der Roman nur eine Vielzahl von Hauptfiguren vorführt und eine Reihe separater Geschichten daran knüpft. Die im Brief an Hertz vom 17. Juni 1866 artikulierte Forderung, der Roman müsse „Vordergrunds- und Mittelgrunds- und Hintergrunds-Figuren haben" und es sei ein Fehler, „*alles* in das volle Licht des Vordergrundes" zu rücken (1979, 162), bleibt für Fontane weiterhin gültig.[135] Sein Interesse wendet sich zwar immer mehr den Mittel- und Hintergrundfiguren zu, aber sie müssen solche bleiben, das heißt, sie dürfen nicht primär als Handlungsträger in Erscheinung treten. Denn die „Gesinnung" (1979, 637), um deren Darstellung es Fontane geht, kommt weniger in einzelnen Handlungen als in den wiederkehrenden, habitualisierten Verhaltensweisen der Figuren zum Ausdruck. Gerade weil sie Mittelgrund- und Hintergrund-Figuren bleiben, gerade weil sie kaum in den Funktionszusammenhang einer Handlung eingebunden werden, kommt ihnen also eine erhöhte Aufmerksamkeit zu.

Ein anderes aussagekräftiges Zeugnis für den Wandel in Fontanes Poetik bietet die Rezension zu Herman Grimms Roman *Unüberwindliche Mächte* (1867). Darin vertritt Fontane die Ansicht, dass ein dreibändiger Roman „niemals eine

---

135 Es muss hinzugefügt werden, dass Fontane sich dabei auf ein Gespräch mit Hertz über sein Romanprojekt bezieht, worin dieser ihm offenbar eine stärkere Trennung zwischen Vorder- und Hintergrund nahegelegt hatte. Die Forderung geht also nicht auf Fontane selbst zurück, gleichwohl übernimmt er sie und stimmt ihr in seinem Schreiben an Hertz ausdrücklich zu.

aufgerichtete, ausschließliche Porträtstatue" des Helden darstelle, sondern vielmehr jenen Bildwerken vergleichbar sei, bei denen es „zweifelhaft bleibt, ob das aufgerichtete Porträt oder die *Basisreliefs* die Hauptsache sind" (1969, 382). Ähnlich wie später bei den Romanen Zolas lobt Fontane auch hier die ausgezeichnete Charakteristik der „Mittel- und Hintergrundsfiguren" (1969, 382) und unterstreicht damit ihre – von ihrer Stellung im Handlungsgefüge unabhängige – Relevanz für die Erzählung. Bemerkenswert ist die Rezension darüber hinaus, weil in ihr die Funktion des Dialogs thematisiert wird. Die „eigentliche Bedeutung dieses Romans", schreibt Fontane, bilde, „von der Fabel der Erzählung abgesehen, sein *geistiger Inhalt*" und dieser sei in erster Linie in den „Gespräche[n]" und im „Dialog" (1969, 382–383) zu suchen. Nicht die ‚Fabel' ist mit anderen Worten der eigentliche Träger des ‚geistigen Inhalts' und der Dialog dient nicht nur der Handlungsentfaltung. Ganz ähnlich urteilt Fontane in seinem Brief an Hertz vom 17. Juni 1866 über seinen eigenen, im Entstehen begriffenen Roman *Vor dem Sturm*. Die „Hauptsache an dem Buch", schreibt er an Hertz, seien „[a]nregendes, heitres, wenns sein kann geistvolles Geplauder" und „eine gewisse Eleganz des Vortrags" (1979, 163).[136] Der Begriff des Geplauders, von dem Fontane hier Gebrauch macht, nimmt in seiner Poetik insgesamt eine zentrale Stellung ein. Seine Bedeutung liegt nicht zuletzt darin, dass er sich sowohl auf die Ebene der *histoire* als auch auf den *discours* beziehen lässt, das heißt gleichermaßen die Art und Weise der Gesprächsführung der Figuren wie den Vortrag des Erzählers beschreiben kann. In diesem Begriff treffen sich daher Fontanes Überlegungen zur Struktur der Handlung und seine Ansichten über die Rolle des Erzählers.

4.2.3 Erzählen als Gesellschaftserlebnis

4.2.3.1 Subversives Geplauder. Fontanes Erzählerideal

In einem 1968 erschienenen Aufsatz untersucht David Turner die Geltung von Spielhagens Objektivitätsideal für die Poetik Fontanes und kommt dabei zu einem ambivalenten Ergebnis. An den Manuskripten des Debütromans *Vor dem Sturm* (1878) stellt er zunächst fest, dass Fontane in seinen Überarbeitungen die Passagen, in denen sich der Erzähler überdeutlich artikuliert, immer weiter reduziert. Daraus schließt Turner auf ein instinktives Entgegenkommen des Romanciers an die Forderungen Spielhagens, die er auch später im Grundsatz, aber nicht als

---

136 Mittenzwei (1974 [1968], 288) verweist auf vergleichbare Äußerungen Fontanes zu seinen späteren Texten und stellt einen Bezug her zu Flauberts Idee eines „livre sur rien", das auf eine Handlung im eigentlichen Sinn weitgehend verzichtet und stattdessen die formalen Beziehungen und die Architektur der Sprache zum Erzählinhalt macht.

Dogma anerkannt habe (1968, 266–275). Nun richtet Turner seinen Blick auf die späteren Texte des Autors und stößt dabei auf einen doch überraschenden Befund. Man habe erwarten können, dass Fontane hier ähnlich verfahren sei, das heißt „seiner angeborenen Neigung" folgend zunächst eine „ziemlich vordergründige und geschwätzige Erzählerrolle" gestaltet und dann in der Bearbeitung „diese Rolle allmählich weggefeilt" habe (Turner 1968, 275). Das sei aber keineswegs der Fall. Der „weitaus größte Teil der diesbezüglichen Korrekturen hat vielmehr die Tendenz, die Persönlichkeit des Erzählers und sein Verhältnis zum Leser hervorzuheben" (Turner 1968, 275). Allerdings geschehe dies nicht über ein offensichtliches Hervortreten des Erzählers, etwa in umfangreichen Kommentaren, sondern eher auf eine subtile Art und Weise durch die Hinzufügung von Pronomen („wir', „unser' etc.) oder kleinen adverbialen Ausdrücken („freilich', „allerdings', „in der Tat' etc.), die in den Erzählfluss integriert würden (Turner 1968, 276). Wie also steht Fontane nun zur Objektivitätsforderung? Vor dem Hintergrund von Turners Beobachtungen stellt sich die Frage, ob für den Romancier nun das Bemühen um eine Neutralisierung oder doch die unscheinbare Akzentuierung der Erzählinstanz charakteristisch ist.

Fontanes Unentschiedenheit in Fragen der erzählerischen Objektivität lässt sich drei Bemerkungen entnehmen, die seine Auseinandersetzung mit diesem Thema über einen Zeitraum von rund vierzig Jahren dokumentieren. In seiner ersten Freytag-Rezension von 1855 heißt es, der Erzähler solle sich nicht „outrieren" und man dürfe die „Hände des Puppenspielers nicht sehen" (Fontane 1969, 301–302). In einem Brief an Hertz vom 14. Januar 1879 bezeichnet er dagegen Spielhagens Forderung, „daß der Erzähler nicht mitsprechen darf", als „reine Quackelei" und fügt sogar hinzu, dass das „beständige Vorspringen des Puppenspielers in Person", wie er es etwa bei Thackeray vorfinde, einen „außerordentlichen Reiz" habe und doch „recht eigentlich *das* [ist], was jene Ruhe und Behaglichkeit schafft, die sich beim Epischen einstellen soll" (Fontane 1980, 7–8). Gut siebzehn Jahre später, am 15. Februar 1896, wendet sich Fontane in einem Brief direkt an Spielhagen und vertritt dort wiederum eine scheinbar gegensätzliche Position. In grundsätzlicher „Übereinstimmung" mit diesem betont er zunächst: „Das Hineinreden des Schriftstellers ist fast immer vom Übel, mindestens überflüssig" (Fontane 1982, 533). Allerdings, fügt er einschränkend hinzu, „wird es mitunter schwer festzustellen sein, wo das Hineinreden beginnt. Der Schriftsteller muß doch auch, als *er*, eine Menge tun und sagen. Sonst geht es eben nicht oder wird Künstelei. Nur des Urteilens, des Predigens, des klug und weise Seins muß er sich enthalten" (Fontane 1982, 533).

Um diese unterschiedlichen und zum Teil widersprüchlichen Aussagen richtig einzuordnen, ist zunächst daran zu erinnern, dass Fontane in seiner ersten Freytag-Rezension von 1855 noch weitgehend den Konzepten der idealistischen

Ästhetik und Erzähltheorie verpflichtet ist. Konsequenterweise plädiert er in diesem Kontext für ein Erzählen, bei dem der Leser die Hände des Autors, das heißt dessen kreative Leistung, nicht wahrnimmt und die Illusion einer vom Autor scheinbar unabhängigen Welt nicht durch metapoetische Kommentare infrage gestellt wird. Des Weiteren ist darauf hinzuweisen, dass die Äußerungen nicht in jeder Hinsicht einander widersprechen; die Aussage, das ‚beständige Vorspringen des Puppenspielers in Person' sei von ‚außerordentlichem Reiz', verkehrt nicht einfach den Kommentar über die besser im Verborgenen operierenden Hände des Puppenspielers ins Gegenteil. Darauf deutet ein feiner, aber gewichtiger Unterschied in der Wortwahl: Fontane spricht im Brief von 1879 nicht von den Händen, sondern der Person des Puppenspielers; gemeint ist offenbar nicht mehr der Autor als Erfinder und Produzent der erzählten Vorgänge, sondern der Autor in seiner Rolle als Vermittler. Demzufolge geschieht das ‚Vorspringen' des erzählenden Autors nicht in der Absicht, die Fiktionalität oder Artifizialität der dargestellten Welt anzuzeigen, sondern dient der Stärkung der kommunikativen Bindung zwischen Rezipienten und Erzähler. Aus diesem Grund spricht Fontane davon, dass das punktuelle Hervortreten des Erzählmediums die epische ‚Ruhe und Behaglichkeit' befördert. Die entscheidende Differenz zwischen Fontanes und Spielhagens Objektivitätsbegriff liegt darum auch in der Anerkennung und sogar Akzentuierung der Erzähler-Leser-Bindung. Die kleinen eingeschobenen Floskeln und Wendungen, die Turner in Fontanes Manuskripten ausmacht, dienen genau dazu, den „Kontakt mit dem Leser" (Turner 1968, 279) auf eine unaufdringliche, aber verlässliche Weise herzustellen. Der Erzähler stellt nicht einfach nur dar, er spricht zu einem Gegenüber.[137]

---

137 Auf ähnliche Argumente stützt auch Wilhelm Scherer seine Kritik an Spielhagens Thesen. Scherer hält die Forderung, den Autor im Erzählwerk zum Verschwinden zu bringen, vor allem aus medientheoretischen Gründen für problematisch, denn sie negiert die kommunikative Dimension literarischer Texte: „Das Drama ist stets für Andere, für das Publicum bestimmt. Auch die Erzählung ist es: daß der Erzähler zu einem Publicum spreche, ist Grundvoraussetzung. Da der Erzähler Redner ist, so muß es ihm überlassen bleiben, wie weit er sich selbst einmischen will oder nicht" (1879b, 157). Das leise Lesen ist für Scherer ein „Surrogat für lebendiges Hören: der Schriftsteller müßte mitten unter uns stehen und uns erzählen. Wenn er aber ein guter Erzähler ist, so werden sich in seinen Mienen alle großen Wendungen der Geschichte spiegeln, und wenn wir uns daran erinnern, so werden wir bei den Thatsachen des Romanes immer sein Gesicht vor uns sehen mit dem entsprechenden Ausdruck, ernst, feierlich, gerührt, bewegt, verzweifelt, aufathmend, vor Schmerz verzerrt oder voll Freude leuchtend. Es wäre ganz unnatürlich, wenn der redende Erzähler sein Gesicht verhüllen oder künstlich unbewegt erhalten wollte" (Scherer 1879a, 156). Der letzte Satz zeigt an, dass Scherer mit dem medientheoretischen Argument zugleich ein epistemologisches verbindet: Dem neutralen Erzählen, bei dem der Erzähler sein Gesicht nicht zeigt, entspricht keine natürliche Erlebnissituation. Scherers Kritik an dieser Erzwählweise be-

In diesem Kontext ist auch der Begriff des Geplauders und seine Anwendung auf die Ebene des erzählerischen Diskurses zu verstehen. Er unterstreicht zum einen, dass die völlige Neutralität des Erzählmediums nicht in Fontanes Sinn sein kann. Denn der Plauderton impliziert das Vorstellungsbild eines Plaudernden. Ludwigs Beschreibung des Erzählers als eines Gastwirts, der „Interessantes [...] interessant" vorträgt, ohne sich dabei zu auffällig in den Vordergrund zu drängen, aber auch ohne kalt und teilnahmslos zu wirken (RS 637), dürfte Fontanes Erzählerideal weitgehend entsprechen. Zum anderen aber verbindet sich mit dem Begriff des Geplauders auch die Vorstellung eines ungezwungenen Austausches, bei dem die Gesprächsparteien einander auf Augenhöhe begegnen. Hinter der vermeintlich anspruchslosen Zielsetzung, der Roman müsse in der Hauptsache „geistvolles Geplauder" sein (Fontane 1979, 163), verbirgt sich eine Poetik der Unentschiedenheit, die die „[k]ritische Erkenntnis der Bedingtheit aller Meinungen" und die „Freude an ihrer Diskutierbarkeit" (Mittenzwei 1970, 22) miteinander verbindet, auf letztgültige Urteile verzichtet und um die wechselseitige Relativierung aller Standpunkte, den des Erzählers eingeschlossen, bemüht ist. Bereits in der Grimm-Rezension von 1867 macht Fontane deutlich, dass objektives Erzählen für ihn nicht gleichbedeutend ist mit der Forderung an den Erzähler, sich jeder Meinungsäußerung zu enthalten. Ausdrücklich begrüßt es der Rezensent, dass der Erzähler in Grimms Roman nicht „ängstlich oder unklar mit seinem persönlichen Meinen hinter dem Berge" hält, dafür aber die Fragen, die er behandelt, ernsthaft „zur Diskussion stellt", das heißt von „unbedingte[r] Verurteilung" Abstand nimmt (Fontane 1969, 384). Unter Anspielung auf Fontanes bekannte Definition der realistischen Kunst als Interessenvertretung eigener Art (vgl. 1969, 242) könnte man sage: Der Erzähler darf sein eigenes Interesse vertreten, aber gleichzeitig nicht anderen Interessen das Wort entziehen (vgl. Bowman 2008, 131). Zur Erläuterung seines Erzählerideals greift Fontane in seiner Grimm-Rezension zu einem weiteren Vergleich: Der Erzähler solle agieren wie ein „präsidierender Richter, der zum Resümee schreitend, das Für und Wider vor der aufhorchenden Jury gewissenhaft rekapituliert, jedem freistellend, wohin er sein Urteil wenden will", dabei „leise betonend, wohin die eigene Anschauung neigt", aber niemals die Tatsache verkennend, „daß der Meinung eine Meinung gegenübersteht" (Fontane 1969, 384). So verstanden nimmt der Erzähler zwar noch eine privilegierte Stellung ein, sein Urteil ist aber tendenziell anfechtbar, lässt also, um im Bild zu bleiben, die Möglichkeit der Revision zu. „Tendenz ohne Rechthaberei,

---

zieht sich mithin auch auf ihre Erfahrungswidrigkeit – ein Aspekt, der bereits im Kontext von Ludwigs Theorie der Erzählformen angesprochen wurde (vgl. Kap. 4.1.5.2).

Parteinahme, ohne innerhalb der Parteien zu stehen" (Fontane 1969, 384) – das ist die Formel, auf die Fontane sein Objektivitätsverständnis bringt.[138]

Fontane zeichnet in seinen theoretischen und literaturkritischen Texten das Konzept eines zurückhaltenden, aber anwesenden und teilnehmenden Erzählers, der in das Geplauder des Romans mit einstimmen darf, wenn er andere Stimmen nicht gleichzeitig übertönt und der Versuchung ‚des Urteilens, des Predigens, des klug und weise Seins' widersteht. Mit Spielhagens Objektivitätsdogma ist dieses Konzept kaum noch vereinbar, umso größer sind die Überschneidungen mit Ludwigs Erzählpoetik. Es verdichtet sich also das Bild, dass es in der Literaturtheorie in der zweiten Hälfte des neunzehnten Jahrhunderts gewichtige Gegenstimmen zur idealistisch fundierten Erzähltheorie Spielhagens gibt. Zu diesen zählt auch Auerbach, dessen Distanz zum idealistischen Paradigma vor allem in der Auseinandersetzung mit der (bei Fontane vernachlässigten) Ich-Erzählung zum Ausdruck kommt. Die Beschäftigung mit dem homodiegetischen Erzählen führt aber auch Spielhagen selbst zu einer Revision zentraler Vorstellungen seiner Theorie.

4.2.3.2 Vom erzählenden zum erlebenden Ich. Die Theorie der homodiegetischen Erzählung bei Spielhagen und Auerbach

In seiner umfangreichen Studie über den „Ich-Roman" (1882) entfaltet Spielhagen eine ausführliche Theorie des homodiegetischen Erzählens, in der er stärker als sonst vom Theorem der epischen Objektivität abrückt. Worauf dieses Theorem beruht, bringt Spielhagen selbst in seinem frühen Aufsatz „Ueber Objectivetät im Roman" (1864) klar zum Ausdruck: Objektiv ist das Kunstwerk, nicht nur das epische, wenn es eine Idee zum Ausdruck bringt und bis in seine einzelnen Bestandteile von dieser „durchleuchtet ist" (Spielhagen 1868 [1864], 179). Es ist demzufolge der ideelle Gehalt, der allem eine Stelle und einen Zweck zuweist; jede Figur, jedes Detail ist durch das Verhältnis zur Idee des Ganzen bestimmt. So bedarf es nach Spielhagens Einschätzung auch keiner erläuternden Direktion von außen, da das geschaffene Werk „sich vollständig selbst erklärt" (1868 [1864], 179). Deshalb kann der Autor alle äußeren Faktoren vernachlässigen, „das Pu-

---

138 Eine vergleichbare Formulierung findet sich bereits in Fontanes erster Freytag-Rezension. Mit Bezug auf die aus seiner Sicht verzerrende Darstellung des Judentums und des Adels in *Soll und Haben* (1855) heißt es dort, der Autor solle einer Partei nur angehören, aber ihr nicht dienen (Fontane 1969, 306). Der weitere Kontext dieser Äußerungen ist die Kritik der Tendenzdichtung, die für die Literaturtheorie nach 1848 allgemein bestimmend ist. Fontane variiert das Verdikt der Tendenz, insofern er keinen absolut objektiven, von jeder Parteinahme freien Standpunkt, sondern lediglich die Kenntnisnahme und Darstellung alternativer Positionen einfordert.

blikum, mit dem er nur durch sein Werk in Rapport steht", ebenso wie „sich selbst" (Spielhagen 1868 [1864], 175). Alle Anzeichen einer direkten Kommunikation zwischen Autor und Rezipienten seien dementsprechend zu vermeiden, alle Reflexionen, Anmerkungen, Erläuterungen seitens des darstellenden Autors zu unterdrücken (Spielhagen 1868 [1864], 183, 189). Während der Biograf diese Einwürfe benötige, um „aus dem fragmentarischen Rohstoff der Wirklichkeit ein Ganzes zu machen", habe der Literat seinen Stoff so zu wählen, „daß die Idee an ihm vollständig zur Erscheinung" komme und er folglich auf diese Apparate verzichten könne (Spielhagen 1868 [1864], 193). Das homodiegetische Erzählen nun scheint sich diesem Objektivitätskonzept zu widersetzen, denn es folgt, zumindest vordergründig, der Erzähllogik der autobiografischen Erzählung. Nicht eine abstrakte Idee ist hier das Orientierungszentrum, das allem und jedem seinen Platz zuweist, sondern ein persönlich greifbarer Erzähler, der seine eigenen Erfahrungen ‚durchleuchtet' und aus dem ‚fragmentarischen Rohstoff der Wirklichkeit' ein sinnvolles Ganzes zu machen hofft. Es stellt sich daher die Frage, warum Spielhagen auf den Gedanken kommt, die Ich-Erzählung überhaupt theoretisch zu behandeln und darüber hinaus als legitime Formvariante der erzählenden Kunst anzuerkennen.[139]

Nun wurde bereits herausgestellt, dass sich die Gewichte in Spielhagens Theorie mit der Zeit verschieben und der Theoretiker gerade in seinen späteren Texten, zu denen der Aufsatz über den „Ich-Roman" gehört, die Gebundenheit der erzählten Welt an den Erfahrungshorizont eines empirischen Autors betont, dabei aber weiterhin an den tradierten Begriffen des idealistischen Erzählmodells festhält. Spielhagen unterstreicht nun die Nähe zwischen der epischen Phantasie und der Fähigkeit zur präzisen Beobachtung und behauptet, dass der Epiker auch dort, wo er sich nicht auf etwas persönlich Erfahrenes beziehe, danach streben müsse, sich den Stoff „völlig zu eigen" zu machen, so „als habe er mitten in der Aktion gestanden" und „als sei das Geschehnis ein persönlich erlebtes" (Spielhagen 1898, 98). Aus diesem Grund nennt Spielhagen auch die „Subjektivität" das „Wesen der epischen Dichtungsart" (BT 173) und stellt ihr die „strenge Selbstlosigkeit" des Dramas (BT 165) gegenüber. Diese Subjektivität gilt ihm zufolge übrigens für alle epischen Gattungen, selbst im antiken Epos macht Spielhagen Spuren von „Tendenz" (BT 140) aus; allerdings trete die Subjektgebundenheit in

---

139 Insofern ist die Verwunderung Stanzels (2001 [1979], 110) darüber, dass Spielhagen als der „entschlossene Verfechter der Objektivität im Roman" ausgerechnet „in der nach Ansicht des 19. Jahrhunderts subjektivsten Form der Erzählung, dem Ich-Roman, der Verwirklichung seines Programms am nächsten zu kommen glaubt", durchaus berechtigt. Freilich darf nicht übersehen werden, dass Spielhagens Aufsatz über den „Ich-Roman" fast zwanzig Jahre nach dem Beitrag zur „Objektivetät im Roman" entsteht.

der Moderne noch deutlicher hervor, weil hier der Erfahrung des Autors keine kollektive Erfahrung mehr entspreche, das Dargestellte nicht mehr als Ausdruck eines nationalen „Gesamtgefühl[s]" (BT 135) verstanden werden könne.[140]

Diese subjektive Grundlage der epischen Kunst kann der Romanautor nach Spielhagen zwar nicht gänzlich aufheben, er sollte aber doch versuchen, unter Anwendung der „objektiven Methode" (BT 178) die Spuren der Erfahrungshaftigkeit im Kunstwerk zu minimieren. Die Transformation, auf die es Spielhagen, wie gesagt, am meisten ankommt, ist die langwierige und mühevolle Verwandlung des Autor-Ichs zu einem Helden-Ich (vgl. Kap. 4.2.2.2). Dieser Vorgang aber ist nach Ansicht des Theoretikers bei der heterodiegetischen wie bei der homodiegetischen Erzählung derselbe, das heißt, der erzählende Held eines Ich-Romans geht ebenso aus dem Autor-Ich hervor wie der Held, der nicht selbst der Erzähler seiner Geschichte ist: „Das neugewonnene *Ich* unterscheidet sich in nichts als in der *Form* von dem uns vertrauten *Er*, wie es sich denn auf dieselbe Weise wie jenes aus dem aktuellen Ich des Dichters metamorphosiert hat" (BT 203). Und doch gibt es wichtige strukturelle Unterschiede. Nach Spielhagens Einschätzung verfügt die homodiegetische Erzählung über einen entscheidenden Vorteil: Der „Dichter als Ich-Held und Selbsterzähler seiner Fata gewinnt die Freiheit, [...] seine subjektiven Ansichten und Meinungen ausgiebig mit einfließen zu lassen" (BT 208), ohne die Eigenständigkeit des Helden zu gefährden und ohne beim Leser den Eindruck zu erwecken, es mit zwei Personen zu tun zu haben, nämlich „mit der handelnden Person und dem Dichter, der außer der Handlung steht" (BT 208–209). Es ist bemerkenswert, dass Spielhagen aus dieser Freiheit zur ausgiebigen Reflexion nicht das Urteil einer künstlerischen Unvollkommenheit der Erzählform ableitet, sondern im Gegenteil darin einen Vorzug erkennt. Zwar ist sein Gedanke nachvollziehbar, dass die Reflexion eines homodiegetischen Erzählers als Teil der dargestellten Welt wahrgenommen wird, während Kommentare eines heterodiegetischen Erzählers, der außerhalb der Figurenwelt steht, dem Autor zugeschrieben werden. Doch ist der homodiegetische Erzähler ja nicht eine Figur unter anderen, deren Reflexion präsentiert wird, sondern derjenige, der die Geschichte verantwortet und den erzählten Zusammenhängen Bedeutung und Kohärenz

---

140 Wenn Sammons (2004, 54) behauptet, Spielhagen schließe aus der Einsicht in das subjektive Fundament des modernen Romans auf die künstlerische Minderwertigkeit der Gattung gegenüber dem homerischen Epos, so gibt er den Argumentationszusammenhang nur unpräzise wieder. Spielhagen spricht in der von Sammons angeführten Stelle von der ästhetischen Nachrangigkeit der gesamten epischen Kunst – also auch des klassischen Epos – gegenüber dem Drama und der Lyrik und begründet diese Einschätzung damit, dass diese Gattungen nicht den Widerspruch zwischen der Tendenz zur größtmöglichen Ausdehnung und dem künstlerischen Bedürfnis nach Begrenzung und Übersicht in sich trügen.

verleiht.[141] Er ist derjenige, „dem das alles einmal passierte" und der es nun unternimmt, „sich die seltsamen Fata zurecht zu legen, sie mit voller Objektivität nicht bloß auf ihr Wie? und Was? zu betrachten, sondern auch auf ihr Warum?" (BT 209). Was Spielhagen mit anderen Worten nicht bedenkt, ist der Unterschied zwischen einer Erzählung, deren Ordnung als eine Verwirklichung der Idee begriffen wird, bei der also alle Ereignisse in einer ideellen Bewegung aufgehoben sind, und einer Erzählung, deren Ordnung von einer Figur, einem persönlich hervortretenden Erzähler gestiftet wird. Legt man das idealistische Objektivitätsverständnis zugrunde, dann ist jede Reflexion eines Erzählers über die Geschehnisse und ihre Bedeutung, sei er nun Teil der Figurenwelt oder nicht, prinzipiell überflüssig, da der Handlungsgang unabhängig von der Vermittlungsinstanz immer schon zu einem Sinnganzen zusammengeschlossen ist.

Das homodiegetische Erzählen übersetzt also nicht nur Reflexion in Darstellung und Tätigkeit; es macht auch jenen Prozess der Auseinandersetzung mit persönlichen Erfahrungen und der retrospektiven Deutung von Erlebnissen transparent, den Spielhagen im „objektiven Roman" (BT 211), das heißt im heterodiegetischen Erzählen, aus dem Kreis der Darstellung bannen will, obwohl dieser Vorgang seiner Ansicht nach auch hier der epischen Produktion vorausgeht.

> [W]ährend in dem rein objektiven Roman auch freilich alles durch das Medium der Dichterphantasie gehen muß, aber, ohne daß wir es ahnen, ohne daß es uns zum Bewußtsein kommt, [dürfen] wir in dem Ich-Roman diesem Durchgang beiwohnen und denselben beobachten [...]. (BT 211)

An dieser Stelle wird deutlich, dass Spielhagen die Auffassung Ludwigs oder auch Diltheys teilt, dass ein Analogieverhältnis zwischen Einbildungs- und Erinnerungsvermögen existiert. Das „Verfahren der Phantasie" entspricht auch für ihn, zumindest in diesem späten Text, dem „gedächtnisvermittelten Bezug auf Welt" (Schneider 2005, 101). Die wichtigste Tätigkeit der Einbildungskraft ist folglich nicht die Kreativität, die Fähigkeit zum „Gestaltenschaffen" (BT 91), sondern die Bearbeitung, das heißt die Ordnung, möglicherweise auch Modifikation, von Erfahrungsbeständen; eine Tätigkeit also, die die Erinnerung auf einer niedrigeren Stufe ebenfalls leistet. Anders gewendet: Für Spielhagen steht fest, dass sich Literatur nie unmittelbar auf Wirklichkeit, sondern immer auf deren innere Repräsentation in Form von Gedächtnisinhalten bezieht (vgl. Schneider 2005, 94–99). Das homodiegetische Erzählen macht diese Beziehung transparent, in-

---

141 Der Fall eines unzuverlässigen Erzählers sei an dieser Stelle ausgeklammert. Er wird auch von Spielhagen nicht in Betracht gezogen.

dem es „die artistische Operation der Herstellung des Kunstwerks mit der Bewusstseinsstruktur seiner tragenden Figur" identifiziert (Schneider 2005, 102). Es stellt dar, wie die Erzählung entsteht.[142]

Der „Selbsterzähler" (BT 211) ist zugleich die ordnungsstiftende Instanz der Erzählung, die kraft ihres Wissens um den Verlauf der Ereignisse dem Leser „stets zu dem rechten *Point de vue* verhelfen kann" (BT 232). Spielhagen aber übersieht keineswegs, dass ein besonderer Reiz der Homodiegese in der Gestaltung einer individuell gebundenen, eingeschränkten Perspektive liegt, bei der nicht alle Dinge mit gleicher Deutlichkeit erfasst werden. Statt der „unbarmherzigen Helligkeit" des objektiven Romans herrsche ein „reizvolles Clairobscur" (BT 210), „aus welchem die Gestalten jetzt klar hervortreten, um dann wieder in demselben zu verdämmern" (BT 211). Dem Autor bietet sich zudem die Möglichkeit, das Geschehen als unmittelbare Erfahrung und zugleich als etwas Verarbeitetes, als ein objektiv gewordenes Wissen zu präsentieren. Denn die Objekte und Ereignisse der Erzählwelt stehen, wie Spielhagen analysiert, immer in einer zweifachen Beziehung zum Erzähler, sie sind zugleich unmittelbare Erlebnisinhalte und Gegenstände der retrospektiven Betrachtung. In diesem Kontext taucht bereits die später von Leo Spitzer (1961 [1928], 478) und Franz Stanzel (1993 [1964], 31) bekannt gemachte konzeptuelle Differenzierung zwischen einem erlebenden und einem erzählenden Ich auf. Der Erzähler, schreibt Spielhagen, ist „in Aktion und ist es auch wieder nicht" (BT 209), und so kommt es, dass wir „dasselbe Objekt gewissermaßen zweimal sehen" (BT 215), weil die vermittelnde Instanz „zugleich vorwärts und rückwärts schaut" (BT 216). Durch diese perspektivische Überlagerung, folgert der Theoretiker, erscheinen die Ereignisse und Gegenstände nicht mehr in derselben idealen Klarheit wie im heterodiegetisch erzählten objektiven Roman. In diesem gleiche die Phantasie „dem völlig stillen, völlig durchsichtigen Wasser [...], durch welches wir die Objekte nur einmal sehen in bestimmten Umrissen und Proportionen an einer bestimmten Stelle"; im „Ich-Roman" hingegen ähnele sie „dem leise bewegten Wasser, in welchem die Objekte ihre Stellung, ihre Umrisse und Proportionen je nach der Bewegung zu verändern scheinen", und doch, beeilt sich Spielhagen anzufügen, „keineswegs wirklich verändern!" (BT 211). Aus der strukturell bedingten Doppelperspektive ergibt sich für ihn also keineswegs, dass zuverlässige und objektivierbare Aussagen über die erzählte Welt und ihre Gegenstände nicht mehr möglich sind. Bemerkenswert aber bleibt, dass er die Verschmelzung beziehungsweise die Alternation zweier Wertungs- und Wahrnehmungsebenen überhaupt theoretisch erfasst und zudem

---

142 Es kann also keine Rede davon sein, dass Spielhagen die Subjektivität im Ich-Roman lediglich als einen oberflächlichen Effekt begreift, wie Hellmann (1974 [1957], 140 – 141) behauptet.

die Berechtigung und den ästhetischen Reiz dieses Erzählverfahrens anerkennt, ausdrücklich beispielsweise in seiner Analyse des Beginns von Dickens' Roman *David Copperfield* (1849–1850; vgl. BT 216).

Die detaillierte Herausarbeitung der strukturellen Besonderheiten des homodiegetischen Erzählens und die positive Bewertung der für diese Erzählform charakteristischen perspektivischen Überlagerung zeigen an, dass Spielhagen in seinen späten Aufsätzen nicht mehr in jeder Hinsicht den Prämissen der idealistischen Ästhetik folgt. Damit korrespondiert, dass er nun stärker als zuvor die Möglichkeiten der Rezeptionslenkung, etwa den Einsatz von Vorausdeutungen und Rückblenden (BT 211) oder die Veränderung des Erzähltempos (BT 232), in seine Überlegungen mit einbezieht. Der Rezipient ist für ihn nun nicht mehr eine prinzipiell zu vernachlässigende Instanz, vielmehr wird die Lektüre-Erfahrung als integraler Bestandteil des Kunstwerks angesehen und die Kommunikation zwischen Erzähler und Leser poetologisch aufgewertet. Spielhagen bringt diesen Unterschied mit einer aus Ludwigs *Romanstudien* bekannten Metapher zum Ausdruck, die die Romanlektüre als ein Gastmahl beschreibt: Im Fall des objektiven Romans werde das Essen „von stummen Dienern serviert", im Ich-Roman hingegen reiche es „der Hausherr selber" mitsamt seinen Empfehlungen und Erläuterungen (BT 212). Auch im Kontext von Spielhagens Erzähltheorie taucht also die Auffassung vom Erzähler als einem Gesellschafter und vom Erzählen als einer besonderen Form des sozialen Handelns auf, die von Ludwig ebenfalls in der Metapher des Gastwirts, bei Fontane vor allem über den Begriff des Geplauders ausgedrückt wird. Spielhagens Haltung zu diesem Erzähl- und Erzählerbegriff bleibt ambivalent, auf der einen Seite steht die Berechtigung und Möglichkeit des objektiven Romans für ihn außer Frage, auf der anderen Seite aber verwirft er den Ich-Roman keineswegs, obwohl er sich unter den Prämissen des idealistischen Erzählmodells eigentlich nicht legitimieren lässt.

Mit einigem argumentativen Aufwand erreicht Spielhagen also eine Rechtfertigung der homodiegetischen Erzählung. Für Auerbach ist der Weg kürzer, denn er vertritt, ähnlich wie Ludwig, einen poetologischen Ansatz, der dem Moment der Erlebnishaftigkeit prinzipiell eine höhere Bedeutung zumisst als der Objektivitätsforderung. Die Erlebnisbindung des Erzählers (wie des Rezipienten) an das erzählte Geschehen ist ihm wichtig, und die ist, wie er in seinem Aufsatz „Der Pfarrer von Wakefield" (1867) herausarbeitet, im homodiegetischen Erzählen *per se* gegeben. Auerbach beschreibt diese Erzählform am Beispiel von Goldsmiths Roman als „fingirte Selbstbiographie", in der „die Centralgestalt" ihre eigene Vergangenheit reflektierend nacherzählt und nacherlebt (1867, 283). Seiner Meinung nach liegt die besondere Herausforderung für den Autor darin, das „erzählende Ich" (Auerbach 1867, 294) nicht nur als blasse Mittlerinstanz erscheinen zu lassen, sondern auch als Charakter zu profilieren. Der vermeintliche

Nachteil, die Ereignisse und Figuren durch die perspektivische Beschränkung nicht in derselben Schärfe und Klarheit beleuchten zu können wie im hetero-diegetischen Erzählen, wird Auerbach zufolge zum Vorteil, wenn das erzählte Geschehen und die Begegnungen mit den Figuren dafür die Form persönlicher Erlebnisse annehmen. Durch die Konzentration der Aufmerksamkeit – Auerbach spricht vom Prinzip der „ausschließlich accentuirten Sympathie" (1867, 296) – nimmt der Leser alle Begebenheiten immer nur in ihrer Relation zum Protagonisten wahr:

> Indem der Dichter sofort auf der ersten Seite bei der ersten Vorstellung seines Helden uns in Sympathie mit ihm versetzt [...] gehen wir, wie das Sprüchwort sagt, mit ihm durch Dick und Dünn, und nicht sowohl, *was* er erlebt und uns spannt, sondern *weil* er's erlebt und *wie* er's erlebt, führt unsere Seele mit [...]. (Auerbach 1867, 296)

Die erzählten Ereignisse sind nicht an sich bedeutsam oder interessant, sie werden es erst im Lebenszusammenhang des Helden; erst der persönliche Bezug verleiht ihnen ihren Wert und ihren Sinn: „Alles ist uns wichtig und bedeutsam, weil es der Held erlebt, den wir lieben, nicht weil das Erlebniß an sich wichtig und bedeutsam" ist (Auerbach 1867, 296). Vom Erlebnisbegriff macht Auerbach in diesem Kontext ausgiebig Gebrauch; in ihm bündelt sich gewissermaßen die gestiegene Aufmerksamkeit für die Prozesse der Strukturierung und Ordnung von Bewusstseinsinhalten im konkreten Lebensvollzug. Zu Diltheys Poetik und Erkenntnistheorie ist es kein weiter Schritt, wenn er festhält: „[D]as *Ereigniß* wird erst durch den Hintergrund der Empfindungen, auf dem es sich aufsetzt, zu einem *Erlebniß*, und durch das begleitende Denken zu einer *Erfahrung*; das *äußere* Abenteuer wird zu einem *innerlichen*" (Auerbach 1867, 296).[143]

Ihren besonderen Reiz verdankt die homodiegetische Erzählung Auerbach zufolge dem Umstand, dass sie nichts enthält, was nicht schon in einem Lebensbezug zu einem aufnehmenden, fühlenden, reflektierenden Subjekt stünde. Was Dilthey später über die Selbstbiografie schreibt, dass alle „Einheiten" darin „als Erlebnisse geformt" sind (GS 7, 200), lässt sich auch auf Auerbachs Auffassung des „Ich-Romans" (1867, 294) anwenden. Alle Ereignisse sind zu einem Teil der erzählenden Persönlichkeit selbst geworden. Damit kann nach Auerbachs

---

143 Für die konzeptuelle Unterscheidung zwischen dem erzählenden und dem erlebenden Ich zeigt Auerbach im Gegensatz zu Spielhagen wenig Interesse. Mit Bezug auf Goldsmiths Roman *Der Pfarrer von Wakefield* (1766) hält er lediglich fest, dass der „Erzähler als Held" zugleich „Chorus und Bote" sei (1867, 283). Das Verhältnis zwischen beiden Positionen beschreibt Auerbach in diesem Fall als Entwicklung von subjektiver Verzerrung zu objektiver Übersicht, von leidenschaftlichem Engagement zu gelassener Betrachtung.

Ansicht auch eine Veränderung der Handlungsstruktur einhergehen, denn für die Wirkung der Erzählung ist nicht die finale Anordnung der ‚äußeren Abenteuer' entscheidend, sondern ihre Transformation in innerliche Ereignisse. Mit Nachdruck betont der Theoretiker deshalb auch, dass in Goldsmiths Roman keine „Entwicklungsgeschichte" gegeben werde, obwohl der „biographische Roman prinzipiell zum genetischen" neige (Auerbach 1867, 293). Im *Pfarrer von Wakefield* (1766) aber hat nach Auerbachs Einschätzung „jedes einzelne Ereigniß [...] in sich eine Peripetie und die Versöhnung begleitet uns immer durch das Werk, tritt nicht erst mit dem Schlusse ein" (1867, 296). Man könnte sagen: Nicht die Entwicklung des Charakters ist für den Theoretiker entscheidend, sondern die Entfaltung der Persönlichkeit in jedem Augenblick der Erzählung. Zu welchem Ziel die Ereignisse führen, ist sekundär, solange sie in einem Lebensbezug zum Erzähler stehen und von ihm ihre charakteristische Färbung erhalten.

Was die Analysen Ludwigs, Spielhagens und Auerbachs verbindet, ist das mehr oder weniger entschiedene Eintreten für die künstlerische Berechtigung der homodiegetischen Erzählung. Während Ludwig die Verbindung zwischen Erzählertyp (homodiegetisch vs. heterodiegetisch), Erzählmodus (berichtend vs. szenisch) sowie Erzählperspektive analysiert, konzentrieren sich Spielhagen und Auerbach auf die Funktion des homodiegetischen Erzählers als Ordnungs- und Orientierungszentrum der Geschichte. Sie heben hervor, dass in dieser Kompositionsform die Kohärenz der Handlung vom emotionalen, kognitiven und voluntativen Engagement der Erzählerfigur abhängt. Die Homodiegese vermag aus ihrer Sicht jenen Deutungs- und Sinngebungsprozess, den der Mensch im alltäglichen Leben beständig leisten muss, transparent zu machen; darin liegt ihre Aufgabe und ihr besonderer Reiz. Ihre Grenzen ergeben sich nach diesem Verständnis aus der ausschließlichen Konzentration auf eine Person: Gewinnt der Leser keinen Zugang zu dieser Figur, verlieren auch die Geschehnisse für ihn an Bedeutung und Interesse. Diese Gefahr ist im heterodiegetischen Erzählen geringer, zumindest solang darin die Aufmerksamkeit nicht ausschließlich auf eine Figur akzentuiert bleibt. Andererseits bedarf es in dieser Erzählform eines gewissen Aufwandes, damit die Ereignisse für den Rezipienten die Form von Erlebnissen annehmen. Wie im abschließenden Kapitel gezeigt wird, diskutiert Auerbach verschiedene Kompositionsstrategien, mit denen die Erlebnishaftigkeit der Erzählung gesteigert werden kann. Dabei berührt er vor allem Aspekte der Erzählergestaltung und der Perspektivführung.

4.2.3.3 „Selbstbeteiligte" Erzähler und „mitbeteiligte" Rezipienten (Auerbach)

Die erzählte Welt als Produkt individueller Erfahrung oder Erinnerung darzustellen, ist nicht nur im homodiegetischen Erzählen möglich. Ein ähnlicher Effekt lässt sich auch im heterodiegetischen Erzählen erreichen, wenn die Erzählerfigur klar konturiert und eine persönliche Verbundenheit mit Geschehen und Figuren suggeriert wird. In seinem Aufsatz über „Goethe und die Erzählungskunst" (1867), der auf einen 1861 gehaltenen Vortrag zurückgeht, beschreibt Auerbach am Beispiel von Goethes Roman *Wilhelm Meisters Lehrjahre* (1795–1796) einen solchen quasi-homodiegetischen Erzählertyp:

> Es gibt kein zweites Buch, wo Held, Dichter und Leser so mit einander in behagliche Vertraulichkeit gesetzt sind. Es stört keinen Augenblick die Illusion, daß der Dichter sich mit dem Leser bespricht und mit ihm in die Scene tritt. Goethe erzählt hier weder im Pathos des unmittelbar Geschehenden, noch als Erinnerung, wo Alles bereits erstarrt und abgethan. Er erzählt wie ein Mann, der das selbst erlebt hat, jetzt wohl darüber hinaus ist, aber doch noch mit innerster Wärme daran hängt. (Auerbach 1867, 35)

Dem heutigen Leser von Goethes Roman, der eher für die ironischen Verfahrensweisen des Erzählers sensibilisiert ist, wird Auerbachs Urteil vermutlich fragwürdig erscheinen. Ob diese Beobachtungen nun zutreffen oder nicht, ist in diesem Kontext jedoch von untergeordneter Bedeutung. Denn in jedem Fall verraten sie viel über Auerbachs erzähltheoretische Anliegen und seine poetologischen Präferenzen. Es sind drei Gesichtspunkte, die der Theoretiker hier zusammenführt: Er interessiert sich erstens für den Zusammenhang zwischen der Vordergründigkeit des Erzählers und der Illusionswirkung, zweitens für die Stellung des Erzählers zum Geschehen und drittens für den angemessenen Erzählmodus, das heißt für den Unterschied zwischen szenisch-vergegenwärtigender und berichtender Darstellungsweise. Insgesamt wird deutlich, dass für Auerbach der Aspekt des persönlichen Bezugs (zwischen Erzähler und erzählter Welt) weit wichtiger ist als die Forderung nach epischer Objektivität. Konsequenterweise widerspricht er der Vorstellung von Goethe als einem „objectiven Dichter" und bezeichnet derartige Formulierungen als „eitel Fabel und Schulsprache" (Auerbach 1867, 37). Wie Fontane sieht Auerbach in der Gestaltung einer vordergründigen Erzählerfigur keinen Bruch mit der Forderung, die Illusion einer eigenständigen, vom Autor unabhängigen Realität zu erwecken. Beide Theoretiker kommen ferner darin überein, dass durch ein Hervortreten der Vermittlungsinstanz hauptsächlich eine direkte kommunikative Beziehung zum Rezipienten hergestellt werden soll. Der Erzähler interessiert Auerbach folglich primär als Kommunikationsinstanz, obgleich er weiterhin von einer Identität zwischen Erzähler und Autor ausgeht. Über die *Lehrjahre* bemerkt er, die Erzählweise sei darin zwar nicht mehr wie noch im *Werther* an den mündlichen Bericht angelehnt, doch schreibe Goethe erkennbar „für den Leser" (Auerbach 1867, 37). Der Adressatenbezug wird in diesem Text mit anderen Worten ständig präsent gehalten und ist nicht nur in vertraulichen Anreden des Autors an den Rezipienten greifbar.

Die „Mimesis des Erzählens" (Nünning 2001), die Konturierung der Erzählerfigur und die Betonung seiner kommunikativen Tätigkeit dienen nach Auerbach nicht der Aufhebung der Illusion, sondern unterstützen im Gegenteil die Vorstellung, dass das Geschehen dem Erzähler eine reale, durchlebte Erfahrung ist.[144] Auerbach geht sogar so weit, von einer „Selbstbetheiligung des Autors" in Goethes Roman zu sprechen (1867, 37). Offenbar sieht er in den *Lehrjahren* ein Erzählen verwirklicht, dass sich gewissermaßen auf der Grenze zwischen Homo- und Heterodiegese bewegt. Zumindest präsentiert sich der Erzähler seiner Einschätzung nach nicht als der Schöpfer des Helden, sondern eher als dessen „erfahrener Freund" (1867, 36). Es sei an dieser Stelle daran erinnert, dass auch Ludwig in seiner Theorie der Erzählformen Phänomene der Annäherung von homo- und heterodiegetischem Erzählen benennt (vgl. Kap. 4.1.5.2). Die von ihm präferierte dritte Erzählform, die gemischte Erzählung, bleibt auffälligerweise gerade in der Frage, ob der Erzähler Teil der Figurenwelt ist oder nicht, unbestimmt; und auch die Gestaltung eines mittleren Helden kann nach Ludwigs Analysen durch die perspektivische Konzentration zu einem Verschwimmen dieser Grenze beitragen.

Das übergeordnete Ziel für Ludwig wie für Auerbach ist das Bemühen um eine mittlere Distanz zu den Gegenständen.[145] Ordnung und Übersicht sollen gewährleistet bleiben, aber es soll sich der Eindruck einstellen, dass sich die Ordnungskategorien aus dem Lebensvollzug erschließen und nicht von einem Standpunkt außerhalb der erzählten Welt an diese herangetragen werden. Nach Auerbachs Analyse ergibt sich eine gewisse perspektivische Diskrepanz zwischen Erzähler, Leser und Figur in der heterodiegetischen Erzählung fast zwangsläufig: „Der Dichter, der den Stoff beherrscht und die gegenwirkenden Charaktere und Verhältnisse einordnet, stellt schon damit den Leser und sich selbst auf den unbeschränkten, zur freien Umschau aufgeschlossenen Standpunkt, während der Held im beschränkten Horizont befangen ist" (Auerbach 1867, 36). Er plädiert deshalb auch nicht für die absolute Identifikation von Erzähler- und Figurenperspektive oder die ausschließliche Anwendung einer szenisch-unmittelbaren Erzählweise. Diese Distanznahme hat seiner Ansicht nach jedoch eine Grenze, die überschritten wird, wo eine immersive Lektüreweise und damit gewissermaßen

---

144 Die von Nünning (2001) vertretene Einschätzung, dass metanarrative Verfahren nicht zwangsläufig illusionsaufhebend wirken müssen, wird durch Auerbachs Analysen folglich bestätigt.

145 Zum Begriff der mittleren Distanz und seiner Bedeutung für die realistische Poetik vgl. Stern (1983, 126–142).

die Begegnung zwischen Figur und Leser in der erzählten Welt nicht mehr möglich ist: „Dieses Heraustreten [des Erzählers und des Lesers] aus dem Gesichtskreise darf aber nicht so weit gehen, daß das betheiligte Miterleben sich auflöst" (Auerbach 1867, 36).

Aus solchen Formulierungen geht bereits hervor, dass Auerbach in seinen erzähltheoretischen Überlegungen – erneut in Übereinstimmung mit Ludwig – der Rolle des Rezipienten eine große Bedeutung zumisst. So reicht es ihm zufolge nicht aus, wenn nur der Erzähler zum Geschehen in einer persönlichen oder quasi-persönlichen Beziehung steht; auch der Leser soll im Laufe der Lektüre zum „Vertrauten" (Auerbach 1867, 18) sowohl des Erzählers als auch der Figuren werden. Was das konkret bedeutet, diskutiert der Theoretiker mit Bezug auf die Charakterisierungstechnik. Entschieden spricht er sich gegen eine vorwegnehmende *en bloc*-Charakterisierung aus, weil der Leser auf diese Weise „mit einer gewissen Gewaltsamkeit" über eine Figur informiert würde, statt „selbstthätige Bekanntschaft" mit ihr zu schließen (Auerbach 1867, 40). An Goethes Erzähltexten lobt Auerbach, dass einem die Figuren darin erst „mehrmals begegnen", ehe sie der Erzähler ausführlich vorstellt (1867, 43). Eine weitere von ihm diskutierte Möglichkeit, dem Rezipienten die Gelegenheit einer eigenständigen Urteilsbildung zu gewähren, ist die Gestaltung von Perspektivwechseln, insbesondere der Einsatz der internen Fokalisierung. Auerbach bezeichnet diese Perspektivform als „mitbetheiligte, lebendige Wahrnehmung" (1867, 43) und unterstreicht damit den Aspekt der „Mitsicht" (Martínez und Scheffel 2007 [1999], 64), das heißt der Parallelität oder Kongruenz von Figuren- und Leserperspektive. Dabei geht er von der Überzeugung aus, dass sich dem Leser die Merkmale eines Charakters nachhaltiger ins Bewusstsein einprägen, wenn er diesen gewissermaßen mit eigenen Augen wahrnimmt und erlebt. Der Charakter, so Auerbach, bleibt auf diese Weise „mit festen Lebenszügen in unserer Erinnerung haften", er tritt gewissermaßen „aus dem Buche heraus", um uns „ins Leben [zu] begleiten" (1867, 43).[146]

Der Leser soll also „Bekanntschaft" (Auerbach 1867, 40) mit den Figuren schließen. Der Prozess des allmählichen Bekanntwerdens vollzieht sich nach Auerbachs Analyse als ein Wechselspiel von Erwartung und Überraschung:

---

146 Auerbach weist in diesem Zusammenhang auf die Bedeutung von Inferenzschlüssen hin, die nicht durch den Text vorgegeben werden, sondern aus dem Wissen des Lesers hervorgehen. Beispielsweise kann der Leser die vom Text angedeuteten Charakterzüge selbstständig ergänzen, indem er „eine volle Gestalt aus seinem Bekanntenkreise einsetz[t]" (Auerbach 1867, 43). Das Prinzip erwähnt auch Keiter (1876, 174–175), wobei dieser es allerdings auf die Beschreibung von Gegenständen und Orten bezieht.

> Und weil die Personen nicht allgemein geschildert sind [...], so daß wir ein Programm ihres Wesens hätten, ist jede einzelne Kundgebung, in Erscheinung und Charakter, unserer Erwartung gemäß und doch überrascht uns wieder jede Besonderheit, als ob wir die Charaktereigenthümlichkeit immer neu und doch wieder mit unserer allgemeinen Vorstellung zusammenstimmend fänden. *Befriedigung* und *Ueberraschung* halten einander auf und ab die Wage. Der Leser sieht sich in seinen Erwartungen befriedigt und doch vom Dichtergeiste immer überboten. [...] Jede neue Wahrnehmung eröffnet uns eine neue unvermuthete Bekanntschaft in dem bereits Bekannten. (Auerbach 1867, 42)

Diese Passage erinnert deutlich an Ludwigs Bemerkungen über die Ausbildung von Erwartungshaltungen während der Lektüre (vgl. Kap. 4.1.6.1).[147] Auch nach Auerbachs Darstellung folgt die Generierung von Wissen über die Figuren in der Erzählung einem pragmatischen Prinzip. Das heißt, der Leser bildet auf Grundlage getätigter Erfahrungen eine Hypothese über das zukünftige Verhalten der Figur aus, die er dann fortlaufend überprüft und gegebenenfalls modifiziert.[148] Variation und Überraschung erhalten demzufolge das Interesse an der Figur und vermitteln zugleich den Eindruck, einer tatsächlichen Person gegenüberzustehen, die, von verschiedenen Standpunkten aus wahrgenommen, auch unterschiedliche Seiten ihres Charakters preisgibt. Als ein Mittel, eine bestimmte Erwartungshaltung beim Leser zu schüren und zusätzlich die „Theilnehmung des Lesers und seine Aufmerksamkeit zu erwecken", nennt Auerbach das Verfahren, „Personen, die innerhalb der Dichtung stehen, auf bedeutsame Persönlichkeiten vor ihrem Auftreten" hinweisen zu lassen (1867, 60). „Wie im Leben" sei es dann allerdings nicht leicht, eine vorab gefasste Meinung und die damit verbundene Erwartungshaltung später zum Vorteil oder Nachteil der Figuren zu korrigieren (Auerbach 1867, 60).

---

147 Die Analysen der beiden Theoretiker korrespondieren auch in der Wertschätzung spannungserzeugender Erzählverfahren. Auerbach präferiert hier hierbei, analog zum Wechselspiel zwischen Erwartung und Überraschung, ein Alternieren von Sympathie („Behagen") und Spannung („Unruhe"): „Es gehört zu den höchsten und nur selten erreichten Erfordernissen der Erzählungskunst, das Sympathische und die Spannung gleichmäßig und gemeinsam in Wirkung zu bringen" (Auerbach 1867, 55).

148 Figuren, deren Auftreten keine verlässlichen Aussagen über ihr zukünftiges Verhalten ermöglicht, etwa weil sie zu sprunghaft handeln oder ihre Motive gänzlich im Dunkeln gelassen werden, stuft Auerbach konsequenterweise als Problemfälle ein. Auf dem Vorwurf, zu viele dieser unbeständigen oder opaken Charaktere gestaltet zu haben, beruht auch seine Kritik an den Romanen Jean Pauls: „Man ist bei einem Buche Jean Pauls nie sicher oder man kann auch nicht einmal ahnen, was nun folgen wird, in Scenen, Thaten und Ereignissen, und man ist wiederum in keiner Situation sicher, was Held und Heldin darin denken und empfinden und der Dichter dazu anmerken wird" (Auerbach 1867, 172).

4.2.4 Zusammenfassung

„Wie im Leben" – diese Worte haben programmatische Bedeutung. Auerbachs erzähltheoretische Bemühungen drehen sich in der Regel um Erzählstrategien, mit denen die Analogiebildung zwischen literarischer und alltäglicher Wirklichkeit gefördert werden kann. Sein Ansatz überschneidet sich in dieser Hinsicht mit den Beiträgen Ludwigs, Fontanes und bis zu einem gewissen Punkt auch Spielhagens. Eine zentrale Gemeinsamkeit der Texte insbesondere von Ludwig, Auerbach und Fontane ist die rezeptionsorientierte Ausrichtung, worunter in diesem Fall die Aufmerksamkeit für das Verhältnis zwischen Rezipienten und Figurenwelt, das Interesse an Techniken der Rezeptionsführung und damit einhergehend an den Kategorien der Perspektive und der Spannung zu verstehen ist. Theoriegeschichtlich relevant ist daneben vor allem die narratologische Erfassung und Aufwertung der bis zur Mitte des neunzehnten Jahrhunderts praktisch vollkommen ignorierten homodiegetischen Erzählung. Das gestiegene Interesse an dieser Erzählform erklärt sich aus ihrer spezifischen Leistung, die Transformation von Ereignissen in Erlebnisse, das heißt ihre Einordnung in die Sinnzusammenhänge des konkreten Lebensvollzugs, darzustellen zu können und damit zugleich den von der Literaturtheorie betonten Zusammenhang von Einbildungskraft und Erinnerungsvermögen transparent zu machen.

Weitere Differenzen zu älteren erzähltheoretischen Ansätzen lassen sich im Hinblick auf die Theorie der epischen Handlung und die Konzeptualisierung des Helden erkennen. Im Laufe des neunzehnten Jahrhunderts etabliert sich ein Heldenbegriff, der den Protagonisten nicht mehr primär als Handelnden oder als Objekt eines Bildungsprozesses beschreibt, sondern als Erlebnismedium und als Stellvertreter des Lesers in der erzählten Welt, dem die Funktion zukommt, den Rezipienten in den dargestellten Sozialraum einzuführen. Gleichzeitig löst sich die Theorie langsam vom idealistischen Handlungsverständnis, das an Aristoteles anschließt und die Austragung eines zentralen Konflikts in den Mittelpunkt rückt, und entwirft stattdessen ein offeneres, in Ansätzen serielles Handlungsmodell, das den situationsstabilisierenden Gewohnheiten und Handlungsroutinen mehr Raum zumisst. Diese Auffassung ermöglicht es, das lebensweltliche Fundament menschlicher Interaktion in den Kreis literarischer Darstellung zu ziehen: die präreflexiven Einstellungen und Wertsetzungen, die unhinterfragten Überzeugungen und Handlungsroutinen, die den Alltag strukturieren und den Bezugsrahmen aufspannen, der dem Handeln der einzelnen Individuen Konsistenz und Sinn verleiht. Überspitzt gesagt, geht es einer Literatur, die diesen Prämissen folgt, weniger um einzelne Handlungen als vielmehr um die Erhellung der handlungsleitenden Voraussetzungen. Das Erzählinteresse richtet sich also auf die Strukturen und Wirkungszusammenhänge der Alltags- und Lebenswelt. An die Stelle des narrativen Schemas von Konflikt und Lösung tritt immer mehr das Prinzip von Wiederholung und Variation. Sehr deutlich lässt sich diese Entwicklung an Ludwigs *Romanstudien* und an den theoretischen Äußerungen Fontanes ablesen, Spielhagen hingegen beschreibt die Umrisse des gewandelten Handlungs- und Heldenkonzeptes nur *ex negativo*, nämlich im Verriss von Eliots *Middlemarch* (1871–1872).

Die Transformation des Handlungskonzeptes hat auch Einfluss auf die Art und Weise, wie über die Figurenrede nachgedacht wird. Das wichtigste theoretische Zeugnis zu diesem thematischen Zusammenhang sind einmal mehr die *Romanstudien*. Ludwig tritt dafür ein, die Figurenrede aus den Funktionsbeziehungen der Handlung zu lösen und als eigenbewegliche Tätigkeit zu verstehen, wobei die eigentlich relevanten Informationen weniger über die Inhalte als vielmehr über die Art und Weise des Sprechens vermittelt werden. Einige Bemerkungen Fontanes, vor allem aber der für seine Poetik zentrale Begriff des Geplauders deuten in eine ähnliche Richtung. Stärker als Ludwig jedoch verbindet Fontane mit dem Dialog auch ein Prinzip der Dialogizität, mithin die Forderung nach einer wechselseitigen Beschränkung von Standpunkten und Wahrheitsansprüchen.

Die zahlreichen Überschneidungen zwischen den behandelten Autoren sowie die Abweichungen von den Erkenntnisinteressen und Begriffen der idealistischen Ästhetik bestätigen die Annahme eines in der zweiten Hälfte des neunzehnten Jahrhunderts sich vollziehenden theoriegeschichtlichen Wandels. Das wiederum rechtfertigt die Ansetzung eines realistischen Erzählmodells als abgrenzbarer Periode in der Geschichte der Narratologie.

5 Fazit und Ausblick

Um Ludwigs *Romanstudien* historisch zu verorten, wurde ein weites Feld durchmessen. Ein solcher Brückenschlag birgt stets das Problem, die Komplexität der begrifflichen Voraussetzungen und Vernetzungen in den spezifischen Kontexten nicht angemessen wiedergeben zu können. Ohne Verkürzungen und Vereinfachungen ist ein Vergleich über die Grenzen von Literatursystemen und Epochen hinweg kaum möglich. Der Nutzen dieser Vorgehensweise liegt darin, einen bisher kaum beleuchteten theoriegeschichtlichen Zusammenhang aufzeigen zu können. Die gewonnenen Ergebnisse lassen sich in drei zentralen Punkten zusammenfassen:

(1) Es ist deutlich geworden, dass die theoretische Auseinandersetzung mit der Erzählung und den Formen des Erzählens weit vor der Etablierung einer wissenschaftlichen Erzähltheorie zu Beginn des zwanzigsten Jahrhunderts einsetzt. Spätestens seit dem ausgehenden achtzehnten Jahrhundert lässt sich eine kontinuierliche Beschäftigung mit narratologisch relevanten Fragen auf dem Gebiet der Poetik und Ästhetik beobachten. Die theorieleitenden Prämissen sind dabei einem steten Wandel unterworfen, und damit verändern sich sowohl die Interessenschwerpunkte als auch die konzeptuellen Werkzeuge der Theoretiker. So wird es möglich, systematisierende Begriffe und Modelle auf historisch bedingte Konstellationen zu beziehen und auf diese Weise Perioden der Theoriegeschichte voneinander abzugrenzen.

(2) Mit der Entwicklung eines realistischen Literatursystems um die Mitte des neunzehnten Jahrhunderts korreliert ein Transformationsprozess innerhalb der Erzähltheorie, so dass von einem realistischen Erzählmodell als abgrenzbarer Periode der Theoriegeschichte gesprochen werden kann. Die wichtigsten erzähltheoretischen Beiträge der Zeit, allen voran Ludwigs *Romanstudien*, unterscheiden sich signifikant in ihren Prämissen und Begriffen von der Erzähltheorie der Spätaufklärung, der Klassik und Romantik, aber auch der idealistischen Ästhetik. Letztere bleibt jedoch, getragen von der Autorität Hegels und Vischers, bis weit in die zweite Hälfte des neunzehnten Jahrhunderts hinein von großem Einfluss auf den literaturtheoretischen Diskurs. Häufig überlappen und vermischen sich daher in den Texten der Zeit die im Grunde disparaten Vorstellungen des idealistischen und des realistischen Erzählmodells, am auffälligsten in den Aufsätzen Spielhagens.

(3) Der Einbezug des erzähltheoretischen Diskurses trägt erheblich zur Präzisierung des realistischen Literaturprogramms bei. Es zeigt sich, dass sich die Realismustheorie der Zeit nicht in mehr oder weniger vagen Aussagen über das Verhältnis von Wirklichkeit und Kunst, Detailinteresse und Verklärungsanspruch

https://doi.org/10.1515/9783110541502-005

erschöpft. Es gibt eine differenzierte Diskussion über die konkreten Prinzipien und Strukturgesetze, denen die literarische Konstruktion erzählter Welten folgt beziehungsweise folgen soll. Aus ihr geht hervor, dass das vornehmliche Darstellungsinteresse der Realisten nicht in der Abbildung oder Widerspiegelung von Wirklichkeit liegt, sondern in der Imitation von Wirklichkeitserfahrung. Im Mittelpunkt steht das Bedürfnis, die Prozesse der Konstitution von Wirklichkeit im Denken und Handeln des Menschen auf die Bauprinzipien der Erzählung zu übertragen und darüber, zumindest indirekt, der Reflexion zugänglich zu machen.

Aus diesen Ergebnissen eröffnet sich eine Reihe von Anschlussfragen, von denen ich an dieser Stelle die aus meiner Sicht relevantesten kurz umreißen möchte. Der Anlage der Untersuchung entsprechend beziehen sie sich zum einen auf das Problem der Historizität narrativer Beschreibungskategorien und auf die Herausforderungen einer erweiterten Theoriegeschichte, zum anderen auf die Bedeutung der erzähltheoretischen Diskussion für die Rekonstruktion eines Literatursystems beziehungsweise einer Epoche ‚Realismus'.

Ein dringender Untersuchungs- und Diskussionsbedarf besteht in der Frage, inwieweit aktuelle Beschreibungsmodelle und Begriffsvorschläge alternative Konzepte der historischen Erzähltheorie berücksichtigen sollten. Denn die Tatsache, dass die systematische Beschäftigung mit der Erzählung bis ins achtzehnte Jahrhundert zurückreicht, sagt nichts darüber aus, ob die unter erkennbar differierenden denk- und literaturgeschichtlichen Prämissen entwickelten Konzepte auch für die moderne Theoriebildung relevant sind. Sicherlich ist die Heranziehung älterer Begriffe nicht in jedem Fall notwendig, mitunter sogar irreführend, wenn es um die Entwicklung klarer und operabler Terminologien geht. Gleichwohl ist die Frage berechtigt, ob die stärkere Berücksichtigung alternativer Konzepte nicht auch das Bewusstsein für die Variabilität sowohl der erzählerischen Darstellungsformen selbst als auch ihrer Funktionalisierungen schärfen könnte. Möglicherweise bietet sich hier ein dritter Weg zwischen der Auffassung von Erzähltheorie als einem „begriffliche[n] Werkzeugkasten", der zur neutralen Beschreibung von Textstrukturen zwecks Vorbereitung oder Unterstützung einer „interpretative[n] Erschließung von Erzähltexten genutzt werden kann" (Köppe und Kindt 2014, 34), und ihrer Aufwertung zu einer Interpretationstheorie.[1] Stehen die herangezogenen alternativen Beschreibungskategorien in einem nachvollziehbaren historischen Zusammenhang mit den untersuchten Texten, dann lässt sich aus der erzähltheoretischen Analyse möglicherweise mehr gewinnen als eine

---

1 Zur Diskussion über den Status der Narratologie und ihre Funktion im Prozess der Interpretation literarischer Texte vgl. Kindt und Müller (2003a, 2003b).

neutrale Klassifikation von Struktureigenschaften; dann unterstützt sie nicht nur die beabsichtigte Interpretation, sondern ebnet ihr den Weg. Naheliegend erscheint mir diese historische Vertiefung der narratologischen Kategorien zum Beispiel hinsichtlich der mittlerweile wieder umstrittenen Trennung zwischen Autor und (fiktivem) Erzähler. Ein anderer Ansatzpunkt ergibt sich aus der in dieser Arbeit vorgelegten Interpretation von Ludwigs Theorie der Erzählformen. So wäre zu überlegen, ob nicht Stanzels Idee einer Typologie von Erzählsituationen – die an sich bereits eine historische Dimension aufweist, insofern darin zwischen ahistorischen Konstanten, den idealen Erzählsituationen, und ihren historischen Modifikationen unterschieden wird (vgl. Erll und Roggendorf 2002, 92–93, Fludernik 1996, 339) – im Rahmen einer historisch sensibilisierten Erzähltheorie wieder aufgegriffen werden könnte. Der Anspruch, alle denkbaren Verknüpfungen von Gestaltungsmerkmalen abbilden zu können, müsste dann allerdings zurücktreten zugunsten des Bemühens, historisch relevante Merkmalskombinationen zu identifizieren.

Um diese Zusammenhänge nicht nur abstrakt, sondern an konkreten Fällen diskutieren zu können, bedarf es zweifellos weiterer Forschung zur Geschichte der vormodernen Narratologie. Dabei wird die Frage zu klären sein, ob die hier vorgeschlagene Periodisierung der Theoriegeschichte durch neue Analysen und die Heranziehung weiterer Quellen gestützt werden kann oder ob sich alternative Zäsuren herauskristallisieren. Was die Quellenbasis betrifft, so steht zur Diskussion, inwieweit neben Texten und Äußerungen mehr oder weniger prominenter Autoren und Theoretiker auch andere Texttypen und andere Träger des literarischen Diskurses berücksichtigt werden müssen. Vielversprechende Anknüpfungspunkte für die künftige Forschung bietet meines Erachtens der Bereich der Literaturkritik. Hier wird es vor allem darum gehen, den Einfluss der Theorie auf die feuilletonistische Diskussion zu beleuchten und die Verwendungsweisen, die Geltungskraft und den Bedeutungswandel einzelner narratologischer Begriffe in diesem Gebiet nachzuvollziehen.

Der historische Schwerpunkt dieser Untersuchung lag auf der Erzähltheorie der zweiten Hälfte des neunzehnten Jahrhunderts und damit auf einem Zeitraum der Literaturgeschichte, dessen Epochencharakter in der Regel nicht angezweifelt wird. Der Terminus ‚realistisches Erzählmodell‘ impliziert bereits die Hypothese, dass die beschriebene theoriegeschichtliche Konstellation mit der Herausbildung eines Literatursystems respektive einer Epoche ‚Realismus‘ in Verbindung gebracht werden kann. Eine Verifikation dieser Annahme hätte nicht nur den Rahmen dieser Untersuchung überstiegen, sondern in gewisser Weise auch ihrer Anlage widersprochen. So wurde hervorgehoben, dass die Gesetzmäßigkeiten der narrativen Darstellung, die in den theoretischen Texten eines gegebenen Zeitraums beschrieben werden, nicht mit den Regularitäten korrespondieren müssen, die die Literaturwissenschaft als maßgeblich für das entsprechende Literatursystem ansieht. Die Theoriegeschichte darf nicht auf die Konzepte reduziert werden, die sich in der Praxis tatsächlich wiederfinden. Es kann nicht die Aufgabe der Geschichtsschreibung sein, nur passende theoretische Stichworte für die Untersuchung literarischer Texte herauszufiltern. Entsprechungen und Diskrepanzen zwischen Theorie und Praxis sind literaturgeschichtlich zweifellos relevant, ihre Untersuchung aber erst der zweite Schritt. Aus diesen Gründen wurde im Rahmen dieser Untersuchung von voreiligen Vergleichen abgesehen. Um die literaturhistorische Tragweite der diskutierten Begriffe dennoch zumindest anzudeuten, seien abschließend einige mögliche Bezugspunkte zwischen dem realistischen Erzählmodell und einigen literarischen Erzähltexten aus der zweiten Hälfte des neunzehnten Jahrhunderts aufgeführt.

Die Transformation des idealistischen Handlungsmodells und die Durchsetzung eines konfliktarmen, auf dem Prinzip von Wiederholung und Variation aufbauenden Erzählens lässt sich bereits an Ludwigs Werk nachweisen. Besonders auffällig ist der Handlungsaufbau in der umfangreichen Erzählung *Die Heiteretei* (1855–1856). Zwar lässt sich ein Grundkonflikt identifizieren, der sich durch das gesamte Werk zieht – kurz gesagt geht um die Entscheidung einer jungen, alleinstehenden Frau, entweder durch die Heirat ihre Selbstständigkeit und Freiheit zu verlieren oder das Risiko gesellschaftlicher Ausgrenzung und sozialer Schutzlosigkeit einzugehen –, doch nach der Exposition des Konflikts im ersten Viertel der Erzählung stagniert die Entwicklung und erkennbare Situationsveränderungen bleiben aus. Ludwig schafft den Figuren stattdessen den Raum sich auszuleben, er verlegt den Schwerpunkt der Darstellung auf die Sprech- und Handlungsroutinen und die darin zum Ausdruck kommenden präreflexiven Einstellungen und Charakterzüge. Ähnliche Phänomene der Entdramatisierung begegnen auch in anderen und bekannteren Texten der Zeit. Stifters große Erzählungen sind hier ebenso zu nennen wie die Romane Fontanes, insbesondere natürlich *Vor dem Sturm* (1878) und *Der Stechlin* (1897–1898), oder auch Raabes *Stopfkuchen* (1891). In diesen Kontext gehört auch der Funktionswandel des Dialoges, seine Verselbstständigung und Emanzipation von den Handlungsbezügen. In Ludwigs eigenen Erzählungen dient die Eigenbeweglichkeit der Figurenrede hauptsächlich der Darstellung unbewusster innerer Prozesse, in Fontanes Romanen steht die Dialoggestaltung zudem im Zeichen eines Objektivierungsanspruchs, der auf die wechselseitige Einschränkung verschiedener Standpunkte und Meinungen abzielt.

Wenig Schwierigkeiten dürfte es bereiten, Bezüge zwischen Ludwigs Theorie der Erzählformen und der Erzählpraxis seiner Zeit zu finden. Die Mischung von Bericht und Szene, die Ludwig präferiert, gilt ohnehin als ein Charakteristikum realistischen Erzählens. Darüber hinaus lässt sich aber auch das bei Ludwig und

Auerbach zu beobachtende Bemühen um eine Verbindung oder zumindest Annäherung von homo- und heterodiegetischer Erzählung in der Literatur nachweisen. Texte, in denen diese Grenze zu verschwimmen beginnt, bietet die Epoche jedenfalls genügend, angefangen von Stifters *Brigitta* (1844/1847) über die erste Fassung von Kellers *Der grüne Heinrich* (1854–1855) bis hin zu C. F. Meyers *Der Heilige* (1879).

Fruchtbare Vergleiche zwischen Theorie und Praxis scheinen mir des Weiteren mit Blick auf die Rezeptions- und Spannungsführung möglich zu sein. Beispielsweise wäre zu überlegen, ob zu den Erzählstrategien, die eine immersive Lektürehaltung befördern, nicht nur Stilmittel wie Leseransprachen, ein kolloquialer Erzählgestus oder szenische Darstellung zu rechnen sind, sondern auch Rahmenkonstruktionen, wie sie sich unter anderem in den Texten Raabes, Storms und C. F. Meyers, aber auch in Ludwigs *Zwischen Himmel und Erde* (1856) finden. Nicht die (zeitliche) Distanzierung vom erzählten Inhalt wäre dann das entscheidende Motiv der Rahmung, sondern die Möglichkeit der stufenweisen Heranführung des Lesers in die Erzählwelt, verbunden mit der Funktion, die Geschichte als eine erlebte und erinnerte darzustellen. Hinsichtlich der spannungserzeugenden Verfahren fällt auf, dass neben der Spannung der Teilnahme, die sich auf den Ausgang einer Handlung bezieht, auch die Spannung der Neugier, die sich auf die Identität einer Person oder die Aufklärung eines Sachverhalts bezieht und den Leser zur Hypothesenbildung anregt, zu einem beliebten literarischen Mittel avanciert. Das gilt nicht nur für Texte, die offen dem Muster der Kriminalgeschichte folgen wie Raabes *Stopfkuchen* (1891); relevant kann die Spannung der Neugier auch in anderen Kontexten sein, etwa wenn die Identität von Figuren zunächst im Verborgenen bleibt, aber durch genaue Beobachtung vom Leser entschlüsselt werden kann – ein Kunstgriff, den Stifter auffallend häufig in seinen Erzählungen verwendet.

Wenngleich die angedeuteten Überschneidungen an dieser Stelle nicht näher untersucht werden können, ergibt sich doch bereits aus dieser knappen Auflistung, dass von einer „Entfremdung von Literaturtheorie und Dichtung" (Widhammer 1972, 2–3) zumindest auf dem Gebiet der Erzähltheorie keine Rede sein kann. Der Einbezug der theoretischen Diskussion verspricht im Gegenteil die Rekonstruktion einer realistischen Erzählpoetik und die Identifikation der systemspezifischen Regularitäten wesentlich voranzubringen. Denn gerade aus Texten wie Ludwigs *Romanstudien* geht hervor, dass die zentralen Anliegen des literarischen Realismus, „den Modus vivendi einer bestimmten Gesellschaft" darzustellen (Swales 1997, 49) und den „Raum des sozialisierten Innenlebens" sichtbar zu machen (Swales 1997, 46), mehr verlangen als genaue Beobachtung und detaillierte Beschreibung. Die gesamte Architektur der Erzählung muss sich ändern, denn das „mentale Mobiliar" (Swales 1997, 46) einer Zeit kommt weniger in großen Gesten und zweifellos erzählenswerten Handlungen zum Ausdruck als im gedankenlosen Tun und im vermeintlich unbedeutenden Wort. Die Kunst liegt daher im Auffinden einer Kompositionsform, die das Selbstverständliche zum Ereignis erhebt, ohne ihm den Charakter des Beiläufigen zu nehmen.

6 Siglenverzeichnis

BT   Friedrich Spielhagen: *Beiträge zur Theorie und Technik des Romans* [Faks.-Dr. der 1. Aufl. von 1883]. Göttingen 1967.

FA   Johann Wolfgang Goethe: *Sämtliche Werke. Briefe, Tagebücher und Gespräche.* 40 Bde. (in 45). Hg. von F. Apel u. a. Frankfurt a. M. u. Berlin 1987 – 2013.

GS   Wilhelm Dilthey: *Gesammelten Schriften.* Hg. von Karlfried Gründer u. a. 25 Bde. Göttingen 1914 – 2006.

GSA   Goethe- und Schiller-Archiv Weimar

H   Otto Ludwig: Romanstudien [Handschrift]. Goethe- und Schiller-Archiv Weimar, GSA 61/VII,12.

KFSA   Friedrich Schlegel: *Kritische Friedrich-Schlegel-Ausgabe.* Hg. v. E. Behler u. a. Paderborn u. a. 1958 ff.

MA   Johann Wolfgang Goethe: *Sämtliche Werke nach Epochen seines Schaffens.* 21 Bde. (in 33). Hg. von K. Richter in Zusammenarbeit mit H. G. Göpfert, N. Miller, G. Sauder und E. Zehm. München 1985 – 1998.

RS   Otto Ludwig: *Romane und Romanstudien.* Hg. von W. J. Lillyman. München 1977.

STD   Otto Ludwig: *Studien.* 2 Bde. Hg. von A. Stern. Leipzig 1891.

VR   Christian Friedrich von Blanckenburg: *Versuch über den Roman* [Faks.-Dr. der Orig.-Ausg. von 1774]. Stuttgart 1965.

https://doi.org/10.1515/9783110541502-006

7 Literaturverzeichnis

Aarseth, Espen (2005). „Multi-Path Narrative". In: D. Herman, M. Jahn, M.-L. Ryan (Hgg.), *Routledge Encyclopedia of Narrative Theory.* London, 323–324.

Aczel, Richard (2005). „Voice". In: D. Herman, M. Jahn, M.-L. Ryan (Hgg.), *Routledge Encyclopedia of Narrative Theory.* London, 634–636.

Ajouri, Philip (2007). *Erzählen nach Darwin: die Krise der Teleologie im literarischen Realismus: Friedrich Theodor Vischer und Gottfried Keller.* Berlin.

Alexis, Willibald (1823). [Rez.:] „The Romances of Walter Scott". In: *[Wiener] Jahrbücher der Literatur* 22, 1–75.

Anz, Thomas (2002). „Das Poetische und das Pathologische: Umwertungskriterien im programmatischen Realismus". In: M. Titzmann (Hg.), *Zwischen Goethezeit und Realismus: Wandel und Spezifik in der Phase des Biedermeier.* Tübingen, 393–407.

Apel, Karl-Otto (1975 [1967]). *Der Denkweg von Charles Sanders Peirce: Eine Einführung in den amerikanischen Pragmatismus.* Frankfurt a. M.

Aristoteles (2006 [1982]). *Poetik.* Übers. und hg. von M. Fuhrmann. Stuttgart.

Auerbach, Berthold (1867). *Deutsche Abende.* Neue Folge. Stuttgart.

Auerbach, Berthold (2014). *Schriften zur Literatur.* Hg. von M. Twellmann. Göttingen.

Auerbach, Erich (2015 [1946]). *Mimesis: Dargestellte Wirklichkeit in der abendländischen Literatur.* Tübingen.

Aulke, Reinhard (1999). „Kalkulierte Illusion – harmonisierte Totalität: Die poetologischen Studien". In: C. Pilling (Hg.), *Otto Ludwig: das literarische und musikalische Werk.* Frankfurt a. M., 281–323.

Aumüller, Matthias (2006). „Die Stimme des Formalismus. Die Entwicklung des Stimmenbegriffs im russischen Formalismus". In: A. Blödorn, D. Langer, M. Scheffel (Hgg.), *Stimme(n) im Text: Narratologische Positionsbestimmungen.* Berlin, 31–52.

Aumüller, Matthias (2012). „Literaturwissenschaftliche Erzählbegriffe". In: M. Aumüller (Hg.), *Narrativität als Begriff: Analysen und Anwendungsbeispiele zwischen philologischer und anthropologischer Orientierung.* Berlin, 141–168.

Aust, Hugo (2000 [1977]). *Literatur des Realismus.* Stuttgart.

Aust, Hugo (2006). *Realismus: Lehrbuch Germanistik.* Stuttgart.

Bachtin, Michail M. (2008). *Autor und Held in der ästhetischen Tätigkeit.* Hg. von R. Grübel, E. Kowalski, U. Schmid. Frankfurt a. M.

Bal, Mieke (1977). *Narratologie: Essais sur la signification narrative dans quatre romans modernes.* Paris.

Barbauld, Anna Laetitia (1968 [1959]). „Three ways of telling a story". In: M. Allott (Hg.), *Novelists on the Novel.* London, 258–260.

Barck, Karlheinz (2000). „‚Ästhetik': Wandel ihres Begriffs im Kontext verschiedener Disziplinen und unterschiedlicher Wissenschaftskulturen". In: G. Scholtz (Hg.), *Die Interdisziplinarität der Begriffsgeschichte.* Hamburg, 55–62.

Barck, Karlheinz, Martin Fontius, Dieter Schlenstedt, Burkhart Steinwachs, Friedrich Wolfzettel (2000). „Vorwort". In: K. Barck, M. Fontius, D. Schlenstedt, B. Steinwachs, F. Wolfzettel (Hgg.), *Ästhetische Grundbegriffe.* Bd. 1. Stuttgart, VII-XIII.

Baroni, Raphaël (2009). „Tellability". In: P. Hühn, J. Pier, W. Schmid, J. Schönert (Hgg.), *Handbook of Narratology.* Berlin, 447–454.

Barthes, Roland (1968). „L'effet de réel". In: *Communication* 11, 84–89.

https://doi.org/10.1515/9783110541502-007

Barwick, Karl (1928). „Die Gliederung der narratio in der rhetorischen Theorie und ihre Bedeutung für die Geschichte des antiken Romans". In: *Hermes* 63, 261–287.

Baßler, Moritz (2013a). „Realismus – Serialität – Fantastik: Eine Standortbestimmung gegenwärtiger Epik". In: S. Horstkotte und L. Herrmann (Hgg.), *Poetiken der Gegenwart: deutschsprachige Romane nach 2000*. Berlin, 31–46.

Baßler, Moritz (2013b): „Zeichen auf der Kippe. Aporien des Spätrealismus und die Routines der Frühen Moderne". In: M. Baßler (Hg.), *Entsagung und Routines: Aporien des Spätrealismus und Verfahren der frühen Moderne*. Berlin, 3–21.

Batteux, Charles (1746). *Les Beaux arts réduits à un même principe*. Paris.

Batteux, Charles (1770 [1751]). *Einschränkung der Schönen Künste auf einen einzigen Grundsatz; aus dem Französischen übersetzt, und mit verschiednen eignen damit verwandten Abhandlungen begleitet von Johann Adolf Schlegeln* [Übers. von Batteux 1746]. Bd. 1. Leipzig.

Bayertz, Kurt, Myriam Gerhard, Walter Jaeschke (Hgg. 2007). *Weltanschauung, Philosophie und Naturwissenschaft im 19. Jahrhundert*. Bd. 3. Hamburg.

Behaghel, Otto (1877). *Über die Entstehung der abhängigen Rede und die Ausbildung der Zeitfolge im Altdeutschen*. Paderborn.

Behler, Ernst (1979). „Einleitung". In: F. Schlegel, *Studien des klassischen Altertums*. Hg. von E. Behler. Paderborn, XIII–CXCII.

Behrens, Irene (1940). *Die Lehre von der Einteilung der Dichtkunst: Vornehmlich vom 16. bis 19. Jahrhundert*. Halle/Saale.

Beiser, Frederick C. (2013). *Late German Idealism: Trendelenburg and Lotze*. Oxford.

Benne, Christian und Ulrich Breuer (Hgg. 2011). *Antike – Philologie – Romantik: Friedrich Schlegels altertumswissenschaftliche Manuskripte*. Paderborn.

Berhorst, Ralf (2002). *Anamorphosen der Zeit: Jean Pauls Romanästhetik und Geschichtsphilosophie*. Tübingen.

Bermes, Christian (2002). „‚Lebenswelt' (1836–1936): Von der Mikroskopie des Lebens zur Inszenierung des Erlebens". In: *Archiv für Begriffsgeschichte* 44, 175–197.

Bernd, Clifford Albrecht (1995). *Poetic Realism in Scandinavia and Central Europe: 1820–1895*. Columbia, SC.

Bernstein, Richard J. (2010). *The pragmatic turn*. Cambridge.

Blanckenburg, Christian Friedrich von (1775). „Die Leiden des jungen Werthers" [Rez.]. In: *Neue Bibliothek der schönen Wissenschaften und der freyen Künste* 18, 46–95.

Blödorn, Andreas, Daniela Langer, Michael Scheffel (Hgg. 2006). *Stimme(n) im Text*. Berlin.

Bode, Christoph (2005). *Der Roman. Eine Einführung*. Tübingen.

Bödeker, Hans Erich (Hg. 2002). *Begriffsgeschichte, Diskursgeschichte, Metapherngeschichte*. Göttingen.

Bowman, Peter James (2008). „Fontane and the Programmatic Realists: Contrasting Theories of the Novel". In: *The Modern Language Review* 103, 129–142.

Braungart, Georg und Dietmar Till (2003). „Rhetorik". In: J.-D. Müller, G. Braungart, H. Fricke, K. Grubmüller, F. Vollhardt, K. Weimar (Hgg.), *Reallexikon der deutschen Literaturwissenschaft*. Bd. 3. Berlin, 290–295.

Breuer, Ulrich (2011). „‚.Polemik gegen d[en] Buchstaben'. Diaskeuase und lyrisches Zeitalter in Friedrich Schlegels frühen Notizheften". C. Benne und U. Breuer (Hgg.), *Antike – Philologie – Romantik: Friedrich Schlegels altertumswissenschaftliche Manuskripte*. Paderborn, 81–100.

Brewer, William F. (1996). „The Nature of Narrative Suspense and the Problem of Rereading". In: P. Vorderer, H. J. Wulff, M. Friedrichsen (Hgg.), *Suspense: Conceptualizations, Theoretical Analyses, and Empirical Explorations.* Mahwah, N.J., 107 – 127.

Brinkmann, Richard (1977 [1957]). *Wirklichkeit und Illusion: Studien über Gehalt und Grenzen des Begriffs Realismus für die erzählende Dichtung des 19. Jahrhunderts.* Tübingen.

Broich, Ulrich (1983). „Gibt es eine ‚neutrale Erzählsituation'?" In: *Germanisch-Romanische Monatsschrift* 33, 129 – 145.

Brühl, Johann August Moritz (1839 – 1841). *Denkwürdigkeiten aus Walter Scott's Leben: Mit besonderer Beziehung auf seine Schriften; nach „Lockhart's Memoirs of the life of Sir Walter Scott" und den besten Original-Quellen.* 5 Bde. Leipzig.

Bucher, Max, Werner Hahl, Georg Jäger, Reinhard Wittmann (1981 [1976]). *Realismus und Gründerzeit: Mit einer Einführung in den Problemkreis und einer Quellenbiographie.* Bd. 1. Stuttgart.

Buchner, August (1663). *August Buchners kurzer Weg-Weiser zur Deutschen Tichtkunst.* Jena.

Burdorf, Dieter (2001). *Poetik der Form: Eine Begriffs- und Problemgeschichte.* Stuttgart.

Burdorf, Dieter (2011). „Blätter, Rosen, Gärten. Zur Theorie des lyrischen Fragments beim jungen Friedrich Schlegel (1794 – 1798)". In: C. Benne und U. Breuer (Hgg.), *Antike – Philologie – Romantik: Friedrich Schlegels altertumswissenschaftliche Manuskripte.* Paderborn, 101–146.

Buschmeier, Matthias (2008). *Poesie und Philologie in der Goethe-Zeit. Studien zum Verhältnis der Literatur mit ihrer Wissenschaft.* Tübingen.

Buschmeier, Matthias (2011). „Friedrich Schlegels Klassizismus". In: C. Benne und U. Breuer (Hgg.), *Antike – Philologie – Romantik: Friedrich Schlegels altertumswissenschaftliche Manuskripte.* Paderborn, 227 – 250.

Busse, Dietrich (2003). „Begriffsgeschichte oder Diskursgeschichte? Zu theoretischen Grundlagen und Methodenfragen einer historisch-semantischen Epistemologie". In: C. Dutt (Hg.), *Herausforderungen der Begriffsgeschichte.* Heidelberg, 17 – 38.

Carrière, Moriz (1854). *Das Wesen und die Formen der Poesie. Ein Beitrag zur Philosophie des Schönen und der Kunst. Mit literarhistorischen Erläuterungen.* Leipzig.

Carrière, Moriz (1859). *Aesthetik. Die Idee des Schönen und ihre Verwirklichung durch Natur, Geist und Kunst.* Bd. 2. Leipzig.

Chatman, Seymour (1978). *Story and discourse: Narrative Structure in Fiction and Film.* Ithaca.

Chatman, Seymour (1990). *Coming to Terms: The Rhetoric of Narrative in Fiction and Film.* Ithaca.

Colapietro, Vincent (2010). „C. S. Peirce". In: D. Moyar (Hg.), *The Routledge Companion to Nineteenth Century Philosophy.* London, 713 – 746.

Cornils, Anja und Wilhelm Schernus (2003). „On the Relationship between the Theory of the Novel, Narrative Theory, and Narratology". In: T. Kindt und H.-H. Müller (Hgg.), *What is narratology? Questions and answers regarding the status of a theory.* Berlin, 137 – 174.

Cowen, Roy C. (1985). *Der poetische Realismus: Kommentar zu einer Epoche.* München.

Cramer, Konrad (1972). „Erleben, Erlebnis". In: J. Ritter und K. Gründer (Hgg.), *Historisches Wörterbuch der Philosophie.* Bd. 2. Basel, Sp. 702 – 711.

Darby, David (2001). „Form and Context: An Essay in the History of Narratology". In: *Poetics Today* 22.4, 829 – 852.

Darby, David (2003). „Form and Context Revisited". In: *Poetics Today* 24.3, 423 – 437.

Decker, Jan-Oliver (2007). „Literaturgeschichtsschreibung und deutsche Literaturgeschichte. Ein Überblick". In: M. Wünsch, *Realismus (1850–1890): Zugänge zu einer literarischen Epoche*. Kiel, 13–39.

Doležel, Lubomír (1973). *Narrative Modes in Czech Literature*. Toronto.

Doležel, Lubomír (1990). *Occidental poetics: Tradition and progress*. Lincoln.

Dörr, Volker C. (2007). *Weimarer Klassik*. Paderborn.

Dörr, Volker C. (2011). „Über epische und dramatische Dichtung von Goethe und Schiller". In: B. Fischer und N. Oellers (Hgg.), *Der Briefwechsel zwischen Schiller und Goethe*. Berlin, 121–136.

Droysen, Johann Gustav (1977). *Historik*. Bd. 1. Hg. von P. Leyh. Stuttgart-Bad Cannstatt.

Dutt, Carsten (2010). „Begriffsgeschichte als Aufgabe der Literaturwissenschaft". In: C. Strosetzki (Hg.), *Literaturwissenschaft als Begriffsgeschichte*. Hamburg, 97–109.

Dutt, Carsten (Hg. 2003). *Herausforderungen der Begriffsgeschichte*. Heidelberg.

Eggers, Michael und Matthias Rothe (Hgg. 2009). *Wissenschaftsgeschichte als Begriffsgeschichte: terminologische Umbrüche im Entstehungsprozess der modernen Wissenschaften*. Bielefeld.

Eisele, Ulf (1976). *Realismus und Ideologie: Zur Kritik der literarischen Theorie nach 1848 am Beispiel des „Deutschen Museums"*. Stuttgart.

Eliot, George (1968 [1959]). „Many good ways of telling a story". In: M. Allott (Hg.), *Novelists on the Novel*. London, 262–264.

Engel, Johann Jakob (1845 [1806]). *Schriften*. Bd. 11. Berlin.

Engel, Johann Jakob (1964 [1774]). *Über Handlung, Gespräch und Erzählung* [Faks.-Dr. der ersten Fassung von Leipzig 1774 aus d. Neuen Bibliothek d. schönen Wissenschaften u.d. freyen Künste]. Hg. von E. T. Voss. Stuttgart.

Engel, Manfred (1993). *Der Roman der Goethezeit: Anfänge in Klassik und Frühromantik*. Stuttgart.

Erll, Astrid und Simone Roggendorf (2002). „Kulturgeschichtliche Narratologie: Die Historisierung und Kontextualisierung kultureller Narrative". In: A. Nünning und V. Nünning (Hgg.), *Neue Ansätze in der Erzähltheorie*. Trier, 73–113.

Ermarth, Elizabeth Deeds (1998 [1983]). *Realism and Consensus in the English novel: Time, Space and Narrative*. Edinburgh.

Ernst, Ulrich (2000). „Die natürliche und die künstliche Ordnung der Welt. Grundzüge einer historischen Narratologie". In: R. Zymner (Hg.), *Erzählte Welt – Welt des Erzählens*. Köln, 179–199.

Eschenburg, Johann Joachim (1805 [1783]). *Entwurf einer Theorie und Literatur der schönen Redekünste*. Berlin.

Fludernik, Monika (1993). *The fictions of language and the languages of fiction: The linguistic representation of speech and consciousness*. London.

Fludernik, Monika (1996). *Towards a ‚Natural' Narratology*. London.

Fludernik, Monika (2003a). „History of Narratology: A Rejoinder". In: *Poetics Today* 24.3, 405–411.

Fludernik, Monika (2003b). „The Diachronization of Narratology". In: *Narrative* 11.3, 331–348.

Fludernik, Monika (2008 [2006]). *Erzähltheorie: Eine Einführung*. Darmstadt.

Fludernik, Monika und Uri Margolin (2004). „Introduction". In: *Style* 38.2, 148–187.

Fontane, Theodor (1969). *Sämtliche Werke*. Abt. 3. Bd. 1. Hg. von J. Kolbe. München.

Fontane, Theodor (1979). *Werke, Schriften und Briefe.* Abt. 4, Bd. 2. Hg. von O. Drude, G. Krause, H. Nürnberger. München.

Fontane, Theodor (1980). *Werke, Schriften und Briefe.* Abt. 4, Bd. 3. Hg. von O. Drude, M. Hellge, H. Nürnberger. München.

Fontane, Theodor (1982). *Werke, Schriften und Briefe.* Abt. 4, Bd. 4. Hg. von O. Drude und H. Nürnberger. München.

Fontane, Theodor (2011). *Vor dem Sturm: Roman aus dem Winter 1812 auf 13.* Bd. 1. Hg. von C. Hehle. Berlin.

Frick, Werner (1988). *Providenz und Kontingenz: Untersuchungen zur Schicksalssemantik im deutschen und europäischen Roman des 17. und 18. Jahrhunderts.* Bd. 2. Tübingen.

Fricke, Harald (2010): „Invarianz und Variabilität von Gattungen". In: R. Zymner (Hg.), *Handbuch Gattungstheorie.* Stuttgart, 19 – 21.

Fricke, Harald und Klaus Weimar (1996). „Begriffsgeschichte im Explikationsprogramm: Konzeptuelle Anmerkungen zum neubearbeiteten ‚Reallexikon der deutschen Literaturwissenschaft'". In: *Archiv für Begriffsgeschichte* 39, 7 – 18.

Friedemann, Käte (1969 [1910]). *Die Rolle des Erzählers in der Epik* [Unveränd. reprograf. Nachdr. d. Ausg. Berlin 1910]. Darmstadt.

Fulda, Daniel (1996). *Wissenschaft aus Kunst: Die Entstehung der modernen deutschen Geschichtsschreibung 1760 – 1860.* Berlin.

Gadamer, Hans-Georg (2010 [1960]). *Wahrheit und Methode: Grundzüge einer philosophischen Hermeneutik.* Tübingen.

Gamm, Gerhard (1997). *Der deutsche Idealismus: Eine Einführung in die Philosophie von Fichte, Hegel und Schelling.* Stuttgart.

Gatterer, Johann Christoph (1990 [1967]). „Von der Evidenz in der Geschichtskunde". In: H. W. Blanke und D. Fleischer (Hgg.), *Theoretiker der deutschen Aufklärungshistorie.* Bd. 1. Stuttgart, 466 – 478.

Genette, Gérard (1990): *Einführung in den Architext* [Übers. von Genette 1979]. Stuttgart.

Genette, Gérard (1998 [1994]). *Die Erzählung* [Übers. von Genette 1972 und 1983]. München.

Geppert, Hans Vilmar (1994). *Der realistische Weg: Formen pragmatischen Erzählens bei Balzac, Dickens, Hardy, Keller, Raabe und anderen Autoren des 19. Jahrhunderts.* Tübingen.

Gerlach, Klaus (1987). „Zur Neudatierung eines Aufsatzes von Goethe und Schiller". In: *Goethe-Jahrbuch* 104, 379 – 381.

Gesse, Sven (1997). *„Genera mixta": Studien zur Poetik der Gattungsmischung zwischen Aufklärung und Klassik-Romantik.* Würzburg.

Gethmann-Siefert, Annemarie (1984). *Die Funktion der Kunst in der Geschichte: Untersuchungen zu Hegels Ästhetik.* Bonn.

Gethmann-Siefert, Annemarie (2005a). „Drama oder Komödie? Hegels Konzeption des Komischen und des Humors als Paradigma der romantischen Kunstform". In: A. Gethmann-Siefert, L. de Vos, B. Collenberg-Plotnikov (Hgg.), *Die geschichtliche Bedeutung der Kunst und die Bestimmung der Künste.* München, 175 – 187.

Gethmann-Siefert, Annemarie (2005b). *Einführung in Hegels Ästhetik.* München.

Goethe, Johann Wolfgang (1988). *Briefe an Goethe.* Bd. 1. Hg. von K. R. Mandelkow. München.

Gottschall, Rudolph (1858). *Poetik: Die Dichtkunst und ihre Technik. Vom Standpunkte der Neuzeit.* Breslau.

Gottsched, Johann Christoph (1730). *Versuch einer Critischen Dichtkunst vor die Deutschen.* Leipzig.

Grimm, Jacob (1869). *Kleinere Schriften.* Bd. 4. Berlin.

Grimm, Wilhelm (1829). *Die deutsche Heldensage.* Göttingen.

Grüne, Matthias (2013). „Ein Misston im Menschen. Theorie und Praxis der charakterologischen Tragödie bei Otto Ludwig und Friedrich Hebbel". In: *Hebbel-Jahrbuch* 68, 102–126.

Grüne, Matthias (2014). „Das vergessene Erbe. Zur Konzeption einer Geschichte der Erzähltheorie". In: *DIEGESIS. Interdisziplinäres E-Journal für Erzählforschung* 3.2, 50–65.

Grüne, Matthias (2015). „Dem Schicksal auf den Grund gekommen? Zur Genese einer realistischen Tragödientheorie in Otto Ludwigs ,Shakespeare-Studien'". In: C. Jansohn (Hg.), *Shakespeare unter den Deutschen.* Stuttgart, 49–62.

Grüne, Matthias (2016). „Kontinuität und Historizität narratologischer Begriffe". In: H. Kämper, I. H. Warnke, D. Schmidt-Brücken (Hgg.), *Textuelle Historizität: Interdisziplinäre Perspektiven auf das historische Apriori.* Berlin, 123–139.

Grünzweig, Walter und Andreas Solbach (1999). „Einführung: Narratologie und interdisziplinäre Forschung". In: W. Grünzweig und A. Solbach (Hgg.), *Grenzüberschreitungen: Narratolgie im Kontext.* Tübingen, 1–15.

Gumbrecht, Hans Ulrich (1980). „Erzählen in der Literatur – Erzählen im Alltag". In: K. Ehlich (Hg.), *Erzählen im Alltag.* Frankfurt a. M., 403–419.

Gumbrecht, Hans Ulrich (1982). „Über den Ort der Narration in narrativen Gattungen". In: E. Lämmert (Hg.), *Erzählforschung: ein Symposion.* Stuttgart, 202–217.

Günther, Werner (1928). *Probleme der Rededarstellung: Untersuchungen zur direkten, indirekten und „erlebten" Rede im Deutschen, Französischen und Italienischen.* Bern.

Gutzkow, Karl (1984). „Der ,Roman des Nebeneinander' (1850, 1854)". In: H. Steinecke (Hg.), *Romanpoetik in Deutschland: Von Hegel bis Fontane.* Tübingen, 113–116.

Habermas, Jürgen (2003 [1968]). *Erkenntnis und Interesse.* Frankfurt a. M.

Habermas, Jürgen (2004 [1999]). *Wahrheit und Rechtfertigung: Philosophische Aufsätze.* Frankfurt a. M.

Habermas, Jürgen (2011). „Von den Weltbildern zur Lebenswelt". In: C. F. Gethmann (Hg.), *Lebenswelt und Wissenschaft.* Hamburg, 63–88.

Haferland, Harald und Matthias Meyer (2010). „Streitgespräch". In: H. Haferland und M. Meyer (Hgg.), *Historische Narratologie – Mediävistische Perspektiven.* Berlin, 429–444.

Haferland, Harald und Matthias Meyer (Hgg. 2010). *Historische Narratologie – Mediävistische Perspektiven.* Berlin.

Hahl, Werner (1971). *Reflexion und Erzählung: Ein Problem der Romantheorie von der Spätaufklärung bis zum programmatischen Realismus.* Stuttgart.

Halliwell, Stephen (2009). „The Theory and Practice of Narrative in Plato". In: J. Grethlein und A. Rengakos (Hgg.), *Narratology and Interpretation: The Content of Narrative Form in Ancient Literature.* Berlin, 15–41.

Hamann, Christof und Michael Scheffel (Hg. 2013). *Berthold Auerbach: Ein Autor im Kontext des 19. Jahrhunderts.* Trier.

Haßler, Gerda und Cordula Neis (2009). „Einleitung". In: G. Haßler und C. Neis, *Lexikon sprachtheoretischer Grundbegriffe des 17. und 18. Jahrhunderts.* Bd. 1. Berlin, 1–134.

Hay, Gerhard (1981). „Theodor Fontane an Wilhelm Hertz: Ein Nachtrag zur Briefedition". In: *Jahrbuch der deutschen Schillergesellschaft* 25, 97–103.

Hegel, Georg Wilhelm Friedrich (1998). *Vorlesungen: Ausgewählte Nachschriften und Manuskripte*. Bd. 2. Hg. von A. Gethmann-Siefert. Hamburg.

Hegel, Georg Wilhelm Friedrich (2004). *Philosophie der Kunst oder Ästhetik: Nach Hegel. Im Sommer 1826. Mitschrift Friedrich Carl Hermann Victor von Kehler*. Hg. von A. Gethmann-Siefert und B. Collenberg-Plotnikov. München.

Hegel, Georg Wilhelm Friedrich (2005). *Philosophie der Kunst: Vorlesung von 1826*. Hg. von A. Gethmann-Siefert, J.-I. Kwon, K. Berr. Frankfurt a. M.

Hegel, Georg Wilhelm Friedrich (2007 [1986]). *Werke*. Bd. 13. Hg. von E. Moldenhauer und K. M. Michel. Frankfurt a. M.

Hegel, Georg Wilhelm Friedrich (2008 [1986]). *Werke*. Bd. 15. Hg. von E. Moldenhauer und K. M. Michel. Frankfurt a. M.

Hellmann, Winfried (1974 [1957]). „Objektivität, Subjektivität und Erzählkunst. Zur Romantheorie Friedrich Spielhagens". In: R. Brinkmann (Hg.), *Begriffsbestimmung des literarischen Realismus*. Darmstadt, 86–159.

Helmstetter, Rudolf (1998). *Die Geburt des Realismus aus dem Dunst des Familienblattes: Fontane und die öffentlichkeitsgeschichtlichen Rahmenbedingungen des poetischen Realismus*. München.

Hempfer, Klaus W. (2010). „Redekriterium". In: R. Zymner (Hg.), *Handbuch Gattungstheorie*. Stuttgart, 39–41.

Herman, David (2008 [2005]). „Histories of Narrative Theory (I): A Genealogy of Early Developments". In: J. Phelan und P. J. Rabinowitz (Hgg.), *A Companion to Narrative Theory*. Malden, Mass., 19–35.

Heydrich, Moritz (1872). „Vorbericht". In: O. Ludwig, *Shakespeare-Studien*. Bd. 1. Hg. von M. Heydrich. Leipzig, I–L.

Hillebrand, Bruno (1993 [1972]). *Theorie des Romans: Erzählstrategien der Neuzeit*. Stuttgart.

Hillebrand, Bruno (Hg. 1978). *Zur Struktur des Romans*. Darmstadt.

Hoesterey, Ingeborg (1992). „Introduction". In: A. Fehn, I. Hoesterey, M. Tatar (Hgg.), *Neverending stories: Toward a Critical Narratology*. Princeton, N.J., 3–14.

Hogrebe, Wolfram (2009). *Riskante Lebensnähe: Die szenische Existenz des Menschen*. Berlin.

Hogrebe, Wolfram (2011). „Riskante Lebensnähe". In: C. F. Gethmann (Hg.), *Lebenswelt und Wissenschaft*. Hamburg, 40–62.

Horaz [Quintus Horatius Flaccus] (2005 [1972]). *Ars Poetica – Die Dichtkunst*. Stuttgart.

Horn, András (1998). *Theorie der literarischen Gattungen: Ein Handbuch für Studierende der Literaturwissenschaft*. Würzburg.

Hübner, Gert (2010). „evidentia: Erzählformen und ihre Funktionen". In: H. Haferland und M. Meyer (Hgg.), *Historische Narratologie – Mediävistische Perspektiven*. Berlin, 119–147.

Hügel, Hans-Otto (1978). *Untersuchungsrichter, Diebsfänger, Detektive: Theorie und Geschichte der deutschen Detektiverzählung im 19. Jahrhundert*. Stuttgart.

Hühn, Peter (2009). „Event and Eventfulness". In: P. Hühn, J. Pier, W. Schmid, J. Schönert (Hgg.), *Handbook of Narratology*. Berlin, 80–97.

Humboldt, Wilhelm von (1986 [1961]). *Werke in fünf Bänden*. Bd. 2. Hg. von A Flitner und K. Giel. Darmstadt.

Jaeschke, Walter (2005). „Kunst und Religion. Überlegungen zu ihrer geistesphilosophischen Grundlegung". In: A. Gethmann-Siefert, L. de Vos, B. Collenberg-Plotnikov (Hgg.), *Die geschichtliche Bedeutung der Kunst und die Bestimmung der Künste*. München, 97–108.

Jaeschke, Walter (2010 [2003]). *Hegel-Handbuch: Leben – Werk – Schule*. Stuttgart.

Jaeschke, Walter und Andreas Arndt (2012). *Die Klassische Deutsche Philosophie nach Kant: Systeme der reinen Vernunft und ihre Kritik, 1785–1845*. München.

Jäger, Georg (1969). *Empfindsamkeit und Roman: Wortgeschichte, Theorie und Kritik im 18. und frühen 19. Jahrhundert*. Stuttgart.

Jannidis, Fotis (2004). *Figur und Person: Beitrag zu einer historischen Narratologie*. Berlin 2004.

Jannidis, Fotis (2009). „Character". In: P. Hühn, J. Pier, W. Schmid, J. Schönert (Hgg.), *Handbook of Narratology*. Berlin, 14–29.

Jannidis, Fotis, Gerhard Lauer, Matías Martínez, Simone Winko (1999). „Rede über den Autor an die Gebildeten unter seinen Verächtern: Historische Modelle und systematische Perspektiven". In: F. Jannidis, G. Lauer, M. Martínez, S. Winko (Hgg.), *Rückkehr des Autors: Zur Erneuerung eines umstrittenen Begriffs*. Tübingen, 3–35.

Jean Paul (2015). *Werke*. Bd. 5.2. Hg. von F. Bambeck. Berlin.

Jong, Irene J. F. de (2011 [1987]). *Narrators and focalizers: The presentation of the story in the Iliad*. London.

Jung, Matthias (1996). *Dilthey zur Einführung*. Hamburg.

Kayser, Wolfgang (1957). „Wer erzählt den Roman? Ein Vortrag". In: *Neue Rundschau* 68, 444–459.

Keiter, Heinrich (1876). *Versuch einer Theorie des Romans und der Erzählkunst*. Paderborn.

Kessler, Eckhard (1982). „Das rhetorische Modell der Historiographie". In: R. Koselleck, H. Lutz und J. Rüsen (Hgg.), *Formen der Geschichtsschreibung*. München, 37–85.

Kinder, Hermann (1973). *Poesie als Synthese: Ausbreitung eines deutschen Realismus-Verständnisses in der Mitte des 19. Jahrhunderts*. Frankfurt a. M.

Kindt, Tom und Hans-Harald Müller (2003a). „Narratology and Interpretation: A Rejoinder to David Darby". In: *Poetics Today* 24.3, 413–421.

Kindt, Tom und Hans-Harald Müller (2003b). „Wieviel Interpretation enthalten Beschreibungen? Überlegungen zu einer umstrittenen Unterscheidung am Beispiel der Narratologie". In: F. Jannidis, G. Lauer, M. Martínez, S. Winko (Hgg.), *Regeln der Bedeutung: Zur Theorie der Bedeutung literarischer Texte*. Berlin, 286–304.

Klotz, Volker (1960). *Geschlossene und offene Form im Drama*. München.

Knape, Joachim (2003). „Narratio". In: G. Ueding (Hg.), *Historisches Wörterbuch der Rhetorik*. Bd. 6. Tübingen, 98–106.

Knobloch, Clemens (1996). „Problemgeschichte und Begriffsgeschichte". In: H. E. Brekle und E. Dobnig-Jülich (Hgg.), *A Science in the Making*. Münster, 259–273.

Kocka, Jürgen und Thomas Nipperdey (Hgg. 1979). *Theorie und Erzählung in der Geschichte*. München.

Kohl, Katrin (2007). *Poetologische Metaphern: Formen und Funktionen in der deutschen Literatur*. Berlin.

Koopmann, Helmut (1998). „Schriften von Schiller und Goethe". In: H. Koopmann (Hg.), *Schiller-Handbuch*. Stuttgart, 639–652.

Köppe, Tilmann und Tom Kindt (2014). *Erzähltheorie: Eine Einführung*. Stuttgart 2014.

Kornbacher, Agnes (1998). „August Wilhelm Schlegels Einfluß auf den Aufsatz ‚Über epische und dramatische Dichtung von Goethe und Schiller' (1797)". In: *Goethe-Jahrbuch* 115, 63–67.

Korten, Lars (2009). *Poietischer Realismus: Zur Novelle der Jahre 1848–1888. Stifter, Keller, Meyer, Storm*. Tübingen.

Koselleck, Reinhart (1972). „Begriffsgeschichte und Sozialgeschichte". In: P. C. Ludz (Hg.), *Soziologie und Sozialgeschichte*. Opladen, 116 – 131.

Koselleck, Reinhart (2010). *Begriffsgeschichten: Studien zur Semantik und Pragmatik der politischen und sozialen Sprache*. Frankfurt a. M.

Koskimies, Rafael (1966 [1935]). *Theorie des Romans* [Unveränd. reprograf. Nachdr. d. Ausg. Helsinki 1935]. Darmstadt.

Kremer, Detlef und Andreas B. Kilcher (2015 [2001]). *Romantik: Lehrbuch Germanistik*. Stuttgart.

Kühne-Bertram, Gudrun (1983). „Aspekte der Geschichte und der Bedeutung des Begriffs ‚pragmatisch' in den philosophischen Wissenschaften des ausgehenden 18. und des 19. Jahrhunderts". In: *Archiv für Begriffsgeschichte* 27, 158 – 186.

Lach, Roman (2011). „Von Walter Scotts ‚liebenswürdigen Nullen' zu Friedrich Spielhagens ‚Held im Roman'. Die problematische Mitte des Realismus". In: J. Reiling und C. Rohde (Hgg.), *Das 19. Jahrhundert und seine Helden: Literarische Figurationen des (Post-) Heroischen*. Bielefeld, 215 – 234.

Lahn, Silke und Jan Christoph Meister (2008). *Einführung in die Erzähltextanalyse*. Stuttgart.

Lämmert, Eberhard (1965). „Nachwort". In: F. v. Blanckenburg, *Versuch über den Roman*. Stuttgart, 541 – 583.

Lämmert, Eberhard (1991). „Goethes empirischer Beitrag zur Romantheorie". In: P. M. Lützeler und J. E. McLeod (Hgg.), *Goethes Erzählwerk: Interpretationen*. Stuttgart, 9 – 36.

Lämmert, Eberhard (Hg. 1982). *Erzählforschung: ein Symposion*. Stuttgart.

Lämmert, Eberhard, Hartmut Eggert, Karl-Heinz Hartmann, Gerhard Hinzmann, Dietrich Scheunemann, Fritz Wahrenburg (Hgg. 1971). Romantheorie: Dokumentation ihrer Geschichte in Deutschland 1620 – 1880. Köln.

Lausberg, Heinrich (1960). *Handbuch der literarischen Rhetorik: Eine Grundlegung der Literaturwissenschaft*. München.

Le Bossu, René (1708 [1675]). *Traité du poëme épique*. Paris.

Lessing, Gotthold Ephraim (1985). *Werke und Briefe in zwölf Bänden*. Bd. 6. Hg. von K. Bohnen. Frankfurt a. M.

Lessing, Gotthold Ephraim (1990). *Werke und Briefe in zwölf Bänden*. Bd. 5.2. Hg. von W. Barner. Frankfurt a. M.

Lessing, Gotthold Ephraim (1992 [1967]). *Fabeln. Abhandlungen über die Fabel*. Hg. von H. Rölleke. Stuttgart.

Levine, Caroline (2003). *The Serious Pleasures of Suspense: Victorian Realism and Narrative Doubt*. Charlottesville.

Lillyman, William J. (1967). *Otto Ludwig's Zwischen Himmel und Erde: A study of its artistic structure*. The Hague.

Lobsien, Eckhard (2012). „Phänomenologie der Spielräume: Konstitutionsweisen lebensweltlicher und literarischer Gegenständlichkeit". In: A. Löck und D. Oschmann (Hgg. 2012), *Literatur & Lebenswelt*. Wien, 37 – 55.

Löck, Alexander und Dirk Oschmann (Hgg. 2012). *Literatur & Lebenswelt*. Wien.

Lockemann, Wolfgang (1963). *Die Entstehung des Erzählproblems: Untersuchungen zur deutschen Dichtungstheorie im 17. u. 18. Jahrhundert*. Meisenheim a. G.

Lockemann, Wolfgang (1965). „Zur Lage der Erzählforschung". In: *Germanisch-Romanische Monatsschrift*, N.F. 15, 63 – 84.

Lohre, Heinrich (1913). *Otto Ludwigs Romanstudien und seine Erzählungspraxis*. Berlin.

Lotze, Hermann (1856). *Mikrokosmus. Ideen zur Naturgeschichte und Geschichte der Menschheit.* Bd. 1. Leipzig.

Lotze, Hermann (1864). *Mikrokosmus. Ideen zur Naturgeschichte und Geschichte der Menschheit.* Bd. 2. Leipzig.

Luden, Heinrich (1808). *Grundzüge ästhetischer Vorlesungen zum akademischen Gebrauche.* Göttingen.

Ludwig, Otto (1874). *Nachlaßschriften Otto Ludwig's.* Bd. 1. Hg. von M. Heydrich. Leipzig.

Ludwig, Otto (1898). *Werke.* Bd. 3. Hg. von V. Schweizer. Leipzig.

Ludwig, Otto (1912–1922). *Werke.* 6 Bde. Hg. von P. Merker. München.

Mählich, Margarete (1918). *Otto Ludwigs Romanplan „Dämon Geld" und sein Verhältnis zu den „Romanstudien".* Anklam.

Maierhofer, Waltraud (1990). *„Wilhelm Meisters Wanderjahre" und der Roman des Nebeneinander.* Bielefeld.

Makkreel, Rudolf A. (1991). *Dilthey: Philosoph der Geisteswissenschaften* [Übers. von Makkreel 1975]. Frankfurt a. M.

Markner, Reinhard (2004). „Fraktale Epik. Friedrich Schlegels Antwort auf Friedrich Wolfs homerische Fragen". In: J. Müller-Tamm (Hg.), *Begrenzte Natur und Unendlichkeit der Idee.* Freiburg i. Br., 199–216.

Markwardt, Bruno (1959). *Geschichte der deutschen Poetik.* Bd. 4. Berlin.

Martínez, Matías (1996). *Doppelte Welten: Struktur und Sinn zweideutigen Erzählens.* Göttingen.

Martínez, Matías (1997). „Episch". In: K. Weimar, H. Fricke, K. Grubmüller, J.-D. Müller (Hgg.), *Reallexikon der deutschen Literaturwissenschaft.* Bd. 1. Berlin, 465–468.

Martínez, Matías (2004). „Allwissendes Erzählen". In: R. Zymner und M. Engel (Hgg.), *Anthropologie der Literatur.* Paderborn, 139–154.

Martínez, Matías (2012). „Dos Passos instead of Goethe! Some observations on how the history of narratology is and ought to be conceptualized". In: *DIEGESIS. Interdisziplinäres E-Journal für Erzählforschung* 1.1, 134–142.

Martínez, Matías und Michael Scheffel (2007 [1999]). *Einführung in die Erzähltheorie.* München.

Martini, Fritz (1974 [1968]). „Zur Theorie des Romans im deutschen ‚Realismus'". In: R. Grimm (Hg.), *Deutsche Romantheorien.* Bd. 1. Frankfurt a. M., 186–208.

Martini, Fritz (1981 [1962]). *Deutsche Literatur im bürgerlichen Realismus: 1848–1898.* Stuttgart.

McInnes, Edward (1972). „Analysis and Moral Insight in the Novel: Otto Ludwig's ‚Epische Studien'". In: *Deutsche Vierteljahrsschrift für Literaturwissenschaft und Geistesgeschichte* 46, 699–713.

Meister, Jan Christoph (2009). „Narratology". In: P. Hühn, J. Pier, W. Schmid, J. Schönert (Hgg.), *Handbook of Narratology.* Berlin, 329–350.

Mennemeier, Franz Norbert (1971). *Friedrich Schlegels Poesiebegriff dargestellt anhand der literaturkritischen Schriften: Die romantische Konzeption einer objektiven Poesie.* München.

Mertens, Volker (2010). „Theoretische und narrativierte Narratologie von Chrétien bis Kafka". In: H. Haferland und M. Meyer (Hgg.), *Historische Narratologie – Mediävistische Perspektiven.* Berlin, 17–34.

Messlin, Dorit (2011). *Antike und Moderne: Friedrich Schlegels Poetik, Philosophie und Lebenskunst.* Berlin.

Meyer, Albert (1957). *Die ästhetischen Anschauungen Otto Ludwigs.* Winterthur.

Mittenzwei, Ingrid (1970). *Die Sprache als Thema: Untersuchungen zu Fontanes Gesellschaftsromanen.* Bad Homburg v. d. H.

Mittenzwei, Ingrid (1974 [1968]). „Theorie und Roman bei Theodor Fontane". In: R. Grimm (Hg.), *Deutsche Romantheorien.* Bd. 2. Frankfurt a. M., 277–294.

Müller, Ernst (Hg. 2005). *Begriffsgeschichte im Umbruch?* Hamburg.

Müller, Götz (1996 [1990]). „Jean Pauls Ästhetik im Kontext der Frühromantik und des deutschen Idealismus". In: G. Müller, *Jean Paul im Kontext.* Hg. von. W. Riedel. Würzburg, 63–76.

Müller, Klaus-Detlef (1981). „Einführung: Realismus als Provokation". In: K.-D. Müller (Hg.), *Bürgerlicher Realismus: Grundlagen und Interpretationen.* Königstein/Ts., 1–24.

Müller-Seidel, Walter (1980 [1975]). *Theodor Fontane: soziale Romankunst in Deutschland.* Stuttgart.

Nicolai, Heinz (1934). *Wilhelm Dilthey und das Problem der dichterischen Phantasie.* München.

Nünlist, René (2009). „Narratological Concepts in Greek Scholia". In: J. Grethlein und A. Rengakos (Hgg.), *Narratology and Interpretation: The Content of Narrative Form in Ancient Literature.* Berlin, 63–83.

Nünning, Ansgar (1997). „Erzähltheorie". In: K. Weimar, H. Fricke, K. Grubmüller, J.-D. Müller (Hgg.), *Reallexikon der deutschen Literaturwissenschaft.* Bd. 1. Berlin, 513–517.

Nünning, Ansgar (2000). „Towards a Cultural and Historical Narratology: A Survey of Diachronic Approaches, Concepts, and Research Projects". In: B. Reitz und S. Rieuwerts (Hgg.), *Proceedings / Anglistentag 1999 Mainz.* Trier 2000, 345–373.

Nünning, Ansgar (2001). „Mimesis des Erzählens: Prolegomena zu einer Wirkungsästhetik, Typologie und Funktionsgeschichte des Akts des Erzählens und der Metanarration". In: J. Helbig (Hg.), *Erzählen und Erzähltheorie im 20. Jahrhundert.* Heidelberg, 13–47.

Nünning, Ansgar (2002). „Von der fiktionalisierten Historie zur metahistoriographischen Fiktion: Bausteine für eine narratologische und funktionsgeschichtliche Theorie, Typologie und Geschichte des postmodernen historischen Romans". In: D. Fulda und S. S. Tschopp (Hgg.), *Literatur und Geschichte: Ein Kompendium zu ihrem Verhältnis von der Aufklärung bis zur Gegenwart.* Berlin, 541–569.

Nünning, Ansgar (2009). „Surveying Contextualist and Cultural Narratologies: Towards an Outline of Approaches, Concepts and Potentials". In: S. Heinen und R. Sommer (Hgg.), *Narratology in the age of cross-disciplinary narrative research.* Berlin, 48–70.

Nünning, Ansgar und Vera Nünning (2000). „Von ‚der' Erzählperspektive zur Perspektivstruktur narrativer Texte: Überlegungen zur Definition, Konzeptualisierung und Untersuchbarkeit von Multiperspektivität". In: A. Nünning und V. Nünning (Hgg.), *Multiperspektivisches Erzählen: Zur Theorie und Geschichte der Perspektivstruktur im englischen Roman des 18. und 20. Jahrhunderts.* Trier, 3–38.

Nünning, Ansgar und Vera Nünning (2002). „Von der strukturalistischen Narratologie zur ‚postklassischen' Erzähltheorie: Ein Überblick über neue Ansätze und Entwicklungstendenzen". In: A. Nünning und V. Nünning (Hgg.), *Neue Ansätze in der Erzähltheorie.* Trier, 1–33.

Oehler, Klaus (1993). *Charles Sanders Peirce.* München.

Ort, Claus-Michael (1998). *Zeichen und Zeit: Probleme des literarischen Realismus.* Tübingen.

Ort, Claus-Michael (2007). „Was ist Realismus?" In: C. Begemann (Hg.), *Realismus: Epoche, Autoren, Werke*. Darmstadt, 11–26.

Pallus, Walter (1960). *Grundzüge der Dramentheorie Otto Ludwigs: Ein Beitrag zur Geschichte der bürgerlichen Literaturtheorie im 19. Jahrhundert*. Greifswald.

Patron, Sylvie (2009). *Le narrateur: Introduction à la théorie narrative*. Paris.

Peirce, Charles S. (1991 [1967]). *Schriften zum Pragmatismus und Pragmatizismus*. Hg. von K.-O. Apel. Frankfurt a. M.

Peres, Constanze (1983). *Die Struktur der Kunst in Hegels Ästhetik*. Bonn.

Pester, Reinhardt (1997). *Hermann Lotze: Wege seines Denkens und Forschens; ein Kapitel deutscher Philosophie- und Wissenschaftsgeschichte im 19. Jahrhundert*. Würzburg.

Petersdorff, Dirk von (2010). „August Wilhelm Schlegels Position in der Entwicklung des romantischen Diskurses". In: Y.-G. Mix und J. Strobel (Hgg.), *Der Europäer August Wilhelm Schlegel*. Berlin, 93–106.

Petsch, Robert (1942 [1934]). *Wesen und Formen der Erzählkunst*. Halle/Saale.

Pfister, Manfred (2001 [1977]). *Das Drama: Theorie und Analyse*. München.

Phelan, James (2005). „Rhetorical Approaches to Narrative". In: D. Herman, M. Jahn, M.-L. Ryan (Hgg.), *Routledge Encyclopedia of Narrative Theory*. London, 500–504.

Pilling, Claudia (Hg. 1999). *Otto Ludwig: das literarische und musikalische Werk*. Frankfurt a. M.

Platon (2000). *Der Staat – Politeia*. Übers. von R. Rufener, hg. von T. A. Szlezák, Düsseldorf.

Plumpe, Gerhard (1985). „Systemtheorie und Literaturgeschichte: Mit Anmerkungen zum deutschen Realismus im 19. Jahrhundert". In: H. U. Gumbrecht und U. Link-Heer (Hgg.), *Epochenschwellen und Epochenstrukturen im Diskurs der Literatur- und Sprachhistorie*. Frankfurt a. M., 251–264.

Plumpe, Gerhard (2003). „Realismus$_2$". In: J.-D. Müller, G. Braungart, H. Fricke, K. Grubmüller, F. Vollhardt, K. Weimar (Hgg.), *Reallexikon der deutschen Literaturwissenschaft*. Bd. 3. Berlin, 221–224.

Plumpe, Gerhard (2005 [1985]). „Einleitung". In: G. Plumpe (Hg.), *Theorie des bürgerlichen Realismus*. Stuttgart, 9–40.

Poole, Brian (2001). „Objective Narrative Theory – The influence of Spielhagen's ‚Aristotelian' Theory of ‚Narrative Objectivity' on Bakhtin's Study of Dostoevsky". In: J. Bruhn und J. Lundquist (Hgg.), *The Novelness of Bakhtin: Perspectives and Possibilities*. Kopenhagen, 107–162.

Pozzo, Riccardo (Hg. 2011). *Begriffs-, Ideen- und Problemgeschichte im 21. Jahrhundert*. Wiesbaden.

Preisendanz, Wolfgang (1977 [1963]). „Voraussetzungen des poetischen Realismus in der deutschen Erzählkunst des 19. Jahrhunderts". In: W. Preisendanz, *Wege des Realismus: Zur Poetik und Erzählkunst im 19. Jahrhundert*. München, 68–91.

Prince, Gerald (1973). *A Grammar of Stories: An Introduction*. The Hague.

Prince, Gerald (1995). „Narratology". In: R. Selden (Hg.), *The Cambridge history of literary criticism*. Bd. 8. Cambridge, 110–130.

Rabinowitz, Peter J. (2005). „Showing vs. Telling". In: D. Herman, M. Jahn, M.-L. Ryan (Hgg.), *Routledge Encyclopedia of Narrative Theory*. London, 530–531.

Raphaël, Gaston (1920). *Otto Ludwig: ses théories et ses œuvres romanesques*. Paris.

Rebing, Günter (1972). *Der Halbbruder des Dichters: Friedrich Spielhagens Theorie des Romans*. Frankfurt a. M.

Rebing, Günter (1972). *Der Halbbruder des Dichters: Friedrich Spielhagens Theorie des Romans*. Frankfurt a. M.

Reents, Edo (2013). „Otto Ludwig: Ein großer Erzähler, der zu Unrecht vergessen ist". In: *FAZ* [online].
http://www.faz.net/aktuell/feuilleton/buecher/autoren/otto-ludwig-ein-grosser-erzaeh-ler-der-der-zu-unrecht-vergessen-ist-12059267.html (8. März 2017).

Reiling, Jesko (Hg. 2012). *Berthold Auerbach (1812–1882): Werk und Wirkung*. Heidelberg.

Richter, Ansgar (1995). *Der Begriff der Abduktion bei Charles Sanders Peirce*. Frankfurt a. M.

Richter, Sandra (2010). *A history of poetics: German scholary aesthetics and poetics in international context, 1770–1960*. Berlin.

Ricklefs, Ulfert (1991). „Otto Ludwigs Dramentheorie: Zum Problem der Kontinuität zwischen Frührealismus und poetischem Realismus". In: G. Blamberger, M. Engel, M. Ritzer (Hgg.), *Studien zur Literatur des Frührealismus*. Frankfurt a. M., 45–76.

Rimmon-Kenan, Shlomith (2002 [1983]). *Narrative Fiction: Contemporary Poetics*. London.

Ritzer, Monika (2001). „Rätsel des Daseins und verborgene Linien: Zu C. F. Meyers literarischer Philosophie". In: M. Ritzer (Hg.), *Conrad Ferdinand Meyer: Die Wirklichkeit der Zeit und die Wahrheit der Kunst*. Tübingen, 9–35.

Ritzer, Monika (2003). „Realismus$_1$". J.-D. Müller, G. Braungart, H. Fricke, K. Grubmüller, F. Vollhardt, K. Weimar (Hgg.), *Reallexikon der deutschen Literaturwissenschaft*. Bd. 3. Berlin, 217–221.

Ritzer, Monika (2007a). „Darwin und der Darwinismus in der deutschsprachigen Literatur des 19. Jahrhunderts". In: K. Bayertz, M. Gerhard, W. Jaeschke (Hgg.), *Weltanschauung, Philosophie und Naturwissenschaft im 19. Jahrhundert*. Bd. 2., 154–186.

Ritzer, Monika (2007b). „Die Ordnung der Wirklichkeit: Zur Bedeutung der Naturwissenschaften für Stifters Realitätsbegriff". In: A. Doppler, J. John, J. Lachinger, H. Laufhütte (Hgg.), *Stifter und Stifterforschung im 21. Jahrhundert. Biographie – Wissenschaft – Poetik*. Tübingen, 137–163.

Ritzer, Monika (2007c). „Faktum – System – Substanz: Reflexe der Naturwissenschaft in der Literatur zwischen 1835 und 1855". In: K. Bayertz, M. Gerhard, W. Jaeschke (Hgg.), *Weltanschauung, Philosophie und Naturwissenschaft im 19. Jahrhundert*. Bd. 1. Hamburg, 275–309.

Ritzer, Monika (2012). „Poetiken räumlicher Anschauung". In: M. Huber, C. Lubkoll, S. Martus, Y. Wübben (Hgg.), *Literarische Räume: Architekturen – Ordnungen – Medien*. Berlin, 19–37.

Rochau, Ludwig August von (2005 [1985]). „Der politische Idealismus und die Wirklichkeit". In: G. Plumpe (Hg.), *Theorie des bürgerlichen Realismus*. Stuttgart, 60–67.

Rotth, Albrecht Christian (1688). *Vollständige Deutsche Poesie: in drey Theilen*. 3 Bde. Leipzig.

Ruckhäberle, Hans-Joachim und Helmuth Widhammer (Hgg., 1977). *Roman und Romantheorie des deutschen Realismus: Darstellung und Dokumente*. Kronberg.

Rüth, Axel (2005). *Erzählte Geschichte: Narrative Strukturen in der französischen „Annales"-Geschichtsschreibung*. Berlin.

Ryan, Marie-Laure (2005). „Mode". In: D. Herman, M. Jahn, M.-L. Ryan (Hgg.), *Routledge Encyclopedia of Narrative Theory*. London, 315–316.

Ryan, Marie-Laure (2015 [2001]). *Narrative as Virtual Reality 2: Revisiting Immersion and Interactivity in Literature and Electronic Media*. Baltimore, Md.

Ryan, Marie-Laure und Ernst van Alphen (1993). „Narratology". In: I. R. Makaryk (Hg.),
   Encyclopedia of contemporary literary theory. Toronto, 110 – 116.
Sammons, Jeffrey L. (2004). *Friedrich Spielhagen. Novelist of Germany's false dawn*. Tübingen.
Sauerland, Karol (1972). *Diltheys Erlebnisbegriff: Entstehung, Glanzzeit und Verkümmerung
   eines literaturhistorischen Begriffs*. Berlin.
Saupe, Achim (2009). *Der Historiker als Detektiv – der Detektiv als Historiker: Historik,
   Kriminalistik und der Nationalsozialismus als Kriminalroman*. Bielefeld.
Scaliger, Julius Caesar (1994). *Poetices libri septem – Sieben Bücher über die Dichtkunst*.
   Bd. 1. Übers. und hg. von L. Deitz. Stuttgart-Bad Cannstatt.
Schaeffer, Jean-Marie und Ioana Vultur (2005). „Immersion". In: D. Herman, M. Jahn, M.-L.
   Ryan (Hgg.), *Routledge Encyclopedia of Narrative Theory*. London, 237 – 239.
Schanze, Helmut (1971). „Theorie des Dramas im ‚Bürgerlichen Realismus'". In: R. Grimm (Hg.),
   *Deutsche Dramentheorien: Beiträge zu einer historischen Poetik des Dramas in
   Deutschland*. Bd. 2. Frankfurt a. M., 374 – 393.
Schanze, Helmut (1973). *Drama im Bürgerlichen Realismus (1850 – 1890): Theorie und Praxis*.
   Frankfurt a. M.
Scharloth, Joachim (2002). „Evidenz und Wahrscheinlichkeit: Wahlverwandtschaften zwischen
   Romanpoetik und Historik in der Spätaufklärung". In: D. Fulda und S. S. Tschopp (Hgg.),
   *Literatur und Geschichte: Ein Kompendium zu ihrem Verhältnis von der Aufklärung bis zur
   Gegenwart*. Berlin, 247 – 275.
Scheffel, Michael (2006 [1997]). „Erzähler, Erzähltheorie". In: H. Brunner und R. Moritz (Hgg.),
   Literaturwissenschaftliches Lexikon: Grundbegriffe der Germanistik. Berlin, 101 – 106.
Scheffel, Michael (2010a). „Theorien der Epik". In: R. Zymner (Hg.), *Handbuch Gattungstheorie*.
   Stuttgart, 311 – 314.
Scheffel, Michael (2010b). „Theorien des Narrativen". In: R. Zymner (Hg.), *Handbuch
   Gattungstheorie*. Stuttgart, 328 – 331.
Scherer, Wilhelm (1877). „George Eliot und ihr neuester Roman". In: *Deutsche Rundschau* 10,
   240 – 255.
Scherer, Wilhelm (1879a). „Berthold Auerbach's neueste Dorfgeschichte". In: *Deutsche
   Rundschau* 18, 153 – 156.
Scherer, Wilhelm (1879b). „Zur Technik der modernen Erzählung". In: *Deutsche Rundschau* 20,
   151 – 158.
Scherpe, Klaus R. (1968). *Gattungspoetik im 18. Jahrhundert: Historische Entwicklung von
   Gottsched bis Herder*. Stuttgart.
Schiffer, Werner (1980). *Theorien der Geschichtsschreibung und ihre erzähltheoretische
   Relevanz: (Danto, Habermas, Baumgartner, Droysen)*. Stuttgart.
Schillemeit, Jost (2001). „‚Erlebnis': Beobachtungen eines Literaturhistorikers zu einer
   Wortbildung des 19. Jahrhunderts". In: A. Burkhardt und D. Cherubim (Hg.), *Sprache im
   Leben der Zeit: Beiträge zur Theorie, Analyse und Kritik der deutschen Sprache in
   Vergangenheit und Gegenwart*. Tübingen, 319 – 332.
Schiller, Friedrich (1962). *Schillers Werke. Nationalausgabe*. Bd. 20. Hg. von B. v. Wiese.
   Weimar.
Schirren, Thomas (2011). „‚Homer ist zugleich Person, Kollektivum, Periode und Styl einer
   Schule'. Zur dichtungstheoretischen Bedeutung des Frühgriechischen Epos in den
   Fragmenten zur Geschichte der Poesie der Griechen und Römer". In: C. Benne und U.

Breuer (Hgg.), *Antike – Philologie – Romantik: Friedrich Schlegels altertumswissenschaftliche Manuskripte*. Paderborn, 167 – 206.

Schlegel, August Wilhelm (1984 [1964]). *Über Literatur, Kunst und Geist des Zeitalters*. Hg. von F. Finke. Stuttgart.

Schlegel, August Wilhelm (1989). *Vorlesungen über Ästhetik I*. Hg. von E. Behler. Paderborn.

Schmid, Wolf (2008 [2005]). *Elemente der Narratologie*. Berlin.

Schmid, Wolf (2009a). „Implied Author". In: P. Hühn, J. Pier, W. Schmid, J. Schönert (Hgg.), *Handbook of Narratology*. Berlin, 161 – 173.

Schmid, Wolf (2009b). *Russische Proto-Narratologie: Texte in kommentierten Übersetzungen*. Berlin.

Schmidt, Julian (1857). [Rez.:] „Otto Ludwig". In: *Die Grenzboten* 16, 401 – 412.

Schmidt, Julian (1858). [Rez.:] „Adalbert Stifter". In: *Die Grenzboten* 17, 161 – 172.

Schnädelbach, Herbert (2001 [1999]). *Hegel zur Einführung*. Hamburg.

Schnädelbach, Herbert (2013 [1983]). *Philosophie in Deutschland: 1831 – 1933*. Frankfurt a. M.

Schneider, Lothar (2005). *Realistische Literaturpolitik und naturalistische Kritik: Über die Situierung der Literatur in der zweiten Hälfte des 19. Jahrhunderts und die Vorgeschichte der Moderne*. Tübingen.

Schönert, Jörg (1980). „Otto Ludwigs: ‚Zwischen Himmel und Erde' (1856): Die Wahrheit des Wirklichen als Problem poetischer Konstruktion". In: H. Denkler (Hg.), *Romane und Erzählungen des Bürgerlichen Realismus: Neue Interpretationen*. Stuttgart, 153 – 172.

Schönert, Jörg (2002). „Berthold Auerbachs Schwarzwälder Dorfgeschichten der 40er und 50er Jahre als Beispiel eines ‚literarischen Wandels'?" In: M. Titzmann (Hg.), *Zwischen Goethezeit und Realismus: Wandel und Spezifik in der Phase des Biedermeier*. Tübingen, 331 – 345.

Schönert, Jörg (2009). „Author". In: P. Hühn, J. Pier, W. Schmid, J. Schönert (Hgg.), *Handbook of Narratology*. Berlin, 1 – 13.

Schönert, Jörg (2013). „Strukturale Textanalyse als empirie-nahes Verfahren?" In: P. Ajouri, K. Mellmann, C. Rauen (Hgg.), *Empirie in der Literaturwissenschaft*. Münster, 131 – 147.

Schönert, Jörg (2014). „Epochenkonzepte in der germanistischen Literaturgeschichtsschreibung zum 18. Jahrhundert". In: J. Standke (Hg.), *Gebundene Zeit: Zeitlichkeit in Literatur, Philologie und Wissenschaftsgeschichte*. Heidelberg, 249 – 271.

Simmel, Georg (2016 [1992]). *Soziologie: Untersuchungen über die Formen der Vergesellschaftung*. Hg. von O. Rammstedt. Frankfurt a. M.

Solbach, Andreas (1994). *Evidentia und Erzähltheorie: Die Rhetorik anschaulichen Erzählens in der Frühmoderne und ihre antiken Quellen*. München.

Spielhagen, Friedrich (1861). *Problematische Naturen*. Bd. 4. Berlin.

Spielhagen, Friedrich (1868 [1864]). „Ueber Objectivetät im Roman". In: F. Spielhagen, *Vermischte Schriften*. Bd. 1. Berlin, 174 – 197.

Spielhagen, Friedrich (1898). *Neue Beiträge zur Theorie und Technik der Epik und Dramatik*. Leipzig.

Spitzer, Leo (1961 [1928]). „Zum Stil Marcel Proust's". In: L. Spitzer, *Stilstudien*. Bd. 2. München, 365 – 497.

Spoerhase, Carlos (2010). „Dramatisierungen und Entdramatisierungen der Problemgeschichte". In: R. Pozzo und M. Sgarbi (Hgg.), *Eine Typologie der Formen der Begriffsgeschichte*. Hamburg, 107 – 123.

Stachowiak, Herbert (Hg. 1987). *Pragmatik: Handbuch pragmatischen Denkens*. Bd. 2. Hamburg.

Staiger, Emil (1983 [1946]). *Grundbegriffe der Poetik*. München.

Stanzel, Franz K. (1955). *Die typischen Erzählsituationen im Roman: Dargestellt an Tom Jones, Moby-Dick, The Ambassadors, Ulysses u. a.* Wien.

Stanzel, Franz K. (1993 [1964]). *Typische Formen des Romans*. Göttingen.

Stanzel, Franz K. (2001 [1979]). *Theorie des Erzählens*. Göttingen.

Steinecke, Hartmut (1975). *Romantheorie und Romankritik in Deutschland: Die Entwicklung des Gattungsverständnisses von der Scott-Rezeption bis zum programmatischen Realismus*. Bd. 1. Stuttgart.

Steinecke, Hartmut (1984). „Die Entwicklung der deutschen Romanpoetik von Hegel bis Fontane". In: H. Steinecke (Hg.), *Romanpoetik in Deutschland: Von Hegel bis Fontane*. Tübingen, 11–42.

Steinecke, Hartmut (2003). „Romantheorie". In: J.-D. Müller, G. Braungart, H. Fricke, K. Grubmüller, F. Vollhardt, K. Weimar (Hgg.), *Reallexikon der deutschen Literaturwissenschaft*. Bd. 3. Berlin, 322–326.

Steinecke, Hartmut und Fritz Wahrenburg (1999). „Einleitung". In: H. Steinecke und F. Wahrenburg (Hgg.), *Romantheorie: Texte vom Barock bis zur Gegenwart*. Stuttgart, 13–32.

Steinmetz, Horst (1972). „Der vergessene Leser: Provokatorische Bemerkungen zum Realismusproblem". In: F. van Ingen, E. Kunne-Ibsch, H. de Leeuwe, F. C. Maatje (Hgg.), *Dichter und Leser: Studien zur Literatur*. Groningen, 113–133.

Steinmetz, Horst (1975). „Die Rolle des Lesers in Otto Ludwigs Konzeption des ‚Poetischen Realismus'". In: G. Grimm (Hg.), *Literatur und Leser: Theorien und Modelle zur Rezeption literarischer Werke*. Stuttgart, 223–239.

Stern, Adolf (1891). „Vorbericht". In: O. Ludwig, *Studien*. Bd. 1. Hg. von A. Stern. Leipzig, 3–32.

Stern, Adolf (1906 [1891]). *Otto Ludwig: Ein Dichterleben*. Leipzig.

Stern, Joseph Peter (1983). *Über literarischen Realismus* [Übers. von Stern 1973]. München.

Stockinger, Claudia (2010). *Das 19. Jahrhundert: Zeitalter des Realismus*. Berlin.

Suerbaum, Ulrich (1971). „Der gefesselte Detektivroman. Ein gattungstheoretischer Versuch". In: V. Žmegač (Hg.), *Der wohltemperierte Mord: Zur Theorie und Geschichte des Detektivromans*. Frankfurt a. M., 221–240.

Sulzer, Johann Georg (1771). *Allgemeine Theorie der Schönen Künste: In einzeln, nach alphabetischer Ordnung der Kunstwörter auf einander folgenden, Artikeln abgehandelt*. Bd. 1. Leipzig.

Süssmann, Johannes (2000). *Geschichtsschreibung oder Roman? Zur Konstitution von Geschichtserzählungen zwischen Schiller und Ranke (1780–1824)*. Stuttgart.

Swales, Martin (1997). *Epochenbuch Realismus: Romane und Erzählungen*. Berlin.

Szondi, Peter (2007 [1963]). *Theorie des modernen Dramas: 1880–1950*. Frankfurt a. M.

Taillandier, Saint-René (1857). „Le roman de la vie domestique en Allemagne". In: *Revue des deux mondes* 27, 33–65.

Talgeri, Pramod (1972). *Otto Ludwig und Hegels Philosophie: Die Widerspiegelung der „Ästhetik" Hegels im „poetischen Realismus" Otto Ludwigs*. Tübingen.

Tausch, Harald (2011). *Literatur um 1800: klassisch-romantische Moderne*. Berlin.

Thormann, Michael (1993). „Der programmatische Realismus der Grenzboten im Kontext von liberaler Politik, Philosophie und Geschichtsschreibung". In: *Internationales Archiv für Sozialgeschichte der deutschen Literatur* 18, 37–68.

Thouard, Denis (2011). „Der unmögliche Abschluss. Schlegel, Wolf und die Kunst der Diaskeuasten". In: C. Benne und U. Breuer (Hgg.), *Antike – Philologie – Romantik: Friedrich Schlegels altertumswissenschaftliche Manuskripte.* Paderborn, 41–61.

Titzmann, Michael (1989). „Kulturelles Wissen – Diskurs – Denksystem". In: *Zeitschrift für französische Sprache und Literatur* 99.1, 47–61.

Titzmann, Michael (1991). „Skizze einer integrativen Literaturgeschichte und ihres Ortes in einer Systematik der Literaturwissenschaft". In: M. Titzmann (Hg.), *Modelle des literarischen Strukturwandels.* Tübingen, 395–438.

Titzmann, Michael (1997). „Epoche". In: K. Weimar, H. Fricke, K. Grubmüller, J.-D. Müller (Hgg.), *Reallexikon der deutschen Literaturwissenschaft.* Bd. 1. Berlin, 476–480.

Titzmann, Michael (2000a), „An den Grenzen des späten Realismus: C. F. Meyers ‚Die Versuchung des Pescara'. Mit einem Exkurs zum Begriff des ‚Realismus'". In: R. Zeller (Hg.), *Conrad Ferdinand Meyer im Kontext.* Heidelberg, 97–138.

Titzmann, Michael (2000b). „Literatursystem". In: H. Fricke, G. Braungart, K. Grubmüller, J.-D. Müller, F. Vollhardt, K. Weimar (Hgg.), *Reallexikon der deutschen Literaturwissenschaft.* Bd. 2. Berlin, 480–482.

Titzmann, Michael (2002a). „Epoche und Literatursystem: Ein terminologisch-methodischer Vorschlag". In: *Mitteilungen des Deutschen Germanistenverbandes* 49.3, 294–307.

Titzmann, Michael (2002b). „Zur Einleitung: ‚Biedermeier' – ein literarhistorischer Problemfall". In: M. Titzmann (Hg.), *Zwischen Goethezeit und Realismus: Wandel und Spezifik in der Phase des Biedermeier.* Tübingen, 1–7.

Titzmann, Michael (2012 [1983]). „Probleme des Epochenbegriffs in der Literaturgeschichtsschreibung". In: M. Titzmann, *Anthropologie der Goethezeit: Studien zur Literatur und Wissensgeschichte.* Hg. von W. Lukas und C.-M. Ort. Berlin, 31–65.

Titzmann, Michael (2013). „‚Empirie' in der Literaturwissenschaft. Text-,Interpretation' und ‚Epochen'-Konzept als Beispiele". In: P. Ajouri, K. Mellmann, C. Rauen (Hgg.), *Empirie in der Literaturwissenschaft.* Münster, 149–179.

Tobler, Adolf (1887). „Vermischte Beiträge zur französischen Grammatik". In: *Zeitschrift für Romanische Philologie* 11, 433–461.

Tönnies, Ferdinand (1887). *Gemeinschaft und Gesellschaft: Abhandlung des Communismus und des Socialismus als empirischer Culturformen.* Leipzig 1887.

Toolan, Michael (2001 [1988]). *Narrative: A critical linguistic introduction.* London.

Trappen, Stefan (2001). *Gattungspoetik: Studien zur Poetik des 16. bis 19. Jahrhunderts und zur Geschichte der triadischen Gattungslehre.* Heidelberg.

Trappen, Stefan (2005). „Handlungsbegriff und Literaturbegriff bei Johann Jakob Engel. Ein Beitrag zur Poetik der Aufklärung". In: A. Košenina (Hg.), *Johann Jakob Engel: (1741–1802). Philosoph für die Welt, Ästhetiker und Dichter.* Hannover-Laatzen, 123–136.

Turner, David (1968). „Marginalien und Handschriftliches zum Thema: Fontane und Spielhagens Theorie der ‚Objektivität'". In: *Fontane Blätter* 1, 265–281.

Unger, Rudolf (1929 [1924]). „Literaturgeschichte als Problemgeschichte". In. R. Unger, *Gesammelte Studien.* Bd. 1. Berlin, 137–170.

Vieweg, Klaus (2005). „Heiterer Leichtsinn und fröhlicher Scharfsinn – Zu Hegels Verständnis von Komik und Humor als Formen ästhetisch-poetischer Skepsis". In: A.

Gethmann-Siefert, L. de Vos, B. Collenberg-Plotnikov (Hgg.), *Die geschichtliche Bedeutung der Kunst und die Bestimmung der Künste*. München, 297–310.

Vischer, Friedrich Theodor (1857). *Ästhetik oder Wissenschaft des Schönen: Zum Gebrauche für Vorlesungen*. Th. 3, Ab. 2, H. 5 [Die Dichtkunst]. Stuttgart.

Vogt, Jochen (1998 [1972]). *Aspekte erzählender Prosa: Eine Einführung in Erzähltechnik und Romantheorie*. Opladen.

Voss, Ernst Theodor (1964). „Nachwort". In: J. J. Engel, *Über Handlung, Gespräch und Erzählung*. Stuttgart, 1*–171*.

Voßkamp, Wilhelm (1973). *Romantheorie in Deutschland: von Martin Opitz bis Friedrich von Blanckenburg*. Stuttgart.

Voßkamp, Wilhelm (2007). „Bildung und Roman. Hegels Romantheorie als Poetik des Bildungsromans?" In: K. Vieweg und R. T. Gray (Hgg.), *Hegel und Nietzsche: eine literarisch-philosophische Begegnung*. Weimar, 30–40.

Wagenknecht, Christian (Hg. 1989). *Zur Terminologie der Literaturwissenschaft: Akten des IX. Germanistischen Symposions d. Dt. Forschungsgemeinschaft, Würzburg 1986*. Stuttgart.

Walzel, Oskar (1968 [1926]). *Das Wortkunstwerk: Mittel seiner Erforschung* [Unveränd. reprograf. Nachdr. d. 1. Aufl. Leipzig 1926]. Heidelberg.

Weber, Dietrich (1975). *Theorie der analytischen Erzählung*. München.

Weber, Dietrich (1998). *Erzählliteratur: Schriftwerk, Kunstwerk, Erzählwerk*. Göttingen.

Weimar, Klaus und Harald Fricke (1997). „Das neue Reallexikon der deutschen Literaturwissenschaft. (Ein Interview)". In: *Internationales Archiv für Sozialgeschichte der deutschen Literatur* 22.1, 177–186.

Wellek, René (1974 [1965]). „Der Realismusbegriff in der Literaturwissenschaft" [Übers. von Wellek 1961] In: R. Brinkmann (Hg.), *Begriffsbestimmung des literarischen Realismus*. Darmstadt, 400–433.

Wenzel, Peter (2004a). „Zu den übergreifenden Modellen des Erzähltextes". In: P. Wenzel (Hg.), *Einführung in die Erzähltextanalyse: Kategorien, Modelle, Probleme*. Trier, 5–22.

Wenzel, Peter (2004b). „Zur Analyse der Spannung". In: P. Wenzel (Hg.), *Einführung in die Erzähltextanalyse: Kategorien, Modelle, Probleme*. Trier, 181–195.

Werle, Dirk (2006). „Modelle einer literaturwissenschaftlichen Problemgeschichte". In: *Jahrbuch der Deutschen Schillergesellschaft* 50, 478–498.

Widhammer, Helmuth (1972). *Realismus und klassizistische Tradition: Zur Theorie der Literatur in Deutschland (1848–1860)*. Tübingen.

Widhammer, Helmuth (1977). *Die Literaturtheorie des deutschen Realismus: (1848–1860)*. Stuttgart.

Wienbarg, Ludolf (1835). *Wanderungen durch den Thierkreis*. Hamburg.

Willems, Gottfried (1981). *Das Konzept der literarischen Gattung: Untersuchungen zur klassischen deutschen Gattungstheorie, insbesondere zur Ästhetik F. Th. Vischers*. Tübingen.

Wohlleben, Joachim (1990). *Die Sonne Homers: Zehn Kapitel deutscher Homer-Begeisterung. Von Winckelmann bis Schliemann*. Göttingen.

Wolf, Werner (1993). *Ästhetische Illusion und Illusionsdurchbrechung in der Erzählkunst: Theorie und Geschichte mit Schwerpunkt auf englischem illusionsstörenden Erzählen*. Tübingen.

Wolf, Werner (2009). „Illusion (Aesthetic)". In: P. Hühn, J. Pier, W. Schmid, J. Schönert (Hgg.), *Handbook of Narratology*. Berlin, 144–160.

Wolf, Werner (2013). „Aesthetic Illusion". In: W. Wolf, W. Bernhart, A. Mahler (Hgg.), *Immersion and Distance: Aesthetic Illusion in Literature and Other Media.* Amsterdam, 1–63.

Wölfel, Kurt (1974 [1968]). „Friedrich von Blanckenburgs ‚Versuch über den Roman'". In: R. Grimm (Hg.), *Deutsche Romantheorien.* Bd. 1. Frankfurt a. M., 29–60.

Wölfel, Kurt (1989 [1984]). „Die Unlust zu fabulieren: Über Jean Pauls Romanfabel, besonders im ‚Titan'. In: K. Wölfel, *Jean Paul-Studien.* Hg. von B. Buschendorf. Frankfurt a. M., 51–71.

Wölfel, Kurt (2001). „Interesse/interessant". In: K. Barck, M. Fontius, D. Schlenstedt, B. Steinwachs, F. Wolfzettel (Hgg.), *Ästhetische Grundbegriffe.* Bd. 3. Stuttgart, 138–174.

Wölfflin, Heinrich (1915). *Kunstgeschichtliche Grundbegriffe: Das Problem der Stilentwicklung in der neueren Kunst.* München.

Woodward, William R. (2015). *Hermann Lotze: An Intellectual Biography.* Cambridge.

Zeller, Rosmarie (1997). „Erzähler". In: K. Weimar, H. Fricke, K. Grubmüller, J.-D. Müller (Hgg.), *Reallexikon der deutschen Literaturwissenschaft.* Bd. 1. Berlin, 502–505.

Zipfel, Frank (2001). *Fiktion, Fiktivität, Fiktionalität: Analysen zur Fiktion in der Literatur und zum Fiktionsbegriff in der Literaturwissenschaft.* Berlin.

Žmegač, Viktor (1991 [1990]). *Der europäische Roman: Geschichte seiner Poetik.* Tübingen.

Zymner, Rüdiger (2003). *Gattungstheorie: Probleme und Positionen der Literaturwissenschaft.* Paderborn.

8 Abbildungsverzeichnis

https://doi.org/10.1515/9783110541502-008

Sachregister

https://doi.org/10.1515/9783110541502-009

Personenregister

https://doi.org/10.1515/9783110541502-010

DE GRUYTER

FRONTIERS OF NARRATIVE STUDIES

NEW JOURNAL AT DE GRUYTER

Editor-in-Chief: Shang Biwu

2 issues per year
LANGUAGE OF PUBLICATION English

ISSN 2509-4882
e-ISSN 2509-4890

Further information:
www.degruyter.com/journals/fns

Free online access in 2017 and 2018

A peer-reviewed journal of international scope, *Frontiers of Narrative Studies* features articles reporting results of research in all branches of narrative studies, in-depth reviews of selected current literature in the field, and occasional guest editorials and reports. Its broad range of scholarship includes narratives across a variety of media, including literary writing, film and television, journalism, and graphic narratives.

EDITOR
Shang Biwu, Shanghai Jiao Tong University, China.

CO-EDITORS
William Baker, Northern Illinois University, USA; Wolfgang G. Müller, Friedrich Schiller University Jena, Germany.

degruyter.com

DE GRUYTER

FRONTIERS OF NARRATIVE STUDIES

NEW JOURNAL AT DE GRUYTER

Editor-in-Chief: Shang Biwu

2 issues per year
LANGUAGE OF PUBLICATION English

ISSN 2509-4882
e-ISSN 2509-4890

Further information:
www.degruyter.com/journals/fns

Free online access in 2017 and 2018

A peer-reviewed journal of international scope, *Frontiers of Narrative Studies* features articles reporting results of research in all branches of narrative studies, in-depth reviews of selected current literature in the field, and occasional guest editorials and reports. Its broad range of scholarship includes narratives across a variety of media, including literary writing, film and television, journalism, and graphic narratives.

EDITOR
Shang Biwu, Shanghai Jiao Tong University, China.

CO-EDITORS
William Baker, Northern Illinois University, USA; **Wolfgang G. Müller,** Friedrich Schiller University Jena, Germany.

degruyter.com